总顾问　徐显明
总主编　张　伟

人权文库

国际刑事法院的理论与实践

主编　凌岩

撰稿人　凌岩　薛茹　张涛　宋天英　赵孟希　马伟阳　郭阳　王奇帆

中国政法大学出版社

2019·北京

文库编委会

总顾问

徐显明

总主编

张　伟

学术顾问（以姓氏拼音为序）

班文战　常　建　陈佑武　陈振功　樊崇义　龚刃韧　韩大元

李步云　李君如　刘海年　刘小楠　柳华文　陆志安　齐延平

曲相霏　单　纯　舒国滢　宋英辉　孙世彦　汪习根　王灿发

夏吟兰　杨宇冠　张爱宁　张晓玲　张永和

国际特邀顾问

Bård A. Andreassen（挪威奥斯陆大学挪威人权中心教授）

Barry Craig（加拿大休伦大学学院校长）

Bert Berkley Lockwood（美国辛辛那提大学教授）

Brian Edwin Burdekin AO（瑞典罗尔·瓦伦堡人权与人道法
研究所客座教授）

Florence Benoît－Rohmer（法国斯特拉斯堡大学教授）

Gudmundur Alfredsson（中国政法大学人权研究院特聘教授）

执行编委

张　翀　李若愚　闫姿舍　石　慧

作者简介

凌 岩 中国政法大学教授，曾任职于卢旺达国际刑庭，主要著作有：《卢旺达国际刑事法庭的理论与实践》《跨世纪的海牙审判——记联合国前南斯拉夫国际法庭》；与莫滕·伯格斯默（Morten Bergsmo）共同主编：《国家主权与国际刑法》《Sovereignty and International Criminal Law》；主编：《匡扶正义 共享和平：国际刑法新发展论大集》；与李世光、刘大群共同主编：《国际刑事法院罗马规约评释（上册、下册）》；等等。

马伟阳 法学博士，河南理工大学文法学院副教授，主要著作有：《国际刑事法院受理制度研究——纪念国际刑事法院成立十周年》。

郭 阳 法学博士，红十字国际委员会东亚办事处高级政治顾问，曾任职于外交部条法司。

薛 茹 法学博士，国防大学政治学院副教授，主要著作有：《国际刑事法院与联合国安理会关系研究》。

宋天英 欧洲大学研究院博士研究生，曾任职于红十字国际委员会东亚办事处，与莫滕·伯格斯默等人共同主编：《On the Proposed Crimes Against Humanity Convention》《Historical Origins of International Criminal Law：Volume 5》《Military Self-Interest in Accountability for Core International Crimes》等。

王奇帆 美国印第安纳大学法律博士。

张 涛 法学硕士，北京市中伦律师事务所律师。

赵孟希 法学硕士，人民法院出版社编辑。

"人权文库" 总序

　　"人权"概念充满理想主义而又争议不断，"人权"实践的历史堪称跌宕起伏、波澜壮阔。但不可否认的是，当今世界，无论是欧美发达国家，还是发展中国家，人权已经成为最为重要的公共话语之一，对人权各个维度的研究成果也蔚为大观，认真对待人权成为了现代社会的普遍共识，尊重和保障人权成为了治国理政的重要原则。正如习近平总书记所强调的："中国人民实现中华民族伟大复兴中国梦的过程，本质上就是实现社会公平正义和不断推动人权事业发展的进程"。

　　——人权之梦，是实现民族伟大复兴中国梦的应有之义。改革开放四十年以来，中国政府采取了一系列切实有效的措施，促进人权事业的进步，走出了一条具有中国特色的人权发展道路。在沿着这条道路砥砺前进的过程中，中国人权实践取得了举世瞩目的成就，既让广大人民群众体会到了实实在在的获得感，也向国际社会奉献了天下大同人权发展的"中国方案"。

　　——人权之梦，是我们对人之为人的尊严和价值的觉悟和追求。过去几年来，中国政府加快推进依法治国的重大战略部署，将"人权得到切实尊重和保障"确立为全面建成小康社会的重要目标，建立和完善保障人权的社会主义法律体系。《民法总则》《慈善法》《反家庭暴力法》《刑事诉讼法》《民事诉讼法》等一系列法律陆续出台或得到修订，中国特色人权发展道路的顶层设计被不断丰富和完善。

　　——人权之梦，是人类历史发展的必然趋势和时代精神的集中体现。1948年《世界人权宣言》颁布以后，人权事业的普及、发展进入了新的历史阶段。1993年第二次世界人权大会通过的《维也纳宣言和行动纲领》，更是庄严宣称："所有人的一切人权和基本自由……的普遍性不容置疑。"我国于1991年发表了第一份人权白皮书《中国的人权状况》，其序言里指出："享有充分的人权，是长期以来人类追求的理想。"2004年"国家尊重和保障人权"被写入《宪法》，2007年，人权又被写入《中国共产党章程》。自2009年以来，中国先后制定并实施了三期国家人权行动计划，持续加大人权保障力度。

今年适逢我国改革开放四十周年和《世界人权宣言》颁布七十周年，中国政法大学人权研究院决定着手策划出版"人权文库"丛书。文库着眼国内外人权领域，全面汇集新近涌现的优秀著作，囊括专著、译著、文集、案例集等多个系列，力求凝聚东西方智慧，打造成为既具有时代特色，又具备国际视野的大型人权丛书，为构建我国人权话语体系提供高品质的理论资源。这套丛书的筹备和出版得到了中宣部的大力支持，并有赖其他七家国家人权教育基地和国内学界多位专家学者的积极参与，同时还要感谢中国政法大学出版社的倾力相助。

此刻正值一年中收获的季节，文库的第一本著作即将面世，"九万里风鹏正举"，我们期待并且相信"人权文库"将会硕果累累，"人权之梦"终将照入现实。

是为序。

文库编委会　谨识
2018 年 9 月

前 言

国际刑事法院是遵循第二次世界大战同盟国对二战中德国和日本的主要战犯进行审判的先例，基于 20 世纪 90 年代联合国前南斯拉夫和卢旺达特设法庭的经验，为了使犯有"国际社会关注的最严重的犯罪"——灭绝种族罪、危害人类罪、战争罪和侵略罪——的罪犯"不再逍遥法外"而建立的。[1]这个常设的国际刑事司法机构，经过长达数年对法院规约的谈判起草和在罗马外交大会上 1 个月的集中讨论，终以 120 个国家的赞成票通过了据以建立国际刑事法院的《罗马规约》，并于 2002 年 7 月 1 日在荷兰海牙正式成立。

自《罗马规约》生效至今，法院的成员国已达到了 123 个。[2]这一事实表明，有一个普遍接受的国际刑事法院已不再是神话。然而，一些重要的国家，例如中国、俄国、美国、印度和以色列仍未打算加入《罗马规约》，这又影响了法院的国际认可度。

中国派代表团全程参加了《罗马规约》的谈判进程，积极参与并提出一些条款议案[3]，但是，在对《罗马规约》进行表决时，中国代表团投了反对票。中国主要在几个方面对《罗马规约》的规定不满意：[4]其一，中国认为《罗马规约》的有些规定不是以国家自愿接受法院的管辖为基础，而是在不经国家同意的情况下对非缔约国的义务作出规定，违背国家主权原则，也不符合《维也纳条约法公约》的规定。其二，中国代表团对规约中战争罪和危害人类罪的一些规定持有异议。中国不同意将国内武装冲突中的战争罪纳入法院的管辖权，认为规约

---

〔1〕 Preamble of the Rome Statute.

〔2〕 https：//asp. icc - cpi. int/en＿menus/asp/states％20parties/Pages/the％20states％20par-ties％20to％20the％20rome％20statute. aspx，last visit 20 March 2018.

〔3〕 See United Nations Diplomatic Conference of Plenipotentiaries on the Establishment of an International Criminal Court，Rome，15 June－17 July 1998，Official Records，Vol. Ⅱ ＆ Ⅲ，A/CONF. 183/13（Vol. Ⅱ ＆ Ⅲ）．

〔4〕 "王光亚谈《国际刑事法院罗马规约》"，载《法制日报》1998 年 7 月 29 日，第 4 版。

有关国内武装冲突中的战争罪的定义超出了习惯国际法。中国还认为危害人类罪只能适用于战时而非和平时期。其三，中国代表团认为检察官权力过大，检察官的自行调查权有可能成为其干涉国家内政的工具或卷入政治的决策，从而无法做到真正的独立与公正。其四，中国政府一直强调联合国安全理事会（简称联合国安理会、安理会）在维护和平与安全方面所负的责任，就侵略行为而言，中国政府认为首先需要由安理会进行认定，然后再由国际刑事法院就侵略罪行使管辖权。由安理会对侵略行为进行认定，不仅是《联合国宪章》规定的，也是《罗马规约》第 5 条所要求的。中国政府对《罗马规约》的理解是否反映了国际刑法上的实际理论和国际刑事法院的实践，也是本书研究的问题之一。

中国没有参加《罗马规约》并不影响基于国际刑事法院的补充性原则，在立法层面上，将国际犯罪纳入中国的刑法，在刑事诉讼法中吸收国际刑事法院《程序和证据规则》中有利于公正、迅速审判和保护证人、受害人利益的规定，使国内的刑事诉讼水平向国际水平看齐。实际上，如果各国国内司法机关对有关的犯罪行使了管辖权，进行了切实的调查和起诉，不包庇罪犯使其有罪不罚，达到国际刑事法院的目标就指日可待了。本书对国际刑事法院的管辖权和可受理性做了深入细致的探讨和研究，以为决策层排忧解惑。

此外，中国是安理会的常任理事国。虽然国际刑事法院是根据一项多边国际条约建立的一个独立的国际司法机构，《罗马规约》同时也赋予安理会一定的权力，包括向国际刑事法院的检察官提交情势、请求检察官推迟调查起诉以及判断存在侵略行为等。这使得两者的关系错综复杂，若处理不当，会互相掣肘；若处理得当，则有利于维护国际和平和制止、惩罚严重的国际犯罪。这就需要对安理会与国际刑事法院的关系有清晰的认识，从而有利于中国在安理会作出有关国际刑事法院的决议时发挥重要的作用。

自 2002 年 7 月 1 日《罗马规约》生效至 2017 年年底，国际刑事法院已对 11 个情势涉及 25 名被告或犯罪嫌疑人的案件进行了调查、起诉，作出了 5 个审判判决。在处理这些情势、进行调查、起诉和审判案件的过程中，国际刑事法院的预审分庭、审判分庭和上诉分庭作出了众多的裁定和判决，对《罗马规约》和《犯罪要件》中的原则性规定进行细化和权威阐述，使国际刑法中的国际犯罪概念、个人刑事责任的模式等内容得到逐步的发展，这为研究国际刑事法院的理论和实践提供了丰富的判例和资料。此外，对于国际刑事法院的一些全新的制度，例如对检察官的职权的司法监督、对被害人参与诉讼和获得赔偿也积累了不少实践经验。

国际刑事法院基本文件内容庞大复杂,最重要的《罗马规约》有 128 条,《程序和证据规则》有 225 条,加之《犯罪要件》《法院条例》《检察官办公室条例》《书记官处条例》《被害人信托基金条例》《律师职业行为准则》等林林总总的细则,《国际刑事法院特权和豁免协定》《法院和联合国关系协定》等国际协定,还有法院的年度报告等。本书的研究不在于大而全,而在于选择新的和有较大争议的问题进行研究。例如,在法院管辖的四项罪行中,《罗马规约》有关危害人类罪、战争罪和侵略罪都包含大量新规定,而对灭绝种族罪并没有规定新的内容,因而本书只集中研究了前三项犯罪。本研究首先从《罗马规约》的规定入手,结合法院有关的裁决和判例,注重收集、使用第一手资料,也与联合国特设国际刑庭对有关问题的理论和实践进行比较、分析、研究和归纳,力求使新的、复杂的法律问题清晰地呈现出来。

希望本书的出版能对国际刑法的教学研究人员以及实务工作者有所助益。书中有缺漏、错误和不足在所难免,欢迎国际刑法界同仁批评指正。

本书是国家社会科学基金项目(批准号:11BFX136)的研究成果,2018 年 2 月 7 日经审核准予结项。本书中作者分工如下:

凌岩:撰写第三、七、八、十二、十三、十四章,并共同撰写第一、十一章。

马伟阳:撰写第六、九章。

郭阳:撰写第二、四章。

薛茹:撰写第十五、十六章。

宋天英:撰写第五章,并共同撰写第一章。

王奇帆:撰写第十章。

张涛:共同撰写第十一章。

赵孟希:共同撰写第一章。

凌 岩

2018 年 9 月 30 日

涉外组织、机构信息对照表

译称	原称
卢旺达民主解放军	Forces Democratiques de Liberation du Rwanda，FDLR
民族联盟党	Party of National Unity，PNU
国际法研究院	Institute of International Law
发动战争者的责任和执行惩罚措施委员会	Commission on the Responsibility of the Authors of the War and on Enforcement of Penalties
圣灵抵抗军	Lord's Resistance Army，LRA
中央情报局	Central Intelligence Agency，CIA
乌干达人民国防军	The Uganda People's Defense Forces，UPDF
刚果解放运动	Movement for the Liberation of Congo，MLC
非盟驻苏丹特派团	African Union Mission in Sudan，AMIS
刚果爱国者联盟	Union des Patriotes Congolais
刚果爱国解放力量	Forces Patriotiques pour la Liberation du Congo
伊图里爱国抵抗力量	Force De Résistance Patriotique en Ituri，FRPI
民族主义与融合主义者阵线	Front des Nationalistes et Intégrationnistes，FNI
被害人公设律师办公室	Office of the Public Counsel for Victims，OPCV

涉外法律文件信息对照表

译文全称	译文简称	原称
《国际刑事法院罗马规约》	《罗马规约》	Rome Statute of the International Criminal Court
《维也纳条约法公约》		Vienna Convention on the Law of Treaties
《联合国宪章》		Charter of the United Nations
《程序和证据规则》		Rules of Procedure and Evidence
《犯罪要件》		Elements of Crimes
《法院条例》		Regulations of the Court
《检察官办公室条例》		Regulations of the Office of the Prosecutor
《书记官处条例》		Regulations of Registry
《被害人信托基金条例》		Regulations of the Trust Fund for Victims
《律师职业行为准则》		Code of Professional Conduct for counsel
《国际刑事法院特权和豁免协定》		Agreement on the Privileges and Immunities of the International Criminal Court
《法院和联合国关系协定》		Relationship Agreement between the International Criminal Court and the United Nations
《陆战法规和惯例公约》		Convention with Respect to the Laws and Customs of War on Land
《陆战法规和惯例章程》（《陆战法规和惯例公约》附件）	《陆战规章》	Laws and Customs of War on Land
《欧洲国际军事法庭宪章》	《纽伦堡法庭宪章》	Charter of the International Military Tribunal
《远东国际军事法庭宪章》	《东京法庭宪章》	Charter of the International Military Tribunal for the Far East

译文全称	译文简称	原称
《危害人类和平及安全治罪法草案》	《治罪法草案》	Draft Code of Crimes against the Peace and Security of Mankind
《前南斯拉夫问题国际刑事法庭规约》	《前南刑庭规约》	Statute of the International Criminal Tribunal for the Former Yugoslavia
《卢旺达问题国际刑事法庭规约》	《卢旺达刑庭规约》	Statute of the International Criminal Tribunal for Rwanda
《同盟国管制德国委员会第10号法令》	《第10号法令》	Law No. 10 of the Allied Control Council for Germany
《战争罪及危害人类罪不适用法定时效公约》		Convention on the Non-Applicability of Statutory Limitations to War Crimes and Crimes against Humanity
《防止及惩治灭绝种族罪公约》	《灭种罪公约》	Convention on the Prevention and Punishment of the Crime of Genocide
《法外处决、即审即决或任意处决问题特别报告员的报告》		Report of the Special Rapporteur on Extrajudicial, Summary or Arbitrary Executions
《协约和参战各国对土耳其和约》	《洛桑条约》	Treaty of Peace with Turkey
《禁止并惩治种族隔离罪行国际公约》	《种族隔离公约》	International Convention on the Suppression and Punishment of the Crime of Apartheid
《废止奴隶制、奴隶贩卖及类似奴隶制的制度与习俗补充公约》		Supplementary Convention on the Abolition of Slavery, the Slave Trade, and Institutions and Practices Similar to Slavery
《保护所有人免受强迫失踪宣言》		Declaration on the Protection of all Persons from Enforced Disappearance
《美洲国家间关于人员强迫失踪的公约》		Inter-American Convention on the Forced Disappearance of Persons
《保护所有人免受强迫失踪国际公约》		International Convention for the Protection of All persons from Enforced Disappearance
《1949年8月12日日内瓦四公约关于保护国际性武装冲突受难者的附加议定书》	《第一附加议定书》	Protocol Additional to the Geneva Conventions of 12 August 1949, and relating to the Protection of Victims of International Armed Conflicts

译文全称	译文简称	原称
《1949 年 8 月 12 日改善战地武装部队伤者病者境遇之日内瓦公约》	《日内瓦第一公约》	Geneva Convention for the Amelioration of the Condition of the Wounded and Sick in Armed Forces in the Field of 12 August 1949
《1949 年 8 月 12 日改善海上武装部队伤者病者及遇船难者境遇之日内瓦公约》	《日内瓦第二公约》	Geneva Convention for the Amelioration of the Condition of Wounded, Sick and Shipwrecked Members of Armed Forces at Sea of 12 August 1949
《1949 年 8 月 12 日关于战俘待遇之日内瓦公约》	《日内瓦第三公约》	Geneva Convention Relative to the Treatment of Prisoners of War of 12 August 1949
《1949 年 8 月 12 日关于战时保护平民之日内瓦公约》	《日内瓦第四公约》	Geneva Convention relative to the Protection of Civilian Persons in Time of War of 12 August 1949
《利伯法典》		The Lieber Code
《关于战争法规和惯例的国际宣言》	《布鲁塞尔宣言》	International Declaration Concerning the Laws and Customs of War
《陆战法规》（牛津手册）		The Laws of War on Land, Manual, (Oxford Manual)
《海战法规》（牛津手册）		Manual of the Laws of Naval War, Oxford
《协约和参战各国对德和约》	《凡尔赛和约》	The Treaty of Peace between Allied and Associated Powers and Germany
《1949 年 8 月 12 日日内瓦四公约关于保护非国际性武装冲突受难者的附加议定书》	《第二附加议定书》	Protocol Additional to the Geneva Conventions of 12 August 1949, and Relating to the Protection of Victims of Non-International Armed Conflicts (Protocol II)
《禁止酷刑和其他残忍、不人道或有辱人格的待遇或处罚公约》	《禁止酷刑公约》	Convention against Torture and Other Cruel, Inhuman or Degrading Treatment or Punishment
《反对劫持人质国际公约》		International Convention Against the Taking of Hostages
《改善战地武装部队伤者病者境遇之日内瓦公约》＊冠以本名的公约共有四个：1906 年 7 月 6 日、1864 年 8 月 22 日、1929 年 7 月 27 日、1948 年 8 月 12 日，书中以年份区分	《日内瓦公约》	Geneva Convention for the Amelioration of the Condition of the Wounded and Sick in Armed Forces in the Field

3

译文全称	译文简称	原称
《关于发生武装冲突时保护文化财产的公约》		Convention for the Protection of Cultural Property in the Event of Armed Conflict
《禁止或限制使用某些可被认为具有过分伤害力或滥杀滥伤作用的常规武器公约》	《联合国常规武器公约》	Convention on Prohibitions or Restrictions on the Use of Certain Conventional Weapons Which May be Deemed to be Excessively Injurious or to Have Indiscriminate Effects
《塞拉利昂特别法庭规约》		Statute of the Special Court for Sierra Leone
《联合国人员和有关人员安全公约》		Convention on the Safety of United Nations and Associated Personnel
《一个更安全的世界：我们共同的责任》		A More Secure World：Our Shared Responsibility
决议附件二《对犯罪要件的修改》		Annex IIAmendments to the Elements of Crimes
《第7号命令：军事法庭的组织和权力》		Ordinance No. 7 Organization and Power of Certain Military Tribunals
《纽伦堡法庭宪章和法庭审判所确认的国际法原则》		Principles of International Law Recognized in the Charter of the Nuremberg Tribunal and in the judgment of the Tribunal
《制止恐怖主义爆炸的国际公约》		International Convention for the Suppression of Terrorist Bombings
《欧洲保护人权与基本自由公约》	《欧洲人权公约》	European Convention for the Protection of Human Rights and Fundamental Freedoms
《联合国海洋法公约》		United Nations Convention on the Law of the Sea
《建立世界贸易组织的马拉喀什协定》		Marrakesh Agreement Establishing the World Trade Organization
《和平协定》		Lome Peace Agreement
《禁止细菌（生物）及毒素武器的发展、生产和储存以及销毁这类武器的公约》		Convention on the Prohibition of the Development, Production and Stockpiling of Bacteriological (Biological) and Toxin Weapons and on Their Destruction
《关于禁止发展、生产、储存和使用化学武器及销毁此种武器的公约》		Convention on the Prohibition of the Development, Production, Stockpiling and Use of Chemical Weapons and on Their Destruction

译文全称	译文简称	原称
《禁止或限制使用某些可被认为具有过分伤害力或滥杀滥伤作用的常规武器公约》		Convention on Prohibitions or Restrictions on the Use of Certain Conventional Weapons which may be deemed to be Excessively Injurious or to have Indiscriminate Effects
《〈禁止或限制使用某些可被认为具有过分伤害力或滥杀滥伤作用的常规武器公约〉第四附加议定书》		Additional Protocol to the Convention on Prohibitions or Restrictions on the Use of Certain Conventional Weapons which may be deemed to be Excessively Injurious or to have Indiscriminate Effects (Protocol IV)
《关于禁止使用、储存、生产和转让杀伤人员地雷及销毁此种地雷的公约》		Convention on the Prohibition of the Use, Stockpiling, Production and Transfer of Anti-personnel Mines and on Their Destruction
《蒙得维的亚国家权利义务公约》		Montevideo Convention on the Rights and Duties of States
《临时自治安排原则宣言》		Declaration of Principles on Interim Self-Government Arrangements
《奥斯陆协议》		Oslo Accords
《以色列—巴勒斯坦关于西岸和加沙地带的临时协议》		Israeli-Palestinian Interim Agreement on the West Bank and the Gaza
《遴选案件和案件优先顺序的政策文件》		Policy Paper on Case Selection and Prioritisation
《关于一些政策问题的文件》		Paper on some policy issues
《国际刑事法院〈罗马规约〉侵略罪修正案》	《〈罗马规约〉侵略罪修正案》	Amendments to the Rome Statute of the International Criminal Court on the crime of aggression
《美国军队手册》		Handbook of the US Army
《英国军事法手册》		Handbook of British Military Law
《世界人权宣言》		Universal Declaration of Human Rights
《公民权利和政治权利国际公约》		International Covenant on Civil and Political Rights
《消除一切形式的种族歧视国际公约》		International Convention on the Elimination of All Forms of Racial Discrimination
《儿童权利公约》		Convention on the Rights of the Child
《非洲人权和人民权利宪章》		African Charter on Human and Peoples' Rights

译文全称	译文简称	原称
《美洲人权公约》		American Convention on Human Rights
《为罪行和滥用权力行为受害者取得公理的基本原则宣言》	《基本原则宣言》	Declaration of Basic Principles of Justice for Victims Crime and Abuse of Power
《严重违反国际人权法和严重违反国际人道主义法行为的受害人获得补救和赔偿权利的原则和导则》	《基本原则和导则》	Basic Principles and Guidelines on the Rights to a Remedy and Reparation for Victims of Gross Violations of International Human Rights Law and Serious Violations of International Humanitarian Law
《为被害人寻求正义手册》		Handbook for Victims Seeking Justice
《联合国打击跨国有组织犯罪公约》		U. N. Convention Against Transnational Organized Crime
《关于预防、禁止和惩治贩运人口特别是妇女和儿童的补充议定书》		Protocol to Prevent, Suppress and Punish Trafficking in Persons, Especially Women and Children
《有效调查和记录酷刑和其他残忍不人道或有辱人格待遇或处罚的原则》		Declaration on the Protection of All Persons From Being Subjected to Torture and Other Cruel, Inhuman or Degrading Treatment or Punishment
《柬埔寨法院特别法庭规约》		Statute of the Extraordinary Court of the Court of Cambodia
《儿童被害人和证人刑事司法事项导则》		Guidelines on Justice in Matters involving Child Victims and Witnesses of Crime
《内罗毕宣言》		Nairobi Declaration
《非洲防止招募儿童加入武装部队、儿童兵复员和重返社会开普敦原则》		Cape Town Principles to Prevent the Recruitment of Children into the Armed Forces, the Demobilization and Reintegration of Child Soldiers in Africa
《关于促进和保护人权的国家机构的地位的原则》	《巴黎原则》	Principles of the Status of National Institutions for the Promotion and Protection of Human Rights
《关于对国际刑事法院〈罗马规约〉侵略罪修正案的理解》		Understanding of the Amendment to the Rome Statute of the International Criminal Court
《国际刑事法院〈罗马规约〉审议会议正式记录》		Official record of the Rome Statute Review Conference of the International Criminal Court

目　录

第一章　《罗马规约》对危害人类罪的新发展

第一节　危害人类罪概述

危害人类罪是国际刑事法院管辖的四种犯罪行为之一。它给受害人带来了巨大的肉体和精神伤害，对国际社会的秩序造成了严重的破坏，是一项十分恶劣的罪行，行为人应当受到国际法的惩罚。

有关危害人类罪的规定在国际刑法的发展过程中不断地完善。大约在 19 世纪末 20 世纪初，一些关于战争的国际公约中出现了危害人类罪行的内容。有学者认为，"危害人类罪"概念最早的起源是 1899 年和 1907 年的《陆战法规和惯例公约》，这两个公约的序言中都使用了"人道法"一词。[1]但其他的学者认为，该两公约中仅仅出现了"人道法"这一概念，并没有实质性地阐述危害人类罪的内容。虽然关于危害人类罪的起源有不同的说法，但学界普遍认为，其最早被明确为一项国际罪行，并且可以对行为人追究责任是在 1945 年通过的《纽伦堡法庭宪章》，其后危害人类罪也被纳入了《东京法庭宪章》。第二次世界大战期间发生的很多骇人听闻的罪行，不能简单地作为战争罪处理。因此，添置了危害人类罪，以补充违反普通战争法规和惯例罪的不足。[2]它表明，不论在国际或者国内，武装冲突中发生的针对任何平民包括本国平民的严重违反人道的犯罪均需予以制止和惩罚。

---

〔1〕　Cherif Bassiouni, *Crimes Against Humanity, historical evolution and contemporary application*, Cambridge University Press, 2011, p. 86.

〔2〕　参见梅汝璈：《远东国际军事法庭》，法律出版社 1988 年版，第 14 页。

在对德、日战犯进行审判后，1996 年，国际法委员会制定的《治罪法草案》更加详细地规定了危害人类罪，其第 18 条分别列举了 11 种危害人类的具体罪行。1993 年和 1994 年，联合国安理会先后制定的《前南刑庭规约》和《卢旺达刑庭规约》中均规定了危害人类罪，这些规定和国际法庭实践使危害人类罪在理论和实践上日臻成熟。在此基础上，1998 年在罗马召开的国际外交代表大会上，经过一系列的讨论，最终通过了《罗马规约》。在其第 7 条对危害人类罪的规定中列举了 11 项危害人类罪的罪行。与之前相关国际文件相比较，有了一些新的发展，例如，增加了种族隔离、强迫人员失踪等新的罪名，在很大程度上扩展和延伸了国际刑事法院对危害人类罪的管辖范围。此外，取消了《前南刑庭规约》要求的危害人类罪与武装冲突的关联，以及《卢旺达刑庭规约》中规定的构成危害人类罪的行为都必须基于民族、种族、政治或宗教的歧视性理由。这反映了国际社会大多数国家对危害人类罪新的共识。

总之，《罗马规约》之前的所有国际法文件，在危害人类罪上，没有任何两个文件的定义是完全相同的。其中任何一个定义都不是绝对清晰和完美的，因而不具有广泛的代表性，但这些文件和相关的国际审判实践对《罗马规约》的制定具有重大的借鉴意义。《罗马规约》在吸收前述相关文件和审判经验的基础上，对危害人类罪作出了更为详尽的规定，代表了危害人类罪的新发展。

《罗马规约》关于危害人类罪的规定见于第 7 条。该条第 1 款首先规定了危害人类罪各罪目的共同要件：必须存在着"广泛或有系统"的攻击，攻击需针对"平民人口"，此外还需行为人明知存在着这种攻击，等等。其后，该款分别列举了包括"谋杀""灭绝"等罪行在内的 11 项具体罪目。该款与《卢旺达刑庭规约》第 3 条和《前南刑庭规约》第 5 条关于危害人类罪的规定在结构上是非常相似的。第 7 条第 2 款是对第 1 款中一些用语的说明解释。另外，《犯罪要件》中规定了危害人类罪各项具体罪目的构成要件，较之以往大为丰富了危害人类罪的规定，便利了有关危害人类罪法律的适用。

第二节 《罗马规约》中危害人类罪
共同要件的新发展

一、危害人类罪不需与武装冲突相关联

在《罗马规约》的制定过程中，关于哪些要素是区分危害人类罪与普通犯

罪的适当"门槛"，引起了广泛的争议。《罗马规约》对危害人类罪规定了构成犯罪的一些共同要件：①行为是针对任何平民人口实施的攻击的一部分；②该项攻击是广泛或有系统的；③攻击与国家或组织推行的政策相关；④行为人明知存在一项针对平民人口的攻击。而《前南刑庭规约》第 5 条与《罗马规约》的最大不同之处就是前者包含了危害人类罪与武装冲突的关联性。[1]

依据《前南刑庭规约》的规定，武装冲突的存在与危害人类罪的构成有着紧密的联系。这一规定主要是受历史上的《纽伦堡法庭宪章》和《东京法庭宪章》对于危害人类罪的界定的影响。后两者均要求危害人类罪与侵略罪或战争罪相关，这与二战的历史背景密不可分。在当时，危害人类罪很大程度上是侵略罪或战争罪的一种附随行为。因而在科尔迪奇（Kordić）等人案中，审判分庭说："第 5 条授权法庭对危害人类罪进行起诉，当这种罪行是'在武装冲突中犯下，无论武装冲突是国际性还是国内性的'。"[2]

但是上诉分庭在塔迪奇（Tadić）案中注意到在《第 10 号法令》中已不再要求危害人类罪与武装冲突有关联。在《纽伦堡法庭宪章》之后的国际性法律文件中，大多支持"与武装冲突的关联性"并不是危害人类罪的实质性构成要件，因而习惯国际法关于危害人类罪的定义不包含这样的要求。上诉分庭指出："并不要求被指控行为与武装冲突之间存在关联性，只要证明存在武装冲突，《前南刑庭规约》关于武装冲突的要求就得到了满足。"[3] 在库纳拉茨（Kunarac）等人案中，上诉分庭进一步澄清："第 5 条关于武装冲突的要求是一个纯粹的管辖权的先决条件，即证明存在着武装冲突并且被控行为与武装冲突存在地理和时间上的客观联系。"[4]因此，前南刑庭对于武装冲突的特别规定并不是构成危害人类罪的实质性要件之一，而是通过此规定将前南刑庭的管辖权范围限制在与武装冲突相关联的一部分危害人类罪上，从而符合其特别法庭的管辖范围。[5]

在《罗马规约》的制定过程中，关于是否应包含"武装冲突的关联性"的争论贯穿始终。一种观点主张遵循三个重要先例（即《纽伦堡法庭宪章》《东京法庭宪章》《前南刑庭规约》），危害人类罪应与武装冲突甚至国际武装冲突相关

---

〔1〕　参见《前南刑庭规约》第 5 条：国际法庭应有权对国际或国内武装冲突中犯下下列针对平民的罪行负有责任的人予以起诉……

〔2〕　*Prosecutor v. Kordic and Cerkez*, Judgment, Trial Chamber, 26 Feb. 2001, IT－95－14/2, para. 23.

〔3〕　*Prosecutor v. Tadic*, Judgment, Appeals Chamber, 15 July 1999, IT－94－1－A, para. 251.

〔4〕　*Prosecutor v. Kunarac, Kovac and Vokovic*, Judgment, Appeals Chamber, 12 June 2002, IT－96－23 & 23/1, para. 83.

〔5〕　Otto Triffterer, *Commentary on the Rome Statute of the International Criminal Court: Observers' Notes, Article by Article*, 2nd Edition, C. H. Beck Hart Normos, 2008, p. 173.

联。另一种观点则认为，危害人类罪不要求与武装冲突相关联，理由是《第10号法令》、《战争罪及危害人类罪不适用法定时效公约》、《灭种罪公约》（灭种罪是一种特殊的危害人类罪）、《卢旺达刑庭规约》都不要求危害人类罪与武装冲突相关联，而且前南刑庭的判例也判定不需要这种关联。[1]最后，主张不需要与武装冲突相关联的意见占据了多数，因而《罗马规约》中关于危害人类罪的定义去除了与武装冲突的关联性。有学者指出，这样规定对危害人类罪的适用有好处，否则危害人类罪的很多行为将被战争罪覆盖而使得这个罪名显得多余。[2]此外，正如前面提到的，《前南刑庭规约》包含这一联系仅仅是为了限制该法庭的管辖权，前南斯拉夫刑庭（以下简称前南刑庭）在其判例中明确说明武装冲突与危害人类罪的关联性是一个管辖权的先决条件，[3]并不是构成危害人类罪的一般要件。因此，《罗马规约》最终去除危害人类罪与武装冲突的关联性要求，并不违背习惯国际法，也防止了将特别法庭行使管辖权的先决条件误解为本罪的实质性构成要件。

二、无需"歧视理由"

根据《卢旺达刑庭规约》第3条的规定，[4]危害人类罪的构成要件如下：①行为是广泛或有系统的攻击的一部分；②行为必须针对平民人口；③行为必须基于歧视的理由实施。[5]其中关于歧视性理由，在《前南刑庭规约》没有，在习惯国际法上也没有此项规定，因而其为《卢旺达刑庭规约》中一个比较独特的规定。这项歧视性理由的要求是否属于危害人类罪的构成要件之一呢？在阿卡耶苏（Akayesu）案中，上诉分庭裁定《卢旺达刑庭规约》关于歧视理由的规定并不使每一项危害人类罪都要有歧视理由[6]，只对危害人类罪的迫害罪有此要求。[7]因此，歧视理由的规定仅仅缩小了法庭的管辖范围，并没有对习惯国际法

---

〔1〕 Herman von Hebel and Darryl Robinson, "Crimes with the Jurisdiction of the Court", in Roy S. Lee (ed.), *The International Criminal Court: The Making of the Rome Statute*, Kluwer Law International, The Hague, 1999, pp. 92 ~ 93.

〔2〕 Herman von Hebel and Darryl Robinson, "Crimes with the Jurisdiction of the Court", p. 93.

〔3〕 Gideon BOAS *et al.*, *Elements of Crimes under International Law*, *International Criminal Law Practitioner Library Series Vol. II*, Cambridge University Press, 2008, p. 32.

〔4〕 参见《卢旺达刑庭规约》第3条：卢旺达国际刑事法庭应有权对出于民族、政治、人种、种族或宗教原因，在广泛或有系统地针对平民人口中对下列罪行负有责任的人予以起诉……

〔5〕 凌岩：《卢旺达国际刑事法庭的理论与实践》，世界知识出版社2010年版，第147页。

〔6〕 *Prosecutor v. Akayesu*, Appeals Judgement, 1 June 2001, ICTR - 96 - 4 - A, para. 461.

〔7〕 *Prosecutor v. Akayesu*, Appeals Judgement, ICTR - 96 - 4 - A, para. 466.

上的危害人类罪增加法律构成要件。[1]基于歧视理由只是攻击平民人口性质的特点，而不是犯罪的意图。[2]由此可见，正如《前南刑庭规约》对危害人类罪要求与武装冲突相关联的要求一样，《卢旺达刑庭规约》在危害人类罪中纳入歧视理由是针对卢旺达的具体情况，专门为卢旺达国际刑庭规定的[3]，并没有为危害人类罪的定义添加任何要件。

在《罗马规约》的制定过程中，各方代表对歧视理由几乎没有争议，一致认为不应当包含此项要求，因为歧视性理由是《卢旺达刑庭规约》所特有的，不是国际习惯法所要求的。有人认为由于这项要求仅仅允许特定的群体成为危害人类罪的犯罪对象，从而与"任何平民人口"作为此罪行的被保护对象相冲突。[4]参加罗马外交大会多数代表认为，这种要求会增加检方不必要的负担，和排除一些严重的危害人类犯罪。[5]

三、"攻击"需满足的条件

《罗马规约》第7条对"攻击"的要求如下：第1款要求攻击是"广泛或有系统的"并且是"针对任何平民人口"的，第2款要求攻击"根据国家或组织攻击平民人口的政策，或为了推行这种政策多次实施"。[6]

（一）广泛或有系统

在《罗马规约》关于危害人类罪的谈判过程中，"广泛的""有系统的"这两个词语之间是选择关系还是并列关系曾引起代们的争议。罗马外交会议上，有些国家代表主张按照国际习惯法，两者是选择关系，攻击只需满足其一就足矣。而另一些国家包括许多阿拉伯、亚洲国家和一些常任理事国在内的代表则主张应采取并列关系，因为若采取选择关系则可能会产生意想不到的结果。例如，如果只要求犯罪行为是"广泛的"，可能会包含以其个人行事的人的共同犯罪潮，即使这些人的犯罪行为之间不存在任何联系。而共同犯罪潮肯定不是危害人类罪。共同想法国家认为这一问题已经被"攻击"的定义解决了，因为彼此没有联系的个人犯罪行为很难被称为形成了一项"直接针对平民

---

[1] Prosecutor v. Akayesu, Appeals Judgement, ICTR-96-4-A, para. 465; Prosecutor v. Muvunyi, Trial Judgement, 11 September 2006, ICTR-00-55A-T, para. 514.

[2] Prosecutor v. Bagilishema, Trial Judgement, 7 June 2001, ICTR-95-1A-T, para. 81.

[3] 凌岩：《卢旺达国际刑事法庭的理论与实践》，世界知识出版社2010年版，第38页。

[4] Phyllis Hwang, "Defining Crimes Against Humanity in the Rome Statute of the International Criminal Court", *Fordham International Law Journal*, December 1998, pp. 57~58.

[5] Herman von Hebel and Darryl Robinson, "Crimes with the Jurisdiction of the Court", p. 94.

[6] 参见《罗马规约》第7条第1款、第2款。

人口的攻击"。[1]

最后，《罗马规约》第 7 条在措辞上并没有沿用 1996 年《治罪法草案》中的"有系统的方式或大规模"（systematic manner or on a large scale）[2]的攻击，而是沿用了 1993 年联合国秘书长关于建立前南刑庭的报告中的词语，即"广泛的或有系统的"（widespread or systematic）[3]，这与习惯国际法关于危害人类罪的定义相一致。在塔迪奇案中，判决认为："虽然这个问题一直备受争议，但现在（习惯国际法）已确立对平民人口的攻击行为或者广泛地发生，或者以有系统的方式进行。两项中任何一项都足以排除孤立或偶然的行为。"[4]

在国际刑事法院的判例中，"广泛"意味着"攻击属大规模性质，应是大量、频繁，相当严重地集体进行的，针对的受害者众多"。[5]攻击的"广泛"性质意指受攻击的地域大或有大量的受害者，不包括孤立的行为。[6]"有系统的"被理解为"为了推行遵循一个有规律的共同政策的有组织的计划，连续地实施行为"或"模式或犯罪"，反映了经常"非偶然地重复"类似的犯罪行为。[7]它属于有组织性的暴力行为，不可能是随机发生的。[8]

（二）《罗马规约》对"攻击"的规定加入政策成分

《罗马规约》第 7 条第 2 款第 1 项在解释"攻击"时包含了政策成分，因而政策成分属于《罗马规约》中危害人类罪的必备要件。[9]

1. 政策成分与"有系统"要素的联系。1996 年《治罪法草案》第 18 条规

[1] Roy S. Lee, *The International Criminal Court*, *Elements of Crimes and Rules of Procedure and Evidence*, Transnational Publisher Inc. , 2001, p. 63.

[2] Article 18 of the 1996 ILC Draft Code.

[3] Report of the Secretary – General pursuant to paragraph 2 of Security Council Res. 808 (1993), para. 48.

[4] *Prosecutor v. Tadic*, Opinion and Judgment, 7 May 1997, IT – 95 – 1, para. 646.

[5] *Prosecutor v. Jean – Piere Bemba Gombo*, Decision Pursuant to Article 61 (7) (a) and (b) of the Rome Statute on the Charges of the Prosecutor Against Jean – Pierre Bemba Gombo (Bemba Confirmation of Charges), 15 June 2009, ICC – 01/05 – 01/08 – 424, para. 83.

[6] Bemba Confirmation of Charges, para. 83; *Prosecutor v. Germain Katanga and Mathieu Ngudjolo Chui*, Decision on the confirmation of charges (Katanga Confirmation of Charge), 30 Sptember 2008, ICC – 01/04 – 01/07 – 717, paras. 394 ~ 395.

[7] Katanga Confirmation of Charges, para. 397; *Prosecutor v. Omar Hassan Ahmad Al Bashir*, Decision on the Prosecution's Application for a Warrant of Arrest against Omar Hassan Ahmad Al Bashir (Bashir Arrest Warrant), 4 March 2009, ICC – 02/05 – 01/09 – 3, para. 81.

[8] Bashir Arrest Warrant 2009, para. 81; *Prosecutor v. Laurent Gbagbo*, Decision on the confirmation of charges against Laurent Gbagbo (Gbagbo Confirmation of Charges), 12 June 2014, ICC – 02/11 – 01/11 – 656 – Red, para. 223.

[9] 参见《罗马规约》第 7 条第 2 款第 1 项："针对任何平民人口进行的攻击"是指根据国家或组织攻击平民人口的政策，或为了推行这种政策，针对任何平民人口多次实施第一款所述行为的行为过程。

定危害人类罪是指以一种"有系统的方式"进行的行为,国际法委员会对这一术语的解释就包括了政策的成分:"该行为是依照一个事先制定的计划或政策而实施的,这项政策或计划的执行可能导致不人道行为的多次或持续实施。这项要求的目的是排除那种并非一项计划或政策组成部分的偶然的行为"。[1]

前南刑庭和卢旺达刑庭的规约中并没有对危害人类罪的定义纳入政策的成分,但是在一些判决中将"有系统的"一词作了与政策有关联的解释,例如,塔迪奇案的审判分庭将"有系统的"解释为"一种模式或者有条理的计划"。[2]在阿卡耶苏案中,审判庭将其解释为:"基于使用大量公共或私人资源的共同政策、全面有组织的并遵循有规律的模式。"[3]然而,在库纳拉茨等人案中,上诉庭似乎对这种解释予以了否定,认为"无论是'攻击'还是被指控的行为都不需要'政策'或'计划'的支持",为了证明攻击是直接针对平民人口且是广泛或有系统的,"并不需要证明攻击是一项政策或计划的结果"。[4]因而,在布拉斯基奇(Blaskić)案中,审判庭认为"这项被用于解释'有系统的攻击'的政策要素并不需要明确表述出来,更不需要清晰和精确的阐述,它可以从一系列实践当中推断出来"。[5]从前南刑庭不太一致的判决中,卢旺达刑庭塞门扎(Semenza)案的审判分庭推论:"一项计划或政策的存在可能在证据方面具有相关性,它可能有利于确认攻击是直接针对平民人口的,是广泛的或有系统的。但是这项计划的存在并不是危害人类罪的一个独立的法律要件。"[6]

《罗马规约》在危害人类罪的定义中明确加入了政策成分,规定"针对任何平民人口的攻击是根据国家或组织攻击平民人口的政策,或为了推行这种政策"。[7]政策的存在所起的作用是把一些看似无关联的非人道行为连在一起成为"集合形式的攻击"。[8]加入政策成分也是谈判妥协的结果,如前所述,《罗马规约》在"广泛""有系统"这两个术语之间采取了选择关系,作为让步,又同意加入第7条第2款对攻击的解释,其中包括了政策成分这一要件。这样,构成对平民的攻击要满足两个条件:"政策"和"多次实施行为",第7条第1款应结

〔1〕 Yearbook of International Law Commission, 1996, A/CN. 4/SER. A/1996/Add. 1 (Part 2), p. 47.

〔2〕 *Prosecutor v. Tadic*, Opinion and Judgment, Trial Chamber, 7 May 1997, IT – 95 – 1, para. para. 648.

〔3〕 *Prosecutor v. Akayesu*, Trial Judgement, 2 September 1998 ICTR – 96 – 4 – T, para. 580.

〔4〕 *Prosecutor v. Kunarac et al.*, Appeals Judgment, 12 June 2002, IT – 96 – 23 & 23/1, paras. 98.

〔5〕 *Prosecutor v. Blaskic*, Trail Judgment, 3 March 2000, IT – 95 – 14, para. 204.

〔6〕 *Prosecutor v. Semanza*, Judgment and Sentence, 15 May 2003, ICTR – 97 – 20, para. 329.

〔7〕 《罗马规约》第7条第2款第1项。

〔8〕 Herman von Hebel and Darryl Robinson, "Crimes with the Jurisdiction of the Court", p. 97.

合此款一起解读。[1]

国际刑事法院在初期的实践中，采取了不同的方法对两款结合起来解读。第一预审分庭在加丹加（Katanga）案中首先肯定第7条第1款中的行为如果作为针对任何平民人口的广泛或有系统的攻击的一部分就构成危害人类罪。[2]构成危害人类罪的攻击必须是规约第7条第2款第1项所说的根据国家或组织的政策或为推行国家或组织的政策而为，因此针对平民人口的攻击意味着根据国家或组织的政策或为推行国家或组织的政策，从事规约第7条第1款所说的对平民人口多次实施的行为。[3]分庭然后采用第7条第2款第1项中的"政策"要求，讨论了第7条第1款中的"广泛"的含义，认为政策"保证了攻击还必须是全面组织的和遵循一定模式的，即使攻击发生在大范围的地理区域或针对大量的受害者"。[4]同样，在确定第7条第1款中的"有系统"的概念时，分庭引入了第7条第2款第1项的"数量众多的受害者"的要求，认为"数量众多的受害者确保了攻击为规约第7条第1款所指的一项行为有众多的受害者"。[5]

实际上，该审判分庭采用的方法是，平等地考虑第7条第1款和第2款第1项中的所有因素，并将它们交叉结合。结果，该分庭将第7条第1款中的"广泛的或有系统的攻击"实际转变成"广泛和有系统的攻击"。[6]这违反了规约的明确规定，也违反了规约谈判代表的意愿，他们意在把第7条第2款第1项的门槛设置得较低[7]，而第7条第1款的门槛设置得较高。不区别第7条第1款和第7条第2款第1项的适用是个误导。

第二预审分庭在本巴（Bemba）案中采用了"两步法"。首先，把第7条第1款的讨论与第7条第2款第1项的讨论分开。该分庭首先确定是不是"攻击"，它取决于第7条第2款第1项的两个累积条件："政策"和"多次实施行为"。然后，审查攻击是否满足更高层次的"广泛的"或"有系统的"条件。在第二阶段，就可以不参考第7条第2款第1项的规定，因为第7条第2款第1项规定的条件低于第7条第1款的"广泛的"或"有系统"的门槛。"广泛的"或"有系

---

〔1〕 Herman von Hebel and Darryl Robinson, "Crimes with the Jurisdiction of the Court", p. 95.

〔2〕 Katanga Confirmation of Charges, para. 391.

〔3〕 Katanga Confirmation of Charges, para. 393.

〔4〕 Katanga Confirmation of Charges, para. 396.

〔5〕 Katanga Confirmation of Charges, para. 398.

〔6〕 Morten Bergsmo and SONG Tianying (eds.), *On the Proposed Crimes Against Humanity Convention*, p. 96.

〔7〕 Herman von Hebel and Darryl Robinson, "Crimes with the Jurisdiction of the Court", p. 97.

统"的攻击通常已包含了第 7 条第 2 款第 1 项规定的累积要求。[1] 这样就会避免出现把攻击变成要满足"广泛的和有系统的"这一错误了。

2. 行动或不行动。国家或组织针对平民人口攻击的政策不需要形式化。[2] 鉴于至今被起诉的大多数危害人类的罪行都涉及国家或组织的代理人直接实施了暴行的行动,[3] 那么是否应该把国家或组织的行动要求纳入政策要件中? 国家或组织的政策是否也可以从它们的不行动中推导出来? 这些问题在制定危害人类罪的犯罪要件时引起激烈的争论。一些支持纳入行动要求的代表认为,基于自身意志的个人犯罪潮与危害人类罪的不同之处就在于具有重要权力和责任或掌握广泛资源的国家或组织是否参与。国家可能有很多理由对犯罪行为不采取行动,例如不知悉犯罪,或权力当局崩溃,或不能够做出反应。如果把这些情况都等同于有实施攻击的政策,把个人的犯罪潮视为危害人类罪是不公的。纳入国家或组织的行动要求可以保证,在一切情况下可见到国家或组织对犯罪行为的支持或鼓励。[4]

至于国家的不作为,这些代表认为这可能是诸多原因导致的。比如没有意识到犯罪的发生、政权的瓦解或其他不可能做出反应的情形。因此,将这种无法采取行动的情况等同于一项"参与攻击的政策",从而将个人犯罪转化为危害人类罪的做法是不公平且不正确的。将国家或组织的行动要素包含其中可以保证在任何情况下,一项政策的存在都必须有国家或组织明显的支持或鼓励。[5] 然而,国家或组织可能会通过不采取行动刻意助长犯罪行为,例如,以默许、容忍、宽恕、含蓄地认可等不行为鼓励犯罪。[6] 代表团也并不愿排除国家或组织通过故意的不行为来鼓励犯罪的情形。瑞士提议,可将有关的犯罪要件草案条款替换为:"一般,一项政策是由国家或组织的行动予以实施的。然而在某些情况下,也可

---

〔1〕 Morten Bergsmo and SONG Tianying (eds.), *On the Proposed Crimes Against Humanity Convention*, p. 97.

〔2〕 *Prosecutor v. Callixte Mbarushimana*, Decision on the confirmation of charges, 16 December 2011, ICC -01/04 -01/10 -465 - Red, para. 263.

〔3〕 Morten Bergsmo and SONG Tianying (eds.), *On the Proposed Crimes Against Humanity Convention*, p. 130.

〔4〕 Roy S. Lee, *The International Criminal Court*, *Elements of Crimes and Rules of Procedure and Evidence*, p. 74.

〔5〕 Roy S. Lee, *The International Criminal Court*, *Elements of Crimes and Rules of Procedure and Evidence*, p. 74.

〔6〕 Morten Bergsmo and SONG Tianying (eds.), *On the Proposed Crimes Against Humanity Convention*, p. 130.

能由国家或组织的不行动予以实施以故意鼓励这种攻击。"[1]这项提议引起了各国广泛的兴趣，然而坚持行动要求的国家强调仍需要有一个鼓励和支持犯罪的实际政策，不能仅以容忍或沉默推论不采取行动就是一项政策，一定要考虑不采取行动的环境。[2]

最后，由于时间紧迫，代表团同意代理协调员提出的一项最终建议——在犯罪要件正文中保留行动要求，并在脚注中规定不行动的特殊情形[3]："以平民人口为攻击对象的政策一般由国家和组织的行动实施。在特殊情况下，这种实施的方式是刻意不采取行动，刻意以此助长这种攻击。不能仅以缺乏政府或组织的行动推断存在这种政策。"[4]值得一提的是，国家的政策可以由不行动实施是代表团的多数意见[5]，尽管它出现在脚注里而不是正文里。对于行动与政策的关系，只有把文本和脚注一起读才能正确理解。

3. 国际刑事法院的实践。国际刑事法院在姆巴鲁希马纳（Callixte Mbarushimana）案中遇到了政策要件问题。第一预审分庭以没有满足政策的要件为由，没有确认对姆巴鲁希马纳危害人类罪的指控。[6]分庭多数法官认为，人权观察报告虽然详细说明了卢旺达民主解放军（FDLR）对基伏（Kivu）省平民进行攻击的一些事件，但还不至于认为这种攻击是为了推行卢旺达民主解放军的命令或政策而攻击当地平民，或为了造成检察机关所说的人道主义灾难。分庭还认为，2010年6月1日联合国《法外处决、即审即决或任意处决问题特别报告员的报告》关于卢旺达民主解放军追求故意袭击平民的策略陈述，至多强调了卢旺达民主解放军的运动是为了恐吓勒索、报复被称支持刚果民主共和国政府或与刚果民主共和国军队合作的那些平民。分庭认为，《罗马规约》第7条要求的政策要素不需要有一个形式，但是检察官的指控和证据有几处不一致，无法使分庭有实质理由相信卢旺达民主解放军追求故意攻击平民人口，无法推导出有所谓的造

---

[1] Roy S. Lee, *The International Criminal Court*, *Elements of Crimes and Rules of Procedure and Evidence*, p. 75.

[2] Roy S. Lee, *The International Criminal Court*, *Elements of Crimes and Rules of Procedure and Evidence*, p. 75.

[3] Roy S. Lee, *The International Criminal Court*, *Elements of Crimes and Rules of Procedure and Evidence*, p. 76.

[4] 《犯罪要件》第7条"危害人类罪"导言第3款脚注6。

[5] Morten Bergsmo and SONG Tianying（eds.），*On the Proposed Crimes Against Humanity Convention*, p. 132.

[6] *Prosecutor v. Mbarushimana*，Decision on the confirmation of charges，ICC – 01/04 – 01/10 – 465 – Red，16 December 2011.

成人道灾难的政策。[1]

《罗马规约》中明确承认政策对犯危害人类罪所起的作用，反映了危害人类罪的构成要件从与战争的联系转变成与国家或组织政策的联系。[2]国际刑事法院虽然目前还没有关于国家或组织以不行动实施政策的判例，但是承认国家或组织可以故意不采取行动助长犯罪行为。当然，要从不行动中推导出政策，必须要看国家是否有办法知悉犯罪，是否能够采取措施维持秩序和防止、惩治犯罪但没有这样做。[3]

四、明文规定"明知"要素

在《罗马规约》之前，相关国际法律文件均没有在条文中对危害人类罪的犯罪意图作出明确规定。实践中，不论从被告人的角度还是从起诉方的角度，主观要件都是至关重要的，对犯罪意图水平的不同要求直接影响检察官选择哪些人作为被告人。因而在这一点上，《罗马规约》对国际法的发展具有非常积极的影响。

《罗马规约》第7条明文规定了"明知"标准，且在《犯罪要件》第7条"危害人类罪"导言的第2款进一步阐述了这项犯罪的心理要素。在《罗马规约》制定过程中，代表们同意行为人应当对其犯罪行为实施的背景，即针对平民人口的攻击有一定了解，这既是规约也是法理的要求。然而关于"明知"的具体内容却存在着很大的分歧。

（一）对"攻击"的认知

争议问题之一是，被告除了认识到存在一项针对平民人口的攻击，是否还需知道攻击"广泛或有系统"的特征。加拿大和德国的提案主张不需要知道后者。这些代表认为第7条只提及了明知一项"攻击"，并没有具体要求明知攻击"广泛或有系统"的特征。因而他们认为，被告只需要知道攻击本身的存在就满足了犯罪的心理要件。

美国、法国等其他国家代表认为明知要素应包含对攻击"广泛或有系统"的特征的认知。这些代表团援引了关于明知"广泛或有系统的攻击"的法

---

〔1〕　*Prosecutor v. Mbarushimana*，Decision on the confirmation of charges，ICC－01/04－01/10－465－Red，paras. 261～263.

〔2〕　Kai Ambos，*Treatiese on International Criminal Law*，*Vol. II*：*The Crimes and Sentencing*，Oxford University Press，2014，p. 67.

〔3〕　Roy S. Lee，*The International Criminal Court*，*Elements of Crimes and Rules of Procedure and Evidence*，p. 76.

理[1]，并且援引了《罗马规约》的法文文本："cette attaque（the attack）"，这一词语被普遍理解为涉及上述两个方面，既包括攻击本身也包括其"广泛或有系统"的特征。

最后，美国提出了折中方案，一方面要求行为人"明知存在广泛或有系统的攻击"，另一方面又说明"不应被解释为必须证明行为人知道攻击的所有特征"。这个折中的方案留下了一个模糊之处，即攻击的哪些特征应当被行为人明知。这个问题留给法官根据其经验和具体案情来决定最佳的方案。[2]

（二）对政策的认识

加拿大、德国的提案还提出，不要求行为人明知攻击背后的政策。一般情况下，一项政策的存在可以由法院根据相关事实和情况推断出来。这些代表认为检察官不需要证明被告人明知攻击的背后存在着政策。其他代表团则认为，对一项攻击的"明知"在逻辑上必然包含了对有关政策的认知。因为没有政策的存在，就没有"攻击"。[3]

在《犯罪要件》第7条导言第2款最后的规定中，没有明确提及对政策的明知。第2款中规定不需要行为人知道政策的细节。这暗示着行为人可能需要对政策有一定的认知，但对这种认知内容的规定非常模糊。

此外，虽然《前南刑庭规约》和《卢旺达刑庭规约》并未在条文中明确规定"明知"的犯罪意图，但《罗马规约》关于"明知这一攻击存在"的要求与两个特设法庭的判例是相一致的。两个特设法庭的结论是，行为人必须知道存在一项针对平民人口的攻击，并且知道他的行为是这项攻击的一部分。此外，"明知"既可以是实际的，也可以是推定的，具体来说，不需证明犯罪人知道其行为是残忍的或者达到了危害人类罪的标准。[4]

由此可见，《罗马规约》关于"明知"要件的规定因循了两个特设法庭的实践。同时，《犯罪要件》对其作出的解释是对分歧代表各方作出平衡的结果，关于"明知"的具体内容留给法官根据自身经验和案件的实施情况来作出考量。

---

〔1〕 比如，持反对意见的代表们援引了卡依西玛（Kayishema）案、塔迪奇案中的相关推理。

〔2〕 Roy S. Lee, *The International Criminal Court*, *Elements of Crimes and Rules of Procedure and Evidence*, p. 72.

〔3〕 Roy S. Lee, *The International Criminal Court*, *Elements of Crimes and Rules of Procedure and Evidence*, p. 73.

〔4〕 *Prosecutor v. Tadić*, Opinion and Judgment, Trial Chamber, 7 May 1997, IT–95–1, para. 657.

第三节 《罗马规约》中危害人类罪具体罪目的新发展

一、驱逐出境或强行迁移人口

二战之前，虽然从一国或被占领土上驱逐国民和外国人偶尔会引发国际上的谴责，但驱逐出境还不是一项国际罪行。例如，在一战之后，发生在希腊和土耳其之间的强制人口交换实际上是《洛桑条约》的要求。[1]此外，1945年，二战结束时，将德国国民驱逐出中欧以及东欧的一些国家的行为得到了同盟国的支持。[2]

二战后，《纽伦堡法庭宪章》第6条第3款首次将"驱逐出境"定义为一项危害人类的罪行。此后，任何与国际法相违背的，从一国或被占领土上驱逐国民以及外国人的行为，均被视为一项危害人类罪，同时也是一项战争罪。在《前南刑庭规约》第5条第4款、《卢旺达刑庭规约》第3条第4款以及《罗马规约》第7条第1款第4项之中，驱逐出境均被视为一种危害人类罪行。不同的是《罗马规约》增加了"强行迁移人口"的内容。

（一）驱逐出境与强行迁移人口的区别

1919年巴黎和会报告和1973年《种族隔离公约》均将发生在一国境内的强行迁移人口视为一项危害人类罪行。在罗马外交会议之后，在东帝汶法庭据以建立的规定中，也将该行为纳入危害人类罪的范围。与之类似，在一国领土内的强制迁离行为也被国际人道法所禁止。[3]

虽然这两个术语的意义在国际法的发展过程中并不完全一致，但是一般认为，"驱逐出境"意为强迫人口从一国迁移到另一国家，"强行迁移人口"则指发生在一国境内的、强制人口从一个区域迁移到另一区域的行为。[4]此种观点的根据是：国际法委员会在1996年《治罪法草案》评注中将第18条第7款解释为

---

[1] Otto Triffterer, *Commentary on the Rome Statute of the International Criminal Court: Observers' Notes, Article by Article*, 2nd Edition, p. 195.

[2] Otto Triffterer, *Commentary on the Rome Statute of the International Criminal Court: Observers' Notes, Article by Article*, 2nd Edition, p. 195.

[3] Otto Triffterer, *Commentary on the Rome Statute of the International Criminal Court: Observers' Notes, Article by Article*, 2nd Edition, p. 197.

[4] Otto Triffterer, *Commentary on the Rome Statute of the International Criminal Court: Observers' Notes, Article by Article*, 2nd Edition, p. 194.

"驱逐出境意指驱逐出一国的领土范围，而强行迁移人口可以发生在一国的国境之内"。除了这个根本性不同，驱逐出境与强行迁移人口在具体应用和构成要素方面都基本一致。"两罪所保护的价值基本相同，即'受害者留在自己家园和社会的权利以及私有财产不被强制转移到另一处所的权利'。"[1]

《前南刑庭规约》和《卢旺达刑庭规约》仅仅将驱逐出境纳入了危害人类罪的范围，对于"强行迁移人口"，虽然没有明文规定，但法庭常常通过四种方法对其进行归罪：其一，将其解释为广义的"驱逐出境"。其二，将其解释为迫害行为。其三，将其解释为其他不人道行为。在前南法庭的布拉戈耶维奇（Blago-jević）案中，法庭认为强行迁移人口行为与《前南刑庭规约》第 5 条所禁止的行为"有着相似的严重性，都引起了精神上或肉体上严重的伤害，是故意地实施对人格尊严的攻击"。[2]此外，在布尔达宁（Brdanin）案中，法庭认为"强行迁移人口（应）作为其他不人道行为受惩罚"。[3]其四，将其作为一项战争罪。一般来讲，法庭惯常采用第二、三种方法。

《罗马规约》虽然明确提出了"强行迁移人口"，但并没有明确地阐述"驱逐出境"和"强行迁移人口"的区别。考察《罗马规约》关于该条的起草历史，在预备会议上，代表们认识到了驱逐或强迫大量人口离开一国的领土和在一国境内发生的驱逐或强迫迁移之间存在着不同。[4]由此可以认为《罗马规约》是承认两者的一般区别的，即，"驱逐出境"是指将人口驱逐出一国领土范围内，而"强行迁移人口"是指发生在一国境内的迁移。[5]

（二）本罪的犯罪构成要件

1. 强行与其他强制性行为。《犯罪要件》第 1 款虽然仅仅重复了第 7 条第 2 款第 4 项的"驱逐或其他强制性行为"，但并没有做出进一步的解释，鉴于脚注12 对于"强行"一词的解释非常宽泛，"其他强制性行为"也应当包括一切使人们远离家园的胁迫行为。这些行为包括对生命的威胁，毁掉受害者的家园，或者其他形式的迫害，比如剥夺人们受雇佣的权利，使其无法接受教育或者强迫其佩

〔1〕 *Prosecutor v. Milosevic*, Decision on Motion for Judgment of Acquittal, 16 Jun 2004, IT – 02 – 54 – T, para. 69.

〔2〕 *Prosecutor v. Blagojevic*, Decision on Motion for Judgment of Acquittal *pursuant to Rule 98 bis*, 5 April 2004, *IT – 02 – 60 – T*, para. 54.

〔3〕 *Prosecutor v. Brdanin*, Judgement, Trial Chamber, 1 Sep. 2004, IT – 99 – 36 – T, para. 544.

〔4〕 Otto Triffterer, *Commentary on the Rome Statute of the International Criminal Court: Observers' Notes, Article by Article*, 2nd Edition, p. 198.

〔5〕 See Kai Ambos, *Treatise on International Criminal Law*, Vol. II: *The Crimes and Sentencing*, p. 86 and footnote 305.

戴代表其宗教信仰的标志等。[1]在前南刑庭的科尔诺耶拉茨（Krnojelac）案中，上诉庭认为是缺乏真实的选择使得强行迁离行为违背法律。[2]

在国际刑事法院检察官诉鲁托（Ruto）等人案中，预审分庭认为，应当对"驱逐出境"和"强行迁移人口"在法律解释上进行一定的区分。根据《犯罪要件》，本罪的第一要件为"行为人……以驱逐或其他强制性行为，将一人或多人驱逐出境或强行迁移"，对此规定进行文意解释可以得出如下结论：驱逐出境和强行迁移人口是一项具有开放性行为方式的犯罪，即行为人可能实施许多不同的，可以被称作"其他胁迫方式"的行为使受害人离开他所合法留在的区域。[3]

在该案中，检察官称，2007年12月30日至31日，被告在对图尔博城（Turbo）进行的攻击中，对属于民族联盟党（PNU）支持者的房屋和商店浇灌汽油并点火，检察官认为这些攻击造成了受害人房屋和商店的毁灭，致使上千人口到当地的派出所栖居。由此法庭认为，被告对图尔博城的受害人实施了强行迁移。[4]

此外，在检察官诉穆萨乌拉（Muthaura）等人案中，法庭认为，本案中的行为造成了受害人家园的毁灭，对受害人的杀害、伤害、强奸以及宣称"所有的卢奥人都必须离开"，都构成了"强迫"，导致了被袭击的居民离开家园，寻求难民营的庇护。[5]

2. 一人或多人。"强行迁移人口"要求一定数量的人口非自愿转移，而不是对个人的非法转移，除非转移个人是转移一定数量人口的组成部分。而《犯罪要件》关于本罪的第1款仅仅要求"将一人或多人驱逐出境或强行迁移"。这种规定意在确保那些从目标人群中转移一个或多个个人的较低等级的行为人受到法律的制裁。否则，将仅指控那些强行迁移大量人口的高等级的行为人，而他们的从犯将得以逃避法律责任。[6]

---

〔1〕 Otto Triffterer, *Commentary on the Rome Statute of the International Criminal Court: Observers' Notes, Article by Article*, 2nd Edition, p. 250.

〔2〕 *Prosecutor v. Krnojelac*, Judgement, Appeals Chamber, 17 Sep. 2003, IT – 97 – 25 – A, para. 229.

〔3〕 *Prosecutor v. Ruto at al.*, Decision on the confirmation of charges, 23 Jan. 2012, ICC – 01/09 – 01/11, para. 244.

〔4〕 *Prosecutor v. Ruto at al.*, Decision on the confirmation of charges, para. 248.

〔5〕 *Prosecutor v. Francis Kirimi Muthaura, Uhuru Muigai Kenyatta and Mohammed Hussein Ali*, Decision on the confirmation of charges, 23 Jan. 2012, ICC – 01/09 – 01/11, para. 244.

〔6〕 Otto Triffterer, *Commentary on the Rome Statute of the International Criminal Court: Observers' Notes, Article by Article*, 2nd Edition, p. 249.

3. 行为人知道确定这些人留在有关地区的合法性的事实情况。本罪唯一具体的主观要件是行为人知道确定这些人留在有关地区的合法性的"事实情况",这意味着并不需要证明犯罪者对受害人出现在一个领域的合法性进行法律上的认定。

二、性暴力犯罪

首次将强奸视为一项危害人类罪而不是战争罪的是《第 10 号法令》。它明确将强奸视为一项危害人类罪,但并未包含其他形式的性暴力。不过以此为依据的法庭并没有有关强奸方面的案例。

国际人道法也没有明确阐述强奸和其他性暴力行为。强奸并没被视为一项严重破坏 1949 年日内瓦四公约的行为。直接提及此种行为的条款是《日内瓦第四公约》第 27 条,该条规定应当保护女性免其荣誉受辱,尤其是强奸、强迫卖淫或任何形式的非礼的侵犯。虽然在一定程度上这是一种进步,但是这种将性暴力归类为对女性名誉的攻击的定义是建立在这样一种观点的基础之上:即女性为其成为强奸行为的受害者感到耻辱。这种观点否定了女性由于性暴力犯罪遭受的精神上和肉体上的巨大伤害。[1]这个瑕疵也影响了 1977 年通过的两个日内瓦四公约附加议定书。两个议定书都禁止发生在国内或国际武装冲突中的强奸和其他形式的性暴力犯罪,但仍将它们视为对名誉和尊严的攻击。[2]

由于前南斯拉夫发生了大量的强奸和其他性犯罪行为,《前南刑庭规约》第 5 条第 7 款和之后的《卢旺达刑庭规约》第 3 条第 7 款都明确地将强奸视为一项危害人类罪,但没有明确提及其他性暴力行为。

卢旺达刑庭在阿卡耶苏案中首次判定被告对强奸行为负有刑事责任,并且将其定义为一项危害人类罪。前南刑庭在 1996 年的加戈维奇(Gagović)案中,第一次在起诉书中将强奸定义为一项独立的、特定的罪行。检察官在起诉书中称此种罪行是对《前南刑庭规约》第 2 条的严重违反,且违背了战争法和战争惯例,并且是一项危害人类的罪行。[3]

1996 年《治罪法草案》第一次明确地将除强奸以外的强迫卖淫和其他形式的性虐待行为纳入危害人类罪的范围内。

《罗马规约》第 7 条第 1 款第 7 项和第 2 款第 6 项并不是法庭得以对性暴力

---

[1] B. Bedont and K. Hall – Martinez, "Ending Impunity for Gender Crimes under the International Criminal Court", *Brown J. World Aff*, Vol. 6, 1999, pp. 70 ~ 71.

[2] Add. Prot. I, articles 75 para. 2 (b) and 76; and Add. Prot. II, article 4 para. 2 (e).

[3] *Prosecutor v. Gagovic*(*Foca*), Indictment, 26 June 1996, IT – 96 – 23 – 1.

行为实行管辖权的唯一依据，法庭还可以依据第 8 条对这些行为进行管辖，即将其视为发生在国际或非国际武装冲突中的战争罪，或将其视为违反第 6 条的灭绝种族罪，或将其视为危害人类罪中的虐待、性别迫害或其他不人道行为。这是《罗马规约》相对于以往将这些犯罪视为对女性名誉的侵害的国际文件的巨大进步，因为将它们作为国际犯罪予以制止和惩罚还可能对维护国际和平和安全做出贡献。[1]此外，这些条款同样适用于男性。

（一）强奸罪

从《犯罪要件》考察，《罗马规约》对于强奸罪的规定一方面沿袭了传统的强奸罪定义，即由犯罪行为者的行为和被害人受到强迫两方面组成。另一方面又遵循前南刑庭和卢旺达刑庭对强奸行为作出的比较宽泛的定义，即行为人以性器官"侵入"某人身体的一部分，或以任何物体或身体其他部位侵入被害人的性器官，即可构成强奸罪。

在加丹加案的判决中分庭再次阐述了作为危害人类罪的强奸罪的构成，分庭强调，强奸的第一个构成要素是确立行为人以其行为造成侵入一个人的身体的后果，即使行为人没有从事侵入行为。行为人可以自行或导致或促使这种侵入。但无论如何，必须包括以性器官侵入受害人身体的任何部分，或以任何物体或身体的任何其他部分侵入性器官，不管侵入多么轻微。[2]

第二个构成要素是犯罪的环境和条件，被害人必然受到强制或胁迫，被害人无能力给予真正的同意。关于"胁迫"这一术语，国际刑事法院在加丹加案中注意到卢旺达刑庭在阿卡耶苏案件中的解释：强迫情形并不一定指"直接使用武力"，"威胁、恐吓、勒索和其他足以使（受害人）陷入恐惧和绝望境地的强迫行为也可能构成强迫情形"。此外，"在某些情况下，强迫可能是内在的"，比如在武装冲突或军事人员在周围存在的情况下。[3]还包括行为人利用一个人由于自然环境、被诱导或年龄原因而没有能力给予真正的同意的情况。[4]分庭指出，犯罪构成要件没有提到受害人不同意，因此不需要予以证明。该罪明确要惩罚在武力威胁或强迫下所犯的侵入行为，武力威胁或强迫包括使用暴力、胁迫、拘留、施加心理压力或滥用权力等手段造成的威胁，或利用胁迫环境进行的侵入行

---

〔1〕 Kai Ambos, *Treatise on International Criminal Law*, Vol. II: *The Crimes and Sentencing*, p. 93.

〔2〕 *Prosecutor v. Katanga*, Judgment pursuant to article 74 of the Statute（"Trial Judgment"）, 7 March 2014, ICC – 01/04 – 01/07 – 3436 – tENG, para. 963.

〔3〕 *Prosecutor v. Katanga and Mathieu*, Decision on the confirmation of charges, para. 440.

〔4〕 *Prosecutor v. Katanga*, Trial Judgment, para. 964.

为。确立一个强制性的情况或条件就足矣。[1]

（二）性奴役

与两个特设刑庭规约不同，《罗马规约》第 7 条第 1 款第 7 项规定了性奴役犯罪。

尽管《罗马规约》第 7 条第 1 款第 7 项将性奴役作为一项独立的罪行列出，但是性奴役也是奴役的一种特殊形式。有关奴役罪的脚注 11 和有关性奴役罪的脚注 18 还介绍了 1956 年的《废止奴隶制、奴隶贩卖及类似奴隶制的制度与习俗补充公约》规定的一些关于奴役的特殊形式，如"债奴、农奴、强迫结婚以及各种形式的童工等"。[2]

性奴役的形式多种多样，包括强迫妇女和少女结婚，被迫成为家庭奴役，或其他最终涉及性行为发生的强迫劳动，包括被他们的俘虏者强奸。性奴役的形式还可能包括"将妇女拘留在'强奸营地'或'慰安妇驻地'，强迫其与士兵暂时'结婚'以及将妇女作为奴隶对待的其他行为"。[3]这些行为均属于事实上和法律上的奴役，并且违反了禁止奴役的强行性规范。总之，"性"这一词语表明了这项特殊的奴役犯罪的后果：限制他人的自主权、行动自由以及决定关乎他人性行为的权利。[4]

在国际刑事法院的翁古文（Ongwen）案中，检察官指控被告以强迫婚姻的形式犯了危害人类罪中的其他非人道行为。而辩护律师认为该行为应纳入性奴役罪。[5]预审分庭参考了塞拉利昂特别法庭和柬埔寨法院特别法庭的有关判例，[6]指出了强迫婚姻与性奴役的区别。强迫婚姻通常对受害人的犯罪带有性的或奴役的性质。而且，她们被限制行动自由、屡遭性虐待、被强迫怀孕或劳动，特别是被强迫做家务。[7]强迫婚姻的核心内容是不顾受害人的意愿将"婚姻"、与婚姻有关的义务，以及成为犯罪实施者的"妻子"的社会地位强加于受害者。当地政府是否承认这种"婚姻"是非法的无关紧要。重要的是，这种所谓的"婚姻"实际上是强加给受害者的，随之而来的是对她的社会耻辱。与性奴役不同的是，

---

[1] *Prosecutor v. Katanga*, Trial Judgment, para. 965.

[2] *Prosecutor v. Katanga and Mathieu*, Decision on the confirmation of charges, para. 430.

[3] *Prosecutor v. Katanga and Mathieu*, Decision on the confirmation of charges, para. 431.

[4] M. Cherif Bassiouni, "Enslavement as an International Crime", *N. Y. U. J. Int'l L & Pol*, Vol. 23, 1991, p. 458.

[5] *Prosecutor v. Ongwen*, Decision on the confirmation of charges against Dominic Ongwen, 23 March 2016, ICC – 02/04 – 01/15 – 422 – Red, paras. 86 ~ 87.

[6] *Prosecutor v. Ongwen*, Decision on the confirmation of charges against Dominic Ongwen, paras. 89 ~ 90.

[7] *Prosecutor v. Ongwen*, Decision on the confirmation of charges against Dominic Ongwen, para. 92.

强迫婚姻意味着排他性的夫妻关系，破坏这种专属的安排可能导致纪律惩罚的后果。而性奴役在施害人和被害人之间没有这种排他的性关系。[1]其实，强迫婚姻涉及性犯罪，但主要不是性犯罪的问题。分庭指出，强迫婚姻违反了受害人自愿结婚和建立家庭的基本权利。这项基本权利是《罗马规约》第 7 条第 1 款第 11 项所保护的价值。[2]分庭没有支持辩护律师将该行为指控为性奴役罪，而是确认了检察官对被告的其他不人道行为的指控。

（三）强迫卖淫

关于"强迫卖淫"，一直存在着许多不同的观点。常常引起争议的是，性奴役包含了大多数形式的"强迫卖淫"，这些行为常常涉及控制一个受他人胁迫的人从事性活动。但也有观点称用"强迫卖淫"概括性奴役，将后者的范围缩小了，因为前者不包含暴力、强迫和控制。而这些都是性奴役的特征。实际上，"卖淫"这一词语可能会引起误解，即，即使存在强迫的情况，"卖淫"也被视为一种性服务从而构成交易的一部分。更有甚者，这一词语还可能被误解为性活动是由受害者而不是被告人发起的。以前关于强迫卖淫的定义将重点放到了对女性尊严的"不道德的攻击"，这和强奸没有被国际文件明确定义为一项罪行，而是视为对名誉的侵犯时的情形十分相似。它忽视了行为的强迫特征和受害者遭受的痛苦。

与定义奴役的规定相比，关于强迫卖淫的定义是非常模糊不清的。因此，有些相关文件认为"强迫卖淫"是对将来可能发生在武装冲突中的性暴力犯罪进行指控时的一项潜在的、并且有限制的、可以选择的工具。有学者认为，《罗马规约》中包含强迫卖淫罪，是为了将那些不能满足奴役条件的情形纳入管辖范围。

纳入强迫卖淫罪可以规范这样一种情形：不构成奴役，但是当事人必须被迫做出某些性行为以获得生存的必要条件或者避免遭受进一步的伤害。尽管卢旺达刑庭在阿卡耶苏案中将构成强奸的要素定义得非常宽泛，但如果达不到强奸所必需的强迫、胁迫或武力威胁的要素，这些情形可能也不能构成强奸罪。不过，强迫卖淫可以当然地包含在"其他形式的性暴力"中。在一些情形下，如果强迫卖淫的行为既不能被指控为强奸，也不能被指控为性奴役，通常会将其指控为其

---

[1] *Prosecutor v. Ongwen*, Decision on the confirmation of charges against Dominic Ongwen, para. 93.

[2] *Prosecutor v. Ongwen*, Decision on the confirmation of charges against Dominic Ongwen, para. 94.

他形式的性暴力犯罪。[1]

《犯罪要件》对强迫卖淫中的"强制性"作出了十分宽泛的定义："行为人迫使一人或多人进行一项或多项性行为，为此采用武力，或针对这些人或另一人实行武力威胁或强制手段，例如以对暴力的恐惧、胁迫、羁押、心理压迫或滥用权力造成强制性情况，或利用强制性环境或这些人无能力给予真正同意的情况"。[2]它可能涵盖了此项犯罪从过去到现在的所有形式。该要件进一步阐明了此项犯罪与一国国内法上规定的普通的卖淫罪完全不同，因为它包含了强迫受害人进行一项或多项性行为的被告人对以这种性行为换取或获取金钱或其他利益的预期，而不是进行性行为人对获取这种利益的预期。[3]

（四）强迫怀孕

强迫怀孕曾经作为一项种族清洗的手段发生在前南冲突中。当时的波斯尼亚主要由三个民族构成，即塞尔维亚族、克罗地亚族和穆斯林。为排挤穆斯林和克罗地亚族，塞族武装除采用战争的方式，还对异族妇女进行大规模的强奸。[4]他们在波斯尼亚冲突中设立了"强奸营地"，许多穆斯林和克族女性被关押在内，塞族武装对这些女性集体施行强奸，以此来达到减少其他两个民族的人口的目的。[5]

经过一系列的磋商，强迫怀孕被纳入法院的管辖范围内。但此问题十分具有争议性，因为一些代表害怕禁止提供流产服务的政策可能被解释为强迫怀孕。因此，根据《犯罪要件》的规定[6]，强迫怀孕的构成应同时具备三个要点：①怀孕：妇女必须被强迫怀孕。此处的"强迫"包括强奸致使怀孕，或非法使用医疗手段致使怀孕，还包括强迫维持怀孕，不准堕胎。[7]②禁闭：《罗马规约》和《犯罪要件》均没有对"禁闭"作出解释，按常识来讲，禁闭应指对自由的剥夺。[8]③意图：《罗马规约》规定了两项意图：其一，为了影响某一族裔的构成，显然，行为人和被害人应分属于不同的族裔。其二，进行其他严重违反国际

---

〔1〕 Otto Triffterer, *Commentary on the Rome Statute of the International Criminal Court: Observers' Notes, Article by Article*, 2nd Edition, p. 213.

〔2〕 参见《犯罪要件》第7条第1款第7项 -3：危害人类罪——强迫卖淫。

〔3〕 Otto Triffterer, *Commentary on the Rome Statute of the International Criminal Court: Observers' Notes, Article by Article*, 2nd Edition, p. 213.

〔4〕 李明奇、廖恋："论危害人类罪中的性暴力犯罪"，载《刑法论丛》2013年第2期。

〔5〕 李明奇、廖恋："论危害人类罪中的性暴力犯罪"，载《刑法论丛》2013年第2期。

〔6〕 参见《犯罪要件》第7条第1款第7项 -4：行为人禁闭一名或多名被强迫怀孕的妇女，意图影响任何人口的族裔构成，或进行其他严重违反国际法的行为。

〔7〕 Kai Ambos, *Treatise on International Criminal Law, Vol. II: The Crimes and Sentencing*, p. 102.

〔8〕 李明奇、廖恋："论危害人类罪中的性暴力犯罪"，载《刑法论丛》2013年第2期。

法的行为，例如包括进行灭绝种族的犯罪。[1]一些国家的代表担心这项犯罪的规定会限制国家根据本国宪法或相关原则对生育作出规定。为了消除他们的担心，第7条第2款第6项特别规定，强迫怀孕的定义是"不得以任何方式解释为影响国内关于妊娠的法律"。

在国际刑事法院翁古文案中，检察官指控被告犯了危害人类罪中的强迫怀孕罪。[2]预审分庭指出，强迫怀孕罪的相关行为是"非法禁闭妇女强迫其怀孕"。因此，禁闭的行为必须带有特别意图。强迫怀孕罪并不取决于罪犯是否使妇女怀孕，只要求罪犯知道该妇女怀孕了，而且她是被迫怀孕的。强迫怀孕罪的实质是非法将受害人置于无法选择其是否继续怀孕的境地。[3]预审分庭同意检察官的意见，翁古文禁闭已被强迫怀孕的妇女，意图严重违反国际法，包括强迫她们为妻、强奸、性奴役、奴役和折磨她们，根据可适用的法律和提供的证据，足以确认对被告的强迫怀孕罪的指控。[4]

（五）强迫绝育

这项罪行主要惩罚那些在二战背景下，发生在集中营，针对战俘和平民进行医学实验的行为。缺乏同意的绝育如果具备全部或部分毁灭一个特殊族群的意图就可以构成种族灭绝。其实，强迫绝育是《罗马规约》第6条"灭绝种族罪"第4款"强制施行办法，意图防止该团体内的生育"的一种形式。

此罪的《犯罪要件》为：①行为人剥夺一人或多人的自然生殖能力。②行为缺乏医学或住院治疗这些人的理由，而且未得到本人的真正同意。[5]对于第一要件是非常有争议的，在规约制定过程中，有些国家希望将对所有居民都适用的强制措施排除在外，但脚注19将不具有长期作用的节育措施排除在外。有人怀疑这一排除性条款是否与国际法相一致，认为即使在一个受保护的群体内部采用非长期的节育措施，也有可能通过减少该群体的出生率而犯下种族灭绝的罪行。此外，这种非长期的节育措施还有可能侵犯人权，尽管它可能并不是歧视性的，适用于全体居民，仍然侵犯了个人的家庭免受专制干涉的权利。[6]

（六）其他形式的性暴力

性暴力是一个比强奸更加宽泛的词语，它可以包含一切以性为形式的暴力。

---

〔1〕 Kai Ambos, *Treatise on International Criminal Law*, Vol. II: *The Crimes and Sentencing*, p. 102.

〔2〕 *Prosecutor v. Ongwen*, Decision on the confirmation of charges against Dominic Ongwen, para. 96.

〔3〕 *Prosecutor v. Ongwen*, Decision on the confirmation of charges against Dominic Ongwen, para. 99.

〔4〕 *Prosecutor v. Ongwen*, Decision on the confirmation of charges against Dominic Ongwen, para. 101.

〔5〕 《犯罪要件》第7条第1款第7项 – 5：危害人类罪——强制绝育。

〔6〕 Otto Triffterer, *Commentary on the Rome Statute of the International Criminal Court*: *Observers' Note*, *Article by Article*, 2nd Edition, p. 214.

卢旺达刑庭的阿卡耶苏案判决认为包含强奸行为的性暴力，可以是在强制情形下对个人实施的任何与性有关的行为。性暴力并不局限于对人的身体的直接侵犯，还可以包括那些不涉及侵入甚至肉体接触的行为。性暴力包含了那些直接针对一个人的性别特征而实施的肉体上和精神上的攻击。

和其他性暴力犯罪相一致，《犯罪要件》中的第一个要件对"强制"一词下了一个很宽泛的定义："行为人对一人或多人实施一项性行为，或迫使这些人进行一项性行为，为此采用武力，或针对这些人或另一人实施武力威胁或强制手段，例如以对暴力的恐惧、胁迫、羁押、心理压迫或滥用权力造成强制性情况，或利用强制性环境或这些人无能力给予真正同意的情况。"它与卢旺达刑庭在阿卡耶苏案中的法理相一致。第二个要件："行为的严重程度与规约第7条第1款第7项所述的其他犯罪相若。"这是一个客观的检测。卢旺达刑庭曾有这样的实例，阿卡耶苏命令其手下脱去一个学生的衣服，并令她当众在一个公共的院子里裸体做操。法庭认为这种行为构成了性暴力。[1]第三个要件："行为人知道确定行为严重程度的事实情况"，但并不要求犯罪行为人对行为的严重程度做出法律上的评估。

三、强迫失踪

根据《罗马规约》第7条第2款第9项的规定，强迫失踪是指"国家或政治组织直接地，或在其同意、支持或默许下，逮捕、羁押或绑架人员，继而拒绝承认这种剥夺自由的行为，或拒绝透露有关人员的命运或下落，目的是将其长期置于法律保护之外"。

尽管强迫失踪在《纽伦堡法庭宪章》《第10号法令》或是特设法庭中均没有被定义为一项危害人类罪，但它是许多专制政权和非国家行为体经常实施的一种主要的危害人类罪，尤其是拉美地区曾经恶名昭彰的国家恐怖主义：一开始发生在20世纪60年代的巴西，后来是70年代中期在阿根廷的"肮脏战争"中发生了令人震惊的失踪事件。这些政权将失踪作为一种排除政治异己的恶劣手段，并对受害人的家属否认其对受害人的下落知情且负有责任。这些政权常常插手国家司法制度，受到国家司法制度的支持。

1992年，联合国大会通过了《保护所有人免受强迫失踪宣言》，将此项犯罪描述为一项危害人类罪。《美洲国家间关于人员强迫失踪的公约》在两年后通过。2006年，联合国大会通过了《保护所有人免受强迫失踪国际公约》，其第5条规定强迫失踪是一项危害人类罪。该公约还设定了一项不屈从于强迫失踪的权

---

〔1〕 *Prosecutor v. Akayesu*, Appeals Judgment, para. 688.

利，除此之外，国家有权禁止秘密拘留，以确保人民被官方承认和监管的机构拘留，保证所有被拘留者的记录的维护，保证知晓被拘留者相关信息的权利，以及所有被拘留者都有权对其拘留的合法性提出异议。公约的第 18 条禁止强迫失踪适用豁免法。

首次将强迫失踪作为一项危害人类罪的是 1996 年《治罪法草案》。《罗马规约》第 7 条关于强迫失踪的规定是首次将此罪独立为一项危害人类罪，在此之前，强迫失踪被包括在危害人类罪的“其他不人道行为”中。[1]

就强迫失踪犯罪的构成要件，在国际刑事法院预备委员会拟定《犯罪要件》的过程中，关于强迫失踪的行为要件（客观要件）和心理要件（主观要件）的协商发生了激烈争议：这部分归因于《罗马规约》本身语言的模棱两可，且不同语言的规约版本在总体上存在差异，但主要的原因是本罪的性质极其复杂。本罪的行为过程分为几个阶段，涉及大量参与者，时间跨度长，尽管有着共同的犯罪意图，但参与者并不参与构成本罪的每一个行为，也并不需要知道构成本罪的每一个行为。由此造成的结果是，要找到合适的方式来起诉所有曾经参与过本罪的人变得很重要但又很困难。应当承担刑事责任的人不仅包括实施了第一阶段逮捕、羁押或绑架行为的人，还包括参与了第二阶段拒绝透露被害人下落的人。[2]因此，在提交给预备委员会的各个不同的提案之间存在很大的分歧就不足为奇了。

在一份美国的提案中，具有犯罪的行为（类似于大陆法系中的“实行行为”）包括逮捕、羁押或绑架，而不包括第二阶段拒绝透露消息的行为；[3]几个阿拉伯国家组成的代表团提交的提案要求被告至少实施了此罪每一阶段的一种行为，即他实施了逮捕并同时拒绝透露消息；[4]加拿大、德国的提案则试图尽量接近《罗马规约》的规定，此份提案也就构成了议案一读讨论的基础。[5]它将第一阶段的行为解释为具有犯罪意图的行为（例如，逮捕、羁押或绑架），把第二阶段（例如，拒绝透露消息）作为一种情节，因此，犯罪主体不必一定要涉及第二阶段，但在某种程度上必须对其知晓。然而，以上三种提案最终都被认为过于狭隘，因为关于第二阶段的行为（例如，拒绝透露消息）也应当被作为构成危害人类罪的行为这一观点受到重视。

---

　〔1〕　Herman von Hebel and Darryl Robinson, "Crimes with the Jurisdiction of the Court", p. 102.

　〔2〕　See Roy S. Lee, *The International Criminal Court*, *Elements of Crimes and Rules of Procedure and Evidence*, pp. 95 ~ 96.

　〔3〕　PINICC/1999/DP. 4/ADD. 1.

　〔4〕　PINICC/1999/WGEC/DP. 39.

　〔5〕　PINICC/1999/WGEC/DP. 36.

由于存在着这些争议，关于此种罪行犯罪要件的一读所达成的结果充满了脚注，这表明在几乎所有的基本要件上都存在争议。只是在草案的二读会议上，经过激烈讨论，代表团同意将拒绝承认剥夺自由或拒绝透露有关人员下落涵盖其中，作为具有犯罪意图的行为的一个组成部分。

1. 行为要件。根据《犯罪要件》第 1 款第 1 项和第 2 项的规定，具有犯罪意图的行为包括两个阶段的行为：犯罪行为人逮捕、羁押或绑架一人或多人；或拒绝承认这种行为，或拒绝透露有关的人的命运或下落。这一冗长而清楚的列举不同于《罗马规约》中模糊的语言，极为必要：其一，保证任何一个实施此种罪行的人都要承担责任；其二，反映了此罪多层次的特征，即一方面（第一阶段）剥夺自由，另一方面（第二阶段）拒绝透露消息。换言之，强迫人员失踪在客观方面的行为是复合行为，只要在共同的犯罪意图支配下实施了上述两个阶段的任一行为，就是实施了强迫人员失踪的行为，而不要求行为人必须同时参与了两个阶段。在要件 1 下附加脚注 25，是为了阐明"羁押"一词包括犯罪行为人维持现有羁押状况的行为，比如一个羁押行为的指导者明知其接受并继续控制的人是已由他人的行为而致使失踪的受害者，仍有可能要承担责任，因为他维持了现有的对自由的剥夺状态。[1]

值得注意的是，同样附于要件 1 的脚注 2 明确指出，起初的逮捕或羁押有可能是合法的。因此，当以合法的伪装去逮捕受害人，或者在受害人事实上是一个重罪或普通犯罪嫌疑人的情况下，仍有可能构成强迫人员失踪。换言之，如果符合了强迫人员失踪的犯罪要件，犯罪行为人不能仅仅凭借辩称其最初的逮捕行为是合法的而使自己免责。

要件 2 确立了构成强迫人员失踪罪所必要的关联情节，即剥夺自由（第一阶段）和拒绝透露消息（第二阶段）之间的客观联系。一方面，在实行逮捕、羁押或绑架行为之后，必须客观地存在拒绝透露消息的后续行为；或者在持续羁押的情况下，在实行逮捕、羁押或绑架行为的同时，必须伴随有拒绝透露消息的行为。否则，本罪就尚未完成，检察官或许只能证明存在犯罪未遂。另一方面，反之亦然，即虽然犯罪行为人拒绝透露消息，但必要的剥夺受害人自由的行为要么从未发生过，要么在拒绝行为发生前已经终止，那么也会出现上述的同样结果。

另外，要件 4 和要件 5 具体说明了这一犯罪行为是在国家或政治组织的同意、支持或默许之下实施的。

---

[1] See Roy S. Lee, *The International Criminal Court*, *Elements of Crimes and Rules of Procedure and Evidence*, pp. 101 ~ 102.

2. 心理要件。如上所述，犯罪行为人只需涉及强迫失踪的一个阶段，但要完成强迫失踪罪，两个阶段行为都必须以某种方式发生。这就产生了要求行为人必须对本罪的另一个阶段有所知晓的问题，即行为人必须明知在其行为之外还存在另一个阶段的行为。在讨论该要件时，一些代表团以及非政府组织指出，事实上，被告有可能一完成最初的剥夺自由行为就立即退出，随后的拒绝行为或许由犯罪链条中其他的相关当局通过其他步骤来实施。因此被告人不一定要确切知道任何具体的拒绝行为。为了解决这一问题，最终达成了一项协议，即借用《罗马规约》第30条第2款的用语，只要求被告人知道"在一般情况下（按照事物通常的发展过程）"剥夺自由之后会发生拒绝透露信息的情况。这样就会把以诚意执法的警察排除在本规定适用范围以外，但又会把即便不确切知道任何后续行为，但是知道其行为具有导致"失踪"可能性的人纳入适用范围。有些代表团认为这一结果同适用第30条的结果相同，因此无须规定具体的心理要件。而其他一些代表团则宣称由于本罪独特的结构和复杂性，有必要将心理要件具体化。因此，要件3同脚注27一起被纳入，以明示将此要件纳入其中对第30条不存在损害，在总的引言部分也不会产生欠缺。[1]

四、种族隔离

种族隔离严重侵犯了人类的自由和尊严，破坏了民族之间的平等，是一种极端的种族歧视制度形式，种族隔离是一个民族对另一个民族的歧视和压迫，这种歧视和压迫是有计划、系统化的。[2]种族隔离是《罗马规约》中新增的一项罪名，不曾包含在任何国际法庭的章程中。对种族隔离罪感兴趣的国家主张，把原来潜在包含在其他不人道行为中的种族隔离罪行作为危害人类罪中独立的罪名纳入《罗马规约》的危害人类罪中，是承认它已成为习惯国际人道法[3]，因此，《罗马规约》第7条第1款第10项列明了种族隔离罪，并在第2款第8项对这一罪名进行了进一步的阐释。

"种族隔离罪"首先规定在1973年11月30日联合国大会通过的《种族隔离公约》中，该公约于1976年7月18日正式生效。该公约基于发生在南非共和国的事实情况，列举了基于种族歧视而产生的多种形式的人为掠夺行为，并将这些行为视为危害人类罪行。其他与危害人类罪有关的国际文件也将种族隔离视为危

〔1〕　See Roy S. Lee, *The International Criminal Court, Elements of Crimes and Rules of Procedure and Evidence*, pp. 102~103.

〔2〕　李尤："试析基本人权犯罪内容与人权保护手段"，载《萍乡高等专科学校学报》2007年第4期。

〔3〕　Herman von Hebel and Darryl Robinson, "Crimes with the Jurisdiction of the Court", p. 102.

害人类罪范畴内的"不人道行为"。例如,《战争罪及危害人类罪不适用法定时效公约》规定因种族隔离政策而实施的不人道行为属于"危害人类罪";在联合国大会通过的一系列决议中,种族隔离政策和实践均被视为"危害人类罪";安理会一些决议强调,种族隔离和其延伸出来的行为严重扰乱并威胁国际和平和安全;1996 年《治罪法草案》规定:"基于种族、民族或宗教等原因而对人类基本权利和自由进行侵犯,从而导致一部分居民处于严重不利地位的制度化歧视"也包含在"危害人类罪"这一术语中。

《种族隔离公约》的序文对第 2 条列举的行为入罪的动机进行了明确的说明:"为了使在国内或国际范围内采取更加有效的措施来抑制和惩罚种族隔离罪成为可能"。《种族隔离公约》第 2 条的实质部分列举了六种不同种类的"不人道行为",若这些行为是故意为之,则构成种族隔离罪。此六种行为包括:①剥夺一个种族团体成员的生命和人身自由权;②针对一个种族团体故意施加旨在使其全部或局部灭绝的生活条件;③旨在阻止一个种族团体参与国家的政治、社会、经济和文化生活的立法措施和其他措施;④旨在在按照种族界限划分人民的任何措施;⑤剥削种族团体成员的劳力;⑥迫害反对种族隔离的组织和个人,剥夺其基本权利和自由。[1]

虽然 1996 年《治罪法草案》第 18 条并未明确包含种族隔离罪,但其包含了一项"体制化歧视"[2],《前南刑庭规约》和《卢旺达刑庭规约》均没有此项罪行,《罗马规约》第 7 条第 1 款第 10 项列举了种族隔离罪,其第 2 款作了进一步解释。《犯罪要件》关于此罪的构成要件总结如下:①行为人对一人或多人实施不人道行为;②《罗马规约》第 7 条第 1 款包含此行为,或行为的性质与之相同;③犯罪行为人知道确定行为的性质的事实情况;④行为由一个种族团体针对其他种族团体实施,存在一有计划实行压迫和统治的制度;⑤犯罪行为人打算以这种行为维持这一制度。[3]

综上所述,《罗马规约》第 7 条对危害人类罪的定义是迄今为止规定得最为详细的国际法律条文,它不仅编纂了国际法,还呈现了国际法的渐进发展。[4]在

---

〔1〕 参见《种族隔离公约》第 2 条。

〔2〕 参见《治罪法草案》第 18 条第 6 项:"基于种族、族裔或宗教原因进行侵犯人类的基本权利和自由,致使全体居民中的一部分处于严重不利地位的体制化歧视。"

〔3〕 参见《犯罪要件》第 7 条第 1 款第 10 项。

〔4〕 Roger S. Clark,"History of Efforts to Codify Crimes Against Humanity:From the Charter of Nuremberg to the Statute of Rome",in Leila Nadya Sadat(ed.),*Forging a Convention for Crimes against Humanity*,Cambridge University Press,2011,p.22.

定义方面，它不仅在第 7 条第 2 款第 1 项对"针对平民人口的攻击"做出了解释，也在《犯罪要件》第 7 条的导言部分对"明知"和政策成分做出了进一步的说明。《罗马规约》在为危害人类罪设定门槛时，既去除了《前南刑庭规约》关于危害人类罪与武装冲突关联性的要求，也去除了《卢旺达刑庭规约》关于歧视性要件的要求，使危害人类罪的定义更加符合习惯国际法。

在具体罪目方面，《罗马规约》明确规定了"强行迁移人口"，在性暴力犯罪方面较《前南刑庭规约》、《卢旺达刑庭规约》的规定更为详细，增加了性奴役、强迫卖淫、强迫怀孕、强迫绝育等具体形式的性暴力。此外《罗马规约》第 7 条第 1 款第 9 项还新增了强迫人员失踪，并在《犯罪要件》中对其做了非常详细的解释。

综观《罗马规约》第 7 条，其规定虽然与《前南刑庭规约》、《卢旺达刑庭规约》和以往的主要法律文件有一些不同，但其实质内容在绝大程度上因循了两个特别法庭及以往相关法律机构的规定和法理。尽管历史上关于危害人类罪的主要争议延续到《罗马规约》的制定过程中，《罗马规约》关于危害人类罪的规定在许多方面都是妥协和折中的结果，但不可否认《罗马规约》的明确规定所作的贡献，对之后的条约制定和审判实践都具有不可忽视的指导意义。

第二章　严重破坏1949年日内瓦四公约行为的制度：起源、发展和展望

在战争法编纂的早期，就有对违反战争法的行为实施刑事制裁的做法。但在1949年四个《日内瓦公约》通过前，战争法条约关于个人刑事责任的规定寥寥无几。因此，尽管1949年日内瓦四公约所确立的犯罪行为属于国际人道法范畴，其关于严重破坏公约行为的规定堪称国际刑法发展的分水岭。它标志着国际司法和惩罚国际犯罪有了实质性的进步。

严重破坏公约行为的制度分为两部分：由日内瓦四公约及其1977年《第一附加议定书》所规定的"严重破坏公约行为"定义的实体性规定；由日内瓦四公约规定的针对上述行为实施刑事制裁的程序性规定。[1] 如今，严重破坏《日内瓦公约》的行为已经成为国际刑法不可分割的一部分。本文将回顾严重破坏公约行为制度的起源、其在日内瓦四公约体系中的发展和扩张，以及其在国际司法实践中的发展，以反映其在国际刑事司法体系中的地位。

第一节　严重破坏公约行为的起源及其历史发展

当代国际人道法的编纂起源于19世纪中期，但早期的条约主要规定国家间的义务而非违反条约个人的刑事责任。[2] 但是，1863年颁布的《利伯法典》却

---

〔1〕 有关条款包括：《日内瓦第一公约》第49~50条；《日内瓦第二公约》第50~51条；《日内瓦第三公约》第129~130条；《日内瓦第四公约》第146~147条；《第一附加议定书》第85条。

〔2〕 Roberts and Richard Guelff, *Documents on the Laws of War*, 3rd Edition, Oxford University Press, 2000, the 1856 Paris Declaration Respecting Maritime Law, the 1868 St. Petersburg Declaration Renouncing the Use, in Time of War, of Explosive Projectiles Under 400 Grammes Weight, pp. 47~59; 1864 Geneva Convention for the Amelioration of the Condition of the Wounded in the Armies in the Field, at https://www. icrc. org/applic/ihl/ihl. nsf/Treaty. xsp? documentId = 477CEA122D7B7B3DC12563-CD002D6603&action = openDocument, last visit March 4, 2015.

对在内战中违反战争法的行为确立刑事责任。该法典由哥伦比亚大学利伯教授撰写，经林肯总统批准后颁布给正在进行内战的北方军队。[1]

《利伯法典》共 157 条，对陆战规则作出了较为全面的规定，包括敌对行为规则，平民、战俘和伤病员待遇规则等。[2] 其中的部分规则对于规范当今的武装冲突仍有借鉴意义，如游击战、叛乱者地位、国内武装冲突规则等。特别值得指出的是，它还规定了违反战争法的刑事责任。[3] 例如，法典禁止肆意伤残行为、酷刑、谋杀、强奸、使用毒物、肆意破坏财物，还禁止一切被刑法规定为犯罪的行为（第 16、22、44、47、70、71、80 条）。违反上述禁止性规定的行为往往会受到包括死刑在内的严厉的刑事制裁，实施上述制裁必须符合公正、荣誉和人道原则（第 4 条）。为了确保上述条款能够被有效执行，法典赋予军事法庭实施军事法律的权力（第 12 条）。法典强调刑事制裁的目的在于严肃军队的纪律，从而树立军队奉公守法的形象。[4]

尽管法典只是适用于内战的法律文件，但它却激励了此后战争法的编纂，并提供了法律编纂的范本。因此，其关于刑事制裁的规定可以被视为"严重破坏公约行为"制度的雏形。

一、从《利伯法典》到第一次世界大战

历史表明，重大的人道灾难往往会促成新的战争法规则的产生。1864 年《日内瓦公约》在 1870 年至 1871 年普法战争中的失效，引起了国际社会对强化国际人道法的关注。红十字国际委员会主席古斯塔夫·穆瓦尼埃（Gustave Moynier）提出了两个非常引人注意的建议：一是统一各国对违反日内瓦公约的行为施以刑事处罚的性质和范围；二是建立国际司法机构以调查和审判违反公约的行为，该建议尤其具有革命性。国际社会接受了第一项建议，并由国际法研究院颁布了示范法，但第二项建议未能获得国际社会的支持。[5]

1874 年《布鲁塞尔宣言》旨在以《利伯法典》为蓝本，制定规制武装冲突的全面规则，但由于国家未能将其接受为有约束力的条约而未能生效。值得注意的是，有国家代表在会议上建议，各国应当协调其国内法以确保对违反战争法的

---

〔1〕　Frits Kalshoven and Liesbeth Zegveld, *Constraints on the Waging of War*, 4th Edition, Cambridge University Press, 2011, pp. 8～9.

〔2〕　全文见 https://www.icrc.org/applic/ihl/ihl.nsf/Treaty.xsp?documentId=A25AA587-1A04919BC1-2563CD002D65C5&action=openDocument, last visit March 4, 2015.

〔3〕　Yves Sandoz, "The History of the Geneva Breaches Regime", *Journal of International Criminal Justice*, Vol. 7, 2009, p. 659.

〔4〕　Yves Sandoz, "The History of the Geneva Breaches Regime", p. 662.

〔5〕　Jean S. Pictet, *Commentary to the First 1949 Geneva Convention*, Geneva: ICRC, 1952, pp. 353～355.

行为实施制裁，此建议和签署示范法可以视为对"严重破坏公约行为"进行定义的第一步。由于宣言没有生效，国际法研究院在1880年通过了《陆战法规》（牛津手册），该手册建议在国内法中对违反战争法的行为进行刑事定罪，但没有提及同意定罪标准和国际司法机制。1913年通过的《海战法规》（牛津手册）也没有涉及上述问题。[1]

1899年和1907年的《陆战规章》虽然规定了许多禁止性规则，但没有要求国家针对违约行为制定刑事制裁措施。但是，1906年的《日内瓦公约》要求国家采取立法措施预防和惩罚最严重的违反公约的行为，如抢劫、虐待伤病员、滥用红十字旗帜或臂章等。有关国家也确实颁布了惩罚有关行为的法律。1906年的《日内瓦公约》针对刑事制裁的规定不仅回应了古斯塔夫·穆瓦尼埃和布鲁塞尔国际会议代表的建议，而且为区分一般违约行为和严重破坏公约行为铺平了道路。[2]

二、发动战争者的责任和执行惩罚措施委员会与凡尔赛和约

第一次世界大战期间所发生的暴行促使同盟国决定在战后成立发动战争者的责任和执行惩罚措施委员会。委员会工作的重点是惩罚战争罪，因此，它的主要职责就是确定德国及其盟友的军队在陆战、海战和空战中违反战争法规和惯例的事实。根据所收集到的信息，委员会拟定了应当接受刑事制裁的违反战争法和惯例的行为清单。该清单中的行为不仅涉及关于保护战争受难者的日内瓦公约的行为，还包括了违反关于作战手段和方法的海牙《陆战规章》的行为。[3] 此外，委员会还在其报告中明确指出，行为人的官方身份（即便是国家元首）不能免除其所应承担的责任。可见，委员会的报告发展了国际刑法中的"消极责任"的概念，即如果行为人能够阻止犯罪而没有采取行动，则将为其下属实施的犯罪承担责任。委员会还建议大部分战争罪可以在国内法院审判，但有四类犯罪应当在较为高级的特别法庭进行审判。由于美国代表的反对，国际社会未能成立国际法庭来实施《凡尔赛和约》第228条和第229条规定的刑事制裁措施，被告最终都只能在有关国家的军事法庭接受审判。

由于《凡尔赛和约》被视为胜利者的正义，它的条款没有得到德国及其他盟国的认真执行，因此，国际社会惩罚战争罪的第一次重大努力以失败告终。但

---

〔1〕 Yves Sandoz, "The History of the Geneva Breaches Regime", pp. 663 ~ 664.

〔2〕 Jean Pictet, *Commentary to the First 1949 Geneva Convention*, pp. 355 ~ 356; Yves Sandoz, "The History of the Geneva Breaches Regime", p. 665.

〔3〕 Yves Sandoz, "The History of the Geneva Breaches Regime", pp. 667 ~ 668.

是，委员会关于战争罪的清单被第二次世界大战后成立的战争罪委员会接受为工作文件，而且委员会报告所体现的国际刑事法庭和法典的构想一直影响着国际社会寻求以适当方式惩罚国际犯罪的努力。[1]尤其是，自第一次世界大战后，对战争罪的存在，国际社会几乎没有什么争议了。[2]

三、联合国和战争罪委员会

1943 年，二战中的同盟国发表《莫斯科宣言》，表达了它们惩罚纳粹战争罪行的决心，战争罪委员会随即成立。该委员会的第三分会即负责拟定战争罪的概念，并将第一次世界大战后成立的战争发起者责任委员会起草的战争罪清单作为工作文件。[3]在分组委员会讨论的基础上，战争罪委员会最后通过了战争罪的定义，见于《纽伦堡法庭宪章》第 6 条：

违反战争法规或惯例的行为包括但不限于下列行为：谋杀、虐待平民、出于奴役或其他目的驱逐平民；谋杀或虐待战俘；杀害人质；掠夺公私财物；肆意破坏城市、乡镇或村庄；进行毫无军事必要的肆意破坏。[4]

远东国际军事法庭也在其规约中规定了类似条款。上述条款还经稍加修改而被占领地的军事法庭及随后的德国国内法庭所采纳。数十名罪犯在上述法庭里得到了审判。[5]与一战后通过的战争罪清单相比，上述第 6 条的定义更为精确，却不如清单具体，但二者没有实质性的差别，均体现了战争罪在发展上的延续性，也预示了严重破坏公约行为体系的发展。[6]

四、1949 年日内瓦四公约和 1997 年《第一附加议定书》

（一）1949 年日内瓦四公约中的严重破坏公约行为的制度

二战的暴行使红十字国际委员会认识到，将来的战争法公约必须包括惩罚违法行为的条款。应红十字国际大会的请求，并经过与政府专家商议，红十字国际委员会对惩罚违反战争法及其惯例的行为做了广泛的调研，并于 1948 年草拟了四条惩罚违反公约行为的规定。根据这些条款的规定，国家必须采取立法措施对所有违反公约的行为实施纪律和刑事制裁，而对于严重破坏公约的行为，必须根

---

〔1〕　Jean Pictet, *Commentary to the First* 1949 *Geneva Convention*, p. 357；Yves Sandoz, "The History of the Geneva Breaches Regime", pp. 665 ~ 671.

〔2〕　William A. Schabas, *An Introduction to International Criminal Law Court*, 3rd Edition, Cambridge University Press, 2007, p. 113.

〔3〕　William A. Schabas, *An Introduction to International Criminal Law Court*, p. 5；Yves Sandoz, "The History of the Geneva Breaches Regime", p. 672.

〔4〕　William A. Schabas, *An Introduction to International Criminal Law Court*, p. 113.

〔5〕　William A. Schabas, *An Introduction to International Criminal Law Court*, pp. 5 ~ 7.

〔6〕　Yves Sandoz, "The History of the Geneva Breaches Regime", p. 673.

据或引渡或起诉原则予以制裁。红十字国际委员会将上述条款提交了1949年召开的修改日内瓦公约外交大会予以讨论。在稍加修改后，外交大会接受了这些条款。[1]

对严重破坏公约的行为的规定分别见于1949年日内瓦四公约中的《日内瓦第一公约》第50条、《日内瓦第二公约》第51条、《日内瓦第三公约》第130条和《日内瓦第四公约》第147条，其列举行为包括针对被公约保护的人员和物体所实施的严重的犯罪行为。而且，这些清单被认为是开放的、可以包括其他严重违反公约的行为。[2]在外交大会上，有代表建议使用严重犯罪或战争罪的措辞来描述严重破坏公约的行为。但是，由于犯罪的法律含义在不同的国家有所不同，而且外交大会的任务也不是编纂国际刑法，上述建议没有被采纳。[3]

除了对严重破坏公约的行为做出了统一的定义外，日内瓦四公约还进一步规定国家必须制定有效的刑事制裁措施，以便搜寻、审判或引渡实施严重破坏公约行为的人，并对这些行为行使普遍管辖权。[4]这些条款标志着国际刑法有了实质性的发展，开启了结束对战争罪"法不治罪"的新局面。[5]

（二）1997年《第一附加议定书》中的严重破坏公约行为的制度

1977年《第一附加议定书》旨在补充1949年的日内瓦四公约。就刑事制裁而言，议定书扩展了公约确定的严重破坏公约行为的清单，纳入违反海牙《陆战规章》的行为。议定书还明确规定，严重破坏公约及其议定书的行为应当被视为战争罪（第85条第5款）。这一规定赋予了严重破坏公约的行为新的法律含义，使得它们成为国际法上的犯罪。[6]根据议定书第85条的规定，公约有关严重破坏公约行为的规定也同样适用于严重破坏议定书的行为。因此，国家也可以对议定书规定的严重破坏行为行使普遍管辖权。[7]

日内瓦四公约和议定书所确立严重破坏公约行为的制度得到了发展，一战后

〔1〕 Jean – Pictet, *Commentary to the First 1949 Geneva Convention*, pp. 357 ~ 360.

〔2〕 Jean – Pictet, *Commentary to the First 1949 Geneva Convention*, p. 371.

〔3〕 Yves Sandoz, "The History of the Geneva Breaches Regime", p. 675; Jean – Pictet, *Commentary to the First* 1949 *Geneva Convention*, pp. 366, 371.

〔4〕 《日内瓦第一公约》第49条、《日内瓦第二公约》第50条、《日内瓦第三公约》第129条、《日内瓦第四公约》第146条。

〔5〕 Yves Sandoz, "The History of the Geneva Breaches Regime", p. 675.

〔6〕 Marko Divac Öberg, "The absorption of grave breaches into war crimes law", *International Review of the Red Cross*, Vol. 91, March 2009, p. 167.

〔7〕 Yves Sandoz, Christophe Swinarski and Bruno Zimmermann (eds.), *Commentary on the Additional Protocols of 8 June 1977 to the Geneva Conventions of 12 August 1949* (Commentary on Additional Protocols of 1977), ICRC, Martinus Nijhoff Publishers, Geneva 1987, para. 3467, p. 992.

战争发动者委员会制定了战争罪清单和《纽伦堡法庭宪章》第 6 条，是国际人道法实施上的进步和突破。[1]

但是，我们也应当注意到适用严重破坏公约行为制度的限制条件。首先，这些行为的对象必须是受日内瓦四公约及其《第一附加议定书》保护的人和物体。尽管《第一附加议定书》有所拓展，但受保护的人和物体的范围还是较为有限。[2] 其次，根据日内瓦四公约共同第 2 条和《第一附加议定书》的规定，严重破坏公约的行为制度只适用于国际性武装冲突，即国家之间的武装冲突和民族解放战争。因此，尽管日内瓦四公约共同第 3 条和其《第二附加议定书》适用于非国际性的武装冲突，但公约及其议定书没有针对违反共同第 3 条和《第二附加议定书》的行为，规定刑事制裁措施。[3]

五、国际特设刑事法庭和国际刑事法院

前南斯拉夫的解体引发了一系列的武装冲突及种族清洗的行为，国际社会深感震惊，并决定采取行动。1993 年，联合国安理会通过决议，决定成立特设刑事法庭来审判自 1991 年起在前南斯拉夫境内发生的严重违反国际人道法的行为。1994 年，针对卢旺达境内发生的种族灭绝的行为，安理会再次通过决议，成立了卢旺达特设刑庭以审判发生在卢旺达的种族灭绝和严重违反国际人道法的行为。上述两个特别法庭所管辖的"严重违反国际人道法的行为"包括了战争罪、危害人类罪和种族灭绝等罪行。[4]

就战争罪而言，《前南刑庭规约》第 2 条和第 3 条将其规定为严重破坏日内瓦公约的行为和违反战争法规及惯例的行为，并分别引用了日内瓦四公约和 1907 年海牙《陆战规章》的部分条款。[5] 尤其引人注意的是，前南刑庭认为，根据习惯法，其规约第 3 条应当包括严重违反日内瓦四公约共同第 3 条的行为。[6]

发生在卢旺达的冲突从一开始就被认为是国内冲突，《卢旺达刑庭规约》第 4 条明确将严重违反日内瓦四公约共同第 3 条和《第二附加议定书》的行为规定

〔1〕 Yves Sandoz, Christophe Swinarski and Bruno Zimmermann （eds.）, *Commentary on Additional Protocols of 1977*, para. 3465, p. 991.

〔2〕 Jose Francisco Rezek, *Protection of the victims of armed conflicts I. Wounded*, *sick and shipwrecked*, Claude Pilloud, *Protection of the victims of armed conflicts*：II *Prisoners of war*, Oji Umozurike, *Protection of the victims of armed conflicts*：III *Civilian population*, in *International Dimensions of Humanitarian Law*, Henry Dunant Institute, UNESCO, Martinus Nijhoff Publishers, 1987, pp. 153 ~ 203.

〔3〕 Yves Sandoz, "The History of the Geneva Breaches Regime", pp. 675 ~ 677.

〔4〕 Frits Kalshoven and Liesbeth Zegveld, *Constraints on the Waging of War*, p. 241.

〔5〕 规约原文见 http://www.icty.org/sid/135.

〔6〕 Yves Sandoz, "The History of the Geneva Breaches Regime", p. 678.

为可惩罚的犯罪。[1]

上述两个特设法庭确认国内武装冲突中也存在战争罪，具有历史意义。它弥补了日内瓦四公约及其《第一附加议定书》所留下的空白，消除了此前在战争罪刑事制裁方面存在的国际性武装冲突和非国际性武装冲突之间的区别。[2]

在前南刑庭和卢旺达刑庭之后，联合国安理会没有成立其他国际特设法庭，但是国际社会成立了数个包含国际和国内因素的混合法庭。2004年，联合国和柬埔寨政府成立了特别法庭，以审判对灭种罪行、危害人类罪行、严重破坏日内瓦公约的罪行、破坏文化财产、谋杀和酷刑罪行负有责任的高级领导人。而联合国和塞拉利昂政府于2002年成立的塞拉利昂特别法庭则有权审判严重违反日内瓦四公约共同第3条及其《第二附加议定书》的行为。[3]

前南刑庭和卢旺达刑庭对国际刑法的贡献促使联合国决定启动建立国际常设刑事法院的工作。1995年，联合国召开了两次特别委员会讨论成立国际刑事法院的问题，并在会议后成立了国际刑事法院筹备委员会。经过两年的艰苦谈判，筹委会草拟了《罗马规约（草案）》，以供1998年在罗马召开的成立国际刑事法院外交大会讨论。1998年7月17日，外交大会通过了《罗马规约》。2002年7月1日，《罗马规约》生效。2003年3月11日，国际刑事法院在海牙正式成立。[4]

根据《罗马规约》第5条的规定，国际刑事法院对侵略罪、危害人类罪、战争罪和灭绝种族罪有管辖权。[5]规约对战争罪的规定较之前的任何文书都为宽泛和具体。《罗马规约》第8条将战争罪分为四类，前两类涉及国际性武装冲突，后两类涉及非国际性武装冲突。《罗马规约》规定的第一类战争罪（第8条第2款第1项）就是严重破坏日内瓦公约的行为，并列举具体的排他性的行为清单；规定的第二类战争罪（第8条第2款第2项）是指严重违反适用于国际性武装冲突的法规和惯例的其他行为。该款根据海牙《陆战规章》和《第一附加议定书》列举了25种具体行为，而且此清单也是排他性的。令人遗憾的是，出于政治方面的考虑，使用化学和核武器等大规模杀伤性武器没有被纳入清单。《罗马规约》第8条第2款第3项和第5项规定了非国际性武装冲突中的战争罪。前者涉

---

〔1〕 规约见 http://www.unictr.org/en/documents.

〔2〕 Frits Kalshoven and Liesbeth Zegveld, *Constraints on the Waging of War*, p. 243.

〔3〕 Frits Kalshoven and Liesbeth Zegveld, *Constraints on the Waging of War*, pp. 258~260.

〔4〕 Frits Kalshoven and Liesbeth Zegveld, *Constraints on the Waging of War*, p. 246.

〔5〕 规约全文见 http://www.icc - cpi.int/en_menus/icc/legal%20texts%20and%20tools/official%20journal/Pages/rome%20statute.aspx.

及严重违反日内瓦四公约共同第 3 条的行为，后者的内容主要来自《第二附加议定书》。这些条款被认为是罗马外交大会的巨大成功，其对非国际性武装冲突中战争罪的规定是国际刑法的重大发展。[1]

第二节　严重破坏公约行为制度的内容

一、定义

（一）1949 年日内瓦四公约规定的严重破坏公约的行为

日内瓦四公约规定的严重破坏公约的行为包括：

1. 故意杀害。故意杀害是指有义务尊重被保护人而故意将其杀害的行为。构成罪行无须杀害一个以上的被保护人，[2] 由于不作为而导致死亡的，只要该不作为是故意的且有致死的意图，也能构成此犯罪。[3]

2. 酷刑和不人道的待遇。公约规定的酷刑是指通过对被保护人施加痛苦而获取情报或供状的行为。难以对不人道待遇给出定义，禁止不人道待遇规定的目的是保护被保护人的尊严，防止将他们等同动物的行为。因此，不人道待遇不仅包括损害被保护人的身体或健康，断绝他们与外界（尤其是与其家人）的联系和严重伤害其尊严的行为也可以构成不人道待遇。[4] 前述行为后来成了国际公约，即 1984 年《禁止酷刑公约》规范的对象。应当注意的是，日内瓦四公约将酷刑和不人道的待遇都作为其确立的行使普遍管辖权的对象，但《禁止酷刑公约》只将酷刑作为行使普遍管辖权的对象和可引渡的犯罪。[5]

3. 生物实验。生物实验是指对身体或健康的损害，但不包括为了改善健康状况和出于医学原因而由医生实施的新的医疗措施。[6]《第一附加议定书》对此有进一步的规定。

4. 故意导致巨大痛苦。故意导致巨大痛苦与酷刑和生物实验不同，不限定

---

〔1〕　Leila Nadya Sadat, *The International Criminal Court and the Transformation of International Law*: *Justice for the New Millennium*, Transnational Publishers, Inc. 2002, pp. 160 ~ 165.

〔2〕　Julian J. E. Schutte, "The System of Repression of Breaches of Additional Protocol I", in Astrid J. M. Delissen & Gerard J. Tanja (eds.), *Humanitarian Law of Armed Conflict*: *Challenges Ahead*, Martinus Nijhoff Publishers, 1991, p. 185.

〔3〕　Jean S. Pictet, *Commentary to the Fourth 1949 Geneva Convention*, p. 597.

〔4〕　Jean S. Pictet, *Commentary to the Fourth 1949 Geneva Convention*, p. 598.

〔5〕　Julian J. E. Schutte, "The System of Repression of Breaches of Additional Protocol I", pp. 183 ~ 184.

〔6〕　Jean S. Pictet, *Commentary to the Fourth 1949 Geneva Convention*, p. 598.

必须对身体或健康造成损害，也可以包括精神方面的痛苦，该罪行可以出于惩罚、报复或其他目的而实施。对身体或健康的严重损害是刑法中较为普通的概念，通常以被害人长时间不能工作作为衡量严重程度的标准。[1]

5. 非法驱逐或迁徙人口与非法拘禁。应当参照《日内瓦第四公约》第45、49条来解释非法驱逐或迁徙人口。该款旨在防止第二次世界大战中肆意驱逐和迁徙人口的现象。非法拘禁在多数国家都被作为非法剥夺人身自由的犯罪来处理。但是考虑到占领国在占领地所具有的广泛权力，不太容易证实拘禁的非法性。[2]

6. 强迫在敌国部队服役。强迫在敌国部队服役在国内刑法中被作为非法招募或强迫服役来处理。但公约的规定与国内法类似规定性质不同。[3]该禁止性规定应当参照《日内瓦第三公约》第50条和《日内瓦第四公约》第40条来解释，因为上述两条规定了被保护人可以应拘留国和占领国的要求从事有关工作的种类。该条款中的部队应不仅包括武装部队，还包括授权使用武力或暴力的其他机构。[4]

7. 故意剥夺获得公正和正常审判的权利。故意剥夺获得公正和正常审判的权利应参照日内瓦四公约有关审判被保护人的规定来解释，这些条款包括《日内瓦第三公约》第84、99、105、106条以及《日内瓦第四公约》第66、70、71、72、73条。就战俘而言，公正和正常审判的权利包括接受军事法庭或者能够提供公正、独立和有关条款规定的程序保障的法庭审判的权利。就平民而言，他们具有与战俘相当的接受公正审判的权利，《日内瓦第四公约》还较为详细地规定了平民接受法律援助和获得充足时间以准备辩护等权利。因此，该款禁止的行为可以细分为让被保护人接受特设法庭审判，不将审判通知保护国或没有辩护人等情况。[5]

8. 劫持人质。劫持人质也是多数国家刑法予以惩罚的罪行。1979年《反对劫持人质国际公约》对该行为给出了详细的定义。威胁长期监禁或以死相威胁是该犯罪的突出特征。[6]

---

〔1〕 Jean S. Pictet, *Commentary to the Fourth 1949 Geneva Convention*, p. 599.

〔2〕 Julian J. E. Schutte, "The System of Repression of Breaches of Additional Protocol I", p. 180.

〔3〕 Jean S. Pictet, *Commentary to the Fourth 1949 Geneva Convention*, p. 600.

〔4〕 Julian J. E. Schutte, "The System of Repression of Breaches of Additional Protocol I", p. 182.

〔5〕 Julian J. E. Schutte, "The System of Repression of Breaches of Additional Protocol I", pp. 181~182; Jean S. Pictet, *Commentary to the Fourth 1949 Geneva Convention*, p. 600.

〔6〕 Jean S. Pictet, *Commentary to the Fourth 1949 Geneva Convention*, p. 600.

9. 没有军事必要而非法肆意大规模破坏或没收财产。禁止没有军事必要而非法肆意大规模破坏或没收财产的规定，是受了《纽伦堡法庭宪章》第 6 条和海牙《陆战规章》第 23 条规定的启发。这一将海牙《陆战规章》的规定纳入日内瓦公约体系的做法，令人感到奇怪。因为，受日内瓦第一至第三公约保护的物体在任何情况下都是不能遭受攻击的。公约只将没有军事必要而非法大规模破坏被保护物体的行为作为犯罪，令人费解。与此禁止性规定相关的条约规定是《日内瓦第四公约》第 53 条和第 32 条，前者禁止占领国破坏财物，除非有决定的军事必要；后者禁止抢劫被保护人。[1] 因此，该款禁止的行为包括：①破坏。《日内瓦第四公约》禁止破坏民用医院及其财物、救护车或医用飞机。而且，除绝对军事需要外，占领国不得破坏个人动产或不动产。②没收。没收的前提是占领，公约对没收民用医院及其财产以及食物有严格的条件。上述行为要构成严重破坏公约的行为，必须是广发的大规模的，零星的事件不构成严重破坏行为。而且，应当考虑战争的必要性来理解公约这一特殊的规定。[2]

如前所述，上述行为的对象必须是受公约保护的人或物体。《日内瓦第一公约》规定的受保护人包括其第 13 条规定的人员中的伤病员和第 24、26 条规定的医务人员；受保护的物体是指其第 19 条和第 35 条规定的物体。《日内瓦第二公约》规定的受保护人是指其第 13 条规定人员中的伤病员和遇船难者；受保护的物体是指其第 22、24、25、27 条规定的医疗船。有关人员或物体必须落入敌手，方能获得受保护的地位。[3]《日内瓦第三公约》所保护的人是指被敌人俘获的公约第 4 条所规定的人员。《日内瓦第四公约》所保护的人是指被占领地的平民。

（二）1977 年《第一附加议定书》规定的严重破坏公约行为的制度

《第一附加议定书》不仅扩展了严重破坏公约行为的种类，而且扩大了被保护人的范围。

1. 被保护人。《第一附加议定书》第 44 条扩大了可以享有战俘地位的人员的范围，公约第 45 条所规定的人员应当享有战俘地位。根据第 73 条的规定，无国籍人和难民也应根据《日内瓦第四公约》第一部分和第三部分成为被保护人。另一类新增的被保护人是指《日内瓦第一公约》和《日内瓦第二公约》未能涵盖的伤病员和遇船难者，它包括不能享有战俘地位的伤病员和遇船难的平民，以及在海洋以外的遇船难者。上述人员要成为受保护的人，必须属于冲突的敌对

---

〔1〕　Julian J. E. Schutte, "The System of Repression of Breaches of Additional Protocol I", pp. 180～181.

〔2〕　Jean S. Pictet, *Commentary to the Fourth 1949 Geneva Convention*, p. 600.

〔3〕　《日内瓦第一公约》第 35 条、《日内瓦第二公约》第 37 条。

方，并且已经退出了战斗。议定书对医疗、宗教人员以及医疗部门和交通的规定也比公约宽泛，比如，议定书将民防组织的医疗和宗教人员也作为受保护的人。[1]

2. 严重破坏公约的行为。

（1）第85条第3款。议定书将海牙《陆战规章》的部分内容纳入了第85条第3款作为严重破坏公约的行为，内容涉及保护平民免受敌对行为的影响以及特定的作战手段和方法，具体规定如下：

三、除第11条所规定的严重破约行为外，下列行为在违反本议定书有关规定而故意作出，并造成死亡或对身体健康的严重伤害时，应视为严重破坏本议定书的行为：

（一）使平民居民或平民个人成为攻击的对象；

（二）知悉攻击将造成第57条第2款第1项第3目所规定的过分的平民生命损失、平民伤害或民用物体损害，却发动使平民居民或民用物体受影响的不分皂白的攻击；

（三）知悉攻击将造成第57条第2款第1项第3目所规定的过分的平民生命损失、平民伤害或民用物体损害，却发动对含有危险力量的工程或装置的攻击；

（四）使不设防地方和非军事化地带成为攻击的对象；

（五）知悉为失去战斗力的人而使其成为攻击的对象；

（六）违反第37条的规定背信弃义地使用红十字、红新月或红狮与太阳的特殊标志或各公约或本议定书所承认的其它保护记号。

本款规定提及了议定书第11条第4款。第11条第4款旨在保护受保护人免受其健康状况不需要的医疗，尤其是医学实验。第11条第4款规定的行为有其自身独特的构成条件，它将某些行为定义为严重破坏行为，而不论有关人员是否具有受保护的地位。这些行为也可以被定义为不人道待遇或故意对身体或健康造成严重损害。[2]

议定书第85条第3款规定的行为具有一些共同的构成要素：①"故意"。被告必须有意识地实施有意图的行为，比如对行为及其后果有认识，并愿意它们发

---

[1] Julian J. E. Schutte, "The System of Repression of Breaches of Additional Protocol I", pp. 186 ~ 187; Yves Sandoz, *Commentary on Additional Protocols of* 1977, p. 991.

[2] Julian J. E. Schutte, "The System of Repression of Breaches of Additional Protocol I", p. 189.

生和实现。对犯罪结果的要求意味着犯罪未遂不都是严重破坏行为。行为人的意图必须仅指向特定的结果。行为人也必须了解其行为对象的性质。但是第 2 项和第 3 项下的行为要求对过分损失和损害有认识。该主观因素包括"错误意图"和"疏忽"，即行为人虽然对特定结果没有期待，但能接受它们的发生。因此，普通的过失不包括在内，如行为人对行为及结果没有意图，但是疏于防范，尤其是没有搜寻必要的信息，此类行为一般构成至少应当受纪律处分的渎职行为。[1]② "违反有关条款"，该要素要求本条规定的行为应当根据议定书第三部分和第四部分来解释。③ "导致死亡或者身体或健康的严重损害"，这是对有关行为结果的特定要求。它要求行为导致了死亡，或者即便没有死亡，其后果也长期严重地影响了被害人的身体和精神健康。[2]

第 1 项的规定与议定书第 51 条第 2 款有关，后者禁止将平民或平民人口作为攻击目标。根据议定书第 49 条的规定，攻击是指进攻或防守中的暴力行为。[3]

第 2 项有关议定书第 51 条第 4 款和第 5 款规定的不分皂白攻击的行为。该类行为不是直接针对平民的行为，但却附带地影响到了他们。[4] 应当注意的是，尽管禁止不分皂白的攻击行为，但只有那些给平民或民用物体带来过分损害的行为才构成严重破坏行为。根据议定书第 57 条的规定，必须根据具体和直接的军事利益来衡量有关损失是否过分。[5] 而难以抽象判断在何种情况下损失是否过分的，只能进行个案分析。同时，必须有证据表明行为人事先了解并接受可能产生的损失。[6]

第 3 项与议定书第 56 条有关，该条要求对含有危险力量的设施，如水坝、河堤和核电站等给予特殊保护。即便上述设施是军事目标，如果对其实施攻击将释放危险物质并造成平民大量伤亡，也不能对其发动攻击。而且，如果攻击上述设施中或其附件的军事目标将导致这些设施释放危险力量而造成平民大量伤亡，也不能对这些军事目标发动攻击。如果上述设施或其附件的军事目标能给军事行动提供直接、重大和经常性的支援，并且对上述物体实施攻击是唯一可行的终止

---

〔1〕　Julian J. E. Schutte, "The System of Repression of Breaches of Additional Protocol I", pp. 189 ~ 190; Yves Sandozs, *Commentary on Additional Protocols of* 1977, p. 994.

〔2〕　Yves Sandozs, *Commentary on Additional Protocols of* 1977, p. 995.

〔3〕　Yves Sandozs, *Commentary on Additional Protocols of* 1977, p. 995.

〔4〕　Yves Sandozs, *Commentary on Additional Protocols of* 1977, p. 995.

〔5〕　Yves Sandozs, *Commentary on Additional Protocols of* 1977, pp. 995 ~ 996.

〔6〕　Julian J. E. Schutte, "The System of Repression of Breaches of Additional Protocol I", p. 189.

支援的方式，前述特殊保护才失去作用。为使本款的规定有意义，这些含有危险力量的设施首先必须是军事目标，否则，对其实施攻击将违反第 1 款的规定。其他方面的条件，则与第 2 款的规定差不多，因此，我们可以认为，该款在实质上与第 2 项没有差别。[1]

第 4 项涉及议定书第 59 条规定的不设防地带和第 60 条规定的非军事化地带。前者可以冲突方单方宣布或各方协议的方式设立，而后者只能通过各方协议的方式设立。冲突方不得攻击不设防地带和非军事化地带，各方也不得违反协议将军事行动扩大到非军事化地带。构成此款的犯罪，必须证明行为人知道有关地区的性质及其相关地位还未丧失的事实。[2]

第 5 项与议定书第 41 条有关，旨在保护失去战斗力的人员。但若有关人员落入敌手、明确地表示了投降的意图，或者因伤病而失去知觉或行动能力，而且他们也确实已经退出了战斗，该等人员可被视为失去了战斗力。[3]违反该款规定的行为人必须了解有关人员已经失去战斗力的事实情况。通常情况下，这些人员的受保护地位尚未根据《日内瓦第三公约》、《日内瓦第四公约》以及《第一附加议定书》第 45 条予以确定。一旦其受保护的地位得以确立，他们将获得本条第 2 款的保护。[4]

第 6 项涉及背信弃义地使用公约和议定书认可的受保护的标志和信号的问题。这些标志和信号包括红十字、红新月、蓝三角（民防）、橙色三环（含有危险力量的设施）以及冲突方协商一致的用于不设防地带和非军事化地带的标志。

《日内瓦第一公约》和《日内瓦第二公约》禁止滥用红十字、红新月以及红狮与太阳的标志，但并未将背信弃义使用这些标志的行为作为严重破坏公约的行为。但是，海牙《陆战规章》第 23 条禁止背信弃义使用国际公认的标志的行为。议定书吸收了该规定，并通过第 37 条规定，背信弃义是指通过一定行为使敌人相信自己应受国际人道法的保护，但意在利用其信任而杀伤或俘虏敌人的行为。该项下的行为构成犯罪须发生前述共同要素中所规定的结果。[5]

有学者和国家认为，联合国、中立国或其他国际社会公认的标志及信号，如

---

〔1〕 Julian J. E. Schutte, "The System of Repression of Breaches of Additional Protocol I", p. 191; Yves Sandoz, *Commentary on Additional Protocols of* 1977, pp. 996~997.

〔2〕 Julian J. E. Schutte, "The System of Repression of Breaches of Additional Protocol I", p. 191; Yves Sandoz, *Commentary on Additional Protocols of* 1977, pp. 996~997.

〔3〕 Yves Sandoz, *Commentary on Additional Protocols of* 1977, p. 998.

〔4〕 Julian J. E. Schutte, "The System of Repression of Breaches of Additional Protocol I", p. 192.

〔5〕 Yves Sandoz, *Commentary on Additional Protocols of* 1977, pp. 998~999.

休战旗和文化财产标志等，也应该纳入本条所保护的范围。[1]

此外，就行为人的范围而言，第 2 项和第 3 项规定"发起攻击"的术语和其他项下的"将某人或某物作为攻击目标"的术语有所差别。前者似乎是指发布攻击命令的司令官或有权决定攻击对象的人员，后者所指似乎可以涵盖所有参与特地攻击行动的人员。[2]

（2）第 85 条第 4 款。与第 3 款相比，构成本款的犯罪行为不需要特定的结果，而且本款所描述的行为也与公约及其议定书的联系不大。本款的行为主要涉及冲突方在战场上的行为，与海牙《陆战规章》关系较为密切，但其保护的对象主要是落入敌手的人员。而且这些行为往往是冲突方的政策所引发的，而非纯粹的个人行为。[3] 具体规定如下：

四、除上述各款和各公约所规定的严重破约行为外，下列行为于故意并违反各公约和本议定书作出时，应视为严重破坏本议定书的行为：

（一）占领国违反《日内瓦第四公约》第 49 条的规定，将其本国平民居民的一部分迁往其所占领的领土，或将被占领领土的全部或部分居民驱逐或移送到被占领领土内的地方或将其驱逐或移送到被占领领土以外；

（二）对遣返战俘或平民的无理延迟；

（三）以种族歧视为依据侵犯人身尊严的种族隔离和其它不人道和侮辱性的办法；

（四）如果没有证据证明敌方违反第 53 条第 2 款的规定，并在历史纪念物、艺术品和礼拜场所不紧靠军事目标的情形下，使特别安排，例如在主管国际组织范围内的安排所保护的，构成各国人民文化或精神遗产的公认历史纪念物、艺术品或礼拜场所成为攻击的对象，其结果使该历史纪念物、艺术品或礼拜场所遭到广泛的毁坏；

（五）剥夺各公约所保护或本条第 2 款所指的人受公正和正规审判的权利。

第 1 项的行为已经部分地被《日内瓦第四公约》第 147 条规定的严重破坏公约的行为所包括。该项增加的行为是占领国将本国的人口迁入被占领地的行为，

---

〔1〕《第一附加议定书》第 37、38 条。Yves Sandoz, *Commentary on Additional Protocols of* 1977, pp. 998 ~ 999.

〔2〕 Julian J. E. Schutte, "The System of Repression of Breaches of Additional Protocol I", p. 190.

〔3〕 Yves Sandoz, *Commentary on Additional Protocols of* 1977, p. 999.

《日内瓦第四公约》虽然禁止该行为，但并未将占领国迁徙本国人口的行为作为严重破坏公约的行为，因为占领国本国人口不属于被保护人。[1] 该规定可能是针对以色列 1967 年在"六日战争"（注：即第三次中东战争，以色列称其为六日战争）后在占领地推行移民定居政策而拟定的。[2]

第 2 项的规定系针对 1971 年印度和巴基斯坦武装冲突中大量战俘被无故延迟遣返的现象而拟定的。根据《日内瓦第三公约》第 109 条和第 118 条的规定，负有重伤或患有严重疾病的战俘应当在战争中直接予以遣返，而在实际战事停止后，应当遣返所有战俘，除非有关战俘还在接受审判或服刑。根据《日内瓦第四公约》第 35 条的规定，在敌国的平民有权离境，除非其离境有违该国国家利益。因此，冲突方有义务遣返战俘，但却没有义务遣返平民。所以，该项规定对平民而言没有实质意义。[3]

第 3 项的规定与其他规定有所不同。其一，它在公约和议定书中没有对应的条款，公约和议定书从未使用和定义种族隔离的行为。其二，它没有将被害人局限在受公约或议定书保护的人员之内。[4] 因此，为了使该项规定与严重破坏公约行为联系起来，其内容应被解释为"针对被保护人的酷刑或不人道待遇"，后者已经被定义为严重破坏公约的行为，该项规定只是强调了行为的动机。[5] 还应注意的是，该项规定只是惩罚种族隔离的行为，而不是种族隔离的政策，后者由危害人类罪来处罚。[6]

第 4 项与议定书关于保护文化财产的第 53 条的规定有关。但该项将受保护的文化财产限定在"明确表明、受特别协议保护、不紧靠军事目标、未用于支持军事行动"的范围内，并要求文化财产受到广泛破坏方能构成严重破坏公约的行为。考虑到上述限制条件的复杂性，该项规定似乎已经完全被前述大规模破坏受保护的财产的规定所包括。[7]

第 5 项的规定已经被日内瓦公约确定的类似破坏公约的行为所包括，它的主

〔1〕 Yves Sandoz, *Commentary on Additional Protocols of* 1977, p. 1000.

〔2〕 Julian J. E. Schutte, "The System of Repression of Breaches of Additional Protocol I", p. 193.

〔3〕 Julian J. E. Schutte, "The System of Repression of Breaches of Additional Protocol I", p. 193; Yves Sandoz, *Commentary on Additional Protocols of* 1977, pp. 1000 ~ 1001.

〔4〕 Julian J. E. Schutte, "The System of Repression of Breaches of Additional Protocol I", pp. 193 ~ 194.

〔5〕 Julian J. E. Schutte, "The System of Repression of Breaches of Additional Protocol I", p. 194; Yves Sandoz, *Commentary on Additional Protocols of* 1977, p. 1002.

〔6〕 Yves Sandoz, *Commentary on Additional Protocols of* 1977, p. 1002. .

〔7〕 Julian J. E. Schutte, "The System of Repression of Breaches of Additional Protocol I", p. 195.

要意义在于纳入了议定书第 75 条规定的较为详细的公正审判的标准。[1] 因此，违反第 75 条规定的一项或多项保障均将使整个审判变得不公正。[2]

二、严重破坏公约行为的国际习惯法性质

日内瓦四公约确立的严重破坏公约行为的实质内容具有国际习惯法的性质。这是因为所有国家均批准或加入了日内瓦四公约，而且国家实践也确认了其习惯法地位。前南刑庭和国际刑事法院将公约确定的严重破坏公约的行为纳入其规约，也证明了其习惯法的地位和性质。联合国秘书长关于设立前南刑庭的报告明确指出，法庭应当适用习惯国际人道法。[3] 国家在谈判《罗马规约》时，也一致同意规约应当反映习惯国际法，而不是制定新的法律。[4] 因此，可以说日内瓦四公约确立的严重破坏公约的行为的规定已经成了国际习惯法，[5] 而《第一附加议定书》中只有被《罗马规约》吸收的严重破坏公约的规定才具有国际习惯法地位。[6]

三、严重破坏公约行为制度的程序规则

根据公约的规定，缔约国有义务制定必要之立法，对本身犯有或令人犯有严重破坏公约之行为之人，予以有效的刑事制裁。而且，缔约国有义务搜捕被控为曾犯或曾令人犯此种严重破坏本公约行为之人，并应将此种人，不分国籍，送交各该国法庭。该国亦得于自愿时，并依其立法之规定，将此种人送交另一有关之缔约国审判，但以该缔约国能指出案情显然者为限。[7]

因此，缔约国针对严重破坏公约行为应当采取的程序性措施如下：

（一）制定刑法

该规定起源于 1929 年《日内瓦公约》，1949 年的日内瓦四公约增强了其义务性：其一，缔约国须将所有破坏公约的行为都列为其国内刑法中的犯罪行为。该立法行为显然必须在和平时期即予以实施。国际法院在比利时诉塞内加尔案中

---

〔1〕　Yves Sandoz, *Commentary on Additional Protocols of* 1977, p. 1003.

〔2〕　Julian J. E. Schutte, "The System of Repression of Breaches of Additional Protocol I", pp. 195 ~ 196.

〔3〕　UN Secretary - General, Report submitted pursuant to paragraph 2 of Security Council Resolution 808 (1993), UN Doc. S/25704, 3 May 1993.

〔4〕　Philippe Kirsch, "Forward", in Knut Dormann (ed), *Elements of War Crimes under the Rome Statute of the International Criminal Court: Sources and Commentary*, Cambridge University Press, 2003, p. xiii.

〔5〕　J. - M. Henckaerts, "The Grave Breaches Regime as Customary International Law", *Journal of International Criminal Justice* Vol. 7, 2009, pp. 689 ~ 691.

〔6〕　J. - M. Henckaerts, "The Grave Breaches Regime as Customary International Law", pp. 691 ~ 692.

〔7〕　《日内瓦第一公约》第 49 条、《日内瓦第二公约》第 50 条、《日内瓦第三公约》第 129 条、《日内瓦第四公约》第 146 条。

指出，该立法义务具有预防的特点，必须在国家接受公约约束时即予以实施。[1]其二，刑事立法措施必须有效，即在考虑到罪行相适应的情况下，有关法律必须明确具体刑罚和犯罪的性质及范围。[2]收监被认为是严重破坏公约行为或其他严重违反国际人道法行为的恰当的处罚措施。[3]不论犯罪人的身份而平等地适用刑罚也是使刑罚措施有效的重要因素。公约确定的行为责任模式包括作为和命令。其他责任模式、抗辩理由等交由各缔约国自行规定。[4]就此，国家需要考虑国际刑法在责任模式方面的发展。

有国家认为其国内刑法或军事法律已经包括严重破坏公约的具体行为且规定了相应的制裁，因此无须再制定新的法律。[5]上述观点值得商榷。其一，并非所有的严重破坏公约行为都已在国内刑法中作为犯罪来处理了，如背信弃义地使用红十字标志等。其二，完全让缔约国根据国内法来按照普通犯罪处理严重破坏公约的行为，将无法彰显条约的法律意义。实践中，如果只按照国内刑法中的普通犯罪来惩罚行为人，国际刑庭仍可以对该人进行审判。这也证明了国际犯罪的特殊性使其不能被国内刑法中的普通犯罪所涵盖。[6]

还有些国家通过一般性规定，将任何违反国际法的行为作为犯罪来处理，严重破坏公约和违反国际人道法的行为也将因此作为犯罪来处理，而无须采取特殊的国内立法。此做法看似简单，并且可以随时吸收国际刑法的变化。但这种一般性的定罪方式可能会违反罪刑法定原则，并且使司法机关的自由裁量权过大。[7]

另有些国家尤其是英美普通法国家，往往将严重破坏公约的行为以单行法律或者刑法中的单行章节的方式加以规定。该做法符合罪刑法定原则，因为这些单行法规对犯罪行为及其刑罚措施都有清晰的规定。部分学者认为这是最符合公约

---

〔1〕 ICJ, *Belgium v. Senegal*, Questions Relating to the Obligation to Prosecute or Extradition, 2012, para. 75.

〔2〕 Jean Pictet, *Commentary to the First* 1949 *Geneva Convention*, p. 364.

〔3〕 ICRC Report of the Third Universal Meeting of National Committees of the Implementation of International Humanitarian Law, Vol. I, pp. 61~66.

〔4〕 Jean Pictet, *Commentary to the First* 1949 *Geneva Convention*, p. 364.

〔5〕 Christine Van Den Wyngaert, "The Suppression of War Crimes under Additional Protocol I" in Astrid J, M. Delissen & Gerard J. Tanja (eds.), *Humanitarian law of Armed Conflict: Challenges Ahead*, Martinus Nijhoff Publishers, 1991, p. 200.

〔6〕 Kunt Dormann and Robin Geib, "The Implementation of Grave Breaches into Domestic Legal Orders", *Journal of International Criminal Justice* Vol. 7, 2009, pp. 708~710.

〔7〕 Kunt Dormann and Robin Geib, "The Implementation of Grave Breaches into Domestic Legal Orders", pp. 711~712.

要求的做法。[1] 但采用这种做法的弊端是，立法工作量较大，且对条约和法律的新发展所起的作用有限。

学者们较为推崇的是一般性做法和针对特定罪行立法的混合做法。该方法平衡了前述几种做法，在照顾到罪刑法定原则的同时，又避免了针对所有罪行制定新法典的麻烦。

（二）普遍管辖权和"或引渡或起诉"原则

普遍管辖权是指单纯建立在犯罪性质而无论犯罪地、行为人国籍、被害人国籍及其与犯罪行为有关因素的刑事管辖权。[2] 普遍管辖权可以是义务性的、也可以是授权性的。1949 年日内瓦四公约对严重破坏公约行为（战争罪）所确立的普遍管辖权，可以被视为国际刑法的重要发展。[3]

日内瓦四公约规定，缔约国有义务搜捕犯罪嫌疑人，并应将此种人，不分国籍，送交各该国法庭予以审判。[4] 该规定被认为确立缔约国对严重破坏公约的行为设立普遍管辖权。[5] 其一，尽管条约的规定只明确排除了行为人的国籍因素，但犯罪地的因素也应排除在外，这是规定的必然含义。因为如果不排除犯罪地因素，则国家只能审判发生在其境内的犯罪，该规定所强调的国籍因素便是多余的。因为，国家显然对其境内的所有犯罪都有管辖权，而无论犯罪行为的国籍如何。其二，根据上述逻辑，被害人的国籍因素也应当排除在外。其三，还应强调的是，该项规定是针对所有缔约国的，而非仅针对冲突当事国。综上所述，公约针对严重破坏公约的行为确立的是普遍管辖权。该解释也符合条约谈判文件的记录和国家执行公约的实践。[6] 实践中，国家应当赋予其法院针对严重破坏公约的行为行使普遍管辖的权力。[7] 正如公约评注指出的，该规定意味着缔约国一旦得知犯罪嫌疑人在其境内，就应当采取行动。[8] 在此方面，国家必须遵守

---

〔1〕 Kunt Dormann and Robin Geib, "The Implementation of Grave Breaches into Domestic Legal Orders", pp. 708, 717.

〔2〕 Princeton Project on Universal Jurisdiction, available at http://lapa. princeton. edu/hosteddocs/unive_jur. pdf, last visit 5 March 2015.

〔3〕 Roger O'Keefe, "The Grave Breaches Regime and Universal Jurisdiction", *Journal of International Criminal Justice* Vol. 7, 2009, pp. 811 ~ 812.

〔4〕 《日内瓦第一公约》第 49 条、《日内瓦第二公约》第 50 条、《日内瓦第三公约》第 129 条、《日内瓦第四公约》第 146 条。

〔5〕 Y. Sandoz (eds), *Commentary on Additional Protocols of* 1977, para. 3403.

〔6〕 Roger O'Keefe, *The Grave Breaches Regime and Universal Jurisdiction*, pp. 813 ~ 815.

〔7〕 Roger O'Keefe, *The Grave Breaches Regime and Universal Jurisdiction*, pp. 816 ~ 817.

〔8〕 Jean S. Pictet, *Commentary to the First* 1949 *Geneva Convention*, pp. 365 ~ 366; Claus Kress, "Reflections on the Iudicare Limb of the Grave Breaches Regime", *Journal of International Criminal Justice* Vol. 7, 2009, p. 800.

其有关搜寻、调查、审判的法律。[1]

接下来的条款进一步规定，缔约国处于自愿并按照其法律的规定，可以将犯罪嫌疑人送交另一有关之缔约国审判，但以该缔约国能指出案情显然者为限。该规定与前述强制普遍管辖权一起，构成了"或引渡或起诉"的义务。但是，根据公约的规定，缔约国可以自由选择起诉或引渡嫌疑人。同时，条约也没有确定缔约国考虑予以引渡的优先秩序。学者建议，在一般情况下，应将嫌疑人引渡给与犯罪关系密切的国家，而非仅仅依赖普遍管辖权提出引渡请求的国家。[2]此外，不能认为日内瓦四公约阻碍将嫌疑人提交给国际刑庭。但犯罪嫌疑人所在国如果是某国际刑庭的成员国，那么，它自由选择移交嫌疑人的权利将受到有关刑庭规约的限制。[3]

（三）程序性规则的国际习惯法性质

有学者认为上述程序规则也具有国际习惯法的性质。[4]根据国际法委员会的报告，针对某些犯罪的"或引渡或起诉"义务不仅源自条约，也源自习惯法。而这些犯罪就包括战争罪或严重破坏公约行为等违反国际人道法的罪行。国家的实践证明了上述义务的习惯法性质。[5]日内瓦四公约将普遍管辖权作为缔约国针对严重破坏公约行为所应承担的义务。考虑到国家的相关实践，尤其是国家对日内瓦公约的普遍接受，针对严重破坏公约行为的普遍管辖权义务也具有习惯法性质。[6]而且，根据国际法院判定习惯法的标准，这些程序性规定不仅仅是技术性的，而且对尊重个人和基本人道尤为重要。[7]

第三节　严重破坏公约行为与战争罪

战争罪是严重违反国际人道法条约或习惯法，并根据条约或习惯法，应对之

---

[1] Claus Kress, "Reflections on the Iudicare Limb of the Grave Breaches Regime", pp. 800～801.

[2] Claus Kress, "Reflections on the Iudicare Limb of the Grave Breaches Regime", pp. 797～799.

[3] Claus Kress, "Reflections on the Iudicare Limb of the Grave Breaches Regime", pp. 799～800.

[4] J. - M. Henckaerts and L. Doswald - Beck, *Customary International Humanitarian Law*, *Volume I*: *rules*, Rule 158.

[5] J. - M. Henckaerts, "The Grave Breaches Regime as Customary International Law", *Journal of International Criminal Justice* Vol. 7, 2009, pp. 696～698.

[6] J. - M. Henckaerts, "The Grave Breaches Regime as Customary International Law", pp. 698～699.

[7] J. - M. Henckaerts, "The Grave Breaches Regime as Customary International Law", pp. 693～700.

承担个人刑事责任的行为。[1] 自刑法诞生之日起，战争罪就在国内受到惩罚，而且战争罪也是第一项根据国际法受到惩罚的罪行。[2] 1998 年的《罗马规约》是迄今最为全面编纂了战争罪的文件，其内容也被认为反映了习惯国际法。[3] 本章将比较《罗马规约》第 8 条规定的战争罪和日内瓦公约及其附加议定书规定的严重破坏公约的行为，以阐述国际人道法和国际刑法之间的互动关系。

一、国际武装冲突中的战争罪

（一）严重破坏日内瓦公约的行为

《罗马规约》第 8 条规定的第一类战争罪就是严重破坏 1949 年 8 月 12 日日内瓦公约的行为。该项规定完全吸收了日内瓦公约的规定，因此，其含义和使用条件应该相同，如它们只适用于国际性武装冲突以及行为对象必须是受保护的人。[4]

武装冲突法不是一成不变的，而是通过不断调整来适应变化的世界的。[5] 前南刑庭在严重破坏公约行为确立的 45 年后，开始在其审判实践中适用该法律，并发展了该法律。其一，前南刑庭确认严重破坏公约的行为只发生在国际性武装冲突中。[6] 但是，为了确立其对审判案件的管辖权，法庭为判定武装冲突的性质确立新的标准。[7] 为此，法庭创造性地发明了"全面控制（overall control）"标准用以判定外来干涉国与非国家组织之间的关系，从而使得貌似是国内武装冲突的形势成了国际性武装冲突。法庭指出，如果国家除向非国家团体提供资助、训练或行动支持外，还起到组织、协调或计划军事行动的作用，那么，该国就全面控制了该团体，[8] 从而使冲突变成国际性的了。这一解释使得严重破坏公约的行为能够适用于原本认为是国内冲突的情势。该做法开辟了国际刑事司法的新

---

〔1〕　Antonio Cassese, *International Criminal Law*, Oxford University Press, 2003, p. 47.

〔2〕　William A. Schabas, *An Introduction to International Criminal Law Court*, p. 112.

〔3〕　Philippe Kirsch, "Forward", in *Elements of War Crimes under the Rome Statute of the International Criminal Court: Sources and Commentary*, p. xiii.

〔4〕　Otto Triffterer (ed.), *Commentary on the Rome Statute of the International Criminal Court*, 2nd Edition, pp. 300 ~ 301; William A. Schabas, *An Introduction to International Criminal Law Court*, pp. 119 ~ 121.

〔5〕　*Prosecutor v. Kunarac et al.*, Judgment, 12 June 2002, IT – 96 – 23 and IT – 96 – 23/I – A para. 67.

〔6〕　*Prosecutor v. Tadic*, Decision on the Defence Motion for Interlocutory Appeal on Jurisdiction (*Tadic Jurisdiction Decision*), Appeals Chamber, 2 October 1995, IT – 94 – 1 – A. However, some scholar was of the opinion that this confirmation defied recent trends in State practice illustrating a change in customary international law. See, Natalie Wagner, "The development of the grave breaches regime and of individual criminal responsibility by the International Criminal Tribunal for the former Yugoslavia", *International Review of the Red Cross*, Vol. 85, 2003, p. 358.

〔7〕　Ken Robert, "The Contribution of the ICTY to the Grave Breaches Regime", *Journal of International Criminal Justice* Vol. 7, 2009, p. 747.

〔8〕　*Prosecutor v. Tadic*, Appeals Judgment, IT – 94 – 1 – A, para. 137.

途径。学者建议国际刑事法院也采用同样的标准与实践。[1] 其二，前南刑庭要求检察官证明被告知道构成冲突国际性质的基本事实，[2] 该要求已被国际刑事法院的《犯罪要件》所吸收，后者还吸收了前南刑庭对指称的犯罪必须与冲突有联系的要求。[3] 所有这些管辖权要素都不是严重破坏公约行为体系本身的要求，因为后者并非在制定刑事法规。

此外，前南刑庭还发展了"被保护人"的内涵，使其更为现代化了。它认为，《日内瓦第四公约》第4条适用的基础不应当是国籍所体现的形式联系和法律关系，而是通过效忠和有效的外交保护所体现出的实质关系。因为根据第4条规定的宗旨和目的，它应尽可能广泛地保护平民。[4] 所以，如果某人因为属于少数民族而无法受到其国籍国保护，那么他就应当成为公约下的被保护人。[5] 该解释实质考虑到了当今多数冲突都是族群冲突的事实。[6] 这一创见也为《罗马规约》犯罪要件所吸收。[7]

前南刑庭还发展了部分严重破坏公约行为的含义。例如，法庭通过灵活解释《日内瓦第四公约》不同条款之间的联系，使得非法拘禁平民的犯罪更为全面。根据法庭的解释，违反《日内瓦第四公约》第42条没有合法理由拘禁平民属于犯罪，同时违反第43条的程序保障而持续拘禁平民，虽然开始的拘禁是合法的，但也会构成犯罪。[8] 学者也建议国际刑事法院采用类似标准。[9]

在前南刑庭判例的基础上，严重破坏公约的行为在国际刑事法院的战争罪案

---

〔1〕 Otto Triffterer（ed.），*Commentary on the Rome Statute of the International Criminal Court*，p. 302；Knut Dormann，*Elements of War Crimes under the Rome Statute of the International Criminal Court：Sources and Commentary*，Cambridge University Press，2003，p. 24.

〔2〕 Ken Robert，"The Contribution of the ICTY to the Grave Breaches Regime"，p. 749.

〔3〕 Ken Robert，"The Contribution of the ICTY to the Grave Breaches Regime"，pp. 750 ~ 752；Knut Dormann，*Commentary on the Rome Statute of the International Criminal Court*，p. 17.

〔4〕 Ken Robert，"The Contribution of the ICTY to the Grave Breaches Regime"，pp. 753 ~ 754；Natalie Wagner，"The development of the grave breaches regime and of individual criminal responsibility by the International Criminal Tribunal for the former Yugoslavia"，p. 360.

〔5〕 William A. Schabas，*An Introduction to International Criminal Law Court*，p. 121；Otto Triffterer（ed.），*Commentary on the Rome Statute of the International Criminal Court*，2nd Edition，p. 302.

〔6〕 Ken Robert，"The Contribution of the ICTY to the Grave Breaches Regime"，p. 754；Natalie Wagner，"The development of the grave breaches regime and of individual criminal responsibility by the International Criminal Tribunal for the former Yugoslavia"，p. 361.

〔7〕 Otto Triffterer（ed.），*Commentary on the Rome Statute of the International Criminal Court*，2nd Edition，p. 302.

〔8〕 Ken Robert，"The Contribution of the ICTY to the Grave Breaches Regime"，pp. 759 ~ 760.

〔9〕 Otto Triffterer（ed.），*Commentary on the Rome Statute of the International Criminal Court*，2nd Edition，p. 321.

件中呈现出了新的特点：

1. 由于当前非国际性武装冲突在武装冲突中所占比例较高，在国际刑事法院已经审结和正在进行的案件中，很少有被告人被起诉犯有《罗马规约》第 8 条第 2 款第 1 项所包含的犯罪，也即严重破坏日内瓦公约的行为。在已经进入或完成一审程序的 14 起案件中，只有恩乔洛（Ngudjolo）和加丹加两起案件涉及《罗马规约》第 8 条第 2 款第 1 项所包含的犯罪。[1] 在这两起案件中，检察官均起诉被告犯有包括第 8 条第 2 款第 1 项第 1 目和第 1 项第 2 目规定的故意杀害和施加酷刑的战争罪。[2]

2. 由于《罗马规约》第 7 条中的危害人类罪包含谋杀、酷刑等与严重破坏公约的行为重叠的具体罪名，因此针对同一犯罪行为，检察官倾向于同时起诉危害人类罪与战争罪。例如，在恩乔洛案中，针对刚果“国家融合主义前线”（National Integrationist Front）在博戈罗村的暴行，检察官既起诉了被告谋杀和酷刑的危害人类罪，又要求法院判决被告对故意杀害和酷刑的战争罪负责。[3] 需要指出的是，对罪名相似的危害人类罪和战争罪，国际刑事法院的《犯罪要件》规定的特殊要件和背景要件并不相同，即使检察官对某一具体行为同时起诉两个罪名，法院也会分别对两个罪名的要件进行分析。在恩乔洛案中，预审分庭对严重破坏公约行为也即《罗马规约》第 8 条第 2 款第 1 项战争罪的分析与对危害人类罪的分析并行不悖。[4]

3. 由于《罗马规约》第 8 条第 2 款第 1 项和第 3 项下同样有相似的罪名，在实践中，检察官在不能确定武装冲突性质的情况下，也会倾向于同时起诉两项下的相似罪名，例如第 8 条第 2 款第 1 项第 1 目的故意杀害罪和第 8 条第 2 款第 3 项第 1 目的谋杀罪，前者是严重破坏公约的行为，而后者是严重违反日内瓦四公约共同第 3 条的行为。在加丹加案中，预审分庭在确认指控的决定中确认了第 8 条第 2 款第 1 项第 1 目故意杀害罪的主客观要件成立。[5] 在审判阶段，审判分庭

---

〔1〕 这两起案件在预审阶段合并审理，但是在一审过程中由审判分庭拆分。参见 *Prosecutor v. Germain Katanga and Mathieu Ngudjolo Chui*, Decision on the implementation of regulation 55 of the Regulations of the Court and severing the charges against the accused persons, 21 November 2012, ICC – 01/04 – 01/07.

〔2〕 参见 *Prosecutor v. Katanga and Ngudjolo*, Decision on the confirmation of charges, 30 September 2008, ICC – 01/04 – 01/07, para. 21.

〔3〕 *Prosecutor v. Katanga an Ngudjolo*, Decision on the confirmation of charges, paras. 20 ~ 23.

〔4〕 *Prosecutor v. Katanga and Ngudjolo*, Decision on the confirmation of charges, paras 285 ~ 307, 355 ~ 364, 420 ~ 427, 445 ~ 465.

〔5〕 *Prosecutor v. Katanga and Ngudjolo*, Decision on the confirmation of charges, para. 307.

改变了对案中武装冲突的定性，认定该武装冲突为非国际性武装冲突，[1]并根据相同的证据重新判断了第 8 条第 2 款第 3 项第 1 目谋杀罪的主客观要件是否满足。乍看之下，审判分庭对严重破坏公约的行为和严重违反日内瓦四公约共同第 3 条的行为分别进行了评判，然而，审判分庭在分析第 8 条第 2 款第 3 项第 1 目谋杀罪的背景要件时指出："起草记录表明规约的起草者希望第 8 条第 2 款第 1 项第 1 目的故意杀害罪和第 8 条第 2 款第 3 项第 1 目的谋杀罪之间没有区别。"[2]预审分庭的这一表态，实际上昭示了一个趋势，即在惩罚严重破坏公约行为的第 8 条第 2 款第 1 项碍于武装冲突的性质无法适用时，其内涵和与之相关联的判例逐渐向涵盖相似行为的非国际性武装冲突中的战争罪渗透，指引国际刑事法院对它们的解释。

由此，可以得出结论，国际刑事司法实践发展了并将继续发展日内瓦四公约确定的严重破坏公约的行为的内容。

（二）其他严重违反战争法规及惯例的行为

《罗马规约》第 8 条规定的第二类战争罪为"严重违反国际法既定范围内适用于国际武装冲突的法规和惯例的其他行为"。本项下列举的 26 种行为的主要渊源是 1907 年海牙《陆战规章》以及《第一附加议定书》规定的严重破坏议定书的行为和相关的禁止性及保护性条款。[3]因此，我们有必要了解该项的规定是否包含了议定书规定的所有严重破坏议定书的行为，或者它是否根据议定书的规定而创设了新的战争罪。

两相比较，议定书规定的三项严重破坏议定书的行为从表面上看没有被规约所涵盖，即知悉攻击将造成过分的平民生命损失、平民伤害或民用物体损害，仍然对含有危险力量的工程或装置发动攻击、对遣返战俘或平民的无理延迟、种族隔离和其他不人道和侮辱性的行为。[4]

但是，就种族隔离和其他不人道和侮辱性的行为而言，它首先可能构成《罗马规约》第 8 条第 2 款第 2 项下的损害个人尊严、侮辱性和有辱人格的待遇的战争罪。[5]种族隔离则可能构成《罗马规约》第 7 条规定的危害人类罪。但是，

---

〔1〕 *Prosecutor v. Katanga*, Trial Judgment, para. 1229.

〔2〕 *Prosecutor v. Katanga*, Trial Judgment, para. 789.

〔3〕 William A. Schabas, *An Introduction to International Criminal Law Court*, p. 122; Otto Triffterer (ed.), *Commentary on the Rome Statute of the International Criminal Court*, 2nd Edition, p. 323.

〔4〕 Yves Sandoz, "The History of the Geneva Breaches Regime", p. 679.

〔5〕 Jean-Marie Henckaerts and Louise Doswald-Beck, *Customary International Humanitarian Law*, Volume I: *Rules*, Cambridge University Press, 2005, pp. 588~589.

危害人类罪的定罪门槛较高，它要求有关行为是"广泛或有系统地针对平民人口攻击"的一部分。对含有危险力量设施的攻击也被认为包含在《罗马规约》第 8 条第 2 款第 2 项规定的过分附带损害的行为中。[1] 规约中确实难以找到可以包含延迟遣返平民及战俘的规定，但该行为被认为是国际习惯法上的战争罪。[2]

造成上述差异的原因是，国家对议定书的接受程度不如其对日内瓦四公约的接受程度，部分国家认为严重破坏议定书的行为并不完全反映了习惯法。[3]

《罗马规约》第 8 条第 2 款第 2 项与议定书其他条款有关的战争罪的行为包括：指令攻击民用物体、发动造成自然环境过分损害的攻击、背弃信义的杀伤行为、宣告不纳降、使用人盾、使平民陷入饥饿、征募儿童兵。

攻击民用物体的战争罪与《第一附加议定书》第 52 条第 1 款有关，该犯罪被认为符合国际习惯法的规定。[4] 但是，议定书第 52 条还禁止针对民用物体实施报复的行为，但该禁止不被认为已经成了习惯法。因此，前述禁止报复行为的规定只是条约规定。[5]

背信弃义的杀伤行为的战争罪与海牙《陆战规章》第 23 条和《第一附加议定书》第 37 条有关，后者定义了背信弃义的行为。国际刑事法院的《犯罪要件》明确指出，背信弃义应当按照议定书第 37 条来理解。[6]

宣告不纳降的战争罪与海牙《陆战规章》第 23 条以及《第一附加议定书》第 40 条有关，后者不仅禁止下令不纳降，而且禁止以不纳降相威胁的作战行为。国际刑事法院的《犯罪要件》明确指出规约的规定应当包括宣告和命令不纳降的行为，但没有指出是否包括以不纳降相威胁的作战行为。在《罗马规约》的谈判中，部分国家对此有异议。但是，议定书第 40 条的规定已经被认为成为习惯法，尽管相关的战争罪只限于宣告不纳降。[7] 有学者指出，该规定不能过分

---

〔1〕　Jean – Marie Henckaerts and Louise Doswald – Beck, *Customary International Humanitarian Law*, *Volume I*: *Rules*, p. 590.

〔2〕　Jean – Marie Henckaerts and Louise Doswald – Beck, *Customary International Humanitarian Law*, *Volume I*: *Rules*, p. 588.

〔3〕　William A. Schabas, *An Introduction to International Criminal Law Court*, p. 122; Otto Triffterer (ed.), *Commentary on the Rome Statute of the International Criminal Court*, 2nd Edition, p. 288.

〔4〕　Jean – Marie Henckaerts and Louise Doswald – Beck, Customary International Humanitarian Law, Volume I: Rules, p. 581.

〔5〕　Otto Triffterer (ed.), Commentary on the Rome Statute of the International Criminal Court, 2nd Edition, pp. 329 ~ 330.

〔6〕　Jean – Marie Henckaerts and Louise Doswald – Beck, Customary International Humanitarian Law, Volume I: Rules, p. 575.

〔7〕　Jean – Marie Henckaerts and Louise Doswald – Beck, *Customary International Humanitarian Law*, *Volume I*: *Rules*, pp. 161, 575.

限制国际刑事法院的审判，因为以不纳降为目的实施的作战行为可能构成杀害失去战斗力人员的战争罪。[1]

使用人盾的战争罪与《第一附加议定书》第51条有关。《日内瓦第四公约》第23、28条以及《第一附加议定书》第12条禁止将战俘和医疗单位用来掩护军事行动和目标。这些禁止性规定被认为已经构成习惯法。[2]

使平民陷入饥饿的战争罪与《第一附加议定书》第54条有关，该条禁止以使平民陷入饥饿来作战并禁止攻击或破坏平民生存不可或缺的物体。同时，《罗马规约》还规定了阻碍提供救济物品的行为也构成该项犯罪。后者与《日内瓦第四公约》第23、55、59条有关。该规定现也已经成了习惯法。[3]

使用或招募童兵的战争罪与《第一附加议定书》第77条有关。但是，议定书只禁止儿童兵"直接参加"敌对行动，而规约禁止的是"积极参加"的行为，后者的范围较前者宽泛。[4]该犯罪也已经被认为成了习惯法。[5]

最后，构成严重破坏议定书的行为必须有有关人员伤亡的后果，但《罗马规约》不要求构成其战争罪的行为也有此结果。

与严重破坏公约的行为类似，囿于武装冲突的性质，《罗马规约》第8条第2款第2项涵盖的严重破坏议定书的行为，在非国际性武装冲突居多的国际刑事法院案件中鲜有用武之地。仅有的两起涉及严重破坏议定书行为的案件仍然是恩乔洛案和加丹加案。在加丹加案中，由于审判分庭更改了对武装冲突的定性，原用于证明严重破坏议定书行为的证据被用来支持相应的非国际性武装冲突中的战争罪。审判分庭对非国际性武装冲突中的战争罪的要件和与其相应的严重破坏议定书行为的要件也做了同质化的解释。[6]这一做法与审判分庭处理严重破坏公约行为和非国际性武装冲突中相应的战争罪的关系如出一辙。但是由于国际刑事法院相关案例极少，这一做法能否成为法院的主流，乃至严重破坏公约及其议定书行为未来的发展方向，尚有待观察。

---

[1] Otto Triffterer (ed.), Commentary on the Rome Statute of the International Criminal Court, 2nd Eedition, pp. 392 ~ 393.

[2] Jean – Marie Henckaerts and Louise Doswald – Beck, Customary International Humanitarian Law, Volume I: Rules, pp. 337, 584.

[3] Jean – Marie Henckaerts and Louise Doswald – Beck, *Customary International Humanitarian Law*, *Volume I: Rules*, p. 581.

[4] Otto Triffterer (ed.), Commentary on the Rome Statute of the International Criminal Court, 2nd Edition, p. 471.

[5] Jean – Marie Henckaerts and Louise Doswald – Beck, Customary International Humanitarian Law, Volume I: Rules, p. 580.

[6] *Prosecutor v. Katanga and Ngudjolo*, Decision on the confirmation of charges, para. 796.

二、非国际武装冲突中的战争罪

如前所述，日内瓦四公约没有为非国际性武装冲突确立严重破坏公约行为和战争罪的制度。在日内瓦四公约中，只有其共同第 3 条适用于非国际性武装冲突，其《第二附加议定书》扩展了第 3 条的内容，但没有引入严重破坏公约行为的制度。[1]

在谈判《罗马规约》的过程中，非国际性武装冲突中的战争罪的谈判是个难点。但是，考虑到非国际性武装冲突已经成为当代冲突的常态，多数代表认为有必要将一些行为确立为非国际性武装冲突中的战争罪。[2] 最后，规约将非国际性武装冲突中的战争罪归结为两大类。

（一）严重违反 1949 年日内瓦四公约共同第 3 条的行为

《罗马规约》第 8 条第 2 款第 3 项首先将严重违反 1949 年日内瓦四公约共同第 3 条的行为作为非国际性武装冲突中的战争罪。国际法院认为共同第 3 条是国内冲突中的最低人道保障。[3] 前南刑庭和卢旺达刑庭也明确指出根据习惯国际法，违反共同第 3 条将产生个人刑事责任。其他相关国际法庭及国内立法也有类似表述。[4]

尽管《罗马规约》明确指明其只涉及"严重违反第 3 条"的行为，但学者认为任何违反第 3 条的行为都是严重的违反行为，从而构成规约下的犯罪。而本条所保护的人员，也是日内瓦四公约共同第 3 条所列举的人员，即不实际参加敌对行动的人，包括已经放下武器的武装部队人员及因伤、病、拘留或其他任何原因而失去战斗力的人员。其中，不实际参加敌对行动即为不直接参加敌对行动。该项列举的行为应当是穷尽的，因此，违反共同第 3 条其他规定的行为不构成规约下的战争罪。[5] 该项列举的行为包括：谋杀、伤残肢体、虐待、酷刑、损害个人尊严、挟持人质、法外处决。这些行为都涉及核心人权的保护。[6]

（二）其他严重违反适用于非国际性武装冲突的法规和惯例的行为

《罗马规约》第 8 条第 2 款第 5 项列举了 12 种其他严重违反适用于非国际性

---

〔1〕 William A. Schabas, *An Introduction to International Criminal Law Court*, p. 131.

〔2〕 Otto Triffterer（ed.）, *Commentary on the Rome Statute of the International Criminal Court*, 2nd Edition, p. 476.

〔3〕 *Nicaragua v. United States of America*, I. C. J. Rep. 114.

〔4〕 Otto Triffterer（ed.）, *Commentary on the Rome Statute of the International Criminal Court*, 2nd Edition, pp. 485 ~ 486; William A. Schabas, *An Introduction to International Criminal Law Court*, p. 132.

〔5〕 Otto Triffterer（ed.）, *Commentary on the Rome Statute of the International Criminal Court*, 2nd Edition, pp. 446 ~ 488.

〔6〕 William A. Schabas, *An Introduction to International Criminal Law Court*, p. 132.

武装冲突的法规和惯例的行为。其渊源主要是日内瓦四公约的《第二附加议定书》。它涉及的战争罪包括：攻击平民、攻击使用特殊标志的物体或人员、攻击执行人道援助或维和行动的人员或物体、攻击保护的物体、抢劫、强奸、性奴役、强迫卖淫、强迫怀孕、强迫绝育、征募或使用儿童兵、迁徙平民、背信弃义地杀伤、宣告不纳降、伤残肢体或进行医学或科学实验、摧毁或没收敌方财产、使用毒物或有毒的武器、使用禁止使用的气体、液体、物质或装备、使用禁止使用的子弹等。其文字表述与前款规定的国际性武装冲突下的犯罪相似。但下述区别应予以注意：

攻击平民的战争罪与《第二附加议定书》第13条有关，其含义与国际性武装冲突中攻击平民的战争罪相同。但与国际性武装冲突不同的是，攻击民用物体的行为没有被定为非国际性武装冲突中的战争罪。原因是《第二附加议定书》没有禁止攻击民用物体的规定，因为此禁止尚未成为习惯法。[1] 但红十字国际委员会出版的《习惯国际人道法》认为，该规则已经成为习惯法规则。此外，尽管该项中关于性暴力犯罪的规定与前述国际性武装冲突中类似犯罪的表述一致，但二者的立法基础不同，本项规定基于共同第3条，而前项规定基于日内瓦四公约。最后，本项中使用童兵的规定系针对所有武装部队，而非仅限于国际性武装冲突中的国家武装部队。[2]

综上所述，二战后，国际社会通过1949年日内瓦四公约建立了"严重破坏公约行为"的体制，标志着战争罪的概念有了显著的发展。尽管纽伦堡军事法庭审判了战争罪，但严重破坏公约行为是第一个通过条约体系建立的惩罚战争罪的制度。它标志着从此以后，战争罪犯将在全球遭受追诉并接受审判。[3]

但是，自其诞生后，严重破坏公约行为的体系未能得到执行。部分原因是技术性的，因为该体系只要求将某些行为定为犯罪，而没有就其他相关的刑法概念做出明确规定，留下了很大的不确定性。但更为实质的原因则与国际政治和形势有关。由于担心敌国报复被羁押的本国国民，国家不愿意惩罚被其羁押的敌国犯有战争罪的国民，而大国之间的权力斗争也使得第三国无法行使普遍管辖权。[4]

---

〔1〕 Otto Triffterer (ed.), *Commentary on the Rome Statute of the International Criminal Court*, 2nd Edition, p. 494.

〔2〕 Otto Triffterer (ed.), *Commentary on the Rome Statute of the International Criminal Court*, 2nd Edition, pp. 495 ~ 496.

〔3〕 James G. Stewart, "The Future of the Grave Breaches Regime", *Journal of International Criminal Justice*, Vol. 7, 2009, p. 856

〔4〕 James G. Stewart, "The Future of the Grave Breaches Regime", pp. 856 ~ 857.

随着冷战的结束，国际刑事法庭开始实施严重破坏公约行为体制，并且激励了战争罪的国内立法。这些法庭不仅澄清了严重破坏公约的概念，而且创设了一系列的解决技术问题的方法，如认定国际或非国际性武装冲突的标准等。尤为重要的是，这些法庭确认并发展了非国际性武装冲突中的战争罪概念，从而弥补了严重破坏公约行为体制的缺陷。[1]

如今，《罗马规约》已经将严重破坏公约的行为纳入了国际刑法，并将其作为独立的类型，以与其他违反战争法规与惯例的战争罪相区别。这种区分与战争罪的立法史有关，国家往往是不断地创设新的法律，而很少去清理或去除那些重复性的规定。[2] 但是，这种区分却使得国家或国际法庭更愿意适用其他违反战争法规与惯例的罪行，而非严重破坏公约行为体系，因为后者较为复杂，而且必须证明冲突的国际性这一敏感的问题。[3]

因此，严重破坏公约行为体系还能维持其独立的地位吗？通过以上的论述，我们发现，严重破坏公约的行为在适用范围、行为模式等方面与其他的战争罪有很大的相似性。[4] 但是，完全放弃严重破坏公约行为的体制是不恰当的。其一，如前所述，有些破坏公约的行为在其他战争罪中没有相似的规定。其二，尽管许多《罗马规约》缔约国开始根据规约在国内法上制定战争罪，但是规约的缔约国数量远远少于日内瓦公约及其议定书的缔约国，因此，难以使严重破坏公约行为制度完全成为多余的。[5] 其三，严重破坏公约体制确立的立法、追诉及普遍管辖的义务，使其独具特色，成为通过国内法制来惩罚犯罪的有力工具。

鉴于此，严重破坏公约行为的体制仍将作为战争罪法律的一部分而存续。[6] 如前所述，武装冲突法不是一成不变的，而是随着变化的世界在持续发展的。因此，我们可以预见，战争罪的法律还会通过国际法庭的实践得到进一步的发展和统一，而这也将进一步完善严重破坏公约行为的体制。

---

〔1〕　Dieter Fleck，"Shortcomings of the Grave Breaches Regime"，*Journal of International Criminal Justice*，Vol. 7，2009，pp. 833～854；James G. Stewart，"The Future of the Grave Breaches Regime"，p. 859.

〔2〕　James G. Stewart，"The Future of the Grave Breaches Regime"，pp. 860～863.

〔3〕　James G. Stewart，"The Future of the Grave Breaches Regime"，pp. 860～863.

〔4〕　Marko Divac Öberg，"The absorption of grave breaches into war crimes law"，pp. 170～178.

〔5〕　Marko Divac Öberg，"The absorption of grave breaches into war crimes law"，p. 180.

〔6〕　James G. Stewart，"The Future of the Grave Breaches Regime"，p. 870.

第三章 国际刑事法院对战争罪的审判

第一节 国际刑事法院中的战争罪

一、战争罪的概念

战争罪是指对武装冲突的国际人道法的条约或习惯规则的严重违反。[1]

1. 战争罪必须是对保护重要价值的国际规则的"严重违反",且对被害人造成了严重后果。如果一名战士只是白拿了一个被占领村庄村民的一个面包,尽管可被视为违反了尊重被占领土中私有财产的国际条约规则和习惯法规则,也不属于严重违法。[2]

2. 违反的规则必须属于国际人道法的习惯法或条约规则。有关国际人道法的条约主要有 1899 年和 1907 年签订的关于国际战争的《海牙公约》,这些公约中主要规定了各类合法战斗员,规制了作战的手段和方法,也对不再参战的战俘待遇做了规定。这些规则被称为"海牙法"。1949 年签订的日内瓦四公约和 1977 年签订的这四个公约的两个附加议定书,主要用来规制不积极或不直接参加武装冲突的人员,包括平民、伤病者和海难船员以及战俘的待遇。这些规则被称为"日内瓦法"。[3]与"海牙法"相比较,日内瓦四公约共同第 3 条以及第二附加议定书对国内武装冲突进行了规制,扩大了国际人道法的适用范围。此外,1949年《日内瓦第三公约》更新了海牙《陆战规章》中有关各类合法战斗员的规定,1977 年的《第一附加议定书》也在某种程度上更新了"海牙法"中有关作战手

---

〔1〕 Antonio Cassese, *International Criminal Law*, 2nd Edition, Oxford University Press, 2008, p. 81.

〔2〕 Tadic Jurisdiction Decision, para. 94.

〔3〕 ICJ, Legality of the Threat or Use of Nuclear Weapons, Advisory Opinion, 8 July 1996, para. 75.

段和方法的规则。[1]因此，卡塞斯（Cassese）认为两套规则之间的传统区别正在消失。也有学者认为两套法规之间的区分从未存在过。[2]

3. 构成严重违反国际人道法的行为，根据习惯法或条约法律的规定，必须引起违反规定的个人的刑事责任。[3]国际人道法条约大都未明文规定违反规则是犯罪。传统上，战争在国家之间发生，引起国家责任是毫无疑问的。直到第一次世界大战后，国际社会才试图追究个人的刑事责任。第二次世界大战后，纽伦堡审判的著名判断：违反国际法的犯罪是由人实施的，而不是抽象的实体实施的，只有惩罚犯罪的个人，国际法才能得以实施。[4]它奠定了个人直接承担国际犯罪包括战争罪责任的原则。卡塞斯指出条约未明文规定违反规则是犯罪不是决定性的问题，[5]尤其在国际法上承认一般法律原则也是国际法的渊源。重要的是，刑事法庭或军事法庭事实上都判决了违反国际人道法的行为。[6]在步入了国际刑事审判的时代，国际刑事法庭和法院的规约中都明确规定了严重违反国际人道法的行为是犯罪。[7]另外，二战前只有军事人员因严重违反国际人道法犯下战争罪的实践，二战后发展为非军人也可能犯战争罪。过去，只有对敌方的武装部队及其人员以及平民可能犯战争罪[8]，近年来发展为在某些情况下，对本方武装部队的人员也可能犯战争罪，例如，在卢班加（Lubanga）案中，他因征募15岁以下儿童兵，并利用他们参战而犯了战争罪。[9]

二、《罗马规约》对战争罪的规定

国际刑事法院对四种严重的国际罪行具有管辖权：灭绝种族罪、危害人类罪、战争罪和侵略罪。《罗马规约》关于战争罪的条文是第8条，可以分为两类：第一类是第2款第1项和第2项所列的有关在国际武装冲突中的战争罪行，第二类是第2款第3项和第5项所列的非国际武装冲突中的战争罪行。每一类别的战

---

〔1〕　Antonio Cassese, *International Criminal Law*, p. 82.

〔2〕　[瑞] 路易丝·多斯瓦尔德－贝克："国际法院关于以核武器相威胁或使用核武器是否合法的咨询意见与国际人道法"，凌岩译，载李兆杰主编：《国际人道主义法文选》，法律出版社1997年版，第2页。

〔3〕　Tadic Jurisdiction Decision, para. 94; Otto Triffterer & Kai Ambos, *Commentary on the Rome Statute of the International Criminal Court: Observers' Notes, Article by Article*, 3rd Edition, C. H. Beck Hart Nomos, 2017, p. 305.

〔4〕　汤宗舜、江左译：《国际军事法庭审判德国首要战犯判决书》，世界知识社1955年版，第68页。

〔5〕　Antonio Cassese, *International Criminal Law*, p. 84.

〔6〕　Antonio Cassese, *International Criminal Law*, p. 84.

〔7〕　《前南刑庭规约》第2条和第3条、《卢旺达刑庭规约》第4条、《罗马规约》第8条。

〔8〕　Antonio Cassese, *International Criminal Law*, p. 82.

〔9〕　See, *Prosecutor v. Thomas Lubanga Dyilo*, Judgment pursuant to Article 74 of the Statute（"Lubanga Trial Judgment"）, 14 March 2012, ICC－01/04－01/06－2842.

争罪又进一步分为两个子类。国际武装冲突中的战争罪的第一子类的罪目是第8条第2款第1项所列的1949年日内瓦四公约中的严重违反公约的罪行，与《前南刑庭规约》第2条规定的几乎相同。第二子类有26个罪目，包含在第8条第2款第2项中，属于严重违反适用于国际武装冲突的其他法律或惯例；这些罪目来自许多不同的条约，最重要的是1907年海牙《陆战规章》和1949年日内瓦四公约的1977年《第一附加协议书》中的法规，还包括1954年《关于发生武装冲突时保护文化财产的公约》以及一系列禁止或限制一些作战手段和方法的条约，例如1980年《联合国常规武器公约》及其议定书。非国际武装冲突中战争罪的第一子类罪目规定在第8条第2款第3项中，这些罪目来源于1949年日内瓦四公约共同第3条。第二子类的罪目规定在第8条第2款第5项中，包含12个违反适用于非国际性武装冲突的其他法律和惯例的罪行，这些罪目主要来自日内瓦四公约的《第二附加议定书》。总的来看，列入国际性武装冲突的战争罪目比列入非国际性武装冲突的战争罪目要多。尽管国际红十字委员会的研究表明国际人道法的大多数规则都属于习惯国际法，"可以适用于所有武装冲突，无论它们是国际性的还是非国际性的"[1]，《罗马规约》仍对适用于国际武装冲突的战争罪和非国际武装冲突的战争罪做了区分。国际刑事法院必须按照《罗马规约》第21条的规定适用法律，分庭无权重新制定法院的法定框架。[2]

在《罗马规约》第8条中规定了很多前南刑庭和卢旺达刑庭规约中没有的罪行。例如，《罗马规约》第一次在战争罪中包括了征募15岁以下儿童兵入伍或利用他们积极参加敌对行动；故意指令攻击人道主义援助或维和人员及物资设施等，只要他们有权得到国际人道法给予平民和民用物体的保护；使用具有不分皂白、造成过分伤害或不必要痛苦性质的武器、射弹、装备和作战方法；强制驱逐或迁移平民人口等。此外，《罗马规约》明确规定了在国际和非国际武装冲突中的性暴力犯罪的新罪目：除强奸外还包括性奴役、强迫卖淫、强迫怀孕、强迫绝育和其他形式的性暴力。卢旺达刑庭的规约只明确列出其中的强奸和强迫卖淫罪，而前南刑庭规约没有明确列出任何性暴力罪行，只是规定战争罪包括所列事项，但不限于此。可见，前南刑庭对战争罪目的规定是开放性的，可以将各种形式的性暴力和酷刑等定为其他战争罪行，而国际刑事法院《罗马规约》的战争罪目大都是明确规定的，属于性暴力的罪目更明确，可以归于其他形式的性暴力

---

〔1〕 参见［比］让－马里·亨克茨、［英］路易丝·多斯瓦尔德－贝克主编，红十字国际委员会组织编译：《习惯国际人道法：规则》，法律出版社2007年版，第4页。

〔2〕 Lubanga Trial Judgment, para. 539.

犯罪还可能出现，例如，强迫婚姻，但不会太多。

"恐怖主义行为"在卢旺达刑庭和塞拉利昂特别法庭的规约中被明确列为战争犯罪，在前南刑庭被上诉庭判定为习惯国际法上的战争罪，但没有规定在《罗马规约》中，部分原因是各国长期以来对恐怖主义的定义和范围未能达成共识。除非通过签订对《罗马规约》的修正案，否则不太可能把规约解读为隐含授予法院对恐怖主义的战争罪具有管辖权。

值得注意的是，《罗马规约》第8条第2款第2项和第5项规定的是"严重违反国际法既定范围内适用于（非）国际武装冲突的法规和惯例的其他行为"，而在第8条的其他条款中都没有提到"国际法的既定范围内"。这一用语应如何理解？若法院认为，只有在一般国际法已将这两款规定的行为视为战争罪时，这两款规定的行为才构成战争罪。那么，法院就要逐案确定，根据一般国际法，这两款所列行为被认为违反武装冲突的国际人道法，且根据国际习惯法，这种行为相当于战争犯罪。[1]卡塞斯认为，这可能意味着，《罗马规约》的规定最终只构成对战争罪的暂定和临时规定，最终决定权取决于法院的裁定。[2]这种解释似乎并不可取。另有学者认为，这些措辞在于强调第8条第2款第2项和第5项所列行为必须符合既定的国际人道法的解释，从而排除太过激的解释。[3]

第二节　战争罪的共同构成要件：存在武装冲突

《罗马规约》第8条规定的所有战争罪罪目都必须具备一些共同的要件，除了行为人从事了一定的犯罪行为外，行为必须在武装冲突情况下发生并与该冲突有关，而且行为人知道据以确定存在武装冲突的事实情况。[4]

一、存在武装冲突

战争罪的构成要件要求有关的违法行为必须发生在武装冲突的情况下并与该冲突相关。但是，《罗马规约》和《犯罪要件》都没有规定武装冲突的定义，《犯罪要件》只规定"规约第8条第2款所列战争罪要件，应当按照武装冲突国

---

〔1〕　Antonio Cassese, *International Criminal Law*, pp. 94 ~ 95.

〔2〕　Antonio Cassese, *International Criminal Law*, p. 95.

〔3〕　Michael Cottier, "Article 8", in Otto Triffterer & Kai Ambos（eds.）, *Commentary on the Rome Statute of the International Criminal Court*, 3rd Edition, p. 354.

〔4〕　《犯罪要件》第8条每一罪目的最后两个要件。

际法规……的既定框架解释"。[1]而有关武装冲突的日内瓦四公约及其附加议定书也没有对武装冲突予以明确的定义。因而法院只能参考其他国际法庭的判例，特别是前南刑庭的判例。[2]

前南刑庭上诉庭在关于塔迪奇案管辖权的决定中作为附带意见提出了武装冲突的定义："当国家之间诉诸武力或在政府当局和有组织的武装团体之间或在一国中的这些武装团体之间长期使用武力，就存在武装冲突。国际人道法从这些武装冲突开始时适用，并在停止敌对行动之后延续适用，直到达成全面缔结和平；或在国内冲突的情况下，直到实现和平解决。直到那一刻之前，国际人道法继续适用于交战国的全部领土，或在国内冲突的情况下，适用于一方控制下的全部领土，无论在那里是否实际发生战斗。"[3]国际刑事法院的卢班加案和加丹加案的判决都采用了这个定义。[4]国际刑法学者认为这个定义是当代确定武装冲突存在的最权威的标准。[5]

武装冲突又分为国际性的和非国际性的。1949 年的日内瓦四公约及其《第一附加议定书》等适用于国际武装冲突，日内瓦四公约共同第 3 条及其《第二附加议定书》等适用于非国际武装冲突。因而，为武装冲突定性对起诉审判战争犯罪是十分必要的。

国际性武装冲突的特点是在国家之间诉诸武力。根据 1949 年日内瓦四公约共同第 2 条规定，"两个或两个以上国家之间所发生之一切经过宣战的战争或任何其他武装冲突"都属于国际性武装冲突，"即使其中一国不承认有战争状态"；外国占领一国领土时，无论是否受到抵抗，都是国际性武装冲突。国际性武装冲突的主体是国家，这是普遍承认并得到国际判例的支持的。[6]国际刑事法院卢班加案的预审分庭和审判分庭对国际武装冲突的定义做了进一步澄清：国家之间通过代表各自的武装部队或代表国家行事的其他实体进行武装的敌对行为，就存在国际武装冲突。[7]换言之，一国的武装部队在另一国境内与不代表该国行事的武装团体之间发生的敌对行动，并不能视为国际性武装冲突。这为今后一国军队

---

[1]《犯罪要件》第 8 条的导言。

[2] Lubanga Trial Judgment, paras. 532～533.

[3] Tadić Appeals Jurisdiction Decision, para. 70.

[4] Lubanga Trial Judgment, para. 533; Katanga Trial Judgment, para. 1173.

[5] Anthony Cullen, "The Characterization of Armed Conflict in the Jurisprudence of the ICC", in Carsten Stahn (ed.), *The Law and Practice of the International Criminal Court*, Oxford University Press, 2015, p. 767.

[6] 凌岩："武装冲突的定义和反恐"，载沈娟主编：《国际法研究》（第 5 卷），中国人民公安大学出版社 2012 年版，第 4 页。

[7] Lubanga Trial Judgment, para. 541; Katanga Trial Judgment, para. 1174.

攻击外国领土内的不为该国政府支持的恐怖集团的武装冲突解决了定性问题。

加丹加案的审判分庭还讨论了属于国际武装冲突的外国占领一国领土的情况。该分庭认为，当一国的领土实际被置于敌对军队的权力之下，就认为该领土被占领，被占领领土是指已经确立被置于这种权力之下，并可以对之行使这种权力的领土。因此，当一国军队超越国际公认的国家边界对该国领土进行干预和行使控制，就存在军事占领，无论该领土是否属于一个敌对国家、中立国家或共同交战方，只要兵力的部署没有得到被占领国的同意。[1]

分庭还列出了在确定占领国是否已确立其权力时应考虑的一些可能相关的因素：包括"占领国必须能够取代被占领当局的自身权力，必须使该当局不能公开运作；敌军已投降、被打败或撤退了，但是战斗区不能被视为被占领土。然而，零星的当地抵抗，即使是成功的，也不影响占领的现实；占领国有足够的兵力，或有能力在合理时间内派遣部队，令人们感到占领国的权力；在领土上建立了临时行政当局；占领国颁布并执行向平民人口的指示"。[2]

非国际性武装冲突起初是指内战，日内瓦四公约《第二附加议定书》把它的适用范围限于"在缔约一方领土内发生的该方武装部队和在负责统率下对该方一部分领土行使控制权，从而使其能进行持久而协调的军事行动并执行本议定书的持不同政见武装部队或其他有组织的武装集团之间的一切武装冲突"。[3]卢旺达刑庭指出，非国际武装冲突与国际武装冲突的区别在于前者的主体不是主权国家。[4]前南刑庭上诉分庭提出的非国际性武装冲突的定义除了包括一方为国家，另一方为非国家的实体之间的内战外，还包括没有政府方参与的、两个或多个非国家实体相互战斗的武装冲突。[5]这扩大了国际人道法的适用性。卢班加案的审判分庭进一步阐明，一国与另一国的武装团体发生冲突，该武装团体必须在其本国的控制之下行事，这种冲突才属于两国之间的国际武装冲突，否则就不存在对立的两个国家，也就不存在国际武装冲突。[6]

《罗马规约》第8条第2款第6项做了类似前南刑庭上述的规定，非国际性武装冲突是"在一国境内发生的武装冲突，如果政府当局与有组织武装集团之间，或这种集团相互之间长期进行武装冲突"。值得一提的是，国际刑事法院卢

---

〔1〕　Katanga Trial Judgment, para. 1179.

〔2〕　Katanga Trial Judgment, para. 1180.

〔3〕　日内瓦公约《第二附加议定书》第1条第1款。

〔4〕　*Prosecutor v. Musema*, Judgment, 27 January 2000, ICTR – 96 – 13 – T, para. 247.

〔5〕　Tadić Appeals Jurisdiction Decision, para. 70.

〔6〕　Lubanga Trial Judgment, para. 541.

班加案和加丹加案的判决都指出，《罗马规约》第8条第2款第6项并没有像日内瓦四公约《第二附加议定书》第1条第1款规定的那样要求有组织的武装团体是在"负责任的统率下"进行活动的，只要求有组织的武装团体必须达到充分的组织程度，以使他们能够长期从事武力。此外，也不要求武装团体"对领土的一部分行使控制权，以使他们能够进行持续和协调的军事行动"。[1]这样，对于非国际性武装冲突，参与冲突的双方必须具备的第一个条件是，要组织充分，以使他们能够长期从事武力。决定一个团体是否属于一个充分组织的武装团体，可以考虑下列非详尽的因素："部队或团体内部的层级；指挥结构和规则；军事装备的程度，包括可用的枪支；部队或团体计划军事行动，并付诸实施的能力；军事介入的程度、严重性以及强度。"[2]其中单独的因素对确定团体的组织程度都不是决定性的。[3]

非国际性武装冲突的第二个条件是，冲突双方的敌对行动必须达到一定的强烈程度。[4]根据《罗马规约》第8条第2款第4项和第6项的规定，武装暴力的强度必须高于"内部动乱和紧张局势，如骚乱，孤立和零星的暴力行为或其他类似性质的行为"。这一规定源自日内瓦四公约《第二附加议定书》的第1条第2款，其目的是界定武装冲突概念的下限。[5]根据国际红十字委员会关于该款的评论，内部动乱和紧张局势的概念可以通过下列不详尽的情况说明：骚乱，例如从开始一直没有协调一致计划的示威；孤立和零星的暴力行为，而不是军队或武装团体进行的军事行动；其他类似性质的行为，尤其包括因其活动或意见而大规模逮捕人民。[6]简言之，当国家使用武装部队维持秩序时，存在内部动乱，而不是武装冲突；在使用武力作为一种预防措施以维持法律和秩序时，存在内部紧张局势，而不是内部动乱。[7]

武装团体的组织程度必须与敌对行动的强度要求结合在一起考虑来确定是否存在武装冲突。国际刑事法院的审判分庭参照前南刑庭姆尔克希奇（Mrkšić）等

---

〔1〕 Lubanga Trial Judgment, para. 536；Katanga Trial Judgment, para. 1185.

〔2〕 *Prosecutor v. Boškoski*, Judgment, Trial Chamber, 10 July 2008, *IT - 04 - 82 - T*, paras 199 - 203；Lubanga Trial Judgment, para. 537；Katanga Trial Judgment, para. 1186.

〔3〕 Lubanga Trial Judgment, para. 537；Katanga Trial Judgment, para. 1186.

〔4〕 Lubanga Trial Judgment, para. 538.

〔5〕 Sylvie - S. Junod, Commentary on Protocol Additional to the Geneva Conventions of 12 August 1949, and relating to the Protection of Victims of Non - International Armed Conflict (Commentary on additional Protocol Ⅱ), 8 June 1997, 1987, p. 1354.

〔6〕 Sylvie - S. Junod, Commentary on additional Protocol Ⅱ, p. 1354.

〔7〕 Sylvie - S. Junod, Commentary on additional Protocol Ⅱ, p. 1355.

人案中审判分庭评估冲突的强度时所考虑的指示性条件："攻击的严重性以及在武装冲突中严重性可能会增加，攻击的领土范围和持续时间，政府军数量的增加，冲突双方的动员和武器分发，以及冲突是否引起了联合国安全理事会的注意，若如此，是否已经通过了有关该问题的决议。"[1]卢班加案和加丹加案审判分庭都认为这是一个判断暴力强度的合适方法。[2]

国际刑事法院的审判分庭赞成前南刑庭的观点：在一个领土内发生的武装冲突，由于参与的冲突方不同，可能同时存在国际性和非国际性的武装冲突。[3]爆发在一个国家的领土上的非国际武装冲突在一定环境下可以转变为国际性武装冲突，即如果另一个国家通过其部队干预该冲突（直接干预），或者国内武装冲突的一些参与者是代表另一国行事的（间接干预）。[4]然而，"外国政府当局在武装冲突发生的国家的同意下进行干预，与有组织的武装团体发生冲突"，仍视为非国际性武装冲突，适用非国际性武装冲突法。[5]

在间接干预的情况下，非国际武装冲突国际化要求存在一个国家对另一国的武装团体的"总体控制（Overall control）"。当一个国家除了对一个武装团体提供财政、训练和装备或业务支持外，还在组织、协调或计划该团体的军事行动中发挥作用，该国就行使了所要求的总体控制程度。[6]这个标准不需要证明国家当局对一个武装团体发布指令；只要表明该团体作为该国家事实上的机关或代理，以及该团体作为一个整体，是在该国的总体控制之下就足矣。[7]这个标准起初来自前南刑庭1999年7月15日塔迪奇案的上诉判决，[8]并一直为前南刑庭所沿用。它不同于国际法院之前在尼加拉瓜诉美国军事行动案中所采用的"有效控制（Effective control）"标准。[9]在适用《灭种罪公约》的案件的判决中，国际法院说："总体控制"标准用以确定一个武装冲突是否是国际的，很可能是可适用的和适宜的。但是，"总体控制"标准同样适用于国家责任法，以确定国家对不属

---

　〔1〕　*Prosecutor v. Mrkšić et al.* , Judgment, Trial Chamber, 27 September 2007, IT – 95 – 13/1 – T, para. 407; Lubanga Trial Judgment, para. 538; Katanga Trial Judgment, para. 1187.

　〔2〕　Lubanga Judgment, para. 538; Katanga Judgment, para. 1187.

　〔3〕　Lubanga Judgment, para. 540; Katanga Judgment, para. 1174.

　〔4〕　Tadić Appeals Jurisdiction Decision, para. 70.

　〔5〕　*Katanga Trial Judgment*, para. 1184.

　〔6〕　*Katanga Trial Judgment*, para. 1184.

　〔7〕　*Prosecutor v. Tadić*, Appeals Judgment, IT – 94 – 1 – A, 15 July 1999, para. 120.

　〔8〕　*Prosecutor v. Tadić*, Appeals Judgment, para. 131.

　〔9〕　*Nicaragua v United States of America*, *Case Concerning Military and Paramilitary Activities in and against Nicaragua* (Merits) 〔1986〕 ICJ Rep 4, para. 109.

于官方机关的准军事单位、武装部队的行为负责，是没有说服力的。[1]可见，两个标准适用的范围不同，没有必要将它们统一成一个标准。

二、犯罪行为与武装冲突的关联

违法行为要构成战争罪，还必须与国际或国内武装冲突有联系。与武装冲突有联系并不意味着武装冲突的存在是犯罪行为的根本原因，也不意味着犯罪行为必须在战斗中发生。然而，犯罪行为必须发生在武装冲突的背景下，且必须与敌对状态密切相关。[2]这种联系在平民对其他平民犯下的战争罪行时尤为重要。如果违法行为与武装冲突有联系，可能构成战争罪。如果没有这样的联系，按照有关的国内法，违法行为仅仅构成普通的刑事犯罪。正如沙巴斯（Willian A. Schabas）教授指出的，并非在武装冲突中犯下的所有罪行都是战争罪。普通的犯罪行为，谋杀、强奸、抢劫、欺诈等在战争期间仍在继续，它们不会仅仅因为有武装冲突的情况而成为战争罪。[3]前南刑庭和卢旺达刑庭的判例也都强调了这点。[4]

前南刑庭上诉分庭在库纳拉茨等人案中认为，武装冲突不一定是犯罪的原因，但武装冲突的存在"至少对行为人的犯罪能力、作出犯罪的决定、实施犯罪的方式或犯罪的目的起重要的作用"。因此，如果能确立，犯罪行为"促进了武装冲突或以武装冲突为幌子"，就足以证明他的行为与武装冲突密切相关。在确定有关行为是否与武装冲突充分相关时，分庭可以考虑以下因素："行为人是战斗员；受害人是非战斗员；受害人是冲突另一方的成员；犯罪行为为军事行动的终极目标服务；犯罪为行为者职责的一部分或在其职责范围内所犯。"[5]

国际刑事法院在《犯罪要件》第8条每一罪目中都规定，"行为在（非）国际性武装情况下发生并且与该冲突有关"。卢班加案的预审分庭在确认指控的决定中以及加丹加案的一审判决都采取了前南刑庭的判例法。[6]卢班加案的审判分

〔1〕 *Bosnia and Herzegovina v. Serbia and Montenegro*, *Application of the Convention on the Prevention and Punishment of the Crime of Genocide* (Merits) [2007] ICJ Rep 43, para. 210.

〔2〕 *Prosecutor v. Lubanga*, Decision on the Confirmation of Charges, 29 January 2007, ICC – 01/04 – 01/06 – 803 – tEN, para. 288.

〔3〕 W. Schabas, *The International Criminal Court: A Commentary on the Rome Statute*, Oxford University Press, 2010, p. 207.

〔4〕 *Prosecutor v. Tadic*, Opinion and Judgment, 7 May 1997, IT – 94 – 1 – T, para. 573; *Prosecutor v. Akayesu*, Trial Judgment, paras. 630 ~ 634, 638 ~ 644.

〔5〕 *Prosecutor v. Kunarac et al.*, Appeals Judgement, 12 June 2002, IT – 96 – 23 & IT – 96 – 23/1 – A, paras. 58 ~ 59.

〔6〕 *Prosecutor v. Lubanga*, Decision on confirmation of charges, para. 287; Katanga Trial Judgment, para. 1176.

庭参考了《罗马规约》的准备工作文件，认为直接参与武装冲突不是战争犯罪的必要条件，但是"与战斗有联系仍然是必需的"。[1]由于卢班加案只涉及招募使用儿童兵参加敌对行动的战争罪，该分庭认为依该要件规定的通常含义，没有必要详细讨论对它的解释，能够表明该行为与非国际武装冲突之间有联系即可。[2]本巴案的一审判决采取了库纳拉茨等人案中上诉分庭证明犯罪行为与武装冲突密切相关所考虑的因素。[3]

三、知道存在武装冲突的事实

知道存在武装冲突的事实是构成战争罪的一个心理要件。在制定《犯罪要件》时，一些代表团坚持认为存在武装冲突最能区分战争罪与国内法上的普通犯罪，公平性要求只有行为人知道存在武装冲突的事实，才能被判犯有"战争罪"。[4]因此，把行为人必须知道据以确立存在武装冲突的事实情况的要求包含在了犯罪要件中。《犯罪要件》第 8 条的导言解释说："不要求行为人作出法律评价，断定是否存在武装冲突，或断定冲突的国际性质或非国际性质；在这方面，不要求行为人知道据以确定冲突的国际性质或非国际性质的事实；在'……情况下发生并与该冲突有关'一语意指，仅需知道据以确定存在武装冲突的事实情况。"

与国际刑事法院的犯罪要件规定不同的是，前南刑庭纳莱蒂利奇和马尔蒂诺维奇（Naletilić & Martinović）案的上诉分庭认为刑法原则要求被告必须充分知道据以确定存在武装冲突以及冲突的性质的事实情况。[5]如果不这样要求，就不能充分保护被告人享有的无罪推定权利。[6]鉴于在起草《犯罪要件》的会议上对此问题存在不同意见，在《罗马规约》已生效 5 年的 2006 年，前南刑庭上诉庭在该案仍坚持检方必须证明被告知道据以确立冲突的国际性质的事实情况。[7]国际刑事法院在卢班加案和加丹加案的判决中都遵循了《犯罪要件》的规定，只判定被告知道据以确立存在武装冲突的事实，[8]并不要求被告知道据以确立冲突

〔1〕　Lubanga Trial Judgment, para. 621.

〔2〕　Lubanga Trial Judgment, para. 571.

〔3〕　*Prosecutor v. Bamba*, Judgment pursuant to Article 74 of the Statute, 21 March 2016, ICC－01/05－01/08－3343, para. 143.

〔4〕　Gideon Boas, James L. Bischoff, Natalie L. Reid, *Elements of Crimes under International Law*, *International Criminal Law Practitioner Library Series Volume II*, Cambridge University Press 2008, p. 298.

〔5〕　*Prosecutor v. Mladen Naletilić and Vinko Martinović*, Judgment, Appeals Chamber, IT－98－34－A, 3 May 2006, para. 120.

〔6〕　*Prosecutor v. Mladen Naletilić and Vinko Martinović*, Judgment, Appeals Chamber, para. 114.

〔7〕　*Prosecutor v. Mladen Naletilić and Vinko Martinović*, Judgment, Appeals Chamber, paras. 120～121.

〔8〕　Lubanga Trial Judgment, paras. 1016, 1350 & 1357; Katanga Trial Judgment, paras. 1050, 1231.

属于何种性质的事实。

第三节　国际刑事法院起诉和审判的几个战争罪

一、国际刑事法院对战争罪的指控

在法院发出的逮捕证和已经确认的对被告的指控中，绝大多数涉及战争罪和危害人类罪，只有对苏丹总统巴希尔（Bashir）的逮捕证涉及灭种罪。截至2017年9月，在检察官调查并发出逮捕令的9个情势中，7个情势中的犯罪嫌疑人和被告都被指控犯了战争罪。被指控的罪行包括：《罗马规约》第8条第2款第1项第1目的故意杀害；第8条第2款第3项第1目的谋杀、残伤肢体、虐待、酷刑；第8条第2款第3项第2目的损害个人尊严；第8条第2款第5项第1目的指令攻击平民人口；第8条第2款第5项第5目的抢劫；第8条第2款第5项第12目的摧毁敌对方的财产；第8条第2款第5项第6目的强奸、性奴役、强迫怀孕、其他形式的性暴力；第8条第2款第5项第3目的故意指令攻击维持和平行动的所涉人员、设施、物资、单位或车辆；第8条第2款第1项第2目的不人道待遇；第8条第2款第5项第7目的征募不满15岁的儿童加入武装部队或集团，或利用他们积极参加敌对行动；第8条第2款第5项第8目的强行迁移人口。

法院对四名被告做出了定罪判决，他们分别是：卢班加、加丹加、本巴和马赫迪（Al Mahdi）。其中卢班加被起诉和判定犯了一项战争罪：《罗马规约》第8条第2款第5项第7目规定的"征募不满15岁的儿童加入武装部队或集团，或利用他们积极参加敌对行动"罪。加丹加被判定犯了四项战争罪：第8条第2款第1项第1目的故意杀害，第8条第2款第5项第1目的故意指令攻击平民人口，第8条第2款第5项第12目的摧毁敌方财产，第8条第2款第5项第5目的抢劫；一项危害人类罪：第7条第1款第1项的谋杀。对战争罪和危害人类罪中的强奸、性奴役以及战争罪中的征募不满15岁的儿童加入武装部队或集团，或利用他们积极参加敌对行动的指控未予定罪。本巴被判定对确认了的全部指控有罪：两项危害人类罪：谋杀和强奸；三项战争罪：谋杀、强奸和抢劫。马赫迪对确认的一项战争罪指控表示认罪，被判定犯了规约第8条第2款第5项第4目规定的故意指令攻击专用于宗教、教育等建筑和历史纪念物的罪行。从定罪的情况来看，被判有罪的人都犯了战争罪，而且犯的战争罪比犯的危害人类罪多，所犯的危害人类罪的罪名与犯的战争罪的罪名相同，实际上是同样的犯罪行为同时满足了战争罪和危害人类罪的不同犯罪要件。所以，对战争罪的起诉和审判是目前国际刑事法院的重头戏。

二、国际刑事法院审判的战争罪案件

（一）征募不满 15 岁的儿童入伍，或利用他们积极参加敌对行动

法院审判的第一个案件卢班加案中，检察官只起诉了《罗马规约》第 8 条第 2 款第 5 项第 7 目规定的这个罪行。对此曾存在一些非议，认为起诉的这一罪行不那么严重。但是检察官说："这些都是极其严重的罪行。强迫儿童成为杀手会危及人类的未来。"[1]检察官认为其任务就是要致力于结束这些犯罪。

这也是国际刑事法院有关征募利用儿童兵犯罪的第一个审判。判决阐释了该罪行的法律概念。首先，《罗马规约》中规定禁止的是三个行为：征募（conscription）、招募（enlistment）和利用（use），每个行为都独立于其他行为，实施其中的任一个行为都足以构成该犯罪。征募是带有强制性的征兵，招募意味着自愿入伍。[2]辩护律师提出检察官指控的征募儿童兵不存在强制征兵，[3]言外之意，对于儿童自愿入伍，征兵者不是犯罪。但是审判分庭裁定接纳这个年龄组的儿童参军，无论有无强制，都构成国际刑事法院的一项犯罪。审判分庭听取了专家证人的证言，15 岁以下儿童不能全面理解入伍会带来何种后果[4]，考虑了在武装冲突中被征募的儿童"缺少信息或没有选择"的余地，参考了塞拉利昂特别法庭曾处理过类似犯罪的福法纳和孔德瓦（Moinina Fofana & Allieu Kondewa）案的判例[5]，审判分庭断定《罗马规约》中规定的年龄组内的儿童在征兵时不可能对入伍表示真正的同意，也不可能获得全部有关信息而表示同意，[6]分庭强调《罗马规约》规定该项罪名的目的是"保护弱势儿童"，一致驳回了 15 岁以下的人同意参军的辩解。[7]

但是，也有学者对这种判定提出疑问，一个儿童是否真的不可能考虑自愿加入一个武装组织？例如，某儿童可能迫切需要为军队服务以获取报酬为家庭成员

---

〔1〕　Diane Marie Amann, "Children and the First Verdict of the International Criminal Court", *Washington University Global Studies Law Review*, Vol. 12, 2013, pp. 418 ~ 419.

〔2〕　Lubanga Trial Judgment, para. 608.

〔3〕　Lubanga Trial Judgment, para. 49.

〔4〕　Lubanga Trial Judgment, para. 610.

〔5〕　*Prosecutor v. Moinina Fofana and Allieu Kondewa*, Judgement, Trial Chamber, 2 August 2007, SCSL – 04 – 14 – T – 785; *Prosecutor v. Moinina Fofana and Allieu Kondewa*, Judgement, Appeals Chamber, 28 May 2008, SCSL – 04 – 14 – A – 829; Lubanga Trial Judgment, para. 616.

〔6〕　Lubanga Trial Judgment, para. 613.

〔7〕　Lubanga Trial Judgment, para. 617.

进行治病。此外，为什么该规定的起草者纳入了两个不同意义的词，而不是只使用"招聘（recruitment）"一词？这是否意味着15岁以下的儿童对征召入伍可能会有真实和知情同意的情况？[1]

对此，本文有如下见解：

1. 征兵入伍确实存在自愿和不自愿两种情况，但由于15岁以下儿童心智尚未发育完全，没有判断复杂情况的能力，为了保护他们，决不应该允许征召他们入伍，即使他们真的自愿参加武装部队或团体。《罗马规约》将征募和招募儿童兵入罪本身就排除了以自愿入伍为理由的辩护，分庭所考虑的"缺少信息或没有选择"实为多余。

2. 《罗马规约》把利用儿童"积极参加"敌对行动入罪。在1949年日内瓦四公约共同第3条和《第一附加议定书》中，对受保护的平民的概念有两个提法，一是指"不直接参加敌对行动"的人[2]，另一是指在非国际武装冲突中不"积极参加敌对行动"的人。[3]国际红十字委员会的评论认为"积极参加"和"直接参加"敌对行动的概念相同。[4]辩护律师提出预审分庭把"积极参加"的范围解释得太宽泛，只排除了那些完全与战事无关的行为，但包括了诸如利用儿童兵做军队驻地警卫和军队领导的卫兵等的行为。他们指出前南刑庭和卢旺达刑庭的判例都将"积极参加"解释为等同于"直接参加"，他们认为扩大解释"积极参加"的范围是违反规约规定的。[5]审判分庭在其判决中确认了"积极参加"比"直接参加"的范围更广，规约这样规定显然意在对利用15岁以下儿童参加敌对行动的罪行所涵盖的活动和角色给予广泛的解释。[6]的确，在一个兵工厂工作可能被认为不是直接参加敌对活动，但是有可能被认为是积极参加敌对活动。如何判断是否积极参加敌对活动，根据法官们的意见，决定性的因素是"儿童向战斗员提供的支持是否使儿童有成为潜在攻击目标的真正危险"。[7]由于分配给儿童兵的任务不同，审判分庭只能逐案判断。重要的是这项罪行并不惩罚积极参加敌对行动的儿童，惩罚的是利用儿童积极参加敌对行动的人，主要考虑儿童参

---

〔1〕 Kai Ambos, "The first Judgment of the International Criminal Court (Prosecutor v. Lubanga): A comprehensive Analysis of the Legal Issues", *International Criminal Law Review*, vol. 12, 2012, p. 136.

〔2〕 日内瓦公约《第一附加议定书》第51条第3款。

〔3〕 1949年日内瓦四公约的共同第3条。

〔4〕 ICRC, Commentary on the First Geneva Convention, Cambridge University Press, 2016, p. 185.

〔5〕 Lubanga Trial Judgment, para. 583.

〔6〕 Lubanga Trial Judgment, para. 627.

〔7〕 Lubanga Trial Judgment, para. 628.

加敌对行动对他们身心健康造成损害的风险，目的是使儿童远离武装的敌对行动。[1]

（二）性奴役

在卢班加案的审讯中，证据显示，民兵中的一些女孩遭到民兵指挥官和其他人的性虐待。但是由于检方没有在指控中列入性暴力的指控，分庭没有就这一问题作出任何事实调查，也没有认定被告是否犯有该罪行。

在加丹加案里，预审分庭确认了检察官对他提出的强奸、性奴役的指控，预审分庭认为有充分的证据证实并且有实质性的理由相信在 2003 年 2 月 24 日攻击博戈罗村庄期间及其之后，民族主义与融合主义者阵线（FNI）和伊图里爱国抵抗力量（FRPI）两个武装组织的成员所犯强奸和性奴役的行为构成《罗马规约》第 8 条第 2 款第 2 项第 12 目的战争罪。[2]预审分庭认为，这两个组织的战士在攻击该村之后强奸平民，他们还绑架、囚禁一些被强奸的妇女、强迫她们成为自己的妻子、从事性性质的行为、为他们做家务和服从他们。[3]

作为战争罪的性奴役罪规定在《罗马规约》第 8 条第 2 款第 2 项第 22 目（国际性武装冲突）和第 5 项第 6 目（非国际性武装冲突）中，与强奸、强迫卖淫、强迫怀孕、强迫绝育以及其他形式的性暴力同属于性暴力的犯罪。这些性暴力犯罪在满足战争罪的犯罪要件时，也构成《罗马规约》第 7 条危害人类罪第 1 款第 1 项中的强奸、性奴役、强迫卖淫、强迫怀孕、强迫绝育等罪目。因此对于同样的犯罪行为，被告有可能被控犯了战争罪和危害人类罪中的性奴役罪。《犯罪要件》对该目的性奴役罪规定必须具备两个客观要件：①行为人对一人或多人行使附属于所有权的任何或一切权利，如买卖、出租或互易这些人，或以类似方式剥夺其自由。②行为人使一人或多人进行一项或多项性行为。[4]

在加丹加案的判决中，审判分庭详细阐述了性奴役罪的客观要件。关于第一个要件，审判分庭首先指出该犯罪要件列举的所有权和附属于所有权的权利的各种例子并不是穷尽的，因为这些权利可以有多种形式。[5]分庭将附属于所有权的权利解释为把一个人视为财产，把该人置于一种依赖的状况下，使用、享受和处置该人，即剥夺了该人任何形式的自主权。[6]

〔1〕　Lubanga Trial Judgment, para. 628.

〔2〕　*Prosecutor v. Katanga*, Decision on the confirmation of charges, paras. 347，354.

〔3〕　Katanga Trial Judgment, para. 958.

〔4〕　《犯罪要件》第 8 条第 2 款第 5 项第 6 目 - 2，战争罪——性奴役。

〔5〕　Katanga Trial Judgment, para. 975.

〔6〕　Katanga Trial Judgment, para. 975.

为了证明行使可能附属于所有权的权利，或者由所有权产生的权利，分庭还列出了对个案进行分析应考虑的各种因素，例如，拘留或者监禁及其持续的时间；对来去自由进行限制，或对选择或行动自由进行限制，即采取任何措施来防止或阻止逃跑的企图。[1]此外，还可以考虑使用威胁、暴力或实施其他形式的身心强迫、强迫劳动、施加心理压力、受害者的脆弱性和对其施与的社会经济条件。[2]分庭指出，对某个人行使所有权的权利不需要进行商业交易。奴役的概念首先和最重要的是受害者不可能改变其状况。[3]强制剥夺被害人的自由可能通过各种形式，分庭在其分析性奴役犯罪的第一个构成要件时，还会考虑被害人对其状况的"感知"及其"合理的恐惧"。[4]

性奴役罪的第二个要件关系到受害者是否有决定其从事性活动条件的能力。在这方面，分庭认为性奴役的概念也可能包含了妇女和女孩被迫容忍在她们中间存在同一个人，对此人她们都必须与之从事性行为[5]，即她们与犯罪行为人的性关系不是排他的。

审判分庭审判加丹加案后未对这些指控予以定罪。目前，对恩塔甘达（Ntaganda）也有这些指控。另外，翁古文案涉及一系列性暴力行为，包括强迫婚姻、强奸、性奴役、强迫怀孕等。预审分庭确认对其指控包括，一些行为同时构成危害人类罪（《罗马规约》第 7 条第 1 款第 7 项）和战争罪（《罗马规约》第 8 条第 2 款第 5 项第 4 目）中的强奸罪、危害人类罪（《罗马规约》第 7 条第 1 款第 7 项）和战争罪（《罗马规约》第 8 条第 2 款第 5 项第 6 目）中的性奴役罪和强迫怀孕罪。[6]这两案正在审判中，预期将会对性奴役和强迫婚姻罪的法理予以进一步的阐释和发展。

（三）指令攻击专用于宗教的建筑物

《罗马规约》第 8 条第 2 款第 2 项第 9 目和第 5 项第 4 目规定以下行为是严重违反战争法的："故意指令攻击专用于宗教、教育、艺术、科学或慈善事业的建筑物、历史纪念物，医院和伤病人员收容所，除非这些地方是军事目标。"这些规定主要源于 1907 年《陆战规章》第 27、56 条的规定、1949 年日内瓦四公约有关保护医院和伤病人员收容所的众多规定、1954 年《关于发生武装冲突时

---

〔1〕 Katanga Trial Judgment, para. 976.

〔2〕 Katanga Trial Judgment, para. 976.

〔3〕 Katanga Trial Judgment, para. 976.

〔4〕 Katanga Trial Judgment, para. 977.

〔5〕 Katanga Trial Judgment, para. 978.

〔6〕 *Prosecutor v. Ongwen*, Decision on the confirmation of charges against Dominic Ongwen, paras. 115.

保护文化财产的公约》中的禁令，以及 1949 年日内瓦四公约的 1977 年第一附加议定书和 1954 年《关于发生武装冲突时保护文化财产的公约》的 1999 年第二附加议定书中的补充规定。

《罗马规约》上述规定与 1954 年《关于发生武装冲突时保护文化财产的公约》及其第二附加议定书的规定有一个共同特点，文化财产被用于军事目的将失去保护地位。此外，在不可避免的军事必要的特殊情况下，只要这种必要性持续下去，这种特殊的保护地位也可以被放弃。[1] 在这种情况下，应提前通知。而在任何情况下，当事方在攻击中应采取预防措施，使受保护的文化财产免受敌对行动的影响，例如选择适当的攻击手段和方法，以及从军事地点移除受保护的文化财产等。[2]

国际刑事法院有关这方面战争罪的判决是马赫迪案。马赫迪在马里境内爆发的非国际性武装冲突中，计划、指令和监督对通布图地区的专用于宗教的 9 个穆斯林圣徒的陵墓和一座清真寺门进行攻击。检察官办公室认为，"文化遗产或精神遗产包括其价值是超越地域界限、具有独特性质、与民族的历史和文化密切相关的物体"。通布图地区的宗教和历史建筑自 1988 年 12 月 23 日以来列入联合国教科文组织的世界文化遗产名录，显然属于文化或精神遗产。检方指控他犯了《罗马规约》第 8 条第 2 款第 5 项第 4 目规定的指令攻击专用于宗教的建筑物的罪行，构成战争罪。[3] 对被告的指控被确认后，被告表示认罪，因此没有对他进行审讯。审判分庭判定他的行为满足了该项犯罪的构成要件，指出这 10 个宗教建筑物中的 9 个都列在联合国教科文组织的世界文化遗产名录中，对于通布图地区的居民具有象征性意义和情感上的价值。这些建筑物都不是军事目标，作为民用物体受 1949 年日内瓦四公约及其第一和第二附加议定书的保护，也受 1954 年《关于发生武装冲突时保护文化财产的公约》的第二附加议定书给予文化财产的保护。[4]

在前南刑庭也有几个案件涉及破坏文化财产的战争犯罪，在斯图加（Stru-

---

〔1〕　Otto Triffterer & Kai Ambos, *Commentary on the Rome Statute of the International Criminal Court*, 3rd Edition, p. 420.

〔2〕　1954 年《关于发生武装冲突时保护文化财产的公约》第 11 条，该公约的第二附加议定书第 6、7、8 条。

〔3〕　*Prosecutor v. Ahmad Al Faqi Al Mahdi*, Decision on the confirmation of charges against Ahmad Al Faqi Al Mahdi, 24 March 2016, ICC – 01/12 – 01/15 – 84 – Red.

〔4〕　*Prosecutor v. Mahdi*, Judgment and Sentence（Mahdi Judgment），27 September 2016, ICC – 01/12 – 01/15 – 171, para. 14.

gar）案中，[1]被告的罪行涉及对克罗地亚杜布罗夫尼克（Dubrovnik）老城的大规模破坏，这个老城自 1979 以来列在世界文化遗产名录中。国际刑事法院所判的案件与前南刑庭的案件不同点在于，《罗马规约》规定的犯罪是指令对文化财产的攻击，包括对受保护物体的任何暴力行为，无论它是在敌对行动中进行的，还是在该物体已经落入武装集团的控制下进行的。而前南刑庭惩罚的是对文化财产的"破坏或故意损害"，不适用于"指令攻击"文化财产。[2]

马赫迪被判处 9 年有期徒刑。审判分庭特别指出，马赫迪不像被法庭定罪的其他被告，他并没有被控对人的犯罪而是被控对财产的犯罪。分庭认为，即使该犯罪本质上是严重的，对财产的犯罪通常比对人的犯罪轻得多。[3]这对指导法院今后的量刑具有重要的意义。

三、指令攻击维和人员和设施等

国际刑事法院的检察官根据发生在相同事件中的事实指控了达尔富尔情势中的三名叛军成员犯有这项罪行，其中对阿布·加尔达（Abu Garda）的指控未被确认，理由是：在对维和部队发起攻击时，阿布·加尔达对那些有组织的武装集团没有控制权，也没有证据证明他领导或直接参加了对维和部队的攻击。[4]法庭确认了对另两名被告班达（Banda）和杰宝（Jerbo）的这项犯罪指控。[5]

国际刑事法院的《罗马规约》首次明确规定了在国际和非国际性武装冲突中，"故意指令攻击依据联合国宪章执行人道主义援助或维持和平行动的所涉人员、设施、物资、单位或车辆，如果这些人员和物体有权得到武装冲突国际法给予平民和民用物体的保护"[6]，就是犯了战争罪。在《罗马规约》之前，1994年的《联合国人员和有关人员安全公约》第 7 条和第 9 条规定了危害联合国人员和有关人员的罪行，其中包括"对任何联合国人员或有关人员的公用驻地、私人寓所或交通工具进行暴力攻击因而可能危及其人身或自由的行为"，不过适用的范围与《罗马规约》有所不同。在《罗马规约》通过后设立的《塞拉利昂特别法庭规约》中也包含这样的罪行。国际刑事法院还没有作出有关该罪行的判决，

---

〔1〕 *Prosecutor v. Pavle Strugar*, Judgement, 31 January 2005, IT－01－42－T.

〔2〕 Mahdi Judgment, para. 15.

〔3〕 Mahdi Judgment, para. 77.

〔4〕 *Prosecutor v. Abu Garda*, Decision on the Confirmation of Charges, 8 February 2010, ICC－02/05－02/09－243－Red.

〔5〕 *Prosecutor v. Abdallah Banda Abakaer Nourain and Saleh Mohammed Jerbo Jamus*, Corrigendum of the "Decision on the Confirmation of Charges", 8 March 2011, ICC－02/05－03/09－121－Corr－Red.

〔6〕《罗马规约》第 8 条第 2 款第 2 项第 3 目和第 5 项第 3 目。

可以参考其他法庭与攻击维和部队有关的战争罪判例[1]，也可以与国际刑事法院以后作出的判决作比较研究。

该罪涉及以下法律问题：

1. "攻击的目标是依据《联合国宪章》执行人道主义援助或维持和平行动所涉人员、设施、物资、单位或车辆"。[2]这里，攻击的目标包括依《联合国宪章》派遣的维和行动所涉人员和设施等，还包括《联合国宪章》第52条第1款所指的区域办法或区域机关。它们可以是"一个国家联合或基于集体条约或宪法和符合联合国的宗旨和原则的一个国际组织，其主要任务是在联合国的控制和框架内维护和平与安全"。这些区域办法或机关有关维护和平与安全的活动只受《联合国宪章》第53条第1款的限制，"如无安理会的授权，不得依区域办法或由区域机关采取任何执法行动"。[3]但是对于"人道主义援助行动"一词还没有具体和普遍接受的定义。有评论认为，"人道主义援助"尤其包括其目的是确保为平民人口的生存提供必需品的救济行动。也有人认为，"人道主义援助"还包括在冲突各方同意下援助难民和境内流离失所者，以及非政府间和政府间组织的援助，例如红十字国际委员会、联合国难民署、联合国儿童基金会、联合国教科文组织或世界粮食计划署等。[4]这还有待国际刑事法院做进一步的说明。

2. 这些人员和设施等有权得到武装冲突国际法规给予平民和民用物体的保护。[5]国际人道法的基本原则之一就是要区分战斗员和平民、军事目标和民用物体，战斗员和军事目标是可以攻击的，而平民和民用物体是受保护的。2009年，塞拉利昂特别法庭第一审判分庭作出一项判决，判定三名被告攻击和杀害维和部队人员是犯了战争罪。[6]判决处理的一个问题是如何判定某个行动是维和行动还是执行行动。如果是执行行动，其人员和设施等就可以是攻击的目标。法庭认为"哈马舍尔德三原则"是确定维和行动的根据：其派遣经冲突方同意、公正和不使用武力，除了自卫和对任务的防卫。[7]国际刑事法院在阿布·加尔达案确认指控的决定中也适用了维和行动三原则以确定是否为维和任务。[8]但是安理会后来

---

〔1〕 卢旺达刑庭的巴戈索拉（Bagosors）等人案和塞拉利昂特别法庭的塞萨亚（Sesay）等人案。

〔2〕 《罗马规约》第8条第2款第2项第3目战争罪的犯罪要件第2条。

〔3〕 *Prosecutor v. Abu Garda*, Decision on the Confirmation of Charges, para. 76.

〔4〕 Otto Triffterer & Kai Ambos, *Commentary on the Rome Statute of the International Criminal Court*, 3rd Edition, p. 369.

〔5〕 《罗马规约》第8条第2款第2项第3目以及该目的犯罪要件第4条。

〔6〕 *Prosecutor v. Issa Hassan Sesay et al.*, Judgment (Sesay Judgement), 2 March 2009, SCSL – 04 – 15 – T.

〔7〕 Sesay Judgement, paras. 224~225.

〔8〕 *Prosecutor v. Abu Garda*, Decision on the Confirmation of Charges, para. 71.

扩大了塞拉利昂维和部队的任务，授权它依《联合国宪章》第七章使用武力，以确保其人员安全及人员的自由行动，以及保护暴力威胁下的平民。法庭将该维和任务归类为在第七章授权下的"强力维和任务"。它不同于执行和平行动。[1]

维和人员，无论是传统的维和部队人员还是强力维和部队的人员都首先被确定为平民地位，不得成为合法的攻击目标。参加维和行动的人员和设备等有权享受国际人道法给予平民的同等保护，只要他们不直接参加敌对行动或与战斗相关的活动。[2]国际刑事法院的预审分庭参考了国际红十字委员会对日内瓦四公约《第二附加议定书》的评注，将"敌对行动定义为战争行为，其性质或目的是打击敌对武装力量的人和物资"。直接参加敌对行动"意味着参加的行动与其直接后果之间有充分的因果关系"。[3]该分庭指出应逐案确定一个人是否直接参加了敌对行动。[4]

塞拉利昂特别法庭在塞萨亚等人案中认为塞拉利昂维和人员在受攻击时没有直接参加对革命联合阵线的敌对行动，他们使用武力自卫，并没有使他们成为战斗员。因此，他们有权享有国际人道法给予平民的保护。[5]在2008年卢旺达刑庭的巴戈索拉等人案中，法庭判定在卢旺达大屠杀期间杀害联合国卢旺达援助团的10名比利时维和人员是"严重违反《日内瓦公约》共同第3条及其《第二附加议定书》规定的对生命施以暴力的战争罪"。分庭指出他们的维和任务是依所谓的《联合国宪章》第六章半的任务[6]；比利时维和人员训练有素，在卢旺达冲突中保持中立[7]；维和人员在被杀害时被解除了武装，他们不能被视为战斗员；维和部队在受攻击过程中，拿起武器自卫这一事实不能改变他们不是战斗员的结论。[8]

另一个问题是如何解释"攻击"一词。国际刑事法院的预审分庭参考了日内瓦四公约《第一附加议定书》中的规定，把"攻击"定义为"对敌人的暴力行为，不论是进攻或防卫"。[9]塞拉利昂法庭还参考了《联合国人员和有关人员

---

〔1〕 Sesay Judgement, para. 1911.

〔2〕 *Prosecutor v. Abu Garda*, Decision on the Confirmation of Charges, para. 83.

〔3〕 *Prosecutor v. Abu Garda*, Decision on the Confirmation of Charges, para. 80.

〔4〕 *Prosecutor v. Abu Garda*, Decision on the Confirmation of Charges, para. 83.

〔5〕 Sesay Judgement, para. 233.

〔6〕 *Prosecutor v. Théoneste Bagosora et al.*, Judgement and Sentence, 18 December 2008, ICTR – 98 – 41 – T, para. 185.

〔7〕 *Prosecutor v. Théoneste Bagosora et al.*, Judgement and Sentence, para. 2258.

〔8〕 *Prosecutor v. Théoneste Bagosora et al.*, Judgement and Sentence, para. 2239.

〔9〕 *Prosecutor v. Abu Garda*, Decision on the Confirmation of Charges, para. 65.

安全公约》的规定，认为对维和人员实施暴力的行为必须是"武力的干扰，危害维和人员的人身或侵犯其自由"。[1]法庭判定发生在2000年5月对维和人员的所有攻击，包括绑架和没有造成身体损伤的拘留，都是攻击维和人员的犯罪[2]，对"攻击"一词采取了较广泛的解释。此外，《罗马规约》第8条对该罪的规定不要求对受攻击的参加维和行动的人员、设施、物资、单位或车辆产生任何实质性的结果或任何有害影响，[3]但是要求行为人的行为与结果之间必须有因果关系，即具体的结果是由行为人的行为引起的。[4]

指令攻击参加人道援助和维和行动的人员和设施等这一战争罪与故意攻击平民和民用物体的犯罪有联系，但它是一项独立的罪行。塞拉利昂法庭的判例只涉及维和人员，不涉及有关设施、物资、单位和车辆。国际刑事法院指控的犯罪涉及的范围更广，有7个犯罪构成要件，不要求犯罪行为造成任何影响或损害的结果。但是，实际上，对参加维和行动的人员和物资等的攻击，对执行维和使命的影响是非常严重的。卢旺达刑庭审理的案件显示，在比利时维和部队因维和士兵遭杀害从驻地撤退后，大量的平民立即被屠杀。在阿布·加尔达案中，检察官说，对维和人员驻地的攻击，使非洲联盟（简称非盟）在达尔富尔的维和行动严重受阻，从而影响其对于数以百万计的达尔富尔平民所需的人道主义援助和安全进行保护。该维和特派团暂停和减少在该地区的活动，使在攻击前依赖维和部队保护的大量平民丧失了保护。因此，预审分庭认为攻击的后果是严重的，攻击的直接受害者是维和部队的人员及其家庭。而作为攻击的结果，暂停和最终减少维和部队在该地区的活动对当地人口产生了严重影响。[5]这也表明了将指令攻击维和人员及其设施等作为一项独立的战争罪的重要性。

综上所述，国际刑事法院通过对战争罪的审判实践，对涉及的《罗马规约》中的新战争罪目：征募和利用儿童兵、性奴役、指令攻击受保护的文化财产和指令攻击维和部队人员及设备等进行了法理解释，澄清了相关的概念和区别。除了对文中所述战争罪的指控和审判外，国际刑事法院检察官还就同样的行为指控被告翁古文犯了危害人类罪和战争罪中的强迫怀孕罪，还对恩塔甘达等几位被告指控同时犯了危害人类罪和战争罪中的强行迁移人口罪。目前正在对这两个案件进行审判，结果有望对这些战争罪的法理作进一步发展。

---

〔1〕　Sesay Judgement, para. 1889.

〔2〕　Sesay Judgement, para. 1891.

〔3〕　*Prosecutor v. Abu Garda*, Decision on the Confirmation of Charges, para. 65.

〔4〕　*Prosecutor v. Abu Garda*, Decision on the Confirmation of Charges, para. 66.

〔5〕　*Prosecutor v. Abu Garda*, Decision on the Confirmation of Charges, para. 33.

第四章　国际刑事法院对侵略罪行使
管辖权：国际和平与
安全的司法保障

第一节　概述

2017 年 12 月 15 日凌晨，《罗马规约》[1]的缔约国经过数周艰苦的谈判，终于在第 16 届缔约国大会上以协商一致的方式通过了决议，决定自 2018 年 7 月 17 日起激活法院对侵略罪的管辖权。[2]

本次缔约国会议及其通过的上述决议，是 2010 年《罗马规约》审查会议通过的《罗马规约》修正案的后续行动。在 2010 年的坎帕拉审查会议上，与会各方也是经过数周的艰苦谈判，在会议最后一刻，以协商一致的方式通过了《罗马规约》的修正案，将侵略罪的定义以及法院对其行使管辖权的条件纳入了《罗马规约》。[3]根据修正案的规定，法院只能对在 30 个缔约国交存了批准或接受文书 1 年后发生的侵略罪行使管辖，并且，对这些罪行的实际管辖还要取决于缔约国在 2017 年 1 月 1 日后以 2/3 的多数所作出的决定。鉴此，随着巴勒斯坦在 2016 年 6 月 26 日正式提交修正案批准书使得接受修正案的缔约国数量达至 30

---

〔1〕 1998 年 7 月 17 日，国际社会通过了《罗马规约》，为国际刑事法院的建立奠定了法律基础。2002 年 7 月 1 日，规约生效，国际刑事法院正式成立。国际刑事法院是人类历史上第一个就侵略罪、灭绝种族罪、危害人类罪和战争罪，对个人行使刑事管辖权的常设性司法机构。但根据规约第 5 条第 2 款的规定，只有在规约生效 7 年后召开的审查会议上，通过侵略罪的定义和法院行使管辖权的条件之后，法院才能对侵略罪实际行使管辖权。http://www. icc – cpi. int/menus/ICC/About + the + court，最近访问日期：2018 年 4 月 8 日，修正案通过后，第 5 条第 2 款已被删除。

〔2〕 Resolution ICC – ASP/16/Res. 5.

〔3〕 国际刑事法院新闻公告：ICC – ASP – 20100612 – PR546 关于侵略罪谈判的具体情况，详见 〔德〕克劳斯·克雷斯、莱奥尼·冯·霍尔岑多夫著，陈大创译："关于侵略罪的坎帕拉妥协"，载北京大学法学院编：《北大国际法与比较法评论》（第 9 卷），北京大学出版社 2012 年版，第 28～71 页。

个[1]，规约缔约国会议决定根据坎帕拉会议的决议，成立工作组征集和协调各缔约国就法院实际对侵略罪行使管辖的意见，以供第十六次缔约国大会讨论并形成决议。[2]

2010 年《罗马规约》修正案的通过，被一些学者和国家欢呼为国际刑法发展的里程碑，但也遭到了另一些学者和国家的批评。其里程碑的意义在于，它是继纽伦堡和东京审判后，国际社会经过长达六十余年的努力，再次向穷兵黩武的国家及其领导人发出的警示，实现了以司法维护国际和平与安全的理想。其意义不可被低估；但是，不少学者和国家认为，会议通过的定义内容模糊、不确定，不符合罪刑法定、刑法特定性等刑事司法的基本原则，也使得一些西方大国所倡导的以武力制止法院所欲制裁的大规模侵犯人权的罪行，即"人道干涉"的军事行动陷入尴尬的境地，这将使法院背离其维护人权的核心职责；而其赋予检察官在联合国安理会没有认定侵略行为的情况下，径行展开调查的做法，不符合《联合国宪章》的规定，挑战了现行的国际安全体系。[3]而且其对法院行使管辖权设定的严苛的条件，也似乎让人觉得法院对侵略罪的实际管辖还会是遥远的事情。但出乎意料的是，在《罗马规约》修正案通过七年后，缔约国即激活了法院对侵略罪的管辖。此一积极的发展不能不令人深思。

本文试图结合 2010 年坎帕拉会议的决议和本次大会的决议，分析侵略罪的定义和法院行使管辖权的条件，并就其对国际和平与安全的影响提出自己的看法。

第二节　关于侵略罪的定义

侵略罪是《罗马规约》谈判过程中最为困难的问题之一。一些军事大国出

---

[1]　https://treaties. un. org/Pages/ViewDetails. aspx？ src = TREATY&mtdsg_no = XVIII – 10 – b&chapter = 18&clang = _en，最近访问日期：2018 年 4 月 8 日。截至 2018 年 4 月 8 日，批准修正案的缔约国已经有 35 个。

[2]　工作组具体报告见：ICC – ASP/16/24。

[3]　David Scheffer，"State Parties Approve New Crimes for International Criminal Court"，*ASIL Insight*，June 22，2010，Volume 14，Issue 16；John R. Crook（ ed. ），"Contemporary Practice of the United States Relating to International Law"，*104 Am. J. Int'L. 511*；Benjamin B. Ferencz，"Ending Impunity for the Crime of Aggression"，*Case W. Res. J. Int'l L. Vol. 41*，2009. "中国代表团在罗马规约审查会通过侵略罪条款的发言"，载《中国国际法年刊：2010》，世界知识出版社 2011 年版，第 475 页；杨力军："论《国际刑事法院罗马规约》中的侵略罪"，载《中国国际法年刊：2010》，世界知识出版社 2011 年版，第 25～46 页；周露露："试析侵略罪条款的法律影响：以国际刑事法院管辖侵略罪的条件为视角"，载《中国国际法年刊：2010》，世界知识出版社 2011 年版，第 47～54 页；王秀梅："侵略罪定义及侵略罪管辖的先决条件问题"，载《西安政治学院学报》2012 年第 3 期。

于对其一贯奉行的"人道干涉"的担忧，不愿意在规约中涉及侵略罪问题。一些阿拉伯国家则主张在联合国大会第3314（XXIX）号决议的基础上议定侵略罪，以保障其享有决议所肯定的"自决权"。欧盟和一些不结盟运动的成员国则明确表示不接受一个没有"侵略罪"的规约。[1]在1998年于罗马召开的"建立国际刑事法院的联合国外交大会"的最后时刻，各国还是就如何使侵略罪的定义能够符合罪刑法定原则以及联合国安理会在确定侵略行为方面的作用问题，纠缠不休，莫衷一是。[2]为了避免因侵略罪的分歧而拖延规约的谈判，各国最终在1998年做出妥协，通过了《罗马规约》，将侵略罪与灭种罪、危害人类罪和战争罪一起作为法院有管辖权的犯罪，但对侵略罪管辖权的实际行使则要在缔约国就其定义和法院行使管辖权的条件达成一致、并经修改规约后，方能实现。[3]为此，罗马外交大会和规约缔约国大会分别于1998年和2002年相继设立了"筹备委员会"[4]和"侵略罪特别工作组"[5]，以消除国家在侵略罪问题上的分歧，并议定可供《罗马规约》审查会议讨论的案文。规约的缔约国和非缔约国均应邀参加了上述两机构的讨论会议。最后，经过10年的紧张谈判，与会各国于2009年2月在特别工作组的框架内形成了可供规约审查会议讨论的案文[6]，并最终在2010年规约审查会议上被缔约国所接受。

就侵略罪的定义而言，参与谈判的国家认为，它必须明确两个问题：国家侵略行为以及因此而产生的个人刑事责任。在侵略问题上，通过追究个人刑事责任来强化侵略行为的国家责任，是纽伦堡和东京军事审判对国际刑法的重要贡献。[7]侵略行为是对国际和平与安全的破坏，其实施主体只能是国家，而侵略罪

〔1〕 Benjamin B. Ferencz, "Enabling the International Criminal Court to Punish Aggression", *Wash. U. Global Stud. L. Rev.*, Vol. 6, 2007, p. 558.

〔2〕 Michael O' Donovan, "Criminalizing War: Toward a Justifiable Crime of Aggression", *B. C. Int'l & Comp. L. Rev.*, Vol. 30, 2007, pp. 516~517.

〔3〕 参见2011年6月11修正前《罗马规约》第5条第2款，该款原文如下：在依照第121条和第123条制定条款，界定侵略罪的定义，及规定本法院对这一犯罪行使管辖权的条件后，本法院即对侵略罪行使管辖权。这一条款应符合《联合国宪章》有关规定。现该款已被删除（见现《罗马规约》第5条）。

〔4〕 Final Act of the United Nations Diplomatic Conference of Plenipotentiaries on the Establishment of an International Criminal Court, Annex I, Resolution F, para. 7, U. N. Doc. A/CONF. 183/10, 17 July 1998.

〔5〕 Continuity of work in respect of the crime of aggression, ICC – ASP/1/Res. 1, adopted at the 3rd plenary meeting, on 9 September 2002.

〔6〕 Report of the Special Working Group on the Crime of Aggression, Doc. ICC – APS/7/SWGA/2 (2009).

〔7〕 Roger S. Clark, "Amendments to the Rome Statute of the International Criminal Court Considered at the first Review Conference on the Court, Kampala, 31 May – 11 June 2010", *Goettingen J. Int'l L.*, Vol. 2, 2010, p. 695.

则只能由个人来实施，这也是二战后军事审判所确立的习惯法规则。[1]因此，侵略行为是侵略罪的前提，而侵略罪则是侵略行为的后果。[2]修正后的《罗马规约》关于侵略罪定义在此层面上反映了二战后军事审判的贡献及其确立的原则，其具体规定如下：

一、侵略行为

修订后的《罗马规约》第8条之二第2款规定："侵略行为"是指一国使用武力或以违反《联合国宪章》的任何其他方式侵犯另一国的主权、领土完整或政治独立的行为。根据1974年12月14日联合国大会第3314（XXIX）号决议，下列任何行为，无论是否宣战，均应视为侵略行为：

1. 一国的武装部队对另一国的领土实施侵略或攻击，或者这种侵略或攻击导致的任何军事占领，无论其如何短暂，或使用武力对另一国的领土或部分领土实施兼并；

2. 一国武装部队对另一国的领土实施轰炸，或一国使用任何武器对另一国领土实施侵犯；

3. 一国的武装部队对另一国的港口或海岸实施封锁；

4. 一国的武装部队对另一国的陆、海、空部队或海军舰队和空军机群实施攻击；

5. 动用一国根据与另一国的协议在接受国领土上驻扎的武装部队，但违反该协议中规定的条件，或在该协议终止后继续在该领土上驻扎；

6. 一国采取行动，允许另一国使用其置于该另一国处置之下的领土对第三国实施侵略行为；

7. 由一国或以一国的名义派出武装团伙、武装集团、非正规军或雇佣军对另一国实施武力行为，其严重程度相当于以上所列的行为，或一国大规模介入这些行为。[3]

---

〔1〕　GA Resolution 95 (1): Affirming of the Principles of International Law Recognized by the Charter of the Nuremberg Tribunal. See also, Antonio Cassese, "Affirming of the Principles of International Law Recognized by the Charter of the Nuremberg Tribunal", *United Nations Audiovisual Library of International Law*, 2009, available at http://untreaty. un. org/cod/avl/pdf/ha/ga_95 - I_e. pdf, last visited 7 July 2012.

〔2〕　Benjamin B. Ferencz, "Enabling the International Criminal Court to Punish Aggression", pp. 561 ~ 562.

〔3〕　《罗马规约》审查大会 RC/Res. 6 号决议。http://www. icc - cpi. int/iccdocs/Resolutions/RC - Res. 6 - CHN. pdf, 最近访问日期：2018 年 4 月 8 日。

上述条款实际上植入了联合国大会第 3314（XXIX）号决议附件第 1 条和第 3 条，这是与会各方能在特别工作组上达成的最好的妥协方案，因为上述条款反映了国际习惯法的内容。[1] 从体例上看，上述案文具有抽象定义和具体列举罪状相结合的特点。支持这一做法的学者认为，这种抽象概念与具体行为相结合的做法，可使检察官和法庭在具体罪状的指导下，根据抽象的概念来处理将来可能出现的种种侵略行为，因此，它既符合罪行确定性的要求，又能适应情势发展的需要，从而最大限度地满足刑法惩戒和预防犯罪的功能。[2] 而且，本款对联大决议的援引，即"根据 1974 年 12 月 14 日联合国大会第 3314（XXIX）号决议"的术语，是具有建设性的模糊性表述。它使得法院可以在遵循《罗马规约》有关条款的前提下，为判定侵略行为而援引决议附件有关侵略定义的除第 1、3 条之外的其他条款。[3]

然而，上述定义模式及其对联合国大会（简称联大）第 3314（XXIX）号决议附件的植入和援引，也招致了学者的批判。[4] 其一，联大决议的目的在于处理破坏国际和平与安全的国家责任问题，是为联合国安理会这一政治机构讨论侵略问题提供指导和参考，而非针对个人进行刑事定罪，因此，它在内容上难以满足刑法特定性和罪刑法定的要求。国际法委员会就因其用语过于模糊而拒绝在起草《治罪法草案》时使用该定义，而且安理会在其实践中也从未援引过该决议。其二，也是更为重要的是，本条款对决议的援引使人对决议在定义中的地位产生迷惑。如果将其解读为整个决议被植入定义，则根据决议第 4 条的规定，上述侵略行为的清单应是开放的，安理会可以决定侵略行为的其他模式，这便增加了定义的不确定性，从而使整个定义不仅难以符合罪行法定的原则，也不符合《罗马规

〔1〕 Roger S. Clark, "Negotiating Provisions Defining the Crime of Aggression, its Elements and the Conditions for ICC Exercise of Jurisdiction over It", *Eur. J. Int'l L.*, Vol. 20, 2009, p. 1103; Major Kari M. Fletcher, "Defining the Crime of Aggression: Is There an Answer to the International Criminal Court's Dilemma?", *A. F. L. Rev.*, Vol. 65, 2010, p. 259.

〔2〕 Devyani Kacker, "Coming Full Circle: The Rome Statute and the Crime of Aggression", *Suffolk Transnat'L. Rev.*, 257, Vol. 33, 2010, p. 264; Michael O' Donovan, "Criminalizing War: Toward a Justifiable Crime of Aggression", pp. 524 ~ 529.

〔3〕 Claus Kress and Leonie von Holtzendorff, "The Kampala Compromise on the Crime of Aggression", *JICJ*, Vol. 8, 2010, p. 1191. 但是，上述作者认为，法院在其司法实践中不能以决议附件第 2 条为指导。该条规定，首先使用武力可以构成侵略的表面证据。

〔4〕 Oscar Solera, "The Definition of the Crime of Aggression: Lessons Not – Learned", *Case W. Res. J. Int'L.*, Vol. 42, 2010, pp. 804 ~ 810; Major Kari M. Fletcher, "Defining the Crime of Aggression: Is There an Answer to the International Criminal Court's Dilemma?" p. 260; Michael J. Glennon, "The Blank – Prose Crime of Aggression", *Yale J. Int' L.*, Vol. 35, p. 97.

约》第 22 条的规定。[1]其三，抽象定义与具体列举相结合也会带来法律逻辑上的问题：如果认为侵略行为的列举是穷尽的，这不仅使对联大决议的援引失去意义，也使得前段抽象的定义显得多余。而如果认为前段抽象定义清晰而足以适用，则清单便显得多余了。对此，有学者认为，根据联大决议的精神，清单应该是说明性的、开放的，但这种开放要受到抽象定义的限制。[2]

那么，关于侵略行为的抽象定义是否足够清晰呢？对有关侵略情势的审查，实则是对国家使用武力合法性的判定。进行这一判断的基础是《联合国宪章》第 2 条第 4 款，它明确禁止国家在国际关系中针对它国的领土完整和政治独立使用或威胁使用武力（force）。《罗马规约》的修正案则因为采用了联大决议，而对上述禁止性规定有所修改。其一，它将"武力"限定在"武装力量（armed force）"的范围之内，有学者因此认为，它不当地缩小了《罗马规约》管辖下侵略行为的范围，不使用武装力量而违反《联合国宪章》第 2 条第 4 款的行为，如经济封锁或网络攻击等，不构成《罗马规约》管辖下的侵略行为。其二，《罗马规约》的案文在政治独立和领土完整之外，还增加了"主权"的概念，但该概念应做如何解释，它在多大的程度上扩大了《联合国宪章》第 2 条第 4 款禁止的范围，则是不清楚的。其三，其他违反《联合国宪章》使用武装力量的行为的具体含义也有待明确。而且，案文中使用"侵略行为"而非《纽伦堡法庭宪章》中所述的"侵略战争"，这一较低的门槛可能使得国家将任何涉及使用武力的争端，都作为侵略情势提交法院。上述种种不确定性使人们对定义的司法适用性产生疑虑。侵略行为清单似乎能弥补定义的些许不足，但在具体内容上，现存的清单只包括了传统意义上国家之间的战争模式，而没有涉及反恐或国家资助它国叛乱分子等新的武装冲突形式，也有不足。[3]还有学者认为，所谓"主权、领土完整、政治独立"不足以表明侵略罪所欲保护的价值。根据《联合国宪章》第 2 条第 4 款的精神，一切针对国家使用武力的行为都应被禁止。因此，建议将侵略行为直

---

〔1〕《罗马规约》第 22 条规定了罪刑法定的原则，要求当有关行为在发生时构成法院管辖内的犯罪时，行为人才根据规约承担刑事责任，且当犯罪定义不明时，应做出有利于被告人的解释。因此，如果安理会认定的新的侵略行为，未明确出现在规约列举的清单中，被告人可以该行为没有出现在清单中，法院对该行为行使管辖权不符合罪刑法定的原则为理由进行辩解。Major Kari M. Fletcher, "Defining the Crime of Aggression: Is There an Answer to the International Criminal Court's Dilemma?", p. 260.

〔2〕 Devyani Kacker, "Coming Full Circle: The Rome Statute and the Crime of Aggression", pp. 264～265.

〔3〕 Devyani Kacker, "Coming Full Circle: The Rome Statute and the Crime of Aggression", p. 269; Michael J. Glennon, "The Blank - Prose Crime of Aggression", pp. 96～99. 但是，有部分学者认为，《联合国宪章》第 2 条第 4 款关于禁止使用武力（force）的规定，应限于禁止使用武装力量（armed force），See, Bruno Simma, *The Charter of the United Nations: A Commentary*, 2nd Edition, Oxford University Press, 2002, p. 116.

接定义为"一国针对另一国使用武力的行为"。[1]

从整体结构上看，如前所述，抽象概念和具体罪状的结合，可以扬彼此之长，而避彼此之短。[2] 其实这是达摩克利斯之剑，反面论证也同样成立，即两种均有局限性的定义的结合，可能导致至少是同样或者甚至是更大的不确定性。考虑到因妥协导致的模糊是所有国际条约的特性，这些具体的技术性问题，法院似乎可以通过其后的谨慎性司法来予以阐述和说明。

关于侵略行为的具体内容，其实际上取决于国家愿意在多大范围内通过国际法，尤其是国际刑法，来规范其使用武力的行为。从案文的内容上看，国家仍然只希望通过侵略行为来规范国家之间兵戎相见的问题，这就使得《罗马规约》下的侵略罪具备了规约下的其他犯罪所不具备的国家行为要素的特点。[3] 从执行《联合国宪章》关于禁止使用武力的规定来看，这符合联合国设立的初衷，即"欲免后世再遭今代人类两度身历惨不堪言之战祸（即指世界大战）"。[4]

但是，世异时移，国际安全局势与联合国设立之初相比，发生了显著的变化。正如联合国关于威胁、挑战和改革问题高级别小组在其《一个更安全的世界：我们共同的责任》的报告中指出的，过去60年来，世界很少发生国家间的战争，大国之间的战争得以避免；内战、恐怖主义和跨国有组织犯罪集团是国际社会面临的新的安全威胁；这些安全威胁的实施者往往是非国家行为人，但国际法规范非国家行为人使用武力的规定远不如其规范国家使用武力的规定。因此，专家组建议采取法律改革措施应对上述新威胁。[5] 根据有关国际组织的调查，仅在中东和北非活动的非国家集团就达84个之多。[6] 其中一些极端组织，如基地组织等，往往有能力独立地对国家发起武力攻击。而且，国际实践也表明，非国家组织可以发起《联合国宪章》第51条意义上的武力攻击，从而使得国家可以援引该条实施自卫。[7] 因此，有学者认为，规约审查会议通过的侵略罪的定义仍然将侵略行为限制在国家行为的范围内，而没有涵盖非国家组织的行为，是罔顾国际形势

---

〔1〕 Oscar Solera, "The Definition of the Crime of Aggression: Lessons Not–Learned", pp. 813~815.

〔2〕 Devyani Kacker, "Coming Full Circle: The Rome Statute and the Crime of Aggression", p. 264.

〔3〕 Claus Kress and Leonie von Holtzendorff, "The Kampala Compromise on the Crime of Aggression", p. 1190.

〔4〕 《联合国宪章》序言及第1条。

〔5〕 来自"威胁、挑战和改革问题高级别小组"的报告，《一个更安全的世界：我们共同的责任》，A/59/565，2004年12月13日。

〔6〕 见武装冲突数据库，http://acd.iiss.org/armedconflict/MainPages/dsp_ConflictList.asp，最近访问日期：2018年4月8日。

〔7〕 Claus Kress, "Some Reflection on the International Legal Framework Governing Transnational Armed Conflicts", *Journal of Conflict & Security Law*, Vol. 15, 2010, pp. 247~248.

的发展和趋势，错失了国际刑法和国际法发展的良好契机，也不符合纽伦堡和东京军事审判所确立的国际刑法的基本原则，即非国家行为人亦可实施侵略行为、国际刑法关注个人责任而非其集体属性的原则。[1]

从条文的具体内容看，国家通过非国家行为人实施的侵略行为可归属于清单所列举的第七种情况，而非国家行为人独立发动的武力攻击，确实不属于《罗马规约》规范下的侵略行为。对此，我们不应忘记，作为次级规则的侵略罪受到禁止使用武力的初级规则的限制，这一共识是侵略罪谈判的起点。[2]而在关于禁止使用武力的初级规则，即《联合国宪章》第2条第4款及相应的习惯法规则尚未发展到与时俱进的情况下，期望通过发展次级规则这一后门来弥补初级规则的不足，恐怕是不现实的。

二、侵略罪

《罗马规约》第8条之二第1款规定，"侵略罪"是指能够有效控制或指挥一个国家的政治或军事行动的人策划、准备、发动或实施一项侵略行为的行为，此种侵略行为依其特点、严重程度和规模，须构成对《联合国宪章》的明显违反。上述定义的基本内容来自1946年在伦敦通过的《纽伦堡法庭宪章》第6条。该条将"破坏和平罪"定义为："计划、准备、发动或从事侵略战争或者违反国际条约、协定或保证的战争……"[3]

《罗马规约》侵略罪的定义具有以下特点：

（一）领导型的犯罪

根据规约的规定，侵略罪必须由"能够有效控制或指挥一个国家的政治或军事行动的人"来实施。显然，只有处于法律上或事实上领导地位的人才能控制或指挥国家的政治或军事行动。这一要求符合侵略罪的性质和特点，侵略行为在本质上是国家行为，制裁侵略的目的在于惩罚或预防国家将战争作为实施外交政策的工具的行为，因此，侵略罪惩罚的对象便只能是能够影响、制定或控制国家政治或军事政策的个人，于是领导地位成了国家侵略行为和个人刑事责任的连接点。这一逻辑得到了纽伦堡国际军事法庭及其后的联大决议的确认，也为学者们

---

〔1〕　Steve Beytenbrod, "Defining Aggression: An Opportunity to Curtail the Criminal Activities of Non-State Actors", *Brook. J. Int'L.* , Vol. 36, 647.

〔2〕　Claus Kress and Leonie von Holtzendorff, "The Kampala Compromise on the Crime of Aggression", pp. 1190, 1193.

〔3〕　Agreement for the Prosecution and Punishment of the Major War Criminals of the European Axis, and Charter of the International Military Tribunal, London, 8 August 1945, http://www. icrc. org/ihl. nsf/FULL/350? OpenDocument, 最近访问日期：2018年4月8日。

所认可。[1]有鉴于此，规约审查会议通过的有关侵略罪的决议还对《罗马规约》第 25 条做了相应修改，规定就侵略罪而言，本条所规定的个人刑事责任的形态，即实施犯罪、伙同他人实施犯罪、命令、教唆或引诱实施犯罪或以其他方式协助实施犯罪等行为，只适用于能有效控制一国政治或军事行动的人。[2]据此，在侵略国服役的普通士兵的参战行为显然不能构成第 25 条第 3 款第 3 项所指的侵略罪的"帮助或教唆"行为。[3]事实上，在当今社会，所有公民或多或少成了国家战争机器的一部分，如农民种军粮、企业或工人生产武器军火以及民众在政治或法律上支持国家使用武力的行为等。显然，侵略行为作为国家行为所具有的集体性，并不能使所有参加其中的人必然具备可惩罚性。因此，上述限制显得尤为必要和合理。

尽管国家和学者们对侵略罪作为领导型犯罪本身争议不大，但就领导地位的范围却存有分歧。《罗马规约》对领导地位的限定为"有效地控制或指挥国家政治或军事行动"。支持此一限定的国家或学者认为，它反映了二战后诸多军事法庭的实践。然而，反对者认为这恰恰是对二战后军事法庭实践的误读。[4]

1. 二战后的军事法庭没有使用"控制或指挥政治或军事行动"的术语来限定领导或政策层面的人员，而是使用了"形成（shape）或影响（influence）政策"的限定语。该标准对侵略罪的具体适用方式可概括为：①行为人必须明知将发起侵略行为；②具备上述主观意识的人，必须能够形成或影响发起或继续侵略行为的政策；③（行为人必须）采取行动实施前述的侵略政策，但如果没有参与形成或影响政策，仅仅只是执行政策，行为人在政策层面没有侵略的故意。[5]显然，形成或影响的概念较为宽松，它可以包括不构成国家机器的有影响力的个人，如有影响力的企业和私人等。而控制和指挥政策或军事行动者往往只是国家核心领导集团的成员，因为"控制"是指能够主导行为的实施，而"指挥"则要

---

[1] Larry May, *Aggression and Crimes Against Peace*, Cambridge University Press, 2008, p. 232 ~ 233; Claus Kress, "The Crime of Aggression before the First Review of the ICC Statute", *Leiden Journal of International Law*, Vol. 20, 2007, p. 855.

[2] 《罗马规约》审查大会 RC/Res. 6 号决议以及《罗马规约》第 25 条第 3 款之二。

[3] Claus Kress and Leonie von Holtzendorff, "The Kampala Compromise on the Crime of Aggression", p. 1189.

[4] Kevin Jon Heller, "Retreat From Nuremberg: The Leadership Requirement in the Crime of Aggression", *Eur. J. Int'l L.*, Vol. 18, 2007, p. 479.

[5] Kevin Jon Heller, "Retreat From Nuremberg: The Leadership Requirement in the Crime of Aggression", p. 487.

求行动层面上的具体指导行为。[1]此外，在二战后成立的军事法庭的审判实践中，不但侵略国的领导，而且私营经济领域的个人以及第三国及其国民均可作为侵略罪的同谋而被起诉，而并不要求其处于控制或领导地位。私人显然难以满足"控制或指挥"的标准。而关于第三国参与它国侵略犯罪的问题，如果根据修改后的《罗马规约》第25条来认定，第三国的参与行为也只能由处于"控制和指挥"第三国的领导人来实施。因此，规约的案文没有反映二战后诸多军事法庭的实践。[2]鉴此，有学者建议，参与谈判的各方可以通过谈判纪录来明确上述"控制和指挥"的措辞可以涵盖二战后军事审判的确定的先例。[3]

2. 还有学者认为，"控制或指挥"概念本身也远非人们所想象的那么清晰。因为在当代民主社会，大量的官员参与了决策过程，几乎不可能将决策的责任归于确定的少数人员。[4]

3. 有学者认为，修正案关于"控制或指挥"的措施实质是指事实上对一国政治或军事实施有效控制的人员，因此，它可以包括除国家官员以外的人员，如商人甚至宗教人员等。纽伦堡确立的"形成或影响"原则在当今的民主社会会导致追诉过宽的不良效果。因此，修正案的措施并无不当，但修正案进一步将此限制适用于规约第25条的共同犯罪，则又有不当缩小追诉范围之虞。[5]

（二）侵略罪的行为要件和主观要件

犯罪的行为要件（actus reus）是指违法行为，是犯罪的客观外在的行为表现。拉里·梅（Larry May）教授认为，侵略行为是多方协调实施的集体行为。其中许多具体的行为，如财政准备、军火生产甚至军队调动等，均非显而易见的违法行为，其违法性只有与侵略这一大背景结合，方能显现。因此，只有参与策划侵略的行为才能符合侵略罪的行为要件的要求。[6]《罗马规约》约文似乎反映了这一思路，但根据《纽伦堡法庭宪章》第6条有所拓宽。它规定的行为要件是策划、准备、发动或实施侵略行为的行为。

在谈判过程中，有人建议删除"策划、准备、发动或实施"的措辞，因为

---

〔1〕 Kevin Jon Heller, "Retreat From Nuremberg: The Leadership Requirement in the Crime of Aggression", p. 491.

〔2〕 Kevin Jon Heller, "Retreat From Nuremberg: The Leadership Requirement in the Crime of Aggression", pp. 480 ~ 486.

〔3〕 Claus Kress, "The Crime of Aggression before the First Review of the ICC Statute", p. 855.

〔4〕 Michael J. Glennon, "The Blank – Prose Crime of Aggression", *Yale J. Int'l L.*, *Vol.* 35, p. 100.

〔5〕 K. Ambos, *The Crime of Aggression after Kampala*, German Yearbook of International Law Vol. 53, 2010, 电子版见：http://ssrn.com/abstract = 1972713.

〔6〕 Larry May, *Aggression and Crimes Against Peace*, pp. 230, 232 ~ 233.

《罗马规约》第 25 条规定的犯罪形态足以包括上述行为，且上述措辞可能模糊侵略罪实行行为与准备行为的界限。但支持保留上述措辞者认为，它们反映了侵略罪罪状的典型形态，突出了被刑事定罪的行为，具有较好的预防犯罪的效果。同时，单纯进行策划而没有实际实施的侵略行为似乎不应引起刑事诉讼，因为它不符合规约要求的违反《联合国宪章》使用武力的条件，也不符合规约应惩罚严重国际犯罪的要求。[1] 同时，从侵略行为的清单及有关讨论来看，未遂行为难以适用于侵略罪，而仅仅是共谋实施侵略的行为也不被认为是犯罪。[2] 审查会议通过的《犯罪要件》也证实侵略罪只适用于已经发生的侵略行为。[3]

犯罪的主观要件（mens rea）是指行为人在实施行为时的心理状态，构成犯罪的主观方面。至于侵略罪的主观要件，根据纽伦堡国际军事法庭的判例，仅仅知晓侵略行为的事实情况，不足以使个人具备侵略罪的犯意。个人只有在以其实际行动积极地实施有关侵略行为时，才具备犯意，从而产生承担刑事责任的基础。[4] 对此，各方一致认为《罗马规约》第 30 条应当适用于侵略罪。该条规定，犯罪行为必须伴随行为人的明知和故意时，才产生刑事责任。明知是指意识到某种情势的存在或事态发展的正常结果，故意则是指行为人有意实施某行为，有意引发某结果或意识到某结果的产生是事态发展的正常结果。[5] 故意的主观要素对侵略罪尤为重要。所有的国家都在不同层面上进行备战，但并不是所有这些备战都是为了侵略的目的。[6] 也正如前所述，战争行为是多方协调的集体行动，社会的方方面面均在不同程度上参与了备战及战争，而并非所有这些行为均伴随着侵略的故意。只有在知晓侵略事实情况，并以自己的行动促成有关侵略计划时，行为人才真正具备了侵略的犯罪意图。而且，行为人只需知晓侵略行为及其违法性的事实情况，而无须对此事实有法律上的判断和认识。[7]

还有学者曾建议侵略罪还应当具备"特殊"的动机，因为侵略者往往都有

---

〔1〕 Devyani Kacker, "Coming Full Circle: The Rome Statute and the Crime of Aggression", pp. 266~267.

〔2〕 Roger S. Clark, "Negotiating Provisions Defining the Crime of Aggression, its Elements and the Conditions for ICC Exercise of Jurisdiction over It", pp. 1108~1109.

〔3〕《罗马规约》审查大会 RC/Res. 6 号决议附件二《对犯罪要件的修改》其中要件三要求"侵略行为……已经实施"。

〔4〕 Larry May, *Aggression and Crimes Against Peace*, pp. 251, 254.

〔5〕《罗马规约》第 30 条第 2 款。

〔6〕 Major Kari M. Fletcher, "Defining the Crime of Aggression: Is There an Answer to the International Criminal Court's Dilemma?", p. 259.

〔7〕 K. Ambos, "The Crime of Aggression after Kampala"；并参见决议附件二《对犯罪要件的修改》中犯罪要件五、六。

"获取针对对手的战略优势"或"改变现状"的企图。[1]该建议显然将大大缩小侵略罪的范围，没有被谈判国所接受。

（三）侵略行为构成侵略罪的条件

修正后第8条之二第1款还包含了所谓"门槛"规定，即只有依其特点、严重程度和规模构成对《联合国宪章》明显违反的侵略行为，才能构成法院所管辖的侵略罪。

在谈判过程中，部分国家的代表和学者主张删除上述限定，因为《罗马规约》的序言、第1条、第5条和第17条已经明确规定规约管辖下的犯罪均为严重的国际罪行。而且，第8条第2款也已经明确规定了所有侵略行为均为违反《联合国宪章》的行为，在这些行为之间再做出"明显违反"或"非明显违反"的区分，是不合理的，而且会造成同一条款的内部矛盾。支持上述限定条件的人则辩称，它可以合理地将法院管辖权限制在最为严重的侵略行为之内。而且，这些限制条件是多年谈判的结果，易于被国家接受。[2]

有鉴于此，有学者建议认定"明显违反"的标准应该包括：有关侵略行为应该是大规模、系统的，或者是大规模侵略行为的组成部分；侵略行为造成了大量的受害人，或造成了非战斗人口的严重伤害，或使大量的战斗员或战俘遭受了违反国际人道法的行为。因此，这一标准排除了边境伏击、跨境炮击等小规模的武装冲突行为。[3]

即便如此，仍有学者认为，以"特点、规模和严重程度"加以限制的"明显违反"行为，还是缺乏刑事司法所要求的明确性。将上述定义适用于具体案例，则见仁见智，难以获得明确的答案。因此，上述标准不符合可识别犯罪的标准，主观性较强，违反了公认的罪刑法定和刑法确定性等原则。[4]

关于侵略行为和侵略罪是否应当适用同一标准，有学者认为，侵略行为在于追究国家违反《联合国宪章》使用武力的责任，具有民事制裁的性质，因此，其构成要件可以较侵略罪的要求宽松，这样就使得国家难以将其使用武力的行为合法化或正当化；而侵略罪则是通过追究个人刑事责任来阻止国家将战争作为实施

---

〔1〕　Oscar Solera, "The Definition of the Crime of Aggression: Lessons Not – Learned", pp. 815 ~ 819.

〔2〕　Major Kari M. Fletcher, "Defining the Crime of Aggression: Is There an Answer to the International Criminal Court's Dilemma?", pp. 257 ~ 258; Devyani Kacker, "Coming Full Circle: The Rome Statute and the Crime of Aggression", pp. 267 ~ 268.

〔3〕　Keith A. Petty, "Criminalizing Force: Resolving the Threshold Question for the Crime of Aggression in the Context of Modern Conflict", *Seattle U. L. Rev.*, Vol. 33, 2009, p. 118.

〔4〕　Michael J. Glennon, "The Blank – Prose Crime of Aggression", pp. 101 ~ 102.

国家政策的手段，因此，它必须符合保障人权的刑事司法标准，而且也只能针对具有领导地位的人员，其构成要件显然要比侵略行为严格。[1]此言不无道理。

三、关于侵略罪修正案的理解

出于对其一贯奉行的"人道干涉"的担忧，美国代表团在审查会议上发言坚持要求通过的侵略罪定义不适用于为防止战争罪、危害人类罪和种族灭绝罪而采取的军事行动，因为此种行为不具有"明显违反"《联合国宪章》的特点，而且此种军事行动的目的正是防止《罗马规约》所欲预防和制裁的犯罪。[2]为此，大会就侵略罪达成一项理解，其中尤其值得关注的段落如下：[3]

6……侵略罪是非法使用武力最严重和最危险的形式；要确定是否实施了侵略行为，需依据《联合国宪章》考虑每一特定案件中的所有情况，例如所涉行为的严重性及其后果。

7……在确定某侵略行为是否构成对《联合国宪章》的明显违反时，特征、严重程度和规模这三大要素必须足以证明"明显"之定性。任何一个要素都不足以单独证明明显这一标准。

那么，上述理解是否能够将人道干涉排除在侵略罪之外呢？

1. 从上文对侵略行为的分析，我们可以看出，人道干涉显然是对一个国家主权和领土侵犯，其表现形式也往往符合修正案所列举的清单，因此难以从"规模、严重程度和性质"上将它与侵略行为区分开来。所以，其构成侵略行为当无疑议，这便使得第7段的理解难以为人道干涉正名。[4]人道干涉的支持者或许还会根据第6项理解辩称，人道干涉防止了战争罪或种族灭绝罪等国际罪行，产生了积极的后果，似乎可以从结果或严重性上将其排除在侵略罪之外。但是，上述措辞受到"根据《联合国宪章》"的限制，后者要求对干涉行为和后果必须在宪章许可的范围内予以考虑，而人道干涉显然不符合宪章的要

---

〔1〕 Larry May, *Aggression and Crimes Against Peace*, Chapter 5, pp. 213～214.

〔2〕 美国国务院法律顾问在大会上的发言，见 http://www.state.gov/s/l/release/remarks/142665.htm，最近访问日期：2010年8月19日。

〔3〕 《罗马规约》审查大会RC/Res.6号决议附件三。

〔4〕 Larry May, "The International Criminal Court and the Crime of Aggression: Aggression, Humanitarian Intervention and Terrorism", *Case W Res J Int'l L*, Vol. 41, 2009, p. 334。Glennon教授则认为，第8条第2款关于侵略行为的定义没有包含任何排除非法性的例外，甚至连自卫也可被定义为侵略行为；The Blank - Prose Crime of Aggression, pp. 88～90.

求。[1]因此，很难援引此理解为人道干涉辩护。

2. 即便认为上述理解可以为人道干涉提供辩词，但其法律地位和效力仍有待商榷。首先，该理解没有作为修正案被纳入《罗马规约》，而其本身也不是条约，因此它不属于《罗马规约》第 21 条规定的法院可适用的法律的范畴，[2]对法院没有约束力。其次，该理解是应非缔约国的坚持而通过的，未必反映了缔约国的态度和理解，其究竟能在多大程度上作为条约解释的参考资料，也是存在问题的。

3. 值得注意的是，在谈判过程中，还有学者主张，构成侵略罪的行为应当是明显的、毫无争议的违反宪章的行为，而不应当包括那些处于"灰色"地带的行为，这些行为包括：人道干涉、先发制人的自卫、武力营救国民和针对非国家集团的武力攻击实施的跨境军事行动等。[3]更有学者明确要求规约应当为侵略罪设立"人道必要"的例外条款。[4]

第三节 法院启动对侵略罪管辖权的程序

一、概述

《罗马规约》审查会议通过的修正案对法院行使侵略罪管辖权的条件规定如下：[5]

第十五条之二 对侵略罪行使管辖权（缔约国提交、检察官自行开始调查）

（一）在不违反本条规定的情况下，法院可以根据第十三条第 1 项和第 3 项对侵略罪行使管辖权。

（二）法院仅可对修正案获得三十个缔约国批准或接受一年后发生的侵略罪

---

〔1〕 "根据《联合国宪章》"的措辞系伊朗代表坚持的主张，目的在将有关行为限制在宪章允许的范围之内。美国代表团的初始案文还将"行为目的"也作为考虑因素之一，以便更明确地排除人道干涉行为。但由于其主张不符合现行的国际法及国家实践，而不被接受。见 William A. Schabas, *Kampala Diary 10/6/10 The ICC Review Conference*：*Kampala 2010*, http://iccreviewconference. blogspot. com/.

〔2〕 根据《罗马规约》第 21 条的规定，法院可适用法律的范围包括：本规约、犯罪要件、证据和程序规则；在适当的情况下，可适用的条约、国际法原则和规则。

〔3〕 Andreas Paulus, "Second Thoughts on the Crime of Aggression", *EJIL*, Vol. 20, No. 4, 2010, p. 1121；Elizabeth Wilmshurst, "Agression", in R Cryer and others（eds.）, *An Introduction to International Criminal Law and Procedural*, 2007, p. 268.

〔4〕 Christopher P. Denicola, "A Shield for the Knight of Humanity：the ICC should Adopt a Humanitarain Necessity Defense to the Crime of Aggression", *U. Pa. J. Int'l L.*, Vol. 30, p. 641.

〔5〕 《罗马规约》审查大会 RC/Res. 6 号决议附件一。

行使管辖权。

（三）法院根据本条对侵略罪行使管辖权，但需由缔约国在 2017 年 1 月 1 日后以通过本规约修正案所需的同样多数作出一项决定。

（四）法院根据第十二条，对因一个缔约国实施的侵略罪行为导致的侵略罪行使管辖权，除非该缔约国此前曾向书记官长做出声明，表示不接受此类管辖。此类声明可随时撤销，且缔约国须在三年内考虑撤销此类声明。

（五）对于本规约非缔约国，法院不得对该国国民或在其领土上实施的侵略罪行使管辖权。

（六）如果检察官认为有合理根据对侵略罪进行调查，他（她）应首先确定安全理事会是否已认定有关国家实施了侵略行为。检察官应将法院处理的情势，包括任何有关的资料和文件，通知联合国秘书长。

（七）如果安全理事会已做出此项认定，检察官可对侵略罪进行调查。

（八）如果在通知日后六个月内没有做出此项认定，检察官可对侵略罪进行调查，前提是预审庭已根据第十五条规定的程序授权开始对侵略罪进行调查，并且安全理事会没有根据第十六条做出与此相反的决定。

（九）法院以外的机构认定侵略罪行为不妨碍法院根据本规约自行得出的结论。

（十）本条妨碍关于对第五条所指其他犯罪行使管辖权。

第十五条之三 对侵略罪行使管辖权（安全理事会提交情势）

（一）在不违反本条规定的情况下，法院可根据第十三条第 2 项对侵略罪行使管辖权。

（二）法院仅可对修正案获得三十个缔约国批准或接受一年后发生的侵略罪行使管辖权。

（三）法院根据本条约对侵略罪行使管辖权，但需由缔约国在 2017 年 1 月 1 日后以通过规约修正案所需同样多数做出一项决定。

（四）法院以外的机构认定侵略罪行为不妨碍法院根据本规约自行得出的结论。

（五）本条妨碍关于对第五条所指其他犯罪行使管辖权。

从上述案文可以看出，法院在三种情况下可以启动对侵略罪的管辖权，即缔约国向检察官提交有关侵略罪的情势、检察官依职权自行调查、联合国安理会根据《联合国宪章》第七章向检察官提交有关侵略罪的情势。这实际是对《罗马规约》第13条规定的管辖权来源的确认。在谈判过程中，各方对此无异议。[1]

但是，对于国家提交有关侵略的情势、法院检察官自行开展调查和安理会提交有关情势的情况，法院管辖权的范围有所不同。在国家提交情势和检察官自行开展调查的情况下，为了避免非规约缔约国国民因在缔约国领土上实施侵略罪而被法院根据《罗马规约》第12条行使管辖权，修正案（第15条之二第5款）明确规定法院不得对非缔约国国民实施的侵略罪以及发生在非缔约国境内的侵略罪行使管辖权。该规定被认为给非缔约国提供了其长期寻求的免受法院管辖的保护，弥补了《罗马规约》第12条的缺陷；[2]同时，修正案（第15条之二第4款）还赋予了缔约国可以向法院书记处声明不接受法院对侵略罪的管辖权的权利。这被认为有利于修正案的通过和生效。

当联合国安理会根据《联合国宪章》第七章向检察官提交有关侵略的情势时，法院可以行使管辖权，而无论有关情势涉及的是非缔约国还是缔约国，也无论该缔约国是否接受法院对侵略罪的管辖权（第15条之三第1款、第13条第2款）。但联合国安理会对侵略行为的认定，对法院没有拘束力（第15条之三第4款）。

检察官在国家提交有关情势或自行收集有关信息后，如果认为有合理的根据，可以就侵略罪开展调查。检察官应首先确认联合国安理会是否已经认定有关国家实施了侵略行为，并将有关资料和信息提交联合国秘书长。如果安理会已经认定有关国家实施了侵略行为，检察官便可对该侵略行为涉及的侵略罪进行调查，但联合国安理会对侵略行为的认定对法院没有拘束力。如果联合国安理会在检察官将有关信息提交联合国秘书长后6个月内，没有对侵略行为作出认定，检察官可以经法院预审庭的授权而自行调查有关侵略罪。但联合国安理会可以根据《罗马规约》第16条阻止对有关侵略罪的调查和起诉（第15条之二第6至9款）。并且，如果缔约国在审查大会上达成共识，在此情形下，只有当预审庭的所有法官就侵略罪的调查达成一致意见时，检察官方能展开调查。[3]

二、分析

在侵略罪的谈判过程中，法院对侵略罪行使管辖权的条件，尤其是在安理会没有认定侵略行为的情况下，法院是否应当就有关情势继续进行调查，被认为是

---

〔1〕　Major Kari M. Fletcher, "Defining the Crime of Aggression: Is There an Answer to the International Criminal Court's Dilemma?", p. 247; Devyani Kacker, "Coming Full Circle: The Rome Statute and the Crime of Aggression", p. 272.

〔2〕　David Scheffe, "State Parties Approve New Crimes for International Criminal Court".

〔3〕　David Scheffe, "State Parties Approve New Crimes for International Criminal Court".

"问题中的问题"。[1]该问题的实质是在缔约国提交侵略情势和检察官自行展开调查的情况下，安理会该不该发挥作用以及如何发挥作用的问题，问题的关键在于当安理会没有就有关情势做出决定时，法院能否独立地开展调查及追诉的问题，问题的核心则是如何处理法院的独立性与安理会职责和权威的问题。在具体的讨论中，就联合国安理会与法院的上述关系问题，有关各方，尤其是包括安理会五大常任理事国在内的大国与其他各国始终纠缠不清。

显然，在安理会主动向检察官提交有关侵略的情势时，法院与安理会的关系不会出现大的问题。在此种情形下，也可期待联合国及其成员国的合作，因为安理会提交情势的根据是其《联合国宪章》第七章采取的维护国际和平与安全的措施，成员国有遵守和配合的义务。[2]

因此，真正的问题是在缔约国提交侵略情势和检察官自行展开调查的情况下，安理会如何发挥作用的问题。为了妥善处理这一问题，修正案首先规定，当检察官根据缔约国提交的情势或自行收集的信息，认为有合理根据开展有关侵略罪的调查时，应当首先确认安理会是否已经就有关侵略行为做出了决定。如果安理会已经做出了决定，则检察官可以展开调查。但安理会的决定对法院没有拘束力。

上述看似合理的处理方式，仍可能带来诸多问题。首先，自安理会成立后，其仅就 1967 年南非和安哥拉情势、以色列轰炸巴解组织在突尼斯的总部和武装入侵贝宁共和国的情势，认定过侵略行为。对于其他冲突情势，安理会更多地使用了"威胁国际和平与安全"或"破坏和平"的措辞和结论。[3]因此，该处理方式实际意义不大。而安理会做出的"威胁国际和平与安全"以及"破坏和平"的结论，能否作为检察官径行开展调查的依据，规约则未予明确，似乎应该认为检察官在无明确授权的情形下，不能径行调查。[4]尤其值得注意的是，安理会对

---

〔1〕 Claus Kress and Leonie von Holtzendorff, "The Kampala Compromise on the Crime of Aggression", p. 1208.

〔2〕 Benjamin B. Ferencz, "Ending Impunity for the Crime of Aggression", p. 286; Devyani Kacker, "Coming Full Circle: The Rome Statute and the Crime of Aggression", p. 277. 然而，对于法院做出的针对苏丹总统巴希尔的逮捕令，各国的反应似乎也足以令人对国家在安理会提交情势下与法院的配合问题产生疑问。但即便如此，也不能认为法院与安理会在此情形下相互对立。

〔3〕 Dr. Troy Lavers, "Determining the Crime of Aggression: Has the Time Come to Allow the International Criminal Court its Freedom?", *Alb. L. Rev.*, Vol. 71, 2008, pp. 304~305; Kacker 则认为迄今为止，安理会只通过31个决议明确谴责侵略行为，其中多数决议涉及南非及罗得西亚，见 Devyani Kacker, "Coming Full Circle: The Rome Statute and the Crime of Aggression", pp. 275~276.

〔4〕 有学者曾建议，在安理会做出"威胁国际和平与安全"或"破坏和平"的决议时，应当启动有关程序认定是否存在侵略行为，在认定存在侵略行为后，国际刑事法院才可就个人刑事责任问题开展调查。而有关认定侵略行为的程序，则可交由国际法院或国际刑事法院来实施。见 David Scheffer, "A Pragmatic Approach to Jurisdictional and Definitional Requirements for the Crime of Aggression in the Rome Statute", *Case W. Res. J. Int'L.*, Vol. 41, pp. 404~408.

侵略行为的认定，只有程序性意义，对法院没有实质拘束力。如果出现法院的认定与安理会的决定不一致的情况，将使人们对双方的信誉产生怀疑。进一步而言，如果安理会在此情形下做出有关国家没有实施侵略行为的决定，那么，法院该如何处理这一情势？安理会的这一认定，能否成为有关国家或被告反对法院行使管辖的有效抗辩？可能的逻辑是，法院既然不受安理会认定侵略行为的决定的约束，自然也不应受安理会否认侵略行为的约束。但如果法院在安理会否认侵略行为的情形下，继续行使对侵略罪的管辖权，这等同于将安理会完全排除在程序之外，且极有可能导致安理会根据《罗马规约》第 16 条采取行动阻止法院对侵略罪的调查或追诉。

事实上，我们不难想象，安理会做出否认侵略行为的决定至少与其做出认定侵略行为的决定一样罕见，更多的情况是安理会无法就有关情势做出决定。正是考虑到这一情况，规约规定了检察官在其向联合国提交有关情况 6 个月后，如果安理会没有做出决定，检察官可以根据法院预审分庭的授权，径行展开有关调查。正是这一安排涉及安理会的权威与法院独立性之间的核心问题。

支持安理会在认定侵略行为方面的权威性的学者们认为，《联合国宪章》第 20 条和第 39 条赋予了安理会在维护国际和平与安全方面的专属职责和采取行动的能力，而且《罗马规约》第 5 条也要求有关侵略罪的条款必须符合《联合国宪章》的规定，这就决定了安理会在认定侵略方面的权威，它的认定是国际刑事法院行使管辖权的前提。而且，侵略是颇具争议的话题，法院不适合处理这一高度敏感的政治问题。安理会是处理侵略问题的政治机构，它的决定更有利于维护国际和平与安全，也有利于法院获得有关国家的合作与配合。[1]

反对安理会"独裁"侵略行为并支持法院独立的学者们则认为，《联合国宪章》是出于维护国际和平与安全的目的而非追究个人刑事责任的目的，来赋予安理会决定侵略行为的职权的，而且只赋予了安理会在此方面的"主要或首要"的职责，而非专属或排他性职责，因此，认为安理会在联合国框架内享有认定侵略行为的专属权，不符合《联合国宪章》本身关于安理会职权的规定。而且，以安理会认定侵略罪作为法院行使管辖权的前提，还不符合宪章确立的主权平等原则，因为它使得常任理事国在司法上较非常任理事国处于优势地位。在实践中，也不乏联合国其他机构（联合国大会或国际法院）就侵略问题在安理会没有决

---

　　〔1〕　Major Kari M. Fletcher, "Defining the Crime of Aggression: Is There an Answer to the International Criminal Court's Dilemma?", p. 250; Devyani Kacker, "Coming Full Circle: The Rome Statute and the Crime of Aggression", pp. 277～278.

定甚至正在处理有关情势时，做出宣示的先例，如联合国大会关于朝鲜问题的决议、南非占领纳米比亚的决议和有关以色列针对伊朗和巴勒斯坦解放组织的行为的决议等，以及国际法院在尼加拉瓜诉美国案（1986 年）、石油平台案（伊朗诉美国，2003 年）、刚果诉乌干达案（2005 年）的判决。而且，安理会作为政治机构，难以胜任以司法标准判断侵略行为的职责。要求国际刑事法院服从政治机构的决定，将使被告在法庭上失去抗辩侵略行为的机会，不符合正当程序的要求，有损其作为司法机构的独立性和信誉。审查会议的讨论也表明，坚持安理会认定侵略行为的专属权难以使与会各方就案文达成一致，甚至难以获得多数支持。而且，各国已经形成共识，国际刑事法院不应当受包括安理会在内的任何其他外部机构有关侵略行为决定的约束，安理会当然也不受规约有关侵略罪条款的约束。二者的关系首先应当彼此独立，然后互补，分别从政治和司法层面维护国际和平与安全。[1]

还有学者认为，安理会与法院的关系始终存在两难境地：将安理会纳入法院的司法程序有违罪刑法定原则；而排除安理会，也会带来诸多问题。安理会作为一个政治机构，在决定侵略行为时有诸多考量，自由裁量权大，标准也不够统一和清晰，因此，它的决定不具有可预见性，难以给国家的行为提供指导。将这样一个决定作为司法裁判的一部分，显然与刑事司法的基本原则相冲突。但如果以《联合国宪章》没有赋予安理会就侵略行为做出决定的排他性权力为依据，认可法院独立自主地开展调查的权力，则在安理会和法院就同一事实情况做出相反结论的情况下，两个机构的公信力均将受到影响，而且缔约国可能会面临两难的局面，因为《联合国宪章》第 103 条要求其成员国在依宪章承担的义务与其他条约义务冲突时，优先履行宪章项下的义务。再者，即便安理会没有做出决定或采取行动，也并不代表安理会对有关情势没有意见，它可能默示有关行为不构成侵略，或对其是否构成侵略有疑问，或者安理会有其他考虑而没有采取行动。法院此时进行干涉，未必更有利于国际和平与安全。并且，《罗马规约》缔约国似乎也无权要求安理会必须在规定的 6 个月时间内，就有关情势做出决定，上述限制

---

〔1〕 Mark S. Stein, "The Security Council, the International Criminal Court, and the Crime of Aggression: How Exclusive is the Security Council's Power to Determine Aggression?", *Ind. Int'l & Comp. L. Rev.*, Vol. 16, pp. 2005~2006; Niels Blokker, "The Crime of Aggression and the United Nations Security Council", *Leiden Journal of International Law*, Vol. 20, 2007, pp. 867~894; Major Kari M. Fletcher, "Defining the Crime of Aggression: Is There an Answer to the International Criminal Court's Dilemma?", p. 250; Devyani Kacker, "Coming Full Circle: The Rome Statute and the Crime of Aggression", p. 27; Claus Kress and Leonie von Holtzendorff, "The Kampala Compromise on the Crime of Aggression", p. 1208; Troy Lavers, "Determining the Crime of Aggression: Has the Time Come to Allow the International Criminal Court its Freedom?".

只能通过修改《联合国宪章》来设定。[1]

不管上述争辩孰是孰非，国际刑事法院在制度上成了安理会之外的能够审查国家使用武力的合法性的机构，似乎已经是不争的事实。

而且，我们还不能忽视规约有关法院实际行使侵略罪管辖权的规定。首先，修正案限制了法院行使管辖权的对象范围。除明确排除了法院对非缔约国的管辖权外（第15条之二第5款），它还限制了法院对缔约国实行管辖权的范围。根据审查大会关于侵略罪的决议，有关侵略罪的定义及其法院行使管辖权的修正案须经缔约国批准或接受，并依据《罗马规约》第121条第5款的规定生效。[2] 据此，可以认定与会方将修正案视为对《罗马规约》第5条的修正，并仅对接受修正案的缔约国生效。对此，有学者认为，即便修正案不能按照《罗马规约》第121条第3款以通过的方式直接对所有缔约国生效，也应当根据同条第4款在7/8的缔约国接受了修正案后对所有缔约国生效。因为原规约第5条第2款使用的词汇是"通过"，而第121条第3款规范的就是"通过"修正案的情形；而且，缔约国在参加规约时便已经根据第5条接受了法院对侵略罪的管辖，因此，修正案并非对第5条的"修改"，而只是对该条第2款关于法院实际行使管辖权的实现和执行，所以无需进一步的批准和接受程序；即便考虑到侵略罪条款的重要性，为了便于缔约国接受修正案而设置批准或接受程序，修正案也应按照第121条第4款生效，只有这样才能在缔约国之间实现司法公平，这也符合国家在谈判《罗马规约》时的本意。[3] 然而，上述对规约有关条款的理解和建议，由于政治考量，并未被最终的案文所采纳。[4]

其次，修正案还对法院管辖权的实际行使设置了时间限制。法院只能对在30个缔约国交存了批准或接受文书1年后发生的侵略罪行使管辖，并且，对这些罪行的实际管辖还要取决于缔约国在2017年1月1日后以2/3的多数所作出的决定（第15条之二和之三第2、3款）。这一规定在第16届缔约国大会关于激活法院对侵略罪的管辖权的决议通过后，已经失效。但是，该决议同时确认，侵略罪

---

〔1〕 Michael J. Glennon, "The Blank - Prose Crime of Aggression", pp. 102 ~ 109; Devyani Kacker, "Coming Full Circle: The Rome Statute and the Crime of Aggression", p. 277, 引用了苏丹和刚果的案例来说明安理会为维护国际和平与安全而不采取行动的情况。

〔2〕 《罗马规约》审查大会 RC/Res. 6 号决议第一执行段。

〔3〕 Roger S. Clark, "Ambguities in Articles 5 (2), 121 and 123 of the Rome Statute", *Case W. Res. J. Int'L*, Vol. 41, p. 413.

〔4〕 Astrid Reisinger Coracini, "The International Criminal Court's Exercise of Jurisdiction Over the Crime of Aggression - at Last … in Reach … Over Some", *Goettingen Journal of International Law*, Vol. 2, No. 2, 2010, pp. 763 ~ 766.

修正案仅对已经接受了修正案的缔约国有效，在国家提交情势和检察官自行发起调查的情况下，法院不得对在没有接受修正案缔约国境内发生的、或由其国民实施的侵略罪行使管辖权。

法院是否应当对法院不得对在没有接受修正案缔约国境内发生的、或由其国民实施的侵略罪行使管辖权，是在激活法院对侵略罪管辖权的谈判过程中颇具争议的话题。在工作组的讨论和缔约国会议的谈判过程中，缔约国基本上形成了两大对立的阵营：一派坚持认为，根据坎帕拉修正案决议和《罗马规约》第121条的规定，在大会通过的决议中必须明确法院对发生在没有接受修正案的缔约国境内的或者由其国民实施的侵略罪没有管辖权。由于侵略罪可以涉及国家领导人的刑事责任，明确此点，有利于法院获得广泛的支持和有效地开展工作。另一派则认为，法院行使管辖权的实质性法律问题，已经在修正案中做出明确规定，即修正案将对所有缔约国生效，除非它们事先做出声明不接受法院的管辖。《罗马规约》第121条第5款前半部分关于修正案生效的规定可以适用于修正案，但其后部分关于法院管辖权范围的规定则不能适用。法院管辖权范围应由《罗马规约》第5条和第12条来决定。而且，《罗马规约》第121条第5款后半部分规范的是新增犯罪的适用问题，侵略罪是规约管辖的原始罪行之一，并非新增犯罪。激活法院的管辖权也只是程序性事件，不应再利用此机会重新讨论或谈判已经达成一致的修正案。而将法院对侵略罪的管辖仅限于为数不多的接受修正案的缔约国之间，不利于实现法院管辖的普遍性和对犯罪行为的威慑。[1]

在第16届缔约国大会的最后阶段，由于各方未能就上述问题达成一致，大会抛出了由奥地利代表团草拟的讨论文件。该文件提出了三个激活方案：①简单决定激活法院对侵略罪的管辖权，不对法院管辖权的范围做任何说明或解释；②决定激活法院的管辖权，并确认法院对发生在没有接受修正案的缔约国境内的或者由其国民实施的侵略罪没有管辖权；③决定激活法院的管辖权，但法院不得对那些已经在工作会议报告和本次缔约国大会讨论期间表示不接受法院管辖的缔约国行使管辖权，即不得对发生在其境内或由其国民实施的侵略罪行使管辖权。与会的专家们认为第三选项最为理想，首先它确立了法院对所有缔约国行使管辖权的基本原则，但事实上，它为缔约国提供了很大的排除法院管辖的灵活性，并扩大了对法院管辖的范围限制。根据此规定，缔约国如想排除法院对其实施的侵略行为的管辖，只需在此前的工作谈论和本次缔约国大会谈判期间有过正式的表态即可，而无需按照《罗马规约》第15条之二第4款向法院的书记官处提交声

---

〔1〕 各方观点的具体描述，参见 ICC－ASP/16/24，第3～8页。

明，形式灵活和简便；而且该规定不仅排除了法院对缔约国实施的侵略行为的管辖，而且排除了对发生在该缔约国境内的侵略罪的管辖，限制范围比第 15 条之二第 4 款更为宽泛，理应能够得到多数缔约国的支持。在实际谈判中，多数缔约国支持第一方案，认为第二方案有失偏颇，只确认了"限制派"立场，认为方案三值得进一步讨论和考虑。但仍有少数缔约国坚持支持方案二，并反对方案三。大会仍未能就此协商一致。

最后，为了确保本次缔约国大会能激活法院对侵略罪的管辖权而不让其陷入耗费时日的多边谈判，也考虑到缔约国大会均以协商一致的方式采取行动的惯例，会议主席在经过数轮磋商后，于 2017 年 12 月 14 日午夜向大会提出了最终决议草案，该草案采用了上述第二方案，只是增加了确认法院法官独立司法的内容。即便如此，该草案也只能在经过约两个小时的讨论后，最终于 2017 年 12 月 15 日凌晨以协商一致的方式通过。会场再次如七年前在坎帕拉一样，掌声雷动。[1]

综上所述，国家对侵略罪的态度，反映的是它们对战争的态度，而国家对战争的态度又取决于它们对彼此关系的看法。如果国家认为彼此关系在本质上是竞争性的、无法共存的零和游戏，则国家之间的冲突乃至战争便是国际关系的常态，战争便可作为国家外交政策的工具，侵略更无从谈起，这正是 19 世纪至 20 世纪初的现实。而如果国家认为人类及其作为人类集团的国家之间的关系是和平的、共赢的，那么，破坏这种状态便需要一定的理由，没有正当理由破坏这种和平状态的战争行为应该受到谴责甚至是国际社会的制裁。正义战，这一中世纪产生的概念，在人类经过两次世界大战的血泪洗礼后，在《联合国宪章》中获得了重生，即国家只能为了和平（自卫或集体安全）而战。[2]与此相应，侵略罪及其附随的个人刑事责任也随着纽伦堡审判成了当代国际法的基本制度。[3]

但是，作为国际和平与安全的司法保障措施，侵略罪的定义及制裁脱离不了国际政治的现实。其一，二战后，战胜国在构建新的国际安全体系时，显然没有将自身的安全完全交给国际组织的意愿。没有国家愿意完全放弃使用武力的权力。武力的使用关系到国家的生存与安全，这是政治问题，只能用政治手段来解决。针对领导人个人的刑事追诉，可能恶化局势，不利于国际安全与和平，因此，

---

〔1〕　Nikolas Sturchler, *The Activation of the Crime of Aggression in Perspective*，见 https://www.ejiltalk.org/the – activation – of – the – crime – of – aggression – in – perspective/，最近访问日期：2018 年 4 月 8 日。

〔2〕　Stephen C. Neff, *War and Law of Nations*, Oxford, 2005，作者在本书中详细地阐述了战争这一社会现象在国际法上从正义战到制度战再到正义战的演变。

〔3〕　Henry L. Stimson, "The Nuremberg Trial: Landmark in Law", *Foreign Affairs*, 1947.

不少国家对侵略罪本身作为国际罪行有顾虑和保留。[1]其二，军事大国对维护国际和平与安全责任的担当，是以其在安理会享有特权来保护其自身的军事行动为对价的。所以，在安理会之外再建一个独立的评判国家使用武力的机构，必然难以为它们所接受。[2]而且，让一个机构既审查"诉诸武力（jus ad bellum）"的问题又审查"使用武力（jus in bello）"的问题，[3]还可能会给后者的适用带来结构性困难：一个已经被法院锁定可能因违反诉诸武力的规则而实施侵略的领导人及国家，还有何动力去遵守使用武力过程中的行为规范？而战争过程中所可能产生的灾难，比侵略本身更可怕。[4]因此，考虑到国际政治的现实和国家在使用武力问题上的严重分歧和关注，将侵略行为这一政治问题与作为法律问题的侵略罪一并交付司法审判，其所面临的技术和政治问题及困难，可想而知。[5]

对于上述关于侵略罪以及国际刑事法院审判侵略罪的质疑，我们不妨从国际刑法和《联合国宪章》或者国际刑事法院和联合国的关系的角度，予以分析。纽伦堡审判和联合国的成立向世人昭示，战争作为国家实施其国策的工具的性质已经被废除并宣布为非法，人类社会的核心利益是使后代免遭战争的自由。为此，联合国和国际刑事审判分别在预防和惩罚层面相互独立而又合作地规范国家使用武力的行为，以便维护人类的核心利益。[6]

最后我们还应看到，维护国际和平与安全不仅仅是少数军事大国的责任，更是多数中小国家的愿望和要求。正是在广大中小国家的努力推动下，缘起于二战的国际刑法的运动，促成了国际刑事法院的最终成立。而其成立后的实践表明，国际刑事法院似乎已经成为国际关系中不可或缺的参与者。[7]尽管面临着种种问题和压力，规约审查会议通过了侵略罪修正案，使得法院具备了直接参与维护国际和平与安全的能力，从司法层面完善了集体安全的制度。这或许不仅是对大国穷兵黩武的警示，也可看作是对大国控制的安理会在维护国际和平与安全方面效

---

〔1〕 Benjamin B. Ferencz, "Ending Impunity for the Crime of Aggression", p. 286; Noah Weisbord, "Conceptualizing Aggression", *Duke J. Comp. & Int'l L.*, Vol. 20, pp. 1～3.

〔2〕 Benjamin B. Ferencz, "Ending Impunity for the Crime of Aggression", p. 286.

〔3〕 "诉诸武力"的规则和"使用武力"的规则是国际法规范武装冲突行为的两个分支，前者规范的是国家在何种情况下可以使用武力，而后者则规范国家在使用武力过程中的敌对行为，如禁止攻击平民、保护战俘等，违反前者可能构成侵略罪，而违反后者则可能构成战争罪。Robert Kolb & Richard Hyde, *An Introduction to the International Law of Armed Conflicts*, Chapter 2 & 3, Hart Publishing, 2008.

〔4〕 Andres Paulus, "Second Thoughts on the Crime of Aggression", *Eur. J. Int'l L.*, Vol. 20, p. 1127.

〔5〕 Michael J. Glennon, "The Blank‐Prose Crime of Aggression", p. 73. 作者在文中建议，由于侵略罪所面临的技术和政治困难，法院应该放弃管辖该罪行。

〔6〕 William Eldred Jackson, "Putting the Nurmburge Law to Work", *Foreign Affairs*, 1947.

〔7〕 David Kaye, "Who's Afraid of the International Criminal Court?", *Foreign Affair*, May/June 2011.

率低下而又拒绝改革适应新的安全形势的一种回应。

时隔 7 年，规约缔约国再次以其批准修正案和通过激活管辖权决议的行动，使得侵略罪开始真正成为法院管辖下的"鲜活"的罪行。尽管通过的决议将法院行使对侵略罪管辖的范围限制在接受修正案的缔约国范围之内，但其对维护国际和平和预防侵略这一作为严重的国际罪行的作用，不能小觑。在纽伦堡和东京军事审判 70 年后，国际刑事法院终于抓住了历史契机，完善了《罗马规约》的规定，从司法层面强化了《联合国宪章》关于禁止使用武力的规定。我们可以预期，随着法院司法实践的发展，国家使用武力时将更为审慎，国际社会也多了一种预防侵略和维持和平的工具。

第五章 国际刑法中的同谋罪及其在 《罗马规约》中缺失的影响

第一节 同谋罪在国际刑法中的有限应用

同谋罪惩罚的是两人或以上就实施某项犯罪达成协议的行为，而不管意图的犯罪最终实现与否。[1] 通常认为同谋罪是普通法系国家特定的实践。[2] 在一些大陆法系国家，同谋罪的应用只限于最严重的犯罪，如政治暴动、叛乱、叛国等，而将同谋行为入罪被视为仅有犯罪合意不受惩罚原则的例外。[3] 同谋罪作为一项独立罪名应当与同谋作为一种责任形式区分开来。后者是在意图的犯罪实际发生后，将同谋者与犯罪联系起来的一种方式。

目前在国际刑法中，同谋罪只应用于违反和平罪（即后来的侵略罪）和灭绝种族罪这两种罪。[4] 同谋违反和平罪首次出现是在 1945 年《纽伦堡法庭宪章》中，并在纽伦堡国际军事法庭的审判中第一次得到应用。由于法国和苏联两个大陆法系国家对同谋罪并不了解，在《纽伦堡法庭宪章》的谈判过程中和后来的审判中围绕同谋罪的问题都产生过一些争议。同谋罪的另一个类型，同谋灭种罪，在

---

〔1〕 A. Cassese, *International Criminal Law*, 1ˢᵗ Edition. , p. 196; George P. Fletcher, Hamdan v. Rumsfeld, *Amicus Curiae* Brief of Specialists in Conspiracy and International Law in Support of Petitioner, 2006 WL 53979, 9, citing 18 U. S. C. § 371. "现在此罪的实质是达成实施违法行为的协议。"（"The essence of the crime today, is an agreement to commit an unlawful act."）

〔2〕 A. Cassese, *International Criminal Law*, 1ˢᵗ Edition, p. 196.

〔3〕 W. J. Wagner, "Conspiracy in Civil Law Countries", *Journal of Criminal Law*, *Criminology*, *and Police Science Northwestern University*, Vol. 42, No. 2, 1951, pp. 171 ~ 183.

〔4〕 George P. Fletcher, Hamdan v. Rumsfeld, Amicus Curiae Brief of Specialists in Conspiracy and International Law in Support of Petitioner, 2006 WL 53979.

1948 年《灭种罪公约》中得以确立，后又被前南国际刑庭和卢旺达国际刑庭的规约所采纳。但是在两个特设法庭的司法实践中，就同谋灭种罪的应用也产生了一些争议。可以看出，同谋罪在国际刑法中的有限应用还伴随着分歧和妥协。

从《罗马规约》的条文上看，其对无论是同谋灭种罪还是同谋侵略罪都没有明确规定。根据起草过程中的讨论，特别是 1998 年罗马外交大会上的讨论，可以看出不同法律体系的国家间就"同谋罪"的概念分歧较大，因而同谋罪没有被接受写入最终的规约文本中。另一方面，《罗马规约》第 25 条"个人刑事责任"的第 3 款第 4 项规定的"共同目的"责任形式也体现了各国就此前的草案中关于同谋的条款的妥协结果。[1] 而后 2010 年坎帕拉审查会议通过侵略罪定义时，也没有将同谋侵略罪纳入《罗马规约》的条文中。

第二节　同谋违反和平罪

一、纽伦堡审判的实践

（一）《纽伦堡法庭宪章》和《第 10 号法令》对同谋罪的规定

《纽伦堡法庭宪章》第 6 条第 1 款在违反和平罪的定义中提到了参加同谋协议的行为。该款规定，"计划、准备、发动或实施侵略战争，或参加以实行前述行为为目的的共同计划或同谋协议"。[2] 在第 6 条的末段还规定，"参加以实施国际军事法庭管辖权内犯罪为目的的共同计划或同谋协议的领导者、组织者、教唆者和共犯，都应当为其他人执行该计划的任何行为承担责任"。

《第 10 号法令》第 2 条第 1 款 a 项和上述《纽伦堡法庭宪章》违反和平罪的规定基本相同，也提到了参加同谋协议的行为。虽然《第 10 号法令》没有类似《纽伦堡法庭宪章》第 6 条末段的条款，但在其第 2 条第 2 款第 4 项规定了与涉及实行战争罪、危害人类罪、违反和平罪的计划或组织有关联的个人的刑事责任。[3] 另一方面，军政府《第 7 号命令：军事法庭的组织和权力》在其第 1 条中

---

〔1〕　O. Triffterrer, Commentary on the Rome Statute of the International Criminal Court – Observer's Notes: Article by Article, 2nd Edition. , pp. 757～758.

〔2〕　Avalon Project archive at Yale Law School: Nuremberg Trial Proceedings Vol. I, London Charter of the International Military Tribunal, http://avalon. law. yale. edu/imt/imtconst. asp, last vist 6 June 2016.

〔3〕　Avalon Project archive at Yale Law School: Control Council Law No. 10, Punishment of Persons Guilty of War Crimes, Crimes Against Peace and Against Humanity, art. 2 (a), http://avalon. law. yale. edu/imt/imt10. asp, last vist 6 June 2016.

明确授权这些法庭审理《第 10 号法令》第 2 条规定的所有犯罪，"包括实行这些犯罪的同谋"。[1]

在制定《纽伦堡法庭宪章》的伦敦会议上，美国最先提议将同谋罪作为独立罪名，但是来自大陆法的国家并不熟悉"同谋"这一概念。据参加会议的美国代表杰克逊（Jackson）大法官说，同谋罪是在普通法传统中发展起来的，很多时候并不被大陆法系的法学家所理解和欣赏。[2]因而最后同谋罪虽被纳入第 6 条，但相较于美国的提议其重要性大大降低了。其一，同谋罪并没有被单独列在和其他罪平行的条款中，而仅仅是在违反和平罪的定义中作为"背景"出现。其二，就罪名的定义来看，"同谋"一词没有出现在第 6 条第 2 款和第 3 款两款关于战争罪和危害人类罪的规定中，而仅出现在第 1 款违反和平罪的定义中。因而根据第 6 条的字面意思，结合法无明文规定不为罪原则来看，只能对同谋违反和平罪可以单独作为一个罪名加以起诉。而法庭针对战争罪和危害人类罪的同谋罪并没有管辖权。另外，第 1 款在措词上，使用了"参加……共同计划或同谋协议"，也是考虑了大陆法系国家对"同谋"一词的陌生感。[3]而第 6 条末段提及的同谋并不是将其作为独立犯罪来惩罚，而是作为一种责任形式，即参与同谋计划的个人要为其他参与者为实施犯罪计划所实行的行为负责。[4]换言之，如果一人参与了实施违反和平罪的同谋，在违反和平罪其后确实得到实施的情况下，该人应定同谋违反和平罪和违反和平罪；而在违反和平罪没有被实施的情况下，该人仅仅因为其参与同谋的行为就可以定同谋违反和平罪。然而，如果一人参与了实施战争罪或危害人类罪的同谋，在战争罪或危害人类罪其后确实得到实施的情况下，该人就只能定战争罪或危害人类罪本身，事前同谋的事实可能就只是犯罪的情节；而在战争罪或危害人类罪没有被实施的情况下，仅就事前同谋法庭是没有管辖权的。显然法庭区分了同谋罪对违反和平罪和其他两罪的适用。

（二）纽伦堡审判中同谋违反和平罪的应用

在通过《纽伦堡法庭宪章》以后，四国就起诉内容的准备进行了分工，同

---

〔1〕 Avalon Project archive at Yale Law School: Ordinance No. 7, Organization and Power of Certain Military Tribunals, art. 1. http://avalon. law. yale. edu/imt/imt07. asp, last vist 6 June 2016.

〔2〕 R. H. Jackson, Report to United States Government on the International Conference on Military Trials: London 1945, http://avalon. law. yale. edu/imt/jack_preface. asp, last vist 6 June 2016.

〔3〕 G. Ginsburgs, *The Nuremberg Trial and International Law*, Dordrecht: Martinus Nijhoff Publishers, 1990, pp. 221 ~ 222.

〔4〕 E. Sliedregt, *Individual Criminal Responsibility in International Law*, Oxford: Oxford University Press, 2012, p. 24. 也有人认为第 6 条末段表明同谋罪应当适用于所有三个罪，见 K. J. Heller, *The Nuremberg Military Tribunals and the Origins of International Criminal Law*, Oxford University Press, 2011, p. 259.

谋罪由美国负责。伦敦会议上的美国代表杰克逊此时作为美国派出的检察官，并没有严格按照《纽伦堡法庭宪章》的规定，将同谋罪的应用仅限于违反和平罪，而是将同谋罪用于纽伦堡国际军事法庭管辖范围内的全部三类犯罪。可以说美国通过扩张同谋罪的应用，至少在起诉阶段达成了其在谈判过程中没有成功的计划。其他盟国在签署起诉书时，也并没有反对美国的这一做法。在杰克逊的推动下，起诉书第一项关于同谋罪的指控范围极广。所有 24 名被告人都被控在 1919 年至 1945 年这 25 年间参加了实施违反和平罪、战争罪、危害人类罪的同谋或共同计划。第 1 项指控与其说是基于宪章做出的不如说是美国关于同谋罪的立场的体现。其结果正如法庭在最后的判决中总结的那样："检察官实际上是宣称任何对纳粹党或政府事务的重大参与都构成同谋罪。"[1]

法庭在最后的判决里并没有支持检察官对同谋罪的扩张适用，但是同谋罪的问题引发了审判中最大也最持久的争议，法官之间的意见分歧很大，争议的过程也体现了各方立场的混乱和自我矛盾。和伦敦会议的组成类似，纽伦堡国际法庭的法官来自美国、苏联、英国和法国。法国法官德瓦布尔（de Vabre）强烈反对同谋罪的适用。他认为"无论是法国法、德国法还是国际法都不承认这一英国法里特有的犯罪。支持起诉书的内容就是公然违反罪刑法定原则"。他还指出，被告人应当因为他们已经实施的行为被定罪，而非他们可能会实施的行为。他认为，在实质犯罪很容易被证明的情况下再定同谋罪是没有必要的。他精辟地将这一观点总结为："犯罪吸收事前同谋。"（"The crime absorbs the conspiracy."）德瓦布尔法官由此建议，第一项指控里同谋实施法庭管辖权内三项犯罪的罪名，即同谋违反和平罪、同谋实施战争罪和同谋危害人类罪，都应当被驳回。[2]

相反，苏联法官尼基琴科（Nikitchenko）将军虽然在伦敦会议上是同谋罪的主要批评者，但是在审判时成了这一罪名的有力支持者。这是因为他发现同谋罪是将某些纳粹官员如宣传部官员弗里奇（Friztsche）定罪的唯一基础，于是转而支持同谋罪的指控。经过数月的商讨，法官们终于找到妥协的办法，达成一致意见，决定将同谋罪仅适用于违反和平罪。[3]这相当于在德瓦布尔法官和尼基琴科法官的两个极端观点之间采取了折中做法，即没有完全弃用同谋罪，又没有将

〔1〕　G. Ginsburgs, *The Nuremberg Trial and International Law*, Dordrecht：Martinus Nijhoff Publishers, 1990, pp. 227 ~ 229.

〔2〕　B. F. Smith, *Reaching Judgment at Nuremburg*, New York：New American Library, 1963, pp. 119 ~ 124.

〔3〕　E. Sliedregt, *Individual Criminal Responsibility in International Law*, Oxford：Oxford University Press, 2012, pp. 23 ~ 25.

同谋罪适用于法庭管辖权下的所有三类罪。另外，这样的做法在表面上也与《纽伦堡法庭宪章》第 6 条的规定相符。

虽然法官之间辩论过程冗长，最后的判决对于同谋罪及其适用的说明却出人意料得简短。法庭明确《纽伦堡法庭宪章》"除了同谋违反和平罪以外没有规定任何其他的同谋行为单独构罪"。[1] 从法庭的裁定来看，同谋违反和平罪在纽伦堡审判中是一个独立的罪名。[2] 那么要惩罚针对其他两罪的同谋行为，就必须依托后续实质犯罪的实施。换言之，对战争罪和危害人类罪来说，同谋可以作为一种责任形式，而非独立的罪名。[3]

就同谋罪的具体适用问题，《纽伦堡法庭宪章》中并没有给出同谋违反和平罪的定义。检察官将同谋行为的范围进行了宽泛的解释。起诉书声称，对纳粹党或纳粹政府事务的任何重大参与都可视为参加一个犯罪同谋计划的证据。法庭在最后的判决中指出："同谋的犯罪目的应当明确，且不能与做出决定和实施行动的时间间隔太远。要将计划本身定罪，就不能仅仅基于一个政党宣告的宗旨，如纳粹党在 1920 年宣告的'二十五点'，或者是其后《我的奋斗》一书中表达的政治信念。法庭必须考察是否存在一个发动战争的具体计划，并决定这个计划的参与人都有谁。"[4] 虽然检察官就同谋违反和平罪和违反和平罪提交了相同的证据，法庭仍须分别决定两罪成立与否。[5] 在此过程中，法庭区分了参与共同计划的人和计划执行者。同谋违反和平罪的认定限于希特勒内部圈子里与共同计划有密切关联的人。[6] 尤其是这些人都出席了希特勒（Hitler）逐步揭示其侵略计划的几次重大会议。[7] 例如，纳粹官僚、行政管理专家弗里克（Frick）负责德国国内和占领领土的战时管理。尽管他负责的事项极其重要，且高效冷酷地执行

---

〔1〕 International Military Tribunal, *Trial of Major War Criminals before the International Military Tribunal*, Vol. *XXII*, Nuremberg: International Military Tribunal, 1948.

〔2〕 A. Cassese, "On Some Problematic Aspects of the Crime of Aggression", *Leiden Journal of International Law*, 2007, 20: p. 849.

〔3〕 A. M. Danner, J. S. Martinez, "Guilty Associations: Joint Criminal Enterprise, Command Responsibility, and the Development of International Criminal Law", *California Law Review*, 2005, 93: 116.

〔4〕 International Military Tribunal, *Trial of Major War Criminals before the International Military Tribunal*, Vol. *XXII*, p. 467.

〔5〕 International Military Tribunal, *Trial of Major War Criminals before the International Military Tribunal*, Vol. *XXII*, p. 467.

〔6〕 International Military Tribunal, *Trial of Major War Criminals before the International Military Tribunal*, Vol. *XXII*, p. 555.

〔7〕 International Military Tribunal, *Trial of Major War Criminals before the International Military Tribunal*, Vol. *XXII*, pp. 544 ~ 547, 549 ~ 552, 556 ~ 561, 574 ~ 576.

了他的任务，但是法庭没有认定他的同谋违反和平罪，因为他并没有参加侵略计划的制定。弗里克的行为可以恰当地在第二项指控下被惩罚，即实施侵略战争罪。[1]他自己的陈述准确地概括了同谋违反和平罪和违反和平罪之间的区别：他"只是在德国采取了侵略的政策以后将其付诸实施"。[2]

纽伦堡法庭将那些最先提出侵略政策的人认定为同谋协议的参与者。对于像侵略罪这样的有组织的大规模犯罪，自上而下的规划是必不可少的。通常发动侵略的决定都是由控制国家机器的高层领导人做出的。这些人最先提出或同意采纳侵略的政策，显然比单单实施侵略行为多了一个行为要素，而这个行为要素对违反和平罪本身没有惩罚。因此以同谋罪惩罚决策者的侵略决定也就是惩罚侵略行为的根源。

在这之后，根据《第10号法令》起诉的案件中，检察官也是在缺乏明确条文规定的情况下起诉了同谋战争罪和同谋危害人类罪。如在医疗案（Medical case）中，起诉书的第一项指控名为"共同计划或同谋"，其第一段就指控该案所有被告人非法地、故意地进行同谋并和其他一些人相互达成协议实行《第10号法令》第2条规定的战争罪和危害人类罪。另外两个指控同谋罪的案件，司法（Justice）案和波尔（Pohl）案，其起诉书的相关部分内容与此大体相同。最后法庭在这三个案件中都以缺乏管辖权为理由驳回了同谋实施战争罪和同谋危害人类罪的控诉。[3]

在纽伦堡审判中，从《纽伦堡法庭宪章》的谈判开始，到审判过程中法官间的讨论，同谋罪的适用范围及具体如何适用都充满了争议。这种争议主要来自于参与各方国内法在这方面的差异，最后结果就是同谋罪虽然得以适用，但仅限于违反和平罪，而不适用于战争罪和危害人类罪。从违反和平罪本身的集体性和组织性来说，将以其为目标的同谋行为入罪也是合理的。1947年，联合国大会第177（Ⅱ）号决议第1款要求国际法委员会"编订纽伦堡法庭组织法及法庭判决中所确认之国际法原理"。1950年，国际法委员会发布了《纽伦堡法庭宪章和法庭审判所确认的国际法原则》，其中包括《纽伦堡法庭宪章》对违反和平罪、战争罪和危害人类罪的定义，再次承认了国际法上的同谋违反

---

〔1〕 International Military Tribunal, *Trial of Major War Criminals before the International Military Tribunal*, Vol. *XXII*, p. 545.

〔2〕 International Military Tribunal, *Trial of Major War Criminals before the International Military Tribunal*, Vol. *XXII*, p. 545.

〔3〕 Allied Control Council, *Trial of War Criminals before the Nuremburg Military Tribunals under Control Council Law No. 10 Vol. XV*, United States Government Printing Office, 1949, pp. 234 ~ 236.

和平罪。[1]

二、东京审判的实践

《东京法庭宪章》第 5 条也规定了法庭对违反和平罪、普通战争罪、危害人类罪三个犯罪的管辖权，其定义与《纽伦堡法庭宪章》的第 6 条基本相同，在此不再铺陈。[2] 在东京审判中，虽然起诉书包括了同谋战争罪和同谋危害人类罪，但是检察官也同意将同谋罪的应用限于违反和平罪，而没有坚持对其余两罪起诉同谋罪。检控双方在庭审过程中主要就同谋罪是否构成国际法下的罪名展开针锋相对的辩论。但是法官之间的分歧不大，基本赞同同谋罪在普通法下的定义。

起诉书中的第 1 项指控的内容是"作为领导者、组织者、教唆者或是胁从者参加制定或执行一个发动侵略战争或违反国际法的战争的共同计划或同谋"。总检察官季楠（Keenan）是美国前检察总长，他在开庭陈述中就试图以美国的实践来定义同谋罪。他声称"大多数文明国家都知道且认可该罪（指同谋罪，作者注）。且在所有这些国家中该罪的要旨都是近似的，因而美国一个联邦法院对该罪作出的定义就可以被视为对其普遍概念的恰当表述"。更有美国天主教大学（The Catholic University of America）的法律系主任布朗（Brown）教授写信给检察处的执行委员会，说明同谋或者是共同计划责任的概念是世界上所有主要法律体系所共有的。他进一步指出，美国建议的同谋的概念比起苏联和盎格鲁—撒克逊法还算温和，与法国、德国、中国甚至是日本法里面的同谋概念更加接近。[3]

辩方立即攻击同谋罪指控的不可靠性。在其开庭陈述中，辩方坚决主张起诉同谋罪并非由来已久的传统，而是"英美法体系里特有的概念，因而不能认为其构成国际法"。首席辩护律师高柳贤三提出同谋罪是"英国法特定历史的产物"，并引用了几个西方法学学者的著述来支持他的主张。其中一个西方学者在其著述中指出，同谋罪"是一个既不恰当又过时的理论，它适用的结果也不甚理想。无论是罗马法还是现代的大陆法法典里都没有这一概念。而且听说过这个概念的大陆法律师少之又少"。[4]

《东京法庭宪章》没有对同谋罪作出定义。远东军事法庭基本上认同了普通

---

〔1〕 "International Law Commission, Principles of International Law Recognized in the Charter of the Nüremberg Tribunal and in the Judgment of the Tribunal, Principle VI", *Yearbook of the International Law Commission*, 1950, Vol. II, para. 97.

〔2〕 《东京法庭宪章》第 5 条。

〔3〕 J. A. Ramer, "Hate by Association: Individual Criminal Responsibility for Prosecution Through Participation in a Joint Criminal Enterprise", *Chicago – Kent Journal of International and Comparative Law*, p. 31.

〔4〕 J. A. Ramer, "Hate by Association: Individual Criminal Responsibility for Prosecution Through Participation in a Joint Criminal Enterprise", p. 31.

法中对同谋罪的定义，将同谋违反和平罪定义为两个或以上的人达成发动侵略或非法战争的协议。[1] 法庭明确将同谋罪的适用限于违反和平罪。判决中提到《纽伦堡法庭宪章》中的相应条款，并确认"共同计划或同谋"行为独立构成犯罪的，仅限于违反和平罪这唯一一类犯罪。法院在定罪时强调："同谋发动侵略战争已经是最高程度的犯罪。"[2] 而对于其他两类犯罪，普通战争罪和危害人类罪，法院得出了和纽伦堡国际军事法庭类似的结论，即根据《东京法庭宪章》的规定，法庭对实行这些犯罪的同谋没有管辖权。[3]

最后法庭认定除两人以外，所有被告人都犯有同谋违反和平罪。总的来说，东京审判并没有扩大国际刑法中同谋罪的适用范围，也没有改变同谋违反和平罪的实质内容。在纽伦堡审判同步进行的情况下，远东军事法庭的法官显然感到他们的自由裁量权受到一些限制，他们至少很重视纽伦堡法庭的观点。比如在一次庭审中，检察官要证明日本为太平洋战争和袭击珍珠港所做的准备，在提及一份1934年的文件时一位法官打断他说，"我们刚刚收到（纽伦堡国际法庭的判决，作者注），该法庭强调证明同谋罪的证据不能回溯太远，而应当在时间上相对较近。当你考虑到纽伦堡判决时，你可能会决定舍弃原来要呈交本法庭的材料"。[4] 可见东京审判在实体和程序上都受到了纽伦堡国际军事法庭部分决定一定程度的影响。由于纽伦堡审判在东京审判开始时就已经快结束了，远东军事法庭参考前者决定的做法有利于保证法律适用的一致性，从而巩固了国际刑法中同谋罪尤其是同谋违反和平罪的概念。

第三节　同谋灭绝种族罪

同谋灭绝种族罪是国际刑法中同谋罪的另一种类型。"灭绝种族"（genocide）一词是拉斐尔·莱姆金（Rafael Lemkin）博士在其1944年《轴心国在被占领的欧洲的统治（*Axis Rule in Occupied Europe*）》一书中首先使用，特别用以说明第二次世界大战期间德国纳粹分子在本国及占领区屠杀本国人和外国人，特别是犹

---

〔1〕 International Military Tribunal for the Far East, Judgment, Chapter II, pp. 33～34.

〔2〕 International Military Tribunal for the Far East, Judgment, Chapter IX, p. 1142.

〔3〕 International Military Tribunal for the Far East, Judgment, Chapter II, pp. 33～34.

〔4〕 J. A. Ramer, "Hate by Association: Individual Criminal Responsibility for Prosecution Through Participation in a Joint Criminal Enterprise", *Chicago – Kent Journal of International and Comparative Law*, p. 31.

太人的罪行。[1]"genos"是希腊文中"民族、种族或部落"的意思,"caedere"是拉丁文中的"屠杀、消灭"的意思,将这两个词合在一起,便构成了"灭绝种族"这个单一的名词。[2]在纽伦堡审判的过程中"灭绝种族"一词就已经出现在检察官的起诉书中,指控被告"在某些被占领区针对平民故意地和有系统地实施灭绝种族,即消灭种族的或民族的群体,毁灭特殊的种族和人民的某一阶层、民族、种族或宗教群体,特别是犹太人、波兰人和吉普赛人"。在诉讼过程中也多次提到这一名词。虽然法庭的判决书最终没有采用"灭绝种族"的措辞,但法官对灭绝种族的行为进行过详细的讨论,且判决书中所列举的大量犯罪事实实际上就是灭绝种族的行为。莱姆金教授指出:"在纽伦堡审判中所出示的证据充分印证了灭绝种族罪的概念。"[3]另外,在同盟国根据《第10号法令》对其他纳粹战犯的许多审判中也都提到"灭绝种族"一词。[4]

一、《灭种罪公约》的规定

1946年12月11日,联合国大会通过第96(I)号决议,"确认灭绝种族是一项国际罪行",并要求联合国经社理事会在对此问题进行研究后,准备"一个关于灭绝种族罪公约的草案",提交下届联合国大会审议。联合国大会经过审议与讨论,在两年后,即1948年12月通过了《灭种罪公约》。《灭种罪公约》第3条规定:

> 下列行为应予惩治:
>
> (一)灭绝种族;
>
> (二)同谋灭绝种族;
>
> (三)直接公然煽动灭绝种族;
>
> (四)意图灭绝种族;
>
> (五)共谋灭绝种族。

《灭种罪公约》除了在第3条提及同谋,并没有给出同谋罪的定义。但是起

---

[1] W. A. Schabas, *Genocide in International Criminal Law——the Crime of Crimes*, 2nd Edition, Cambridge University Press, 2009, p. 17.

[2] 参见李世光、刘大群、凌岩主编:《国际刑事法院罗马规约评释(上册)》,北京大学出版社2006年版,第57页。

[3] 参见李世光、刘大群、凌岩主编:《国际刑事法院罗马规约评释(上册)》,北京大学出版社2006年版,第57页。

[4] 参见马呈元:《国际刑法论》,中国政法大学出版社2008年版,第307页。

草公约的准备文件，包括经社理事会草案附带的评论和随后联合国大会第六委员会就草案的辩论，充分证明了这里的同谋罪也源于普通法的实践，是一项独立的罪名。从这些起草准备文件也可以看出，同谋灭种罪产生的主要合理性依据是预防灭种罪的实际发生，可能也考虑到了对前期协作行为本身产生的危害的惩罚。

同谋罪正是因其较低的定罪门槛而在预防犯罪方面有独特的功能。特别委员会在拒绝一项将准备行为入罪的提案时解释说，准备行为"也需要多人合作，即使最后灭种行为没有实际发生，也会被同谋罪的条款所涵盖"。[1] 在通过《灭种罪公约》之前的讨论中，联合国秘书处也提出，根据联合国大会第96（I）号决议的规定，公约应当考虑预防灭种罪这一需要："为达成预防之目的可能需要惩罚一些本身不构成灭绝种族罪的行为，如一些为实施灭种罪进行的实质性准备行为，达成一个协议或同谋，或是煽动仇恨因而可能导致灭绝种族的系统性宣传。"

秘书处首先向经社理事会提交了一个草案。该草案将三人列为咨询专家，其中包括前纽伦堡国际军事法庭的法国籍法官德瓦布尔以及拉斐尔·莱姆金。三人在对草案的评论中清楚地指出："即使是连'准备行为'都没有，仅针对同谋灭种行为本身也应当进行惩罚。"[2] 随后由经社理事会设立的特别委员会在准备草案时参考了秘书处的草案以及美国和法国提交的草案。[3] 特别委员会草案的第4条第2款将"同谋灭种"列为一项罪名，并在相应的评论中明确指出，这里的同谋是源于"英美法系里的罪名"，"惩罚同谋灭种罪一方面是因为灭种罪的严重性，另一方面是考虑到实践中实施灭绝种族是一项集体性的犯罪，需要多人协作才能得以实行"。[4] 在草案的起草过程中，法国代表曾提出法国国内法里没有同谋罪这一概念。其他大陆法国家也表示有这一难题。如委内瑞拉代表就提出，西班牙语里的同谋罪（conspiration）就是同谋实施针对国家的犯罪的意思，那就意味着要在委内瑞拉国内适用同谋罪，其目标犯罪就必须是针对国家的，而非针对民族、族裔、种族或宗教团体的犯罪。

在之后第六委员会对草案的讨论中，美国代表马克托斯（Maktos）强调"同谋"在英美法里就是指"两个或以上的人达成实施某种罪行的协议"。[5] 瑞典代表提出，各国刑法的规定和用词都有一定差别，所以当公约的规定纳入国内刑法时，会不可避免地产生一些措辞上的变化。最好是报告员能够明确地指出灭种罪

---

〔1〕　参见马呈元：《国际刑法论》，中国政法大学出版社2008年版，第22~23页。

〔2〕　UN E/447, p. 31.

〔3〕　UN E/447, p. 31.

〔4〕　UN E/794, p. 20.

〔5〕　UN A/C. 6/SR. 84, p. 212.

的相关犯罪，包括同谋灭种罪的条款，并不强制要求国家在惩治灭种罪的准备行为时采取比现有国内法惩罚最严重的犯罪还要严厉的措施。[1] 比利时代表指出法语里并没有和英语里的同谋罪完全对应的词，同谋罪对法国和比利时来说都是一个全新的概念。因此在将同谋灭种罪纳入国内法时在文字上不可能完全一样，否则就要完全改写国内法，这是不现实的。因此他同意瑞典的意见，认为同谋灭种罪的惩罚还是要以国内刑法的基本原则为基础。埃及代表拉法特（Raafat）注意到埃及法中已经引入同谋的概念，意为"多人共谋实行一项犯罪，而不管该犯罪最终是否成功"。[2] 同谋灭种罪的条款终以 41 票赞成、0 票反对、4 票弃权被采纳。[3] 其中弃权的四个国家都同意该条款的精神，只是在公约如何在国内法中适用的问题上要求更加灵活的机制。[4]

《灭种罪公约》的起草和通过是在 1948 年，国际社会尚处于二战暴行带来的震惊中，防止类似暴行发生的决心很大。同谋通常是灭绝种族这样的大规模犯罪开始实施的必要条件，惩罚同谋行为有利于尽早介入并有效打击这类犯罪。[5] 总的来说，灭种罪本身的特性和公约通过的历史背景是同谋灭种罪当时被国际社会广泛接受的两大原因。

二、卢旺达刑庭和前南刑庭的司法实践

《灭种罪公约》通过以后，其中规定的罪名一直停留在理论阶段，长时间没有在国际刑事司法程序中得到应用。在纽伦堡审判和东京审判之后，前南国际刑庭和卢旺达国际刑庭是最先成立的国际刑事审判机构。[6] 两个国际法庭都为灭种罪和同谋灭种罪在国际刑法中的实践提供了契机。

安理会于 1993 年 5 月 25 日通过了第 827（1993）号决议，决定根据《联合国宪章》第七章采取行动，建立前南国际刑庭。该刑事法庭的唯一目的是"起诉

---

〔1〕 UN A/C. 6/SR. 84，pp. 211～212.

〔2〕 UN A/C. 6/SR. 84，pp. 211～212.

〔3〕 UN A/C. 6/SR. 84，pp. 211～212.

〔4〕 UN A/C. 6/SR. 84，pp. 211～212.

〔5〕 UN A/C. 6/SR. 84，p. 213，"为了尽早惩罚灭种行为，就规定即使没有行为或尝试的行动，也有可能有实施这些行为或尝试行动的同谋协议。而这样的同谋协议是可以被惩罚的"。"《灭种罪公约》应当使惩罚灭种罪成为可能，但最重要的还是预防该罪"。（"In order to prevent genocide as far as possible, it was provided …, that even there were no physical acts or attempts, there might be conspiracy to perform such acts or attempts and conspiracy was declared to be punishable." "The Convention should make it possible to punish the crime, but above all to prevent it. "）

〔6〕 刘大群等："前南国际刑庭与卢旺达国际刑庭的历史回顾"，载《武大国际法评论》2010 年第 2 期。

应对从 1991 年 1 月 1 日至安全理事会于和平恢复后的日期前南斯拉夫境内所犯严重违反国际人道主义法的行为负责的人"。该决议同时声明通过前南刑庭运作所需的最重要的法律文件——《前南刑庭规约》。[1] 根据《前南刑庭规约》的规定，前南国际刑庭管辖的犯罪为灭绝种族罪、危害人类罪、严重违反 1949 年《日内瓦公约》各项的罪行和违反战争法和惯例的罪行。[2]

安理会于 1994 年 11 月 8 日通过了第 955（1994）号决议。该决议对卢旺达境内广泛的种族灭绝和其他有组织的、公然违反国际人道主义法的行为再次表示严重关切，进而认定卢旺达境内的这一情势持续对国际和平与安全构成威胁。决议决定基于《联合国宪章》第七章以及卢旺达政府的意愿，设立一个国际法庭，其目的主要为起诉应当对 1994 年 1 月 1 日至 12 月 31 日期间卢旺达境内灭绝种族和其他严重违反国际人道法的一系列行为负责的人。该决议同时也通过了卢旺达刑庭工作所依据的根本性法律文件，即《卢旺达刑庭规约》。[3]

（一）审判分庭就同谋灭种罪和灭种罪分别定罪问题的争议

《卢旺达刑庭规约》和《前南刑庭规约》中灭种罪和同谋灭种罪的条款都原文照搬了《灭种罪公约》第 2 条和第 3 条的规定。[4] 在两个特别法庭的实践中，对同谋灭种罪的定义本身并没有太多争议。卢旺达国际刑庭的一个审判分庭在穆塞马（Musema）案中第一次对"同谋灭种罪"的适用进行了详细的分析。该审判分庭首先分析了《灭种罪公约》的起草文件，进而概括比较了普通法系和大陆法系国家国内法的相关规定。审判分庭还注意到联合国战争法委员会对"同谋"一词作了如下定义："根据同谋原理，参与为实施不法行为或以不法手段达成合法目的的协议，这一行为本身构成犯罪。"[5] 综合以上资料，审判分庭得出同谋灭种罪的定义为"两人或多人之间达成的实行灭种罪的协定"。[6] 这一定义后来也被上诉分庭在其他案件中所认同。[7]

针对同谋灭种罪和灭种罪的分别定罪问题，卢旺达刑庭穆塞马案的审判分庭

---

〔1〕　联合国安理会第 827（1993）号决议。

〔2〕　《前南刑庭规约》第 2~5 条，见联合国安理会第 827 号决议附件。

〔3〕　联合国安理会第 955（1994）号决议。

〔4〕　《前南刑庭规约》第 4 条，《卢旺达刑规约》第 2 条。

〔5〕　*Prosecutor v. Musema*，Trial Judgment，ICTR-96-13-A，paras. 186~191.

〔6〕　*Prosecutor v. Musema*，Trial Judgment，ICTR-96-13-A，paras. 186~191.

〔7〕　*Prosecutor v. Seromba*，Appeal Judgment，ICTR-2001-66-A，paras. 218，221；*Prosecutor v. Ntagerura et al.*，Appeal Judgment，ICTR-99-46-A，para. 92；*Nahimana et al. v. Prosecutor*，Appeal Judgment，ICTR-99-52-A，paras. 893~912.

第一次进行了详细的讨论。[1] 注意到大陆法系在意图的犯罪成立时不定同谋罪，而普通法系允许同时定罪，在各国国内法没有统一实践的情况下，审判分庭采纳了对被告人有利的一种解释，即在定灭种罪时不能同时定同谋灭种罪。[2] 该审判分庭进一步指出，这样的解释和《灭种罪公约》的意图是一致的。[3] 根据《灭种罪公约》的起草文件，将同谋灭种行为入罪的目的是惩罚那些本身不构成灭种罪的行为，这从反面说明了当灭种罪成立时再另外定同谋灭种罪是没有意义的。[4]

而纳希马纳（Nahimana）等人案的审判分庭则持相反观点，认为应当将两罪分别定罪。该审判分庭指出适用同一行为分别定数罪的切莱比奇（Čelebići）标准是上诉分庭认可的明确的规则。[5] 根据该标准，只要相关犯罪的构成元素有实质区别，就可以分别定罪。[6] 而同谋灭种罪和灭种罪的构成元素显然有实质区别，审判分庭因此顺理成章地对纳希马纳等三个被告人进行两罪分别定罪。[7] 但该审判分庭的论证很简短，没有分析其他因素，如公平原则、同谋灭种罪的"未完成"罪的特性等对切莱比奇规则适用的影响。

此后前南国际法庭波波维奇（Popovic）等人案的审判分庭注意到卢旺达国际刑庭这方面判例的不一致，但是采纳了穆塞马案的做法，即只定灭种罪而不定同谋灭种罪。[8] 该审判分庭在穆塞马案的分析基础上进一步指出，同一行为实行分别定数罪的问题应当遵循的根本原则是确保对被告人公平。[9] 根据该原则，审判分庭必须考虑同谋罪作为未完成罪的独特性。波波维奇审判分庭还提出了以

---

〔1〕 *Prosecutor v. Musema*, Trial Judgment, ICTR‑96‑13‑A, paras. 196～198. 该案审判分庭虽然认为被告人的同谋灭种罪没有被证，该案本身并不涉及两罪分别定罪的问题，但是仍在讨论同谋灭种罪定义的时候表明了对两罪分别定罪的态度。

〔2〕 *Prosecutor v. Musema*, Trial Judgment, ICTR‑96‑13‑A, paras. 196～198.

〔3〕 *Prosecutor v. Musema*, Trial Judgment, ICTR‑96‑13‑A, paras. 185, 198, citing Summary Records of the meetings of the Sixth Committee of the General Assembly, 21 September – 10 December 1948, Official Records of the General Assembly.

〔4〕 *Prosecutor v. Musema*, Trial Judgment, ICTR‑96‑13‑A, para. 185.

〔5〕 *Prosecutor v. Nahimana et al.*, Trial Judgment, ICTR‑99‑52‑T, para. 1043, citing *Musema v. Prosecutor*, Appeal Judgment, ICTR‑96‑13‑A, paras. 361～363; *Prosecutor v. Delalic et al.*, Appeal Judgment, IT‑96‑21‑A, para. 400.

〔6〕 *Prosecutor v. Nahimana et al.*, Trial Judgment, ICTR‑99‑52‑T, para. 1043.

〔7〕 *Prosecutor v. Nahimana et al.*, Trial Judgment, ICTR‑99‑52‑T, paras. 1090～1094. 需要指出的是，之后上诉分庭认定纳希马纳等三名被告人的同谋灭种罪不成立，因而认为没有必要对分别定罪的问题作出裁决。*Nahimana et al. v. Prosecutor*, Appeal Judgment, ICTR‑99‑52‑A, paras. 912, 1023.

〔8〕 *Prosecutor v. Popović et al.*, Trial Judgment, IT‑05‑88‑T, para. 2121.

〔9〕 *Prosecutor v. Popović et al.*, Trial Judgment, para. 2123.

共同犯罪团体责任形式认定灭种罪对同谋灭种罪定罪的影响。共同犯罪团体理论的构成元素也包括多人对实施某项犯罪达成协议，但该理论适用的结果是参与协议的人应当对目标犯罪负刑事责任。[1]如此一来，对同谋行为的评价已经在共同犯罪团体这一责任形式中体现，使得在认定灭种罪后又定同谋灭种罪显得多余。[2]在该案中被告人的灭种罪和同谋灭种罪都是基于被告人参与了实施灭种罪的共同犯罪团体，审判分庭因而只定了灭种罪。[3]

（二）上诉分庭支持分别定罪

审判分庭间的分歧一直悬而未决，直到 2012 年 10 月 9 日，上诉分庭在加泰泰（Gatete）案的判决中裁定灭种罪和同谋灭种罪应当分别定罪。该案的审判分庭认定被告人加泰泰的同谋灭种罪和灭种罪都已被确证，但由于两罪的认定是基于相同的行为，因而只定灭种罪而没有必要同时定同谋灭种罪。[4]上诉分庭认为，本案审判分庭在适用切莱比奇规则时，错误地行使了自由裁量权决定不定同谋灭种罪，因为只要已确证的罪名之间有实质不同，法庭有义务认定所有的这些罪名，即在这种情况下法庭没有自由裁量权。[5]这是为了全面地反映被定罪人的罪行要素。[6]对于本案审判分庭提出的同谋罪的"未完成"特性和同谋灭种罪和灭种罪是通过共同犯罪团体的责任形式得以确立这两个因素，上诉分庭认为不能构成适用切莱比奇规则的例外。

1. 上诉分庭认为考虑同谋罪的"未完成"特性对分别定罪问题"没有意义"，而在这点上审判分庭援引了波波维奇等人案和穆塞马案审判分庭的错误意见。[7]上诉分庭指出，《灭种罪公约》的起草者将同谋行为入罪不仅是要预防灭种罪的发生，也有意图惩罚多个决心实施灭种罪的人就此目的进行的协作行为本身，而灭种罪不惩罚为实施灭种罪达成协议的行为，因此有必要将两罪分别定罪。[8]

2. 与波波维奇等人案类似，审判分庭在认定灭种罪时，是基于被告人加泰

---

〔1〕 *Prosecutor v. Popović et al.*, Trial Judgment, paras. 1021 ~ 1032.

〔2〕 *Prosecutor v. Popović et al.*, Trial Judgment, para. 2126.

〔3〕 *Prosecutor v. Popović et al.*, Trial Judgment, para. 2125.

〔4〕 *Prosecutor v. Gatete*, Trial Judgment, ICTR - 2000 - 61 - T, paras. 594, 601, 608, 619, 625, 629, 654, 661.

〔5〕 *Gatete v. Prosecutor*, Appeal Judgment, ICTR - 00 - 61 - A, para. 261.

〔6〕 *Gatete v. Prosecutor*, Appeal Judgment, para. 261.

〔7〕 *Gatete v. Prosecutor*, Appeal Judgment, para. 262.

〔8〕 *Gatete v. Prosecutor*, Appeal Judgment, citing *Ad Hoc* Committee on Genocide, Report of the Committee and Draft Convention Drawn up by the Committee, Economic and Social Council, UN E/794, 1948, p. 20.

泰参与了一个以实行灭种罪为目的共同犯罪团体。[1] 而也是基于加泰泰参与共同犯罪团体的行为，审判分庭推出被告人和参与该共同犯罪团体的其他成员达成了一个实行灭种罪的协议，从而构成同谋灭种罪。[2] 审判分庭援用波波维奇等人案审判分庭的观点，认为在这种情况下，只定灭种罪而不定同谋灭种罪并不会遗漏被告人的罪行要素。[3] 对此上诉分庭一针见血地指出，共同犯罪团体是一种责任形式，而非罪名。[4] 现在讨论的是两罪能否分别定罪的问题，而非同谋灭种罪和共同犯罪团体的责任形式能否分别定罪的问题，因此即使一罪和另一罪的责任形式的要素重叠也不影响定罪。[5] 但是上诉分庭提到这在量刑时可以作为一个考虑的因素。[6]

上诉分庭在加泰泰案中对同谋灭种罪和灭种罪分别定罪问题的裁决，解决了审判分庭间就此问题存在的争议，统一了这方面的判例法。从《灭种罪公约》的起草文件来看，似乎没有直接讨论同时定罪的问题。上诉分庭和之前的各审判分庭都对《灭种罪公约》的意图进行了推测。[7] 但无论起草者是否意图在灭种罪成立时仍将同谋灭种罪定罪，同谋灭种行为在入罪后首先是一个独立的罪名，原则上应当和其他罪名同样对待。何况严格来讲，同谋灭种罪并非未完成罪，它本身也是一个完整的犯罪，只有满足其特定的心理要素并完成其行为要素，罪名才能成立。通常说它未完成是相对灭种罪来讲的，因为前者的行为要素往往是后者行为要素的一个阶段。在明确了这一点之后，同谋灭种罪和灭种罪分别定罪就只涉及同一行为分别定数罪的问题。就此问题两个特设法庭已有明确的标准且没有例外，即切莱比奇标准。[8] 在法庭有确定的判例法的情况下，审判分庭没有在

---

〔1〕 *Prosecutor v. Gatete*, Trial Judgment, ICTR – 2000 – 61 – T, paras. 660 ~ 661.

〔2〕 *Prosecutor v. Gatete*, Trial Judgment, paras. 660 ~ 661.

〔3〕 *Prosecutor v. Gatete*, Trial Judgment, para. 661.

〔4〕 *Gatete v. Prosecutor*, Appeal Judgment, ICTR – 00 – 61 – A, para. 263.

〔5〕 *Gatete v. Prosecutor*, Appeal Judgment, para. 263.

〔6〕 *Gatete v. Prosecutor*, Appeal Judgment, fn. 642, citing *Prosecutor v. Elizaphan Ntakirutimana and Gérard Ntakirutimana*, Appeal Judgment, ICTR – 96 – 10 – A and ICTR – 96 – 17 – A, para. 562; *Rutaganda v. Prosecutor*, Appeal Judgment, ICTR – 96 – 3 – A, para. 591. 但是本案中由于检察官没有就同谋灭种罪的认定要求增加刑期，上诉分庭拒绝就认定同谋灭种罪可能带来的刑期上的影响作出裁定。

〔7〕 *Gatete v. Prosecutor*, Appeal Judgment, fn. 642 and text thereto; *Prosecutor v. Popović et al.*, Trial Judgment, IT – 05 – 88 – T, fn. 6121 and text thereto.

〔8〕 *Prosecutor v. Delalic et al.*, Appeal Judgment, IT – 96 – 21 – A, para. 412; *Ntabakuze v. Prosecutor*, Appeal Judgment, ICTR – 98 – 41A – A, para. 260; *Bagosora and Nsengiyumva v. Prosecutor*, Appeal Judgment, ICTR – 98 – 41 – A, para. 413; *Nahimana et al. v. Prosecutor*, Appeal Judgment, ICTR – 99 – 52 – A, para. 1019; *Prosecutor v. Elizaphan Ntakirutimana and Gérard Ntakirutimana*, Appeal Judgment, ICTR – 96 – 10 – A and ICTR – 96 – 17 – A, para. 542; cf. *Prosecutor v. Strugar*, Appeal Judgment, IT – 01 – 42 – A, para. 324; *Prosecutor v. Stakić*, Appeal Judgment, IT – 97 – 24 – A, para. 358.

国内法实践之间选择的自由裁量权，即使选择的实践是有利于被告人的。况且，就波波维奇案的审判分庭提出的公平原则，只定灭种罪而不定同谋灭种罪也并非其实现的唯一途径。上诉分庭就指出，在两罪分别定罪的情况下，仍可在量刑阶段考虑案件的具体情节，作出相应调整，以确保罪刑相适应。[1]

而共同犯罪团体责任形式也不能替代同谋罪的功能。在灭种罪是基于共同犯罪团体的责任形式成立的情况下，惩罚的还是灭种罪，而不是共同犯罪团体的责任形式，因而不能说明已经惩罚了达成犯罪协议行为本身。责任形式只是联系被告人和犯罪的纽带，并没有对罪名本身有任何影响。从这个角度来说，基于共同犯罪团体的灭种罪和基于其他责任形式的灭种罪是没有区别的。[2]

（三）共同犯罪团体理论对同谋罪实践的影响

前文提到的共同犯罪团体理论作为国际刑法里的一种责任形式，在两个刑庭的判决中被广泛运用。自 1999 年前南国际法庭在塔迪奇案中第一次提出共同犯罪团体的责任形式以后，这个理论就被该法庭和其他国际法庭广泛地应用，从而形成了国际刑法中一个固定的概念。

塔迪奇是前南刑庭审判的第一个被告人。他是 20 世纪 90 年代发生在波斯尼亚的犯罪的狂热参与者，也是级别较低的参与者。1995 年，前南刑庭的检察官就一系列犯罪对塔迪奇提起起诉。在一审阶段，他被定了战争罪和危害人类罪中的一部分罪，但是就作为危害人类罪的谋杀罪，审判分庭认为在不能排除合理怀疑证明塔迪奇的确杀了一个叫亚斯基奇的波斯尼亚村庄的五名穆斯林男人，因而没有认定该指控。审判分庭认为，塔迪奇是进入亚斯基奇村庄的武装团体的一员，可以确证的事实是该武装团体殴打了村民。然而有五名穆斯林男子在该武装团体离开后被发现遭到枪杀，他们在该武装团体到来之前是活着的。审判分庭认为，"基于已有的证据，不能排除合理怀疑证明塔迪奇本人参与了枪杀这五个人的行动"。[3] 审判分庭同时注意到，这五个人的死亡和另一批塞族军队在邻村进行种族清洗的时间段是重合的。[4]

检察官对审判分庭的此项无罪认定进行了上诉，提出审判分庭错误地适用了排除合理怀疑的标准。上诉分庭支持了检察官的观点，裁定"审判分庭可以得出的唯一合理结论是塔迪奇所属的武装团体杀了这五个人"。[5] 接下来上诉分庭考

---

〔1〕　*Gatete v. Prosecutor*, Appeal Judgment, ICTR - 00 - 61 - A, fn. 642 and text thereto.
〔2〕　如基于上级责任、教唆等责任形式的灭种罪。
〔3〕　*Prosecutor v. Tadic*, Trial Judgment, IT - 94 - 1 - T, para. 373.
〔4〕　*Prosecutor v. Tadic*, Trial Judgment, para. 373.
〔5〕　*Prosecutor v. Tadic*, Appeal Judgment, IT - 94 - 1 - A, para. 183.

虑的问题是在没有证据证明塔迪奇亲手射杀了这五人的情况下，塔迪奇是否应对这起谋杀承担刑事责任。

上诉分庭首先审查了《前南刑庭规约》第 7 条第 1 款的规定。上诉分庭认为，该条涉及的责任形式首先是"犯罪人本人亲自实施犯罪"，但法庭管辖权内的犯罪也可能通过参与共同规划或目的的实施而成立。[1]为确定共同目的责任的要求，上诉分庭参考了主要在二战后的国际刑事审判的判例法中形成习惯国际法。上诉分庭参考了此间通过参与实施共同目的定罪的几个案例，得出的结论为"共同目的理论大致有三个类型"。[2]在第一个类型中，犯罪人为共同目的的执行行动，并有相同的犯罪故意。[3]在其后的案件中，上诉分庭将共同目的的要素重述为要求被告人和其他参与共同犯罪团体的成员达成了实行犯罪的协议。[4]举例来说，要通过第一种类型的共同犯罪团体定谋杀罪，检察官必须证明共同的目的是杀害被害人，被告人至少自愿参加了该共同规划的一部分，且被告人意图帮助谋杀罪的实施，即使最终不是他本人实施了谋杀行为。[5]

第二个类型的共同犯罪团体是关于"虐待系统"的，主要是集中营。[6]对于这种类型的共同犯罪团体，检察官不需要证明成员之间有一个正式的或非正式的共同犯罪团体，需要证明的是他们对该系统的依附和遵循。[7]要通过这种类型的共同犯罪团体定罪，检察官必须证明：①存在这样一个压迫的系统；②被告人知道该系统的性质；③被告人有支持该系统运作的意图。[8]在第一种和第二种共同犯罪团体里，所有成员对共同目的范围内的所有犯罪都应承担刑事责任。[9]

第三种类型的共同犯罪团体，也是延伸最深远的一种，涉及共同计划范围外的犯罪。塔迪奇案的上诉分庭得出结论认为，意图参加共同计划的被告人也可能要承担共同计划外的犯罪行为的责任，只要这些行为的发生是"实行共同目的自

---

〔1〕 *Prosecutor v. Tadic*, Appeal Judgment, para. 188.

〔2〕 *Prosecutor v. Tadic*, Appeal Judgment, para. 195.

〔3〕 *Prosecutor v. Tadic*, Appeal Judgment, para. 196.

〔4〕 *Prosecutor v. Multinovic*, Decision on Dragoljub Ojdanic's Motion Challenging Jurisdiction – Joint Criminal Enterprise, IT – 99 – 37 – AR72.

〔5〕 *Prosecutor v. Tadic*, Appeal Judgment, IT – 94 – 1 – A, para. 196.

〔6〕 *Prosecutor v. Tadic*, Appeal Judgment, para. 202.

〔7〕 *Prosecutor v. Krnojelac*, Appeal Judgment, IT – 97 – 25 – A, para. 96.

〔8〕 *Prosecutor v. Tadic*, Appeal Judgment, para. 203.

〔9〕 A. M. Danner, J. S. Martinez, "Guilty Associations: Joint Criminal Enterprise, Command Responsibility, and the Development of International Criminal Law", *California Law Review*, Vol. 93, 2005, pp. 116, 108.

然的和可预见的后果"。[1] 上诉分庭并没有明确针对这种类型的共同犯罪团体中的可预见要素应当进行主观评价还是客观评价。[2] 但基于现实中难以证明主观可预见性，两者的区别就不那么重要了。[3] 为说明第三种共同犯罪团体适用的具体情况，上诉分庭举了一个例子：一个共同目的为强制将一个族裔转移出某镇（村、地区）的共同犯罪团体，在行动的过程中，有一或两个平民被杀害。虽然谋杀并没有在共同目的范围内，但在以武力为威胁强行转移平民时导致一个或者多个平民死亡仍是可以预见的结果。[4] 上诉分庭还指出，所有共同犯罪团体的成员都应当为这样的谋杀承担刑事责任，如果枪杀平民的风险是"执行计划可预见的后果"，而且他们不在乎这样的风险。[5]

上诉分庭举的例子实际上是塔迪奇案关于谋杀情节的写照。上诉分庭认为塔迪奇具有推行将非塞族人转移出该地区的共同犯罪目的，而期间为此共同目的，会杀害非塞族平民也是可预见的。[6] 塔迪奇知道存在这样的风险的存在，但仍然自愿参与该团体的行动。[7] 上诉分庭因此裁定塔迪奇应当对谋杀负刑事责任。

共同犯罪团体理论在前南刑庭的实践中愈发重要，其应用价值体现在以它为基础起诉被告人的罪行的频率。[8] 第一个明确依据该理论的起诉被确认是在 2001 年 6 月 25 日，在前南国际法庭成立大约 8 年后。[9] 从那时到 2004 年 1 月 1 日，检察官共提起了 42 个诉讼，其中的 27 个（64%）都是以共同犯罪团体理论

---

[1] *Prosecutor v. Tadic*, Appeal Judgment, IT－94－1－A, para. 204.

[2] *Prosecutor v. Tadic*, Appeal Judgment, para. 220. 上诉分庭对可预见性的阐述似有自相矛盾的一面。它既要被告人"虽没有意图实现某一结果，但知道团体的行为很可能导致该结果的发生，而仍愿承担这样的风险"。（"although he did not intend to bring about a certain result, was aware that the actions of the group were most likely to lead to that result but nevertheless willingly took that risk"）；上诉分庭同时又指出"团体里的每个人都应当能够预见这个结果"。（"everyone in the group must have been able to predict this result."）

[3] "Developments in the Law, Criminal Conspiracy", *Harvard Law Review*, Vol. 72, No. 5, pp. 922, 996.

[4] *Prosecutor v. Tadic*, Appeal Judgment, IT－94－1－A, para. 204.

[5] *Prosecutor v. Tadic*, Appeal Judgment, para. 204.

[6] *Prosecutor v. Tadic*, Appeal Judgment, para. 232.

[7] *Prosecutor v. Tadic*, Appeal Judgment, para. 232.

[8] K. D. Askin, "Reflections on Some of the Most Significant Achievements of the ICTY", *New England Law Review*, Vol. 37, 2003, pp. 910~911. "在过去两年，参与共同犯罪团体似成为前南国际法庭主要的起诉选择。"（"In the last two years, it appears that participating in a joint criminal enterprise has become the principal charging preference in ICTY indictments."）

[9] *Prosecutor v. Tadic*, Second Amended Indictment, IT－94－1－I. 塔迪奇的起诉书没有明确提到共同犯罪团体、共同目的责任或任何类似的词。

为基础的。[1] 仅仅是起诉中明确以共同犯罪团体理论为据的情况还不足以说明该理论的受重视程度。更有甚者，审判分庭还裁定，即使诉状中没有明确依据共同犯罪团体理论，还是可以根据该理论作为定罪的刑事责任，[2] 且像"协作"一类的词还能被视为默示地以共同犯罪团体为基础。[3]

通过对共同犯罪团体理论的分析，可以看出共同犯罪团体理论和同谋罪有很多相似之处，但他们也是不同的两个概念。首先，前者是一种责任形式，而后者是独立的罪名。两者都要求多人之间存在实施犯罪的协议。虽然前南刑庭并未明确"协议"的含义，但可以设想，协议也就是要实施"共同犯罪计划"。[4] 同谋罪不需要后续的任何准备或实施行为，而共同犯罪团体的责任形式要求"参加各方为实施目标实行了行为"，从而以此为基础成立协议实施的犯罪。[5] 上诉分庭就明确指出，共同犯罪团体的"采取行动实施该团体目标"的要求是其与只需要协议的同谋罪的区别。[6] 然而，一来从国内法的实践来看，在很多承认同谋罪的国家也要求有进一步的行为，二来从国际法庭的实践来看，都是事后审判，意图的犯罪大多数情况都已经完成，所以在实践中区分两者的界限变得模糊，这也是为什么有了上文关于基于共同犯罪团体责任形式定了灭种罪的同时是否还要惩罚同谋灭种罪的讨论。

---

〔1〕 若几个被告人最早在同一起诉书里被起诉，而后分开接受审判，就按被告人数算。参见 K. D. Askin, "Reflections on Some of the Most Significant Achievements of the ICTY", *New England Law Review*, Vol. 37, 2003, pp. 910~911.

〔2〕 *Prosecutor v. Krstic*, Trial Judgement, IT - 98 - 33 - T, para. 602; *Prosecutor v. Kvocka et al.*, Trial Judgement, IT - 98 - 30/1 - T, para. 246; *Prosecutor v. Blaskic*, Appeals Judgement, IT - 95 - 14 - A, para. 215. 在2004年7月29日的布拉斯基奇上诉判决中，上诉分庭指出被告人根据第7条第1款的责任形式应当在起诉书中明确。

〔3〕 *Prosecutor v. Simic*, Trial Judgement, IT - 95 - 9 - T, para. 149. "将'协同行动'理解为根据共同犯罪团体理论行动是被普遍接受的。"（"It is commonly accepted that a reference to 'acting in concert together' means acting pursuant to a joint criminal enterprise."）; *Prosecutor v. Vasiljevic*, Trial Judgement, IT - 98 - 32 - T, para. 63.

〔4〕 *Prosecutor v. Stakic*, Trial Judgement, IT - 97 - 24 - T, para. 435. 审判分庭指出，对所有三种类型的共同犯罪团体，"检察官都需证明两人或以上的人存在一个共同协议，而被告人是参与者。协议或共识的存在不需要明示，也可以从情境中推出"。（"the Prosecution must prove... the existence of a common criminal plan between two or more persons in which the accused was a participant. The existence of the agreement or understanding need not be express, but may be inferred from all the circumstances."）

〔5〕 *Prosecutor v. Multinovic*, Decision on Dragoljub Ojdanic's Motion Challenging Jurisdiction - Joint Criminal Enterprise, IT - 99 - 37 - AR72, para. 23.

〔6〕 *Prosecutor v. Multinovic*, Decision on Dragoljub Ojdanic's Motion Challenging Jurisdiction - Joint Criminal Enterprise, para. 23.

第四节　《罗马规约》中"共同目的" 责任取代同谋罪

一、罗马大会上关于同谋罪的争议

由国际法委员会起草的《国际刑事法院规约（草案）》在关于罪行的定义和有关法律一般原则等实质性问题上参考了《治罪法草案》的规定。1996 年，也是由国际法委员会起草的《治罪法草案》最终获得通过，其中规定直接参与计划或同谋策划一项其后确实得到实施的罪行的人应当承担刑事责任。在预备委员会期间，普通法国家积极主张在《罗马规约》中规定"同谋罪"的概念，但遭到许多大陆法国家的反对。[1] 1998 年在罗马举行的建立国际刑事法院外交大会（简称罗马大会）上关于同谋罪的讨论主要围绕同谋灭种罪展开，因为关于侵略罪本身的争议过多，并没有在细节上对其进行讨论。据美国的主要谈判代表大卫·谢弗（David Scheffer）回忆，罗马大会期间大陆法系国家"没有接受同谋罪，而是要求有被告人就目标犯罪做出具体行为的证据"。[2] 罗马大会上各国代表团虽然普遍接受《灭种罪公约》第 3 条的内容，但是一开始就对照抄第 3 条的做法有疑问。在草案关于灭种罪定义的条款附带的脚注中就有说明，"工作组将在一般刑法原则工作组考虑过这个问题以后再回到如何处理《灭种罪公约》第 3 条的问题上来"。[3]

"一般刑法原则"里和同谋罪相关的部分就是"个人刑事责任"的条款。关于个人刑事责任条款的谈判最初非常困难，因为来自不同法律体系的专家对这一款涉及各种刑法概念的确切含义，以各自的国内法为依据，各执己见，立场强硬。早在 1997 年举行的国际刑事法院预备委员会（以下简称预备委员会）会议上，负责"一般刑法原则"内容的工作组用几乎一半的时间讨论个人刑事责任的问题，最终就这一条的形式和结构基本达成一致，即采用区分主犯和从犯的方

---

〔1〕　李世光、刘大群、凌岩主编：《国际刑事法院罗马规约评释（上册）》，北京大学出版社 2006 年版，第 265 页。

〔2〕　D. Scheffer, " Why Hamdan is Right about Conspiracy Liability ", *Jurist*, 2006, http://jurist. law. pitt. edu/forumy/2006/03/why – hamdan – is – right – about – conspiracy. php. last visit 7 June 2016; see also, UN A/CONF. 183/2/Add. 1 and Corr. 1, art. 23, fn. 74. "The inclusion of this subparagraph gave rise to divergent views"; R. Cryer et al. , *An Introduction to International Criminal Law and Procedure*, Cambridge University Press, 2009, p. 228. 参见李世光、刘大群、凌岩主编：《国际刑事法院罗马规约评释（上册）》，北京大学出版社 2006 年版，第 265 页。

〔3〕　UN A/CONF. 183/2/Add. 1 and Corr. 1, art. 5.

法，在第 25 条第 3 款中规定主犯的责任，同时规定以所有其他形式参与犯罪的人的责任；犯罪既包括已完成的行为也包括企图犯罪（即犯罪未遂，"attempt"）的行为。[1]

罗马大会期间删除了草案中被置于括号中的《灭种罪公约》第 3 条的内容，其中就包括关于"预谋灭绝种族"行为的规定。而"一般刑法原则"部分的第 25 条也没有将同谋灭种行为列入应当处罚的范围内。起草者对"同谋"的概念本身的分歧在与另一《灭种罪公约》第 3 条的行为"公然直接煽动他人灭绝种族"的比较中也有所体现。惩罚"公然直接煽动他人灭绝种族"也不要求灭种罪的实际发生，但它并没有受到质疑，而是被顺利归入第 25 条第 3 款第 5 项。需要指出的是，第 25 条作为规定"个人刑事责任"的整体，其项下体现的都是个人责任的形式，而非特定的罪名。因而和两个特设法庭的实践不同的是，即使根据第 25 条第 3 款第 5 项的规定，也不会有"公然直接煽动他人灭绝种族罪"这一罪名，而是基于"公然直接煽动他人灭绝种族"的个人责任形式的灭种罪。

二、坎帕拉会议上对同谋侵略罪的排除

侵略罪最先是作为"违反和平罪"在纽伦堡国际军事法庭和东京国际军事法庭被起诉。1974 年 12 月 14 日，联合国大会在通过的第 3314（XXIX）号决议中给出了"侵略行为"的定义。1998 年罗马大会赋予了国际刑事法院对侵略罪的管辖权，但是没能就侵略罪的定义和管辖条件达成一致。这个任务在 1999 至 2002 年间由准备委员会"侵略罪工作组"担任，从 2003 年开始直到 2009 年由"侵略罪特别工作组"承担。"侵略罪特别工作组"在 2009 年 2 月 13 日向缔约国大会提交了最终报告。[2]"侵略罪特别工作组"的建议稿于 2009 年 11 月 26 日由缔约国大会通过并作为会议文件提交给 2010 年 5 月 25 日召开的坎帕拉审查会议。[3]

《罗马规约》的起草者在起草侵略罪的定义时，以《纽伦堡法庭宪章》和联合国大会第 3314（XXIX）号决议为主要参考。在国际刑事法院建立准备委员会1998 年提交给罗马大会的规约草案中，列出了三个侵略罪的参考定义，其中的第一个就纳入了《纽伦堡法庭宪章》的侵略罪定义，包括对参与实施侵略的共

---

〔1〕 李世光、刘大群、凌岩主编：《国际刑事法院罗马规约评释（上册）》，北京大学出版社 2006 年版，第 260 页。

〔2〕 Special Working Group on the Crime of Aggression of the Assembly of States Parties to the Rome Statute of the International Criminal, ICC – ASP/7/20/Add. 1, 2009, Annex Ⅱ.

〔3〕 RC/WGCA/1, 25 May 2010; C. Wenaweser, "Reaching the Kampala compromise on aggression: the Chair's perspective", *Leiden Journal of International Law*, 2010, Vol. 23, No. 4, pp. 883, 884.

同计划或同谋行为的规定。[1]但是 2010 年通过的侵略罪定义却在保留《纽伦堡法庭宪章》描述个人参与侵略行为的措词的同时删去了"参加以实行前述行为为目的的共同计划或同谋协议"这一表述。在起草过程中，同谋罪的采纳与否没有被特别地讨论。根据一个评论者的描述："大家都有一个共识，就是不要把思路引向那方面了（指同谋罪，作者注）。"[2]

更加清楚的是，《罗马规约》的《犯罪要件》关于侵略罪的规定明确将侵略行为的确实发生作为追究个人责任的前提。如此一来，即使是个人实行了定义规定的"计划、准备"侵略等行为，如果随后其计划或准备的侵略行为没有实际发生，也是不可能追究相关行为的刑事责任的。至今为止侵略罪的审判都是在侵略罪的实际发生以后，犯罪要件中的结果要求更是将实践规则化了。

三、"共同目的"责任

在罗马大会讨论的《罗马规约》草案第三部分"一般刑法原则"中，和同谋罪最相近的条款是草案第 23 条第 7 款第 4 项和第 5 项第 2 目。在 1998 年 6 月 16 日的大会上，瑞典代表萨兰德（Saland）是第三部分"一般刑法原则"的协调人，他对第 23 条第 7 款第 4 项和第 5 项第 2 目涉及同谋罪的棘手问题表示忧虑。他同时希望"借用最近通过的《制止恐怖主义爆炸的国际公约》的让步性语言能解决这个问题。"[3]

第 23 条第 7 款第 4 项内容如下："行为人［有便利实施这一犯罪的故意］［明知会便利实施这一犯罪］，帮助、教唆或以其他方式协助实施［或企图实施］这一犯罪，包括提供犯罪手段。"

第 23 条第 7 款第 5 项第 2 目整个文本都置于方框括号内，内容如下："和一人或多人达成协议实行这一犯罪，且这些人中的一人采取具体行动实施该协议［且这一犯罪事实上发生了或者未遂］。"

从这两款条文的内容可以看出，虽然他们和同谋一样要求达成一个犯罪协议，但是他们要求犯罪的实际发生或至少是未遂。这种对结果的要求与同谋罪有本质不同。即便如此，对第 5 项第 2 目并入各方还是争议颇多。[4]

其后一些国家再次提出将《灭种罪公约》第 3 条提及的"其他行为"归入

---

〔1〕　Special Working Group on the Crime of Aggression of the Assembly of States Parties to the Rome Statute of the International Criminal, ICC‐ASP/7/20, Annex Ⅲ, 14‐15.

〔2〕　R. S. Clark, "Negotiating Provisions Defining the Crime of Aggression, its Elements and the Conditions for ICC Exercise of Jurisdiction Over It", *European Journal of International Law*, 2009, Vol. 20, p. 1109.

〔3〕　UN A/CONF. 183/C. 1/SR. 1, para. 18.

〔4〕　UN A/CONF. 183/2/Add. 1 and Corr. 1, art. 23.

"一般刑法原则"部分，具体来说是"个人刑事责任"的范围。[1] 结果是，一般刑法原则工作组的总结报告将"公然直接煽动他人实施灭种"条款加入个人刑事责任的部分，独自成一款，并在脚注中提议删除灭种罪定义中的涉及"其他行为"的条款。而对于"其他行为"中的"同谋灭种"来说，最终采取的妥协性条款和第3条中的同谋灭种行为的要素完全不同。第25条第3款第4项的文本采用了《制止恐怖主义爆炸的国际公约》第2条第3款第3项的语言，内容如下：

> 以任何其他方式支助以共同目的行事的团伙实施或企图实施这一犯罪。这种支助应当是故意的，并且符合下列情况之一：
> （1）是为了促进这一团伙的犯罪活动或犯罪目的，而这种活动或目的涉及实施本法院管辖权内的犯罪；
> （2）明知这一团伙实施该犯罪的意图；

贾兵兵教授指出，较之传统的同谋罪，《治罪法草案》的规定更为严格，要求直接参与计划或同谋并要求罪行确实得到了实施。而《制止恐怖主义爆炸的国际公约》和《罗马规约》的第25条第3款第4项的规定不但根本没有出现"同谋"一词，而且在主观要件上要求更高，但在客观要件上只要求对实施犯罪发挥作用，并未对参与方式和参与程度加以规定。[2]

客观要件的标准的放松体现在第25条第3款第4项一开始出现的"以其他任何方式"的措词。这一用语暗示该项与第3项规定的帮助、教唆行为相区别，是指向参与团伙犯罪的行为，类似兜底条款，对参与程度的要求显然较低。前南国际刑庭在富伦吉亚（Furundzija）案中认为，《罗马规约》这种规定确认了国际刑法对参与团伙犯罪的共犯这一类型的刑事责任的承认。[3]

第3款第4项同时也体现了两个特设法庭的司法实践中运用的"共同犯罪团体"的概念。[4] 前南刑庭的上诉庭解释说，要在"共同犯罪团体"的责任形式

---

〔1〕 UN A/CONF. 183/C. 1/SR. 3.

〔2〕 李世光、刘大群、凌岩主编：《国际刑事法院罗马规约评释（上册）》，北京大学出版社2006年版，第265页。

〔3〕 李世光、刘大群、凌岩主编：《国际刑事法院罗马规约评释（上册）》，北京大学出版社2006年版，第265页

〔4〕 A. Cassese, "The Proper Limits of Individual Responsibility under the Doctrine of Joint Criminal Enterprise", *Journal of International Criminal Justice*, 2007, Vol. 5, pp. 109, 113.

下进行处罚，不仅要有一个犯罪协议，而且协议各方还要采取行动执行该协议。[1] 上诉庭进一步指出，虽然同谋罪的成立只要求协议的形成，但是要通过"共同犯罪团体"追究刑事责任，就必须要有后续执行该协议的行为的发生。[2]

第五节　同谋罪被取代产生的影响

同谋罪在罗马大会上最终没有被接受的根本原因是英美法和大陆法国家之间相关法律理念的分歧。另一方面，罗马大会期间争议的事项过多，会期又紧张，各方并没有时间和精力解决这个分歧很大，但相对没有那么重要的问题。[3] 最后选用《制止恐怖主义爆炸的国际公约》的措辞似乎也是各方在同谋罪概念上让步妥协的结果。可以说《罗马规约》第25条第3款第4项因其规定了结果要求，一定程度上反映出大陆法系处罚同谋行为或团体犯罪的方式占了上风，但又有自己的特性。而后在2010年坎帕拉审查会议上通过侵略罪定义时也没有保留同谋侵略罪。

因而对于国际刑法中已有的两个同谋罪的类型，同谋灭种罪和同谋侵略罪，《罗马规约》并没有进行规定，这意味着国际刑事法院不能对这两个罪进行审判。从理论上讲，国际刑事法院预防的功能受到了一定的影响。因为同谋罪较低的定罪门槛使法院在犯罪的早期就能介入。不仅是达成协议的行为可以定同谋罪，在一些情况下，协议达成后被告人为实施目标犯罪进行的一些行为并没有满足犯罪企图（attempt）的客观要件，也可以通过定同谋罪对其进行惩罚。在没有规定同谋罪的情况下，国际刑事法院对灭种罪和侵略罪的介入时间就和对其他犯罪一样，只能在被告人的行为已经接近完成犯罪时才能对其进行定罪处罚。

但是从同谋罪已有的实践来看，大都是在侵略罪或灭种罪已经实际发生的情况下才定同谋罪。仅仅因为多人就以上犯罪达成协议的事实而在国际法庭上对其进行审判定同谋罪的情况并不存在。大陆法系国家在谈判中坚持要求规定被告人对意图的犯罪作出了进一步行为，也是符合目前国际刑事诉讼的现实的。因为如

---

〔1〕　*Prosecutor v. Milutinovic, Sainovic, and Ojdanic*, Decision on Dragoljub Ojdanic's Motion Challenging Jurisdiction—Joint Criminal Enterprise, IT－99－37－AR72, para. 23.

〔2〕　*Prosecutor v. Milutinovic, Sainovic, and Ojdanic*, Decision on Dragoljub Ojdanic's Motion Challenging Jurisdiction—Joint Criminal Enterprise, para. 23.

〔3〕　W. A. Schabas, *Genocide in International Criminal Law—the Crime of Crimes*, 2nd Edition, Cambridge University Press, 2009, p. 315.

果被告人仅仅就某项犯罪达成了协议而没有实质的后续行为，检察官首先很难知道该协议的存在，因为这样的协议一般是非公开的。另外，即使检察官有该协议存在的线索，收集相关证据也存在困难。而在被告人作出实质性行为后，取得相关证据的可能性就更大一些。从大陆法系国家的相关实践来看，在意图犯罪成立的情况下，事前的同谋也可以在量刑时作为从重处罚的情节考虑。

总的来说，《罗马规约》对同谋罪已有的立法和实践有所偏离。虽然并不能就此认为相应的国际法规则已经发生改变，但是国际刑事法院作为第一个也是唯一的一个常设国际刑事法院，在其不能审判同谋罪的情况下，同谋罪在国际刑法中的实践机会将受到很大的影响。尤其是前南刑庭和卢旺达刑庭也已结束运作，可以预见，审判同谋灭种罪的实践将大大减少。而同谋侵略罪自纽伦堡审判和东京审判以来没有再被应用。第25条第3款第4项是国际社会最近一次讨论同谋罪得出的能够被接受的替代方案，其惩罚团体犯罪的功能与同谋罪有一定的共性。该条款的应用可能会进一步削弱同谋罪这一饱受争议的普通法概念在国际刑法中的影响力。

第六章　国际刑事法院的管辖权

第一节　概述

一、国际司法机构管辖权的含义与种类

管辖权[1]是国家的一项基本权利,源于国际法的根本原则即国家主权。随着国际法的发展,出现了国际司法机构管辖权。例如,最早出现的是常设国际法院管辖权,最近出现的是国际刑事法院管辖权。国际司法机构管辖权是国家或国际组织通过条约或决议授予的,是国家管辖权的派生管辖权,但具有相对独立性,不附属于国家管辖权。早期的国际司法机构管辖权主要是一种选择性管辖权。例如,国际法院的管辖权。选择性管辖权,是指国际司法机构对所管辖事项的行使应当经过当事国的特别同意或授权,即使该当事国已经加入了该国际司法机构成立所依据的国际条约。而早期的具有强制性的国际司法机构管辖权主要出现在区域性司法机构,且限于人权领域。例如,根据《欧洲人权公约》成立的欧洲人权法院。强制管辖权,又称自动管辖权,是指只要一国成了国际司法机构成立所依据的条约的缔约国,该国就应当接受该国际司法机构的管辖,不需要另外同意或特别同意。随着世界经济全球化和世界政治多极化的发展,出现了具有强制性的全球性国际司法机构管辖权。例如,根据《联合国海洋法公约》附件6成立的国际海洋法法庭、根据《建立世界贸易组织的马拉喀什协定》附件2成立的世界贸易组织争端解决机构。国际海洋法法庭的强制管辖权限于程序事项和国际海底区域方面,而世界贸易组织争端解决机构的强制管辖权限于贸易领域。而最引人注目的具有强制性的全球性国际司法机构管辖权当属国际刑事法院的管辖

---

[1]　管辖权有狭义与广义之分,狭义管辖权仅指司法管辖权,广义管辖权还包括立法管辖权和行政管辖权。本文的探讨限于司法管辖权,即狭义管辖权。

权，因为该强制管辖权已扩张到核心国际犯罪领域。可以这样说，《罗马规约》生效和国际刑事法院的正常运行，标志着国内刑事管辖权完整性的终结，国际管辖权有权介入与救济失败的国内刑事程序。

二、国际刑事法院管辖权的主要特点

国际刑事法院的管辖权制度主要规定在《罗马规约》第 5 ~ 8 条、第 11 ~ 16 条。其管辖权具有以下几个特点：自动性、有限性、补充性和多样性。

（一）自动性

所谓自动性，又称强制性，是指只要一国加入了《罗马规约》，就视为该国自动接受国际刑事法院的管辖，遇到特定情势或具体案件时无须再经当事国的特别同意。根据《罗马规约》第 12 条第 1 款的规定，成为《罗马规约》的缔约国也就承认了国际刑事法院对第 5 条所规定的犯罪的管辖权。[1]更具体地说，国际刑事法院对在缔约国领土、船舶或飞行器上发生的犯罪或缔约国国民所实施的犯罪具有管辖权（《罗马规约》第 12 条第 2 款）。国际刑事法院具有固有管辖权（又称自动管辖权）是《罗马规约》起草者和大多数国家努力的结果。[2]《罗马规约》之所以规定国际刑事法院的自动管辖权也是国际法发展的趋势。不过，根据《罗马规约》第 124 条的规定，规约赋予了缔约国对战争罪专属管辖的规约生效后 7 年豁免权或过渡期限。此外，这种自动性还体现在联合国安理会提交的情势无须国家（缔约国或非缔约国）的同意，这与安理会的独特地位和作用密切相关。[3]当然，对于非缔约国而言，可以通过特别声明的方式自愿接受国际刑事法院的管辖（《罗马规约》第 12 条第 3 款）。其目的是扩大《罗马规约》的适用范围，即给非缔约国提供接受国际刑事法院管辖"犯罪"的机会。[4]不过，起草者认为，第 12 条第 3 款中的"犯罪（crime）"实际上是因为时间仓促所犯的一个错误，应为"情势（situation）"。[5]目前，在国际刑事法院的实践中有三个国家通过声明方式自愿接受了国际刑事法院的管辖，即科特迪瓦、巴勒斯坦和乌

---

〔1〕 Philippe Kirsch & Valerie Oosterveld, "Negotiating an Institution for the Twenty – First Century: Multilateral Diplomacy and the International Criminal Court", *McGill Law Journal*, Vol. 46, 2001, pp. 1150 ~ 1151.

〔2〕 Leila Sadat Wexler, "Committee Report on Jurisdiction, Definition of Crimes, and Complementarity", *Denver Journal of International Law and Policy*, Vol. 25, 1997, p. 221, para. 33.

〔3〕 Allison Marston Danner, "Enhancing the Legitimacy and Accountability of Prosecutorial Discretion at the International Criminal Court", *American Journal of International Law*, Vol. 97, 2003, p. 516.

〔4〕 Carsten Stahn, Mohamed M. El Zeidy and Hector Olasolo, "The International Criminal Court's Ad Hoc Jurisdiction Revisited", *American Journal of International Law*, Vol. 99, 2005, p. 422.

〔5〕 M. Cherif Bassiouni, "Negotiating the Treaty of Rome on the Establishment of an International Criminal Court", *Cornell International Law Journa*, 1999, pp. 453 ~ 454.

克兰。

（二）有限性

所谓有限性，是指国际刑事法院具有自动管辖权的事项仅限于核心国际犯罪，而不是所有的国际犯罪。根据《罗马规约》第5条的规定，国际刑事法院仅对灭绝种族罪、危害人类罪、战争罪和侵略罪具有管辖权。《罗马规约》仅管辖四类核心犯罪是缔约国政治妥协的产物，反映了在多边谈判中国家主权与普遍性之间的固有紧张关系。[1]同时，根据《罗马规约》第13条的规定，启动管辖权的方式仅限于缔约国提交、联合国安理会提交和国际刑事法院检察官主动决定等三种方式。

（三）补充性

所谓补充性，是与优先性相对的，是指只有国家未行动时，国际刑事法院才行使管辖权。根据《罗马规约》序言第10自然段和第1条，国际刑事法院补充于国家刑事管辖权。也就是说，只有在国家不愿意、不能够或无行动等条件下，国际刑事法院才介入，行使管辖权。也正基于此，有的评论者认为，国际刑事法院与国内法院具有层级管辖权的关系。[2]这与前南刑庭和卢旺达刑庭的管辖权不同。根据《前南刑庭规约》第9条第1、2款和《卢旺达刑庭规约》第8条第1、2款，前南刑庭和卢旺达刑庭分别具有与国内法院并行的管辖权，且前南刑庭和卢旺达刑庭相较于国内法院具有优先性管辖权，这是因为设立这两个特设法庭的目的是恢复与维持前南斯拉夫和卢旺达地区的和平，是补救国内法院明显不愿意和不能够进行审判的情形。[3]同时，从前南刑庭与卢旺达刑庭的司法实践看，这两个特设法庭实现了从绝对优先性或严格优先性向相对优先性或宽松优先性转变，即在某些情况下还隐含补充性的特点。这与国际刑事法院的补充性有些不同，前者是检察官起诉政策的一部分，主要通过移交制度实施，而后者主要是通过受理制度来实现。[4]不过，《罗马规约》起草者也认为，补充性实质上是或国际刑事法院或国内法院行使优先管辖权；或者说，补充性要求将管辖权与决定犯

---

〔1〕 Timothy L. H. McCormack and Sue Robertson, "Jurisdictional Aspects of the Rome Statute for the International Criminal Court", *Melbourne University Law Review*, Vol. 23, 1999, p. 637.

〔2〕 Michael A. Newton, "Comparative Complementarity: Domestic Jurisdiction Consistent with the Rome Statute of the International Criminal Court", *Military Law Review*, Vol. 167, 2001, p. 68.

〔3〕 Mohamed M. El Zeidy, "From primacy to Complementarity and backwards: (re) – visiting rule 11 bis of the ad hoc tribunals", *International & Comparative Law Quarterly*, Vol. 57, No. 2, 2008, pp. 403 ~ 415, 403, 406.

〔4〕 Mohamed M. El Zeidy, "From primacy to Complementarity and backwards: (re) – visiting rule 11 bis of the ad hoc tribunals", pp. 405 ~ 406, 407 ~ 409.

罪的具体事实情况相联系。[1]莫里斯（Madeline H. Morris）也指出，因为由国际刑事法院决定提交给它的案件是否可以受理，所以《罗马规约》规定的"补充性"含有"优先性管辖权"的痕迹，具有了专属管辖权的性质。[2]无论如何，与优先性相比，国际刑事法院的补充性具有以下优点：更加尊重国家主权、促进国际法在国内的传播和更加经济。[3]

（四）多样性

所谓多样性，是指启动机制的多样性，亦即，不仅缔约国可以启动国际刑事法院管辖权，安理会和国际刑事法院检察官也可以主动地启动国际刑事法院管辖权。《罗马规约》第13条第2款规定，国际刑事法院对联合国安理会提交的情势可以行使管辖权。联合国安理会提交的情势仅限于《联合国宪章》第七章（第39条）规定的情形，即威胁到国际和平与安全，没有属地管辖或属人管辖的要求，也没有非缔约国接受的要求，也不论有关国家是否愿意。[4]这种管辖权来源于联合国安理会的实践，即联合国安理会根据其决议成立了两个特设法庭（前南刑庭与卢旺达刑庭），是为了替代设立更多类似的特设法庭。[5]国际刑事法院检察官也承认，对于发生在国际刑事法院属地或属人管辖权外的犯罪，只能通过安理会提交的方式进行救济。[6]也正是在这个意义上，有的学者认为，国际刑事法院具有普遍管辖权的影子。[7]同时，根据《罗马规约》第13条第3款和第15条的规定，国际刑事法院检察官可以主动地（proprio motu）或依职权启动管辖权。《罗马规约》之所以规定检察官主动启动管辖权的方式是为了避免将国际刑事法院隶属于联合国安理会，是为了维护国际刑事法院的独立性和有效性，是为了减少国际刑事法院的政治化。[8]

---

〔1〕 Leila Sadat Wexler, *Committee Report on Jurisdiction, Definition of Crimes, and Complementarity*, para. 35.

〔2〕 Madeline H. Morris, "Rwandan Justice and the International Criminal Court", *ILSA Journal of International and Comparative Law*, Vol. 5, 1999, p. 355.

〔3〕 Lars Waldorf, "'A Mere Pretence of Justice': Complementarity, Sham Trials, and Victor's Justice at the Rwanda Tribunal", *Fordham International Law Journal*, Vol. 33, 2012, p. 1223.

〔4〕 Tonya J. Boller, "The International Criminal Court: Better than Nuremberg?", pp. 284~286.

〔5〕 Kenneth S. Gallant, "Jurisdiction to Adjudicate and Jurisdiction to Prescribe in International Criminal Courts", *Villanova Law Review*, Vol. 48, 2003, pp. 825, 841.

〔6〕 OTP of ICC, Policy Paper on Preliminary Examinations (draft), 4 October 2010, para. 11.

〔7〕 Philippe Kirsch, "Applying the Principles of Nuremberg in the International Criminal Court", *Washington University Global Studies Law Review*, Vol. 6, 2007, pp. 506~507.

〔8〕 Peggy E. Rancilio, *From Nuremberg to Rome: Establishing an International Criminal Court and the Need for U. S. Participation*, *University of Detroit Mercy Law Review*, Vol. 78, 2001, pp. 328.

第二节　启动机制

根据《罗马规约》第13条的规定，国际刑事法院管辖权的启动方式有三种，即缔约国提交、安理会提交和检察官主动提起，这是缔约国妥协的产物。[1]

一、缔约国提交

根据《罗马规约》第13条第1款和第14条，缔约国可以向国际刑事法院提交情势，以启动国际刑事法院的管辖权。缔约国提交这种方式来源于大量人权条约中的国家申诉机制。[2]允许缔约国提交情势而不是案件是为了防止国际刑事法院启动机制的政治化，防止国家提交具体案件或犯罪将国际刑事法院作为其解决恩怨的工具。[3]对于缔约国提交的情势，有人认为，国际刑事法院检察官有义务调查所提交的情势，以判断是否指控具体个人实施了犯罪；亦即，对于缔约国提交的情势，国际刑事法院检察官没有拒绝调查的自由裁量权。[4]对于缔约国提交的情势，如果检察官做出不予调查的裁定，那么检察官应当通知缔约国。[5]不过，从国际刑事法院的司法实践看，国际刑事法院检察官对缔约国提交的乌干达情势、刚果民主共和国情势、中非共和国情势、马里情势和中非共和国情势（Ⅱ）都启动了调查，但对科摩罗（Comoros）提交的情势作出不予调查的决定。

此外，有的学者对缔约国提交这种管辖权启动方式提出了质疑：人权条约机构的实践表明，基于政治或外交因素缔约国克制启动对其他国家或其国民的程序，这使得国家申诉程序没有被充分利用。[6]从目前的司法实践看，属于缔约国

---

〔1〕　Michael A. Newton, *Comparative Complementarity: Domestic Jurisdiction Consistent with the Rome Statute of the International Criminal Court*, p. 49.

〔2〕　Timothy L. H. McCormack and Sue Robertson, "Jurisdictional Aspects of the Rome Statute for the International Criminal Court", p. 642.

〔3〕　Jann K. Kleffner, "Auto – referrals and the complementary nature of the ICC", in Carsten Stahn and Goan Sluiter (eds.), *The Emerging Practice of the International Criminal Court* (2009), pp. 43.

〔4〕　Remigius Chibueze, "United States Objection to the International Criminal Court: A Paradox of 'Operation Enduring Freedom'", *Annual Survey of International and Comparative Law*, Vol. 9, 2003, p. 29; Margaret M. deGuzman, "Gravity and the Legitimacy of the International Criminal Court", *Fordham International Law Journal*, Vol. 32, 2009, p. 1410.

〔5〕　William W. Burke – White & Scott Kaplan, "Shaping the contours of domestic justice: The International Criminal Court and an admissibility challenge in the Uganda situation", *Journal of International Criminal Justice*, Vol. 7, 2009, p. 261.

〔6〕　Timothy L. H. McCormack and Sue Robertson, "Jurisdictional Aspects of the Rome Statute for the International Criminal Court", p. 642.

提交的情势多数不属于一个缔约国提交其他缔约国的情势，而属于缔约国自己将本国发生的犯罪情势提交了国际刑事法院（即自我提交）。对于自我提交的问题，下文予以专门论述。

二、安理会提交

安理会是否可以提交情势是《罗马规约》起草中争论很多的问题之一。[1] 在《罗马规约》起草过程中，安理会的提交曾被视为国际刑事法院最重要的启动机制。[2] 不过，在《罗马规约》通过时，起草者和大多国家认为这种情形很少。[3] 设置安理会提交这种管辖权启动模式主要是为了替代安理会创建特设法庭。[4]

根据《罗马规约》第 13 条第 2 条，联合国安理会可以向国际刑事法院提交情势。因为根据《罗马规约》序言第 3 自然段国际刑事法院管辖的犯罪"威胁到世界和平、安全和福祉"，防止与惩罚这些犯罪有利于维持与恢复国际和平与安全。而根据《联合国宪章》第 7 条第 1 款和第 24 条第 1 款，联合国安理会对国际和平与安全负有主要责任。《联合国宪章》第 39 条明确规定，联合国安理会应当断定任何威胁和平、违背和平和侵略行为的存在，并决定采取何种措施。《联合国宪章》第 42 条还规定，若为恢复国际稳定之需，安理会可以做出使用武力的决议。也就是说，国际刑事法院的管辖事项属于联合国安理会的职权，或者说，国际刑事法院管辖的事项与联合国安理会负责的事项有重合。同时，允许安理会提交"情势"，而不是"案件"或"事项（matter）"，这是为了避免联合国安理会作为司法机构行事，以保持国际刑事法院的独立性。[5] 不过，根据《罗马规约》第 16 条，联合国安理会有权暂停国际刑事法院的程序（期限为 12 个月），这实际上承认了安理会对维护与恢复和平与安全的主要责任，虽然在《罗马规

---

〔1〕 Ruth B. Philips, *The International Criminal Court Statute: jurisdiction and admissibility*, *Criminal Law Forum*, Vol. 10, No. 1, 1999, pp. 64 ~ 65.

〔2〕 Philippe Kirsch & John T. Holmes, "The Rome Conference on an International Criminal Court: the Negotiating Process", p. 8; Elisabeth Wilmshurst, "The International Criminal Court: The Role of the Security Council", in Mauro Politi and Giuseppe Nesi (eds.), *The Rome Statue of the International Criminal Court – A Challenge to impunity*, Ashgate Darthmouth, 2001, pp. 39 ~ 40.

〔3〕 Philippe Kirsch, "The International Criminal Court: from Rome to Kampala", *John Marshall Law Review*, 2010, p. 520.

〔4〕 Kenneth S. Gallant, *Jurisdiction to Adjudicate and Jurisdiction to Prescribe in International Criminal Courts*, p. 841.

〔5〕 Mohamed M. El Zeidy, *The Principle of Complementarity: A New Machinery to Implement International Criminal Law*, *Michigan Journal of International Law*, Vol. 23, 2003, pp. 958 ~ 959.

约》起草中联合国安理会的该项权利遭到了强烈反对。[1]赋予安理会暂停调查权是为了给政治干预司法独立提供了合法性，是为了在政治关切与司法独立之间做出适当的平衡。[2]

安理会提交的情势既包括缔约国或承认国际刑事法院管辖国的情势，也包括非缔约国或非承认国的情势。亦即，安理会可以提交情势，不论被告人的国籍，也不论犯罪的发生地。[3]目前，安理会提交的情势有两个，即苏丹达尔富尔情势和利比亚情势，且都为非缔约国或非承认国际刑事法院管辖权国。此外，安理会提交情势通常是因为国家不愿意或不能够切实地处理案件，这样，国家不愿意或不能够切实地处理案件也就成为安理会提交情势的必要条件。[4]在提交达尔富尔情势与利比亚情势时，联合国安理会除了考虑"威胁国际和平与安全"这一核心条件外，还考虑了被提交国家或地区的国内司法制度的欠缺。[5]

安理会的提交具有以下两方面的效力：免除了接受管辖权的要求（《罗马规约》第12条第2款）；增加了实施国际刑事法院请求的可能性（《罗马规约》第87条第5款与第7款）。[6]此外，对于安理会提交的情势，国际刑事法院可以获得安理会强制实施的支持，如果国家不与国际刑事法院进行合作。[7]但是，安理会的提交没有赋予国际刑事法院以实践上的优先管辖权，因为这与《罗马规约》的核心原则即补充性原则不符，也不违反《联合国宪章》赋予安理会的决议有拘束力的规定。[8]不过，也有评论者认为，安理会的提交排除了国家管辖权，从

〔1〕Leila Sadat Wexler, Committee Report on Jurisdiction, Definition of Crimes, and Complementarity, paras. 30~31.

〔2〕William A. Schabas, "United States Hostility to the International Criminal Court: its all about the Security Council", *European Journal of International Law*, Vol. 15, 2004, p. 716.

〔3〕*The Prosecutor v. Gbagbo*, Decision on the Corrigendum of the challenge to the jurisdiction of the International Criminal Court on the basis of articles 12 (3), 19 (2), 21 (3), 55 and 59 of the Rome Statute filed by the Defence for President Gbagbo, 15 August 2012, ICC-02/11-01/11-129, para. 58.

〔4〕Jo Stigen, *The Relationship between the International Criminal Court and National Jurisdictions: The Principle of Complementarity*, Martinus Nijhoff Publishers, 2008, p. 244.

〔5〕United Nations Security Council, Resolution 1593 (2005); United Nations Security Council, Resolution 1970 (2011).

〔6〕Jo Stigen, *The Relationship between the International Criminal Court and National Jurisdictions: The Principle of Complementarity*, p. 237.

〔7〕Remigius Chibueze, *United States Objection to the International Criminal Court: A Paradox of Operation Enduring Freedom*, p. 30.

〔8〕Jo Stigen, *The Relationship between the International Criminal Court and National Jurisdictions: The Principle of Complementarity*, pp. 240~244.

此意义上看，国际刑事法院的补充性与前南刑庭和卢旺达刑庭的优先性差异很小。[1]

对于安理会提交的情势，国际刑事法院检察官同样没有拒绝调查的自由裁量权；亦即，安理会提交情势视为国际刑事法院检察官启动调查的合理根据，无须根据补充性原则对情势进行预防性审查。[2]例如，对于联合国安理会提交的达尔富尔情势和利比亚情势，国际刑事法院检察官立即启动了调查，没有进行预先或初步审查。

三、检察官主动启动

检察官是否主动启动管辖权的问题也就是检察官是否主动启动调查的问题。[3]在《罗马规约》起草中，是否赋予检察官主动启动调查的权力是最有争议的问题之一，[4]也是国际刑事法院受到最多批评的问题之一。[5]根据《罗马规约》第13条第3款和第15条的规定，国际刑事法院检察官可以主动地启动调查。《罗马规约》之所以规定检察官主动启动管辖权的方式是为了维护国际刑事法院的独立性和有效性，减少国际刑事法院的政治性。[6]检察官具有主动启动管辖权的权力也与大量人权非政府组织的努力分不开的。[7]

从《罗马规约》文本看，这里的"主动启动调查"是对"犯罪"或"案件"的调查。不过，"犯罪"或"案件"通常都包含于一定的"情势"中，换句话说，若是"情势"，需要包括明确的"案件"，而案件指"某类案件（type of cases）"或"假设的案件（case hypotheses）"或"潜在的案件（potential cases）"，这与缔约国或安理会提交的情势不同，后者没有此项要求。[8]从《罗马

---

〔1〕 Michael A. Newton, "The Commplementarity Conundrum: Are we Watching Evolution or Evisceration?", pp. 130~131.

〔2〕 Margaret M. deGuzman, "Gravity and the Legitimacy of the International Criminal Court", p. 1410.

〔3〕 Allison Marston Danner, *Enhancing the Legitimacy and Accountability of Prosecutorial Discretion at the International Criminal Court*, p. 516.

〔4〕 Allison Marston Danner, *Enhancing the Legitimacy and Accountability of Prosecutorial Discretion at the International Criminal Court*, p. 513; Ruth B. Philips, *The International Criminal Court Statute: jurisdiction and admissibility*, p. 72.

〔5〕 Michael A. Newton, "The Commplementarity Conundrum: Are we Watching Evolution or Evisceration?", pp. 132~133.

〔6〕 Allison Marston Danner, *Enhancing the Legitimacy and Accountability of Prosecutorial Discretion at the International Criminal Court*, p. 514.

〔7〕 Timothy L. H. McCormack and Sue Robertson, "Jurisdictional Aspects of the Rome Statute for the International Criminal Court", p. 642.

〔8〕 Rod Rastan, "What is a 'case' for the purpose of the Rome Statute?", *Criminal Law Forum*, Vo. 19, No. 3/4, 2008, p. 441.

规约》的谈判过程看，检察官应当在没有缔约国提交或安理会提交的情况下才主动地启动管辖权。[1]检察官主动启动管辖权的情形主要为国家不能结束有罪不罚的情形和正在发生非常严重冲突的地区等。[2]对于检察官主动启动的情势，检察官具有是否启动调查的自由裁量权。[3]对此，有的评论者担心，检察官的主动权可能导致补充性原则的滥用，因为可受理性标准允许国际刑事法院介入主权国家的国内程序。[4]不过，对于检察官主动启动的情势或案件，根据《罗马规约》第15条第3款和第4款，如果检察官想要启动调查，那么应当获得预审分庭的授权。[5]此外，检察官的主动启动权还受到安理会的制约，即安理会具有暂停程序的权力。根据《罗马规约》第16条，联合国安理会有权暂停国际刑事法院的程序（期限为12个月），这是安理会对检察官权力的政治控制。[6]

从国际刑事法院的实践看，目前检察官主动启动调查的情势有四个，即肯尼亚情势、科特迪瓦情势、格鲁吉亚情势和布隆迪情势。[7]肯尼亚情势、格鲁吉亚情势和布隆迪情势属于检察官对属于缔约国境内发生的国际犯罪主动启动管辖权的情形。而科特迪瓦情势则是科特迪瓦自己通过单方声明形式接受国际刑事法院管辖，并由检察官申请预审分庭授权调查的。

还需要强调的是，非缔约国可以特别声明接受国际刑事法院的管辖，但接受国际刑事法院本身并不意味着启动检察官的活动（自动启动管辖权）；[8]接受国际刑事法院管辖的非缔约国向检察官提交情势不能等同于缔约国提交情势，只能视为向检察官提供信息，由检察官决定是否启动调查，否则，非缔约国会从《罗马规约》获得很多潜在的益处，而对缔约国造成不公平[9]。国际刑事法院的司

---

〔1〕 Jimmy Gurule, "United States Opposition to the 1998 Rome Statute Establishing an International Criminal Court: Is the Court's Jurisdiction Truly Complementary to National Criminal Jurisdictions?", p. 11.

〔2〕 Michael A. Newton, "The Commplementarity Conundrum: Are we Watching Evolution or Evisceration?", p. 132.

〔3〕 Margaret M. deGuzman, "Gravity and the Legitimacy of the International Criminal Court", p. 1411.

〔4〕 Michael A. Newton, *Comparative Complementarity: Domestic Jurisdiction Consistent with the Rome Statute of the International Criminal Court*, p. 66.

〔5〕 William W. Burke - White & Scott Kaplan, *Shaping the contours of domestic justice: The International Criminal Court and an admissibility challenge in the Uganda situation*, p. 261.

〔6〕 Dapo Akande, "The Jurisdiction of the International Criminal Court over Nationals of Non - Parties: Legal Basis and Limits", *Journal of International Criminal Justice*, Vol. 1, 2003, p. 646.

〔7〕 ICC, "Situations under investigation", https://www. icc - cpi. int/pages/situation. aspx, last visit 25 Feb. 2018.

〔8〕 Carsten Stahn, Mohamed M. El Zeidy and Hector Olasolo, *The International Criminal Court's Ad Hoc Jurisdiction Revisited*, p. 423.

〔9〕 Carsten Stahn, Mohamed M. El Zeidy and Hector Olasolo, *The International Criminal Court's Ad Hoc Jurisdiction Revisited*, pp. 424 ~ 426.

法实践证明这种观点，非《罗马规约》缔约国的科特迪瓦和巴勒斯坦通过声明接受了国际刑事法院管辖，[1]对于科特迪瓦情势检察官已主动启动调查，对于巴勒斯坦情势检察官仍处于初步审查阶段。不过，司法实践中，检察官对于非缔约国单方提交声明接受国际刑事法院管辖的情势是否启动调查具有太大的自由裁量权，又缺乏司法监督，对此应当引起国际社会的重视。[2]

四、自我提交

（一）产生与含义

"自我提交（self - referral）"问题是国际刑事法院司法实践中产生的新问题。根据《罗马规约》第 14 条的规定，缔约国可以向国际刑事法院提交属于《罗马规约》管辖的国际犯罪。与"国家故意无行动"的情形一样，《罗马规约》没有明确规定"自我提交"的情形或制度。"自我提交"这一概念似乎最早由科瑞斯（Claus Kress）提出[3]，并得到了国际刑事法院的认可。[4]

"自我提交"产生于国际刑事法院成立以来收到的第一个情势即乌干达的情势。目前，属于"自我提交"的情势有五个：乌干达情势、刚果民主共和国情势、中非共和国情势、马里情势和中非共和国情势（Ⅱ）。[5]虽然这五个情势存在仅提交国内战争或武装冲突的叛乱团体或非政府一方的诟病（即选择性提交或不对称性提交），但是"自我提交"似乎已在实践上得到了普遍承认。[6]国际刑事法院上诉分庭也认为，"自我提交"的事实没有改变现存制度，分庭可以将《罗马规约》的有关条款适用到案件的事实中，也就是说，上诉分庭事实上默认了"自我提交"的合理性和合法性。[7]

---

〔1〕 ICC, "Communications, Referrals and Preliminary Examinations", http://www. icc - cpi. int/Menus/ICC/Structure + of + the + Court/Office + of + the + Prosecutor/Comm + and + Ref/, last visit 18 Jan. 2012.

〔2〕 凌岩："声明接受国际刑事法院管辖权的问题研究"，载中国国际法学会主办：《中国国际法年刊：2014》，法律出版社 2015 年版，第 182～213 页。

〔3〕 Claus Kress, "'Self - Referrals' and 'Waivers of Complementary': Some Considerations in law and Policy", *Journal of International Criminal Justice*, Vol. 2, 2004, p. 944.

〔4〕 *Prosecutor v. Lubanga*, Decision on the Prosecutor's application for warrant of arrest, 10 February 2006, ICC - 01/06 - 01/04 - 8 - Corr, para. 35.

〔5〕 ICC, "Situations and cases", http://www. icc - cpi. int/Menus/ICC/Situations + and + Cases/, last visit 30 April 2015.

〔6〕 Andreas Th. Muller & Ignaz Stegmiller, "Self - Referrals on Trial: From Panacea to Patient", *Journal of International Criminal Justice*, Vol. 8, 2010, p. 1270.

〔7〕 Ben Batros, "The Judgment on the Katanga Admissibility Appeal: Judicial Restraint at the ICC", *Leiden Journal of International Law*, Vol. 23, No. 2, 2010, p. 355.

自我提交[1]，又称自愿提交或自动提交[2]，是指有管辖权的国家将其自己国内的情势提交给国际刑事法院的情形。有的学者认为，这里的"有管辖权的国家"既指犯罪的属地国或者犯罪者或被害者的国籍国，也指根据普遍原则行使管辖权的国家;[3]有的学者认为，这里的"有管辖权的国家"仅限于属地国，即犯罪发生地的缔约国。[4]不过，本文认为，"有管辖权的国家"应当限于《罗马规约》缔约国，即犯罪属地国和犯罪者国籍国，这是《罗马规约》第14条的固有含义;而非缔约国提交的情势不属于自我提交的情势，因为非缔约国通过单方声明提交的情势通常引起国际刑事法院检察官主动启动调查（如果检察官决定启动调查）。例如，科特迪瓦情势属于非缔约国通过单方声明提交的情势。后来，国际刑事法院预审分庭授权检察官主动启动调查该情势。[5]从国际刑事法院的司法实践看，自我提交情势的国家目前均为犯罪发生地的缔约国，还没有缔约国自我提交不在其领土内的本国国民犯罪的情势。还有，无论如何，"有管辖权的国家"不包括联合国安理会提交的情势所涉及的国家。[6]

"自我提交"情势的原因多是国内原因。[7]例如，刚果民主共和国主动提交本国情势的原因有两个：一是作为刚果民主共和国总统约瑟夫·卡比拉（Joseph Kabila）打击政治对手的手段;二是刚果民主共和国的司法制度非常脆弱，不能够对国际犯罪进行有效起诉。[8]又如，"自我提交"情势是因为国家"愿意"但不"能够"调查或起诉。譬如，自身审判制度崩溃（例如，卢旺达情势）或诸

---

〔1〕　罗宾孙将此称为"属地国提交（territorial state referrals）"，Darryl Robinson，"The controversy over territorial state referrals and reflections on ICL discourse"，*Journal of International Criminal Justice*，Vol. 9，No. 2，2011，pp. 356，364. 其实，"自我提交"这一概念来自国际刑事法院的司法实践，已为国际刑事法院和许多学者所接受。因而，本文采用"自我提交"的用语。

〔2〕　Andreas Th. Muller & Ignaz Stegmiller，*Self - Referrals on Trial：From Panacea to Patient*，pp. 1271 ~ 1272.

〔3〕　Andreas Th. Muller & Ignaz Stegmiller，*Self - Referrals on Trial：From Panacea to Patient*，pp. 1273 ~ 1275.

〔4〕　Darryl Robinson，*The controversy over territorial state referrals and reflections on ICL discourse*，pp. 356，364.

〔5〕　OTP of ICC，"Communications，Referrals and Preliminary Examinations"，http://www. icc - cpi. int/Menus/ICC/Structure + of + the + Court/Office + of + the + Prosecutor/Comm + and + Ref/，last visit 30 Oct. 2012.

〔6〕　Andreas Th. Muller & Ignaz Stegmiller，*Self - Referrals on Trial：From Panacea to Patient*，pp. 1275 ~ 1277.

〔7〕　H. Abigail Moy，"The International Criminal Court's Arrest Warrants and Uganda's Lord's Resistance Army：Renewing the Debate over Amnesty and Complementarity"，*Harvard Human Rights Journal*，Vol. 19，2006，p. 273.

〔8〕　William W. Burke - White，"Complementarity in Practice：The International Criminal Court as Part of a System of Multi - level Global Governance in the Democratic Republic of Congo"，*Leiden Journal of International Law*，Vol. 18，2005，pp. 563 ~ 568.

如赦免等严重法律障碍（例如，塞拉利昂情势）。[1]有的学者还将"自我提交"的国内原因概括为：增加国家对国际合作的声誉；减少国际刑事法院对国家官员起诉的可能性；将调查与起诉的财政与政治成本转嫁到国际社会；孤立与挤压政治对手。[2]自我提交的原因还包含国际因素。例如，"自我提交"还与国际刑事法院检察官的工作方法分不开。正如国际刑事法院前检察官奥坎波（Luis Moreno Ocampo）所言："（自我提交）问题不是其是否展开调查的问题，而是如何展开调查的问题。"[3]"自我提交"是检察官通过的一项政策，以替代其根据《罗马规约》第15条积极地行使其主动启动权。[4]正是在此意义上，有的学者认为，自我提交的产生与发展得益于检察官的努力。[5]还有学者认为，"自我提交"是早期国际刑事法院急于开展其活动所采用的实用主义。[6]

简言之，"自我提交"产生于国际刑事法院的司法实践。"自我提交"是指《罗马规约》缔约国将其管辖内的犯罪主动地提交国际刑事法院管辖的一种管辖启动方式，其原因既有国内因素，也有国际因素。

（二）依据

沙巴斯认为，从《罗马规约》的起草历史看，自我提交不属于《罗马规约》第14条的情形，因为第14条是指一个缔约国提交其他缔约国情势的情形。[7]科什（P. Kirsch）和罗宾孙（Darryl Robinson）也认为，根据《罗马规约》第14条，提交情势通常主要由第三国向国际刑事法院启动或由检察官主动启动。[8]戈登（Gregory S. Gordon）也认为，从《罗马规约》的有关条款看，规约主要规定

---

〔1〕 Danielle E. Goldstone, "Embracing Impasse: Admissibility, Prosecutorial Discretion, and the Lesson of Uganda for the International Criminal Court", *Emory International Law Review*, Vol. 22, 2008, p. 771.

〔2〕 Lars Waldorf, "'A Mere Pretence of Justice': Complementarity, Sham Trials, and Victor's Justice at the Rwanda Tribunal", p. 1269.

〔3〕 Luis Moreno Ocampo, "The International Criminal Court in motion", in Carsten Stahn and Goan Sluiter (eds.), *The Emerging Practice of the International Criminal Court*, p. 14.

〔4〕 OTP of ICC, Policy Paper on Preliminary Examinations (draft), paras. 78 ~ 82; William A. Schabas, Carsten Stahn and Mohamed M. El Zeidy, "The International Criminal Court and Complementarity: Five Years on", *Criminal Law Forum*, Vol. 19, 2008, p. 1.

〔5〕 Andreas Th. Muller & Ignaz Stegmiller, *Self – Referrals on Trial: From Panacea to Patient*, at 1269; Paola Gaeta, "Is the Practice of 'Self – Referrals' a Sound Start for the ICC?", *Journal of International Criminal Justice*, Vol. 2, 2004, p. 949.

〔6〕 Kenneth Roth, Mona Rishmawi & Florian Jessberger, "The International Criminal Court Five Years on: Progress or Stagnation?", *Journal of International Criminal Justice*, Vol. 6, 2008, pp. 763 ~ 764.

〔7〕 William A. Schabas, Complementarity in Practice: Some Uncomplimentary Thoughts, *Criminal Law Forum*, Vol. 19, 2008, pp. 12 ~ 14, 17.

〔8〕 P. Kirsch and D. Robinson, "Initiation of Proceedings by the Prosecutor", in A. Cassese, P. Gaeta, J. R. W. D. Jones (eds.), *The Rome Statute of the International Criminal Court: A Commentary*, p. 657.

了非自我提交，即安理会提交、检察官主动提交和缔约国提交等，自我提交是对第 14 条的新解释，虽然没有找到《罗马规约》准备文件的支持。[1]

不过，检察官认为，自我提交即自愿提交属于《罗马规约》第 14 条规定的情形。[2]科瑞斯也认为，自我提交符合《罗马规约》第 14 条和其他条款，因为缔约国可以通过缔约国自身、引渡或起诉或者向国际刑事法院移交管辖的方式履行其行使刑事管辖权的义务。[3]罗宾森也认为，虽然第 14 条没有明确出现缔约国自我提交的用语，但是，从《罗马规约》第 14 条的文义和起草历史看，缔约国自我提交应当属于该条的应有之义，不属于对该条的新解释，也没有明确区分自我提交缔约国与非自我提交缔约国的规定，而且不仅有直接利益的缔约国即有利害关系的缔约国（例如，犯罪发生地国、嫌疑人的羁押国、被害人或嫌疑人国籍国）可以提交情势，而且没有直接利益的缔约国也可以提交情势。[4]鲍斯（Adriaan Bos）也认为，从文义看，《罗马规约》第 14 条没有排除犯罪地国或犯罪者国籍国自动提交案件的可能性，虽然在谈判时这种选择没有被认真考虑。[5]克勒夫纳（Jann K. Kleffner）也持这样的观点。[6]穆勒（Andreas Th. Muller）与斯狄德密勒（Ignaz Stegmiller）还认为，自我提交具有双重性，不仅应该在管辖权或管辖权启动机制项下加以考虑，而且还应该在可受理性或补充性原则项下加以考虑。[7]

这种观点也符合补充性原则的要求。在卢班加案和恩塔甘达案中，第一预审分庭均认为，"自我提交"符合补充性原则的最终目的（防止有罪不罚），虽然该原则无论如何不能代替国内刑事管辖，但可以补充国内刑事管辖。[8]在加丹加与恩乔洛案中，上诉分庭也承认，"自我提交"符合"结束有罪不罚"的目标，

〔1〕　Gregory S. Gordon, "Complementarity and Alternative Justice", *Oregon Law Review*, Vol. 88, 2009, pp. 661~662.

〔2〕　OTP, Report on the Activities Performed During the First Three Years (June 2003 – June 2006), 12 September 2006, p. 7.

〔3〕　Claus Kress, "'Self – Referrals' and 'Waivers of Complementary': Some Considerations in law and Policy", p. 946.

〔4〕　Darryl Robinson, *The controversy over territorial state referrals and reflections on ICL discourse*, pp. 359~367.

〔5〕　Adriaan Bos, "Foreword", in Carsten Stahn and Goan Sluiter (eds.), *The Emerging Practice of the International Criminal Court*, p. xvii.

〔6〕　Jann K. Kleffner, *Auto – referrals and the complementary nature of the ICC*, p. 42.

〔7〕　Andreas Th. Muller & Ignaz Stegmiller, *Self – Referrals on Trial: From Panacea to Patient*, p. 1280.

〔8〕　*Prosecutor v. Lubanga*, Decision on the Prosecutor's Application for a Warrant of Arrest, Article 58, 10 February 2006, ICC – 01/04 – 01/06 – 8 – Corr, para. 40; *Prosecutor v. Ntaganda*, Decision on the Prosecutor's Application for Warrants of Arrest, Article 58, 10 February 2006, ICC – 01/04 – 520 – Anx2, para. 40.

不违反补充性原则。[1] 乔亚（Federia Gioia）也认为，"自我提交"符合补充性原则的要求。[2]

因而，"自我提交"应当属于《罗马规约》第14条的情形，属于该条的应有之义，也有起草历史的依据，不属于对该条的新解释，也符合补充性原则。

（三）性质

自我提交的性质问题是指自我提交是"不愿意"或"不能够"的一种情形，还是管辖权启动的一种方式。

有人认为，自我提交可以视为国家"不能够"或"不愿意"起诉的一种形式，或者说，自我提交隐含地承认国家"不能够"或"不愿意"行使国内管辖权。[3] 一国将一个案件提交国际刑事法院表明了他"愿意"起诉，但发现自己"不能够"起诉，或是因为自己审判制度已经遭到破坏，或是因为存在严重法律障碍（例如，特赦法）。[4] 例如，在塞拉利昂情势中，塞拉利昂受《和平协定》中的特赦条款法律约束。在乌干达情势中，灭绝种族使国家处于混乱之中。在黎巴嫩情势中，仅依靠国内法庭无法有效完成审判任务。[5] 在马里情势中，马里政府认为，其法院"不能够"起诉犯罪者。[6]

不过，克瑞斯认为，将自我提交作为国家"不愿意"或"不能够"的情形是不当的。[7] 克勒夫纳也认为，自我提交与其他国家提交没有任何区别，都是启动管辖权的一种方式。[8] 查德（Mohamed M. El Zeidy）也认为，自我提交是指有管辖权的国家愿意放弃其对具体情势或案件的优先管辖权，不管该国愿意并能够行使管辖。[9]

---

[1] Ben Batros, "The Judgment on the Katanga Admissibility Appeal: Judicial Restraint at the ICC", p. 355.

[2] Federia Gioia, "State Sovereignty, Jurisdiction, and 'Modern' International Law: The Principle of Complementarity in the International Criminal Court", *Leiden Journal of International Law*, Vol. 19, 2006, p. 1114.

[3] Michael A. Newton, "The Commplementarity Conundrum: Are we Watching Evolution or Evisceration?", pp. 160 ~ 161.

[4] William A. Schabas, *Complementarity in Practice: Some Uncomplimentary Thoughts*, p. 17.

[5] UN, Report of the Secretary - General pursuant to paragraph 6 of resolution 1644 (2005), S/2006/176 (Doc.), para. 5.

[6] OTP of ICC, ICC Prosecutor Fatou Bensouda on the Malian State referral of the situation in Mali since January 2012, ICC - OTP - 20120718 - PR829.

[7] Claus Kress, "'Self - Referrals' and 'Waivers of Complementary': Some Considerations in law and Policy", p. 945.

[8] Jann K. Kleffner, "Auto - referrals and the complementary nature of the ICC", p. 48.

[9] Mohamed M. El Zeidy, "Some Remarks on the Question of the Admissibility of a Case during Arrest Warrant Proceedings before the International Criminal Court", *Leiden Journal of International Law*, Vol. 9, 2006, p. 750.

本文也认为，"自我提交"不属于"不愿意"或"不能够"的一种情形，属于管辖权启动的一种方式。因为"自我提交"的根据来源于《罗马规约》第14条规定的管辖权如何行使问题，而不是来源于《罗马规约》第17条规定的包括"不愿意"或"不能够"在内的受理标准问题。还有，自我提交的性质与自我提交的原因应当区分开来，不能混淆，国家自我提交情势的原因可以是其"不能够"或"不愿意"起诉或调查情势或案件。简言之，"自我提交"主要是解决管辖权的问题，而不是解决可受理性的问题，自我提交的性质与自我提交的原因无关。

此外，自我提交属于国家的单方行为，应当从主观方面即规范或意志部分和客观方面即说明或信息部分两个方面加以考虑。[1]正是在此意义上，有的评论者认为，对于自我提交，国家不得撤回提交，虽然对于能否撤回提交《罗马规约》也没有明确规定。[2]在乌干达情势中，乌干达政府将其北部情势提交给国际刑事法院，后来，乌干达政府与叛乱组织即圣灵抵抗军（LRA）进行谈判，但是圣灵抵抗军以政府撤回提交的情势作为缔结与签署和平协议的前提，是否撤回提交对于乌干达和平至关重要，这使国际刑事法院和乌干达政府陷入了两难境地，也考验着他们的智慧。[3]

（四）效力

自我提交的效力问题是指自我提交是否可以直接导致情势或案件由国际刑事法院受理的问题。对此是有争议的。一些学者认为，自我提交是情势或案件可以受理的根据。[4]

不过，豪尔（Christopher K. Hall）认为，《罗马规约》第19条第2款没有排除自我提交情势的国家提出情势或案件受理异议，但是该国应当证明其能够并愿意切实地调查或起诉。[5]克勒夫纳也认为，自我提交情势的国家也可以提出情

---

〔1〕 Andreas Th. Muller & Ignaz Stegmiller, " Self – Referrals on Trial：From Panacea to Patient ", pp. 1278 ~ 1281.

〔2〕 Andreas Th. Muller & Ignaz Stegmiller, " Self – Referrals on Trial：From Panacea to Patient ", pp. 1290 ~ 1291.

〔3〕 Alexander K. A. Greenawalt, *Complementarity in Crisis：Uganda, Alternative Justice, and International Criminal Court*, pp. 117 ~ 119.

〔4〕 M. H. Arsanjani and W. M. Reisman, "The Law – in – Action of the International Criminal Court", (2005) 99 *American Journal International Law* 385, p. 388；Ada Sheng, "Analyzing the International Criminal Court Complementarity Principle Though a Federal Courts Lens", (2007) 13 *ILSA Journal of International and Comparative Law* 413, p. 418.

〔5〕 Christopher K. Hall, "Article 19—Challenges to the Jurisdiction of the Court or the admissibility of a case", in Otto Triffterer（ed.）, *Commentary on the Rome Statute of the International Criminal Court*, 2nd Edition, 638, at 650 ［14］.

势或案件受理异议，但应当提出新的理由（例如，情势变更）。[1]牛顿（Michael A. Newton）也认为，国家自我提交应当属于一项可以撤销的权利，自我提交不得拘束国家与国际刑事法院之间的关系，不得解释为国家自动终止其援引补充性的权利。[2]将"自我提交"视为自动放弃提出受理异议主张不符合《罗马规约》的目的，因为即使一国放弃提出受理异议主张，也不能阻止其他国家提出受理异议。[3]"自我提交"并不意味着放弃提出受理异议主张，因为像其他国家提交一样，"自我提交"关注的是情势而不是具体案件。[4]"自我提交"不得自动等同于放弃提出受理异议主张，因为这不符合补充性，补充性首先承认并促进国家行使优先管辖权。[5]《罗马规约》也没有显示，自我提交是主权国家放弃主张其现存的裁判权，因为将一国把一个案件提交国际刑事法院检察官解释为该国也移交了主权权利，这是难以成立的。[6]实践上自我提交不能阻止国家提出受理异议。[7]在"自我提交"的情势下适用补充性原则还有助于减少国际刑事法院政治化的风险和降低国际刑事法院负担过重的危险。[8]认为"自我提交"情势可以导致情势或案件的直接受理，是混淆了"受理标准"与管辖权"启动机制"之间的区别。[9]在加丹加与恩乔洛案中，辩护律师就提出，"自我提交"情势并不意味着放弃提出案件受理异议主张，也并不意味着不能提出案件受理异议。[10]在该案中，第二审判分庭也指出，分庭必须考虑国家启动程序（自我提交）的

---

〔1〕 Jann K. Kleffner, *Auto – referrals and the complementary nature of the ICC*, at 49.

〔2〕 Michael A. Newton, "The Commplementarity Conundrum: Are we Watching Evolution or Evisceration?", pp. 129, 161.

〔3〕 Jo Stigen, *The Relationship between the International Criminal Court and National Jurisdictions: The Principle of Complementarity*, pp. 248 ~ 250.

〔4〕 Jann K. Kleffner, *Auto – referrals and the complementary nature of the ICC*, p. 43; Michael A. Newton, "The Commplementarity Conundrum: Are we Watching Evolution or Evisceration?", p. 130.

〔5〕 Michael A. Newton, "The Commplementarity Conundrum: Are we Watching Evolution or Evisceration?", p. 162.

〔6〕 Michael A. Newton, "The Commplementarity Conundrum: Are we Watching Evolution or Evisceration?", p. 161.

〔7〕 Linda M. Keller, "The Practice of the International Criminal Court: Comments on 'the Complementarity Conundrum'", (2010) 8 *Santa Clara Journal of International Law* 199, pp. 215, 221, 225.

〔8〕 Jann K. Kleffner, "Auto – referrals and the complementary nature of the ICC", p. 47.

〔9〕 Darryl Robinson, "The controversy over territorial state referrals and reflections on ICL discourse", pp. 370 ~ 374.

〔10〕 *Prosecutor v. Katanga and Ngudjolo*, Motion Challenging the Admissibility of the Case by the Defence of Germain Katanga, pursuant to Article 19 (2) (a) of the Statue, 11 March 2009, ICC – 01/04 – 01/07 – 949, para. 62 ~ 65.

意图，这种真实意图必须根据个案决定。[1]

可见，一国的"自我提交"不能视为该国自动放弃提出受理异议主张；国际刑事法院不能仅基于此受理情势或案件，相反，还要受补充性原则的制约。不过，自我提交对自我提交的国家提出情势或案件受理异议有一定影响。[2]例如，"自我提交"可以有助于国际刑事法院尽快解决受理问题，也可以促进国家与国际刑事法院的合作。[3]"自我提交"也有利于国际刑事法院行使管辖权，其本身暗含了国家不愿意或不能够行动。[4]

（五）自我提交与放弃提出受理异议权利的关系

放弃提出受理异议权利出现于《罗马规约》谈判时期。1995年的特设委员会报告提到，一国可以自愿决定放弃其管辖权，以便利国际刑事法院行使管辖权。[5]但是该规则遭到了反对，因为国际刑事法院决不应削弱国内审判制度的有效性，该规则与补充性原则不符。[6]1998年筹备委员会提交的《国际刑事法院规约（草案）》解释道，第15条（受理问题）不损害缔约国或有关国是否可以放弃本条规定的受理要求（即补充性）的问题。[7]1998年罗马会议没有对放弃提出受理异议权利的问题进一步予以讨论，因为许多代表团宁愿把该问题留给起草国际刑事法院《程序和证据规则》时予以解决。[8]但是，国际刑事法院《程序和证据规则》对该问题也保持了沉默，把解释问题留给了国际刑事法院自身。[9]可见，虽然放弃提出受理异议权利的问题在《罗马规约》的起草历史中仅提及过，没有深入讨论过，也没有形成《罗马规约》的条款，但是《罗马规约》也没有明确禁止缔约国放弃提出受理异议权利的问题。

---

〔1〕 *Prosecutor v. Katanga and Ngudjolo*, Open Session Hearing, 12 June 2009, ICC – 01/0 4 – 01/07, paras. 8 ~ 9.

〔2〕 Jann K. Kleffner, "Auto – referrals and the complementary nature of the ICC", pp. 48 ~ 52.

〔3〕 Jo Stigen, *The Relationship between the International Criminal Court and National Jurisdictions: The Principle of Complementarity*, p. 250.

〔4〕 Linda M. Keller, "The Practice of the International Criminal Court: Comments on 'the Complementarity Conundrum'", pp. 215, 225.

〔5〕 Report of the Ad Hoc Committee on the Establishment of an International Criminal Court, General Assembly, Fiftieth session, 6 September 1995, Supplement No. 22 (A/50/22), para. 47.

〔6〕 Report of the Ad Hoc Committee on the Establishment of an International Criminal Court, General Assembly, Fiftieth session, 6 September 1995, Supplement No. 22 (A/50/22), para. 47.

〔7〕 Report of the Preparatory Committee on the Establishment of an International Criminal Court, 14 April 1998, A/CONF. 183/2, p. 27, fn. 43.

〔8〕 Andreas Th. Muller & Ignaz Stegmiller, "Self – Referrals on Trial: From Panacea to Patient", p. 1287.

〔9〕 M. M. El Zeidy, "The Ugandan government triggers the first test of the complementarity principle: an assessment of first State Party's referral to the ICC", *International Criminal Law Review*, Vol. 5, 2005, p. 100, n. 90.

不过，夏巴斯认为，即使缔约国自身保持沉默，也不能视为该国自动放弃提出受理异议的权利。[1]克勒夫纳也认为，放弃提出受理异议权利不符合缔约国调查与起诉国际刑事法院管辖的犯罪的一般义务（即"行使对国际犯罪负责的那些人的刑事管辖权是每个国家的义务"）和补充性条款。[2]穆勒和斯狄德密勒也认为，自我提交与放弃提出受理异议权利不同，亦即，一国可以放弃提出受理异议权利，不论情势是如何启动的；不论如何，自我提交不得视为自动放弃提出受理异议的权利。[3]斯德密勒还指出，承认"放弃提出受理异议权利"会否认国家或个人根据《罗马规约》第18条第2款、第19条第2款第1项与第2项提出受理异议的权利。[4]

简言之，《罗马规约》不承认"放弃提出案件受理异议权利"的概念，"放弃提出受理异议权利"不符合补充性原则的要求，不利于国家维护其主权，与自我提交、"无行动"和"无争议受理"都不同。

第三节　行使条件

根据《罗马规约》和国际刑事法院司法实践，国际刑事法院具有管辖权应当满足以下要件：属时管辖、属事管辖、属地管辖或属人管辖。[5]

一、属时管辖权

关于属时管辖权（temporal jurisdiction, jurisdiction *ratione temporis*）规定在《罗马规约》第11条。对属时管辖权的规定是为了有效避免任何管辖权的冲突[6]，也是对国际刑事法院管辖权的一种限制[7]。

---

〔1〕　William A. Schabas, "Complementarity in Practice: Some Uncomplimentary Thoughts", p. 15.

〔2〕　Jann K. Kleffner, "Auto – referrals and the complementary nature of the ICC", p. 45.

〔3〕　Andreas Th. Muller & Ignaz Stegmiller, "Self – Referrals on Trial: From Panacea to Patient", pp. 1286, 1290.

〔4〕　Ignaz Stegmiller, "Complementarity Thoughts", *Criminal Law Forum*, Vol. 21, No. 1, 2010, p. 169.

〔5〕　*Prosecutor v. Lubanga*, Judgment on the Appeal of Mr. Thomas Lubanga Dyilo against the Decision on the Defence Challenge to the Jurisdiction of the Court pursuant to article 19 (2) (a) of the Statute of 3 October 2006, 14 December 2006, ICC – 01/04 – 01/06 – 772, para. 21.

〔6〕　Jo Stigen, *The Relationship between the International Criminal Court and National Jurisdictions: The Principle of Complementarity*, pp. 231 ~ 232.

〔7〕　Kenneth S. Gallant, "Jurisdiction to Adjudicate and Jurisdiction to Prescribe in International Criminal Courts", p. 802.

根据《罗马规约》第 10 条和第 11 条第 1 款，国际刑事法院仅对 2002 年 7 月 1 日后发生的犯罪有管辖权，而对 2002 年 7 月 1 日以前发生的犯罪没有管辖权。这是属时管辖权的首要含义。

根据《罗马规约》第 11 条第 2 款，对于《罗马规约》生效后加入的国家，国际刑事法院对该国加入《罗马规约》前发生的行为没有管辖权，除非该国作出明确的声明。《罗马规约》规定的犯罪大多是习惯国际法规则，但也有非习惯国际法规则，例如，战争罪中的征募或招募 15 周岁以下的童兵犯罪和环境犯罪。[1]如果行为人的行为违反了习惯国际法规则，那么国际刑事法院也可以对《罗马规约》生效后行为国加入前的犯罪行为行使管辖权，但这种情形仅适用于安理会提交的情势。[2]还有，根据《罗马规约》第 124 条的规定，批准《罗马规约》的缔约国对战争罪可以享有 7 年的过渡期。也就是说，缔约国在加入《罗马规约》时，可以宣布在《罗马规约》对该国生效后的 7 年内不接受对战争罪的管辖。可见，缔约国即使已经加入了《罗马规约》，也可以在其加入后的 7 年内不接受国际刑事法院对战争罪的管辖。不过，第 124 条还规定，缔约国可以随时撤回该项声明，而缔约国审查大会也可以审查该条款。正是基于此，《罗马规约》第 124 条的规定受到了美国等一些国家的反对与批评，也是一些国家没有加入《罗马规约》的一个原因，因为从某种意义上讲，非缔约国比缔约国的义务更多、更重。[3]此外，这种管辖时间点仅适用于缔约国提交的情势和检察官主动启动的情势。这是属时管辖权的第二层含义。

《罗马规约》第 22 条第 1 款和第 23 条还规定，法无明文不为罪（*nullum crimen sine lege*），法无明文者不罚（*Nulla poena sine lege*）。也就是说，个人只对其实施行为时属于犯罪并应予处罚的行为负有刑事责任，而对在实施行为时不属于犯罪或不予处罚的行为不负刑事责任。这是属时管辖权的第三层含义。

从司法实践看，对于缔约国提交的情势，其管辖权的时间节点为缔约国在提交情势时所指明的日期。例如，在马里情势中，马里当局将自 2012 年 1 月起在

---

〔1〕 Kenneth S. Gallant, "Jurisdiction to Adjudicate and Jurisdiction to Prescribe in International Criminal Courts", pp. 788, 838.

〔2〕 Kenneth S. Gallant, "Jurisdiction to Adjudicate and Jurisdiction to Prescribe in International Criminal Courts", pp. 839 ~ 840.

〔3〕 Marcella David, "Grotius Repudiated: The American Objections to the International Criminal Court and the Commitment to International Law", Michigan *Journal of International Law*, Vol. 20, 1999, pp. 371 ~ 373.

其境内发生的国际犯罪情势提交国际刑事法院。又如，在中非共和国情势（Ⅱ）中，中非共和国明确指出，将 2012 年 8 月 1 日后在其境内发生的国际犯罪情势提交给了国际刑事法院。[1]对于安理会提交的情势，其属时管辖的节点为安理会在提交情势中所确定的日期。[2]例如，在苏丹达尔富尔情势中，联合国安理会就指明，将 2002 年 7 月 1 日后在达尔富尔发生的国际犯罪情势提交国际刑事法院；[3]在利比亚情势中，联合国安理会也指出，将 2011 年 2 月 15 日以后在利比亚发生的国际犯罪情势提交国际刑事法院检察官。[4]需说明的是，缔约国或安理会提交情势时所声明的期间也是检察官启动调查的时间范围，检察官没有权力扩大调查的时间范围。当然，缔约国或安理会提交情势的管辖时间节点也不得早于《罗马规约》的生效时间即 2002 年 7 月 1 日。

对于检察官主动启动调查的情势，其管辖权的时间始点为《罗马规约》对缔约国生效的日期，其时间终点为检察官向预审分庭申请授权调查的日期。例如，在肯尼亚情势中，预审分庭指出，鉴于 2005 年 6 月 1 日《罗马规约》对肯尼亚生效，鉴于 2009 年 11 月 26 日为检察官提交授权调查申请的日期，所以授权检察官对 2005 年 6 月 1 日至 2009 年 11 月 26 日期间在肯尼亚发生的国际犯罪进行调查。[5]对于非缔约国通过声明方式接受国际刑事法院管辖并提交的情势，其属时管辖权的节点为该非缔约国在声明中所确定的日期。[6]例如，在科特迪瓦情势中，科特迪瓦于 2003 年 4 月 18 日发表声明，愿意接受国际刑事法院对自 2002 年 9 月 19 日在其境内发生的国际犯罪行使管辖权，而没有明确时间截点，[7]而预审分庭也授权了检察官此项调查。[8]

简言之，国际刑事法院对个人在《罗马规约》对其国籍国或行为地国生效前实施的行为没有管辖权，除非该国另有声明，但不得早于 2002 年 7 月 1 日。

---

[1] *Situation in the Central African Republic II*, Article 53 (1) Report, 24 September 2014, para. 16.

[2] OTP, Report on Preliminary Examination Activities 2014, para. 4.

[3] United Nations Security Council, Resolution 1593 (2005).

[4] United Nations Security Council, Resolution 1970 (2011).

[5] *Situation in the Republic of Kenya*, Decision Pursuant to Article 15 of the Rome Statute on the Authorization of an Investigation into the Situation in the Republic of Kenya, Pre – trial Chamber II, 31 March 2010, ICC – 01/09 – 19 – Corr, paras. 172 ~ 174, 201 ~ 207.

[6] *Prosecutor v. Gbagbo*, Decision on the "Corrigendum of the challenge to the jurisdiction of the International Criminal Court on the basis of articles 12 (3), 19 (2), 21 (3), 55 and 59 of the Rome Statute filed by the Defence for President Gbagbo (ICC – 02/11 – 01/11 – 129)", 15 August 2012, paras. 55 ~ 67.

[7] 2010 年 12 月 14 日和 2011 年 5 月 3 日科特迪瓦又两次重申了此项声明。

[8] 2011 年 10 月 3 日，预审分庭授权检察官调查自 2010 年 11 月 28 日至今发生在科特迪瓦的国际犯罪情势；2012 年 2 月 22 日，预审分庭又授权检察官调查范围扩大到自 2002 年 9 月 19 日至 2010 年 11 月 28 日期间在科特迪瓦发生的国际犯罪情势。

这也是法无溯及既往效力原则的体现。

二、属事管辖权

关于属事管辖权（subject matter jurisdiction，jurisdiction *ratione materiae*），主要规定在《罗马规约》第 5 条至第 8 条。

国际刑事法院所管辖的犯罪范围是《罗马规约》起草中最有争议的问题之一。[1]根据《罗马规约》第 5 条，国际刑事法院对"整个国际社会关注的最严重犯罪"具有管辖权，即对灭绝种族罪、危害人类罪、战争罪和侵略罪具有管辖权。这四类核心犯罪可以追溯到纽伦堡审判和东京审判，都被纽伦堡法庭和东京法庭以某种形式审判过。[2]《罗马规约》仅限于这四类犯罪主要是基于以下考虑：促进所有国家接受国际刑事法院；提高国际刑事法院审判的效率；增进国际刑事法院可信性和道德权威；避免国际刑事法院案件过多和限制财政负担。[3]简言之，《罗马规约》仅包括四类核心犯罪是缔约国政治妥协的产物，反映了在多边谈判中国家主权与普遍性之间的固有紧张关系。[4]国际人权条约对《罗马规约》规定的核心犯罪也产生了明显影响。[5]

《罗马规约》规定的战争罪来源于国际条约或文件，也受纽伦堡法庭、东京法庭、前南刑庭和卢旺达刑庭等法庭司法实践的重大影响。[6]《罗马规约》规定的战争罪不仅适用于国际武装冲突，而且适用于非国际武装冲突；[7]这也是在起草《罗马规约》规定的战争罪时最有争议的问题（是否适用于国内武装冲突）。[8]与此相关的是，战争罪不仅包括国家代表实施的犯罪，也包括非国家代

---

〔1〕　Philippe Kirsch & John T. Holmes, "The Rome Conference on an International Criminal Court: the Negotiating Process", p. 6.

〔2〕　Douglas E. Edlin, "The Anxiety of Sovereignty: Britain, the United States and the International Criminal Court", *Boston College International and Comparative Law Review*, Vol. 29, 2006, p. 4.

〔3〕　Philippe Kirsch & Valerie Oosterveld, "Negotiating an Institution for the Twenty – First Century: Multilateral Diplomacy and the International Criminal Court", pp. 1148 ~ 1149.

〔4〕　Timothy L. H. McCormack and Sue Robertson, "Jurisdictional Aspects of the Rome Statute for the International Criminal Court", pp. 637.

〔5〕　Timothy L. H. McCormack and Sue Robertson, "Jurisdictional Aspects of the Rome Statute for the International Criminal Court", pp. 646.

〔6〕　Timothy L. H. McCormack and Sue Robertson, "Jurisdictional Aspects of the Rome Statute for the International Criminal Court", pp. 663 ~ 664; Mark S. Ellis, "The International Criminal Court and its Implication for Domestic Law and National Capacity Building", *Florida Journal of International Law*, Vol. 15, 2002, p. 220.

〔7〕　Timothy L. H. McCormack and Sue Robertson, "Jurisdictional Aspects of the Rome Statute for the International Criminal Court", p. 636.

〔8〕　Philippe Kirsch & John T. Holmes, "The Rome Conference on an International Criminal Court: the Negotiating Process", p. 7.

表即私人实施的犯罪（仅限于国内武装冲突）。[1]此外，严重性是战争罪的选择性要件。[2]这些都是战争罪的重大发展。[3]不过，《罗马规约》战争罪所禁止的武器仅限于毒物与有毒武器、造成窒息、有毒和其他气体、扩张型子弹，而不禁止细菌或生物武器、化学武器、激光致盲武器、反步兵地雷和核武器，虽然后者存在多边条约；[4][5]这也是世界各国斗争与妥协的产物。[6]还有，根据《罗马规约》第124条，对于国内武装冲突中的战争罪，规约赋予缔约国在规约对其生效后7年的过渡期。

将侵略罪加入《罗马规约》主要基于以下考虑：一是侵略罪在历史上的纽伦堡审判和东京审判中被视为最重要的国际犯罪；二是如果在《罗马规约》中不规定侵略罪，那么国际刑事法院的威慑效果会被严重削弱，是历史的倒退。[7]还有，侵略罪是其他大多数犯罪的根源。[8]侵略罪来源于1945年《纽伦堡法庭宪章》中的危害和平罪（crimes against peace）。[9]这里的"侵略"是指侵略行为，而不仅仅包括侵略战争，因为对侵略行为的国际谴责现在已成为习惯国际法的一部分。[10]《罗马规约》没有对侵略罪作出明确定义，2010年6月11日的缔约国大会第13次会议通过了侵略罪的定义，弥补了此缺陷。

---

〔1〕 Christopher D. Totten & Nicholas Tyler, "Arguing for an Integrated Approach to Resolving the Crisis in Darfur: the Challenges of Complementary, Enforcement, and Related Issues in the International Criminal Court", *Journal of Criminal Law and Criminology*, Vol. 98, 2008, pp. 1077 ~ 1078.

〔2〕 Timothy L. H. McCormack and Sue Robertson, "Jurisdictional Aspects of the Rome Statute for the International Criminal Court", p. 662.

〔3〕 Timothy L. H. McCormack and Sue Robertson, "Jurisdictional Aspects of the Rome Statute for the International Criminal Court", p. 664.

〔4〕 这些国际条约有1972年《禁止细菌（生物）及毒素武器的发展、生产和储存以及销毁这类武器的公约》、1993年《关于禁止发展、生产、储存和使用化学武器及销毁此种武器的公约》、1980年《禁止或限制使用某些可被认为具有过分伤害力或滥杀滥伤作用的常规武器公约》、1995年《〈禁止或限制使用某些可被认为具有过分伤害力或滥杀滥伤作用常规武器公约〉第四附加议定书》、1997年《关于禁止使用、储存、生产和转让杀伤人员地雷及销毁此种地雷的公约》，而且这些条约都已生效。

〔5〕 Timothy L. H. McCormack and Sue Robertson, "Jurisdictional Aspects of the Rome Statute for the International Criminal Court", pp. 664 ~ 665.

〔6〕 Philippe Kirsch & John T. Holmes, "The Rome Conference on an International Criminal Court: the Negotiating Process", pp. 7 ~ 8.

〔7〕 Philippe Kirsch & Valerie Oosterveld, "Negotiating an Institution for the Twenty – First Century: Multilateral Diplomacy and the International Criminal Court", p. 1149.

〔8〕 Philippe Kirsch, "The International Criminal Court: from Rome to Kampala", p. 528.

〔9〕 Peggy E. Rancilio, "From Nuremberg to Rome: Establishing an International Criminal Court and the Need for U. S. Participation", pp. 302 ~ 303; Philippe Kirsch, "The International Criminal Court: from Rome to Kampala", p. 504.

〔10〕 Leila Sadat Wexler, Committee Report on Jurisdiction, Definition of Crimes, and Complementarity, para. 17.

《罗马规约》中规定的危害人类罪是对《纽伦堡法庭宪章》第 6 条第 3 款、《东京法庭宪章》第 5 条第 2 款第 3 项、《前南刑庭规约》第 5 条和《卢旺达刑庭规约》第 3 条中危害人类罪的继承与发展。[1] 将危害人类罪独立于战争罪或危害和平罪是国际刑法的新成就，因为危害人类罪与战争或侵略没有必然的联系，即危害人类罪不仅仅在战争或侵略下发生。[2]《罗马规约》中的危害人类罪与《卢旺达刑庭规约》的规定相同，将"大规模的或有系统的"攻击作为这类犯罪的一个要素。这与《前南刑庭规约》中对危害人类罪的定义不同，后者没有前述要素的规定，属于习惯法上的定义。[3] 此外，《罗马规约》规定的危害人类罪不仅适用于武装冲突，而且适用于和平时期。[4] 而《纽伦堡法庭宪章》规定，危害人类罪仅适用于侵略战争，是战争罪的一个延伸犯罪，这是为了缓和危害人类罪作为一个独立而重要犯罪的批评，因为《纽伦堡法庭宪章》规定的危害人类罪具有了溯及既往的效力。[5]《罗马规约》在危害人类罪中还明确增加了三种行为即"强行迁移人口""种族隔离""强迫失踪"，这三类行为来源于国际文件（例如，1973 年《种族隔离罪公约》、1992 年《保护所有人不遭受强迫失踪宣言》和 1996 年《治罪法草案》）和国家实践（例如，南非曾存在的种族隔离和拉丁美洲出现的强迫失踪）。[6] 还有，《罗马规约》在危害人类罪中规定的"酷刑"与 1984 年《禁止酷刑公约》规定的"酷刑"不同，后者要求实施的主体为"公共官员或其他具有官方职位的人"，而前者没有此项要求，这是酷刑罪的发展，避免了国际社会的持续批评[7]。性犯罪也可以作为酷刑罪的一种形式，即可以作为酷刑罪进行起诉[8]。对于性犯罪（例如，强奸、性奴役、强迫卖淫、

---

〔1〕　Timothy L. H. McCormack and Sue Robertson, "Jurisdictional Aspects of the Rome Statute for the International Criminal Court", p. 651.

〔2〕　David Matas, "From Nuremberg to Rome: Tracing the Legacy of the Nuremberg Trials", *Gonzaga Journal of International Law*, Vol. 10, 2007, pp. 20 ~ 21.

〔3〕　Leila Sadat Wexler, Committee Report on Jurisdiction, Definition of Crimes, and Complementarity, para. 18.

〔4〕　Timothy L. H. McCormack and Sue Robertson, "Jurisdictional Aspects of the Rome Statute for the International Criminal Court", pp. 636 ~ 637.

〔5〕　Timothy L. H. McCormack and Sue Robertson, "Jurisdictional Aspects of the Rome Statute for the International Criminal Court", p. 652.

〔6〕　Timothy L. H. McCormack and Sue Robertson, "Jurisdictional Aspects of the Rome Statute for the International Criminal Court", pp. 654 ~ 655; Allen J. Dickerson, "Who's in charge here? – International Criminal Court Complementarity and the Commander's Role in Courts – Martial", *Naval Law Review*, Vol. 54, 2007, p. 145.

〔7〕　Timothy L. H. McCormack and Sue Robertson, "Jurisdictional Aspects of the Rome Statute for the International Criminal Court", pp. 655 ~ 656.

〔8〕　Timothy L. H. McCormack and Sue Robertson, "Jurisdictional Aspects of the Rome Statute for the International Criminal Court", pp. 658 ~ 659.

被迫怀孕、强迫绝育或严重程度相当的任何其他形式的性暴力），不仅可以构成战争罪，而且可以构成危害人类罪；而对于基于性别进行迫害的犯罪，还需要与其他犯罪相伴随，即单独基于性别的迫害不能构成犯罪。[1]其中，性奴役就是对日本在第二次世界大战期间在中国、朝鲜等亚洲国家所实施的"慰安妇（comfort women）"暴行的确认。[2]还有，根据《罗马规约》第7条第2款，危害人类罪中的"攻击"是指根据国家或组织政策涉及多项犯罪的行为过程。还需说明的是，与战争罪不同，严重性是危害人类罪的必要条件。[3]简言之，危害人类罪的条件既要求对群体实施攻击，又要求国家政策。[4]

灭绝种族罪来源于《灭种罪公约》第2条，已经具有习惯国际法的性质和普遍承认的强行法效力。[5]《罗马规约》对灭绝种族罪的规定与《前南刑庭规约》第4条和《卢旺达刑庭规约》第2条的规定相同。《罗马规约》中的灭绝种族罪之所以复制《灭种罪公约》，是为了避免政治争论和损害《罗马规约》的普遍或广泛支持的危险。[6]灭绝种族仅适用于"民族、族裔、种族和宗教团体（national，ethnical，racial or religious group）"，不适用于政治、社会和其他类似团体，这是担心国家为了维持国际稳定而制止国内叛乱的行为被视为灭绝种族罪。[7]例如，智利前总统皮诺切特（Augusto Pinochet）所犯的罪行不属于灭绝种族罪，因其基于政治原因而非种族或宗教原因进行了大屠杀。[8]也正基于此原因，有的学者建议，灭绝种族罪的适用对象今后应当扩大到政治团体和社会团体。[9]

---

〔1〕 Timothy L. H. McCormack and Sue Robertson, "Jurisdictional Aspects of the Rome Statute for the International Criminal Court", pp. 656～657.

〔2〕 Timothy L. H. McCormack and Sue Robertson, "Jurisdictional Aspects of the Rome Statute for the International Criminal Court", pp. 657.

〔3〕 Timothy L. H. McCormack and Sue Robertson, "Jurisdictional Aspects of the Rome Statute for the International Criminal Court", pp. 653～654.

〔4〕 Allen J. Dickerson, "Who's in charge here? – International Criminal Court Complementarity and the Commander's Role in Courts – Martial", p. 145.

〔5〕 Leila Sadat Wexler, Committee Report on Jurisdiction, Definition of Crimes, and Complementarity, para. 21; M. Cherif Bassiouni, "Negotiating the Treaty of Rome on the Establishment of an International Criminal Court", p. 461.

〔6〕 Timothy L. H. McCormack and Sue Robertson, "Jurisdictional Aspects of the Rome Statute for the International Criminal Court", pp. 648, 650.

〔7〕 Timothy L. H. McCormack and Sue Robertson, "Jurisdictional Aspects of the Rome Statute for the International Criminal Court", pp. 648～649.

〔8〕 Remigius Chibueze, "United States Objection to the International Criminal Court: A Paradox of 'Operation Enduring Freedom'", p. 28.

〔9〕 Remigius Chibueze, "United States Objection to the International Criminal Court: A Paradox of 'Operation Enduring Freedom'", p. 28.

此外，前南刑庭在其判决中指出，在战争罪、危害人类罪和灭绝种族罪之间，罪行的严重性没有客观不同。[1]不过，在《罗马规约》中对这些犯罪的规定存在等级体系，战争罪服从于灭绝种族罪和危害人类罪，这反映在卢旺达刑庭的判例中。[2]

三、属地管辖权

关于属地管辖权（territorial jurisdiction, jurisdiction *ratione loci*）规定在《罗马规约》第 12 条和第 13 条第 2 款。

根据《罗马规约》第 12 条和第 13 条第 2 款，国际刑事法院对在缔约国或承认国际刑事法院管辖权的非缔约国领土内发生的犯罪具有管辖权；国际刑事法院也可以根据联合国安理会提交的情势对在情势发生国领土内发生的犯罪行使管辖权，且仅限于安理会提交情势所指定的特定区域。这里的"领土"包括大陆、内水、12 海里的领海及其空气空间。[3]国际刑事法院还对在缔约国、承认国际刑事法院管辖权的非缔约国和安理会提交情势发生的非缔约国登记的船舶或飞机上的犯罪具有管辖权。这与前南刑庭、卢旺达刑庭不同。根据《前南刑庭规约》第 8 条，前南刑庭的属地管辖权延伸到前南斯拉夫社会主义联邦共和国的领土，包括领陆、领空和领水。根据《卢旺达刑庭规约》第 7 条，卢旺达刑庭的属地管辖权延伸到卢旺达领土（包括领陆和领空）和卢旺达公民在邻国领土内实施严重违反国际人道主义法行为的邻国。

根据《罗马规约》第 12 条，只要具备领土管辖或者国籍管辖，国际刑事法院就可以行使管辖权。而在《罗马规约》谈判过程中，美国等少数大国曾坚持要求，只有领土管辖和国籍管辖兼备，国际刑事法院才可以行使管辖权。[4]这种选择模式而不是兼备模式也成为美国等大国拒绝加入《罗马规约》的主要原因之一。[5]需要指出的是，犯罪发生地国与国籍国经常是同一国家，尤其在国内武装冲突的情形下。[6]

---

〔1〕　*Prosecutor v. Furundzija*, Case No. IT – 95 – 17/1 – A, Judgment, 21 July 2000, para. 247；*Prosecutor v. Tadic*, Judgment in Sentencing Appeals, 26 January 2000, IT – 94 – 1 – Abis, para. 69.

〔2〕　William A. Schabas, "Complementarity in Practice: Some Uncomplimentary Thoughts", pp. 25 ~ 26.

〔3〕　Sharon A. Williams, *The Rome Statute on the International Criminal Court: From* 1947 – 2000 *and Beyond*, *Osgoode Hall Law Journal*, Vol. 38, p. 322.

〔4〕　Timothy L. H. McCormack and Sue Robertson, "Jurisdictional Aspects of the Rome Statute for the International Criminal Court", p. 644.

〔5〕　Timothy L. H. McCormack and Sue Robertson, "Jurisdictional Aspects of the Rome Statute for the International Criminal Court", p. 644.

〔6〕　Timothy L. H. McCormack and Sue Robertson, "Jurisdictional Aspects of the Rome Statute for the International Criminal Court", p. 643；Remigius Chibueze, "a United States Objection to the International Criminal Court: A Paradox of 'Operation Enduring Freedom'", p. 32.

四、属人管辖权

关于属人管辖权（personal jurisdiction, jurisdiction *ratione personae*），规定在《罗马规约》第 12 条与第 26 条。

规定管辖权的第 12 条是世界各国妥协的产物。[1]《罗马规约》第 12 条对管辖权的规定是为了保证维护个体国家主权和实施补充性原则。[2] 根据《罗马规约》第 12、13 条，国际刑事法院对缔约国国民实施的犯罪具有管辖权。对于非缔约国国民而言，国际刑事法院可以对承认国际刑事法院管辖权的非缔约国国民实施的犯罪具有管辖权，可以对非缔约国国民在缔约国领土内实施的犯罪具有管辖权，也可以根据联合国安理会提交的情势对情势发生国国民或非国民的犯罪行使管辖权。[3] 这里的属人管辖权仅指积极属人管辖权，即根据犯罪者的国籍行使的管辖权，而不包括消极管辖权，即根据被害人的国籍行使的管辖权，虽然在属地管辖权中可能涉及被害人国籍国的问题。

需要特别指出的是，这里的"属人"仅指自然人[4]，没有扩大到政府、政党、商业实体或其他团体。因为是个人而不是抽象实体实施犯罪。[5] 而且，根据《罗马规约》第 26 条，国际刑事法院仅对在犯罪时已满 18 周岁的自然人行使管辖权。这与前南刑庭和卢旺达刑庭类似。根据《前南刑庭规约》第 6 条和《卢旺达刑庭规约》第 5 条，前南刑庭与卢旺达刑庭仅对自然人具有管辖权，而对政府实体、政治团体、公司或其他非政府实体没有管辖权。[6] 这与纽伦堡法庭、东京法庭不同。根据《纽伦堡法庭宪章》第 9 条和《东京法庭宪章》第 5 条，纽伦堡法庭和东京法庭可以对组织行使管辖权。《罗马规约》没有规定组织或团体可以成为犯罪主体，这可以减少对组织或团体自由的限制和避免惩罚政治性异见，但也可能严重地削弱了国际刑事法院重建与恢复正义的有效性。[7]

---

〔1〕 Sharon A. Williams, "The Rome Statute on the International Criminal Court: From 1947 – 2000 and Beyond", p. 324.

〔2〕 Michael A. Newton, "The Commplementarity Conundrum: Are we Watching Evolution or Evisceration?", p. 126.

〔3〕 Dapo Akande, "The Jurisdiction of the International Criminal Court over Nationals of Non – Parties: Legal Basis and Limits", p. 618.

〔4〕《罗马规约》第 25 条第 1 款。

〔5〕 Kenneth S. Gallant, "Jurisdiction to Adjudicate and Jurisdiction to Prescribe in International Criminal Courts", p. 799.

〔6〕 Kenneth S. Gallant, "Jurisdiction to Adjudicate and Jurisdiction to Prescribe in International Criminal Courts", p. 795.

〔7〕 Kenneth S. Gallant, "Jurisdiction to Adjudicate and Jurisdiction to Prescribe in International Criminal Courts", p. 800.

"承担最大责任的个人"是属人管辖权问题。[1]国际刑事法院第一预审分庭认为，国际刑事法院管辖的犯罪限于最应负责的最高级别领导人的犯罪。[2]而国际刑事法院上诉分庭推翻了第一预审分庭的这一裁定。[3]上诉分庭的判决得到评论者的支持。[4]因为第一预审分庭的判断既缺乏《罗马规约》的明确规定，不符合《罗马规约》结束有罪不罚与威慑效果最大化的目标，也不符合起草者的意图。[5]《罗马规约》序言和第1条仅提到了"国际社会关注的最严重的犯罪"，没有提到"最应负责的个人"。如果要求国际刑事法院仅管辖"最应负责的最高级领导人"的犯罪，那么这一标准过于严格，不符合立法者的意图和《罗马规约》的目标。当然，国际刑事法院检察官将"最应负责的最高级别领导人"作为一项调查或起诉政策具有一定的现实性、合理性和可行性，也得到了一些评论者的好评。

国际刑事法院对属人的管辖权可以分为裁决管辖权（jurisdiction to adjudicate）、制定管辖权（jurisdiction to prescribe）和执行管辖权（jurisdiction to enforce）。[6]所谓裁决管辖权即司法管辖权，是指对犯罪者的犯罪进行审判的权力，这是为了惩罚犯罪；所谓制定管辖权（即立法管辖权），是指对犯罪与犯罪要件作出更加明确规定的权力，这是为了保护被告人和其他人的权利；所谓执行管辖权，是指对判刑者的执行，这也是为了惩罚犯罪。[7]裁决管辖权和执行管辖权应当遵从制定管辖权，也就是说，裁决与执行都应当依法进行。[8]国际刑事法院制定管辖权的立法者有国际社会、通过《罗马规约》的国家、联合国安理会、缔

---

〔1〕　*Prosecutor v. Sam Hinga Norman*, *Moinina Fofana and Allieu Kondewa*, Decision on the Preliminary Defence Motion on the Lack of Personal Jurisdiction Filed on Behalf of Accused Fofana, 3 March 2004, SCSL - 2004 - 14 - PT.

〔2〕　*Prosecutor v. Lubanga*, ICC - 01/04 - 01/06 - 8 - Corr, para. 50.

〔3〕　*Prosecutor v. Lubanga*, Judgment on the Prosecutor's appeal against the decision of Pre - Trial Chamber I entitled "Decision on the Prosecutor's Application for Warrants of Arrest, Article 58", 13 July 2006, ICC - 01/04 - 169, paras. 73 ~ 78.

〔4〕　Susana SaCouto & Katherine Cleary, The Gravity Threshold of the International Criminal Court, *American University International Law Review*, Vol. 23, 2008, pp. 845 ~ 846.

〔5〕　Lubanga Trial Judgment, ICC - 01/04 - 169, paras. 73 ~ 78.

〔6〕　Kenneth S. Gallant, "Jurisdiction to Adjudicate and Jurisdiction to Prescribe in International Criminal Courts", p. 769.

〔7〕　"Jurisdiction to Adjudicate and Jurisdiction to Prescribe in International Criminal Courts", pp. 763, 769 ~ 770.

〔8〕　Kenneth S. Gallant, "Jurisdiction to Adjudicate and Jurisdiction to Prescribe in International Criminal Courts", p. 770.

约国大会[1]和国际刑事法院自身[2]。[3]国际社会是一个不确定的概念，其制定规则通常由个体国家通过其政治家、外交家和法学家进行表达，或者通过一起创立条约的国家进行表达，或者由国际组织（如联合国）通过国家代表（如联合国大会决议）或通过其官员进行表达，或者由国际公法学家进行表达，或者通过他们的联合体进行表达。[4]国际刑事法院享有的制定管辖权是国际刑法的进一步发展。因为传统上国际法只有犯罪概念的规定，对于犯罪的具体标准或条件则由国内法加以规定。

此外，关于对被告人的程序违法是否可以导致裁决管辖权无效的问题，国际刑事司法机构的审判实践不尽相同。在米洛舍维奇（Milosevic）案中，前南刑庭审判分庭认为，对被告人的程序违法（即非法逮捕被告人的行为）不影响前南刑庭对管辖权的行使。[5]而在巴拉亚圭扎（Barayagwiza）案中，卢旺刑庭上诉分庭认为，对被告人的拖延羁押是不公平的，因而这种拖延排除了卢旺达刑庭的管辖权。[6]盖兰特（Kenneth S. Gallant）也认为，如果对被告人的程序违法使以公平程序进行审判成为不可能（例如，长期拖延），那么这种程序违法可以导致管辖权无效，即使该事项与管辖权问题无关，因为这违反了基本人权。[7]

根据《罗马规约》第98条和国家豁免理论，如果非缔约国国民属于享有属人豁免权（immunity ratione personae, personal immunity）的现任高级官员（即现任的国家元首、政府首脑、外交部部长和外交代表），缔约国不得对这些人员实施逮捕或移交给国际刑事法院，除非该缔约国同意。[8]可见，从《罗马规约》的相关条款看，国际刑事法院对非缔约国的现任高级官员行使管辖权具有很大困难。例如，国际刑事法院对苏丹现任总统巴希尔行使管辖权就出现了这种尴尬

---

〔1〕 缔约国大会享有制定犯罪要件进而更加明确地界定国际刑事法院管辖犯罪的含义、程序与证据规则等权力。

〔2〕 国际刑事法院自身享有根据在先案例解释法律的权力，即明确国际刑事法院管辖犯罪的含义。

〔3〕 Kenneth S. Gallant, "Jurisdiction to Adjudicate and Jurisdiction to Prescribe in International Criminal Courts", p. 786.

〔4〕 "Jurisdiction to Adjudicate and Jurisdiction to Prescribe in International Criminal Courts", pp. 786 ~ 787.

〔5〕 *Prosecutor v. Milosevic*, Decision on Preliminary Motions, 8 November, 2001, Trial Chamber, para. 47.

〔6〕 *Prosecutor v. Barayagwiza*, Appeals Decision of 3 November 1999, para. 72; Appeals Decision of Prosecutor's Request for Review or Reconsideration, 31 May 2000, ICTR – 97 – 19 – AR72, paras. 51, 52.

〔7〕 Kenneth S. Gallant, "Jurisdiction to Adjudicate and Jurisdiction to Prescribe in International Criminal Courts", p. 797.

〔8〕 Dapo Akande, "The Jurisdiction of the International Criminal Court over Nationals of Non – Parties: Legal Basis and Limits", pp. 640 ~ 642.

局面。[1]

还有，对于非缔约国国民在非缔约国境内实施的犯罪（例如，非法武器或者化学武器的提供者的帮助、教唆等协助行为，对缔约国或其国民造成了影响）是否具有管辖权也有争议。有的学者认为，国际刑事法院可以对这些非缔约国国民在非缔约国实施的犯罪进行管辖，因为这些行为对缔约国造成了后果，这符合现存国际法原则与规则以及国内法中存在的一般法律原则，《罗马规约》应当允许这种管辖。[2]不过，盖兰特认为，国际刑事法院不得对这种非缔约国国民在非缔约国的行为进行管辖，因为《罗马规约》《犯罪要件》《程序和证据规则》都没有这样的规定。[3]

---

〔1〕　成书时巴希尔为苏丹总统，后于2019年4月11日下台。

〔2〕　Kenneth S. Gallant, "Jurisdiction to Adjudicate and Jurisdiction to Prescribe in International Criminal Courts", pp. 813～815.

〔3〕　Kenneth S. Gallant, "Jurisdiction to Adjudicate and Jurisdiction to Prescribe in International Criminal Courts", pp. 815～817.

第七章　声明接受国际刑事法院
管辖权的问题

《罗马规约》第 12 条第 3 款规定，非缔约国可以作出声明接受法院的管辖权。截至 2017 年底，乌干达、科特迪瓦、巴勒斯坦、埃及和乌克兰都作出了这样的声明，检察官办公室对这些声明作了不同的处理，所涉及的问题有：处理声明的程序、有资格作出这种声明的国家和政府的标准、所作声明的效力和后果。

第一节　《罗马规约》第 12 条第 3 款的
制定背景

国际刑事法院是由国际条约建立的常设国际刑事司法机构，它的任务是在有管辖权的国家不愿意或不能够起诉惩罚那些犯了最严重的国际罪行的责任者时，取而代之，对罪犯进行有效惩治，以防止罪犯逍遥法外。[1]

国际刑事法院的管辖权主要基于缔约国的同意以及依据刑法上公认的属地和属人管辖原则，[2] 即当"有关行为在其境内发生的国家"和"犯罪被告人的国籍国是《罗马规约》的缔约国"时，[3] 就表示同意接受国际刑事法院对在其领土上发生的或由其国民犯下的国际核心罪行具有管辖权。从上述规定来看，对于非缔约国的国民在缔约国领土上犯了核心国际罪行，国际刑事法院也具有管辖权。但是，中国和美国始终反对国际刑事法院不经非缔约国同意对非缔约国国民

---

〔1〕《罗马规约》序言。

〔2〕Young Sok Kim, "The Preconditions to the Exercise of the Jurisdiction of the International Criminal Court: With Focus on Article 12 of the Rome Statute", *Journal of International Law and Practice*, Vol. 8, Spring 1999, p. 78.

〔3〕《罗马规约》第 12 条第 1、2 款。

行使管辖权。[1] 国际刑事法院对于非缔约国的国民在非缔约国领土上的犯罪情势不具有管辖权，除非安理会将该情势提交给国际刑事法院。[2]

《罗马规约》第 12 条第 3 款的规定是给非缔约国利用国际刑事法院惩治核心国际犯罪及其责任人的机会，同时又不为非缔约国批准《罗马规约》施加压力。[3] 第 12 条第 3 款规定，"如果根据第 2 款的规定，需要得到一个非本规约缔约国的国家接受本法院的管辖权，该国可以向书记官长提交声明，接受本法院的对有关犯罪行使管辖权"。有学者认为，需要非缔约国接受法院管辖的情况就是指非缔约国国民在缔约国领土上犯罪的情况。[4]

这个条款的措辞早在 1994 年国际法委员会的《国际刑事法院规约（草案）》中就有了。[5] 在起草规约时，对于给予非缔约国使用法院的机会一直都没有什么争议。[6] 在罗马大会全体委员会的讨论中，该条款也没有遇到实质的反对。一些学者对第 12 条第 3 款的规定给予了肯定，认为这款规定扩大了国际刑事法院的管辖权范围，对更广泛地起诉规约第 5 条规定的犯罪起重要的作用。[7] 美国代表团也曾认为它是一个"有用的和必要的条款"。[8]

在《罗马规约》通过后，美国却激烈地抨击这款规定，认为该款规定会使一国单方面地操纵国际刑事法院的管辖权。例如，萨达姆·侯赛因（Saddam Hussein）可以援用该款，声明接受法院对美国公民在伊拉克领土上犯的侵略罪的管辖权，但同时不允许法院对伊拉克政府对其人民犯下的罪行行使管辖权。[9]最后，美国力争在《程序和证据规则》中规定了规则 44 以解决这一问题。[10] 规

〔1〕 "王光亚谈《国际刑事法院罗马规约》"，载《法制日报》1998 年 7 月 29 日，第 4 版。David Scheffer, "How to Turn the Tide Using the Rome Statute's Temporal Jurisdiction", *Journal of International Criminal Justice*, 2（2004），p. 28.

〔2〕 《罗马规约》第 12 条第 3 款。

〔3〕 Carsten Stahn *et al.*, "The International Criminal Court's and *ad hoc* Jurisdiction Revisited", *American Journal of International Law*, Vol. 99, April 2005, p. 423.

〔4〕 Hans‐Peter Kaul, "Preconditions to the Exercise of Jurisdiction", in Antonio Cassese *et al.*（eds.）, *The Rome Statute of the International Criminal Court*: *A Commentary*, Oxford University Press, 2002, p. 610.

〔5〕 International Law Commission, *Draft Statute for an International Criminal Court with Commentaries* 1994, Article 22（4）, http://legal. un. org/ilc/texts/instruments/english/commentaries/7 _ 4_1994. pdf, Last visited 6 Feb. 2015.

〔6〕 Hans‐Peter Kaul, "Preconditions to the Exercise of Jurisdiction", p. 610.

〔7〕 Carsten Stahn *et al.*, "The International Criminal Court's and *ad hoc* Jurisdiction Revisited", p. 423.

〔8〕 William Schabas, *The International Criminal Court*: *A Commentary on the Rome Statute*, Oxford University Press, 2010, p. 288.

〔9〕 David J. Scheffer, "A Negotiator's Perspective on International Criminal Court", *Military law Review*, Vol. 167, No. 1, 2001, p. 8.

〔10〕 William Schabas, *The International Criminal Court*: *A Commentary on the Rome Statute*, p. 288.

则 44 规定：

1. 书记官长可以应检察官的要求，在保密的基础上，询问非《规约》缔约方国家和在《规约》生效后成为缔约方的国家是否有意提交第 12 条第 3 款规定的声明。

2. 一国向书记官长提交，或向其宣布有意提交第 12 条第 3 款规定的声明时，或书记官长根据分则 1 采取行动时，书记官长应告知有关国家，作出第 12 条第 3 款规定的声明的后果是接受本法院对与情势有关的第 5 条所述犯罪行使管辖权，而且第九编的规定及该编有关缔约国的规则将予适用。

第 1 款的规定可理解为非缔约国的国民在缔约国领土上犯了罪的情势被提交国际刑事法院，或被检察官调查，非缔约国可以声明接受法院的管辖以表示同意就有关案件的调查、起诉与法院合作。但是非缔约国也可以不声明接受法院的管辖[1]而不承担与法院合作的义务。

第 2 款特别规定了声明的后果是接受法院对《罗马规约》第 5 条所述犯罪的管辖，第 5 条规定了 4 项犯罪：灭绝种族罪、危害人类罪、战争罪和侵略罪。这样，提交声明的国家（接受国）就不能片面地有选择地利用法院针对某国国民的有关犯罪行使管辖权，缓解了美国的担忧。

第二节　声明以及对声明的处理

一、声明临时接受国际刑事法院管辖的几种情况

（一）乌干达情势

乌干达于 2002 年 7 月 14 日批准了《罗马规约》，2002 年 9 月 1 日《罗马规约》对乌干达生效。但是，从 2002 年 7 月 1 日《罗马规约》生效之日至 2002 年 9 月 1 日的 2 个月间，乌干达为非缔约国。2003 年 12 月 16 日，乌干达总统将该国有关圣灵抵抗军的情势提交给国际刑事法院。[2]2004 年 6 月 17 日，检察官向法院院长通报了乌干达向法院自我提交情势以及乌干达政府临时接受法院管辖的

---

〔1〕 Hans – Peter Kaul, "Preconditions to the Exercise of Jurisdiction", p. 610.

〔2〕 Situation in Uganda, Warrant of Arrest for Joseph Kony Issued on 8 July 2005 as Amended on 27 September 2005, ICC – 02/04 – 01/05, p. 9.

声明，以使法院对乌干达犯罪情势管辖权的行使提前了两个月时间。[1]

（二）科特迪瓦情势

科特迪瓦于 1998 年 11 月 3 日签署了《罗马规约》，但之后很久都没有批准该《罗马规约》。科特迪瓦于 2003 年作出声明，接受法院对自 2002 年 9 月 19 日事件（部分军人发生兵变后引发内战）以来的犯罪行使管辖权。声明有效的期限不定。[2] 对此声明，检察官未立即采取任何行动，他仅在 2006 年说，在安全许可情况下，将派工作组去科特迪瓦。[3] 国际刑事法院院长在 2006 年向联合国大会提交的报告中提到有 5 个情势正在分析之中，其中包括科特迪瓦。[4] 至 2010 年，检察官都没有宣布历时 7 年的初步审查有何结果。

2010 年 10 月和 11 月，科特迪瓦举行总统大选，两名候选人巴博（Gbagbo）和瓦塔拉（Ouattara）分别被宣布当选，引发了全国范围的武装冲突。2010 年 12 月 14 日，被独立选举委员会宣布当选总统的瓦塔拉向国际刑事法院院长、书记官长、检察官各发出一封信，确认科特迪瓦接受法院的管辖权。[5] 2011 年 5 月 3 日，在宪法委员会也宣布其当选之日，瓦塔拉又发给检察官一封信，重申科特迪瓦接受法院的管辖权。[6] 2011 年 6 月 23 日，检察官请求预审分庭授权对科特迪瓦情势展开调查，[7] 科特迪瓦的声明终于有了下文。2011 年 10 月 3 日，预审分庭根据《罗马规约》第 15 条的规定授权检察官对科特迪瓦情势展开调查。[8]

（三）巴勒斯坦情势

2008 年 12 月至 2009 年 1 月，针对哈马斯对以色列平民发动的火箭和迫击炮袭击，以色列对加沙地带的哈马斯进行了为期三周的军事行动。国际社会谴责在

---

〔1〕　Situation in Uganda, Annex, Decision Assigning the Situation in Uganda to Pre – Trial Chamber II, 5 July 2004, ICC – 02/04.

〔2〕　Déclaration de Reconnaissance de la Competence de la Cour Pénale Internationale, 18 AVR, 2003.

〔3〕　Sixth Diplomatic Briefing of the International Criminal Court, Compilation of Statements, 23 May 2006, p. 7.

〔4〕　Report of the International Criminal Court, 3 August 2006, UN Doc. A/61/217, para. 32.

〔5〕　*Prosecutor v. Laurent Koudou Gbagbo*, Judgment on the Appeal of Mr Laurent Koudou Gbagbo against the decision of Pre – Trial Chamber I on Jurisdiction and Stay of the Proceedings, Judgment on the Appeal, 12 December 2012, ICC – 02/11 – 01/11 OA 2, para. 55.

〔6〕　*Prosecutor v. Laurent Koudou Gbagbo*, Judgment on the Appeal, para. 56.

〔7〕　Situation in the Republic of Côte d'Ivoire, Decision Pursuant to Article 15 of the Rome Statute on the Authorisation of an Investigation into the Situation in the Republic of Côte d'Ivoire, 3 October 2011, ICC – 02/11, para. 2.

〔8〕　Situation in the Republic of Côte d'Ivoire, Decision Pursuant to Article 15 of the Rome Statute on the Authorisation of an Investigation into the Situation in the Republic of Côte d'Ivoire, 3 October 2011.

冲突中双方，包括国家、非国家实体以及个人都有违反武装冲突法的行为。[1] 为此，联合国人权理事会设立了联合国事实真相委员会进行调查，由前南刑庭第一任检察官理查德·戈德斯通（Richard Goldstone）负责。[2]

在戈德斯通的调查报告还未发表前，2009 年 1 月 22 日，巴勒斯坦向国际刑事法院的书记官长作出声明，接受国际刑事法院对 2002 年 7 月 1 日以后在巴勒斯坦领土上所犯的罪行行使管辖权。[3] 由于巴勒斯坦和以色列都不是《罗马规约》的缔约国，对以色列国民在巴勒斯坦领土上的犯罪，法院不能进行管辖。巴勒斯坦只能声明接受法院对在其领土上所犯《罗马规约》中罪行的管辖权，法院才有可能进行管辖。

2012 年 4 月 3 日，检察官以无法确定巴勒斯坦是第 12 条第 3 款所指的"国家"，从而可以作出接受法院临时管辖的声明为由拒绝考虑该声明。[4] 2012 年 11 月 29 日，联合国大会以 138 票赞成、9 票反对、41 票弃权通过决议，决定给予巴勒斯坦在联合国观察员国的地位。[5] 检察官却认为巴勒斯坦在联合国地位的变化不能回溯适用，使 2009 年提交声明时没有国家地位的巴勒斯坦作出的声明有效。[6] 直到 2014 年 12 月 31 日，巴勒斯坦国总统穆罕默德·阿巴斯（Mahmood Abass）根据《罗马规约》第 12 条第 3 款向国际刑事法院书记官长提交了声明，接受法院对自 2014 年 6 月 13 日以来在巴勒斯坦被占领土上所犯的法院管辖权内的犯罪的责任者行使管辖权，[7] 并于 2015 年 1 月 2 日向联合国秘书长交存了《罗马规约》加入书，加入国际刑事法院，[8] 检察官才开始对巴勒斯坦情势开展初步审查。[9]

---

〔1〕 Yaël Ronen, "ICC Jurisdiction over Acts Committed in Gaza Strip", *Journal of International Criminal Justice*, Vol. 8, 2010, p. 4.

〔2〕 Human Rights in Palestine and Other Occupied Arab Territories: Report of the United Nations Fact – Finding Mission on the Gaza Conflict, Human Rights Council, 12th Sess. Agenda Item 7, UN Doc A/HRC/12/48, 25 September 2009.

〔3〕 Declaration Recognizing the Jurisdiction of the International Criminal Court, 21 January 2009. http://www. icc – cpi. int/NR/rdonlyres/74EEE201 – 0FED – 4481 – 95D4 – C8071087102C/279777/20090122PalestinianDeclaration2. pdf, last visited 6 February 2015.

〔4〕 Situation in Palestine, 3 April 2012, http://www. icc – cpi. int/NR/rdonlyres/9B651880 – EC43 – 4945 – BF5A – FAFF5F334B92/284387/SituationinPalestine030412ENG. pdf, last visited 6 February 2015.

〔5〕 Status of Palestine in the United Nations, UN Doc. A/RES/67/194 December 2012.

〔6〕 The State of Palestine accedes to the Rome statute, Press Release: 7/01/2015.

〔7〕 The Letter of the Registrar dated 7 February 2015, 2015/IOR/3496/HvH.

〔8〕 The State of Palestine Accedes to the Rome Statute, Press Release: 7/01/2015.

〔9〕 The Prosecutor of the International Criminal Court, Fatou Bensouda, opens a preliminary examination of the situation in Palestine, Press release, 16/01/2015, ICC – OTP – 20150116 – PR1083.

（四）乌克兰情势

乌克兰于 2000 年 1 月 20 日签署了《罗马规约》，后因乌克兰宪法法院宣称《罗马规约》与宪法不符，政府一直没有批准《罗马规约》。2013 年底至 2014 年初在乌克兰首都基辅，反政府的群众示威者与维护秩序的防暴警察和内卫部队军人发生了激烈冲突，导致数百人伤亡。2014 年 2 月 25 日，乌克兰议会通过决议，根据《罗马规约》第 11 条第 1 款和第 12 条第 2、3 款，声明承认国际刑事法院对 2013 年 11 月 21 日至 2014 年 2 月 22 日期间，乌克兰国家高级官员对和平示威的乌克兰国民犯下的危害人类罪具有管辖权。该声明还点名乌克兰前总统、前检察长和前内务部长应对此犯罪负刑事责任。[1] 2014 年 4 月 17 日国际刑事法院收到该声明后，检察官开始对该情势进行初步审查，以便确定是否满足了《罗马规约》规定的启动调查的标准。[2]

（五）埃及情势

2013 年 7 月，在经历了大规模的民众示威抗议后，埃及第一位民选总统穆尔西（Mohamed Morsi）政府被现任总统塞西（Abdel Fattah al Sisi）领导的埃及军方推翻。埃及不是《罗马规约》的缔约国。2013 年 12 月 13 日，代表自由和正义党以及其他人的埃及律师，向国际刑事法院的书记官长提交了一份 2013 年 8 月 13 日签署的文件，寻求按照《罗马规约》第 12 条第 3 款对 2013 年 6 月 1 日以来在埃及领土上犯下的有关犯罪接受法院的管辖权。检察官办公室经过仔细研究后，断定表示同意法院行使管辖权的该文件不是由具有"全权"代表埃及国家的当局提交的，[3] 因而拒绝将该文件作为接受法院管辖权的第 12 条第 3 款的声明来对待。

从上述的情况来看，这些声明大致可以归为四类：

1. 当非缔约国自己无法处理本国人在本国领土上的犯罪时，作出声明接受法院的管辖权，以期检察官帮助调查和起诉。这与缔约国向国际刑事法院自我提交情势的做法类似。科特迪瓦、乌克兰和未成功的埃及的声明都是这种类型，属于声明接受法院管辖情况中的多数。

2. 非缔约国作出声明，为了使国际刑事法院对另一非缔约国的国民在本国

---

〔1〕　Declaration of the Verkhovna Rada of Ukraine, 25 February 2014. http://www. icc – cpi. int/en_menus/icc/press% 20and% 20media/press% 20releases/Documents/997/declarationVerkhovnaRadaEng. pdf, last visited 6 February 2015.

〔2〕　ICC – OTP – 20140425 – PR999.

〔3〕　The Determination of the Office of the Prosecutor on the Communication Received in Relation to Egypt, Press Release：08/05/2014.

领土上所犯罪行行使管辖权，巴勒斯坦2009年和2014年的声明心照不宣地是为了使法院调查和起诉以色列国民在巴勒斯坦领土上，包括在加沙地区的犯罪，虽然该声明没有明确这样说，但应属于这种类型。

3. 作出声明以扩大法院对该国情势的属时管辖权。巴勒斯坦2014年12月31日的声明同时也属于这类。巴勒斯坦是2015年1月2日向联合国秘书长交存的加入书，根据《罗马规约》第126条第2款的规定，《罗马规约》将于交存批准书60天后的第一个月份的第一天，即2015年4月1日，开始对巴勒斯坦生效。巴勒斯坦的声明把法院的管辖权提前到2014年6月13日。乌干达的声明也属于这种类型，但是乌干达在作出声明时已经是缔约国了，其声明完全是为了填补在《罗马规约》生效和《罗马规约》对乌干达生效之间法院属时管辖权的空白。因此该声明的依据还有《罗马规约》第11条第2款："对于在本规约生效后成为缔约国的国家，本法院只能对在本规约对该国生效后实施的犯罪行使管辖权，除非该国已根据第12条第3款提交声明。"

4. 非缔约国国民在缔约国境内犯了罪，如果该缔约国向国际刑事法院提交了情势，该非缔约国声明接受法院的管辖权，使法院得以对该非缔约国国民的犯罪行使管辖权，或在检察官对一项犯罪启动调查后，要求有关的国家同意法院行使管辖权。[1]这类声明是第12条第3款规定的本意，然而在实践中，这种情况尚未发生。

二、对声明的处理

(一) 处理声明适用的程序

《罗马规约》和《程序和证据规则》都未对处理第12条第3款的声明所适用的程序做明确的规定。卡斯腾·斯坦（Carsten Stahn）等学者认为，对这种声明的处理有两种程序可供选择，一种是将声明视为类似于《罗马规约》第14条规定的国家提交情势，另一种是视为检察官根据《罗马规约》第15条第1款自行根据有关法院管辖权内的犯罪的资料进行初步审查。[2]他们赞同适用第二种程序，理由是，在谈判《罗马规约》时认为只有缔约国才有权提交情势，非缔约国则没有此项权利。将接受法院管辖权的视为自我提交，就赋予了非缔约国只有缔约国才能享受的提交情势的特权。[3]他们认为，对于接受法院管辖的声明，

---

〔1〕 Sharon A. Williams & William A. Schabas, "Article 12 Precondition to the exercise of jurisdiction", in Otto Triffterer（ed.）, *Commentary on the Rome Statute of the International Criminal Court*, *Observer's Notes*, *Article by Article*, 2nd Edition, p. 559.

〔2〕 Carsten Stahn *et al.*, "The International Criminal Court's and ad hoc Jurisdiction Revisited", p. 424.

〔3〕 Carsten Stahn *et al.*, "The International Criminal Court's and ad hoc Jurisdiction Revisited", p. 425.

不要求检察官采取行动，也不要求法庭进行监督。[1]

上诉分庭支持上述观点。在巴博案中，上诉分庭裁定，作为《罗马规约》的一个缔约国，该国就接受了法院的管辖权。[2]同时，作为缔约国大会成员，该国享有诸多权利，包括有权提交情势。而根据《罗马规约》第12条第3款的规定，作出接受法院的管辖权声明的非缔约国，有义务配合法院工作，但没有缔约国享有的全部权利或义务。[3]

此外，国家接受法院管辖权是法院行使管辖权的先决条件。通过批准或加入文件而成为《罗马规约》缔约国的国家意味着该国接受法院的管辖权，从而它们能够将情势提交法院而触发法院管辖权的行使。一些学者认为，非缔约国所作的接受法院管辖权的声明，类似于国际法院允许原则上不接受法院管辖权的国家接受法院的管辖权，以应对另一国提出的指控。[4]因此，非缔约国接受国际刑事法院管辖权的声明是法院行使管辖权的前提条件，既不提交情势，也不触发法院管辖权的行使。[5]

预审分庭和上诉分庭一致认为，根据《罗马规约》第12条第3款所作的声明"不能被误认为是提交情势"。[6]法庭指出，《罗马规约》第12条和第13条之间的区别是，前者是行使管辖权的先决条件，后者是触发管辖权行使的触发机制。[7]上诉分庭承认，一项声明可能涉及某一具体情势，但"只有当法院考虑是否可以根据《罗马规约》第13条行使其管辖权时，才有是否存在情势的问题。"[8]因此，非缔约国作出的接受法院管辖权的声明都按照检察官根据《罗马规约》第15条第1款自行进行调查的程序办理。

但是，分庭的这种解释并不令人信服。首先，几乎非缔约国接受法院管辖的所有声明都不是单纯的表示接受法院的管辖，而是指出了接受法院管辖的犯罪事

---

〔1〕　Carsten Stahn *et al.*, "The International Criminal Court's and ad hoc Jurisdiction Revisited", p. 423.

〔2〕　*Prosecutor v. Laurent Koudou Gbagbo*, Judgment on the appeal of Mr Laurent Koudou Gbagbo against the decision of Pre – Trial Chamber I on jurisdiction and stay of the proceedings, 12 December 2012, ICC – 02/ – 01/11 OA 2, para. 72.

〔3〕　*Prosecutor v. Laurent Koudou Gbagbo*, Judgment on the appeal of Mr Laurent Koudou Gbagbo against the decision of Pre – Trial Chamber I on jurisdiction and stay of the proceedings, para. 74.

〔4〕　William Schabas, *The International Criminal Court*: *A Commentary on the Rome Statute*, p. 289.

〔5〕　William Schabas, *The International Criminal Court*: *A Commentary on the Rome Statute*, p. 289.

〔6〕　*Prosecutor v. Laurent Koudou Gbagbo*, Decision on the "Corrigendum of the challenge to the jurisdiction of the International Criminal Court on the basis of articles 12（3）, 19（2）, 21（3）, 55 and 59 of the Rome Statute filed by the Defence for President Gbagbo（ICC – 02/11 – 01/11 – 129）"（Decision on the Jurisdiction）, 15 August 2012, ICC – 02/11 – 01/11, para. 57; Judgment on the Appeal, para. 58.

〔7〕　*Prosecutor v. Laurent Koudou Gbagbo*, Decision on the Jurisdiction, para. 57.

〔8〕　*Prosecutor v. Laurent Koudou Gbagbo*, Judgment on the Appeal, paras. 81 ~ 82.

件或罪行。再则，《罗马规约》第 12 条第 3 款规定，非缔约国"可以向书记官长提交声明，接受本法院对有关犯罪行使管辖权"，可以推论，非缔约国作出接受法院管辖权的声明包含了接受法院的管辖权，以及接受法院对声明涉及的有关犯罪行使管辖权。

实践上，乌干达作出声明后，检察官于 2004 年 6 月 17 日通知法院院长会议有关乌干达提交的情势和作出的声明，院长会议于 2004 年 7 月将乌干达情势分派给预审分庭。2004 年 7 月，检察官确定有合理理由进行调查，并通知了所有的缔约国。[1] 乌干达在作出声明时已是《罗马规约》缔约国，声明只是该国向国际刑事法院自我提交情势时附带作出的，目的是把法院的管辖权提早 2 个月，而且这样做符合《罗马规约》第 11 条的规定。因此，检察官并没有专门处理该声明。

其他声明都是非缔约国作出的，适用了检察官自动调查程序。即对接受国际刑事法院管辖的声明的处理不同于对缔约国或安理会提交的情势的处理。对于后者，检察官办公室在初步审查后，无须取得预审分庭的授权，可决定对缔约国或安理会提交的情势开始调查。而检察官办公室若决定对声明所涉情势启动调查，则需要得到预审分庭的授权。换言之，把接受法院管辖的声明中提到的有关犯罪或事件等同于检察官收到的犯罪资料来处理。

（二）处理声明程序的弊端：缺乏司法监督

适用不同程序进行初步审查会产生不同的后果。院长会议在收到缔约国刚果、乌干达、中非共和国、马里、加蓬共和国提交的情势时，就指派了预审分庭予以处理。[2] 每个预审分庭处理分配给它的情势所产生的所有问题。而只有在检察官认为有合理理由进行调查时，预审分庭才会介入非缔约国声明接受法院管辖所涉及的情势。根据缔约国提交的情势适用的程序，预审分庭可以很快地审议分配给它的有关事项。提交国还可要求预审分庭重新考虑检察官不进行调查的决

---

〔1〕 Steven Freeland, "How Open Should the Door Be?", *Nordic Journal of International Law*, Vol. 75, 2006, p. 213.

〔2〕 Decision Assigning the Situation in the Democratic Republic of Congo to Pre – Trial Chamber I, 5 July 2004, ICC – 01/04; Decision Assigning the Situation in Uganda to Pre – Trial Chamber II, 5 July 2004, ICC – 02/04; Decision Assigning the Situation in the Central African Republic to Pre – Trial Chamber III, 19 January 2005, ICC – 01/05; Decision Assigning the Situation in the Republic of Mali to Pre – Trial Chamber II, 19 July 2012, ICC – 01/12; Decision Assigning the Situation on Registered Vessels of the Union of the Comoros, the Hellenic Republic and the Kingdom of Cambodia to Pre – Trial Chamber I, 5 July 2013, ICC – 01/13; Decision Assigning the Situation in the Central African Republic II to Pre – Trial Chamber II, 18 June 2014, ICC – 01/14; Decision assigning the Situation in the Gabonese Republic to Pre – Trial Chamber II, 4 October 2016, ICC – 01/16.

定。例如，科摩罗在 2013 年 5 月 14 日提交给检察官的"2010 年 5 月 31 日以色列袭击开往加沙地带的人道援助船队"的情势。[1]经过仔细的初步审查，检察官决定，没有合理的理由调查这一情势。科摩罗提出"根据《罗马规约》第 53 条第 3 款第 1 项的规定审查 2014 年 11 月 6 日检察官决定不立案调查该情势"的申请。[2]2015 年 7 月 16 日，第一预审分庭就科摩罗联盟的请求作出了审查决定。[3]这种审查程序是防止检察官滥用权力或不适当行使权力的一种保障。对宣布接受法院管辖权的非缔约国也应该提供同样的保障。但是《罗马规约》和《法院条例》都没有规定对《罗马规约》第 12 条第 3 款声明引起的情势所作初步审查进行司法审查。因此，不仅检察官可以拖延对这些情势的初步审查，而且提交声明的国家无权对检察官的决定提出异议。[4]分庭对埃及声明的处理可以证明这点。2014 年 9 月 5 日，莫尔西和自由党向法院书记官长提交了一份文件，要求法院复核检察官不接受其声明的决定。第二预审分庭认为，检察官可以主动处理他所获得的信息，并根据《罗马规约》第 15 条的规定开始调查。对检察官所作决定的司法审查因触发机制或检察官决定依据的不同而不同。只有在检察官决定进行调查将无助于公正的情况下，预审分庭才可以审查该决定。由于检察官拒绝接受请求方声明的决定不是基于这一理由，所以法庭不能对检察官的决定进行司法审查。[5]

第三节　对有权提交声明资格的判定

《罗马规约》第 12 条第 3 款和《程序和证据规则》反映出，起草者没有考虑提供有资格提交声明的"国家"的定义和有资格代表国家的政府的标准。法院在实践中遇到了这些问题的困扰。

---

[1] Referral under Articles 14 and 12 (2) (a) of the Rome Statute arising from the 31 May 2010, Gaza Freedom Flotilla situation, available at: https://www. icc – cpi. int/iccdocs/otp/Referral – from – Comoros. pdf, last visit 29 June 2017.

[2] Situation on Registered Vessels of Comoros, Greece and Cambodia, Article 53 (1) Report, 6 November 2014.

[3] Application for Review pursuant to Article 53 (3) (a) of the Prosecutor's Decision of 6 November 2014 not to initiate an investigation in the Situation, 29 January 2015, ICC – 01/13 3 – Red.

[4] Steven Freeland, "How Open Should the Door Be?", p. 227.

[5] "Decision on the 'Request for review of the Prosecutor's decision of 23 April 2014 not to open a Preliminary Examination concerning alleged crimes committed in the Arab Republic of Egypt and the Registrar's Decision of 25 April 2014'", 12 September 2014, ICC – RoC46 (3) – 01/14, paras. 6 ~ 9.

一、国家

（一）巴勒斯坦是否属于可以提交声明的国家

在遇到缔约国、安理会提交情势，或非缔约国声明接受法院的管辖，检察官的职责是对有关的情势作初步的审查，确定是否有合理的根据对情势展开调查。[1] 检察官认为，在任何初步审查阶段，首先要确定是否满足《罗马规约》第12条规定的行使管辖权的先决条件，只有满足了先决条件，才进一步审查《罗马规约》第13条、第53条第1款规定的行使管辖权的其他条件。在2009年至2012年期间，检察官认为巴勒斯坦是否属于《罗马规约》允许提交声明的"国家"的问题应由他的办公室予以解决。2009年秋天，在非政府的国际刑事法院联合会的会议上，检察官指出，如果巴勒斯坦对两个问题的答案是肯定的，就可以接受巴勒斯坦作为国家作出的声明。这两个问题是：巴勒斯坦是否有能力缔结国际条约，以及巴勒斯坦对以色列国民所犯罪行是否能行使刑事管辖权。不少国际法学家、国际法研究机构和巴勒斯坦当局都向检察官办公室提交了意见书。[2]

这些意见书对如何解释《罗马规约》第12条第3款的"国家"一词持不同见解。一派持目的或功能解释的方法，认为第12条第3款中的"国家"应主要根据《罗马规约》的上下文及其目的来解释。首先，《罗马规约》的目的就是序言中所确认的不使国际社会最关心的罪犯逃避惩罚。为此目的，对该款中的"国家"一词的解释不同于国际法上对国家资格的一般解释。法院应该以能够使条约达到其目的的方法来解释"国家"一词。法院可以只审查巴勒斯坦国家政权是否满足《罗马规约》的要求而不必宣布巴勒斯坦作为国家所涉及的广泛的问题。[3] 再者，在《罗马规约》第12条上下文中审查"国家"一词就意味着，法院行使管辖权的先决条件是基于属地国家和积极的属人国家的同意。在巴勒斯坦地区，除了巴勒斯坦，没有其他国家能够赋予国际刑事法院在该地区的属地管辖权。剥夺第12条对巴勒斯坦情势的适用效果将会在被占领土上制造一个有罪不罚的地区，不符合《罗马规约》的宗旨目的以及规约制定者的意图。[4]

---

〔1〕 《罗马规约》第15条；Office of the Prosecutor, Draft Policy Paper on Preliminary Examinations, 1 December 2012.

〔2〕 Situation in Palestine, Summary of Submissions on Whether the Declaration Lodged by the Palestinian National Authority Meets Statutory Requirements, 3 May 2010.

〔3〕 Situation in Palestine, Summary of Submissions on Whether the Declaration Lodged by the Palestinian National Authority Meets Statutory Requirements, paras. 22, 23.

〔4〕 Situation in Palestine, Summary of Submissions on Whether the Declaration Lodged by the Palestinian National Authority Meets Statutory Requirements, paras. 24~25.

另一派人提出，应根据条约解释的规则，按照"国家"一词的通常意义来解释。如果缔约国意在给予一词语特殊的意义，该词语才能被解释为含有特殊的意思，但《罗马规约》中没有给予"国家"一词特殊含义的规定，因此不能推论不具备国家条件的实体是国际法一般规则上的国家。而存在一般承认的巴勒斯坦是适用第 12 条第 3 款的先决条件。[1]

关于巴勒斯坦是否属于国家的争论，一派坚持采取《蒙得维的亚国家权利义务公约》中有关国家的严格条件，认为巴勒斯坦不是一个国家。例如，马尔科姆·肖（Malcolm Shaw）教授指出，按照 1993 年和 1995 年巴勒斯坦和以色列签署的《临时自治安排原则宣言》（即《奥斯陆协议》[奥斯陆第二项协议] 和《以色列 – 巴勒斯坦关于西岸和加沙地带的临时协议》），约旦河西岸的一些区域完全在以色列的控制下，巴勒斯坦不满足作为一个政府应具备的条件。[2] 而且巴以双方的协议承认，被视为国家不可或缺的巴勒斯坦对外交往的职能是受以色列控制的。[3] 此外，根据《奥斯陆协议》，巴勒斯坦当局对巴勒斯坦占领的加沙和约旦河西岸领土的某区域中以色列国民的犯罪没有刑事管辖权。那么巴勒斯坦当局也就不可能将其刑事管辖权让渡给国际刑事法院。[4]

另一派的意见认为《蒙得维的亚国家权利义务公约》的意义不大，他们注重巴勒斯坦人民的自决权、对所占领土的主权、明示和默示承认巴勒斯坦为国家或具有国际法律人格的国际实践。在国际实践中，国际法对于政府对领土的有效控制的要求、政府对其外交事务控制程度的要求并不那么严格，例如，1992 年在波黑仍处于武装冲突时，大多数西方国家包括美国和欧共体就承认了波黑。一国的领土被另一交战国占领，或政府失败了，不能对其某部分领土或全部领土进行控制，成立了流亡政府，它仍不失为一个国家。[5] 也不乏由外国政府处理其外交事务但仍是国家的例子。根据巴勒斯坦人民的自决权，巴勒斯坦是巴勒斯

〔1〕　Situation in Palestine, Summary of Submissions on Whether the Declaration Lodged by the Palestinian National Authority Meets Statutory Requirements, para. 26.

〔2〕　IAJLJ Opinion of Malcom Shaw: In the Matter of the Jurisdiction of International Criminal Court with Regard to the Declaration of Palestinian Authority, 9 September 2009, pp. 11 ~ 12.

〔3〕　AJLJ Opinion of Malcom Shaw: In the Matter of the Jurisdiction of International Criminal Court with Regard to the Declaration of Palestinian Authority, 9 September 2009, pp. 15 ~ 19; ECLJ, Legal Memorandum in Opposition to the Palestinian Authority's January 2009 Attempt to Accede to ICC Jurisdiction over Alleged Acts Committed on Palestinian Territory since 1 July 2002, 9 September 2009, pp. 17 ~ 19.

〔4〕　Dore Gold & Diane Morrison, Discussion on Whether the Declaration Lodged by the Palestinian Authority Meets Statutory Requirements: Historical and Diplomatic Considerations, 19 – 20 October 2010, p. 6.

〔5〕　Errol Mendes, Statehood and Palestine for the Purposes of Article 12 (3) of the ICC Statute: A Contrary Perspective, p. 18.

坦地区的唯一主权者。巴勒斯坦与100多个国家建立了关系，参加了一些国际机构。因而，巴勒斯坦是一个国家，只是因为强大的地缘政治利益而未被全面承认和取得独立。因此，它可以与国家一样全面地参加国际机构，包括国际刑事法院。[1]

对于巴勒斯坦当局不能对巴勒斯坦被占领土的某些区域中以色列国民的犯罪行使刑事管辖权的问题，巴勒斯坦当局解释说，巴勒斯坦当局与以色列达成临时协议，巴勒斯坦临时放弃对以色列国民在西岸和加沙地区的刑事管辖权。这种放弃与对以色列的其他让步一样，在一定条件下是可以恢复的。[2]还有学者指出巴勒斯坦对以色列国民放弃的是普通刑事犯罪的管辖权，对于以色列国民在西岸和加沙地带犯的《罗马规约》中的犯罪，巴勒斯坦是有管辖权的。因为各国对《罗马规约》中的犯罪都有普遍管辖权，无论罪犯的国籍为何，各国都有义务在国内确立对这些犯罪的管辖权，并对他们进行起诉审判。《奥斯陆协议》排除巴勒斯坦对以色列国民犯罪的刑事管辖权不能合法地包括排除对战争罪和危害人类罪等国际罪行的管辖，否则就不符合国际法。[3]

对于巴勒斯坦是否属于《罗马规约》意义上的"国家"，意见纷呈，莫衷一是。经过3年的研究，检察官忽然宣布他无权确定巴勒斯坦是否属于《罗马规约》第12条意义上的国家而能够声明接受国际刑事法院的管辖权。[4]这是由于《罗马规约》第12条第3款规定，法院行使管辖权需要得到一个非缔约国的国家接受法院的管辖权。《程序和证据规则》中的规则44分则1也规定，只有有资格成为《罗马规约》缔约国的国家才可以提交第12条第3款的声明。检察官认为巴勒斯坦在联合国的地位是观察员实体，而非观察员国，巴勒斯坦不能签署《罗马规约》，也就不能声明接受法院的管辖。[5]他决定要让联合国和《罗马规约》

---

〔1〕 John Quigley, The Palestine Declaration to the International Criminal Court: The Statehood Issue, 20 May 2010, p. 3; Errol Mendes, Statehood and Palestine for the Purposes of Article 12 (3) of the ICC Statute: A Contrary Perspective, pp. 8 ~ 11.

〔2〕 Al - Haq position Paper on Issues Arising from the Palestinian Authhority's Submission of a Declaration to the Prosecutor of the International Criminal Court under Article 12 (3) of the Rome Statute, 14 December 2009, p. 16.

〔3〕 Situation in Palestine, Summary of submissions on whether the declaration lodged by the Palestinian National Authority meets statutory requirements, 3 May 2010, paras. 31 ~ 32; Al - Haq position Paper on Issues Arising from the Palestinian Authhority's Submission of a Declaration to the Prosecutor of the International Criminal Court under Article 12 (3) of the Rome Statute, 14 December 2009, p. 11.

〔4〕 Situation on Palestine, 3 April 2012, http://www.icc - cpi.int/NR/rdonlyres/9B651880 - EC43 - 4945 - BF5A - FAFF5F334B92/ 284387/SituationinPalestine030412ENG.pdf, last visited 6 February 2015.

〔5〕 The State of Palestine Accedes to the Rome Statute, Press Release: 7/01/2015.

缔约国大会解决巴勒斯坦是否属于国家的问题。[1]

（二）对巴勒斯坦是否属于国家的决定权

虽然检察官办公室负责对声明所涉有关犯罪的情势进行初步审查，包括确定其是否在法院管辖范围内，但是，这并不意味检察官有权决定向其提交声明的实体是否为一个国家，或是否有资格作出这种声明。这个问题应该由法院的司法机关——预审分庭乃至上诉分庭予以决定。[2]书记官长在接到巴勒斯坦的声明以后，曾发表意见说，最终可能要由法官来解决该问题。[3]

检察官之所以不把该问题提交法院的法官解决，是由于检察官认为，在调查尚未开始前，《罗马规约》中没有规定检察官可以诉诸预审分庭的机制，当时院长也没有指派预审分庭处理有关巴勒斯坦的问题。但是实际上，一个实体是否国家是个法律问题，巴勒斯坦是否有权发表声明接受法院的管辖，事关法院的管辖权的问题，《罗马规约》里是有相关规定的。《罗马规约》第19条第3款规定，检察官可以寻求法庭对有关管辖权和可受理性问题作出裁决。这个程序必须由检察官启动。退一步说，即使第19条第3款不适用于初步审查阶段，检察官也可以根据《法院条例》第45条和第46条第3款，把巴勒斯坦的声明以及与声明有关的材料通知院长会议，如果院长会议认为恰当的话，就可以把该资料转达给预审庭庭长，以便把该事项分派给一个预审分庭处理。[4]遗憾的是，检察官根本没有考虑把该问题提交法官解决。

当然，《罗马规约》缔约国大会也有权对第12条第3款中"国家"一词予以解释。[5]《罗马规约》是一项条约，"谁制定的法律谁就有权解释"。[6]《罗马规约》全体缔约国可以对《罗马规约》作出有权解释。检察官宣布要让联合国和《罗马规约》缔约国大会解决巴勒斯坦是否属于国家的问题后，同年8月7日，一些国际法和国际刑法学者联名写信给国际刑事法院缔约国大会主席，敦促把巴勒斯坦国家资格问题提上第11届缔约国大会的日程（2012年11月）。他们认为为了实现国际刑事正义和捍卫国际刑事法院的名誉，《罗马规约》第12条第

---

〔1〕The State of Palestine Accedes to the Rome Statute, para. 8.

〔2〕司法机关根据当事国共同同意做出的解释是有权解释，见李浩培：《条约法概论》，法律出版社1987年版，第421页。

〔3〕Questions and Answers, para. 1. http://www. icc–cpi. int/NR/rdonlyres/74EEE201–0FED–4481–95D4–C8071087102C/279787/QARegistryArticle14. pdf, last visited 6 February 2015.

〔4〕Steven Freeland, "How Open Should the Door Be?", p. 231.

〔5〕《维也纳条约法公约》第31条第2、3款。

〔6〕李浩培：《条约法概论》，法律出版社1987年版，第405页。

3 款意义上的巴勒斯坦国家资格问题应尽快、适当解决。[1] 因为 2009 年 9 月联合国的调查委员会提出的调查报告说，以色列和巴勒斯坦武装团体都进行了对平民无差别的、故意的攻击，违反了国际人道法。报告提出了应对这些违法行为的各种建议，其中特别呼吁联合国安理会要求以色列和加沙当局切实进行独立和符合国际标准的调查，如果他们拒不这样做，应把加沙情势提交国际刑事法院的检察官。[2] 人权理事会赞同调查委员会的建议，呼吁有关各方包括联合国保证建议的执行。[3] 但是安理会没有向国际刑事法院的检察官提交巴勒斯坦的情势，那么，只有接受巴勒斯坦的声明，法院才可能追究那些严重违反国际人道法的人的刑事责任。

检察官认为《罗马规约》没有授权检察官办公室对《罗马规约》第 12 条第 3 款中的"国家"作出定义。他让联合国解决巴勒斯坦是否属于国家的理由是：根据《罗马规约》第 125 条的规定，国家要成为《罗马规约》的缔约国，就要向联合国秘书长交存加入规约的文件。[4] 如果秘书长对一个交存者是否属于国家不清楚或不明确，按照关于存放多边公约的实践的文件，联合国秘书长就会寻求和遵循联合国大会对此事的指引。因此，他认为决定《罗马规约》第 12 条中"国家"一词含义的权力在联合国。[5]

然而，关于联合国秘书长存放多边公约的实践的文件[6]所说的当秘书长对交存条约加入书者是否为国家发生疑问时，将征求联合国大会的指引，其前提条件是，这些条约是联合国大会通过的条约。[7]《罗马规约》不是联合国大会制定的条约。此外，巴勒斯坦是向国际刑事法院提交声明接受其管辖，而不是参加国际刑事法院，不存在交存加入书的问题。让联合国大会指引巴勒斯坦是否有资格提交《罗马规约》规定的声明的根据何来之有？退一步说，即便巴勒斯坦是向秘书长交存加入书，鉴于 2011 年 10 月 30 日巴勒斯坦已被联合国教科文组织接

[1] Dapo Akande, ICC Assembly of States Parties Urged to Decide on Status of Palestine, 24 September 2012. http://www.ejiltalk.org/icc-assembly-of-states-parties-urged-to-decide-on-status-of-palestine/, last visited 6 February 2015.

[2] Report of the Independent International Fact-Finding Mission, A/HRC/12/48, 23-24 September 2009.

[3] The Human Rights situation in the Occupied Palestinian territory, including East Jerusalem, resolution adopted by the Human Rights Council, A/HRC/RES/S-12/1, 21 October 2009.

[4] The State of Palestine accedes to the Rome statute, Press Release: 7/01/2015.

[5] Situation in Palestine, 3 April 2012, paras. 5, 6.

[6] Summary of Practice of the Secretary-General as Depositary of Multilateral Treaties, prepared by the Treaty Section of the Office of Legal Affairs.

[7] Summary of Practice of the Secretary-General as Depositary of Multilateral Treaties, p. 23.

受为成员国，秘书长在2012年4月检察官作出决定时接受它的加入书也不会发生困难。

再者，联合国对于国家承认的问题态度很明确：承认一个国家或政府是只有国家和政府能够给予或撤销的行为。联合国既不是一个国家也不是一个政府，因此没有承认国家和政府的任何权力。[1] 从《联合国宪章》关于接纳会员国的规定来看，大会和安理会考虑接纳新会员国的条件是：一国是否爱好和平，以及是否接受并愿意履行宪章规定的义务。[2] 可见联合国大会和安理会都没有权力确定一个实体是否为国家。更重要的是，国际刑事法院不是联合国设立的司法机构。联合国安理会对国际刑事法院可以行使的权力或权利都明确规定在《罗马规约》有关侵略罪、提交情势、推迟调查和起诉的条款中。法院能否行使管辖权的问题是法院有权自己决定的事项（Competence – Competence），《罗马规约》没有授权联合国过问此问题。《法院和联合国关系协定》第18条的确规定了联合国与检察官之间的合作，但这些规定旨在便利检察官的调查。无论如何，联合国是无权向检察官作出不在其职权范围内的任何行动，包括作出巴勒斯坦是否属于《罗马规约》第12条中的国家的决定。检察官提出该问题要由联合国这样的政治机构来决定，显然既没有法律依据，又损害了法院的独立性。

二、代表政府的资格

2013年，检察官办公室拒绝了埃及律师向国际刑事法院的书记官长提交的第12条第3款的声明，断定表示同意法院行使管辖权的该文件不是由具有"全权"代表埃及国家的当局提交的。[3]

检察官采取了两个判断标准：一个是联合国对新政府的承认。检察官说，在联合国礼宾部门的名单上，埃及的国家首脑是阿德勒·曼苏尔（Mahmud Adly Mansour）、政府首脑是哈齐姆·贝卜拉维（Hazem El-Beblawy）、外交部部长是纳比勒·法赫米（Nabil Fahmy），他们都是在2013年7月任命的。2013年12月5日，联大在无投票情况下接受了外交部长率领的埃及代表团的国书，这表明联合国会员国都不认为穆罕默德·穆尔西在联合国代表埃及。[4]

---

〔1〕　参见联合国网站 www. un. org/en/members/about. shtml，最近访问日期：2015年2月6日。

〔2〕　《联合国宪章》第4条。

〔3〕　The Determination of the Office of the Prosecutor on the Communication Received in Relation to Egypt, Press Release, 08/05/2014. http://www. icc – cpi. int/en_menus/icc/press% 20and% 20media/press% 20releases/Pages/pr1003. aspx, last visited 6 February 2015.

〔4〕　The Determination of the Office of the Prosecutor on the Communication Received in Relation to Egypt, Point 3.

另一个是根据"有效控制"的法律标准。检察官认为,事实上控制国家领土的实体受到大部分民众习惯上的服从,并有长期存在的合理期望,被国际法承认为该国的政府。适用这一标准,在有关的声明签署之日(2013 年 8 月 10 日)和提交之日(2013 年 12 月 13 日),穆尔西不再是有法律能力代表埃及承担新的国际法律义务的政府当局。检察官指出,其掌握的资料表明,在所有关键时刻,提交者都未对埃及领土的任何部分行使有效控制。他也不具有对一国领土行使有效控制的公认权威,以及保有制定国际条约能力的其他权力。[1]检察官办公室下结论说,在该文件签署之日或提交之日,签署者和提交者都没有必备的权力,或不具有代表埃及国家的"全权"以表示该国同意法院行使管辖权。[2]简言之,他们没有根据《罗马规约》第 12 条第 3 款请求法院行使管辖权的资格。

检察官的决定引起了一些批评。有人指出检察官行为的不一致,在处理巴勒斯坦声明时说检察官没有权力确定巴勒斯坦是否为国家,而在本案,检察官却完全有权判定一个政府是否存在。也有人认为,取自劳特派特的《国际法》一书中的"有效控制"标准,有其学术的价值,但未必就是国际法的渊源。还有人认为穆尔西是个民选总统,被暴力政变赶下台,此时可能是最需要国际刑事法院管辖的时候。[3]

检察官确立的可代表政府作出声明的两个标准可能是有问题的。联合国接受的政府代表不一定都有效控制了一国的领土。例如,1971 年以前,台湾当局一直占据着中国在联合国的合法席位,但是它没有控制,更不用说有效控制中国的大部分领土。此外,1979 年越南出兵柬埔寨推翻红色高棉政权后扶植的柬埔寨人民共和国通常被认作是越南的傀儡政权。虽然该政权在 1979 年至 1993 年为柬埔寨大部分领土的实际统治者,但它并未在联合国取得席位,期间柬埔寨在联合国的席位为红色高棉的代表。

2014 年 9 月 5 日,穆尔西和自由党再次向法院书记官长提交文件,请求法庭复议检察官的决定。预审分庭庭长根据《法院条例》第 46 条第 3 款[4]将该事项

---

[1] The Determination of the Office of the Prosecutor on the Communication Received in Relation to Egypt, Point 4.

[2] The Determination of the Office of the Prosecutor on the Communication Received in Relation to Egypt, Point 5.

[3] Eugene Kontorovich, Effective Control and Accepting ICC Jurisdiction (guest post and responses), 4 August 2014. http://opiniojuris.org/2014/08/04/guest - post - effective - control - accepting - icc - jurisdiction/, last visited 6 February 2015.

[4] 《法院条例》第 46 条第 3 款规定,不依第 2 款分配给预审分庭的情势所产生的任何事项、请求或资料,应由预审庭庭长按其编定的勤务册分配给某一分庭。

分配给第二预审分庭处理。该预审分庭裁定，检察官可主动依据《罗马规约》第15条处理他所获得的信息和作出是否启动调查的决定。对检察官决定的司法审查取决于法院管辖权的启动机制，在缔约国和安理会提交情势的情况下，由有关的缔约国和安理会请求司法审查。只有在检察官完全依据调查无助于实现公正的理由决定不调查有关情势时，预审分庭才可以主动审查该决定。由于检察官拒绝接受请求方的决定不是依据调查无助于实现公正的理由作出的，分庭不能审查检察官的决定。[1]这再次反映出《罗马公约》缺少对检察官处理第12条第3款声明的司法审查机制。

有鉴于此，对声明的处理的确需要进行司法监督。张·詹姆斯（Chan James）建议，声明一经作出，就应该允许法庭不拖延地就规约的规定给予一个权威的解释，避免声明的效力长期处于不确定之中。[2]弗里兰（Freeland）教授建议，由预审分庭对第12条第3款的声明作初步的监督，保证声明是合法的，并为检察官制定处理声明的指南。[3]本文建议可以考虑在程序规则中增加以下规定：书记官长在收到声明时，应同时通知检察官和院长会议，凡是涉及声明者的资格问题，院长会议应检察官的请求，在必要时主动指定一个预审分庭予以确定。对检察官的处理有质疑时，应允许适用与提交请势相同的司法监督程序。

第四节　接受法院管辖声明的效力和后果

向国际刑事法院作出接受法院管辖的声明大多不是单纯地表示接受法院的管辖，而是在同意法院管辖的同时指出了赋予法院管辖的时间、有关的事件、特定的区域或人和罪名。例如，科特迪瓦在2003年的声明中明确接受法院行使管辖的时间自2002年9月19日事件起。2014年巴勒斯坦国提交的声明接受法院对自2014年6月13日以来在巴勒斯坦被占领土上的犯罪行使管辖权。乌克兰的声明承认国际刑事法院的管辖权在时间上限于2013年11月21日至2014年2月22日期间，犯罪责任者为乌克兰国家高级官员，包括乌克兰前总统、前检察长和前内

〔1〕 "Decision on the 'Request for review of the Prosecutor's decision of 23 April 2014 not to open a Preliminary Examination concerning alleged crimes committed in the Arab Republic of Egypt, and the Registrar's Decision of 25 April 2014'", 12 September 2014, ICC – RoC46（3）–01/14, paras. 6 ~ 9.

〔2〕 Chan James, Judicial Oversight over Article 12（3）of the ICC Statute, FICHL Policy Brief Series No. 11, 2013, pp. 3, 4.

〔3〕 Steven Freeland, "How Open Should the Door Be?", p. 231.

务部长等，所犯的罪行为对和平示威的乌克兰国民实施的危害人类罪。

一国是否可以在声明中限制法院的管辖权呢？根据条约法的规定，条约不拘束第三国，除非得到第三国的同意。[1] 非缔约国的声明就是第三国表示同意受《罗马规约》拘束，从而对非缔约国产生《罗马规约》上的权利和义务。原则上，非缔约国可以在其同意的范围内接受国际刑事法院的管辖权，这样非缔约国就可以在声明中限制法院管辖的范围。但是《罗马规约》中没有明文说非缔约国可以，也没有明文说不可以这样做。只能通过规约的谈判历史和法庭的判例对这些问题进行辨析。

一、声明在法院属时管辖方面的效力

首先，声明可否使法院管辖声明日之前的犯罪？《罗马规约》规定，法院对《罗马规约》生效以后的犯罪有管辖权，对于在《罗马规约》生效后才加入《罗马规约》的缔约国，法院对该国的属时管辖从《罗马规约》对该国生效时起，即《罗马规约》对缔约国的管辖权没有回溯的效力，除非缔约国作出第 12 条第 3 款的声明。在这种情况下，法院对该国的属时管辖可以回溯到该声明所指的时间，但不能回溯到规约生效之前。非缔约国声明接受法院的管辖，多数是由于在该国领土上发生了法院管辖权内的犯罪，该国希望法院介入并予以管辖，因此声明有回溯的效力，即法院对声明之前发生的犯罪有管辖权。

对于声明所指法院管辖的起始时间之前或《罗马规约》生效之前的犯罪，如果属于继续犯罪或不完整犯罪，国际刑事法院也可以参考已有的国际刑事审判的判例，[2] 将声明所述时间之前的犯罪事实作为继续或不完整犯罪的证据，或证明犯罪的环境要素或证明在同谋犯之间存在着共同计划。[3]

法院是否只能对声明作出之前的犯罪具有管辖权？美国参加《罗马规约》谈判的代表大卫·谢弗指出，第 12 条第 3 款的规定主要适用于声明之前发生的犯罪，因为检察官可能要调查这些犯罪，所以请非缔约国声明同意法院的管辖，不过他没有否定声明也可以适用于声明之后发生的犯罪。[4] 在国际刑事法院的科特迪瓦情势中，被告人巴博认为，一国作出第 12 条第 3 款的声明，只表示接受法院对声明之前发生的犯罪或情势行使管辖权，法院不能对声明之后发生的犯罪或情势行使管辖权。因为第 12 条第 3 款的用语是接受法院对"有关犯罪"的

---

〔1〕《维也纳条约法公约》第 34 条。

〔2〕 有关卢旺达国际刑庭的做法，参见凌岩：《卢旺达国际刑事法庭的理论与实践》，世界知识出版社 2010 年版，第 47 ~ 55 页。

〔3〕 Carsten Stahn *et al.* , "The International Criminal Court's and ad hoc Jurisdiction Revisited", p. 430.

〔4〕 David Scheffer, "How to Turn the Tide Using the Rome Statute's Temporal Jurisdiction", p. 32.

管辖权，而不是第 12 条第 1 款中所述的《罗马规约》第 5 条所列犯罪的管辖权。因而第 12 条第 3 款是指犯罪过程中的具体事件，就只能与过去发生的事件有关，而不包括将来发生的犯罪。[1]

预审分庭和上诉法庭都不同意巴博的解释，指出 2003 年科特迪瓦的声明说明该声明的"有效期不定"，这意味着，科特迪瓦接受法院自 2002 年 9 月 19 日事件起发生的犯罪的管辖权。[2] 由于法院指控巴博犯的罪是发生在 2010 年 11 月 28 日科特迪瓦最后一轮总统选举之后，上诉分庭特意将 2002 年 9 月 19 日至 2010 年 11 月 28 日之间因长期的政治争端和权力斗争引发的危机联系起来视为同一情势，从而判定，根据 2003 年 4 月 18 日的声明，法院对 2002 年 9 月 19 日以后，包括 2010 年 11 月 28 日以后所犯的罪行有管辖权。[3]

二、声明对于法院管辖的犯罪予以限定

《罗马规约》第 12 条第 3 款规定，非缔约国可以声明接受法院对"有关罪行"行使管辖权。根据该规定，一国可否像乌克兰那样，声明接受法院对危害人类罪的管辖，对法院管辖的犯罪予以限定？可能有人会主张，既然《罗马规约》允许缔约国选择法院在 7 年内不对战争罪进行管辖，那么接受法院管辖的国家，也可以在声明中限制法院对犯罪种类的管辖。但是斯坦等学者认为如果允许这样做，就可能发生在声明中限定法院对某个种类的犯罪有管辖权，从而使调查和起诉只针对某些特定的实施犯罪的人群。[4] 这种做法不符合《罗马规约》力求避免的出于政治目的的调查。《程序和证据规则》规则 44 为此指明，声明必须接受法院对《罗马规约》第 5 条所列的犯罪的管辖权。

这个解释得到了几位著名国际刑法专家的支持。德国参加《罗马规约》的谈判代表、国际刑事法院已故法官考尔（Hans - Peter Kaul）曾指出，如果认为"有关犯罪"是指"具体的事件"或"一个犯罪"，那么，在非缔约国之间可能产生不对称的责任。即接受法院管辖的非缔约国国民在具体事件中犯有的罪行可能受到法院的管辖，而不接受法院管辖的另一个非缔约国的国民在同一事件中犯的相同罪行就可能不受法院的管辖。考尔法官称，在筹备委员会讨论《罗马规约》时，大多数代表都认为这样解释会歪曲第 12 条第 3 款的意思，很多代表认为该词语应解释为"相关的情势"。[5] 巴希奥尼（Bassiouni）是罗马大会起草委

---

〔1〕　*Prosecutor v. Laurent Koudou Gbagbo*, Judgment on the Appeal, para. 78.

〔2〕　*Prosecutor v. Laurent Koudou Gbagbo*, Judgment on the Appeal, para. 60.

〔3〕　*Prosecutor v. Laurent Koudou Gbagbo*, Judgment on the Appeal, paras. 60, 61.

〔4〕　Carsten Stahn *et al.*, "The International Criminal Court's and ad hoc Jurisdiction Revisited", p. 428.

〔5〕　Hans - Peter Kaul, "Preconditions to the Exercise of Jurisdiction", p. 611.

员会的主席，他也同意，第 12 条第 3 款意指法院可以对提交给它的一个情势中出现的第 5 条所指的任何犯罪行使管辖权。[1]

法院的实践亦表明，声明接受法院对"有关犯罪"的管辖是指对相关情势中的犯罪的管辖。在巴博案中，预审分庭指出，有些国家在声明接受法院管辖时，意在定下接受管辖的范围。但该预审分庭认为，国家不能任意限定法院对某情势中所犯的某种罪行有管辖权，因为法院的管辖权必须包括与该情势有关的所有的犯罪。[2]巴博指出《罗马规约》第 12 条第 3 款的用语是接受法院对"有关犯罪"的管辖权，而不是第 12 条第 1 款中的对第 5 条所指犯罪的管辖权。因而第 12 条第 3 款是指犯罪过程中的具体事件。[3]上诉分庭认为这种解释与规则 44 分则 2 的规定不符。该款规定声明的后果是接受本法院对与情势有关的第 5 条所述犯罪行使管辖权，因此第 12 条第 3 款中的"有关犯罪"是指《罗马规约》第 5 条中的罪行的种类，即灭绝种族罪、危害人类罪、战争罪和侵略罪，而不仅指这些犯罪过程中过去发生的具体事件。[4]

预审分庭和上诉分庭都肯定，《程序和证据规则》规则 44 分则 2 的规定就是为了避免非缔约国机会主义地使用法院，非缔约国不能把法院作为一种政治工具，选择性地接受法院对某种犯罪或冲突某方的管辖权。[5]

预审分庭和上诉分庭把声明接受法院对有关犯罪的管辖解释为对与情势有关的第 5 条所述犯罪行使管辖权不无道理。然而，却与前述上诉分庭关于第 12 条中的规定并不局限于接受法院对特定"情势"的管辖，只有当法院考虑了是否可以根据《罗马规约》第 13 条的规定行使管辖权之后，才有是否存在情势的问题的论断[6]相矛盾。

三、声明限制法院对人或冲突一方的管辖

限制法院对人的管辖有两种情况，一种诸如安理会曾通过第 1244 号和第 1487 号决议，排除法院对非缔约国的维和人员的管辖。另一种诸如乌克兰的声明，指名道姓法院应追究的犯罪责任者，或像乌干达那样提交有关冲突一方——圣灵抵抗军的情势，意味着限制法院只对圣灵抵抗军的人员进行管辖。但是检察

---

〔1〕 William Schabas, *The International Criminal Court: A Commentary on the Rome Statute*, p. 289.

〔2〕 *Prosecutor v. Laurent Koudou Gbagbo*, Judgment on the Appeal, para. 59.

〔3〕 *Prosecutor v. Laurent Koudou Gbagbo*, Judgment on the Appeal, para. 78.

〔4〕 *Prosecutor v. Laurent Koudou Gbagbo*, Judgment on the Appeal, para. 79.

〔5〕 *Prosecutor v. Laurent Koudou Gbagbo*, Decision on Jurisdiction, para. 59; Judgment on the Appeal, para. 58.

〔6〕 *Prosecutor v. Laurent Koudou Gbagbo*, Judgment on the Appeal, para. 82.

官通知乌干达当局：解释提交的范围要符合《罗马规约》的原则，因此检察官办公室要分析乌干达北方情势中无论何人犯下的罪行。[1] 在巴博案中，法庭重申一国不得选择性地接受法院对冲突某方的管辖权。巴勒斯坦声明接受法院对巴勒斯坦领土上的犯罪的管辖权，旨在利用国际刑事法院调查起诉以色列国民在加沙地带的犯罪。可以预见，如果法院接受了巴勒斯坦的声明，调查起诉不会仅限于以色列一方的犯罪，检察官对冲突各方的犯罪都可以进行调查。

综上所述，从法院规约的规定和法院的判例来看，非缔约国可以在《罗马规约》允许的范围内限定法院管辖权的起讫期限。若在声明中不限定声明的有效期限，似可以使法院管辖的期限一直延续下去，但这与非缔约国所做的接受法院管辖的声明是临时性质不符，因此法院在巴博案中采取了谨慎的做法，将两个相隔8年之久的事件联结为发生在同一情势中，同时也免去了审查2010年和2011年瓦塔拉肯定2003年声明的信件的效力问题。分庭这样做是否树立了一个先例？将来若遇到类似的情况法院是否都需要这样判定？如果前后两个事件完全没有联系，法院是否因声明中说明的声明期限不定仍会对第二个事件涉及的犯罪行使管辖权？这些都需要等待法院今后判例的指引。另一方面，法院的实践不允许接受国接受有限的法院属物和属人管辖。从条约法的角度来看，这样做似不符合条约不经第三国同意不拘束第三国的原则。然而，法院坚持对其管辖范围有决定权。

四、接受国与法院合作的义务

《罗马规约》第12条第3款明确说明，接受国应依照该规约第九编的规定，不拖延并无例外地与法院合作。《程序和证据规则》规则44分则2也要求书记官长告知有关国家，声明的后果包括"第九编的规定及该编有关缔约国的规则将予适用"，其内容涉及国际合作和司法协助。《罗马规约》和《程序和证据规则》都未规定接受国的合作义务是否只限于与该国有关犯罪情势的问题，还是也包括更广的问题，例如移交在其领土内被国际刑事法院通缉的人，即使该人不是该国公民，以及合作义务到何时为止。一般来说，只要法院对接受国的声明所涉情势的有关犯罪进行调查和起诉，接受国就有义务与法院合作。对于有些接受法院管辖的声明没有说明声明有效的期限，《罗马规约》第九编的规定将如何对接受国适用，这些还有待法院来解释。

---

　　[1]　Situation in Uganda, Decision assigning the situation in Uganda to Pre - Trial Chamber II, Annex5 July 2004, ICC - 02/04.

第八章 检察官对情势和案件的调查

第一节 概述

国际刑事法院检察官及其办公室是国际刑事法院的一个机关，在国际刑事法院的运作中占据着非常重要的地位。根据《罗马规约》的规定，检察官的主要职权是负责接受和审查提交的情势以及有关法院管辖权内的犯罪的事实资料，对国际核心犯罪进行调查和起诉。[1]检察官的调查和起诉权，是启动法院司法程序的直接驱动力，也是国际刑事法院及其司法程序中最活跃的部分。

国际法委员会最初准备的《罗马规约》草案不允许检察官在启动情势调查方面有任何自由裁量权。[2]法院的管辖权只能由缔约国或安理会的提交启动。不仅在没有缔约国或安理会的要求或提交的情况下，检察官没有权力提起诉讼，而且在这样的请求或提交适当做出后，检察官也没有拒绝进行起诉的自由裁量权。尽管在谈判《罗马规约》时，对赋予检察官权力的范围有不少分歧，[3]最终还是赋予了检察官享有启动调查的自由裁量权：一方面，在没有缔约国或安理会提交的情况下，检察官可以自行选择情势；另一方面，对于缔约国或安理会提交的情势，检察官也可以拒绝进行调查起诉。在这两种情况下，检察官的决定受预审分庭的司法审查。[4]

---

〔1〕《罗马规约》第42条第1款。

〔2〕 Report of the ILC on the work of its forty – sixth session, 2 May – 22 July 1994, UN Doc A/CN. 4/SER. A/1994/Add. l (Part 2), *Yearbook of the International Law Commission*, 1994, Vol. 2, pp. 15~73.

〔3〕 参见李世光、刘大群、凌岩主编：《国际刑事法院罗马规约评释（上册）》，北京大学出版社2006年版，第196~200页；Morten Bergsmo and Jelena Pejić, "Article 15", in O. Trifterer (ed.), *Commentary on the Rome Statute of the International Criminal Court – Observers' Notes, Article by Article*, 2nd Edition, pp. 581~585.

〔4〕 W. A. Schabas, "Selecting Situations and Cases", in C. Stahn (ed.), *The Law and Practice of the International Criminal Court*, Oxford University Press, 2015, p. 370.

在法院成立数年后，一些评论家对法院对国际刑事法律和程序的发展做出的贡献表示赞赏，也有评论家对法院和检察官的工作提出了批评，尤其是对所谓的选择性司法，他们指出检察官只对非洲国家的情势展开调查，只起诉叛军的罪犯，而不起诉乌干达和刚果民主共和国政府领导的那些部队人员。[1]有人批评说，法院指控的第一个被告人卢班加在刚果民主共和国情势中招募和使用儿童兵犯了战争罪，这种犯罪不够严重。[2]还有人认为，向苏丹总统巴希尔发出逮捕令无助于苏丹的和平进程等。[3]这些批评涉及检察官是如何审查情势和选择案例进行调查和起诉的问题。

一、"情势"和"案件"的区别

"情势"和"案件"这两个概念之间有着重要的区别。"情势"通常被限定于时间、地域的范围内，有时也涉及人，例如，自 2002 年 7 月 1 日起发生在刚果民主共和国领土上的是情势，《罗马规约》规定对于特定"情势"要确定是否应进行犯罪调查以及对特定情势展开犯罪调查。而"案件"通常包含在特定的事件中，某些被认定的犯罪嫌疑人犯了法院管辖范围内的一起或者数起犯罪。[4]简言之，案件的概念被理解为包括犯罪嫌疑人、事件和行为。[5]

"情势"和"案件"有区别也有联系。在"情势"中可能有一个或多个"案件"。有情势而没有案件或"潜在的案件"是不可能的，没有情势而只有案件似乎也是不可能的。一个"案件"必须始终是一个"情势"中的一部分。[6]调查始于一个"情势"，结束于一个具体的"案件"，即已认定要起诉一个或多个犯罪嫌疑人。[7]

"情势"和"案件"之间没有精确的界限，因为在没有迹象表明有涉嫌个别被告的潜在案件的情况下，定义"情势"是没有意义的。[8]"潜在的案件"在调

---

〔1〕 J. N. Clark, "Peace, Justice and the International Criminal Court: limitations and possibilities", *Journal of International Criminal Justice*, Vol. 9, No. 3, 2011, p. 524.

〔2〕 M. M. Deguzman, "Choosing to Prosecute: Expressive Selection at the International Criminal Court", *Michigan Journal of International Law*, Vol. 33, Winter 2012, p. 265.

〔3〕 M. M. Deguzman, "Choosing to Prosecute: Expressive Selection at the International Criminal Court", p. 273.

〔4〕 *Prosecutor v. Lubanga*, Decision on Applications for Participation in the Proceedings of VPRS – 1, VPRS – 2, VPRS – 3, VPRS – 4, VPRS – 5, VPRS – 6, 17 January 2006, ICC – 01/04 – 101 – tEN – Corr, para 65.

〔5〕 P. Seils, "Putting Complementarity in its Place", in C. Stahn (ed.), *The Law and Practice of the International Criminal Court*, Oxford University Press, 2015, p. 318; See also R. Rastan, "What Is a 'Case' for the Purpose of the Rome Statute?", *Criminal Law Forum*, Vol. 19, 2008, p. 435.

〔6〕 W. A. Schabas, "Selecting Situations and Cases", p. 367.

〔7〕 *Situation in the Republic of Kenya*, ICC – 01/09 – 19 – Corr, para. para. 41.

〔8〕 *Situation in the Republic of Kenya*, ICC – 01/09 – 19 – Corr, para. 50.

查过程中逐渐清晰成为一个"案件"。签发了逮捕令或出庭传票就完成了案件的调查过程。但是，逮捕令或传票签发后，检察官仍可以调整案件的范围，为确认指控的听证会做准备。根据《罗马规约》第 61 条的规定，预审分庭在确认指控听证会举行后，可能会重新界定该"案件"的范围，审判分庭也可以根据《法院条例》第 55 条的规定，作出进一步的更改。[1]

二、对情势和案件调查的法定要求

国际刑事法院检察官的工作不同于国内检察官和特设刑庭的检察官的工作。国内的检察官有责任调查和起诉在其管辖范围内的所有严重罪行。[2]联合国的两个特设国际刑庭的管辖权分别仅限于对特定的国家——前南斯拉夫和卢旺达。特设刑庭的检察官没有权力选择调查的情势，只有权选择调查的案件。而国际刑事法院是一个常设的全球性的国际刑事法院，面对的是发生在遍布全球的缔约国领土上的国际核心罪行的情势，以及在安理会提交时发生在非缔约国的情势。因此，国际刑事法院检察官既可以调查犯罪情势也可以调查犯罪案件，比特设刑庭的检察官拥有更广泛的权力。

受时间和资源的限制，国际刑事法院的检察官不可能对法院管辖范围内的所有罪行都进行调查和起诉。检察官必须在不同国家的犯罪情势中选择某些情势进行调查，并在"情势"以及某特定情势的众多犯罪行为中，选择进行调查和起诉的案件。关键问题不在于对情势和案件本身的选择，而在于如何合理地选择。

作为国际刑事法院的一个机关，检察官办公室必须而且只能按照《罗马规约》和法院的《程序和证据规则》的规定进行调查和起诉。根据《罗马规约》第 15 条的规定，检察官的首要责任是判断是否有合理的根据开始调查。检察官办公室应分析从国家、国际组织、非政府组织和个人获得的信息和资料的严肃性，以确保它们是可靠的。《程序和证据规则》规则 48 进一步说明，在根据第 15 条第 3 款确定是否有进行调查的合理根据时，检察官应考虑第 53 条第 1 款第 1~3 项所列各项因素：是否有人已经实施或正在实施法院管辖范围内的犯罪；该案是否为可予受理或将可予受理；调查是否有助于实现公正。

这些规定表明，无论是由一个缔约国或安理会提交还是基于检察官的自行调查权展开调查，对启动或进行调查的要求是一致的。其一，涉嫌的犯罪必须是在

---

〔1〕 W. A. Schabas, "Selecting Situations and Cases", pp. 367~368.

〔2〕 W. A. Schabas, "'O New World': The Role of the Prosecutor of the International Criminal Court", *Die Friedens – Warte*: *Blätter für internationale Verständigung und zwischenstaatliche Organisation*, Vol. 83, Issue 4, 2008, p. 29.

法院管辖范围内。其二，潜在的案件必须是可受理的，这意味着对有关犯罪有管辖权的国家对犯罪不采取行动，或者不愿意或不切实地进行调查和起诉，或案件不足够严重。至于公正利益，它不是检察官考虑启动调查的决定性因素，而是检察官考虑不进行调查的一个因素，即使管辖权和可受理的两个条件均已得到了满足。因此，公正利益只是在特殊情况下被考虑的一个因素。[1]

第二节　对情势的初步审查

一、合理根据

如前所述，检察官可以根据相关组织或者个人提交的材料对某情势进行初步审查，只有在认为有"合理根据"进行调查时，检察官才请求预审分庭授权其进行调查。对于缔约国和安理会提交的情势，检察官无需经预审分庭的授权就可以进行调查。《罗马规约》未说检察官是否需要对提交给他的情势进行初步审查，但是检察官采取的政策是初步审查对于提交的情势同样适用。[2]虽然有学者认为，缔约国和安理会提交情势必然是有理由的[3]，从实践上看，检察官从来没有拒绝过对安理会提交的情势展开调查，但是在初步审查的报告中比较简单地提到过对安理会提交的情势做了审查。对缔约国非自我提交的情势不仅做了审查，还拒绝过展开调查。[4]

《罗马规约》要求检察官要有"合理根据（reasonable basis）"才能开始调查。"合理根据"是检察官根据《罗马规约》第15条的规定开始调查的启动标准，这是一种证据上的考量，而不是合理地加以判断。第15条的"合理根据"甚至比第58条为发出逮捕证要求的"有合理理由相信（reasonable ground to believe）"实施了犯罪的标准还要低，是《罗马规约》中的最低证明标准。[5]而且两者使用的目的也不同，前者适用于初步审查和授权调查阶段，后者适用于发出

---

〔1〕　OTP, Policy Paper on the Interests of Justice, September 2007, p. 3.

〔2〕　OTP, Policy Paper on Preliminary Examinations, November 2013, paras. 35～36.

〔3〕　F. Guariglia and E. Rogier, "The Selection of Situations and Cases by the OTP of the ICC", in C. Stahn (ed.), *The Law and Practice of the International Criminal Court*, p. 357.

〔4〕　OTP, Situation on Registered Vessels of Comoros, Greece and Cambodia Article 53（1）Report, 6 November 2014.

〔5〕　Decision Pursuant to Article 15 of the Rome Statute on the Authorization of an Investigation into the Situation in the Republic of Kenya, 31 March 2010, ICC－01/0, para. 34.

逮捕证。[1]在调查之后的确认指控阶段，要求检察官的证据进一步达到有"充分证据（sufficient evidence）"使法庭有"实质的理由相信（substantive ground to believe）"的证明标准（《罗马规约》第61条），在审判定罪阶段则要求达到"排除合理怀疑（beyond reasonable doubt）"的证明标准（《罗马规约》第66条）。因此，在初步审查和启动调查阶段并不要求检察官所采纳的信息是"全面的"（comprehensive）或"结论性的"（conclusive），[2]不需要检察官提供的信息仅指向一个结论，[3]只要使预审分庭能够合情合理地认为法院管辖内的犯罪被实施或者企图实施即可。[4]

对"合理根据"的标准，《罗马规约》与《程序和证据规则》都没有明确地给予界定，法官们认为，"合理"一词从字面上讲意味着"合情合理"（fair and sensible）或者"在理性的限度内"（within the limits of reason），这个标准必须结合第15条第4款和第53条第1款第1~3项的规定进行理解。预审分庭在收到检察官的授权调查请求及辅助材料后，如果认为有合理根据相信有人实施了法院管辖权范围内的犯罪，满足了法院管辖权和可受理的条件，并且足够严重，应授权开始调查。因此，该标准的目的在于使法院免于处理那些无根据的、无聊的或者具有政治倾向的调查请求。[5]

有学者认为，"合理根据"和"有合理理由相信"这两个证据标准的实质是相同的。唯一真正的区别是，"合理根据"标准不是针对个人，而是针对作为一个整体情势或事件，[6]该学者认为分庭的解释不够准确，因为，起决定作用的是证据标准的实质，而不一定是它适用的环境。[7]他主张，检察官在请求发逮捕证时除了需要证明在法院管辖范围内的犯罪已经实施或正在实施外，还要证明罪

---

〔1〕 Decision Pursuant to Article 15 of the Rome Statute on the Authorization of an Investigation into the Situation in the Republic of Kenya, para. 29.

〔2〕 Decision Pursuant to Article 15 of the Rome Statute on the Authorization of an Investigation into the Situation in the Republic of Kenya, para. 27.

〔3〕 Decision Pursuant to Article 15 of the Rome Statute on the Authorization of an Investigation into the Situation in the Republic of Kenya, para. 34.

〔4〕 Decision Pursuant to Article 15 of the Rome Statute on the Authorization of an Investigation into the Situation in the Republic of Cote d'Ivoire, 3 October 2011, ICC – 02/11, paras. 24~25.

〔5〕 Decision Pursuant to Article 15 of the Rome Statute on the Authorization of an Investigation into the Situation in the Republic of Kenya, 31 March 2010, ICC – 01/0, para. 29.

〔6〕 M. J. Ventura, "The 'Reasonable Basis to Proceed' Threshold in the Kenya and Côte d'Ivoire *Proprio Motu* Investigation Decisions: The International Criminal Court's Lowest Evidentiary Standard?", *The Law and Practice of International Courts and Tribunals*, Vol. 12, No. 1, 2013, pp. 49~80.

〔7〕 M. J. Ventura, "The 'Reasonable Basis to Proceed' Threshold in the Kenya and Côte d'Ivoire *Proprio Motu* Investigation Decisions: The International Criminal Court's Lowest Evidentiary Standard?", pp. 49~80.

行是对其发逮捕证或出庭传票的人犯下的。为此，检察官提交的证据有被指控犯罪的人与罪行之间的联系。只有这样的证据才能证明对该人自由的干涉或剥夺是正确的。[1]

二、检察官进行初步审查的步骤

在进行初步审查时，检察官办公室将其工作分为四个阶段：[2]

第一阶段，对《罗马规约》第15条所指的收到的有关涉嫌犯罪的全部信息（"通信"）进行初步评估。目的是分析所收到资料的严肃性，筛选出属于法院管辖范围的犯罪信息，并确定看来不属于法院管辖范围内的犯罪的信息。

第二阶段，初步审查正式开始，重点放在《罗马规约》第12条规定的行使管辖权的先决条件是否满足，是否有合理根据认为涉嫌的犯罪是在法院管辖的犯罪事项的范围内。该阶段的分析是通过对审查的情势中涉嫌的犯罪进行事实和法律评估，以查明属于法院管辖范围内的潜在案件。可能的话，该办公室还可以收集相关国家国内程序的信息。

第三阶段的重点放在潜在的案件就补充性和严重性方面可否受理。在这个阶段，检察官办公室还将继续收集对有关犯罪的管辖权的信息，特别是在有关情势内是否有新的犯罪或正在进行犯罪。

第四阶段审查公正利益问题，就是否有立案调查的合理根据向检察官作出最后建议。

本文重点讨论第二至第四阶段的问题。

（一）审查管辖权问题

检察官在这个阶段主要审查在有关情势中的犯罪是否属于法院管辖权内的犯罪，即涉嫌的犯罪是否满足法院管辖权内犯罪的构成要件。若能够满足，该情势就能够通过该阶段的审查。以有关阿富汗情势为例，检察官收到有关在阿富汗领土上犯罪的通信93件，2007年开始对该情势进行初步审查，至2013年检察官办公室审查了有关该情势的管辖权问题，认为有合理根据相信阿富汗反政府武装自2003年5月在阿富汗境内涉嫌犯了《罗马规约》第7条第1款第1项危害人类罪中的谋杀、第7条第1款第5项的监禁或以其他方式严重剥夺人身自由的罪行，以及第8条第2款战争罪中的故意杀害、酷刑或不人道待遇、不经宣判径行判罪和处决、故意指令攻击平民人口和个人、人道援助人员及物资设施、非军事目

---

〔1〕　M. J. Ventura, "The ' Reasonable Basis to Proceed' Threshold in the Kenya and Côte d'Ivoire *Proprio Motu* Investigation Decisions：The International Criminal Court's Lowest Evidentiary Standard?", pp. 49 ~ 80.

〔2〕　OTP, Report on Preliminary Examination Activities 2014, p. 4.

标、征募和利用儿童兵参加敌对行动、以背信弃义的方式杀伤敌方战斗员。但是关于支持政府的武装、政府部队和国际部队是否涉嫌犯了法院管辖范围内的犯罪，检察官办公室已得到和掌握的资料或不能满足有关犯罪的要件，或尚不足以予以认定。2013 年检察官决定对阿富汗情势将进入下一步可否受理的审查。[1]同样，哥伦比亚、几内亚和尼日利亚的情势也都通过了管辖权阶段的审查，进入可受理性阶段的审查。[2]

但是，关于伊拉克的情势，经分析收到的资料，检察官得出结论认为，法院授权启动调查伊拉克情势的法定要求并没有得到满足。[3]主要的理由是法院对有关的犯罪无管辖权，其一，对侵略的定义和法院可以采取行动条件达成协议前，法院不得对侵略罪行使管辖权。[4]其二，检察官当时所掌握的信息还无法合理表明满足了危害人类罪和灭绝种族罪所必需的要件，即针对任何平民人口的广泛的或有系统的攻击（《罗马规约》第 7 条）。[5]

韩国的情势亦没有通过这个阶段的审查。2010 年 12 月检察官办公室对同年 3 月 26 日发生的朝鲜潜艇发射鱼雷击沉韩国天安号军舰，导致 46 人丧生，以及 11 月 23 日朝鲜炮击韩国延坪岛，导致海员和平民死亡和受伤的事件进行初步审查。检察官办公室确认了朝鲜和韩国之间 1953 年的停战协定只是同意停战，并没有谈判和平条约以结束 1950～1953 年的冲突，有犯有战争罪的环境条件。朝鲜潜艇击沉韩国军舰可能涉嫌犯有背信弃义杀害或伤害敌方战斗员，但是检方并不认为朝鲜在签订停战协定时有将来对韩国发动突然攻击的特别意图，因此无法得出该攻击满足此项战争罪的要件。[6]

对于朝鲜炮击韩国延坪岛，检察官的分析结果是，该炮击并非故意针对岛上的平民，其攻击的目标仍然是军事目标，对平民造成的附带伤害与预期得到的军事利益相比并不显然过分。检察官办公室认为没有合理根据相信朝鲜实施了在法院管辖权范围内的犯罪。[7]因而结束了对该情势的初步审查。

同样，检察官办公室对其掌握的资料进行分析后也认为没有合理根据相信在 2009 年 6 月 28 日至 2010 年 1 月 27 日之间发生在洪都拉斯的犯罪属于危害人类

---

〔1〕 OTP, Report on Preliminary Examination Activities, 13 November 2013, pp. 7～14.

〔2〕 OTP, Report on Preliminary Examination Activities, 13 December 2011, pp. 14～16, 21～23; Report on Preliminary Examination Activities, 2 December 2014, pp. 42～44.

〔3〕 Letter of the Office of the Prosecutor, 9 February 2006.

〔4〕 Letter of the Office of the Prosecutor, 9 February 2006, p. 4.

〔5〕 Letter of the Office of the Prosecutor, 9 February 2006, p. 4.

〔6〕 OTP, Report on Preliminary Examination Activities, 2 December 2014, paras. 225～232.

〔7〕 OTP, Report on Preliminary Examination Activities, 2 December 2014, paras. 233～243.

罪，并认为2010年1月至2013年9月间在巴乔·阿古恩（Bajo Aguán）地区的犯罪并不是《罗马规约》第7条意义上的对平民人口的攻击，因而不在法院管辖的范围内，因此结束了对洪都拉斯情势的初步审查。[1]

（二）可受理性问题[2]

在可受理性问题的审查阶段，检察官主要审查存在犯罪情势的国家是否对有关犯罪进行了国内的司法程序以及进行的程度如何。此外，该情势是否满足了严重性的门槛。

1. 国内的调查和起诉。截至2015年底，进入初步审查可受理性阶段的情势有四个：阿富汗、哥伦比亚、几内亚和尼日利亚。除阿富汗情势外，另外三个情势至2017年底仍未结束该阶段的初步审查。[3]在检察官的2015年的报告中，对于哥伦比亚、几内亚和尼日利亚的情势，检察官办公室主要审查国内补充性原则的实施情况。检察官办公室支持哥伦比亚当局对有关犯罪进行的国内调查、起诉和审判程序，肯定哥伦比亚当局在对高级官员案件的调查方面取得了进展，但是指出其拖延提供相关证据证明哥伦比亚当局对初步审查的重点领域的案件采取"具体的和渐进的侦查措施"，法院要求国家有关部门正在积极调查案件的证据必须"足够具体和有证明价值，以证明它确实正在调查案件"。哥伦比亚对于性犯罪和强迫流离失所犯罪的国内诉讼，相对前一年也有些进步，但是检察官办公室认为，总的来说，在司法系统中的调查和起诉仍缺乏实质性的进展。[4]检察官办公室仍继续跟踪和监督该国内的调查和起诉情况。

同样，对于几内亚和尼日利亚的情势在可受理性方面的审查也尚未完成。几内亚当局已任命了3名调查法官对2009年9月28日发生的事件进行调查。因此，检察官办公室对可受理性评估的重点放在该国有关部门是否愿意并能够进行切实的调查，尤其是否有意在合理的时间内将犯罪嫌疑人绳之以法。[5]

检察官对几内亚当局国内司法部门作出的努力比较满意，在其初步审查报告中指出，尽管几内亚当局面临着重大挑战，如埃博拉危机和与选举相关的政治紧张关系，调查法官所采取的具体和渐进的调查步骤已有了显著的进展。这些成绩的取得部分也归功于检察官办公室、联合国、民间社会和几内亚当局之间创建的积极的、建设性的推动力。检察官办公室决定继续密切跟踪该国国内法律程序的

---

〔1〕 OTP, Report on Preliminary Examination Activities, 12 November 2015, paras. 268~289.

〔2〕 参见第九章对可受理性问题的全面论述。

〔3〕 OTP, Report on Preliminary Examination Activities, 4 December 2017.

〔4〕 OTP, Report on Preliminary Examination Activities, 12 November 2015, paras. 164, 166.

〔5〕 OTP, Report on Preliminary Examination Activities, 12 November 2015, para. 175.

进展，并鼓励几内亚当局坚持自己的承诺完成调查，在 2016 年开始进行审判。[1]

对于阿富汗的情势，检察官办公室不仅依据补充性原则审查阿富汗国内对冲突各方涉嫌的核心国际罪行是否在进行切实的调查起诉，并且还评估了各方犯罪情况的严重性问题。在 2015 年检察官的报告中，阿富汗国内当局虽然对犯罪展开了调查，但是仅起诉了一个反政府部队的嫌疑人和两个政府军队的官员，没有向检察官办公室提供有关诉讼的任何信息。[2] 至 2017 年 12 月，阿富汗国内的调查起诉仍没有改观。此外，阿富汗情势还涉及美国军队囚禁和虐待战俘的犯罪。美国的司法部对虐待被中央情报局（CIA）拘禁的人做了两年的调查，美国的检察长也对两名战俘在被中央情报局拘禁时死亡的案件做了刑事调查，但是对犯罪没有提出起诉，理由是证据不足以定罪。美国的国防部亦就虐待被囚人员问题对上千人进行了调查，包括对至少 13 名高级别官员的调查，起诉和纪律惩罚了数百例虐囚犯罪。[3] 检察官 2017 年的报告指出，没有信息表明美国当局对授权或监督美国士兵及美国中央情报局人员虐囚进行调查，阿富汗当局也未对国际部队人员所犯罪行进行调查和起诉。[4] 这些情况导致检察官请求预审分庭授权调查阿富汗情势。[5]

2. 严重性。《罗马规约》中有关情势和案件调查有两个严重性概念：一个是在第 17 条第 1 款第 4 项和第 53 条第 1 款第 2 项和第 2 款第 2 项所提的情势的严重性；另一个是第 53 条第 1 款第 3 项和第 2 款第 3 项规定的犯罪的严重性。其一，作为法定义务的问题，检察官和法院必须考量在其考虑下的情势或案件是否符合《罗马规约》第 17 条第 1 款第 4 项规定的可受理的严重性门槛。其二，为了实现公正，在选择情势和案件进行调查时，检察官有考虑对犯罪的严重性进行调查和起诉的裁量权，即使已满足了《罗马规约》有关管辖和受理的要求。

《罗马规约》并没有定义有关可受理的严重性门槛。对严重性的解释需要由法院在实践中发展。第一预审分庭在卢班加案的裁决中试图解释严重性，它指出：其一，行为必须是有系统的、大规模的；[6] 其二，该行为引起了国际社会的

---

〔1〕 OTP, Report on Preliminary Examination Activities, 12 November 2015, paras. 185~186.

〔2〕 OTP, Report on Preliminary Examination Activities, 12 November 2015, paras. 128~129.

〔3〕 OTP, Report on Preliminary Examination Activities, 12 November 2015, paras. 124, 126.

〔4〕 OTP, Report on Preliminary Examination Activities, 4 December 2017, paras. 268~271.

〔5〕 OTP, Report on Preliminary Examination Activities, 12 November 2015, para. 280.

〔6〕 *Prosecutor v. Lubanga*, Decision on the Prosecutor's Application for Warrants of Arrest, Article 58, 10 February 2006, ICC–01/04–01/06, para. 46.

恐慌；[1]其三，为了有效威慑严重犯罪，调查的目标应该是那些"被怀疑对涉嫌法院管辖的犯罪负最大责任的最高领导人"。[2]

然而，上诉分庭推翻了审判分庭的裁决。[3]上诉分庭指出，不是国际刑事法院管辖范围内的所有罪行都需要有系统或大规模的要素。[4]国际社会的恐慌对严重性而言不是客观的。[5]遏制严重犯罪的有效途径不排除起诉某种人。[6]尽管法官多数意见没有解释严重性的要求，皮吉斯（Pikis）法官在其个别意见中认为，严重性的门槛将只排除无关紧要的案件或"不值得法院"考虑的边缘案件[7]，即使国内法院未行使管辖权。

检察官办公室起草了一份政策文件指导初步审查检察官办公室对严重性的评估。[8]严重性的考虑包括定量和定性的因素，如涉嫌犯罪的规模、性质、犯罪的方式及其影响。[9]

在肯尼亚情势中，第二预审分庭表明，在初步审查时，应"对将从调查的情势中出现的可能的或潜在的案件的背景"的严重性予以审查。[10]该分庭确定了在该阶段必须评估的有关潜在案件严重性的两个要素。第一个因素是涉及的人可能是未来要调查案件的对象。该分庭建议，对"那些为涉嫌的犯罪可能承担最大责

---

[1] *Prosecutor v. Lubanga*, Decision on the Prosecutor's Application for Warrants of Arrest, Article 58, para. 46.

[2] *Prosecutor v. Lubanga*, Decision on the Prosecutor's Application for Warrants of Arrest, Article 58, para. 50.

[3] Situation in the Democratic Republic of the Congo, Judgment on the Prosecutor's appeal against the decision of Pre - Trial Chamber I entitled "Decision on the Prosecutor's Application for Warrants of Arrest, Article 58", 13 July 2006, ICC - 01/04 - 169 - US - Exp.

[4] Situation in the Democratic Republic of the Congo, Judgment on the Prosecutor's appeal against the decision of Pre - Trial Chamber I entitled "Decision on the Prosecutor's Application for Warrants of Arrest, Article 58", para. 70.

[5] Situation in the Democratic Republic of the Congo, Judgment on the Prosecutor's appeal against the decision of Pre - Trial Chamber I entitled "Decision on the Prosecutor's Application for Warrants of Arrest, Article 58", para. 72.

[6] Situation in the Democratic Republic of the Congo, Judgment on the Prosecutor's appeal against the decision of Pre - Trial Chamber I entitled "Decision on the Prosecutor's Application for Warrants of Arrest, Article 58", paras. 73 ~ 79.

[7] Situation in the Democratic Republic of the Congo, Judgment on the Prosecutor's appeal against the decision of Pre - Trial Chamber I entitled "Decision on the Prosecutor's Application for Warrants of Arrest, Article 58", Separate and Partly Dissenting Opinion of J. Pikis, paras. 39 ~ 40.

[8] OTP, Draft Policy Paper on Preliminary Examinations, 4 October 2010.

[9] OTP, Draft Policy Paper on Preliminary Examinations, 4 October 2010, para. 70.

[10] Situation in the Republic of Kenya, Decision Pursuant to Article 15 of the Rome Statute on the Authorization of an Investigation into the Situation in the Republic of Kenya, 31 March 2010, ICC - 01/09, para. 58.

任的人"给予更多的关注。[1]那些持高级职务和在涉嫌的犯罪中扮演重要角色的人都被认为满足这个要素。[2]

第二个因素是，涉嫌在法院管辖范围内的犯罪所发生的事件有可能是未来调查的重点。[3]分庭赞同检察官的观点，可能会用定量和定性的方法审查严重性。[4]关于定性方面，分庭强调，不是受害人的数量，而是存在与犯罪相关的一些加重或性质的因素使犯罪严重。[5]分庭总结了考虑犯罪严重性的几个因素，与检察官的政策文件中的因素相同。[6]

国际刑事法院检察官办公室内部的人认为，有关可受理性的严重性问题反映了法院"内部"的利益而不是其他有关方面的"外部"的利益。[7]它所起的作用不是保护一个国家或一个犯罪嫌疑人，而最好被视为法院用来管理其工作和实施其优先事项的工具。[8]这个观点作为检察官优先选择一个案件进行起诉的政策是适宜的。但是在初步审查下的一个情势，只要它符合所要求的严重性就可受理。因此，必须明确规定严重性的门槛，以同样适用于所有情势。将一种情势与其他情势进行比较并且拒绝调查严重性较小的一个情势不应属于可受理性的范畴，而应属于公正利益的范畴。

在初步审查伊拉克情势时，检察官办公室估计在该情势中有4至12个故意杀人犯罪的被害人和有限数量的受到非人道待遇的受害人，被害人总共不到20人，因而认为这一事实不符合严重性的门槛。[9]此外，将伊拉克情势中潜在的犯罪受害者的数量与那些检察官办公室调查或分析的其他情势相比较，伊拉克情势显然也未达到《罗马规约》所要求的严重性门槛。[10]因此，检察官不认为有合

---

〔1〕　Situation in the Republic of Kenya, Decision Pursuant to Article 15 of the Rome Statute on the Authorization of an Investigation into the Situation in the Republic of Kenya, para. 59.

〔2〕　Situation in the Republic of Kenya, Decision Pursuant to Article 15 of the Rome Statute on the Authorization of an Investigation into the Situation in the Republic of Kenya, para. 198.

〔3〕　Situation in the Republic of Kenya, Decision Pursuant to Article 15 of the Rome Statute on the Authorization of an Investigation into the Situation in the Republic of Kenya, para. 59.

〔4〕　Situation in the Republic of Kenya, Decision Pursuant to Article 15 of the Rome Statute on the Authorization of an Investigation into the Situation in the Republic of Kenya, para. 62.

〔5〕　Situation in the Republic of Kenya, Decision Pursuant to Article 15 of the Rome Statute on the Authorization of an Investigation into the Situation in the Republic of Kenya, para. 62.

〔6〕　Situation in the Republic of Kenya, Decision Pursuant to Article 15 of the Rome Statute on the Authorization of an Investigation into the Situation in the Republic of Kenya, para. 62.

〔7〕　B. Batros, The Evolution of the ICC Jurisprudence on Admissibility, p. 28, http://ssrn.com/abstract = 1537605, last visit 18 April 2018.

〔8〕　B. Batros, The Evolution of the ICC Jurisprudence on Admissibility, p. 29.

〔9〕　B. Batros, The Evolution of the ICC Jurisprudence on Admissibility, p. 8.

〔10〕　B. Batros, The Evolution of the ICC Jurisprudence on Admissibility, p. 9.

理根据要求授权对伊拉克的情势进行调查。夏巴斯教授认为检察官的解释不能令人信服，因为众所周知在伊拉克有大量的人死亡。他还质疑，是否属于侵略战争不是有关评估严重性的一个加重因素。[1]对于检察官将伊拉克情势与其他情势之间潜在的犯罪受害人数相比，夏巴斯教授进一步指出，检察官是将情势与案件相混淆。[2]检察官可能也混淆了严重性作为确定可受理性的一个要求与严重性作为不继续进行调查以服务于公正利益的一个考虑。有些学者提醒说，如果检察官不仔细区分为这两个目的的考虑，"可能会破坏公众对法院的看法"。[3]然而，考虑到检察官办公室收到的有关英国军队犯罪的信息有限，在伊拉克情势中，美国参与得更多，但美国不是《罗马规约》的缔约国，当时检察官决定不继续进行对伊拉克情势的调查，留待以后"根据新的事实和证据"[4]再行考虑可能是明智的。而且后来，检察官在获得更多的信息后，决定对伊拉克情势再行初步审查[5]，此举是应该肯定的。

科摩罗情势是检察官仅以不够严重为由拒绝调查的一例。检察官办公室评估了其所得到的信息，认为有合理根据相信在2010年5月31日拦截运送人道援助的船队时，以色列军队在马尔马拉（Mavi Marmara）船上犯了国际武装冲突中的战争罪，即《罗马规约》第8条第2款中的故意杀人、故意造成身体和健康严重伤害、损害个人尊严。此外，如果以色列的海军封锁加沙是非法的，那么相信以色列国防军故意针对两个平民目标的攻击，也犯了战争罪。[6]

但是，在进入可受理性的审查时，检察官认为该情势不够严重。其一，《罗马规约》第8条第1款规定："法院对战争罪具有管辖权，特别是作为一项计划或政策的一部分所实施的行为，或作为在大规模实施这些犯罪中所实施的行为"。虽然这个门槛不是法院管辖权的先决条件，但它提供了法规指导，法院应把重点放在符合这些要求的案件上。其二，该提交的情势范围有限，只限于主要发生在2010年5月31日的一系列事件，限于发生在船队的3艘船上的事件，并没有扩展到乘客被带下船后发生的事件。因此，可以追诉的潜在案件只限于一个事件，

---

〔1〕　W. Schabas, "'O New World': The Role of the Prosecutor of the International Criminal Court", pp. 29, 24.

〔2〕　W. Schabas, "The International Criminal Court at ten", *Criminal Law Forum*, Vol. 22, No. 3, 2011, p. 506.

〔3〕　C. Kathrine & S. Sacouto, "The Gravity Threshold of the International Criminal Court", *American University International Law Review*, Vol. 23, No. 5, 2007, p. 814.

〔4〕　Letter of the OTP, 9 February 2006.

〔5〕　OTP, Report on Preliminary Examination Activities, 2 December 2014, paras. 42~43.

〔6〕　OTP, Report on Preliminary Examination Activities, 12 November 2015, paras. 254~259.

只有国际刑事法院管辖下的犯罪的少数受害人，有关定性的考虑只能起有限的抵消作用。其三，犯罪的环境有限，只涉及以色列军队在拦截船队期间在船上涉嫌犯下的法院具有管辖权的犯罪，不涉及在以色列—哈马斯冲突中或在更广泛的以色列和巴勒斯坦的冲突中发生的其他涉嫌犯罪，也不涉及加沙平民的情况，尽管它受到国际社会的关注。[1]因此，检察官办公室得出结论，从船队事件的调查可能会出现的潜在案件将不够严重以使法院采取进一步行动。因而，检察官办公室就不考虑补充性的问题了。[2]

2015年1月29日科摩罗请求第一预审分庭复核检察官的决定。分庭维持法院对"足够严重"要求先前的决定与解释，具体地说：①对严重性的确定包括对可能成为调查对象的那些人是否可能对涉嫌的犯罪承担最大的责任进行一般的评估；②严重性必须考虑"定量"和"定性"两个方面，以及涉嫌犯罪的性质、规模、实施方式和对被害人产生影响的事实。[3]

对于上述①的要求，检察官未考虑有可能成为调查对象的人是否将对犯罪承担最大责任，而是错误地认为没有合理根据相信"以色列国防军高级指挥官和以色列领导人"是有关犯罪的实施者或计划者。[4]

关于犯罪的规模，检察官认定，马尔马拉号船上有500多名平民乘客，其中10人被以色列军队杀害，50~55名受伤，遭受个人尊严损害的人数不清。检察官认为，与其他情势相比，受害人的总数有限，对严重性的整体进行判断时考虑了此事实。预审分庭则不以为然，指出该伤亡人数不仅超过检察官以前调查甚至起诉的案件（如阿布·加尔达案和班达案），而且令人信服地表明该情势足够严重。[5]

关于犯罪的性质，检察官拥有涉及"虐待"行为的信息，包括长时间给受害人带过紧手铐、殴打他们、不准他们如厕、拒绝给他们药物治疗、只提供有限的食物和饮水，迫使乘客跪在甲板上暴晒（导致13名乘客一级烧伤），从直升机

---

〔1〕 OTP, Report on Preliminary Examination Activities, 2 December 2014, paras. 261, 262, 264.

〔2〕 OTP, Situation on Registered Vessels of Comoros, Greece and Cambodia Article 53 (1) Report, 6 November 2014.

〔3〕 Situation on the Registered Vessels of the Union of the Comoros, the Hellenic Republic and the Kingdom of Cambodia, Decision on the request of the Union of the Comoros to review the Prosecutor's decision not to initiate an investigation, 16 July 2015, ICC-01/13-34, para. 21.

〔4〕 Situation on the Registered Vessels of the Union of the Comoros et al., Decision on the request of the Union of the Comoros to review the Prosecutor's decision not to initiate an investigation, para. 23.

〔5〕 Situation on the Registered Vessels of the Union of the Comoros et al., Decision on the request of the Union of the Comoros to review the Prosecutor's decision not to initiate an investigation, paras. 25~26.

上喷海水和刮阵风，以各种肢体和言语骚扰、威胁和恐吓、蒙住乘客眼睛或罩住头部等。分庭认为，在检察官调查之前，基于可获得的信息还无法确定受害人所受痛苦的程度，但是最好承认有合理根据相信这些行动满足犯下酷刑或不人道待遇的条件，应该在评估严重性时考虑这些犯罪的性质。[1]

关于犯罪的方式，科摩罗称，以色列军在上船杀害船上的乘客之前用武器攻击了船，检察官辩称与其获得的有关信息不一致，在审查严重性时未予考虑。分庭认为，检察官应该接受以色列军在登船前可能使用了武器并得出适当的结论。该事实非常严重，与考虑的严重性问题相关，有理由说以色列军在实施犯罪前可能有攻击和杀害船上乘客的意图。检察官未这样做是错误的。[2]同样，预审分庭也支持科摩罗的意见，检察官忽视了船员抵达以色列时所受到的残酷对待和虐待的证据。分庭认为，这种有系统的虐待可以合理推断，对马尔马拉号进行某种程度制裁的非法行为，至少是在军事或其他上级的默认下实施的。[3]

分庭认为，检察官的这些错误使其在确定犯罪的方式方面做出了不可支持的结论，特别是有关的犯罪是否属于"有系统的或蓄意的攻击、杀死或伤害平民的计划或政策的结果"。[4]

关于犯罪的影响问题，检察官认为尽管涉嫌的罪行对"受害者和他们的家人以及其他涉事的乘客有重大影响"，但对"加沙的平民没有重大影响"，因为"以色列允许人道物资通过另一条路运送"，而且"船队运送的物资最后都在加沙分发了"。但是，分庭认为，检察官首先应该考虑犯罪对被害人及其家庭生活的重大影响，该因素决定了案情足够严重。不能够轻视犯罪带给直接或间接受害人的身体、心理和情感的伤害，无需用这些犯罪对受害人遭受的损害之外造成的更一般的影响来补充，不能把对受害人产生的重大影响以外的影响看得更重，从而否定犯罪有足够的严重。因而检察官的做法是错误的。[5]

预审分庭的这项决定对于在初步审查时如何评估情势的严重性提供了更具

---

〔1〕 Situation on the Registered Vessels of the Union of the Comoros *et al.*, Decision on the request of the U-nion of the Comoros to review the Prosecutor's decision not to initiate an investigation, paras. 29 ~ 30.

〔2〕 Situation on the Registered Vessels of the Union of the Comoros *et al.*, Decision on the request of the U-nion of the Comoros to review the Prosecutor's decision not to initiate an investigation, paras. 33 ~ 36.

〔3〕 Situation on the Registered Vessels of the Union of the Comoros *et al.*, Decision on the request of the U-nion of the Comoros to review the Prosecutor's decision not to initiate an investigation, paras. 37 ~ 38.

〔4〕 Situation on the Registered Vessels of the Union of the Comoros *et al.*, Decision on the request of the U-nion of the Comoros to review the Prosecutor's decision not to initiate an investigation, para. 45.

〔5〕 Situation on the Registered Vessels of the Union of the Comoros *et al.*, Decision on the request of the U-nion of the Comoros to review the Prosecutor's decision not to initiate an investigation, paras. 46 ~ 48.

体、详细的指导，例如，要考虑有可能成为调查对象的人是否将对犯罪承担最大责任，而不是考虑其是否属于高级军事长官或其他上级。犯罪的影响首要是对受害人及其家庭的影响等。预审分庭要求检察官办公室重新考虑其不启动对科摩罗提交的情势进行调查的决定。

（三）公正利益

检察官办公室对情势进行初步审查时，只有在管辖权和可受理性的要求得到了满足，才会进一步考虑公正利益的问题。公正利益与管辖权和可受理性在初步审查中的作用是不同的，管辖权和可受理性是进行调查需满足的要求，与继续进行调查是正相关的，而公正利益的考虑可能提供一个不继续进行调查的理由，与继续进行调查是负相关的。因此，检察官认为不需要确立对一个情势进行调查有助于公正利益。除非有特别的情况使检察官办公室有实质的理由相信，在那时进行调查无助于实现公正，否则，检察官办公室将请求授权调查或继续进行其调查。[1]检察官办公室关于公正利益的政策文件强调其这项自由裁量权的行使自然受《罗马规约》的宗旨和目的的指导，即通过结束有罪不罚来防止发生国际社会关切的严重犯罪。[2]但是实际上，在发生因公正利益而不调查起诉的情形时，除非是考虑到有其他司法机制已对犯罪进行了惩治，有关的犯罪不太可能被绳之以法。

2007 年检察官办公室专门制定了有关公正利益的政策文件[3]，在该文件中详细列出了决定是否有助于实现公正可考虑的因素：除犯罪的严重性外，还包括被害人的利益、被告人的特殊情况、其他的司法机制、和平进程。

关于被害人的利益，检察官办公室将适当考虑被害人及其生活的社区和可能更广泛社会的不同意见。不仅要对被害人实现公正，还要考虑保护被害人，保护证人的安全、身心健康、尊严和隐私。[4]

被告人的特殊情况包括被告人的年龄、是否患有疾病[5]，即能否坚持受审，以及被告人对被指控的犯罪所起的作用。检察官的调查和起诉主要针对对犯罪应该承担最大责任者，因此，被告人的级别、地位、参与犯罪的程度等都在考虑的范围内。总之，即使检察官办公室认为，一个为犯罪承担最大责任的人应被起

---

〔1〕 OTP, Policy paper on preliminary examination, 2013, para. 67.

〔2〕 OTP, Policy Paper on the Interests of Justice, 2007, p. 1.

〔3〕 OTP, Policy Paper on the Interests of Justice, 2007, p. 1.

〔4〕 OTP, Policy Paper on the Interests of Justice, 2007, p. 6.

〔5〕 OTP, Policy Paper on the Interests of Justice, 2007, p. 6.

诉，国际司法和国内司法仍有可能不起诉一个身患绝症的被告人。[1]

关于其他司法机制，主要指通过国内的起诉、真相委员会、赔偿计划、制度改革和传统司法机制等追求更广泛的公平正义[2]，可以起到对国际刑事司法的补充作用，达到对核心国际犯罪的惩治和实现公正。

关于和平进程是个有争议的问题，曾有一些国家或学者批评国际刑事法院对乌干达叛军的领导人和苏丹总统发出逮捕证的行为对和平或和平进程构成了威胁。[3]然而，检察官办公室认为公正利益与和平利益的概念之间是有区别的，前者属于检察官办公室的职权范围。后者属于其他机构的职能。[4]法院的规约并不排除对和平与安全问题的考虑，当安理会在根据《联合国宪章》第七章的规定作出决议向国际刑事法院提出推迟调查起诉要求时，这些考虑可能会导致不得开始或继续进行调查或起诉。[5]然而，检察官办公室认为，考虑和平与安全的利益是联合国安理会权力范围内的事，不是检察官的主要职责。[6]和平进程的实现是一个复杂的问题，需要有关的各方面协同合作得以实现。检察官办公室认为，公正利益的概念不应被视为包括和平与安全的所有问题。特别是，公正利益不应被视为一个管理冲突的工具，要求检察官在政治谈判中承担调解人的作用，这不是检察官办公室和法院的司法职能。[7]检察官办公室不可能处理所有的有关和平安全的问题，它需要考虑的是防止犯罪和保护证人安全方面的问题。[8]一些评论家从另一个角度看待对巴希尔总统发出逮捕证的问题，认为起诉书可能帮助结束冲突，起诉书使政治领袖非合法化，像前南刑庭对米洛舍维奇那样，使他从积极的政治生活中边缘化。[9]因此，国际刑事法院调查和起诉乌干达叛军的领导人和苏丹总统巴希尔，从达到长期和平的目的来看，可能有积极作用。

总之，根据检察官的使命和《罗马规约》的宗旨和目的，应推定检察官的

---

〔1〕　OTP, Policy Paper on the Interests of Justice, 2007, p. 7.

〔2〕　OTP, Policy Paper on the Interests of Justice, 2007, p. 8.

〔3〕　J. N. Clark, "Peace, Justice and the International Criminal Court: limitations and possibilities", *Journal of International Criminal Justice*, Vol. 9, No. 3, 2011, p. 542; M. M. Deguzman, "Choosing to Prosecute: Expressive Selection at the International Criminal Court", *Michigan Journal of International Law Winter*, Vol. 33, 2012, p. 272.

〔4〕　OTP, Policy paper on preliminary examination, 2013, para. 69.

〔5〕　Article 16 of the Rome Statute.

〔6〕　OTP, Policy Paper on the Interests of Justice, p. 9.

〔7〕　OTP, Policy paper on preliminary examination, 2013, para. 69.

〔8〕　OTP, Policy Paper on the Interests of Justice, 2007, p. 9.

〔9〕　J. A. Goldston, "More Candor about Criteria: the Exercise of Discretion by the Prosecutor of the International Criminal Court", *Journal of International Criminal Justice*, Vol. 8, No. 2, 2010, pp. 397~398.

调查和起诉都将有助于实现公正，因此，以公正利益为由决定不进行调查将只是例外。[1]若检察官仅根据公正利益作出不进行调查的决定，检察官必须将该决定告知预审分庭，预审分庭可以选择审查这样的决定，只有得到预审分庭的确认，其不进行调查的决定方为有效。

在实践中，国际刑事法院的检察官尚没有仅以无助于实现公正为由拒绝调查一项情势。在伊拉克情势中，检察官通过比较情势之间犯罪的严重性决定不立案调查，这实际上不属于伊拉克情势是否达到可受理性中的严重性门槛的问题，而属于《罗马规约》第53条第1款第3项所述的"考虑到犯罪的严重性和被害人的利益，是否仍有实质理由认为调查无助于实现公正"的问题。这样的决定须受预审分庭的监督。

三、初步审查存在的问题

（一）缺乏对初步审查的时间限制

《罗马规约》和《程序和证据规则》都没有规定检察官就初步审查作出决定的时间限制。检察官也坚持说《罗马规约》没有这种规定。[2]如何进行初步审查完全由检察官决定。检察官依"个人或团体、国家、政府间组织或非政府组织"提供的"关于犯罪的任何信息"对若干情势进行了初步审查。对肯尼亚情势进行了两年（从2007年12月至2009年11月）的初步审查，是唯一较迅速的。对韩国情势的初步审查用了3年半的时间（2010年12月至2014年6月），对洪都拉斯情势审查了5年（2010年11月至2015年10月），对格鲁吉亚情势审查了7年（2008年8月至2015年10月），对阿富汗情势审查了9年（2007年至2016年）。对哥伦比亚、几内亚和尼日利亚情势进行的初步审查分别于2006年、2009年和2010年开始，仍未完成。沙巴斯教授认为这种情况完全合理[3]，因为检察官需要时间来评估补充性问题，这取决于国内司法系统的行动。[4]然而，一些评论家指出，检察官对某些情势很快就进行了初步审查，而对其他情势却一直拖延[5]，可能会造成这样一个印象：检察官没有在初步审查中平均分配时间和资源。这也可能降低对检察官工作的好评。

---

〔1〕 OTP, Policy paper on preliminary examination, 2013, p. 71.

〔2〕 OTP, Report on preliminary examination 2015, para. 13.

〔3〕 Williams A. Schabas, *An Introduction to the International Criminal Court*, Cambridge University Press, 2017, p. 238.

〔4〕 Williams A. Schabas, *An Introduction to the International Criminal Court*, p. 238; "International Criminal Court", *Human Rights Brief* 49, Vol. 19, No. 2, Winter 2012.

〔5〕 "International Criminal Court", *Human Rights Brief* 49, Vol. 19, No. 2, Winter 2012.

相比之下，对缔约国提交的情势的初步审查得以迅速处理。对刚果民主共和国情势进行的初步审查时间最短，从 2004 年 4 月到 2004 年 6 月仅历时两个月。[1]初步审查中非共和国的情势用时最长，从 2004 年 12 月到 2007 年 5 月历时两年半。[2]甚至对于科摩罗联盟于 2013 年 5 月 14 日提交检察官的在科摩罗、希腊和柬埔寨登记的船舶的情势，该情势不同于上述的自我提交，检察官也只用了一年半，在 2014 年 11 月 6 日作出了初步审查结论。[3]事实表明，预审分庭介入了这些情势的处理，可以刺激检察官更快地作出决定。[4]例如，第三审判分庭在中非共和国情势中说："根据《罗马规约》第 53 条第 1 款和规则 104 的规定对情势进行初步审查，必须在收到缔约国根据《罗马规约》第 13 条第 1 款和第 14 条的规定对情势的提交后，在合理时间内完成，不论其复杂性如何。"[5]注意到对刚果民主共和国和乌干达北部情势的初步审查在 2~6 个月内即完成，该分庭要求检察官在某个日期向该分庭报告对中非共和国情势的初步审查状况。[6]

由于在接受法院管辖权的声明中所述的情势被作为检察官行使自由裁量权的程序予以对待，对这些情势的初步审查用了更长的时间。例如，科特迪瓦政府在 2003 年发表了一项接受法院管辖权的声明，检察官在 2010 年底还不能作出任何结论，也没有向科特迪瓦通报任何结果。没有结束时间的声明并不意味着检察官应该继续审查情况，直到犯罪在未来许多年以后发生。为节约资源，对严重犯罪情势进行有效工作，检察官应当结束不符合要求的情势的初步审查，在以后必要时重开审查。这样，也可以免于分庭将许多年后发生在 2010 年和 2011 年的事件，牵强地确定为与 2003 年科特迪瓦声明中提到的 2002 年 9 月 19 日发生的事件属于同一个情势。[7]因此，检察官对于这种情势的初步审查应在合理时间内

---

〔1〕 https://www.icc - cpi. int/drc.

〔2〕 https://www.icc - cpi. int/car.

〔3〕 See Statement of the Prosecutor of the International Criminal Court, Fatou Bensouda, on concluding the preliminary examination of the situation referred by the Union of Comoros: "Rome Statute legal requirements have not been met", Statement: 06/11/2014.

〔4〕 See William A. Schabas, *An Introduction to the International Criminal Court*, Cambridge University Press, 2007, p. 246.

〔5〕 Situation in Central African Republic, Decision Requesting Information on the Status of the Preliminary Examination of the Situation in the Central African Republic, 30 November 2006, ICC - 01/05, pp. 4 ~ 5.

〔6〕 Situation in Central African Republic, Decision Requesting Information on the Status of the Preliminary Examination of the Situation in the Central African Republic, 30 November 2006, ICC - 01/05, pp. 4 ~ 5.

〔7〕 *Prosecutor v. Gbagbo*, Decision on the "Corrigendum of the challenge to the jurisdiction of the International Criminal Court on the basis of articles 12 (3), 19 (2), 21 (3), 55 and 59 of the Rome Statute filed by the Defence for President Gbagbo (ICC02/11 - 01/11 - 129)", 15 August 2012, ICC - 02/11 - 01/11, paras. 63, 64.

得出结论。

（二）关于选择性司法的批评

在 2016 年 1 月 27 日预审分庭应检察官请求授权其调查格鲁吉亚情势前，检察官所调查的情势都是非洲国家，因此有一种声音批评检察官针对非洲国家进行选择性司法。[1] 还有些人称，在乌干达、刚果民主共和国和中非共和国的三个自我提交的情势中，检察官将他的注意力只集中在叛军或反对派的领导人身上，这表明检察官与提交情势的政府有一定程度的合谋。[2]

这些批评比较片面。首先，《罗马规约》和《程序和证据规则》中没有规定，调查和起诉必须在所有的洲和对武装冲突的各方展开。检察官也不认为情势所在的地域和冲突方是《罗马规约》要求选择情势的标准。[3] 因此，仅凭单一的事实，即检察官仅启动了对非洲情势的调查，仅起诉了乌干达和刚果民主共和国的反政府武装犯的罪行，并不一定意味着检察机关的调查和起诉的选择是不公的或带有偏见的。实际上，检察官办公室所进行的初步审查中，苏丹达尔富尔和利比亚情势为安理会提交，中非共和国和马里等国都是自我提交的情势。科特迪瓦声明接受法院的管辖权后，检察官进行了初步审查并经预审分庭授权进行调查。只有肯尼亚、格鲁吉亚情势是通过检察官自行初步审查，请求预审分庭授权调查的。检察官办公室的相关信件和初步审查活动报告表明，当时该办公室已经对提请其注意的所有情势进行了初步审查，不仅涉及非洲，而且涉及南美洲的委内瑞拉、洪都拉斯和哥伦比亚，亚洲的阿富汗、伊拉克、韩国和格鲁吉亚。其中伊拉克情势实际涉及英国国民在联合部队的军事行动中犯下的罪行，而英国是一个欧洲国家。

时隔三年，我们看到检察官办公室已于 2015 年 10 月 13 日，根据该《罗马规约》第 15 条的规定，请求预审分庭授权对 2008 年 7 月 1 日至 2008 年 10 月 10 日间格鲁吉亚情势中南奥塞梯部队（与俄罗斯军队的参与）所犯的杀害、强迫流离失所、迫害格鲁吉亚裔平民和破坏、掠夺其财产的行为，以及南奥塞梯部队

---

〔1〕 J. N. Clark, "Peace, Justice and the International Criminal Court: Limitations and Possibilities", p. 265.

〔2〕 W. Schabas, " 'O New World': The Role of the Prosecutor of the International Criminal Court", pp. 11 ~ 31.

〔3〕 Paragraph 39 of the OTP Draft Policy Paper on Preliminary Examinations states that "Geopolitical implications of the location of a situation. geographical balance between situations or parity within a situation between rival parties are not relevant criteria for the selection of situations under the Statute."

故意攻击格鲁吉亚的维和人员、格鲁吉亚军队故意攻击俄罗斯的维和部队的行为开始调查,[1]并得到了预审分庭的授权。[2]这结束了法院只调查起诉非洲国家的历史。然而,一些非洲国家对国际刑事法院起诉非洲国家及在位国家元首仍感到不满,布隆迪、南非和冈比亚纷纷宣布退出国际刑事法院[3],这是对国际刑事法院的挑战。不过,法院对惩治国际犯罪的态度仍很坚决[4],也有学者指出,退出也可能损失国家自己的信誉而不是国际司法机构的信誉。[5]

至于检察官只调查起诉了乌干达和刚果民主共和国的反政府武装犯或反对派的领导人的罪行,实际上,这些国家的自我提交是检察官鼓励的,而不是这些国家主动作出的。[6]在审查了收到的所有信息后,检察官办公室已经确定乌干达和刚果民主共和国的情势需要调查。在请求预审分庭授权调查以前,检察官办公室把它的决定告知这些国家[7],并提议由它们向法院提交本国的情势。[8]邀请有关国家自我提交的检察战略,其目的是要得到有关国家的合作。如果有关国家不接受自我提交的邀请,检察官将寻求预审分庭授权自行调查,就像它对肯尼亚情势所采取的做法。[9]有的国家可能会企图以自我提交的办法利用国际刑事法院来镇压反政府武装,例如,乌干达提交的是有关圣灵抵抗军的情势。但检察官办公室回应说,它把该提交解释为提交有关《罗马规约》第5条规定的所有犯罪的情势。[10]简单地把乌干达的自我提交联系到对圣灵抵抗军的领导人的调查和起诉,并为其贴上片面的不正义标签是不合理的。下面将讨论检察官是怎样选择案件进行调查和起诉的。

---

〔1〕　OTP, Report on Preliminary Examination Activities, 12 November 2015, pp. 52~60.

〔2〕　Situation in Georgia, Decision on the Prosecutor's request for authorization of an investigation, 27 January 2016, ICC-01/15-12..

〔3〕　"非洲三国缘何退出国际刑事法院", http://military. china. com/important/gundong/11065468/20161031/30025870. html, 最近访问日期: 2018 年 4 月 18 日。

〔4〕　Presentation of the Court's annual report to the UN General Assembly by Judge Silvia Fernández de Gurmendi, President of the International Criminal Court, 31 October 2016, https://www.icc-cpi. int/Pages/item. aspx? name=161031-pres-UNGA-st, last visit 30 May 2018.

〔5〕　Darryl Robinson, Take the Long View of International Justice, http://www. ejiltalk. org/take-the-long-view-of-international-justice/#more-14700, last visit 30 Oct. 2016.

〔6〕　W. Schabas, "The International Criminal Court at Ten", p. 503.

〔7〕　OTP, Policy paper on Preliminary Examinations, October 2010, para. 78.

〔8〕　OTP, Policy paper on Preliminary Examinations, October 2010, p. 76.

〔9〕　OTP, Policy paper on Preliminary Examinations, October 2010, p. 76.

〔10〕　OTP, Policy paper on Preliminary Examinations, October 2010, para. 35.

第三节　选择对案件的调查和起诉

一、选择对案件调查的规则和政策

在预审分庭授权检察官对一个情势进行调查，或由缔约国或安理会向检察官提交了情势，且检察官认为有合理根据进行调查时，检察官办公室就开始对特定情势展开正式调查。有人认为一旦法院的管辖权被触发，检察官将拥有在某特定情势中选择案件的很大的自由裁量权。[1]但是，这些自由裁量权是需要在《罗马规约》第53条规定的范围内行使的。同时，检察官办公室还制定了一些原则指导其选择案件的工作。起初这些原则包括：独立性原则、公正性原则、客观性原则和非歧视原则。[2]

独立性原则：按照《罗马规约》第42条第1款规定的检察官的职责，检察官办公室应"独立行事"，其"办公室成员不得寻求任何外来指示或按任何外来指示行事"。检察官认为，其独立性还意味着选择情势和案件的过程也不受任何来自外部的影响，不受任何一方提供合作的影响。选择过程完全取决于可用的信息和证据，并按照《罗马规约》的标准和办公室的政策而为。

公正性原则：当潜在犯罪责任者涉及多个群体，检察官办公室应以无党无派的方式进行选择分析，对所有的群体适用相同的方法和标准。在检察官办公室看来，公正性或公平性并不意味着对这些群体进行同等的谴责或必须对所有群体都起诉而不顾证据。在确定犯罪的程度是否达到需要调查或起诉的门槛时，检察官办公室将采用相同的方法、相同的标准。

客观性原则：为了确立真相，检察官办公室应同样调查和考虑犯罪和无罪的情况。这意味着，也可能出现在调查后不起诉原以为会被起诉的某人或某群人。因此，检察官办公室将考虑支持或削弱有合理根据继续进行调查的任何因素。

非歧视原则：检察官办公室在选择案件的过程中不以诸如"性别、年龄、种族、肤色、语言、宗教或信仰、政治或其他见解、民族本源、族裔或社会出身、财产、出生或其他身份为理由做任何不利的区别"。这是《罗马规约》第21条第3款要求的。前南刑庭判例支持检察官有决定起诉谁的裁量权，但不允许带有

---

〔1〕　W. Schabas, "'O New World': The Role of the Prosecutor of the International Criminal Court", p. 17.

〔2〕　F. Guariglia and E. Rogier, "The Selection of Situations and Cases by the OTP of the ICC", pp. 354, 358 ~ 359.

违法或不当的动机起诉，包括带有歧视性的动机。[1]国际刑事法院的检察官也是如此。

2016年检察官办公室公布了《遴选案件和案件优先顺序的政策文件》[2]，在该文件中只保留了前三项原则，因为公正性原则和客观性原则中已包括了非歧视原则。[3]

《罗马规约》规定的对于选择案件进行调查需要满足的条件与选择情势的条件没有根本的不同，但是，选择案件进行调查不应与决定开始调查情势相混淆。[4]这些条件在适用上确有不同：在选择情势时只有潜在的案件；在选择案件时则涉及具体的犯罪和犯罪嫌疑人以及影响案件的选择的其他具体因素。因此，对于选择调查和起诉的每一案件，应将管辖权、可受理性、公正利益与确定的事件、人、行为一并予以考虑。此外，在对案件的选择阶段，检察官更注重考虑特定案件的严重性问题，犯罪的严重性在案件的选择标准中占主导地位。[5]由于一个案件既包括犯罪又包括犯罪的人，案件的严重性还包括犯罪行为人及其为犯罪承担责任的程度。[6]

对于犯罪的严重性进行评估时考虑的因素类似于评估可受理性中的严重性时考虑的因素。然而，鉴于许多案件都有可能可受理，检察官办公室会适用比评估可受理的严重性更严格的标准。[7]如前所述，检察官办公室将考虑犯罪的规模、性质、实施的方式以及犯罪产生的影响。其中"犯罪的规模"不仅可以考虑直接和间接的受害者人数、犯罪造成的损害程度，特别是对被害人及其家庭造成的身心伤害，还可以考虑犯罪在时间或地理上分布的广度。

至于犯罪的性质，尽管在国际判例中有"种族灭绝构成犯罪中的犯罪"[8]、发动侵略战争是"最严重的国际犯罪"[9]的说法，检察官办公室则承认《罗马规约》下的所有罪行都很严重，其倾向于"避免对犯罪本身划分内在的严重性

---

〔1〕　*Prosecutor v. Delalić et al.*（*Čelebići* case），Appeals Judgment, 20 February 2001, IT－96－21－A, para. 611.

〔2〕　OTP, Policy Paper on Case Selection and Prioritisation, 15 September 2016.

〔3〕　F. Guariglia and E. Rogier, "The Selection of Situations and Cases by the OTP of the ICC", p. 359.

〔4〕　OTP, Policy Paper on Case Selection and Prioritisation, 15 September 2016, para. 24.

〔5〕　OTP, Policy Paper on Case Selection and Prioritisation, 15 September 2016, para. 6.

〔6〕　OTP, Policy Paper on Case Selection and Prioritisation, 15 September 2016, para. 6; F. Guariglia and E. Rogier, "The Selection of Situations and Cases by the OTP of the ICC", p. 361.

〔7〕　OTP, Policy Paper on Case Selection and Prioritisation, 15 September 2016, para. 36.

〔8〕　*Prosecutor v. Akayesu*, Sentencing Judgment, 2 October 1998, ICTR－96－4－T, p. 3.

〔9〕　Trial of the Major War Criminals before the International Military Tribunal, Nuremberg, 14 November 1945－1 October 1946, *Judgement*（1947）, p. 186.

等级",[1]但是法官认为对人的犯罪要比对财产的犯罪更严重。[2]在实践中检察官强调要特别关注的一些犯罪,包括杀人、强奸。2014年6月,检察官办公室对性和性别犯罪制定了新的政策文件,强调基于性和性别犯罪的严重性,要特别注意对这些罪行的有效的调查起诉。[3]有意思的是,检察官对马赫迪只起诉了攻击用于宗教、教育、艺术、科学或慈善用途的建筑和历史古迹的战争犯罪。对此,检察官解释说,对宗教建筑和历史古迹的攻击也属于犯罪,它"破坏了整个人民的根基,对社会实践和结构产生了深刻的和无可挽回的影响"。[4]由此,检察官把对财产的损害与对人的损害联系了起来。正如检察官所言,国际核心犯罪可以以各种形式进行,"但他们都有一个共同点:他们对人类的身体、精神、灵魂和身份造成了无法弥补的伤害"。[5]

针对犯罪实施的方式,可以根据实施犯罪采用的手段来评估,如犯罪是有系统的或根据计划或组织的政策实施的。检察官办公室也会考虑有关犯罪实施方式的加重因素,例如犯罪手段特别残忍,尤其是对无助和弱势的受害者的犯罪,包括《罗马规约》第21条第3款所指的基于歧视的犯罪,或滥用法律上或事实上的权力的犯罪。检察官办公室也会考虑罪行是否故意攻击平民、弱势群体或参与人道援助或维和任务的人员,以及旨在妨害司法的犯罪,特别是那些针对国际刑事法院的证人或员工,以及旨在散布恐怖的犯罪。[6]近年来,检察官办公室也开始注重以破坏环境或被保护物体的方式实施的犯罪。检察官办公室强调将特别考虑起诉用破坏环境、非法开采自然资源或非法强占土地的方式实施《罗马规约》规定的罪行。[7]

犯罪产生的影响要看犯罪是否增加了受害人的脆弱性,是否灌输了恐怖,是否对社区造成了社会、经济和环境破坏。但是,这些都只是可以考虑的因素,并非对每一个案件都是必须考虑的[8],检察官应基于个案的事实和情况作出犯罪严重性的判断。

---

〔1〕 P. Seils, "The Selection and Prioritization of cases by the Office of the Prosecutor of the International Criminal Court", in Morten Bergsmo (ed.), Criteria for Prioritizing and Selecting Core International Crimes Cases, 2nd Edition, 2010, Torkel Opsahl Academic Epublisher, Oslo. p. 75.

〔2〕 Mahdi Judgment, ICC -01/12 -01/15 -171, para. 77.

〔3〕 OTP, Policy Paper on Sexual and Gender - Based Crimes, June 2014.

〔4〕 Transcript of confirmation of charge hearing, ICC -01/12 -01/15 - T -2 - Red2 - ENG, p. 13.

〔5〕 Transcript of confirmation of charge hearing, ICC -01/12 -01/15 - T -2 - Red2 - ENG, p. 13.

〔6〕 Rule 145 (2) of the ICC Rules of Procedure and Evidence; Article 8 (2) (b) (iii) and Article 70 of the Rome Statute.

〔7〕 OTP, Policy Paper on Case Selection and Prioritisation, 15 September 2016, paras. 41~42.

〔8〕 F. Guariglia and E. Rogier, "The Selection of Situations and Cases by the OTP of the ICC", p. 360.

关于个人责任的程度，检察官办公室早期的政策是调查对犯罪"最负责任的人"，认为应将那些位于责任最高层的人，例如那些担任领导职务的人，挑选出来进行起诉。如果为成功起诉位于最高位置的人所需，检察官办公室也考虑起诉位于指挥链下方的人。但是，要通过深入分析所有可用的证据才能得出结论——谁属于"最负责任的人"，而非事先就能正确回答。因此，案件的选择取决于证据，要遵循客观性原则。后来，检察官办公室考虑到调查可能存在局限性或缺乏有关当局的合作，在其2012年至2015年6月的战略计划[1]中调整了调查策略，可能在调查起诉那些"最负责任的人"之前，先行开始起诉中上层领导人的罪犯，但也可以考虑先行起诉较低级别人的罪犯，若他们的犯罪行为始终特别严重，且已恶名远扬。[2]

《罗马规约》还把犯罪严重性的考虑包括在公正利益中，从而在满足管辖权和可受理性后，指导检察官在选择情势和案件时发挥裁量作用。这是检察官办公室过滤机制的一部分，以维护有效的调查和起诉，合理利用宝贵的时间和法院的资源。[3]检察官认为指导其在选择乌干达北部第一个案件时，严重性是占主导地位的考虑是正确的，在检察官办公室调查了圣灵抵抗军和乌干达人民国防军（UPDF）涉嫌的犯罪后，只对圣灵抵抗军的成员提出了指控。[4]检察官办公室的一位高级分析师令人信服地解释了严重性标准在实践中是如何指导优先选择个案调查的。[5]

二、选择对案件优先调查起诉的其他因素

在刚果民主共和国情势中，检察官宣布在选择案件进行调查时严重性的考虑起了重要的作用。在确定杀害是调查和起诉的首要任务[6]后，检察官最终只把负责招募和利用儿童兵的卢班加带上了法庭，成为刚果民主共和国情势中的第一案。这个决定受到了人们的质疑——被告人的级别并不高，指控的犯罪也不够严

---

〔1〕　OTP, Strategic Plan June 2012 – 15, 11 October 2013.

〔2〕　OTP, Strategic Plan June 2012 – 15, 11 October 2013, para. 22；OTP, Policy Paper on Case Selection and Prioritisation, 15 September 2016, para. 42.

〔3〕　R. Rastan, "The Power of the Prosecutor in Initiating Investigations", p. 6. available at www. icclr. law. ubc. ca/Site map/ICC/PoweroftheProsecutor. pdf.

〔4〕　J. N. Clark, "Peace, Justice and the International Criminal Court: limitations and possibilities", p. 524.

〔5〕　X. A. Aranburu, "Gravity of Crimes and Responsibility of the Suspect", in Morten Bergsmo（ed.）, Criteria for Prioritizing and Selecting Core International Crimes Cases, 2nd Edition, 2010, pp. 205 ~ 236.

〔6〕　R. Rastan, "The Power of the Prosecutor in Initiating Investigations", p. 6；X. A. Aranburu, "Gravity of Crimes and Responsibility of the Suspect", p. 211.

重。[1]检察官对严重性标准的适用是否言行一致看来值得怀疑。对此，检察官解释说，战争犯罪涉及招募和利用儿童兵，涉及在战争中受创伤的特殊受害人，是国际核心罪行最常见的加重情节之一。[2]卢班加被指控为刚果民主共和国情势的第一个犯罪嫌疑人，还因为他可能被刚果民主共和国当局从拘留所中释放，使得以后逮捕他更为困难。[3]

这说明，一个犯罪的相对严重性可能是导致检察官办公室起诉某个环境中的一个案件而不起诉另一个案件的主导因素。其他的实际考虑，如逮捕犯罪嫌疑人或获得证据的可能性，或者一些战略上的考虑，也可以是起诉另一个环境中的一个案件的决定性因素。[4]由于检察官办公室往往在持续不断的冲突中工作，它必须经常考虑证人和法院员工的安全，保护被害人，并获得有效的证据。如果在一个事件现场采访目击者将使这些证人冒有风险，而在涉及类似事件的另一个现场采访证人没有风险，办公室可能倾向于采访后者。[5]卢班加案的选择就是基于一个特殊环境里的现实考虑的例子。[6]

2016年9月，检察官办公室把指导其优先选择案件调查起诉的其他因素也公之于众。其对案件调查起诉的优先顺序的根据是《罗马规约》第54条第1款第2项要求的，检察官办公室应采取适当措施，确保有效地调查和起诉犯罪。为此，检察官办公室要考虑在其工作中所面临的现实情况，包括在限定的时间内以其有限的资源可以调查和起诉多少案件，然后基于其所掌握的信息和证据以及调查起诉的环境，选择优先调查起诉某些案件。

在安排案件的优先顺序时，检察官办公室要考虑一些因素[7]，例如要调查的案件是否已经是办公室或另一个国家调查或起诉的严重犯罪；其调查和检控对犯罪的受害人及受影响社区会产生什么影响；其调查和起诉对正在进行的犯罪会产生什么影响、对预防犯罪会起什么作用；对追诉或随后追诉冲突对立方的案件会产生什么影响；等等。

---

[1] M. M. Deguzman, "Choosing to Prosecute: Expressive Selection at the International Criminal Court", p. 265.

[2] X. A. Aranburu, "Gravity of Crimes and Responsibility of the Suspect", p. 216.

[3] P. Seils, "The Selection and Prioritization of cases by the Office of the Prosecutor of the International Criminal Court", p. 74.

[4] C. Katherine & S. Sacouto, "The Gravity Threshold of the International Criminal Court", p. 814.

[5] F. Guariglia and E. Rogier, "The Selection of Situations and Cases by the OTP of the ICC", p. 362.

[6] P. Seils, "The Selection and Prioritization of cases by the Office of the Prosecutor of the International Criminal Court", p. 75.

[7] See OTP, Policy Paper on Case Selection and Prioritisation, 15 September 2016, para. 50.

此外，对案件起诉的可行性也要予以评估。为达到通过诉讼对被告人定罪的目的，证据最为关键，因此，首先要考虑检察官所掌握的定罪和免罪证据的数量和质量，是否可以得到更多的证据，是否有得不到更多证据的风险。检方实地调查和传唤证人到庭作证都需依赖有关国家的合作和司法协助，因此要考虑能否得到国际合作和司法协助支持办公室的活动。检察官办公室也要考虑自身的办案能力和保护调查办案人员的安全，因此要评估调查区域或与办公室合作的人所居住区域的安全形势；还要评估是否能够逮捕犯罪嫌疑人，或对犯罪嫌疑人发出出庭传票后，保证他们到法庭出庭。[1]

从检察官办公室公布的选择案件的政策文件来看，就比较容易理解为什么检方选择了卢班加作为审判第一案了。

总之，要确定应对哪些情势和案件进行调查，国际刑事法院检察官必须考虑《罗马规约》第 15 条和第 53 条规定的法定要求。"犯罪的严重性"和"公正利益"为检察官决定应该指控哪些罪行、应对哪些案件和被告进行起诉和审判提供了很大的自由裁量权。犯罪的严重性作为确定可否受理的要求，和作为服务于公正利益的考虑不应该被混淆。对于可受理性的严重性门槛应该予以设定。犯罪的严重性作为服务于公正利益的考虑，必须被置于预审分庭的监督之下。检察官有考虑其工作的优先顺序和选择案件进行调查和起诉的检察裁量权。应该理解，法院的成功并不是依起诉案件的数量来衡量的，检察官应该集中调查起诉那些"最严重、最恶劣的犯罪案件"，以"最大限度地提高公众满意度和具有历史意义地解决问题"。[2]从政治方面考虑决定是否进行调查将与法律不符，会对法院造成不利的影响，以政治动机起诉的案件必然会失败。[3]可以预见的是，检察官将采取更加透明的措施，例如，自 2011 年以来公开报告其初步审查的活动，2016 年宣布案件的选择和调查起诉工作的优先性的政策。这些举措将帮助公众更好地了解和评价国际刑事法院起诉国际核心罪行的检察策略，也有助于检察官改进其工作。

---

〔1〕 OTP, Policy Paper on Case Selection and Prioritisation, 15 September 2016, para. 51.

〔2〕 S. Bibas & W. W. Burke – White, "International Idealism Meets Domestic – Criminal – Procedure Realism", *Duke Law Journal*, Vol. 59, 2010, pp. 681~682.

〔3〕 F. Guariglia and E. Rogier, "The Selection of Situations and Cases by the OTP of the ICC", p. 354.

第九章　可受理性

第一节　概述

一、可受理性与管辖权的关系

可受理性不同于管辖权。[1] 管辖权是指国际刑事法院对哪些犯罪具有处理权的问题，是从静态的角度看国际刑事法院对哪些犯罪具有裁决权，是解决管辖权存在的问题。可受理性是指国际刑事法院对具体情势或案件是否具有裁决权的问题，是从动态的角度看国际刑事法院对哪些情势或案件具有裁决权，是解决管辖权行使的问题。正如国际法委员会对 1994 年《国际刑事法院规约（草案）》第 35 条所作的解释："第 35 条（可受理性）允许，国际刑事法院在考虑某些具体因素后决定具体申诉是否可以受理，即决定是否行使管辖权，这与管辖权的存在是不同的。"[2] 国际刑事法院的管辖权就是处理可受理性条款和其他核心条款（即同意和启动机制）之间的关系。[3]

可受理性问题是在国际刑事法院已经初步假定对案件具有管辖权后才出现的问题。如果管辖权问题和可受理性问题同时提出，那么国际刑事法院应当先处理管辖权问题，后处理可受理性问题。[4] 可受理性问题实质上是处理国际刑事法院

---

〔1〕　Danielle E. Goldstone, "Embracing Impasse：Admissibility, Prosecutorial Discretion, and the Lesson of Uganda for the International Criminal Court", p. 782.

〔2〕　Report of the International Law Commission on the Work of Its Forty – Sixth Session (2 May – 22 July 1994)（A/49/10）, Yearbook of the International Law Commission, 1994, Volume Ⅱ（Part Two）, A/CN. 4/ SER. A/1994/Add. 1（Part 2）, p. 52.

〔3〕　Ruth B. Philips, "The International Criminal Court Statute：jurisdiction and admissibility", p. 64.

〔4〕　国际刑事法院《程序和证据规则》规则 58 分则 4。

与国家之间的管辖权分工。[1]《罗马规约》规定可受理性的第 17 条表明，只要国内刑事管辖权能够并愿意切实地调查和起诉国际刑事法院关注的事项，国际刑事法院就不行使管辖权。[2]正如国际刑事法院上诉分庭所指出的，第 17 条规定的受理标准是国际刑事法院行使管辖权的"障碍"。[3]

管辖权问题与可受理性问题都属于案件的程序问题，不属于案件的实质问题即是非问题。所以，对案件程序性事项的解决不能损害对后面的实质问题的解决，即不能在解决程序性问题中对实体问题做出预先判断。

管辖权问题与可受理性问题的关注点不同。管辖权问题主要关注国际刑事法院对其所接收的情势或案件是否符合管辖权条件。可受理性问题主要关注国际刑事法院应当克制对情势或案件行使已经承认的管辖权的条件或情形。[4]

管辖权问题与可受理性问题对国际刑事法院的效力不同。根据《罗马规约》第 19 条第 1 款的规定，依职权判断对具体案件是否具有管辖权不仅是国际司法机构的权力，也是国际司法机构的义务。[5]而根据《罗马规约》第 19 条第 1 款，依职权判断案件是否可以受理则是国际刑事法院的权力。[6]而依申请判断管辖权问题与依申请判断可受理性问题都是国际刑事法院的义务。

提出管辖权异议与提出受理异议的根据不同。根据《罗马规约》第 5 条、第 11 条，可以根据属地理由、属事理由、属人理由和属时理由提出管辖权异议。根据《罗马规约》第 17 条，受理的标准为补充性（不愿意、不能够或无行动）和严重性。还需说明的是，在国际刑事法院已经确认其具有管辖权的情况下，如果发现国家没有行使管辖权，那么案件可以由国际刑事法院根据《罗马规约》

---

[1] Carsten Stahn, "Complementarity: A Tale of Two Notions", *Criminal Law Forum*, Vol. 19, 2008, p. 90.

[2] Morten Bergsmo and Otto Triffterer, "Preamble", in Otto Triffterer (ed.), Commentary on the Rome Statute of the International Criminal Court, 2nd Edition, p. 13 [22].

[3] *Prosecutor v. Lubanga*, Judgment on the Appeal of Mr. Thomas Lubanga Dyilo against the Decision on the Defence Challenge to the Jurisdiction of the Court Pursuant to Article 19 (2) (a) of the Statute of 3 October 2006, ICC – 01/04 – 01/06 – 772 OA4, para. 23.

[4] *Situation in the Republic of Kenya*, ICC – 01/09 – 19 – Corr, para. 40.

[5] *Prosecutor v. Bemba*, ICC – 01/05 – 01/08 – 424, paras. 23 – 24; Christopher K. Hall, "Article 19 – Challenges to the Jurisdiction of the Court or the admissibility of a case", in Otto Triffterer (ed.), *Commentary on the Rome Statute of the International Criminal Court*, 2nd Edition, p. 640 [2].

[6] *Prosecutor v. Ahmad Muhammad Harun* and Ali Muhammad Ali Abd – Al – Rahman, Decision on the Prosecution Application under Article 58 (7) of the Statute, 27 April 2007, ICC – 02/05 – 01/07 – 1 – Corr, para. 18.

第 17 条事实上予以受理，不论已存的国内诉讼程序是否真实。[1]对于多国都有管辖权的情形，国际刑事法院检察官指出，检察官应当决定哪个国家最适宜对案件行使管辖权，并与该国进行磋商，这是国际刑事法院与所有缔约国密切合作的要求。[2]如果有管辖权的一国能够并愿意真实地行使管辖权，那么国际刑事法院不得以其最适宜管辖为由要求该国将案件移交[3]给自己，也不得命令该国将案件移交或引渡[4]给最适宜管辖的另一国，更不得要求该国将案件移交给自己，然后自己将案件转交[5]给最适宜管辖的另一国。[6]

管辖权异议与可受理性异议的效力不同。根据《罗马规约》第 18 条第 2 款和第 19 条第 7 款，国家提出管辖权异议不能导致检察官暂停调查，而国家提出可受理性异议则自动引起检察官暂停调查的效力。

简言之，从发展历史看，可受理性问题是从管辖权问题中独立出来的一个问题，与管辖权问题既有密切联系，又有本质区别。可受理性问题实质上是解决国际刑事法院与国家之间的管辖权冲突。[7]但是，准确地界定这种关系具有政治上的敏感性和法律上的复杂性。[8]

二、可受理性的标准

规定受理标准的《罗马规约》第 17 条是实施补充性原则的核心条款，[9]涉及受理标准的条款还有第 12 ~ 15 条、第 18 ~ 20 条和第 53 条。对于受理的标准问题，一种观点认为，受理标准包括三项，即补充性（第 17 条第 1 款第 1 项和

---

〔1〕 Jo Stigen, *The Relationship between the International Criminal Court and National Jurisdictions：The Principle of Complementarity*, p. 194.

〔2〕 Jo Stigen, *The Relationship between the International Criminal Court and National Jurisdictions：The Principle of Complementarity*, pp. 194 ~ 195.

〔3〕 根据《罗马规约》第 102 条第 1 款，移交（surrender）是指将个人由一国送到国际刑事法院。

〔4〕 根据《罗马规约》第 102 条第 2 款，引渡（extradition）是指根据条约、公约或国内法律将个人由一国送到另一国。

〔5〕 根据《罗马规约》第 103 条和第 104 条第 1 款，转交（transfer）是指将国际刑事法院已经判刑的个人送到国家执行。

〔6〕 Jo Stigen, *The Relationship between the International Criminal Court and National Jurisdictions：The Principle of Complementarity*, pp. 195 ~ 196.

〔7〕 *Prosecutor v. Ruto at al.*, Judgment on the appeal of the Republic of Kenya against the decision of Pre - Trial Chamber II of 30 May 2011 entitled "Decision on the Application by the Government of Kenya Challenging the Admissibility of the Case Pursuant to Article 19（2）（b）of the Statute", 30 August 2011, ICC - 01/09 - 01/11 - 307, paras. 37, 44.

〔8〕 Sharon A. Williams and William A. Schabas, "Article 17-Issues of admissibility", in Otto Triffterer（ed.）, *Commentary on the Rome Statute of the International Criminal Court*, 2ⁿᵈ Edition, p. 606〔2〕.

〔9〕 Ben Batros, "The Judgment on the Katanga Admissibility Appeal：Judicial Restraint at the ICC", p. 359.

第 2 项)、一罪不二审(第 17 条第 1 款第 3 项)和严重性(第 17 条第 1 款第 4 项);[1]另一种观点认为,受理的标准包括两项,即补充性(第 17 条第 1 款第 1 ~ 3 项)和严重性(第 17 条第 1 款第 4 项)两个条件。[2]国际刑事法院检察官办公室认为,受理标准包括补充性(第 17 条第 1 款第 1 ~ 3 项)和严重性(第 17 条第 1 款第 4 项)两个条件。[3]第一预审分庭则提出,受理标准由两部分构成,即对案件所指事实的国内诉讼程序(包括调查、起诉与审判)和严重性,这是国际刑事法院受理案件的两个条件。[4]这里的"国内诉讼程序"标准与前面的"补充性"标准实质相同,因为其都是涉及《罗马规约》第 17 条第 1 款第 1 ~ 3 项所规定的调查、起诉或审判问题。可见,二标准说与三标准说的区别在于可受理性中的补充性标准中是否包括一罪不二审标准或者说一罪不二审标准是否可以成为受理中的一个独立标准。客观地说,这种区分差异性很小,只是一个技术问题,因为可受理性标准所讲的"一罪不二审"问题也主要是从"不愿意"的角度考虑国内的审判程序问题。

　　这里采用两标准说。第 17 条第 1 款第 1 ~ 3 项规定了可受理性的第一项标准,即补充性(complementarity)。这里的"补充性"就是指国内诉讼程序问题,亦即对有关国际犯罪有管辖权的国家"不愿意(unwillingness)"或"不能够(inability)"进行国内的调查、起诉或审判等刑事程序的情形。所谓"不愿意",是指有管辖权的国家基于包庇、不当拖延和不独立或不公正等理由不对有关国际犯罪进行调查、起诉或审判。所谓"不能够",是指有管辖权的国家基于国内司法体系整体上或实质上崩溃、国内司法体系不可用等原因不对有关国际犯罪进行调查、起诉或审判。实践中,对于相同的事实情况常常既考虑"不愿意"的因素,又考虑"不能够"的因素。[5]同时,国际刑事法院司法实践又丰富了补充性标准,即补充性标准还包括国家的"无行动(inaction)"的情形。所谓"无行

　　〔1〕　*Prosecutor v. Lubanga*, Judgment on the Appeal of Mr. Thomas Lubanga Dyilo against the Decision on the Defence Challenge to the Jurisdiction of the Court pursuant to article 19(2)(a) of the Statute of 3 October 2006, Appeals Chamber, 14 December 2006, ICC – 01/04 – 01/06(OA4)(ICC – 01/04 – 01/06 – 772), para. 23; Sharon A. Williams and William A. Schabas, "Article 17—Issues of admissibility", p. 606[2].

　　〔2〕　*Prosecutor v. Ruto at al.*, Decision on the Application by the Government of Kenya Challenging the Admissibility of the Case Pursuant to Article 19(2)(b) of the Statute, 30 May 2011 ICC – 01/09 – 01/11 – 101, para. 47; Ray Murphy, "Gravity Issues and The International Criminal Court", *Criminal Law Forum*, Vol. 17, 2006, pp. 285 ~ 286.

　　〔3〕　OPT of ICC, Policy Paper on Preliminary Examinations(draft), para. 51.

　　〔4〕　*Prosecutor v. Abu Garda*, ICC – 02/05 – 02/09 – 243 – Red, para. 28 ~ 29.

　　〔5〕　*The Prosecutor v. Abdullah Al – Senussi*, Decision on the admissibility of the case against Abdullah Al – Senussi, Pre – Trial Chamber I, 11 October 2013, ICC – 01/11 – 01/11 – 466 – Red, para. 169.

动",是指有管辖权的国家对有关国际犯罪没有采取任何国内诉讼程序。第17条第1款第4项规定了可受理性的第二项标准,即"严重性(gravity)"。"严重性"是指国际刑事法院管辖的国际犯罪应当达到足够严重的程度,其考量因素有犯罪的性质、范围、实施方式、影响等。

简言之,可受理性标准包括"补充性"和"严重性"两个要件,"补充性"又分为"无行动"和"不愿意或不能够"两种情形,而"严重性"的考量因素有犯罪的性质、范围、实施方式、影响等。这一标准不仅为国际刑事法院检察官的政策文件所阐明,也为国际刑事法院分庭的司法实践所遵循。这一标准不仅适用于"案件",也适用于"情势"。

第二节　无行动

一、产生与含义

"无行动"在《罗马规约》第17条第1款中没有提及,而是出现在国际刑事法院检察官办公室的一份政策文件之中。国际刑事法院检察官办公室在《关于一些政策问题的文件》中指出,存在"国家'无行动'"的情形。[1]在国际刑事法院的司法实践中则最早出现于卢班加案。在卢班加案中,第一预审分庭指出:"只有有管辖权的国家'无行动'或者'不愿意'或'不能够',案件才可以受理。"[2]上诉分庭对此予以确认。[3]

"无行动",即没有国内诉讼程序,是指有关国家过去和现在都没有进行调查、起诉或审判的活动[4],是案件可以受理的另一种情形[5]。国际刑事法院检察官认为,对可受理性的判断不是对整个国内司法制度的裁决,而是针对具体案件是否存在国内调查或起诉等诉讼程序的具体判断,如果有效的国内司法机构没

〔1〕 OTP, Paper on some policy issues before the Office of the Prosecutor, September 2003 (hereafter "Paper on some policy issues"), p. 5.

〔2〕 *Prosecutor v. Lubanga*, ICC – 01/04 – 01/06 – 8 – Corr, para. 29.

〔3〕 *Prosecutor v. Katanga and Ngudjolo*, Judgment on the Appeal of Mr. Germain Katanga against the Oral Decision of Trial Chamber II of 12 June 2009 on the Admissibility of the Case, 25 September 2009, ICC – 01/04 – 01/07 – 1497, para. 78.

〔4〕 *Prosecutor v. Katanga and Ngudjolo*, Judgment on the Appeal of Mr. Germain Katanga against the Oral Decision of Trial Chamber II of 12 June 2009 on the Admissibility of the Case, ICC – 01/04 – 01/07 – 1497, para. 78.

〔5〕 Sharon A. Williams and William A. Schabas, "Article 17 – Issues of admissibility", p. 616 [23].

有对相关案件进行调查或起诉，那么可以视为国家没有相关诉讼程序。也就是说，没有国内诉讼程序即国家无行动，对案件可以受理是充分的。[1]在达尔富尔情势中，国际刑事法院检察官仍指出，其作出启动调查的决定不是对整个苏丹法律制度的判断，而是针对情势中的潜在案件缺乏国内刑事程序的结果。[2]可见，"无行动"是指有关国家没有对具体案件或潜在案件的国内诉讼程序，而不是指有关国家不存在国内司法制度。此外，"无行动"的国家是指有管辖权的国家，包括犯罪发生地国、嫌疑人国籍国、嫌疑人住所国和嫌疑人羁押国。[3]

　　"无行动"包括完全没有国内刑事程序和虽然有关于正在调查的国家官方陈述，但缺乏进一步的证据加以证明。[4]无条件的赦免也可以视为"无行动"的情形。[5]国际刑事法院检察官还明确列举了两种情形：冲突分割成的团体各方反对其他方对其提出起诉，而赞成由国际刑事法院作为中立和公正方进行起诉；第三国具有域外管辖权，但是所有利害各方同意，国际刑事法院已经拥有了关于情势的更好证据与技能，使国际刑事法院成为更为有效的场所。[6]此外，国际刑事法院检察官在其一份文件中还提出了"无争议受理（uncontested admissibility）"概念，即检察官与有关国同意一致的分工最符合正义利益，例如，存在严重冲突的国家不能够对最应负责的个人进行有效的程序；[7]或者受理问题非常简单，因为缔约国明确承认其不进行调查或起诉。[8]可见，"无争议受理"所要解决的问题与"无行动"的情形差别不大。[9]

　　国家"无行动"可能是因为国家不愿意或不能够切实地启动程序，既可能基于法律方面的原因，也可能基于地理政治的考虑（例如，对和平的威胁，国家间关系的潜在压力），还可能基于实践上的障碍（例如，基于羁押国不愿意引渡而国家难以获取嫌疑人，或者因为远离犯罪或被害人而国家难以对案件进行初步

---

〔1〕　OPT, Policy Paper on Preliminary Examinations（draft）, paras. 54, 55.

〔2〕　OTP, First Report of the Prosecutor of the ICC to the Security Council pursuant to UNSC 1593（2005）, 29 June 2005, p. 4; *Situation in Darfur*, *Sudan*, Prosecutor's Application under Article 58（7）, 27 February 2007, ICC–02/05–56, para 4.

〔3〕　Jo Stigen, *The Relationship between the International Criminal Court and National Jurisdictions: The Principle of Complementarity*, p. 201.

〔4〕　Jo Stigen, *The Relationship between the International Criminal Court and National Jurisdictions: The Principle of Complementarity*, p. 201.

〔5〕　Jo Stigen, *The Relationship between the International Criminal Court and National Jurisdictions: The Principle of Complementarity*, p. 421.

〔6〕　Paper on some policy issues, p. 5.

〔7〕　OTP, Informal expert paper: The principle of complementarity in practice, September 2003, p. 3.

〔8〕　OTP, Informal expert paper: The principle of complementarity in practice, September 2003, pp. 18, 20.

〔9〕　Ignaz Stegmiller, "Complementarity Thoughts", pp. 165, 167, 172.

确认）。[1]但是，国际刑事法院上诉分庭认为，其不考虑"无行动"背后的原因，即动机与"无行动"的可受理性无关。[2]

还需指出的是，国际刑事法院正在处理（即检察官正在调查）的9个情势（即乌干达情势、刚果情势、中非情势、苏丹达尔富尔情势、利比亚情势、肯尼亚情势、科特迪瓦情势、马里情势和布隆迪情势）都被分庭或检察官认定为属于国家无行动的情形。[3]

二、根据

对于"无行动"的根据问题，主要涉及国家的"无行动"是否违反《罗马规约》规定的国家行使管辖权的首要义务，以及国家的"无行动"是否符合《罗马规约》第17条的规定或补充性原则。

1. 国家的"无行动"不违反其负有行使刑事管辖权的首要义务，如果该国没有采取行动的目的是使国际刑事法院对犯罪更加有效地行使审判。《罗马规约》序言第6自然段指出，缔约国负有行使刑事管辖权的首要义务。这项义务来源于"或引渡或起诉"的习惯国际法规则。[4]沙巴斯认为，如果缔约国没有采取行动的动因是为了使国际刑事法院对犯罪进行更加有效的审判，那么缔约国可以通过不起诉遵守其起诉义务。[5]也正是在此意义上，国际刑事法院检察官在其政策文件中指出，国家"无行动"属于"正当行为"。[6]而且，国家是否履行行

---

〔1〕 Jo Stigen, *The Relationship between the International Criminal Court and National Jurisdictions: The Principle of Complementarity*, p. 199.

〔2〕 *Prosecutor v. Katanga and Ngudjolo*, ICC – 01/04 – 01/07 – 1497, paras. 82 ~ 83. *See also* Ben Batros, "The Judgment on the Katanga Admissibility Appeal: Judicial Restraint at the ICC", p. 354.

〔3〕 OTP, Prosecutor opens investigation in the Central African Republic (ICC – OTP – 2007052 2 – 220); OTP, First Report of the Prosecutor of the ICC to the Security Council pursuant to UNSC 1593 (2005), p. 4; OTP, First Report of the Prosecutor of the ICC to the Security Council pursuant to UNSC 1970 (2011), para. 14; OTP, Report on Preliminary Examination activities, 13 December 2011, paras. 54, 57, 118; *Situation in the Republic of Kenya*, ICC – 01/09 – 19 – Corr, para. 187; *Situation in the Republic of Côte d'Ivoire*, Decision Pursuant to Article 15 of the Rome Statute on the Authorisation of an Investigation into the Situation in the Republic of Côte d'Ivoire, Pre – Trial Chamber Ⅲ, 5 November 2011, ICC – 02/11 – 14 – Corr, para. 206; *Situation in Mali*, Article 53 (1) Report, The Office of the Prosecutor, 16 January 2013, para. 10; *Situation in the Republic of Burundi*, Decision Pursuant to Article 15 of the Rome Statute on the Authorization of an Investigation into the Situation in the Republic of Burundi, Pre – Trial Chamber III, 25 October 2017, ICC – 01/17 – X – 9 – US – Exp, para. 181.

〔4〕 体现该规则的条约有1949年日内瓦四公约及其1977年《第一附加议定书》和1948年《灭种罪公约》。不过，也有学者认为，"或引渡或起诉"还没有成为习惯国际法规则，例如，朱利江副教授在考察了有关"或引渡或起诉"的条约后指出："尚未找到支持'或引渡或起诉'属于习惯国际法规则的国家实践"（朱利江：《对国内战争罪的普遍管辖与国际法》，法律出版社2007年版，第28页）。

〔5〕 William A. Schabas, "Complementarity in Practice: Some Uncomplimentary Thoughts", p. 7.

〔6〕 Paper on some policy issues, p. 5.

使刑事管辖权的义务与案件可受理性没有关系，即国际刑事法院的介入不以国家先履行行使刑事管辖权的义务为前提。[1]在加丹加与恩乔洛案中，国际刑事法院上诉分庭更加明确地指出，一国为了便于国际刑事法院行使管辖权而作出放弃管辖权的主权裁定，可以被视为该国遵守了其"行使刑事管辖权的义务"。[2]

2. 国际刑事法院可以基于国家无行动而及时地进行调查、起诉或审判等活动，从这个意义上看，国家的"无行动"也符合《罗马规约》规定的补充性原则。这得到了实务部门与学者们的支持。

在加丹加与恩乔洛案中，国际刑事法院审判分庭指出，补充性原则是为了保护国家诚实地行使其管辖权（若国家愿意如此）的主权权利，因而，作为权利的所有人，国家可以放弃此项权利。[3]上诉分庭在该案中进一步指出，如果国家没有或不能调查或起诉，那么国际刑事法院必须能够介入，因为补充性原则在于平衡国内诉讼对国际刑事法院的优先性和《罗马规约》规定的"结束有罪不罚"目标。[4]

斯坦、基利雅科基斯（Joanna Kyriakakis）和巴特罗斯（Ben Batros）都认为，虽然"无行动"不属于《罗马规约》第17条第1款第1项至第3项所列举的情形，但符合补充性要求，属于国际刑事法院可以受理的情形。[5]

可见，"无行动"可以引起案件受理的根据是属于《罗马规约》第17条的一种特殊情形，符合补充性原则，也不违反国家"行使刑事管辖权的首要义务"。

三、性质

"无行动"的性质问题也就是"无行动"与"不愿意"或"不能够"之间的关系问题，即"无行动"是属于"不愿意"或"不能够"的一种情形，还是属于一种独立的情形。

有人认为，国家的"无行动"属于《罗马规约》第17条第1款第1项与第2项规定的"不愿意"或"不能够"的一种情形。例如，罗霍（Enrique Carnero

---

[1] Jo Stigen, *The Relationship between the International Criminal Court and National Jurisdictions: The Principle of Complementarity*, pp. 431 ~ 432.

[2] *Prosecutor v. Katanga and Ngudjolo*, ICC – 01/04 – 01/07 – 1497, para. 85.

[3] *Prosecutor v. Katanga and Ngudjolo*, Reasons for the Oral Decision on the Motion Challenging the Admissibility of the Case (Article 19 of the Statute), 6 June 2009, ICC – 01/04 – 01/07 – 1213 – tENG, para. 78.

[4] *Prosecutor v. Katanga and Ngudjolo*, ICC – 01/04 – 01/07 – 1497, para. 85.

[5] Carsten Stahn, "Complementarity: A Tale of Two Notions", *Criminal Law Forum*, Vol. 19, 2008, pp. 108 ~ 109; Joanna Kyriakakis, "Corporations And The International Criminal Court: The Complementary Objection Stripped Bare", *Criminal Law Forum*, Vol. 19, 2008, pp. 125 ~ 126; Ben Batros, "The Judgment on the Katanga Admissibility Appeal: Judicial Restraint at the ICC", p. 355.

Rojo）就认为，国家的"无行动"属于国家"不愿意"或"不能够"的情形。[1]其实，国家"不愿意"或"不能够"切实地调查或起诉仅仅可能是国家"无行动"的原因之一。

而大多数观点认为，国家的"无行动"不属于"不愿意"或"不能够"的情形。例如，国际刑事法院检察官认为，国家的"无行动"不属于"不愿意"或"不能够"的情形。[2]国际刑事法院第一预审分庭也认为，"'无行动'属于第17条第1款第1~2项（不愿意或不能够）的例外"。[3]国际刑事法院上诉分庭也指出，在"无行动"的情况下，不存在"不愿意"或"不能够"的问题。在符合第17条第1款第4项（严重性）的情况下，有管辖权国家的"无行动"使案件可以由国际刑事法院受理。[4]布罗姆豪（Bruce Broomhall）、伯恩宁（Markus Benzing）和霍姆斯（John T. Holmes）都认为，第17条第1款第1~3项的列举是法定的而非穷尽的（mandatory but exhaustive），"无行动"不属于第17条第1款所列举的情形，只要符合严重性的要求，无需考虑"不愿意"或"不能够"问题，案件就可以受理。[5]因而，"无行动"属于国际刑事法院可以受理的一种独立情形，不属于"不愿意"或"不能够"的一种情形。

四、效力

既然"无行动"不属于"不愿意"或"不能够"的一种情形，而属于一种独立的情形，那么"无行动"是否可以导致案件的直接受理呢？这就是"无行动"的效力问题。

国家的"无行动"可以导致国际刑事法院受理案件[6]，或者说，"无行动"是国际刑事法院可以作为受理案件（严重性除外）的一种情形。其理由有三：其一，如果属于国际刑事法院管辖的犯罪已经发生且没有调查，那么存在有罪不

---

〔1〕 Enrique Carnero Rojo, "The Role of Fair Trial Considerations in the Complementarity Regime of the International Criminal Court: From 'No Peace without Justice' to 'No Peace with Victor's Justice'?", *Leiden Journal of International Law*, Vol. 18, 2005, p. 833.

〔2〕 Paper on some policy issues, p. 5.

〔3〕 *Prosecutor v. Lubanga*, ICC – 01/04 – 01/06 – 8 – Corr, para. 29, fn. 19.

〔4〕 *Prosecutor v. Katanga and Ngudjolo*, ICC – 01/04 – 01/07 – 1497, para. 78.

〔5〕 Bruce Broomhall, *International Justice and The International Criminal Court: Between Sovereignty and The Rule of Law*, 2004, p. 91; Markus Benzing, "The Complementarity Regime of the International Criminal Court: International Criminal Justice Between State Sovereignty and the Fight Against Impunity", *Max Planck Yearbook Of United Nations Law*, Vol. 7, 2003, pp. 601 ~ 617; John T. Holmes, "Complementarity: National Courts *Versus* the ICC", in A. Cassese et al. (eds.), *The Rome Statute of the International Criminal Court: A Commentary*, Vol. Ⅱ, 2002, p. 673.

〔6〕 Claus Kress, "'Self – Referrals' and 'Waivers of Complementary': Some Considerations in law and Policy", *Journal of International Criminal Justice*, Vol. 2, 2004, p. 946.

罚的危险。其二，可以避免可能费时地判断受理问题。[1]其三，国家实践也支持这样的观点。在危地马拉灭种（Guatemala Genocide）案中，西班牙最高法院也指出，"没有司法行动"属于可以受理的情形。[2]从法国的司法实践看，也把"无行动"作为行使管辖权和可以受理的情形。[3]正是在这个意义上，"无行动"又称为"自动受理"。[4]

　　这也得到了国际刑事法院司法实践的普遍认可。在卢班加案和恩塔甘达案中，国际刑事法院第一预审分庭指出，案件可以由国际刑事法院受理，如果有管辖权的国家对案件仍"无行动"。[5]在科尼等人（Kony et al.）案中，国际刑事法院第二预审分庭也指出，根据国内机构仍处于"整体上无行动"的事实，案件仍可以受理。[6]在哈伦（Harun）与库沙布（Kushayb）案[7]、加丹加案[8]、恩乔洛案[9]、本巴案[10]、巴希尔案[11]、洛朗（Laurent）案[12]、赛义夫（Saif）

〔1〕　Jo Stigen, *The Relationship between the International Criminal Court and National Jurisdictions: The Principle of Complementarity*, p. 201.

〔2〕　*See also* Cedric Ryngaert, "Applying the Rome Statutes Complementarity Principle: Drawing Lessons from The Prosecution of Core Crimes by States Acting under the Universality Principle", *Criminal Law Forum*, Vol. 19, 2008, pp. 161 ~ 163.

〔3〕　Cedric Ryngaert, "Applying the Rome Statutes Complementarity Principle: Drawing Lessons from The Prosecution of Core Crimes by States Acting under the Universality Principle", pp. 166 ~ 168.

〔4〕　Jo Stigen, *The Relationship between the International Criminal Court and National Jurisdictions: The Principle of Complementarity*, p. 199.

〔5〕　*Prosecutor v. Lubanga*, ICC – 01/04 – 01/06 – 8 – Corr, para. 29; *Prosecutor v. Ntaganda*, Decision on the Prosecutor's Application for Warrants of Arrest, Article 58, 10 February 2006, IC C – 01/04 – 02/06 – 20 – Anx2, para. 29.

〔6〕　*Prosecutor v. Kony et al.*, Decision on the admissibility of the case under article 19（1）of the Statute, ICC – 02/04 – 01/05 – 377, para. 52.

〔7〕　*Prosecutor v. Harun and Kushayb*, Decision on the Prosecution Application under Article 58（7）of the Statute, 27 April 2007, ICC – 02/05 – 01/07 – 1 – Corr, para. 18 ~ 25.

〔8〕　*Prosecutor v. Katanga & Ngudjolo*, Decision on the evidence and information provided by the Prosecution for the issuance of a warrant of arrest for Germain Katanga, 6 July 2007, ICC – 01/04 – 01/07 – 4, paras. 17 ~ 21.

〔9〕　*Prosecutor v. Katanga & Ngudjolo*, Decision on the evidence and information provided by the Prosecution for the issuance of a warrant of arrest for Mathieu Ngudjolo Chui, 6 July 2007, ICC – 01/04 – 01/07 – 262, paras. 17 ~ 22.

〔10〕　*Prosecutor v. Bemba*, Decision on the Prosecutor's Application for a Warrant of Arrest against Jean – Pierre Bemba Gombo, 10 June 2008, ICC – 01/05 – 01/08 – 14 – tENG, para. 21.

〔11〕　*Prosecutor v. Bashir*, Decision on the Prosecution's Application for a Warrant of Arrest against Omar Hassan Ahmad Al Bashir, 4 March 2009, ICC – 02/05 – 01/09 – 3, paras. 49 ~ 50.

〔12〕　*Prosecutor v. Gbagbo*, Decision on the "Requête relative à la recevabilité de l'affaire en vertu des Articles 19 et 17 du Statur", 11 June 2013, ICC – 02/11 – 01/11 – 436 – Red.

案[1]、西蒙（Simone）案[2]中，预审分庭也持这样的观点。

还需指出的是，从国际刑事法院的司法实践看，预审分庭确认指控的 8 个案件（卢班加案，加丹加与恩乔洛案，巴鲁希玛纳［Mbarushimana］案，阿布·加尔达案，班达与杰博案，本巴案，鲁托等人案，穆萨乌拉、肯雅塔［Kenyatta］和阿里［Ali］案）都属于国家无行动的情形，都直接导致了案件的受理（除了严重性的因素）。[3]

不过，在国际刑事法院审理开始前，有管辖权的国家可以启动国内调查，并根据《罗马规约》第 19 条第 2 款第 2 项的规定提出案件受理异议。[4]

五、无行动与自我提交的关系

"自我提交"与"无行动"相联系[5]，这是毋庸置疑的。但是国家的"自我提交"是否与"无行动"一样都可以导致案件由国际刑事法院直接受理，这是有争议的。

一些学者认为，"自我提交"可以导致案件的受理。[6]不过，本文认为，"自我提交"不能作为国际刑事法院受理案件的一种情形，但可以作为证明国家"无行动"的一种证据。其一，虽然在国家"自我提交"和"无行动"的情况下，国际刑事法院都可以行使管辖权，都符合补充性原则，但是前者的依据应该是《罗马规约》第 14 条，属于管辖权启动的一种方式，而后者的依据为《罗马规约》第 17 条，属于案件受理的一种形式。其二，"自我提交"的国家并不意

---

［1］ *Prosecutor v. Saif Al – Islam Gaddafi*, Judgment on the appeal of Libya against the decision of Pre – Trial Chamber I of 31 May 2013 entitled "Decision on the admissibility of the case against SaifAl – Islam Gaddafi", 21 May 2014, ICC – 01/11 – 01/11 – 547 – Red.

［2］ *Prosecutor v. Simone Gbagbo*, Decision on Côte d'Ivoire's challenge to the admissibility of the case against Simone Gbagbo, 11 December 2014, ICC – 02/11 – 01/12 – 47 – Red, para. 28.

［3］ *Prosecutor v. Lubanga*, ICC – 01/04 – 01/06 – 803 – tEN, paras. 165 ~ 166; *Prosecutor v. Katanga and Ngudjolo*, ICC – 01/04 – 01/07 – 4, para. 20; *Prosecutor v. Mbarushimana*, Decision on the Prosecutor's Application for a Warrant of Arrest Mbarushimana against Callixte, 28 September 2010, ICC – 01/04 – 01/10 – 1, para. 9; *Prosecutor v. Abu Garda*, Decision on the Confirmation of Charges, Pre – Trial Chamber I, 8 Febrary 2010, ICC – 05 – 02/09 – 243 – Red, para. 29; *Prosecutor v. Banda and Jerbo*, ICC – 02/05 – 03/09 – 121 – Corr – Red, para. 2; *Prosecutor v. Ruto at al.*, ICC – 01/09 – 01/11 – 101, para. 70; *Prosecutor v. Muthaura at al.*, Decision on the Confinnation of Charges Pursuant to Article 61 (7) (a) and (b) of the Rome Statute, Pre – Trial Chamber Ⅱ, 23 January 2012, ICC – 01/09 – 02/11 – 382 – Red, para. 39.

［4］ Jo Stigen, *The Relationship between the International Criminal Court and National Jurisdictions*: *The Principle of Complementarity*, p. 201.

［5］ Sharon A. Williams and William A. Schabas, "Article 17 – Issues of admissibility", p. 614 ［22］.

［6］ M. H. Arsanjani and W. M. Reisman, "The Law – in – Action of the International Criminal Court", *American Journal International Law*, Vol. 99, 2005, p. 388; Carsten Stahn, Mohamed M. El Zeidy and Hector Olasolo, "The International Criminal Court's Ad Hoc Jurisdiction Revisited", *American Journal of International Law*, Vol. 99, 2005, pp. 423 ~ 424.

味着禁止其启动国内程序。《罗马规约》没有显示，"自我提交"是指主权国家放弃主张其现存的裁判权，因为检察官将一国把一个案件提交国际刑事法院解释为该国也移交了主权权利，这是难以成立的。[1]其三，"自我提交"的国家，与"无行动"的国家一样，处于变动之中。即使"自我提交"的国家在自我提交情势时未采取国内行动，该国也可以在自我提交情势后启动国内程序，不论基于何种原因。

总之，虽然《罗马规约》没有明确规定"无行动"的情形，但是在国家"无行动"的情况下国际刑事法院行使管辖权并及时地进行调查、起诉或审判等活动，这符合《罗马规约》的补充性原则与结束有罪不罚目标，这也为国际刑事法院检察官、预审分庭与上诉分庭所认可。只要国家存在"无行动"的情形，国际刑事法院就可以受理案件，不需要考察国家是否愿意或能够起诉案件。

第三节　不愿意

一、概述

"不愿意"和"不能够"是案件受理程序中的关键问题之一。[2]正如国际刑事法院第二预审分庭所指出的，缔约国切实调查与起诉国际刑事法院管辖犯罪中的"不愿意"和"不能够"是围绕可受理性和补充性的两个根本性概念。[3]"不愿意"和"不能够"也是国际刑事法院干涉国内法院的合理性根据。[4]

《罗马规约》关于"不愿意"的条款规定在第 17 条第 1 款第 1~2 项和第 2 款。"不愿意"的概念可追溯到前南斯拉夫情势。[5]南斯拉夫解体后的继承国技术上能够但政治上不愿意起诉犯罪。"不愿意"问题就是评价国内机关是否善意的问题。[6]从目的上看，"不愿意"实质上是国家不想看到犯罪者受到审判，[7]

---

〔1〕　Michael A. Newton, "The Commplementarity Conundrum: Are we Watching Evolution or Evisceration?", *Santa Clara Journal of International Law*, Vol. 8, 2010, p. 161.

〔2〕　Ben Batros, "The Evolution of the ICC Jurisprudence on Admissibility", p. 30.

〔3〕　*Prosecutor v. Kony et al.*, ICC-02/04-01/05-377, paras. 36.

〔4〕　Philippe Kirsch, "Applying the Principles of Nuremberg in the International Criminal Court", p. 503.

〔5〕　John T. Holmes, "Complementarity: National Courts Versus the ICC", p. 668.

〔6〕　Mohamed M. El Zeidy, "The Principle of Complementarity: A New Machinery to Implement International Criminal Law", p. 900.

〔7〕　William A. Schabas, "Complementarity in Practice: Some Uncomplimentary Thoughts", p. 24.

是国家使被告人在国内程序中更难被定罪,[1]是国家积极努力地为审判设置障碍。[2]不过,与"不能够"相比,"不愿意"是一个更主观的标准,[3]给国际刑事法院检察官和分庭留下了很广的评价自由裁量权。[4]

"不愿意"经常是缔约国司法或行政官员政治评估的结果,即国内起诉的政治或财政成本太大,[5]也可能是因为政治意图或与司法机关合谋,[6]也可能是因为国家不能够进行公平而及时的审判或者认为各种情况不利于进行有效调查或进行公平审判。[7]不过,这些国家动机(motivations of the state)与"不愿意"问题无关,因为国家的动机比犯罪者的动机更难把握。[8]在加丹加与恩乔洛案中,审判分庭认为,国际刑事法院不能断定国家遵从国际刑事法院管辖权的真实动机;[9]上诉分庭认为,判断第17条第1款第1~3项的首要标准是国家的客观性活动,因为初步判断不涉及主观动机问题。[10]斯狄根(Jo Stigen)也认为,在评价"不愿意"时,不考虑国家不愿意的动机,虽然动机各种各样。[11]

二、国内诉讼程序

判断国家"不愿意"的前提条件是存在国内诉讼程序或国家活动。[12]也就是说,在考虑"不愿意"时,国际刑事法院必须首先考虑国家客观活动这一标

---

[1] Kevin Jon Heller, "The Shadow Side of Complementarity: The Effect of Article 17 of The Rome Statute on National Due Process", *Criminal Law Forum*, Vol. 17, 2006, p. 265.

[2] Jo Stigen, *The Relationship between the International Criminal Court and National Jurisdictions: The Principle of Complementarity*, p. 251.

[3] Jo Stigen, *The Relationship between the International Criminal Court and National Jurisdictions: The Principle of Complementarity*, p. 251.

[4] Mohamed M. El Zeidy, "The Principle of Complementarity: A New Machinery to Implement International Criminal Law", p. 899.

[5] William W. Burke-White, "Proactive Complementarity: The International Criminal Court and National Courts in the Rome System of International Justice", *Harvard International Law Journal*, Vol. 49, 2008, p. 87.

[6] Federia Gioia, "State Sovereignty, Jurisdiction, and 'Modern' International Law: The Principle of Complementarity in the International Criminal Court", p. 1110.

[7] *Prosecutor v. Katanga and Ngudjolo*, Reasons for the Oral Decision on the Motion Challenging the Admissibility of the Case (Article 19 of the Statute), 6 June 2009, ICC – 01/04 – 01/07 – 1213 – tENG, para. 80.

[8] Jo Stigen, *The Relationship between the International Criminal Court and National Jurisdictions: The Principle of Complementarity*, p. 252.

[9] *Prosecutor v. Katanga and Ngudjolo*, ICC – 01/04 – 01/07 – 1213 – tENG, para. 80.

[10] *Prosecutor v. Katanga and Ngudjolo*, ICC – 01/04 – 01/07 – 1497, para. 72.

[11] Jo Stigen, *The Relationship between the International Criminal Court and National Jurisdictions: The Principle of Complementarity*, pp. 251~252.

[12] William A. Schabas, "Complementarity in Practice: Some Uncomplimentary Thoughts", p. 24.

准，即先评价是否存在国内程序，然后再评价国家进行的具体调查或起诉是否符合"切实地愿意"的要求。[1]预审分庭要求国内诉讼程序必须包含作为国际刑事法院所审理案件的对象的个人和行为；[2]上诉分庭更是明确指出，国内诉讼程序（调查）必须包含相同个人和实质上的相同行为。[3]此外，上诉分庭还指出，审查国内法院是否正确地适用国内法不属于国际刑事法院的职能；国际刑事法院在判断国内司法程序的状态时，应当初步承认国内法院的裁定合法且有效，除非存在相反的有力证据。[4]也就是说，国家的"不愿意"通常不得不从国家程序的客观违法来推断。[5]因为前者是个实证问题，后者是个规范问题。[6]

这里的国内诉讼程序包括国内调查、起诉和审判等刑事司法活动。

（一）国内调查

在加丹加与恩乔洛案中，国际刑事法院检察官认为，"调查"要求存在明确且有目的的调查措施（identifiable and meaningful investigative steps）。[7]在鲁托等人案中，上诉分庭也指出，国内"调查"主要是指采取具体而有步骤的调查措施，例如，询问证人或嫌疑人，收集文件证据，进行法律分析。[8]阿如维纳（Claudia Cardenas Aravena）认为，"调查"是对犯罪事实及其参与者的系统查问（systematic inquiry）。[9]查德认为，"调查"是针对犯罪和（或）个人所采取的行动。[10]斯狄根也认为，"国内调查"必须是对充分反映整个事件过程的某种情节

---

[1] *Prosecutor v. Katanga and Ngudjolo*, ICC – 01/04 – 01/07 – 1497, paras. 76 ~ 77.

[2] *Prosecutor v. Lubanga*, Decision on the Prosecutor's Application for a Warrant of Arrest, Article 58, 10 February 2006, ICC – 01/04 – 01/06 – 8 – Cor, paras. 31, 37.

[3] *The Prosecutor v. Ruto at al.*, ICC – 01/09 – 01/11 – 307, para. 40.

[4] *Prosecutor v. Bemba*, Corrigendum to Judgment on the appeal of Mr Jean – Pierre Bemba Gombo against the decision of Trial Chamber III of 24 June 2010 entitled "Decision on the Admissibility and Abuse of Process Challenges", 19 October 2010, ICC – 01/05 – 01/08 – 962 – Corr, para. 66.

[5] Jo Stigen, *The Relationship between the International Criminal Court and National Jurisdictions: The Principle of Complementarity*, p. 252.

[6] Jennifer S. Easterday, "Deciding the Fate of Complementarity: A Colombian Case Study", *Arizona Journal of International & Comparative Law*, Vol. 26, 2009, pp. 57 ~ 58.

[7] *Prosecutor v. Katanga and Ngudjolo*, Transcript of Hearing of 1 June 2009, ICC – 01/04 – 01/07 – T – 65 – ENG ET, p. 60, lines 6 ~ 7.

[8] *Prosecutor v. William Samoei Ruto at al.*, ICC – 01/09 – 01/11 – 307, para. 41.

[9] See Gregory S. Gordon, "Complementarity and Alternative Justice", *Oregon Law Review*, Vol. 88, 2009, p. 632.

[10] Mohamed M. El Zeidy, "The Principle of Complementarity: A New Machinery to Implement International Criminal Law", p. 963.

的查问，是为了起诉，一般不区分初步调查和正式调查。[1]布莱克法律词典也认为，国内调查是指对一个事项或嫌疑人的系统查问。[2]

可见，国内调查是对犯罪或嫌疑人的系统查问，目的是起诉，且要有明确和有目的的调查措施。不过，也有人认为，在一些情况下，"调查"的目的不是起诉或惩罚，而是"告知真相"和"和解"。[3]对调查目的的争论实际上涉及个人正义与集体正义的争论。国际刑事法院机制更侧重于个体正义，而国家的替代性正义机制（例如，乌干达的真相与和解委员会）则侧重于集体正义。不过，国际刑事法院的实践也开始关注集体正义。[4]

在西蒙案中，预审分庭认为，从科特迪瓦提交的证据看，科特迪瓦当局所从事的调查活动不是"实际的、具体的和有步骤的（tangible, concrete and progressive）"，而是"稀少的和截然不同的（sparse and disparate）"。所谓"稀少的"，是指国内司法当局所采取的调查措施几乎没有而且没有明确的计划性，所谓"截然不同的"，是指国内当局所调查的行为（是对个人和经济犯罪的调查）与国际刑事法院调查的行为（是对违反人类罪的调查）完全不同。[5]

（二）国内起诉

"起诉"是指启动与进行司法刑事诉讼程序，[6]是指审判被告人的刑事诉讼程序[7]。与"调查"不同，"起诉"是仅针对个人所采取的行动。[8]国内起诉是指把案件移交给法院，即把案件的责任问题和决定案件进程的职权移交给法官。[9]可见，"起诉"主要是指针对个人采取的行动，即把个人的案件提交法院处理的刑事诉讼活动。不过，还需强调的是，与"调查"一样，国内"起诉"的具体含义应当根据涉及具体情势或案件的国家的国内法进行界定，因为各国的

---

〔1〕 Jo Stigen, *The Relationship between the International Criminal Court and National Jurisdictions: The Principle of Complementarity*, p. 203.

〔2〕 Bryan A. Garner (ed.), *Black's Law Dictionary*, 10th Edition, p. 953.

〔3〕 Alexander K. A. Greenawalt, "Complementarity in Crisis: Uganda, Alternative Justice, and International Criminal Court", *Virginia Journal of International Law*, Vol. 50, 2009, p. 126.

〔4〕 Alexander K. A. Greenawalt, "Complementarity in Crisis: Uganda, Alternative Justice, and International Criminal Court", pp. 120, 131 ~ 132.

〔5〕 *Prosecutor v. Simone Gbagbo*, Decision on Côte d'Ivoire's challenge to the admissibility of the case against Simone Gbagbo, 11 December 2014, ICC – 02/11 – 01/12 – 47 – Red, para. 65, 70.

〔6〕 Gregory S. Gordon, "Complementarity and Alternative Justice", p. 632.

〔7〕 Bryan A. Garner (ed.), *Black's Law Dictionary*, Thomson Reuters, 10th edition, 2014, p. 1416.

〔8〕 Mohamed M. El Zeidy, "The Principle of Complementarity: A New Machinery to Implement International Criminal Law", p. 963.

〔9〕 Jo Stigen, *The Relationship between the International Criminal Court and National Jurisdictions: The Principle of Complementarity*, p. 205.

法律传统与法律内容不同。[1]

（三）国内审判

在英美法系中，"审判"是指在对抗式诉讼程序中正式司法审查与判断证据和法律主张的活动。[2]与英美法系不同，大陆法系适用纠问式的诉讼模式。因而，"审判"可定义为对证据与法律主张的正式司法审查与判断。而根据《罗马规约》第17条第1款第3项、第20条第3款的规定，"国内审判"是指国内"已经完成审判（has been tried）"。又根据《罗马规约》第20条第1款与第2款和2010年《有关侵略罪的RC/Res. 6号决议》，"已经完成审判"应该是指对《罗马规约》第6～8条和第8条之二规定的行为已经作出了有罪或无罪的判决。[3]当然，国家不得滥用司法程序以故意包庇犯罪者使其免负刑事责任。

不过，塔尔格伦（Immi Tallgren）与考拉西尼（Astrid Reisinger Coracini）认为，"已经完成审判"这一用语表明，其不仅包括已经对案件实质问题作出的终局裁定（即无罪判决或有罪判决），而且包括终止刑事程序的其他裁定，例如，普通法系中的驳回裁定；[4]而且，这些裁定是在审判开始后作出的，但不包括不起诉的裁定。[5]因为不起诉的裁定已经规定在《罗马规约》第17条第1款第2项之中。梅耶（Frank Meyer）还认为，"已经完成审判"还应当包括国内法院已经对犯罪行为所采取的"非刑事惩罚"，例如，补偿性或惩罚性罚金、没收财产、工资或养老金、交出从政府取得的收益、开除公职等。[6]斯狄根也认为，"已经完成审判"还包括国内法院的生效行政性无罪裁定。[7]还需强调的是，不论是判决，还是裁定，其都应该是终局性的。[8]

此外，国内赦免显然不属于这里的"审判"含义之列，不得禁止国际刑事

---

〔1〕 *Prosecutor v. Ruto at al.*, Judgment on the appeal of the Republic of Kenya against the decision of Pre-Trial Chamber H of 30 May 2011 entitled "Decision on the Application by the Government of Kenya Challenging the Admissibility of the Case Pursuant to Article 19（2）（b）of the Statute", Appeals Chamber, 20 September 2011, ICC-01/09-01/11-336, Dissenting Opinion of Judge Anita Usacka, para. 27.

〔2〕 Bryan A. Garner（ed.）, *Black's Law Dictionary*, Ninth Edition, p. 1644.

〔3〕 Immi Tallgren & Astrid Reisinger Coracini, "Article 20—Ne bis in idem", in Otto Triffterer（ed.）, *Commentary on the Rome Statute of the International Criminal Court*, 2nd Edition, p. 690〔35〕.

〔4〕 Immi Tallgren & Astrid Reisinger Coracini, "Article 20—Ne bis in idem", p. 689〔34〕.

〔5〕 Immi Tallgren & Astrid Reisinger Coracini, "Article 20—Ne bis in idem", p. 689〔34〕.

〔6〕 Frank Meyer, "Complementing Complementarity", *International Criminal Law Review*, Vol. 6. 2006, pp. 552, 554.

〔7〕 Jo Stigen, *The Relationship between the International Criminal Court and National Jurisdictions: The Principle of Complementarity*, p. 211.

〔8〕 Mohamed M. El Zeidy, "The Principle of Complementarity: A New Machinery to Implement International Criminal Law", p. 939.

法院的干预或起诉。[1]

三、包庇个人

（一）虚假诉讼

《罗马规约》第 17 条第 2 款和第 20 条第 3 款规定了"不愿意"的三种情形，这是为了避免任意性的判断和增加一定的客观性，即限制国际刑事法院的自由裁量权和使"不愿意"的标准更具有客观性。[2]第 17 条第 2 款和第 20 条第 3 款是一个详尽的清单。[3]还需指出的是，存在这三种情形之一或二是判断"不愿意"的必要条件，但仅此还不充分。[4]这三种情形可能来源于前南刑庭与卢旺达刑庭的司法实践。[5]

第 17 条第 2 款第 1 项和第 20 条第 3 款第 1 项规定了"不愿意"的第一种情形，即虚假诉讼（sham proceeding）。虚假诉讼是指一国的调查、起诉或审判等国内诉讼程序符合《罗马规约》的字面含义，但不符合《罗马规约》的精神实质，也就是说，虽然一国进行了调查、起诉或审判，但事实上是为了包庇有关人使其免负国际刑事法院管辖犯罪的刑事责任。[6]

（二）包庇行为

《罗马规约》第 17 条第 2 款第 1 项和第 20 条第 3 款第 1 项中的"不愿意或不能够切实进行调查或起诉"与"包庇有关个人使其免负刑事责任的目的"密切相关。"包庇有关个人使其免负刑事责任的目的"是"不愿意"标准的核心。[7]这涉及对诉讼程序背后的国家主观动机的评价。[8]"包庇个人使其免负刑事责任的目的"是一个主观的标准。[9]

---

〔1〕 Jo Stigen, *The Relationship between the International Criminal Court and National Jurisdictions*: *The Principle of Complementarity*, pp. 423, 426.

〔2〕 Jo Stigen, *The Relationship between the International Criminal Court and National Jurisdictions*: *The Principle of Complementarity*, pp. 257 ~ 258.

〔3〕 Sharon A. Williams and William A. Schabas, "Article 17 – Issues of admissibility", p. 622 [29].

〔4〕 Jo Stigen, *The Relationship between the International Criminal Court and National Jurisdictions*: *The Principle of Complementarity*, p. 258.

〔5〕 *Prosecutor v. Tadic*, Decision on the Defence Motion for Interlocutory Appeal on Jurisdiction, 2 October 1995, IT – 94 – 1 – AR72, para. 58.

〔6〕 Sharon A. Williams and William A. Schabas, "Article 17 – Issues of admissibility", p. 623 [30].

〔7〕 Jo Stigen, *The Relationship between the International Criminal Court and National Jurisdictions*: *The Principle of Complementarity*, p. 259.

〔8〕 Jann K. Kleffner, "The Impact of Complementarity on National Implementation of Substantive International Criminal Law", *Journal of International Criminal Justice*, Vol. 1, 2003, p. 87.

〔9〕 Lars Waldorf, "'A Mere Pretence of Justice': Complementarity, Sham Trials, and Victor's Justice at the Rwanda Tribunal", *Fordham International Law Journal*, Vol. 33, 2012, p. 1265.

国际刑事法院检察官办公室认为，在评价"包庇有关个人使其免负刑事责任"时，应当考虑调查的范围，尤其是以下几点：是集中于最严重犯罪的最应当负责者还是集中于次要犯罪者或次要犯罪；对调查或起诉采取措施明显不力；违反已确立的实践与程序；忽视证据或不重视证据；胁迫被害人、证人或司法人员；判决与所提供的证据不符；与整体能力相比用于程序的资源严重不足；拒绝向国际刑事法院提供信息或合作。[1]

斯狄根还列举了23类"包庇有关个人使其免负刑事责任"的现象：①成功的调查与起诉没有或很少，或者调查或起诉具有片面性；②国家与嫌疑人的合谋；③国家行动受到了国际刑事法院检察官活动的驱使；④不愿与国际刑事法院检察官合作；⑤缺乏完备的法律；⑥限制获取审判制度的机会；⑦资源分配不足；⑧调查者、被害人、证人等的权利和安全缺乏保障；⑨威胁程序中的行为者；⑩分配案件不当；⑪权力从民事审判机构转移到军事调查委员会、军事法庭等特别审判机构；⑫程序不够完备；⑬没有采取实质性调查措施，或违反正常调查的其他行为；⑭证据的收集与使用不完整；⑮不起诉裁定似乎不合法；⑯审判的地点不适当；⑰指控不全面；⑱匿名法官或证人；⑲审判程序违法；⑳政治干预；㉑缺乏透明或滥用媒体；㉒审判结果不合理；㉓刑罚实施不充分。[2]查德还认为，"包庇有关个人使其免负刑事责任"的情形还有：严重犯罪判为无罪或判罪过轻；武装部队调查被害人失踪，而武装部队被指控是被害人失踪的同谋等。[3]芬迪莱（Lorraine Finlay）还认为，先判决有罪后立即赦免、假释或减刑也属于事实上"包庇有关个人使其免负刑事责任"的情形。[4]塔尔格伦和考拉西尼还认为，设立特别调查者在政治上支持被告人和成立秘密法庭也属于"包庇有关个人使其免负刑事责任"的情形。[5]

可见，"包庇有关个人使其免负刑事责任"的情形，既有实体法上的，又有程序法上的，既有审理阶段上的，又有调查或起诉阶段上的，既有定罪上的，又有量刑上的。不过，需要指出的是，真实地以普通犯罪进行起诉不属于"包庇有

---

〔1〕　OPT, Policy Paper on Preliminary Examinations (draft), para. 61.

〔2〕　Jo Stigen, *The Relationship between the International Criminal Court and National Jurisdictions: The Principle of Complementarity*, pp. 263 ~ 287.

〔3〕　Mohamed M. El Zeidy, *The Principles of Complementary in International Criminal Law: Origin, Development and Practice*, 2008, pp. 170, 178 ~ 179.

〔4〕　Lorraine Finlay, "Does the International Criminal Court protect against double jeopardy: an analysis of article 20 of the Rome Statute", *U. C. Davis Journal of International Law and Policy*, Vol. 15, 2009, pp. 240 ~ 241.

〔5〕　Immi Tallgren & Astrid Reisinger Coracini, "Article 20 – *Ne bis in idem*", p. 694〔44〕.

关个人使其免负刑事责任"的情形,[1]虽然有人认为,将严重的国际犯罪作为一般犯罪处理应当属于这种情形。[2]

"包庇有关个人使其免负刑事责任"有两种形式:不切实地起诉犯罪者和故意起诉无罪的人作为掩盖。[3]例如,哥伦比亚情势就体现了国家故意使犯罪者免受处罚,不愿意起诉《罗马规约》所规定的国际犯罪。[4]

还需指出的是,"包庇有关个人使其免负刑事责任"中的"刑事责任"包括国内刑事责任和国际刑事责任。[5]

四、不当延误

根据《罗马规约》第 17 条第 2 款第 2 项的规定,"不愿意"包括国内诉讼程序发生不当延误(unjustified delay),且不符合使有关人受到审判的意图(an intent to bring the person concerned to justice)。与"包庇有关个人使其免负刑事责任"标准相比,"不当延误"是一个更客观的标准。[6]

(一)延误的不合理性

"不当延误",与"及时"相对,是指没有正当理由[7]的拖延,是指没有及时而有效地进行诉讼程序,对责任的整体判断造成了不必要的拖延。[8]"不当延误"是对国内诉讼程序效率价值的违反,也是对"迟来的正义为非正义(Justice delayed is justice denied)"的违背。毫无不当延误地或在合理时间内接受审判的权利还是一项基本人权。[9]"不当延误"表现在调查、起诉、审判、上诉等所有程序,以及审判开始、审判结束、判决送达等所有阶段。不过,根据《罗马规

---

〔1〕 Linda E. Carter, "The Principle of Complementary and the International Criminal Court: The Role of *ne bis in idem*", *Santa Clara Journal of International Law*, Vol. 8, 2010, p. 194.

〔2〕 Immi Tallgren & Astrid Reisinger Coracini, "Article 20 – Ne bis in idem", p. 694〔44〕.

〔3〕 Jo Stigen, *The Relationship between the International Criminal Court and National Jurisdictions: The Principle of Complementarity*, p. 261.

〔4〕 Jennifer S. Easterday, *The Relationship between the International Criminal Court and National Jurisdictions: The Principle of Complementarity*, pp. 103 ~ 104.

〔5〕 Jo Stigen, *The Relationship between the International Criminal Court and National Jurisdictions: The Principle of Complementarity*, p. 260.

〔6〕 Lars Waldorf, "'A Mere Pretence of Justice': Complementarity, Sham Trials, and Victor's Justice at the Rwanda Tribunal", p. 1265.

〔7〕 这里的"正当理由"既要有可信性,又要有合法性。

〔8〕 *Prosecutor v. Abu Garda*, Prosecution's Application for Leave to Appeal the "Decision on the Confirmation of Charges", 15 March 2010, ICC – 02/05 – 02/09 – 252 – Red, paras 52.

〔9〕 这体现在《公民权利与政治权利国际公约》第 14 条第 3 款第 3 项、《欧洲人权公约》第 6 条第 1 款、《美洲人权公约》第 8 条第 1 款、《非洲人权与人民权利宪章》第 7 条第 1 款第 4 项、《前南刑庭规约》第 21 条第 4 款第 3 项、《卢旺达刑庭规约》第 20 条第 4 款第 3 项和《罗马规约》第 67 条第 1 款第 3 项。

约》第17条第1款与第2款的规定，这里的"不当延误"主要是指国内调查与起诉程序的不当延误。

"不当延误"主要是指国内调查或起诉程序进展缓慢且没有正当理由。[1]"不当拖延"与"毫无不当延误"或"合理时间"相对，而在确定"合理时间"时应当考虑犯罪的严重性、对嫌疑人指控的罪状数目和所要求的调查与起诉的性质等。[2]在评价"不当延误"时，应当考虑国内诉讼程序的拖延是否存在客观上的理由，是否存在不使有关人受审的证据，[3]以及国家是否存在不真诚的情形。[4]第17条第2款第2项的"不当延误"由国际刑事法院法官自行判定，这是为了补偿第17条第2款第1项对检察官科以证明责任。[5]

（二）使有关人受到审判

根据《罗马规约》第17条第2款第2项的规定，"不当延误"与"使有关人受到审判的意图"密切相关。与"目的"一样，"意图"也是属于说明性的用语（illustrative term），而不是属于限定性的用语（determinative term）。[6]因为"意图"指某事或某人的目标、意思或目的，所以"使有关人受到审判的意图"这一用语具有主观性，即必须考虑国内诉讼程序不当延误这一事实背后的目标，[7]亦即程序背后的国家主观动机。[8]证明国家的"意图"是困难的，因为检察官必须证明国家的不正当意图（devious intent），这与明显的行为不同。[9]如果存在国内诉讼程序不当延误为了不"使有关人受到审判"的明显行为，国际刑事法院可以宣布行使裁判权。

"使有关人受到审判"有两种含义：其一，使有关人接受审判，强调审判的

---

〔1〕　Jo Stigen, *The Relationship between the International Criminal Court and National Jurisdictions：The Principle of Complementarity*, p. 289.

〔2〕　Jo Stigen, *The Relationship between the International Criminal Court and National Jurisdictions：The Principle of Complementarity*, p. 293.

〔3〕　OPT, Policy Paper on Preliminary Examinations（draft）, 4 October 2010, para. 63.

〔4〕　Jo Stigen, *The Relationship between the International Criminal Court and National Jurisdictions：The Principle of Complementarity*, pp. 201, 290.

〔5〕　Sharon A. Williams and William A. Schabas, "Article 17 – Issues of admissibility", p. 623〔31〕.

〔6〕　Jennifer S. Easterday, *The Relationship between the International Criminal Court and National Jurisdictions：The Principle of Complementarity*, p. 58.

〔7〕　Enrique Carnero Rojo, "The Role of Fair Trial Considerations in the Complementarity Regime of the International Criminal Court：From 'No Peace without Justice' to 'No Peace with Victor's Justice'?", p. 835.

〔8〕　Jann K. Kleffner, "The Impact of Complementarity on National Implementation of Substantive International Criminal Law", p. 87.

〔9〕　Sharon A. Williams and William A. Schabas, "Article 17 – Issues of admissibility", p. 623〔30〕.

过程；其二，使有关人承担责任，强调审判的结果。[1]

从《罗马规约》的文义、上下文、目的与宗旨、准备文件看，"使有关人受到审判（bring the person concerned to justice）"不仅指国际犯罪的责任，而且指承担这种责任的过程。[2]第 17 条第 2 款第 2 项中的"不符合将有关的人绳之以法的目的"意为"没有意图使对国际犯罪承担责任的人承担责任"，这与第 17 条第 2 款第 1 项和第 20 条第 3 款第 1 项中的"包庇有关个人使其免负刑事责任"一致，或者说，"不符合将有关的人绳之以法的目的"用语是"包庇有关个人使其免负刑事责任的目的"用语的另一种表述。[3]

"与使有关人受到审判的意图不符"的情形有：①直接或间接进行政治干预或者故意妨碍和拖延；②普遍性体制缺陷（附属于政治的调查、起诉或审判部门）；③缺乏愿意切实调查或起诉的程序性规则；④嫌疑人与调查、起诉或裁决的国家机关具有共同目的（包括政治目标）；⑤对犯罪长期没有采取行动，却在国际刑事法院行动时启动调查；⑥针对特定犯罪者设立特别法庭、特别程序或特别调查人。[4]当然，对于这些情形，还需要国际刑事法院司法活动的认可、修正或完善，目前只能作为将来国际刑事法院司法活动的参考或学术讨论。

还需说明的是，这里讲的"使有关人受到审判的意图"也是《罗马规约》第 17 条第 2 款第 3 项与第 20 条第 3 款第 2 项所规定的"不独立与不公正"所要求的。

五、不独立或不公正

根据《罗马规约》第 17 条第 2 款第 1 项和第 20 条第 3 款第 2 项的规定，"不愿意"还包括国内诉讼程序不独立或不公正，且不符合使有关人受到审判的意图。第 17 条第 2 款第 3 项和第 20 条第 3 款第 2 项仅适用于被告人难以被定罪（而不是被告人容易被定罪）的情形。[5]与"包庇有关个人使其免负刑事责任""不当延误"相比，"不独立和不公正"既有客观性的要求（即不独立或偏袒），

---

〔1〕 Enrique Carnero Rojo, "The Role of Fair Trial Considerations in the Complementarity Regime of the International Criminal Court: From 'No Peace without Justice' to 'No Peace with Victor's Justice'?", pp. 835 ~ 837.

〔2〕 Enrique Carnero Rojo, "The Role of Fair Trial Considerations in the Complementarity Regime of the International Criminal Court: From 'No Peace without Justice' to 'No Peace with Victor's Justice'?", p. 840.

〔3〕 Enrique Carnero Rojo, "The Role of Fair Trial Considerations in the Complementarity Regime of the International Criminal Court: From 'No Peace without Justice' to 'No Peace with Victor's Justice'?", pp. 852, 853.

〔4〕 Jennifer S. Easterday, *The Relationship between the International Criminal Court and National Jurisdictions: The Principle of Complementarity*, pp. 104 ~ 105.

〔5〕 Kevin Jon Heller, "The Shadow Side of Complementarity: The Effect of Article 17 of The Rome Statute on National Due Process", p. 261.

又有主观性的要求（即不符合"使有关人受到审判"的目的）。[1]

"不独立或不公正"的国内程序是指虽然程序不是虚假的，但是有瑕疵的，即虽然国家善意地行为，但有关人的行为造成了错误审判或污点证据等。[2]"独立与公正"是嫌疑人或被告人的一项基本人权，这得到了普遍性与区域性人权文件的体现与承认。[3]司法程序的"独立与公正"也已成为一项国际习惯法规则和一般法律原则。[4]国内刑事程序的"独立与公正"不仅指审判程序，还指调查与起诉程序。根据《程序和证据规则》规则51，国内诉讼程序的"独立"与"公正"要符合"国际公认的规范与标准"。

（一）独立

国内司法程序的"独立"首先体现在法院独立于行政机关、立法机关以及诉讼各方。[5]其具体包括：所有政府机构和其他机构有义务尊重与遵守司法机关的独立（第1条）；司法机关依法裁决所提交的事项，不受任何限制、威胁、压力等（第2条）；司法机关对司法性质的所有问题享有管辖权，并对所提交的问题是否属于其职权范围享有裁决专属权（第3条）；司法程序不受不当或非法干涉，且司法裁决不得非法修改（第4条）；提供司法机关正确履行其职能所需的充分资源（第7条）；法院向法官分配案件属于司法机关的内部事务（第14条）。[6]

国内司法程序的"独立"核心体现在法官的独立，即不得强迫法官对其职业秘密或秘密信息进行作证（第15条）；法官享有对因其在行使其司法职能时不当行为或不作为造成金钱损失而引起的民事诉讼的个人豁免（第16条）；法官的任职条件应为经过法律培训或具有法律资历且具有操守与能力的个人，不得进行任何非法歧视（第10条）；法官的升职条件应为能力、人品和经验等客观因素（第13条）；法官未经正当程序和法定事由不得被处分、停职或撤职（第17条至

---

[1]　Lars Waldorf, "'A Mere Pretence of Justice': Complementarity, Sham Trials, and Victor's Justice at the Rwanda Tribunal", p. 1266.

[2]　Sharon A. Williams and William A. Schabas, "Article 17 – Issues of admissibility", p. 623 [32].

[3]　例如，《公民权利与政治权利国际公约》第14条第1款、《非洲人权与人民权利宪章》第7条第1款与第26条、《美洲人权公约》第8条第1款和《欧洲人权公约》第6条第1款等。

[4]　Jo Stigen, *The Relationship between the International Criminal Court and National Jurisdictions: The Principle of Complementarity*, p. 299.

[5]　*Prosecutor v. Laurent Gbagbo and Charles Blé Goudé*, Decision on the "Requête relative à la recevabilité de l'affaire en vertu des Articles 19 et 17 du Statur, 11 June 2013, ICC – 02/11 – 01/11 – 436 – Red, para. 250.

[6]　Basic Principles of the Independence of the Judiciary, General Assembly resolutions 40/32 of 29 November 1985 and 40/146 of 13 December 1985.

第20条）。[1] 司法人员的"独立"还体现在法官应当坚持其职务和法院权力的独立；法官不得从事可能干预其职责或影响其独立信誉的任何活动。[2] 国内司法程序的"独立"还包括司法机构与司法人员的经济独立，不得接受政治家、经济实体或其他实力人物的金钱、礼物或其他好处。[3]

在评价诉讼程序的"不独立"时，应当考虑以下因素：国家机构（包括对法律与命令负责的那些人）在实施犯罪中的活动；任命与解职调查者、起诉者和法官对案件正当程序的影响；对犯罪者的管辖豁免和特权制度的适用；政治对调查、起诉和审判的干预；以及调查者、起诉者与法官的受贿。[4] 在评价调查或起诉的"不独立"时，还应当考虑以下因素：调查者、警察、检察官或法官如何选举与任命，这些人员如何培训，他们的工作条件与任职保障如何，他们是否享有表达与结社自由、自由裁量权，他们根据哪类规则对其裁定承担责任。[5]

（二）公正

与"独立"不同，"公正"主要是就司法人员个人而言的，更具有主观性。国内司法程序的"公正"应当从客观性的观点进行评价，即国内司法程序必须提供充分的保证，以排除合理怀疑。[6] "公正性"并不意味着起诉一个具体情势中的所有团体，而是指适用相同的标准。[7] 在刑事司法制度中，"公正"主要是指法官的公正。法官的"公正"应当体现在：司法机关应当保证司法程序公正地进行，并保证尊重所有当事方的权利；[8] 法官应当在履行其司法职责时保证公正的面貌（appearance of impartiality），避免任何利益冲突；[9] 对被告人、被害人与检察官进行公平审判（公平审判不仅适用于审判诉讼程序，也适用于预审诉讼程序）[10]。

---

〔1〕 Basic Principles of the Independence of the Judiciary; *Basic Principles of the Independence of the Judiciary*.

〔2〕 ICC, Code of Judicial Ethics（ICC – BD/02 – 01 – 05），art. 3.

〔3〕 Jo Stigen, *The Relationship between the International Criminal Court and National Jurisdictions：The Principle of Complementarity*, p. 305.

〔4〕 OPT, Policy Paper on Preliminary Examinations（draft），at 12, para. 64.

〔5〕 Jo Stigen, *The Relationship between the International Criminal Court and National Jurisdictions：The Principle of Complementarity*, pp. 308 ~ 309.

〔6〕 *Prosecutor v. Gbagbo and Goudé*, Decision on the Requête relative à la recevabilité de l'affaire en vertu des Articles 19 et 17 du Statur, 11 June 2013, ICC – 02/11 – 01/11 – 436 – Red, para. 250.

〔7〕 Statement by Luis Moreno – Ocampo, Prosecutor of the ICC, Informal meeting of Legal Advisors to Ministries of Foreign Affairs, New York, 24 October 2005, p. 6.

〔8〕 Basic Principles of the Independence of the Judiciary, art. 6.

〔9〕 Code of Judicial Ethics, ICC – BD/02 – 01 – 05, art. 4.

〔10〕 *Prosecutor v. Abu Garda*, Prosecution's Application for Leave to Appeal the "Decision on the Confirmation of Charges", 15 March 2010, ICC – 02/05 – 02/09 – 252 – Red, paras. 42 ~ 43.

　　国内诉讼程序的"不公正"的情形有：法官对审判的结果已有成见；有偏见的调查机构；赦免与假释；对检察官、法官、律师、被害人和证人的直接或间接威胁；运用军事与非法律解决方法处理大规模国际犯罪的各种特别且有偏见的法院；军警人员违反人权的案件应当允许提交普通法院，而不是只能提交军事法庭等特别法庭；适用没有适用刑法的真相与和解委员会或者类似机制的程序。[1]

　　在评价诉讼程序的"不公正"时，应当考虑以下因素：嫌疑人与对犯罪调查、起诉和（或）裁决负责的职权部门之间的联系；对有关调查者、起诉者或司法人员的公开声明、奖励、惩罚、晋升或降级、调动、撤职或报复。[2]在评价调查或起诉的"不公正"时，还应当考虑以下因素：调查者、警察和检察官如何选举与任命，他们是否受到政府行政部门或嫌疑人的不当影响，他们根据哪类规则对其裁定承担责任。[3]在本巴案中，审判分庭指出，中非国内法院的裁定没有受到法律外的政治因素的驱使，也没有受到来自政府指示等不正确因素的影响。[4]

　　（三）独立与公正的关系

　　就"独立"与"公正"的关系而言，"独立"是指适用法律的自由并依法得出"公正"的责任，但"独立"不是"公正"的保证，"公正"可能是缺乏"独立"的结果，也可能不是缺乏"独立"的结果。[5]

　　还有，评价"不独立"的因素与"不公正"的因素有时会重合或相互影响。例如，调查者、检察官或法官如何选举与任命，不仅可能影响到调查者、检察官或者法官的不独立，而且可能影响到调查者、检察官或法官的不公正。又如，调查者、检察官或者法官承担责任的方式和规则，不仅可能影响其独立性，而且可能影响其公正性。因此，评价"不独立"的因素与评价"不公正"的因素不是完全割裂开来的。而且，根据《罗马规约》第17条第2款第3项和第20条第3款第2项的规定，只要符合两项中的一项即不独立或不公正，就可以视为国内诉讼程序的不愿意。当然，在实践中，国内诉讼程序的"不独立"和"不公正"往往交织在一起。

---

　　〔1〕　Lorraine Finlay, Does the International Criminal Court protect against double jeopardy: an analysis of article 20 of the Rome Statute, pp. 238～240.

　　〔2〕　OPT, Policy Paper on Preliminary Examinations (draft), para. 65.

　　〔3〕　Jo Stigen, *The Relationship between the International Criminal Court and National Jurisdictions: The Principle of Complementarity*, pp. 308～309.

　　〔4〕　*Prosecutor v. Bemba*, ICC–01/05–01/08–802, para. 234.

　　〔5〕　Jo Stigen, *The Relationship between the International Criminal Court and National Jurisdictions: The Principle of Complementarity*, p. 299.

第四节 不能够

一、概述

《罗马规约》关于"不能够"的条款规定在第 17 条第 1 款第 1～2 项和第 3 款。"不能够"的规定可追溯到卢旺达情势中的"失败国家（failed states）"，即国家法律体制或行政体制崩溃。[1] 当时卢旺达的国内司法体系已经被内战摧毁。

与"不愿意"相比，"不能够"是一个更客观的标准。[2] "不能够"是指国家能否有效履行其义务的问题，是指国家管辖的缺失，是国内诉讼程序无效的另一种情形。[3] 与"不愿意"一样，"不能够"实质上也是国家使被告人在国内程序中更难被定罪；[4] 或者说，"不能够"的核心为无法找到被告人[5]。

"不能够"既指司法制度内部的缺陷，也指外部干扰或法律障碍。[6] 乔亚进一步指出，"不能够"问题既要考虑规范因素，又要考虑事实因素；规范因素是指要考虑法律制度的充分性，事实因素是指要考虑犯罪的客观性。[7] 霍姆斯也认为，"不能够"是一个以事实为导向的客观标准；在评价"不能够"时，应当考虑有效国内法律实施机制是否存在，国家是否能够保证被告人或必要证据的安全，犯罪的程度与范围，以及国家是否能够充分地尊重被告人的权利。[8] 布克怀特（William W. Burke - White）还认为，"不能够"包括以下四个因素：有经验且无偏见的司法人员能否获取、可行性的法律设施是否存在、完全有效的法律是

---

〔1〕 John T. Holmes, "Complementarity: National Courts *Versus* the ICC", pp. 668～669; Gregory S. Mc-Neal, "ICC Inability Determinations in light of the Dujail Case", *Case Western Reserve Journal of International Law*, Vol. 39, 2007, p. 327.

〔2〕 Jann K. Kleffner, "The Impact of Complementarity on National Implementation of Substantive International Criminal Law", p. 87.

〔3〕 Mohamed M. El Zeidy, "The Principle of Complementarity: A New Machinery to Implement International Criminal Law", pp. 902, 903.

〔4〕 Kevin Jon Heller, "The Shadow Side of Complementarity: The Effect of Article 17 of The Rome Statute on National Due Process", p. 265.

〔5〕 M. M. El Zeidy, "The Principle of Complementarity: A New Machinery to Implement International Criminal Law", p. 903.

〔6〕 Jo Stigen, *The Relationship between the International Criminal Court and National Jurisdictions: The Principle of Complementarity*, p. 313.

〔7〕 Federia Gioia, "State Sovereignty, Jurisdiction, and 'Modern' International Law: The Principle of Complementarity in the International Criminal Court", p. 1107.

〔8〕 J. T. Holmes, "Complementarity: National Courts Versus the ICC", p. 677.

否存在和从事逮捕与调查的警察的能力是否充足。[1]

二、原因要件

"不能够"在《罗马规约》起草过程中没有具体的争议。[2]"不能够"的情形规定在《罗马规约》第 17 条第 3 款。与《罗马规约》第 17 条第 2 款一样，第 17 条第 3 款也是一个列举性条款。[3]根据第 17 条第 3 款的规定，"不能够"包括两种情形：国内司法体系整体上或实质上崩溃和国内司法体系不可用（unavailability）。布克怀特进一步指出，"不能够"指国内司法机构崩溃或者国内司法机构软弱，前者基于种族冲突、国内战争、外国干涉、自然灾害或者对领土失去控制，后者是缺乏进行复杂国际起诉的技能与资源，例如，缺乏专家、能力有限、无法抓捕嫌疑人或收集关键证据。[4]查德也指出，"不能够"的原因有难以进行审判、国家司法体系等国家机构崩溃或大规模动乱。[5]

（一）国内司法体系整体上或实质上崩溃

"整体上崩溃"包括三层含义：造成崩溃的部分必须是非常重要的，而不仅仅是地方性的；崩溃的影响必须是司法制度功能的整体上瘫痪；崩溃的期间是暂时性的。[6]与"实质上崩溃"相比，"整体上崩溃"的情形在实践中很少，卢旺达情势属于此情形。

"实质上崩溃"在谈判期间的用语为"部分崩溃"。与"整体上崩溃"相比，"实质上崩溃"包含三层含义：崩溃可能仅影响了部分地区的司法制度，该地区属于整个司法制度的核心部分；崩溃的影响必须是足够大的，以致无法调查、起诉或审判；崩溃的期间是足够长的。[7]

国际刑事法院检察官办公室指出，"崩溃"包括没有中央政府、因冲突或危

---

〔1〕　William W. Burke – White, "Complementarity in Practice：The International Criminal Court as Part of a System of Multi – level Global Governance in the Democratic Republic of Congo", *Leiden Journal of International Law*, Vol. 18, 2005, pp. 576 ~ 586.

〔2〕　Sharon A. Williams and William A. Schabas, "Article 17 – Issues of admissibility", p. 617 ［25］.

〔3〕　Jo Stigen, *The Relationship between the International Criminal Court and National Jurisdictions：The Principle of Complementarity*, p. 314.

〔4〕　William W. Burke – White, "Complementarity in Practice：The International Criminal Court as Part of a System of Multi – level Global Governance in the Democratic Republic of Congo", pp. 574 ~ 580.

〔5〕　Mohamed M. El Zeidy, "The Principle of Complementarity：A New Machinery to Implement International Criminal Law", p. 903.

〔6〕　Jo Stigen, *The Relationship between the International Criminal Court and National Jurisdictions：The Principle of Complementarity*, pp. 314 ~ 315.

〔7〕　Jo Stigen, *The Relationship between the International Criminal Court and National Jurisdictions：The Principle of Complementarity*, pp. 315 ~ 316.

机引起的动乱或导致国内制度崩溃的公共秩序混乱。[1]埃利斯（Mark S. Ellis）也指出，"崩溃"的情形通常有国家卷入国内或国际冲突、国家正在经历政治动荡或经济危机、国家处于转型之中、国家完全缺乏体现国际标准的司法制度（例如，君主政权、独裁政权）。[2]斯狄根也认为，国内司法制度崩溃的原因有国内战争、政府不能控制的武装团体的威胁、恐怖分子威胁等。[3]布克怀特还认为，国内司法体系的"崩溃"是指司法人员、司法设施、法律制度或警察力量的严重破坏或缺乏。[4]可见，国内司法制度的"崩溃"主要是基于政治原因和法律原因。

在刚果民主共和国情势中，刚果民主共和国没有明确表明其提交案件是因为其"不愿意"或"不能够"起诉。但是，从实际情况看，刚果民主共和国的司法制度非常脆弱，不能够起诉现任政府领导人，刚果民主共和国情势属于"不能够"起诉的情形。[5]简言之，因为没有足额支付工资的法官、没有最基本的司法设施、没有充分的法律授权或没有逮捕嫌疑人的能力，所以刚果民主共和国"不能够"调查或起诉。[6]

（二）国内司法体系不可用

"不可用"通常包括三层含义：事物的不存在；事物的无法得到，不论事物的存在与否；事物的无用，不论事物是否存在和能否得到。[7]国际刑事法院检察官认为，"不可用"的情形有：缺乏保障证人、调查者、公诉人和法官安全的条件；缺乏充分的保护制度；存在禁止案件国内诉讼程序的法律，例如，赦免、豁免或时效法；缺乏有效调查与起诉的充分手段。[8]而斯狄根认为，《罗马规约》规定的"不可用"包括以下四种情形：没有法律条款；使用司法制度的法律障

---

〔1〕 OTP, Paper on some policy issues before the Office of the Prosecutor, September 2003, p. 4. See also Sharon A. Williams and William A. Schabas, "Article 17 – Issues of admissibility", p. 623 〔33〕.

〔2〕 Mark S. Ellis, "The International Criminal Court and its Implication for Domestic Law and National Capacity Building", *Florida Journal of International Law*, Vol. 15, 2002, p. 238.

〔3〕 Jo Stigen, *The Relationship between the International Criminal Court and National Jurisdictions: The Principle of Complementarity*, pp. 328 ~ 329.

〔4〕 William W. Burke – White, "Complementarity in Practice: The International Criminal Court as Part of a System of Multi – level Global Governance in the Democratic Republic of Congo", pp. 576 ~ 586.

〔5〕 William W. Burke – White, "Complementarity in Practice: The International Criminal Court as Part of a System of Multi – level Global Governance in the Democratic Republic of Congo", pp. 566 ~ 567.

〔6〕 William W. Burke – White, "Complementarity in Practice: The International Criminal Court as Part of a System of Multi – level Global Governance in the Democratic Republic of Congo", p. 586.

〔7〕 Jo Stigen, *The Relationship between the International Criminal Court and National Jurisdictions: The Principle of Complementarity*, pp. 316 ~ 318.

〔8〕 OTP, Policy Paper on Preliminary Examinations (draft), para. 59.

碍；使用司法制度的事实障碍；司法制度不能产生预期的结果。[1]可见，国内司法制度的"无法获取"主要是指事实上的障碍和法律上的障碍。

1. 没有法律条款。"不可用"包括国内实体法律的缺失或不足。[2]"没有法律条款"主要是指国内法没有关于《罗马规约》管辖的犯罪的规定，即没有《罗马规约》规定的实质上属于极其严重的犯罪行为，不包括《罗马规约》规定的罪名。[3]

2. 使用司法制度的法律障碍。本威努迪（Paolo Benvenuti）认为，第17条第3款是否包括"没有正确的实施法"的情形是不清楚的。[4]而国际刑事法院检察官办公室认为，"不能够"包括存在禁止国内诉讼程序的法律（例如，赦免[5]、豁免或时效法）。[6]乔亚认为，"不可用"是指法律制度在理论上存在和整体上有效，但在具体案件中基于法律或事实障碍而不能发挥作用的情形。[7]卡塞斯认为，"不能够"的情形包括国内法院不能够审判个人不是因为司法制度的崩溃或失灵，而是因为法律障碍，例如赦免法或时效法。[8]麦克马克（Timothy L. H. McCormack）、罗伯逊（Sue Robertson）和多赫蒂（Katherine L. Doherty）还认为，国内没有足够的刑事法律也属于"不能够"的情形。[9]斯狄根还认为，法律障碍还有剥夺权利（proscription）或流放海外（in exile）（也就是说，国家把被告人驱逐出境或让被告人流放国外，以代替对其的刑事追究）。[10]还需说明

---

〔1〕 Jo Stigen, *The Relationship between the International Criminal Court and National Jurisdictions*: *The Principle of Complementarity*, p. 318.

〔2〕 Jann K. Kleffner, "The Impact of Complementarity on National Implementation of Substantive International Criminal Law", p. 89.

〔3〕 Jo Stigen, *The Relationship between the International Criminal Court and National Jurisdictions*: *The Principle of Complementarity*, pp. 319 ~ 321.

〔4〕 Paolo Benvenuti, "Complementarity of the International Criminal Court to National Criminal Jurisdictions", in Flavia Lattanzi & William A. Schabas (eds.), *Essays On The Rome Statute Of The International Criminal Court*, 1999, p. 45.

〔5〕 *Black's Law Dictionary*, 9th Edition, 2009, pp. 99, 1221; Mark S. Ellis, *The International Criminal Court and its Implication for Domestic Law and National Capacity Building*, p. 235.

〔6〕 OPT, Policy Paper on Preliminary Examinations (draft), p. 12.

〔7〕 Federica Gioia, "Comments on Chapter 3", in Jan K. Kleffner & Gerben Kor (eds.), *Complementary Views On Complementarity*: *Proceedings Of The International Roundtable On The Complementary Nature Of The International Criminal Court*, *Amsterdam*, *25/26 June 2004*, 2006, p. 107.

〔8〕 Antonio Cassese, *International Criminal Law*, 2003, p. 352.

〔9〕 Timothy L. H. McCormack & Katherine L. Doherty, "'Complementarity' as a Catalyst for Comprehensive Domestic Penal Legislation", U. C. *Davis Journal of International Law and Policy*, Vol. 5, 1999, p. 152.

〔10〕 流亡或流放又称事实上的赦免。Jo Stigen, *The Relationship between the International Criminal Court and National Jurisdictions*: *The Principle of Complementarity*, pp. 329, 417.

的是，这些法律障碍也表明了国家的"不愿意"。[1]不过，作出有罪判决后的司法赦免或假释不属于前述的法律障碍。[2]

3. 使用司法制度的事实障碍。事实障碍包括内部障碍与外部障碍。[3]沙巴斯认为，"不能够"仅包括事实上缺乏能力，而不包括法律限制。[4]而国际刑事法院检察官办公室认为，"不能够"包括缺乏保证证人、调查者、起诉者和法官安全的条件或者缺乏有效调查与起诉的充分手段。[5]斯狄根也指出，事实障碍有缺乏必要人员、缺乏完备的基本设施、建筑与其他设施（例如，缺乏勘查犯罪现场或搜查证人的手段）、缺乏必要警力、缺乏羁押场所、缺乏调查人员、缺乏必要调查设施（例如，实验室和法医专家）等。[6]麦克尼尔（Gregory S. McNeal）也认为，"不能够"至少包括两种情形：缺乏有经验的辩护律师与法官和基于威胁或暴力证人与被害人不能出庭与参加程序。[7]在中非共和国情势中，检察官解释道，中非共和国的最高司法机构已经确认，国内审判制度"不能够"开展调查与起诉犯罪所必要的复杂程序。[8]在达尔富尔情势中，检察官解释道，建立的达尔富尔特别法院仍然难以使用，资源有限，缺乏经验和安全。[9]在本巴案中，审判分庭认可了中非共和国所列举的"不能够"的情形，即缺乏所要求的人力资源、国内法院已积压了大量案件、法官不足、经费严重不足、刚果解放运动（MLC）活动在继续、地区不稳等。[10]

4. 司法制度不能产生预期的结果。这种情形是由"不能够"具有原因和效果的双重性决定的。乔亚认为，国家仅根据普遍管辖权起诉、人权缺失和国家没

---

〔1〕 Jo Stigen, *The Relationship between the International Criminal Court and National Jurisdictions: The Principle of Complementarity*, p. 322.

〔2〕 Jo Stigen, *The Relationship between the International Criminal Court and National Jurisdictions: The Principle of Complementarity*, pp. 334 ~ 335.

〔3〕 Jo Stigen, *The Relationship between the International Criminal Court and National Jurisdictions: The Principle of Complementarity*, p. 323.

〔4〕 William A. Schabas, *An Introduction to the International Criminal Court*, Cambridge University Press, 2nd Edition, 2004, p. 86.

〔5〕 OPT, Policy Paper on Preliminary Examinations (draft), p. 12.

〔6〕 Jo Stigen, *The Relationship between the International Criminal Court and National Jurisdictions: The Principle of Complementarity*, p. 330.

〔7〕 Gregory S. McNeal, "ICC Inability Determinations in light of the Dujail Case", *Case Western Reserve Journal of International Law*, Vol. 39, 2007, pp. 329 ~ 330, 350.

〔8〕 OTP, Prosecutor opens investigation in the Central African Republic, ICC – OTP – PR – 20070522 – 220_EN, 22 May 2007.

〔9〕 U. N. Doc. S/PV. 5450, pp. 3 ~ 4.

〔10〕 *Prosecutor v. Bemba*, ICC – 01/05 – 01/08 – 802, paras. 245, 246.

有充分利用逆向合作的权利[1]等也属于国家司法制度"不可用"的情形。[2]

三、结果要件

（一）不能够拘捕被告人

"不能够拘捕被告人"是《罗马规约》第 17 条第 3 款所规定的"不能够"的一种情形。这里的"被告人"应当解释为"有关人""所称的犯罪者"或"嫌疑人"，因为第 17 条第 3 款适用于诉讼程序的所有阶段。[3]在塞努西（Senussi）案中，预审分庭认为，鉴于塞努西已经被利比亚当局羁押，故利比亚不存在"不能够拘捕被告人"的情形。[4]

（二）不能获取必要证据与证言

"不能够获取必要证据与证言"是《罗马规约》第 17 条第 3 款所规定的"不能够"的第二种情形。这里的"必要证据与证言"是指在质上和量上都充分的证据。[5]在塞努西案中，预审分庭认为，利比亚的安全形势是判断利比亚能否获取必要证据与证言的必须考虑因素之一，在缺乏有效保护证人计划和一些羁押设施还没有移交利比亚当局的情况下尤其必须评估安全形势，不过，利比亚的安全形势没有影响国内诉讼程序，亦即，审理塞努西诉讼程序所必要的证据与证言不仅已经收集，而且收集证据与证言没有停止的迹象。[6]

（三）不能够开展诉讼程序的其他情形

"不能够开展诉讼程序的其他情形"是《罗马规约》第 17 条第 3 款所规定的"不能够"的第三种情形。这里的"其他情形"是指不能够正确地审讯犯罪者或不能够正确地审查与分析证据。[7]在塞努西案中，预审分庭认为，被告人不能获取法律意见，即没有律师为被告人辩护，这构成了不能够开展诉讼程序的情形之一。[8]可见，被告人没有获得律师的帮助可以成为不能够开展诉讼程序的情

---

〔1〕　Federia Gioia, "State Sovereignty, Jurisdiction, and 'Modern' International Law: The Principle of Com-plementarity in the International Criminal Court", pp. 1118 ~ 1119.

〔2〕　Federia Gioia, "State Sovereignty, Jurisdiction, and 'Modern' International Law: The Principle of Com-plementarity in the International Criminal Court", pp. 1110, 1113, 1119.

〔3〕　Jo Stigen, *The Relationship between the International Criminal Court and National Jurisdictions: The Prin-ciple of Complementarity*, p. 326.

〔4〕　*Prosecutor v. Al - Senussi*, ICC - 01/11 - 01/11 - 466 - Red, para. 294.

〔5〕　Jo Stigen, *The Relationship between the International Criminal Court and National Jurisdictions: The Prin-ciple of Complementarity*, p. 326.

〔6〕　*Prosecutor v. Al - Senussi*, ICC - 01/11 - 01/11 - 466 - Red, paras. 297 ~ 301.

〔7〕　Jo Stigen, *The Relationship between the International Criminal Court and National Jurisdictions: The Prin-ciple of Complementarity*, p. 327.

〔8〕　*Prosecutor v. Al - Senussi*, ICC - 01/11 - 01/11 - 466 - Red, paras. 304 ~ 305.

形之一。

简言之，与"不愿意"相比，"不能够"是一个更客观的标准，但是对"不能够"的具体情形的认识与理解差异很大，对于"其他情形"的理解差异更大，有时还与"不愿意"或"切实性"交织在一起，涉及主权国家与国际刑事法院之间的博弈。

第五节　严重性

严重性贯穿于整个《罗马规约》，是国际刑事法院法律制度的核心概念之一。[1]严重性不仅是《罗马规约》起草者和立法者确定国际刑事法院管辖权所首先考虑的因素，[2]而且是可受理性程序中的一项基本要求，[3]也是检察官选择情势或案件和调查或起诉情势或案件的一个关键因素和重要政策，[4]还是国际刑事法院定罪与量刑的一个考虑因素。[5]虽然，在《罗马规约》起草过程中，各国对严重性作为国际刑事法院可以受理案件的一个具体条件具有共识[6]，但是在司法实践中犯罪的严重性问题是启动调查或起诉前最有争议的问题之一。[7]这里主要探讨在可受理性程序中严重性的评价原则和考虑因素。

一、评价原则

（一）定量分析与定性分析相结合的原则

《罗马规约》和《程序和证据规则》都没有对严重性的标准作出明确的规定。《罗马规约》之所以没有对严重性作出明确的定义，一是因为严重性这一概念本身的难以确定性，二是因为在国际刑事审判实践上也没有对严重性作出明确

---

〔1〕　Margaret M. deGuzman, "Gravity and the Legitimacy of the International Criminal Court", at 1400; Mohamed M. El Zeidy, "The Gravity Threshold under the Statute of the International Criminal Court", *Criminal Law Forum*, Vol. 19, No. 1, 2008, p. 35.

〔2〕　《罗马规约》序言、第1条与第5条。

〔3〕　《罗马规约》第17条第1款第4项。

〔4〕　Rome Statute, Art. 15 (2), 53 (1) (c) and (2) (c); OTP, Policy Paper on Preliminary Examinations (draft), para. 51. Luis Moreno – Ocampo, "Keynote Address: Integrating the Work of the ICC into Local Justice Initiatives", *American International Law Review*, Vol. 21, 2006, p. 498.

〔5〕　《罗马规约》第78条第1款和国际刑事法院《程序和证据规则》规则145。

〔6〕　John T. Holmes, "the principle of Complementary", in Roy Lee (ed.), *The International Criminal Court – The Making of the Rome Statute: Issues, Negotiations and Results*, 1999, pp. 45~51.

〔7〕　Ray Murphy, "Gravity Issues and The International Criminal Court", p. 282.

的解释。[1]此外，在第17条第1款第4项（"足够严重［sufficient gravity］"）中增加僵化的要求，这与可受理性程序的目标不符，因为可受理性机制试图建立严重性的基本标准，以排除不行使管辖权的犯罪者和犯罪。[2]

但是，在司法实践中，对严重性的考虑因素出现了分歧和争议。在国际刑事法院早期，检察官和分庭的实践对犯罪严重性的定量分析较多，且主要是被害人的人数。例如，国际刑事法院检察官在伊拉克情势中指出，评价严重性的关键性考虑因素为特别严重犯罪（例如，故意杀人或强奸）的被害人人数。[3]国际刑事法院检察官奥坎波在其一份演讲中也列举了考虑犯罪严重性的下列因素：被杀害人数、特别严重犯罪（尤其是人身犯罪，例如，故意杀人或强奸）中的被害人人数、根据调查或分析在其他情势中发现的潜在被害人人数以及犯罪的影响，但是，他又认为，国际刑事法院检察官不必将调查的情势限于杀害为主要犯罪的情形。[4]在刚果情势案中，第一预审分庭也认为，犯罪必须是有系统的或大规模的。[5]

不过，检察官也意识到，严重性不仅取决于构成犯罪的行为，而且依赖于参与程度。[6]检察官进一步指出，指导检察官评价严重性的因素有犯罪的规模、性质、实施方式和影响。[7]奥坎波在其向联合国安理会提交的报告中也指出，评价犯罪严重性的因素有犯罪的规模与性质（尤其是大量的杀害）、犯罪的系统性与影响以及其他严重因素。[8]国际刑事法院检察官办公室颁布的《检察官办公室条例》进一步确认，在评价犯罪的严重性时，检察官应当考虑各种因素，包括犯罪的规模、性质、实施方式和影响。[9]

分庭的实践也开始变化。第一预审分庭也承认，在考量案件的严重性时，对所称指控攻击的性质、方式与影响的考虑是至关重要的。[10]第一预审分庭还发

---

〔1〕　Margaret M. deGuzman, "Gravity and the Legitimacy of the International Criminal Court", pp. 1401 ~ 1402.

〔2〕　OTP, Policy Paper on Preliminary Examinations, para. 68.

〔3〕　OTP, Response to Communications concerning the Situation in Iraq, 9 February 2006, pp. 8 ~ 9.

〔4〕　Luis Moreno – Ocampo, Statement by the Prosecutor of the ICC, Informal Meeting of Legal Advisors to Ministries of Foreign Affairs, New York, 24 October 2005, p. 6.

〔5〕　*Situation in the Democratic Republic of Congo*, ICC – 01/04 – 520 – Anx2, para. 46; *Prosecutor v. Lubanga*, ICC – 01/04 – 01/06 – 8 – Corr, para. 46.

〔6〕　OTP, Paper on some policy issues before the Office of the Prosecutor, September 2003, p. 7.

〔7〕　OTP, Report on Prosecutorial Strategy, 14 September 2006, p. 5.

〔8〕　Luis Moreno – Ocampo, Statement of the Prosecutor of the International Criminal Court to the UN Security Council pursuant to UNSCR 1593 (2005), 14 June 2006, p. 2.

〔9〕　OTP, Regulations of the Office of the Prosecutor, 23th April 2009, reg. 29 (2).

〔10〕　*Prosecutor v. Abu Garda*, ICC – 02/05 – 02/09 – 243 – Red, para. 31.

现，国际刑事法院《程序和证据规则》规则 145 分则 1（c）可能包含考量严重性的一些因素，即"造成损害（尤其是对被害人及其家人造成的伤害）的程度、非法行为的性质和实施犯罪的手段"，这些因素可以作为评价严重性的有益指导原则。[1]在肯尼亚情势中，第二预审分庭也指出，评价严重性的因素有犯罪的规模、性质、实施方式、所实施的犯罪对被害人的影响以及存在加重情形。[2]

得古斯曼（de Guzman）在考察前南刑庭与卢旺达刑庭判例后，列举了国际刑事法院中严重性的考虑因素：犯罪的性质、犯罪的规模、实施犯罪的方式、犯罪的影响、犯罪者的作用或地位和犯罪者的意图等。[3]查德在解释国际刑事法院中严重性的考虑因素时指出，前南刑庭与卢旺达刑庭在其量刑判决和移交国内法院的裁定中所产生的丰富先例为严重性的判断提供了有益的指导原则，例如，犯罪的规模与性质、犯罪的程度与范围、犯罪的实施方式与影响等。[4]戈登还认为，对犯罪严重性的分析，应当考虑地域范围（全国还是某一地区）、被害人的特点（是不是儿童或残疾人）等。[5]

可见，在评价犯罪的严重性时，不仅应当对犯罪严重性进行定量分析，例如，犯罪的规模、范围、程度、实施方式等，而且应当对犯罪严重性进行定性分析，例如，犯罪的性质、犯罪者的作用或地位、犯罪者的意图等；评价犯罪严重性的主要考虑因素有犯罪的性质、犯罪的规模、犯罪的程度、实施犯罪的方式、犯罪的影响、犯罪者的作用或地位和犯罪者的意图等。还需指出的是，犯罪者的意图不应成为可受理性阶段中严重性的考量因素，而仅是审判阶段中定罪和量刑时的考量因素，因为可受理性阶段本质上还是解决程序问题（即是否行使管辖权的问题），不是解决实体问题（即有罪无罪、罪轻罪重的问题）；在可受理性程序中判断严重性应当遵循客观标准，而在定罪和量刑阶段判断严重性则应贯彻客观与主观相统一的原则。

（二）具体案件具体分析原则

犯罪的严重性是一个客观事实，考虑犯罪严重性的具体因素很多，但是在不同情势或案件中侧重考虑哪些因素只能因案而定。塞拉利昂特别法庭检察官指

---

〔1〕 *Prosecutor v. Abu Garda*, ICC – 02/05 – 02/09 – 243 – Red, para. 32.

〔2〕 *Situation in the Republic of Kenya*, ICC – 01/09 – 19 – Corr, para. 188；*Prosecutor v. Muthaura at al.*, ICC – 01/09 – 02/11 – 382 – Red, para. 50.

〔3〕 Margaret M. deGuzman, "Gravity and the Legitimacy of the International Criminal Court", pp. 1451 ~ 1456.

〔4〕 Mohamed M. El Zeidy, "The Gravity Threshold under the Statute of the International Criminal Court", p. 44.

〔5〕 Gregory S. Gordon, "Complementarity and Alternative Justice", pp. 684 ~ 685.

出，评价检察官自由裁量权的标准不确定或不固定，同样，评价犯罪严重性的标准也不确定或不固定。[1]萨考图（SaCouto）与克利里（Cleary）也指出，在评价情势或案件的严重性时，不仅应当考虑犯罪的规模、残忍性、系统性、实施方式、被害人群的弱势和犯罪对被害人的影响等，而且应当考虑每个情势或案件的具体情况，给予国际刑事法院一定的灵活性。[2]戈登也认为，对于犯罪严重性的分析，应当允许国际刑事法院充分灵活地考虑整体情况，根据每个案件的具体事实作出合理的裁定。[3]例如，在阿布·加尔达案中，国际刑事法院指出，犯罪的严重性不仅要考虑攻击的性质、方式与影响等因素，而且应当考虑本案的特殊性，即故意对国际维和人员的攻击，非盟驻苏丹特派团（AMIS）的活动受到严重干扰，影响到了其给几百万人提供帮助与安全的使命，联合国安理会和非盟也都强调了攻击的严重性。[4]

可见，对犯罪的严重性判断还要结合严重性的相关考虑因素，根据案件的具体情形进行具体案件具体分析，不仅应当考虑犯罪的规模、性质、实施方式和影响等主要因素，而且应当根据具体情势或案件具体分析犯罪的严重性，尤其是个人或团体在犯罪中的作用。

二、考虑因素

（一）性质

犯罪的性质是指犯罪行为本身的特性或本质。《罗马规约》管辖的犯罪的性质都是达到"震撼世界各国人民的良知"的程度。[5]根据《罗马规约》第6条和《灭种罪公约》第2条的规定，灭绝种族罪就是实施试图全部或部分地破坏一个民族、族裔、种族或宗教团体的行为。[6]根据《罗马规约》第7条的规定，危害人类罪就是实施作为针对平民进行广泛的或有系统的攻击之一部分的行为，或者实施的非人道行为。[7]根据《罗马规约》第8条的规定，战争罪是在战争或武装冲突中发生的违反战争法或战争惯例的行为，是指故意对平民实施的攻击，故

---

〔1〕 Luc Cote, "Reflections on the Exercise of Prosecutorial Discretion in International Criminal Law", *Journal of International Criminal Court*, Vol. 3, 2005, p. 169.

〔2〕 Susana Sacouto & Katherine Cleary, "The Gravity Threshold of the International Criminal Court", pp. 809~810, 843.

〔3〕 Gregory S. Gordon, "Complementarity and Alternative Justice", p. 685.

〔4〕 *Prosecutor v. Abu Garda*, ICC-05-02/09-243-Red, paras. 31, 33.

〔5〕 Remigius Chibueze, "United States Objection to the International Criminal Court: A Paradox of 'Operation Enduring Freedom'", p. 42.

〔6〕 Dapo Akande, "The Jurisdiction of the International Criminal Court over Nationals of Non-Parties: Legal Basis and Limits", p. 636.

〔7〕 Margaret M. deGuzman, "Gravity and the Legitimacy of the International Criminal Court", p. 1407.

意进行对平民生命或身体造成伤亡的攻击等。根据《〈罗马规约〉侵略罪修正案》和《罗马规约》第8条之二，侵略罪是指能够有效控制或指挥一国的政治或军事行动的人策划、准备、发动或实施以使用武力或以违反《联合国宪章》的任何其他方式侵犯另一国主权、领土完整或政治独立的行为，且这种行为依其性质、严重性和规模明显违反了《联合国宪章》。可见，《罗马规约》对灭绝种族罪、危害人类罪和侵略罪都有明确的严重性要求；而对战争罪则没有明确的严重性要求，对于小规模的、孤立的、造成最小损害的和最低级别犯罪者的战争罪，国际刑事法院虽具有管辖权但可以不行使管辖权（即不予受理），严重性的要求对战争罪具有特别的意义，这也符合《罗马规约》的起草历史。[1]

在评价犯罪的性质时，应当考虑是否有谋杀、杀害、奴役、强奸与其他性或性别暴力犯罪、对儿童所实施的犯罪以及蓄意消灭一个团体而剥夺其生存条件的犯罪等。[2]根据《罗马规约》第54条第1款第2项的规定，评价犯罪性质的因素有：性暴力、性别暴力和对儿童的暴力。瓜里德利亚（Fabricio Guariglia）也认为，在评价犯罪的性质时，尤其要关注杀害、强奸和征募儿童，还要考虑犯罪是否故意针对平民、弱势群体、人道主义援助或维和行动的人员，犯罪是否故意为审判设置障碍（尤其是针对国际刑事法院的证人或工作人员），是否实施试图传播恐怖的犯罪等。[3]萨考图与克利里也认为，在评价严重性时，应当考虑所攻击目标的弱势，例如，妇女、儿童或残疾人。[4]得古斯曼也认为，从犯罪的性质看，故意杀人、性暴力犯罪以及涉及人身与（或）精神伤害的犯罪（例如，酷刑）属于最严重的犯罪，而财产犯罪属于次重要的犯罪。[5]

可见，在性质上属于严重犯罪的应当包括以下情形：一类是谋杀、杀害等剥夺生命的犯罪；一类是强奸、奴役等性暴力和性别暴力犯罪；一类是酷刑等其他对人的身体与精神造成严重损害的犯罪；一类是对平民、妇女、儿童、残疾人和老人等弱势群体的犯罪；一类是对人道主义援助或维和行动的人员等特殊人员的犯罪；一类是故意在平民中传播恐怖或恐慌情绪的犯罪，例如，在攻击或袭击中

---

〔1〕 Margaret M. deGuzman, "Gravity and the Legitimacy of the International Criminal Court", pp. 1408, 1457 ~ 1458.

〔2〕 OTP, Policy Paper on Preliminary Examinations, para. 70; Remigius Chibueze, "United States Objection to the International Criminal Court: A Paradox of 'Operation Enduring Freedom'", pp. 42 ~ 43.

〔3〕 Fabricio Guariglia, "The Selection of Cases by the Office of the Prosecutor of the International Criminal Court", p. 214.

〔4〕 Susana SaCouto & Katherine Cleary, "The Gravity Threshold of the International Criminal Court", p. 840.

〔5〕 Margaret M. deGuzman, "Gravity and the Legitimacy of the International Criminal Court", p. 1452.

散布恐慌信息或进行恐怖威胁。不过，实施财产犯罪和为审判设置障碍的犯罪要根据具体的情势或案件进行具体判断和分析，因为财产犯罪和为审判设置障碍的犯罪单独难以成为对国际社会整体构成最严重侵害的犯罪。

从实践看，在肯尼亚情势中，检察官指出，暴力事件导致了大规模的杀害平民、强奸与其他性暴力、严重伤害和强迫失踪。[1]在科特迪瓦情势中，预审分庭指出，暴力事件中存在大规模的严重犯罪，例如，谋杀、强奸、强迫失踪。[2]在穆萨乌拉、肯雅塔和阿里案中，预审分庭也指出，从性质上看，阿里被指控的犯罪导致了大量的死亡、残忍伤害、失踪和性暴力。[3]

（二）规模

犯罪的规模包括犯罪的范围和程度，"范围"是指犯罪的空间或时间的经纬度，"程度"是指犯罪对被害人及其家人所造成损害的程度。在评价犯罪的规模时，应当考虑以下因素：直接与间接被害人的人数；犯罪所造成损害的程度，尤其是对被害人及其家人造成的人身与心理伤害的程度；及其地理或时间的传播情况（短期内强度暴力犯罪或较长时期内的较弱强度暴力犯罪）等。[4]墨菲（Murphy）也认为，前南刑庭与卢旺达刑庭在量刑阶段判断严重性的标准是非常有益的，例如，犯罪的范围与程度、被害人人数、对被害人的损害（例如，人身与精神伤害的程度）等。[5]瓜里德里亚与得古斯曼也认为，评价犯罪的规模不仅要考虑被害人的人数，而且要考虑损害的时间或地域范围。[6]

可见，在评价犯罪的规模时，应当考虑以下方面：一是被害人的人数及犯罪对被害人及其家人造成损害的程度，这里的"人数"包括直接被害人和间接被害人的人数，这里的损害包括身体伤害和心理伤害；二是犯罪的时间或空间的跨度，可以是短时间内的高强度暴力犯罪，也可以是长时间内的较弱强度暴力犯罪，可以是在一个或几个较大区域内的犯罪，也可以是在属于连续犯罪的几个较小区域内的犯罪。不过，犯罪的地理分布不是严重性的必要考虑因素。[7]这里的

---

〔1〕　OTP, Policy Paper on Preliminary Examinations, para. 71.

〔2〕　*Situation in the Republic of Côte d'Ivoire*, ICC－02/11－14－Corr, para. 205.

〔3〕　*Prosecutor v. Muthaura at al.*, ICC－01/09－02/11－382－Red, para. 49.

〔4〕　OTP, Policy Paper on Preliminary Examinations, para. 70; *Situation in the Republic of Kenya*, ICC－01/09－19－Corr, para. 62.

〔5〕　Ray Murphy, "Gravity Issues and The International Criminal Court", pp. 296 ~ 297.

〔6〕　Fabricio Guariglia, "The Selection of Cases by the Office of the Prosecutor of the International Criminal Court", p. 214; Margaret M. deGuzman, "Gravity and the Legitimacy of the International Criminal Court", pp. 1451 ~ 1452.

〔7〕　Fabricio Guariglia, "The Selection of Cases by the Office of the Prosecutor of the International Criminal Court", p. 214.

"地理分布"主要是指世界范围内的地理分布，例如，非洲、中亚等地理概念。

从实践看，在乌干达情势中，检察官从规模上列举了下列情形：残害平民，例如，谋杀、强奸、绑架、性奴役或其他目的；大规模毁坏和破坏财产、掠夺财产；大规模绑架与征募儿童兵。[1]在肯尼亚情势中，检察官指出，肯尼亚选举后暴力的规模很大，约1133~1220人被杀害，900多人遭到强奸与性暴力，约35 000人失踪，3561人受到严重伤害，大量房屋被毁，波及肯尼亚8个省中的6个省。[2]

（三）实施方式

犯罪的实施方式是指实施犯罪所采用的手段和方法。在评价犯罪的实施方式时，应当考虑以下因素：实施犯罪所采用的方法；参与程度及其目的；犯罪是有系统的或源于一项策划或有组织的政策或源于权力或职权的滥用；特别残酷的因素，包括被害人的弱势、任何形式的歧视或将强奸和性暴力作为破坏团体的手段等。[3]瓜里德里亚也指出，在评价犯罪的实施方式时，应当考虑非常残酷的情节、对特别无防备能力的被害人的犯罪、歧视性犯罪以及权力的法律上或事实上滥用（例如，保护的责任）等。[4]得古斯曼也认为，从犯罪的实施方式看，有系统地或者根据策划或政策实施的犯罪、以特别残忍的手段（例如，慢性杀害）实施的犯罪、对特别弱势被害人（例如，妇女、儿童和老人）实施的犯罪、歧视性或滥用权力的犯罪等属于特别严重的犯罪，而在侵略战争中实施犯罪属于加重情节。[5]墨菲也认为，在评价犯罪严重性时，应当考虑预谋或策划的情况、实施犯罪的残酷手段与方法等。[6]

可见，犯罪的实施方式应当包括以下情形：一类是实施犯罪所采用的方法与目的，例如，有系统地或根据策划或政策实施犯罪，预谋、策划、教唆、煽动行为；一类是实施犯罪的手段特别残忍，例如，砍头、活活烧死、在生殖器内放入木棍；一类是对弱势群体实施犯罪，例如，对妇女、儿童、老人和残疾人等平民实施的犯罪；一类是歧视性犯罪或滥用权力犯罪，例如，基于民族、种族、性别、部落、宗教和政治信仰的犯罪。

从实践看，在穆萨乌拉、肯雅塔和阿里案中，预审分庭指出，阿里被指控的

〔1〕 *Situation in Uganda*, Warrant of Arrest for Joseph Kony Issued on 8 July 2005 as Amended on 27 September 2005, ICC – 02/04 – 53, para. 5.

〔2〕 *Situation in the Republic of Kenya*, ICC – 01/09 – 19 – Corr, paras. 190~191, 199.

〔3〕 OTP, Policy Paper on Preliminary Examinations, para. 70.

〔4〕 Fabricio Guariglia, "The Selection of Cases by the Office of the Prosecutor of the International Criminal Court", p. 214.

〔5〕 Margaret M. deGuzman, "Gravity and the Legitimacy of the International Criminal Court", p. 1453.

〔6〕 Ray Murphy, "Gravity Issues and The International Criminal Court", pp. 296~297.

犯罪的实施手段极其残忍，例如，奸淫、砍掉被害人的头颅、将被害人活活烧死。[1]在肯尼亚情势中，预审分庭指出，肯尼亚选举后暴力的手段非常残忍，例如，砍杀、切割、截肢、强制割掉生殖器、轮奸、将粗制物体放到女性的生殖器里、用砍刀或毒箭或碎玻璃攻击平民、将人活活烧死、攻击避难营、砍掉脑袋、用刀将人活活砍死；可能成为检察官未来调查对象的个人具有高级别职务，并在犯罪中起到了煽动、策划、资助、共谋的作用；有策划和有组织地基于族裔和所谓的政治隶属关系有选择性地分割肯尼亚平民。[2]

（四）影响

将"影响"作为严重性的一个考量因素似乎是一个更有意义的标准，尤其符合《罗马规约》结束有罪不罚和促进威慑的目标。[3]犯罪的影响是指犯罪对个人、社会、经济和环境所产生的长期而潜在的不利后果。在评价犯罪的影响时，应当考虑以下因素：犯罪对地区或国际社会的后果，包括长期地对社会的、经济的和环境的损害；为了加剧平民的弱势所实施的犯罪；或者为了在平民中传播恐怖的其他行为。[4]得古斯曼也认为，在评价犯罪的影响时，应当考虑以下因素：造成了广泛的社会的、经济的和环境的损害；威胁到了人道主义援助（例如，对人道主义工作人员的攻击）；影响到了地区的和平与稳定（例如，暗杀一个重要政治领导人）；造成了广泛的全球性影响（例如，战争中的强奸罪、征募与使用儿童士兵）；等等。[5]预审分庭还强调，在评价严重性的影响时，应当考虑犯罪"对被害人及其家人造成的伤害"。[6]

可见，犯罪的影响通常包括以下类别：一类是对地区或全球的经济、社会和环境产生长期而广泛的损害，例如，烧杀抢掠造成当地经济落后和生活贫困，使用大规模杀伤武器或生化武器对环境的破坏；一类是对地区与国际和平与稳定产生的影响，例如，刺杀主要国家领导人，对国际维和人员的攻击；一类是对基本人权和人道主义援助的影响，例如，对人道主义援助人员的攻击，征募童兵、奸淫妇女；一类是犯罪在平民中普遍造成了恐怖的阴影，例如，长期的冲突、战乱或袭击造成了平民的恐慌情绪；一类是对被害人及其家人造成长期而潜在的影响，例如，强奸造

---

〔1〕　*Prosecutor v. Muthaura at al.* , ICC – 01/09 – 02/11 – 382 – Red, para. 49.

〔2〕　*Situation in the Republic of Kenya*, ICC – 01/09 – 19 – Corr, paras. 192 ~ 193, 199.

〔3〕　Susana SaCouto & Katherine Cleary, "The Gravity Threshold of the International Criminal Court", p. 812.

〔4〕　OTP, Policy Paper on Preliminary Examinations, para. 70.

〔5〕　Margaret M. deGuzman, "Gravity and the Legitimacy of the International Criminal Court", pp. 1453 ~ 1454.

〔6〕　*Situation in the Republic of Kenya*, ICC – 01/09 – 19 – Corr, para. 62.

成妇女难以出嫁、受到歧视、被社会边缘化、生活没有着落或感染艾滋病。

从实践看，在苏丹达尔富尔情势中，检察官优先调查对维和人员进行攻击的犯罪，这是基于犯罪影响的考虑；在刚果情势中，检察官优先调查征募与使用童兵的犯罪，也是基于犯罪影响的考虑。[1]在肯尼亚情势中，预审分庭指出，肯尼亚选举后的暴力对被害人造成了毁灭性的影响，例如，感染了艾滋病毒或艾滋病（HIV/AIDS）或其他传染性病的被强奸者被丈夫与家庭抛弃，因强奸导致怀孕和抛弃，因无助和孤立遭受的不可挽回的精神伤痛，失去了财产、家庭和法律财产凭证等谋生手段；被害人的孩子无法继续接受教育；犯罪导致了被害人的心理创伤、心理压力和萎靡不振；因失去工作或无能力重新开业使当地居民失去了收入来源；犯罪对当地社会的安全、社会结构、经济和持续的有罪不罚产生了深远影响，导致了肯尼亚的国内生产总值从 2007 年的 7% 降至 2008 年的 1.7%。[2]

从上面的分析可以看出，上述严重性的考虑因素有相互重合的地方，这是因为对于同一个问题，从不同的视角看可以归入不同的范畴。例如，对人道主义援助人员或维和行动人员的犯罪，既可以视为犯罪严重性在性质上的体现，也可以视为犯罪严重性在影响上的体现，因为对人道主义援助人员或维和行动人员的犯罪会影响到人道主义援助或国际维和行动的顺利进行，进而造成更大的人道主义灾难或威胁到世界和平与安全。再如，对妇女、儿童的犯罪既可以看作是犯罪在性质上严重的体现，也可以看作是犯罪在实施方式上残忍的体现。同时，上述这些考虑因素不是孤立的，而是相互补充的，应当综合考虑。

此外，上述考虑因素是评估严重性的考虑因素，而不是对严重性的具体判断；对于不符合严重性要求的案件应当谨慎进行，要对具体案件进行具体的分析。[3]

简言之，虽然严重性是《罗马规约》中非常重要的概念，但是在《罗马规约》的起草过程中没有给予很大的关注。在国际刑事法院运行的前几年也没有引起国际刑事法院检察官和法官的注意与关注，但是，2005 年后，因为乌干达情势中圣灵抵抗军领导人的责任问题和伊拉克情势，严重性问题开始进入检察官和法官的视野，进而也引起学者和评论者的探讨。[4]严重性问题已成为国际刑事法院司法实践中的重大实践问题，其主要问题是评价严重性的考虑因素。

---

〔1〕 Margaret M. deGuzman, "Gravity and the Legitimacy of the International Criminal Court", pp. 1460~1461.

〔2〕 *Situation in the Republic of Kenya*, ICC-01/09-19-Corr, paras. 195~196.

〔3〕 Margaret M. deGuzman, "Gravity and the Legitimacy of the International Criminal Court", pp. 1457~1458.

〔4〕 William A. Schabas, "Victor's Justice: Selecting 'Situation' at the International Criminal Court", *John Marshall Law Review*, Vol. 43, 2010, pp. 547~548.

第十章 《罗马规约》第 25 条第 3 款中的个人刑事责任

在国际刑法中，个人刑事责任的重要地位是不容忽视的。作为第一个常设的国际刑事司法机构，国际刑事法院在实体立法上既继承了纽伦堡审判以来国际刑事司法实践的传统，又有所创新。传统之处主要体现在对包括法无明文不为罪、法不溯及既往、上级命令作为免责理由等个人刑事责任基本原则的肯定。创新之处主要在于对个人刑事责任的分类界定和应用。本文旨在通过国际刑事法院判例解读《罗马规约》第 25 条第 3 款中的个人刑事责任条款，分析法院对国际战争犯罪刑事审判中犯罪人的责任认定方式，进而评价其优势以及争议所在。

第一节 个人刑事责任概述

一、《罗马规约》中的个人刑事责任

《罗马规约》中个人刑事责任的内容分布稍显零散，总结之后主要集中在以下四个方面：

1. 刑法的一般原则。《罗马规约》第 22 ~ 24 条分别规定法无明文不为罪、法无明文者不罚和对人不溯及既往原则。

2. 个人刑事责任的主观要件。《罗马规约》第 30 条规定了对于"本法院管辖权内的犯罪"，"故意""明知"是必要的主观要件。值得注意的是，本条第 1 款指出"除另有规定外"，意味着如果在其他条文中出现对于某种犯罪具备特殊的心理要件要求，那么该条文优先于第 30 条适用。例如第 6 条"灭绝种族罪"即要求特定的故意，即"蓄意全部或者局部消灭某一民族、族裔、种族或宗教团体"。这意味着除了一般的故意和明知以外，要成立灭绝种族罪还必须具备第 6 条中指出的特殊心理要件。

3. 免责事由。除第 31 条指出精神病态、醉态、合理防卫以及紧急避险作为排除刑事责任的理由之外，《罗马规约》还在其他条文中提及了可能免除或者应当承担刑事责任的情况。

第一，从具体犯罪构成角度上，第 25 条第 3 款第 6 项规定已经采取实际步骤着手，但由于意志之外的情况犯罪没有发生（即犯罪未遂），属于应当承担责任的范畴；但犯罪中止可以不按《罗马规约》处罚。第 32 条规定了如果事实错误和法律错误排除了构成犯罪所需的心理要件，则该错误可以作为排除刑事责任的理由。

第二，从法院管辖范围角度上，第 26 条和第 29 条规定了法院管辖的范围，即对于被告而言，如果不满 18 周岁，法院不具有管辖权；对于管辖权内的犯罪行为而言，不适用任何时效。

第三，从官方地位和上级命令与刑事责任关系的角度上，第 27 条规定了官方身份与刑事责任无关。第 33 条规定上级命令和法律规定通常不作为免责的理由。

4. 刑事责任形式。作为个人刑事责任的核心以及本文研究的重点，刑事责任形式主要规定在《罗马规约》第 25 条中。其中，第 1 款和第 2 款指出属人和属事管辖权；第 3 款确立了个人刑事责任的实体问题。

二、《罗马规约》第 25 条第 3 款中的个人刑事责任

第 25 条第 3 款共包括 6 项。第 1 项规定"单独、伙同他人、通过不论是否负刑事责任的另一人"，即通常认为的实行犯（正犯）责任。第 2~4 项分别规定了"命令、唆使、引诱"，"帮助、教唆或以其他方式协助实施或企图实施"，"以其他任何方式支助以共同目的的行事的团伙实施或者企图实施"，即帮助犯（共犯）责任。第 5 项规定了针对灭绝种族罪的直接公然煽动。第 6 项指出关于犯罪未遂和犯罪中止的刑事责任。

与其他联合国特别刑事法庭采取的立法方式相比，《罗马规约》中规定的个人刑事责任具有明显的特别之处。在前南刑庭和卢旺达刑庭的规约中，个人刑事责任的表述并没有明确地区分正犯（以及正犯类型）与共犯，也没有区分主犯与从犯。仅仅在灭绝种族罪中，特设刑事法庭规约才规定了阴谋、煽动以及共谋。[1] 与之相对，《罗马规约》第 25 条第 3 款第 1 项对于正犯的类型作出了明确

---

[1] Security Council of the United Nations, *Statute of the International Criminal Tribunal for the Prosecution of Persons Responsible for Serious Violations of International Humanitarian Law Committed in the Territory of the Former Yugoslavia since 1991*, S/RES/827 (1993), Article 3; Security Council of the United Nations, *Statute of the International Criminal Tribunal for Rwanda*, S/Res/955 (1994), Article 2.

的区分，即单独实行、伙同他人实行以及利用他人实行三种形式。值得一提的是，《罗马规约》是第一部将"通过不论是否负刑事责任的另一人（即间接正犯）"责任明确成文化的国际刑法文件。与近来国际刑事法院试图解释和利用此条时遇到困难和批判不同，在罗马会议缔约过程中，这一条文实际上并未引起很大的争议和讨论。[1]总而言之，从第 25 条的整体结构来看，可以理解为《罗马规约》对于主犯和从犯做出了区分。但是《罗马规约》本身并没有指出主犯或者从犯在量刑上有何区别。

个人刑事责任的认定是司法裁判的核心部分。经过十余年的司法实践，国际刑事法院预审分庭和审判庭在第 25 条第 3 款的基础上作出了具有独创性意义的理论解释以及应用。具体而言，法院试图解决的问题主要是大规模、有计划的、系统性的国际战争犯罪中处于相对核心或首脑位置的被告的刑事责任认定。根据被告的不同角色和行为特点，法院在有限的国内法理论基础上，提出了两个引起学界和实务界广泛讨论的刑事责任理论——共同正犯论和间接共同正犯论。由于法院现有的两个典型案例中主要应用的法条依据集中在《罗马规约》第 25 条第 3 款第 1 项，故本文也将讨论范围集中于该条款。

第二节　司法判例与理论基础

概而言之，国际刑事法院对于《罗马规约》第 25 条第 3 款第 1 项的解释植根于德国刑法中的控制论。[2]相对于犯罪人的主观意图，控制论更加关注犯罪人与犯罪行为之间的不法性的联系。[3]该理论的核心在于，以"对于犯罪的控制"作为区分正犯和帮助犯的界限。[4]正犯主导或控制犯罪行为，而帮助犯仅仅发挥自身的一定作用，对于整体的犯罪并不享有控制的能力。依据方式以及程度的区别，犯罪人对于犯罪行为的控制分为三种形式：其一，犯罪人通过亲自执行直接控制犯罪行为；其二，犯罪人通过对第三人的行为或者意志的控制来实现犯罪目

〔1〕　Florian Jessberger and Julia Geneuss, "On the Application of a Theory of Indirect Perpetration in Al Bashir", *Journal of International Criminal Justice*, Vol. 6, 2008, p. 853.

〔2〕　Neha Jain, "The Control Theory of Perpetration in International Criminal Law", *Chicago Journal of International Law*, Vol. 12, 2011, p. 163.

〔3〕　Neha Jain, "The Control Theory of Perpetration in International Criminal Law", p. 162.

〔4〕　*Prosecutor v. Lubanga*, ICC – 01/04 – 01/06, paras. 330 ~ 335; *Prosecutor v. Katanga and Ngudjolo*, ICC – 01/04 – 01/07, paras. 506 ~ 508.

的（即犯罪人作为间接正犯）；其三，多个犯罪人对于某一犯罪行为享有"功能性"的控制，从而通过共同行为实现犯罪目的（即共同正犯）。这三种形式对应到《罗马规约》第25条第3款第1项中，即分别为"单独""通过不论是否负刑事责任的另一人"和"伙同他人"。

在现有判例中，法院主要阐述了两种正犯类型——共同正犯和间接共同正犯。前者源自条文本身"伙同他人"；后者较为复杂，是间接正犯与共同正犯两种理论的混合形态。笔者拟在下文以卢班加案为例阐述共同正犯的责任，以巴希尔案与加丹加案为例阐述间接共同正犯的责任。

一、共同正犯责任

（一）理论基础

如前所述，共同正犯理论的基础在于多个犯罪人对犯罪行为的共同控制。在德国刑法中，犯罪人通过分工担任不同的角色来实现犯罪行为的构成，每个犯罪人对于犯罪的控制产生于其在实施过程中起到的"功能"。在整个犯罪计划中，每一个成员（共同正犯）都不可替代，都有能力通过拒绝实施自己在计划中应当实施的行为而使得整个犯罪计划失败。罗克辛（Roxin）教授将这样的控制称为"功能性控制"。[1]

要实现这一控制，有两个前提条件：其一，必须存在一个共同的犯罪计划。虽然称之为"计划"，更确切地讲应当是一种"一致性"。因为这一"计划"并不一定是明示的或者是在一开始就制定好的。只要是从某一时刻起多个犯罪人产生了一致的共同行为，并且这种一致性持续到犯罪行为完成，就可以满足"共同计划"的要求了。[2]其二，犯罪人对于这一计划必须做出实质性的贡献。这里的"实质性"判断标准更偏向于以犯罪人自身为视角的主观判断与预测。换而言之，贡献的重大性应当是事前的判断，而非单纯的事后客观评价。[3]

有学者认为，要成立共同正犯，犯罪人必须在犯罪的实施阶段发挥作用，做出贡献。[4]实施阶段一般认为是指从犯罪着手到全部构成要件完成。这样的解释就产生了一个问题：如果犯罪人仅仅参加了犯罪预备阶段，例如共同策划，并没

---

〔1〕［德］克劳斯·罗克辛著，王世洲等译：《德国刑法学总论》法律出版社2013年版，第59页。

〔2〕［德］克劳斯·罗克辛著，王世洲等译：《德国刑法学总论》，法律出版社2013年版，第59～62页。

〔3〕［德］克劳斯·罗克辛著，王世洲等译：《德国刑法学总论》，法律出版社2013年版，第66～68页。

〔4〕［德］克劳斯·罗克辛著，王世洲等译：《德国刑法学总论》，法律出版社2013年版，第62～63页。

有参与具体的犯罪实施，那么其是否可以被认定为共同正犯？[1]关于"共谋的共同正犯"，理论界和实践界仍存在争议。笔者认为，限定贡献必须发生在实施过程中的意义是十分有限的。确认共同正犯的意义在于肯定犯罪人对于犯罪事实的发生起着十分重要的作用，而犯罪预备过程中的行为，例如制定犯罪计划，某种程度上正是整个犯罪行为的核心，是类似大脑的中枢指挥信号。仅仅参加了犯罪谋划的犯罪人所起到的作用，完全有可能等同于，甚至更甚于犯罪的直接执行人。所以，没有亲自参与犯罪着手的事实并不能阻却谋划者的共同正犯责任。

（二）《罗马规约》第 25 条第 3 款第 1 项中的共同正犯责任——卢班加案案情简述以及法庭意见

卢班加案作为国际刑事法院成立 10 年以来的首个判决，具有里程碑式的意义。被告托马斯·卢班加·迪伊洛（Thomas Lubanga Dyilo）曾任刚果爱国者联盟主席以及其军事组织刚果爱国解放力量总司令。审判分庭认定，卢班加对于刚果爱国解放力量在 2002 年至 2003 年间在刚果民主共和国（Democratic Republic of Congo，简称刚果［金］）东部伊图里（Ituri）地区施行的招募儿童兵行为承担个人刑事责任。[2]具体而言，即为《罗马规约》第 25 条第 3 款第 1 项中的"共同正犯"（co-perpetrator）责任。

1. 相关案情。显而易见，招募儿童兵的行为是武装组织根据相关的征兵政策来施行的。要确认卢班加的犯罪责任形式，关键的事实在于他担任首脑的两个组织，即刚果爱国者联盟和刚果爱国解放力量的运作方式、他在其中的实际位置和作用以及他在招募计划制定和实行中的角色。

就刚果爱国者联盟而言，卢班加是法律意义上的主席。2002 年 9 月，卢班加逐步通过任命成员建立了武装组织刚果爱国解放力量，进而武力控制了伊图里地区。[3]在组建刚果爱国者联盟及刚果爱国解放力量的过程中，卢班加与其他武装组织成员制定了相关计划以确保对伊图里的控制，计划中涉及招募和训练士兵。正是在这一共同计划之下，发生了征召和募集不满 15 周岁的儿童直接参与敌对行动的犯罪事实。

卢班加在刚果爱国者联盟及刚果爱国解放力量之中的事实地位这一问题实际上并不清晰。因为届时内部纷争不断，组织内部不存在确切的纵向的命令执行机

---

〔1〕［德］克劳斯·罗克辛著，王世洲等译：《德国刑法学总论》，法律出版社 2013 年版，第 63～65 页。

〔2〕刘毅强："国际刑事法院第一案"，http://cn.nytimes.com/world/20120711/cc11lubanga/，最近访问日期：2015 年 9 月 2 日。

〔3〕*Prosecutor v. Lubanga*, Trial Judgment, ICC-01/04-01/06, para. 1133.

制。同时，仅有部分成员实际上听从卢班加的领导。但是考虑到具体的犯罪事实，卢班加与共同制定计划的其他成员的目标和行为在责任认定上显然更为关键。[1] 即使无法通过组织运作的方式来推断卢班加的主观知晓和客观参与程度，如果有证据证明其确切地参与了涉及招募儿童兵的计划，毫无疑问其也应当承担刑事责任。换而言之，与指挥官责任和上级责任不同，共同正犯责任并不以犯罪人在整个组织中处于某一层级的地位为前提。当然，组织运作的规范和严密程度以及犯罪人的地位有助于推断其在特定计划中的角色和主观意图，尤其是在直接证据相对缺乏的情况下。

2. 预审分庭意见。2007 年 1 月，国际刑事法院第一预审分庭认定，有实质的理由认为被告卢班加犯有检察官指控的在武装冲突中征募不满 15 周岁的儿童直接参与敌对行动的罪行。[2] 在具体犯罪事实方面，预审分庭指出，在 2002 年至 2003 年底，刚果爱国者联盟及刚果爱国解放力量在伊图里地区以实施有效的军事控制为目的进行征兵，其中一些不满 15 周岁的儿童也被招募进武装组织。他们通常参加训练营并且进行战斗，也有一部分担任指挥官的警卫或保镖。而被告卢班加对于这一征兵和训练计划的实施有实际的控制，并且利用他们直接参与敌对行动。

在责任形式的认定上，预审分庭采纳了以对于犯罪的控制程度作为区分主犯（principal）与从犯（accessory）标准的共同正犯责任理论。[3] 在这一理论下，主犯不仅包括亲自执行犯罪行为的人，还包括尽管没有亲自实施犯罪，但是控制或者策划了犯罪的人。[4] 因为后者实际上决定了是否以及如何实施犯罪行为。[5] 共同正犯责任的基础在于多个犯罪人为了同一犯罪目的分工实行各自的任务，每项任务对于最终的犯罪结果都是不可或缺的。此时，没有任何一个犯罪人具有完全控制整体犯罪的能力，但是每个人实际上都依靠对方的行为以期实现目的，每一个人都有能力通过不完成自己的任务来阻却犯罪结果的发生。故认为，所有犯罪人对于犯罪享有"共同控制"（shared control）。[6]

从客观方面来讲，要成立共同控制需要满足两个要求：其一，两个或多个犯

---

〔1〕 *Prosecutor v. Lubanga*, Trial Judgment, ICC – 01/04 – 01/06, para. 1132.

〔2〕 *Prosecutor v. Lubanga*, Decision on the Confirmation of Charges.

〔3〕 *Prosecutor v. Lubanga*, Decision on the Confirmation of Charges, para. 326.

〔4〕 *Prosecutor v. Lubanga*, Decision on the Confirmation of Charges, para. 330.

〔5〕 *Prosecutor v. Lubanga*, Decision on the Confirmation of Charges, para. 330.

〔6〕 *Prosecutor v. Lubanga*, Decision on the Confirmation of Charges, para. 342.

罪人同意依照一个共同的计划行动。[1]预审分庭认为，这个共同计划本身并不一定明确地包含犯罪行为，但是必须具备不法性。[2]例如，计划本身是为了实现合法的目的，但是在执行过程中如果遇到特定的情况，则可以实施法律不允许的行为；又如犯罪人预见到执行计划可能导致犯罪发生的风险，然而仍然接受这一结果。[3]此外，这一共同计划不一定是明示的，也可以是由通过多个犯罪人的共同行为推断所得。[4]其二，每个共同犯罪人必须相互协作，分别对犯罪实施做出"必要贡献"（essential contribution）。所谓"必要"的判断标准在于，如果一名犯罪人不按计划行事，犯罪结果就无法发生，那么这名犯罪人的行为便可以认为是"必要的"。[5]关于犯罪人实际参与的犯罪阶段，预审分庭特别指出，必要贡献并不一定局限于实行阶段。[6]

从主观方面来讲，预审分庭认为第 30 条的主观要件包含三种情况，分别是一级直接故意（dolus directus of the first degree，指犯罪人明确知晓作为或者不作为将会导致犯罪，且故意为之）、二级直接故意（dolus directus of the second degree，指虽然犯罪人没有明显的故意，但是其知道自己的作为或者不作为将必然导致犯罪发生）、间接故意（dolus eventualis，指知道存在发生犯罪的风险，并且接受这种风险而为之）。[7]这种解读与之前特设刑事法庭的系列判例观点是一致的。[8]在间接故意的情况下，预审分庭又分出以下两种情况要求不同程度的主观状态。[9]当存在较为确切的实质性风险时，只要求犯罪人意识到这种风险，即其作为或不作为将很有可能实际导致犯罪发生，并且仍然决定继续作为或不作为。[10]相反，当风险较低时，便要求犯罪人明确地表示出"即使会导致犯罪发生，也无所谓"的意思。[11]

具体到共同控制中，主观状态还要包含"共同"性，即多个犯罪人共同意识到执行计划可能造成的后果，并且都接受这种后果。[12]预审分庭特别指出，正

---

[1] *Prosecutor v. Lubanga*, Decision on the Confirmation of Charges, para. 343.

[2] *Prosecutor v. Lubanga*, Decision on the Confirmation of Charges, para. 344.

[3] *Prosecutor v. Lubanga*, Decision on the Confirmation of Charges, para. 344

[4] *Prosecutor v. Lubanga*, Decision on the Confirmation of Charges, para. 345.

[5] *Prosecutor v. Lubanga*, Decision on the Confirmation of Charges, para. 347.

[6] *Prosecutor v. Lubanga*, Decision on the Confirmation of Charges, para. 348.

[7] *Prosecutor v. Lubanga*, Decision on the Confirmation of Charges, paras. 351～352.

[8] *Prosecutor v. Lubanga*, Decision on the Confirmation of Charges, para. 352.

[9] *Prosecutor v. Lubanga*, Decision on the Confirmation of Charges, paras. 353～355.

[10] *Prosecutor v. Lubanga*, Decision on the Confirmation of Charges, para. 353.

[11] *Prosecutor v. Lubanga*, Decision on the Confirmation of Charges, para. 354.

[12] *Prosecutor v. Lubanga*, Decision on the Confirmation of Charges, para. 361.

是这种"共同性"决定了计划中每个犯罪人都要为其他人的行为负责,对整个犯罪承担主犯责任。[1]除此之外,犯罪人还应当知晓其自身在计划中的必要角色以及自己的行为决定了犯罪是否发生(如果不执行自己的任务,那么共同计划将无法实施,犯罪进而不会发生)。

　　基于以上的分析,预审分庭在考量了相应证据之后认为,有确切理由相信在相关时间范围内,被告卢班加参与制定了关于刚果爱国解放力量军事行动以及训练的计划。并且,他是唯一一名负责解决后勤和财政支援的成员,这一位置表明了卢班加在共同计划执行中的必要地位。此外,依据卢班加曾经亲自前往训练营并向儿童军演讲,做出鼓励当地家庭允许低龄子女参军以及任用儿童作为个人保镖等行为,预审分庭认为有确切理由相信其主观上接受招募不满 15 周岁儿童的犯罪事实发生。综上所述,预审分庭认为,被告卢班加承担第 25 条第 3 款第 1 项中的共同正犯责任。

　　3. 审判分庭意见。2012 年 3 月,国际刑事法院第一审判分庭对卢班加案作出了初审判决,认为其犯有战争罪。[2]从结果上看,审判分庭支持了预审分庭的意见。但值得注意的是,在对于第 25 条第 3 款第 1 项的解释上,审判分庭做出了与预审分庭不完全相同的阐述。

　　从客观方面来讲,审判分庭同样着重阐述了两个要素:共同计划和必要贡献。对于共同计划,审判分庭基本认同预审分庭的观点,指出检方无须证明共同计划本身违法(即"犯罪计划"),只要证明该计划存在"最低限度的不法性",即执行行为包含一定的犯罪风险即可满足。[3]并且,这一计划不一定是明示的,可以通过间接证据来推断证明。[4]对于必要贡献,审判分庭强调根据《罗马规约》的文本解释,结合第 25 条第 3 项和第 4 项中的从犯责任比较而言,第 1 项中的作为主犯的共犯做出的贡献显然应当大于从犯所谓的"实质影响"。[5]共犯在计划分工中担任的角色,该角色的重要程度,执行过程中的具体作用都是相关的因素。在考量过程中,整体案件的背景和个案具体情况都应纳入考虑范围。[6]审判分庭认为这里应当采取富于弹性的判断标准。[7]另外,审判分庭还特别指

---

〔1〕 *Prosecutor v. Lubanga*, Decision on the Confirmation of Charges, para. 362.

〔2〕 Lubanga Trial Judgment, ICC – 01/04 – 01/06.

〔3〕 Lubanga Trial Judgment, ICC – 01/04 – 01/06, para. 984.

〔4〕 Lubanga Trial Judgment, ICC – 01/04 – 01/06, para. 987.

〔5〕 Lubanga Trial Judgment, ICC – 01/04 – 01/06, para. 997.

〔6〕 Lubanga Trial Judgment, ICC – 01/04 – 01/06, paras. 1000 ~ 1001.

〔7〕 Lubanga Trial Judgment, ICC – 01/04 – 01/06, para. 1001.

出同意预审分庭的观点，必要贡献不局限于亲自实施犯罪的共犯，也应包括那些参与计划制定、控制或指挥其他组织成员以及决定角色分配的人。[1]简而言之，共同正犯责任的基础在于共犯与犯罪行为之间存在"控制"关系；"直接"关系或者"亲手"关系都是不必要的。总之，审判分庭通过对第 25 条第 3 款第 1 项的进一步系统性解释，认同了预审分庭对共同共犯责任客观方面要件的判断，并且强调贡献的"必要性"，以区别于第 3 款之下的其他各项规定。

从主观方面来讲，审判分庭认为根据《罗马规约》第 30 条的文本含义，尤其是第 30 条第 2 款第 2 项中的"会产生"（而非"可能产生"），间接故意并不包含在《罗马规约》规定的心理要件中。[2]在这一点上，审判分庭的解释明显区别于第一预审分庭的观点。共犯根据自身掌握的情况，必须"意识到事态的一般发展会产生犯罪结果"。[3]他必须预见到结果"会发生"的风险。也就是说，审判分庭要求这种风险是相对较高的。[4]

综上所述，审判分庭认为要成立共同正犯责任，检方应当证明以下五个要件：共同计划、必要贡献、故意或者意识到执行计划在一般发展下会产生犯罪结果、意识到自己（被告）的贡献是必要的以及对于情势和武装冲突背景的明知。[5]

阿德里安·富尔福德（Adrian Fulford）法官就责任形式这一问题发表了个别意见，认为预审分庭提出的五项要件与《罗马规约》的文本并不相符，并且使得检方承担了过重的证明责任。[6]他指出，预审分庭采取的控制论主要基于两个原因：其一，区分主犯与从犯的责任；其二，将刑事责任延伸到虽然没有亲临现场实行犯罪，却根据其地位对犯罪享有控制的犯罪人。[7]

就第一点而言，《罗马规约》第 25 条第 3 款第 1 项到第 4 项的字面表述并没有包含所谓主犯或者从犯责任依次减轻的层级关系。[8]例如，第 2 项中的"教唆"的刑事责任与第 1 项中"通过他人"的刑事责任相比，似乎并不能说何者更严重。[9]富尔福德法官认为，在实践中往往无法认定某种特定情况属于其中一

---

[1] Lubanga Trial Judgment, ICC – 01/04 – 01/06, para. 1004.

[2] Lubanga Trial Judgment, ICC – 01/04 – 01/06, para. 1011.

[3] Lubanga Trial Judgment, ICC – 01/04 – 01/06, para. 1012.

[4] Lubanga Trial Judgment, ICC – 01/04 – 01/06, para. 1012.

[5] Lubanga Trial Judgment, ICC – 01/04 – 01/06, para. 1018.

[6] Lubanga Trial Judgment, ICC – 01/04 – 01/06, Separate Opinion of Judge Adrian Fulford, para. 3.

[7] Lubanga Trial Judgment, ICC – 01/04 – 01/06, Separate Opinion of Judge Adrian Fulford, para. 5.

[8] Lubanga Trial Judgment, ICC – 01/04 – 01/06, Separate Opinion of Judge Adrian Fulford, paras. 7 ~ 8.

[9] Lubanga Trial Judgment, ICC – 01/04 – 01/06, Separate Opinion of Judge Adrian Fulford, para. 8.

种而非其他三种。[1]也就是说，该条第 1~4 项的规定旨在将所有犯罪责任的形式囊括在内，这四项规定之间的关系并不是相互排斥的。[2]而对于预审分庭采取的德国国内法理论，法官指出将其作为《罗马规约》第 21 条第 1 款第 3 项中的"一般法律原则"是不恰切的。[3]因为从政策上考虑，德国法中之所以明确划分主犯与从犯的区别，是因为被告的量刑范围是根据责任形式来确定的，但是在国际刑事法院的体系中，量刑不受责任形式局限。[4]在决定是否应当在解释《罗马规约》时引入德国法理论这一问题上，这一显著差异是法庭应该予以考虑的。[5]就第二点而言，第 25 条第 3 款第 1 项本身便包含了即使犯罪人不在现场，也有可能承担责任的含义。[6]因此完全没有必要引入控制论来确保这一目的实现。[7]

富尔福德法官认为，《罗马规约》文本已经相当清晰。客观方面，多个犯罪人之间存在某种协作行为（计划实行犯罪或者采取某种在通常情况下会导致犯罪发生的行动），每个犯罪人都做出一定贡献（该贡献与犯罪之间存在因果联系）。[8]主观方面，应遵循第 30 条中的"故意"和"明知"，或者依其他相关规定。[9]这一解释方法避免了操作上难以实现的假设性推断（"如果犯罪人没有执行计划，犯罪还是否会发生"这一问题是预审分庭的控制论中判断犯罪人贡献的必要性所必须解决的）。[10]因此，简单的文本解释也为法院的具体判断提供了更加现实的基础。

（三）《罗马规约》体系下共同正犯责任构成要件

总而言之，国际刑事法院对于共同正犯责任的认定主要基于被告对犯罪结果的控制程度。这种控制主要是由其对于整个计划做出的贡献大小决定的。在客观方面，多个共犯之间存在至少包含一定不法性因素的共同计划。这一计划不一定是明示或者确切的，只要达到了一定程度上的共识，即使是隐性的，或者仅仅是由多个共犯相互协调的行为模式推断而得，也是满足这一计划要求的。例如，在卢班加案中，被告等人要采取手段维持波斯尼亚－黑塞哥维那地区的政治和形势

〔1〕 Lubanga Trial Judgment, ICC - 01/04 - 01/06, Separate Opinion of Judge Adrian Fulford, para. 7.

〔2〕 Lubanga Trial Judgment, ICC - 01/04 - 01/06, Separate Opinion of Judge Adrian Fulford, para. 7.

〔3〕 Lubanga Trial Judgment, ICC - 01/04 - 01/06, Separate Opinion of Judge Adrian Fulford, para. 10.

〔4〕 Lubanga Trial Judgment, ICC - 01/04 - 01/06, Separate Opinion of Judge Adrian Fulford, para. 11.

〔5〕 Lubanga Trial Judgment, ICC - 01/04 - 01/06, Separate Opinion of Judge Adrian Fulford, para. 11.

〔6〕 Lubanga Trial Judgment, ICC - 01/04 - 01/06, Separate Opinion of Judge Adrian Fulford, para. 12.

〔7〕 Lubanga Trial Judgment, ICC - 01/04 - 01/06, Separate Opinion of Judge Adrian Fulford, para. 12.

〔8〕 Lubanga Trial Judgment, ICC - 01/04 - 01/06, Separate Opinion of Judge Adrian Fulford, para. 16.

〔9〕 Lubanga Trial Judgment, ICC - 01/04 - 01/06, Separate Opinion of Judge Adrian Fulford, para. 16.

〔10〕 Lubanga Trial Judgment, ICC - 01/04 - 01/06, Separate Opinion of Judge Adrian Fulford, para. 17.

稳定。[1]有证据显示，这一计划中包含着在某些特定地区和特定情况下要实现目的，可能需要部队采取一定的手段，包括迫害。[2]在认定被告的具体贡献时，判决要求这种贡献是"必要"的。即被告自己通过拒绝执行分配的任务，便可以阻却犯罪结果的发生。仅当被告具有这种阻却犯罪结果发生的能力时，其贡献的"必要性"方可满足。在主观方面，被告应当同时具备故意和明知。故意包括意图实行犯罪，或者预见到一旦计划得以执行，按照一般的事态发展将会产生犯罪结果。明知包括被告对自己所处的位置以及贡献程度的知晓。

二、间接共同正犯责任

（一）理论基础

间接共同正犯是一种混合的犯罪模式。一方面，包括被告在内的多个正犯共同享有对某一犯罪的控制，在横向上成立共同正犯的关系；另一方面，被告处于一个相对严密的组织中，在纵向上利用自身的权力通过组织层级贯彻命令来实行犯罪行为（即间接正犯）。

通过严密的组织来实行犯罪，从而成立间接正犯这一理论并非国际刑法的独创理论。它起源于德国刑法中的"通过有组织的国家机关对个体的意志控制实现间接犯罪"。[3]罗克辛认为，这一理论的核心在于，被告处于操作国家机器的位置上，通过发布指令来影响和控制犯罪行为。而在这一模式下具体的实施人是谁对于被告而言是无关紧要的。[4]也就是说，被告并不依赖某个特定的个人来完成犯罪。即使组织中有个人拒绝实行犯罪，也存在其他人可以完成任务，犯罪行为的顺利实施并不会受到影响。[5]这种直接实行人的"可替换性"是这一理论的重要特征。在具有严密的架构，完善的命令执行体系的组织中，某项计划的实施是"自动的"，不受成员变动的影响，也不取决于实施个人的身份和意志。此时，贯彻命令的组织成员类似于机器的零件。[6]值得强调的是，此时犯罪实施人的主观意志是完全独立于被告（即正犯）的主观意志的。也就是说，无论实施人的意图如何，对正犯的主观意志认定都没有影响。

显而易见，这一责任形式对于组织有着极高的要求。罗克辛认为，这里应当

---

〔1〕 *Prosecutor v. Lubanga*, Decision on the Confirmation of Charges, para. 492.

〔2〕 *Prosecutor v. Lubanga*, Decision on the Confirmation of Charges, para. 492.

〔3〕 Neha Jain, "The Control Theory of Perpetration in International Criminal Law", pp. 172 ~ 179.

〔4〕 ［德］克劳斯·罗克辛著，王世洲等译：《德国刑法学总论》，法律出版社 2013 年版，第 37 ~ 38页。

〔5〕 Neha Jain, "The Control Theory of Perpetration in International Criminal Law", p. 186.

〔6〕 Neha Jain, "The Control Theory of Perpetration in International Criminal Law", p. 186.

仅限于严密的犯罪集团、国家以及地下反抗组织等。[1]柏林墙守卫案是典型的例子。[2]在该案中法院判定，尽管开枪射杀逃亡者的直接实行人同样负有责任，但是东德国家安全防卫委员会成员借助由其控制的国家机器策划并且实施了整个事件，所以应当认定委员会成员为实行人背后的间接正犯。[3]近年来，德国国内法的判例对于这一理论的解读呈现扩张的趋势，商业组织和医院也可能满足组织的要求。[4]

所谓间接共同正犯，是将上文所述的间接正犯责任与共同正犯责任相结合呈现的一种责任形式。笔者认为有两种假设情况十分典型：其一，在同一组织中，存在多个上级领导，他们共同制定犯罪计划，并且将计划通过组织进行贯彻。这种情况下，多个领导之间享有对犯罪的共同控制，并且利用组织保证了命令被执行，犯罪行为最终得以实施。例如柏林墙守卫案。其二，有两个或两个以上独立的组织。各自组织的首脑相互协作，制定计划，分担不同的任务，之后命令各自的下属执行计划。这种情况下，每个首脑利用各自的组织完成自己的任务，从而实现犯罪。横向上，由于首脑之间的共同控制，每个人都对犯罪结果承担共同正犯的责任。纵向上，由于各个首脑是利用各自的组织执行计划，其同时应当承担间接正犯的责任。换而言之，首脑不仅仅要为自己部下的行为承担间接正犯的责任，还要为其合作对象的部下的行为承担责任。后者即为间接共同正犯责任。

（二）《罗马规约》第25条第3款第1项中的间接共同正犯责任

《罗马规约》第25条第3款第1项规定"单独、伙同他人、通过不论是否负刑事责任的另一人，实施这一犯罪"。其中"通过……另一人"的表述包含了间接正犯的含义。奥马尔·哈桑·艾哈迈德·阿尔·巴希尔（Omar Hassan Ahmad Al Bashir）案是检方第一次采取"间接或间接共同正犯"作为指控的责任基础。[5]2014年3月，法院第二审判分庭在检察官诉吉尔曼·加丹加（Germain Katanga）判决中拒绝了检方所持的间接共同正犯责任的理论，转而采取第25条第3款第4项中的"支助"。尽管如此，从此案预审分庭的确认指控以及初审判决中，仍然可以窥得法院对于间接共同正犯理论的解读。因此，笔者以巴希尔案和加丹加案为例进行分析，旨在寻找法院在《罗马规约》框架内对这一富有创

[1] Neha Jain, "The Control Theory of Perpetration in International Criminal Law", p. 174.

[2] Michael Bohlander, *Principles of German Criminal Law*, Portland: Hart Publishing, 2009, p. 158.

[3] Michael Bohlander, *Principles of German Criminal Law*, p. 159.

[4] Neha Jain, "The Control Theory of Perpetration in International Criminal Law", p. 174.

[5] *Prosecutor v. Bashir*, Warrant of Arrest for Omar Hassan Ahmad Al Bashir, March 4 2009, ICC-02/05-01/09, p. 7.

造性的责任形式做出的解释以及限制。

1. 巴希尔案情简述及法庭意见。从 2003 年 3 月到 2008 年 7 月，苏丹达尔富尔地区持续爆发政府军与反对派之间的武装冲突。苏丹总统巴希尔、其他政府官员以及军事将领联合制定了镇压反对派的军事行动计划。在执行计划过程中，政府军涉嫌实施了攻击平民、强奸、强迫迁徙、酷刑等行为。

第一预审分庭在逮捕令中指出，有理由相信巴希尔作为苏丹法律上和实际上的总统，在计划制定和实施过程中担任了不可或缺的重要角色。[1]更重要的是，他不仅仅参与了协调，还通过自己对于国家各个机构的实际控制来保证镇压计划的实施。[2]这种控制表现在两个方面：其一，从法律上讲，巴希尔是苏丹国家元首，同时担任着军队、警察机关的首脑职位。其二，从实际上讲，所有的机关都向他直接报告，听从他的指挥。他有能力镇压集团内的反对意见，委任部下以及惩处或豁免属下的特定行为。换言之，在此案中，巴希尔将整个国家组织（apparatus）作为工具，有意识地通过对政府官员和军队的控制实现了犯罪目的。

关于间接共同正犯，预审分庭强调了三点：其一，巴希尔所处的地位已经超越了普通的"参与制定和执行共同计划"，达到了更高层次的领导。其二，他对整个国家和各个机构拥有完全控制的权力。其三，他利用了这种控制来施行犯罪。

本文认为，此案中巴希尔处于高于其他任何共犯的位置。从组织架构上而言，似乎更加贴近于间接正犯。因为在计划制定与执行中，他的领导都是绝对的，其他共犯人处于臣服或受他权力制约的位置，这就削弱了其他共犯人阻却犯罪发生的能力（因为他们即使拒绝，意见也很有可能被镇压或者被替换）。因此，预审分庭选择"间接正犯"或"间接共同正犯"是合理的。

值得注意的是，在 2010 年 12 月第一预审分庭签发的第二份逮捕令中，预审分庭指出，对于相关的灭绝种族罪，巴希尔具有《罗马规约》要求的"特殊故意"（dolus specialis/special intent）。这似乎说明法庭考虑当涉及《罗马规约》要求特定故意的犯罪时，间接正犯或者间接共同正犯都应当具有该种特定故意。这点与前南刑庭的理论实践存在显著区别。在同样处理共同犯罪中被告与实际犯罪行为关系较远的"共同犯罪集团（三型）"中，前南刑庭仅仅要求被告合理预见

---

[1]　*Prosecutor v. Bashir*, Warrant of Arrest for Omar Hassan Ahmad Al Bashir, p. 7.
[2]　*Prosecutor v. Bashir*, Warrant of Arrest for Omar Hassan Ahmad Al Bashir, p. 7.

到（需要特定故意）的犯罪行为可能发生。[1]这里，间接共同正犯责任更加强调责任人同样具有确切的特定故意。

2. 加丹加案情简述及法庭意见。根据第一预审分庭在指控确认中认定的事实，自2002年起，吉尔曼·加丹加与马修·恩乔洛·崔（Mathieu Ngudjolo Chui）分别担任了各自民族武装组织"伊图里爱国抵抗力量"（FRPI）和"民族主义与融合主义者阵线"（FNI）的首脑。[2]两个组织协同策划并且执行了对博戈罗村（Bogoro）的占领计划，其中包含袭击当地的平民人口。[3]就二者的组织关系和合作关系而言，伊图里爱国抵抗力量与民族主义与融合主义者阵线相互独立，具有各自的命令执行系统和首脑。各组织的成员仅听从自己首脑的指挥，并向其负责。这符合间接共同正犯的典型模式。即假设有甲组织和乙组织共同策划犯罪，甲首脑对乙首脑控制范围内的下属执行共同计划的犯罪行为承担正犯责任；同样，乙首脑也对甲下属的行为负责。基础在于甲与乙对该犯罪计划的共同贡献。

预审分庭认为，间接共同正犯责任的客观要件有四项。

第一，被告对组织具有控制。根据《罗马规约》文本，第25条第3款第1项字面上即包含了正犯"通过控制组织"犯罪这种责任形式。[4]同时，国内法和国际法判例都支持了这一解释。国内法方面，法庭主要依靠德国国内法的实践，例如柏林墙守卫案中间接共同正犯的适用。[5]国际法方面，法庭特别提到了前南刑庭第二审判分庭的斯塔季奇（Stakić）案的判决。[6]对于辩护方指出该判决被上诉庭推翻这一事实，法庭指出上诉庭推翻该判决的理由是间接共同正犯责任并不是国际习惯法的一部分。而根据《罗马规约》第21条第1款第1项，法院认可的最高效力层级渊源为《罗马规约》本身。既然第25条文本即包含这一责任形式，就不必考虑其是否构成国际习惯法这一问题。[7]由此可见，法庭绕开了国际习惯法中的个人责任形式这一最具争议的问题，通过文本解释确认了在《罗马规约》框架内的间接共同正犯责任。

第二，该组织等级制度严密。这一点不难理解。被告必须具备发布命令的权

〔1〕 *Prosecutor v. Popović et al.*, International Criminal Tribunal for former Yugoslavia, Judgment, 10 June 2010, IT – 05 – 88 – T, para. 1195.

〔2〕 *Prosecutor v. Katanga*, Decision on the Confirmation of Charges, para. 10.

〔3〕 *Prosecutor v. Katanga*, Decision on the Confirmation of Charges, para. 11.

〔4〕 *Prosecutor v. Katanga*, Decision on the Confirmation of Charges, para. 501.

〔5〕 *Prosecutor v. Katanga*, Decision on the Confirmation of Charges, para. 505.

〔6〕 *Prosecutor v. Milomir Stakić*, Judgment, 31 July 2003, IT – 97 – 24 – T.

〔7〕 *Prosecutor v. Katanga*, Decision on the Confirmation of Charges, para. 508.

力，并且能够保证他的命令得到组织下级成员的贯彻实施。[1] 即使有成员拒绝，也存在其他成员代为实施。[2]

第三，组织成员自动执行命令，实现犯罪。这里法庭提出了所谓的"机能性"概念，即首脑对组织的控制程度达到了部下仅仅是"巨大机器中的零件"的程度。[3] 任何一个成员未能完成任务都不会阻却犯罪的发生，因为每一个直接实行人都是可以替换的。[4] 换言之，直接实行人的身份无关紧要，因为无论如何，组织内命令的执行都是自动的。[5] 除了使得任何成员都可替换之外，法庭还提出了另一种保证命令自动执行的方式，即采取高强度、严格并且暴力的训练方式。[6] 例如本案中的绑架未成年人作为组织成员，训练他们进行射击、抢劫、强奸、杀人。[7] 无论采取何种方式，首脑正犯责任成立的前提是保证其命令得到自动的执行。

第四，对于"共同"部分，法庭遵循卢班加案中的解释，要求两个以上满足条件的组织共同制定计划，且多名首脑对犯罪做出必要贡献，享有共同控制。

关于间接共同正犯的主观要件，预审分庭主要考虑了三点：其一，被告必须具备实际犯罪所要求的心理要件，包括任何特定故意在内。[8] 其二，被告必须知道各自对组织的控制以及组织间的合作计划，并且接受犯罪实现的结果。[9] 其三，被告必须明知其在共同计划中担任必要角色，以及其阻却犯罪发生的能力。[10] 这实际上是间接正犯的心理要件要求。

通过着重分析加丹加与恩乔洛分别对伊图里爱国抵抗力量与民族主义与融合主义者阵线的控制，第一预审分庭认为，两个被告成立间接共同正犯。2012 年 11 月 21 日，法庭决定将加丹加与恩乔洛两案分案审理。同年 12 月 18 日，第二审判分庭判决恩乔洛无罪释放。2014 年 3 月 7 日，第二审判分庭对加丹加案作出了正式判决，认为其应当就一项危害人类罪和四项战争罪承担第 25 条第 3 款第 4 项中的从犯责任。

---

[1] *Prosecutor v. Katanga*, Decision on the Confirmation of Charges, para. 513.

[2] *Prosecutor v. Katanga*, Decision on the Confirmation of Charges, para. 512.

[3] *Prosecutor v. Katanga*, Decision on the Confirmation of Charges, para. 515.

[4] *Prosecutor v. Katanga*, Decision on the Confirmation of Charges, para. 516.

[5] *Prosecutor v. Katanga*, Decision on the Confirmation of Charges, para. 517.

[6] *Prosecutor v. Katanga*, Decision on the Confirmation of Charges, para. 518.

[7] *Prosecutor v. Katanga*, Decision on the Confirmation of Charges, para. 518.

[8] *Prosecutor v. Katanga*, Decision on the Confirmation of Charges, para. 527.

[9] *Prosecutor v. Katanga*, Decision on the Confirmation of Charges, para. 533.

[10] *Prosecutor v. Katanga*, Decision on the Confirmation of Charges, para. 539.

在处理责任形式问题时，审判分庭并未认可预审分庭认定的间接共同正犯责任，理由主要是证据力度问题。虽然加丹加担任伊图里爱国抵抗力量的"司令"，但他的实际权力仅限于接收、管理储存以及分发武器弹药。[1]除此之外他在整个武装组织中的实际权力是不明确的。[2]尽管他能够向部下发布命令，但检方无法证明命令的确切性质以及能否得到遵从。[3]也就是说，加丹加可能不具备保证自己的命令被部下实施，以及对部下的违抗行为施以惩处的能力。[4]因此，第25条第3款第1项不成立。之后，审判分庭转而证明第25条第3款第4项中的从犯责任，即五个要件：其一，犯罪事实发生。其二，被告属于一个组织的成员，同时该组织成员根据一个共同的目标行事。其三，被告对于犯罪的发生做出了"显著的贡献（significant contribution）"。其四，被告故意做出这一贡献。其五，被告明知组织存在犯罪意图。[5]在本案中，加丹加为进攻博戈罗村提供了十分重要的后勤支援，进而确保了行动在军事上的优势地位，为清洗博戈罗村目的的实现创造了便利条件。[6]具体而言，加丹加作为组织中重要的成员和倡导者，实际上增强了组织的作战能力。他所在的地理位置是该地区唯一一个机场所在地，因此得以通过空运武器来支持军事行动。同时，他也是武器供应商与军事计划执行者之间的媒介，如果没有他保证武器支援的贡献，部队则不可能取得现实中的军事优势。[7]因此，加丹加做出的贡献达到了"显著"的标准。[8]另外，故意和明知的心理要件也能满足。[9]因此，被告加丹加就第25条第3款第4项承担"支助"的从犯责任。[10]

由此可见，审判分庭拒绝间接共同正犯责任的主要考虑是证据不足的问题，而并没有从《罗马规约》解释和要件理论分析上对预审分庭的分析做出明显的修正。换而言之，虽然最终并没有将其作为判决基础，审判分庭似乎同样倾向于认可第25条第3款第1项中包含的间接共同正犯责任。

值得一提的是，克里斯汀·范·登·温加尔（Christine van den Wyngaert）法

---

〔1〕 *Prosecutor v. Katanga*, Summary of Trial Chamber II's Judgment of 7 March 2014, pursuant to Article 74 of the Statute in the case of The Prosecutor v. Germain Katanga, ICC – 01/04 – 01/07, para. 47.

〔2〕 *Prosecutor v. Katanga*, Summary of Trial Chamber II's Judgment of 7 March 2014, para. 48.

〔3〕 *Prosecutor v. Katanga*, Summary of Trial Chamber II's Judgment of 7 March 2014, para. 49.

〔4〕 *Prosecutor v. Katanga*, Summary of Trial Chamber II's Judgment of 7 March 2014, para. 52.

〔5〕 *Prosecutor v. Katanga*, Summary of Trial Chamber II's Judgment of 7 March 2014, para. 73.

〔6〕 *Prosecutor v. Katanga*, Summary of Trial Chamber II's Judgment of 7 March 2014, para. 82.

〔7〕 *Prosecutor v. Katanga*, Summary of Trial Chamber II's Judgment of 7 March 2014, para. 83.

〔8〕 *Prosecutor v. Katanga*, Summary of Trial Chamber II's Judgment of 7 March 2014, para. 84.

〔9〕 *Prosecutor v. Katanga*, Summary of Trial Chamber II's Judgment of 7 March 2014, para. 85.

〔10〕 *Prosecutor v. Katanga*, Summary of Trial Chamber II's Judgment of 7 March 2014, para. 86.

官在恩乔洛案中就责任形式问题发表了协同意见，赞同富尔福德法官在卢班加案中的解释，认为以"控制"作为核心的共同正犯责任与《罗马规约》第 25 条第 3 款的文本并不相符。[1]她认为，第 25 条第 3 款第 1 项的标准是犯罪人对于犯罪具体实施的直接贡献。[2]对于审判分庭对间接共同正犯的理解，她指出这种解读超出了第 25 条第 3 款第 1 项的范围，实质上"创造了一种新的责任形式"。[3]这种扩张违反了《罗马规约》第 22 条第 2 款的规定。[4]

3. 《规约》体系下间接共同正犯责任构成要件。不难看出，间接共同正犯责任作为间接正犯和共同正犯的混合模式，除了上文中已经论述过的作为共同正犯责任要件的"共同计划"和"必要贡献"之外，其成立的核心在于被告所在组织的性质、其所处的地位以及实质上的权力范围。从客观方面讲，组织内部必须存在严格的制度，首脑处于权威地位，有权力发布命令，并且能够保证命令得到执行。这一机制的典型表现形式即为组织下级成员的意志和身份无关性，即任何人都可以被随意替换。这里值得注意的是，这种犯罪的直接执行人的无关性同样表现在主观方面。以灭绝种族罪为例，即使执行犯罪的下级成员并不具备特定心理要件，只要发布命令利用组织实行犯罪的首脑存在特定心理要件，犯罪即成立，首脑即应当承担正犯责任。从主观方面讲，首脑除了必须满足具体犯罪的主观要件之外，还应当明知其在组织中的地位和能力，以及共同计划范围内的犯罪结果发生的可能性。[5]

第三节 以控制论为核心的共同犯罪责任评价

一、共同犯罪责任理论在国际刑事犯罪背景下的优越性

以"功能性控制"作为核心的共同犯罪责任理论十分恰切地表现出大型集

---

〔1〕 *Prosecutor v. Mathieu Ngudjolo Chui*, Judgment pursuant to Article 74 of the Statute, Concurring Opinion of Judge Christine van den Wyngaert, 18 December 2012, ICC – 01/04 – 02/12 – 4, para. 39.

〔2〕 *Prosecutor v. Mathieu Ngudjolo Chui*, Judgment pursuant to Article 74 of the Statute, Concurring Opinion of Judge Christine van den Wyngaert, para. 44.

〔3〕 *Prosecutor v. Mathieu Ngudjolo Chui*, Judgment pursuant to Article 74 of the Statute, Concurring Opinion of Judge Christine van den Wyngaert, para. 63.

〔4〕 *Prosecutor v. Mathieu Ngudjolo Chui*, Judgment pursuant to Article 74 of the Statute, Concurring Opinion of Judge Christine van den Wyngaert, para. 63.

〔5〕 Héctor Olásolo, *The Criminal Responsibility of Senior Political and Military Leaders as Principals to International Crimes*, Portland: Hart Publishing, 2009, pp. 318 ~ 330.

团犯罪、国家犯罪以及部分恐怖主义犯罪中犯罪集团组织架构的特点，以及犯罪过程中不同角色应当承担的不同责任。[1]如前文所述，共同正犯理论侧重于成员之间的共同目标和必要贡献，体现出一种横向的关系。而间接共同正犯侧重于组织内部的命令执行机制，体现出一种纵向的关系。在复杂的、系统性强的国际战争犯罪背景下，犯罪组织大多具有一定程度上的内部职能划分：作为执行层的成员可能并不参与决策制定的过程，仅仅通过特定联系（例如上下级命令执行机制）来实施部分或全部犯罪；同样，作为决策层的成员可能不会参与具体行动的执行，而是依靠通过共同制定计划，主动促进或者被动默许犯罪行为的最终发生。共同正犯和间接共同正犯责任理论以控制论作为判断标准，解决了组织中同级与上下级纵横交错，上级领导与具体犯罪实施之间存在空间和时间上较远距离等问题，为犯罪责任的认定提供了清晰明确的理论基础。

二、对于控制论的争议

根据《罗马规约》第21条的规定，国际刑事法院为解释个人刑事责任寻求了一条区别于其他国际法庭实践理论的特殊路径。由卢班加案和恩乔洛案可以看出，法院多数意见采取了以控制论为核心，根据可罚性细微差异对第25条第3款整体结构进行解释的方法。[2]相反，个别意见以及反对意见倾向于从合法性原则出发的更加灵活的解释方法。因为从条约解释的角度来看，第25条第3款第1项的文本并不能为控制论提供基础。[3]而且，控制论尚未取得国际习惯法或一般法律原则的地位。因此，根据第21条的规定，控制论不能作为《罗马规约》解释的渊源。[4]尤其是关于间接共同正犯理论，相当一部分学者认为该理论在德国国内法院以及学界尚未得到全面认可。[5]因此，在加丹加案中，审判分庭选择间接共同正犯理论是缺乏说服力的。

除去条约解释的程序方面，对于控制论的另一个争议集中在实体法角度，具体而言是主犯从犯责任的划分以及第25条第3款各项之间的关系。根据法院的解释，从第25条第3款整体来看，第2～4项分别规定了"命令、唆使、引诱"

---

〔1〕 *Sylvestre Gacumbitsi v. the Prosecutor*, Appeal Judgment, Separate Opinion J. Schomburg, 7 July 2006, ICTR – 2001 – 64 – A, paras. 16～20.

〔2〕 Jens David Ohlin, Elies van Sliedregt, and Thomas Weigend, "Assessing the Control – Theory", *Leiden Journal of International Law*, Vol. 26, 2013, p. 743.

〔3〕 *Prosecutor v. Lubanga*, Trial Judgment, Separate Opinion of Judge Adrian Fulford, paras. 6～12; *Prosecutor v. Ngudjolo*, Trial Judgment, Concurring Opinion of Judge Christine van den Wyngaert, para. 17.

〔4〕 Elies van Sliedregt, "Perpetration and Participation in Article 25 (3) of the Statute of the International Criminal Court", http://ssrn.com/abstract = 2492710, last visted August 30 2015.

〔5〕 Neha Jain, "The Control Theory of Perpetration in International Law", p. 186.

"帮助、教唆、协助""支助"一系列从犯责任。[1]第 1 项则使用"实施"来表述主犯责任。当被告在犯罪中扮演核心角色,对于犯罪行为的实施享有控制时,他即满足第 1 项的主犯责任要件要求。换而言之,由于主犯是最"高级"的责任,而从犯仅属于从属的、派生的责任,以"控制"这一因素为基础的主犯责任的可罚性便要高于其他派生的从犯责任。[2]然而,这样单以条款划分主犯从犯,且认为第 25 条第 3 款第 1~4 项存在责任级别高低的理解是存在瑕疵的。[3]例如,第 1 项下的间接共同正犯与第 2 项下发出命令实施犯罪的犯罪人相比,很难说前者的恶性大于后者。因此,正如前文所述,范·登·温加尔法官和富尔福德法官认为第 25 条第 3 款中规定的责任形式判断应当基于个案分析,且各款之间并不存在层级关系。

另外,值得一提的是,从比较法的角度来看,多数意见在德国与拉美国家刑法中非常典型,而少数意见将不同责任作为量刑因素而非犯罪构成来考虑的做法则代表了法国以及英美刑法的传统。这正体现了第 25 条作为缔约国漫长谈判意见整合的产物,包含了多种相互重叠的责任理论。[4]因此,在应用中,不同法系的理论以及传统可能导致学界和实务界对《罗马规约》的理解存在明显的分歧。目前这种分歧主要体现在第 25 条第 3 款的结构解读上,而不同的解读对于责任认定,心理要件的分析,量刑情节考量等方面都有着很大影响。毫无疑问,随着多个案件审判程序的进一步推进,法院要协调这种分歧,必须进行更加谨慎、充分且广泛的实践。

综上所述,历经十余年的实践,国际刑事法院在实体法个人刑事责任方面基本确立了有别于其他特设刑事法庭的,以控制论作为核心的正犯责任体系。通过卢班加案和加丹加案,法院积极地做出尝试,推动了国际刑法理论和习惯法的发展。作为一个常设的国际刑事司法裁判机构,法院在法律渊源、理论传统以及解释方法各个方面都试图达到最大程度的国际化,即为各国法系所接受和认可的目标。从目前来看,法院从国内法理论出发寻求适应国际战争犯罪特点的个人刑事责任体系,距离目标的实现还存在着一定的距离。毕竟,仅仅通

---

〔1〕 Ohlin, Sliedregt, and Weigend, "Assessing the Control – Theory", pp. 743~744.

〔2〕 Gerhard Werle and Boris Burghardt, "Indirect Perpetration: A Perfect Fit for International Prosecution of Armchair Killers?", *Journal of International Criminal Justice*, Vol. 9, 2011, p. 88.

〔3〕 Sliedregt, "Perpetration and Participation in Article 25 (3) of the Statute of the International Criminal Court".

〔4〕 William Schabas, *The International Criminal Court: A Commentary on the Rome Statute*, p. 431.

过两个案件的判决，很难对第 25 条做出完善的系统性解释。因此，在个人刑事责任方面，无论是对《罗马规约》的解释，还是理论的构建，法院都需要更加丰富的司法实践来检验和探索，以实现在国际犯罪责任认定中宽严相济，罪刑均衡的目的。

第十一章　指挥官责任

第一节　指挥官责任概述

指挥官责任在国际刑法中意义非凡，是国际刑法惩治国际罪行的有力武器之一。国际罪行和国内法院处理的普通刑事犯罪之间存在很大的不同，国际罪行往往具有特定的背景因素，比如战争、武装冲突、人道主义灾难等。除此之外，国际罪行的实施者通常不是单独的某个人，而是某个军事单位或者组织。惩治这些军事单位或者组织的指挥官或其他上级是非常必要的。国际司法的惩治目标起初限定于那些策划、命令、教唆实施犯罪的指挥官或其他上级，进而发展到对犯罪行为未能采取有效措施防止、制止或惩治下属犯罪实施者的指挥官或其他上级。

一、指挥官责任的概念和发展

何为指挥官责任？指挥官责任仅针对指挥官的义务而言，当指挥官在知道或者理应知道其下级从事严重违反国际法的犯罪活动的情况下，没有采取必要和合理的措施防止、制止犯罪或者惩治犯罪者而应承担的责任。它区别于指挥官策划、命令、教唆下级从事严重违反国际法的犯罪活动所应承担的责任，后者是指挥官主动追求犯罪活动的后果，由《罗马规约》第 25 条予以规制。前者则是指挥官以不作为的方式追求犯罪活动的后果。

（一）指挥官责任的确立

指挥官责任的思想最早可以追溯到公元前 500 年，《孙子兵法·地形篇第十》中有这样的论述，"凡兵有走者、有弛者、有陷者、有崩者、有乱者、有北者。凡此六者，非天地之灾，将之过也"。[1]此后，1439 年法国国王查理七世颁布的

---

〔1〕　参见李零译注：《孙子兵法注译》，巴蜀书社 1991 年版，第 62 页。

一条法令要求"每一个上尉和中尉都应当对其下属的恶言、恶行和犯罪承担一定的责任"[1]，也涉及指挥官责任。"国际法之父"格劳秀斯（Grotius）在其代表作《战争与和平法（On the Law of War and Peace)》中也曾主张，"国家或最高权力者应对其下属的犯罪负责，如果他知道这些罪行和在他能够和应该防止它们发生时未这样做"[2]实际上，各个时期、各个国家的战争法或者军事法规对指挥官的特殊地位和应当履行的特殊责任都给予了高度关注。

第一次世界大战是人类有史以来第一次大规模的全球范围战争，造成了严重的人员伤亡和财产损失。1919 年"关于战争罪犯和实施惩罚国际委员会"提交给巴黎和会的报告建议成立法庭起诉那些"命令违反法律或者战争惯例，或者明知并且有能力却没有防止或采取措施防止、没有结束或制止违反法律或者战争惯例的人"[3]指挥官责任开始出现在国际刑法领域，尽管并没有得到实际的运用。

第二次世界大战后，战胜国在国际和国内的后续审判中，确定了相关战犯由于对下级严重违反国际法的犯罪行为的不作为应当承担相应的指挥官责任。马尼拉美国军事委员会在对日本上将山下奉文的审判中认定了作为指挥官应当为下级的犯罪行为承担个人刑事责任。人质案（Hostage Case）认定，军事指挥官应当为下级执行自己的命令以及自己知道或者应当知道的行为负责。[4]高级指挥官（High Command）案中，法庭指出，在指挥官责任原则下，当下级执行其上级的犯罪命令时，指挥官明知却坐视不管是违反国际法的道德义务的，这种不作为不能使其免除国际责任。[5]

抗日战争胜利后，1945 年 11 月 6 日，国民党政府成立了以秦德纯为主任委员的战争罪犯处理委员会。为了审判日本战犯，1946 年国民政府军事委员会有针对性地通过了《战争犯罪处理办法》，并颁布《战争罪犯审判条例》，规定对处于管理地位或者上级地位的指挥官，"而就其犯罪未尽防范制止之能事者，以战争罪犯之共犯论"。[6]根据上述规定，日本战犯酒井隆被判定他知道其下属所

---

〔1〕 T. Meron, *Henry's Laws and Shakespeare's War*, Oxford, 1993, p. 149.

〔2〕 参见［荷］格劳秀斯著，何勤华等译：《战争与和平法》，上海人民出版社 2005 年版，第323 页。

〔3〕 "Commission on the Responsibility of the Authors of the War and on Enforcement for Penalties – Report Presented to the Preliminary Peace Conference, Versailles, 29 March 1919", reprinted in *America Journal of International Law*, Vol. 14, 1920, p. 121.

〔4〕 *United States v. Wilhelm List et al.*, UN War Crimes Commission, *Law Reports of Trials of War Criminals*, London, 1949, Vol. Ⅷ, pp. 69 ~ 71.

〔5〕 *United States v. Wilhelm von Leeb et al.*, UN War Crimes Commission, *Law Reports of Trials of War Criminals*, London, 1949, Vol. Ⅻ, p. 75.

〔6〕 UN War Crimes Commission, *Law Reports of Trials of War Criminals*, Vol. ⅩⅣ, London, 1949, p. 158.

犯的暴行，而任他们对平民和战俘施暴，他要为其下级所犯的罪行承担责任。[1]法国在 1944 年 8 月 28 日颁布的《制止战争犯罪条例》第 4 条规定，"当下级作为战争犯罪的实施者被起诉时，其上级不能被以同样的责任起诉，则应当作为组织或者纵容下级犯罪的共犯处理"。[2]《美国军队手册》和《英国军事法手册》两部在国际范围有着重要影响力的国内军事法也都包括了指挥官责任的相关规定。[3]

第二次世界大战后，世界进入东方社会主义和西方资本主义两大阵营"冷战"格局，虽然再没有像第一次世界大战或者第二次世界大战那样的大规模战争爆发，然而局部战争和武装冲突时有发生，引发的人道主义灾难也依旧深重。在这一背景下，日内瓦四公约 1977 年《第一附加议定书》第 86 条规定了"上级人员"在某些情况下应对下属行为负责，第 87 条则专门针对军事指挥官的责任进行了规定。这标志着国际法第一次明确的规定了指挥官责任，指挥官责任得以最终确立。尽管在日内瓦四公约《第一附加议定书》的制定过程中，关于是否需要加入指挥官责任并非毫无争议，但当时一些代表还是明确地表示指挥官责任是和既有的国际法相一致的。例如，瑞典代表就宣称，这些法条重新确认了第二次世界大战后发展的国际惩罚责任。南斯拉夫代表也认为指挥官责任相关条文早已经被所有国家的战争法规所接纳。[4]

20 世纪末期，随着东欧剧变和苏联解体，"冷战"格局宣告瓦解，但人道主义灾难依然频发，面对发生在前南斯拉夫境内和卢旺达境内的两场人道主义危机，以及严重违反国际法的犯罪行为对人权的肆意践踏，联合国安理会先后通过决议设立了前南刑庭和卢旺达刑庭，通过对相关责任人的公正审判和其他相关实践，使指挥官责任在理论和实践上都得到极大发展。《前南刑庭规约》第 7 条第 3 款和《卢旺达刑庭规约》第 6 条第 3 款分别对指挥官责任进行了明确规定。在审判中，指挥官责任成为认定相关犯罪嫌疑人刑事责任的重要依据，犯罪嫌疑人因其国际罪行得到了应有的惩罚。

1996 年联合国国际法委员会在《（危害人类和平及安全）治罪法草案》第 6 条中亦规定了"上级责任"，再次确认了指挥官责任的合法性。

---

〔1〕　UN War Crimes Commission, "Trial of Takashi Sakai", *Law Reports of Trials of War Criminals*, Vol. XIV, London, 1949, p. 7.

〔2〕　UN War Crimes Commission, *Law Reports of Trials of War Criminals*, Vol. III, London, 1948, p. 94.

〔3〕　US Department of Army FM 27 – 10; *The Law of Land Warfare*, 1956, para. 501; The War Office, *The Law of War on Land being Part III of the Manual of Military Law*, London, 1958, para. 631.

〔4〕　CCDH/1/SR. 71, in Official Records, Vol. IV, p. 315, para. 61.

（二）《罗马规约》中的指挥官责任

在前南刑庭和卢旺达刑庭审判实践的基础上，结合国际刑法发展的趋势，为了更好地保障人权、惩治国际罪行，1998 年 7 月 17 日在设立国际刑事法院的全权代表外交会议上通过了《罗马规约》。《罗马规约》第 28 条明确规定了军事指挥官和其他上级的责任，为国际刑事法院审判和惩治罪犯，尤其是为惩治不履行防止和惩治下级严重违反国际法罪行职责的军事指挥官和其他上级提供了明确而有力的保障。

在《罗马规约》制定的过程中，大多数代表团都提议为指挥官责任单独设置条款，不再像《前南刑庭规约》和《卢旺达刑庭规约》那样将指挥官责任置于个人刑事责任原则条款之下，这样更有利于突出指挥官责任的重要性。在《罗马规约》第 28 条制定的过程中，最棘手的问题就是指挥官责任的适用范围问题，即指挥官责任适用于军事指挥官和其他上级，还是仅仅适用于军事指挥官。加拿大代表团在其指挥官责任的提案中对军事指挥官责任和其他上级责任规定了相同的内容。以美国代表团为首的一些代表团对此持有异议，主张军事指挥官和其他上级对下属的控制能力存在差异，应当分别予以规定。最终《罗马规约》采取了将军事指挥官和其他上级责任分别予以规定的做法，这种做法有利于区分军事指挥官和其他上级刑事责任的认定。

指挥官责任最终以独立的第 28 条纳入《罗马规约》，分为两款：第 1 款规定军事指挥官或者以军事指挥官身份有效行事的人的责任，第 2 款规定第 1 款未述及的其他（非军事）的上级人员所应承担的责任，并分别明确规定了军事指挥官和非军事上级在承担指挥官责任上不同的心理要素和行为要素。在这两款之前，第 28 条有"除根据本规约规定须对本法院管辖权内的犯罪负刑事责任的其他理由以外"的表述[1]，以区别军事指挥官和其他上级根据《罗马规约》第 25 条关于伙同、命令、唆使、引诱、帮助、支助下级从事犯罪活动的情形，在这种情形下，军事指挥官和其他上级作为下级的共犯对待。

二、指挥官责任的性质

刑事责任的基础是个人归责原则，任何人都不对他本人没有从事的或以某种形式参加的行为承担刑事责任。[2] 指挥官责任是这个原则的例外。虽然指挥官责任这一概念不仅反映在国内立法中，也规定在国际公约和国际刑事法院（庭）规约的成文法中，并已经有了非常丰富的审判实践，指挥官责任原则已被承认构

---

〔1〕《罗马规约》第 28 条。

〔2〕 凌岩：《卢旺达国际刑事法庭的理论与实践》，世界知识出版社 2010 年版，第 212 页。

成了国际习惯法的组成部分[1]，但是，指挥官责任究竟属于什么性质，是对指挥官自己"失职"的刑事责任，还是指挥官应对下属所犯的"罪行"负刑事责任？对此有不同的观点和实践。

一些国家的国内法，如英国，规定指挥官责任属于共犯，即将指挥官作为严重违反国际法罪行的下级的共犯进行处理。法国早期的法律曾把指挥官未采取措施制止或惩罚下属的犯罪视为他自己犯了该罪，应与犯罪实施者受到同样的惩罚。[2]而加拿大和德国的相关立法则认定指挥官责任是过失犯罪，理由是仅因为放松警惕的心理因素就使指挥官对自己下级的违反国际法的严重罪行承担责任是不公平的。

在国际层面，有一种观点认为指挥官的不作为是一种犯罪的参与方式，指挥官的这种参与与其他参与方式有共同特征，他们是犯下罪行的其他罪犯的共犯。所不同的是，其他参与模式需要有一个实际的行为，或者至少对犯罪做出一定贡献。而上级责任的特点是上级的不作为或无行动。[3]例如前南刑庭戴拉利奇（Delalić）等人案的审判分庭和上诉分庭的判决书[4]和阿列克索夫斯基（Aleksovski）案审判分庭的判决书[5]，倾向于把上级的责任视为一种参与模式，或至少上级对主要犯罪负责。

另一种观点认为指挥官的刑事责任仅限于其自己对"主要犯罪"未能采取行动，上级不是为"主要犯罪"被定罪，而仅仅是对其自己未能采取行动而被定罪。[6]例如，前南刑庭法官沙哈布丁（Shahabuddeen）在哈吉哈桑诺维奇（Hadžihasanović）案上诉判决的部分异议意见中认为指挥官责任施加给指挥官一种由于其未能针对下级所犯罪行采取适当措施的责任。[7]哈里里奥维奇（Halilio-

〔1〕　L. C. Green, *Command Responsibility in International Humanitarian Law in Transnational Law and Contemporary Problems*, 1995, Vol. 5, p. 350; A. Cassese, *International Criminal Law*, 2ⁿᵈ Edition, p. 241; *Prosecutor v. Zejnil Delalić et al.*, Trial Judgment, 16 November 1998, IT – 96 – 21 – T, para. 333.

〔2〕　R. Cryer et al., *An Introduction to International Criminal Law and Procedure*, 2ⁿᵈ Edition, Cambridge University Press, 2010, pp. 387 ~ 388.

〔3〕　See L. Kortfält, *Commentary on Article 28 of the Rome Statute*, https://www. casematrixnetwork. org/cmn – knowledge – hub/icc – commentary – clicc/commentary – rome – statute/commentary – rome – statute – part –3/.

〔4〕　*Prosecutor v. Delalić et al.*, Trial Judgement, 16 November 1998, IT – 96 – 21 – T, para. 333; *Prosecutor v. Delalić et al.*, Appeals Judgement, 20 February 2001, IT – 96 – 21 – A, para. 198.

〔5〕　*Prosecutor v. Aleksovski*, Trial Judgement, IT – 95 – 14/1 – T, para. 67.

〔6〕　R. Värk, "Superior Responsibility, Estonian National Defence College Proceedings", Vol. 15, 2012, p. 149.

〔7〕　*Prosecutor v. Hadžihasanović*, Decision on Interlocutory Appeal Challenging Jurisdiction in Relation to Command Responsibility, 16 July 2003, IT – 01 –47 – AR72, Judge Shahabuddeen partial dissenting, paras. 32 ~ 33.

vić）案审判分庭的判决支持这一观点，判决认为指挥官责任是一种不作为责任，指挥官对未能按照国际法的要求履行职责承担责任。[1]由于国际法施加给上级防止和制止下级所犯罪行的职责，所以没有按照要求履行职责是有罪的。指挥官并非要与下级所犯罪行承担同样的责任，而是由于下级的罪行，指挥官要为其未能履行职责承担相应的责任。指挥官负有责任并非由于其亲自实施犯罪，而是其责任被认为和下级所犯罪行的严重性相当。[2]

在提交给制定《罗马规约》的外交大会的有关指挥官责任性质的议案有两个选择，一个是指挥官对参与犯罪负任，另一个是对下属的犯罪承担责任。[3]国际刑事法院第一个有关指挥官责任的本巴案的判决书在讨论指挥官责任的性质时，第三审判分庭强调，指挥官的责任与那些犯下罪行者的责任是不同的，指挥官为在其控制和管辖下的下属犯的而不是他自己犯的罪行承担责任。[4]指挥官责任是自成一类的责任。[5]与前南刑庭和卢旺达刑庭所不同的是，在指挥官责任或其他责任中，两个特设刑庭只判定指挥官承担其中之一种责任。而国际刑事法院在本巴案的判决中，不排除在某些情况下指挥官也满足其他刑事责任形式的实质要件，施泰纳（Steiner）法官称其为另外的（additional）责任。[6]

第二节　构成指挥官责任的上下级关系

一、指挥官责任的构成要素

在学者的论著、法庭的判决中被最多提及和论述的是指挥官责任的构成要素，即满足哪些要素可以认定指挥官应当为其下级所犯的国际法罪行承担指挥官责任。这个问题不仅对于适用指挥官责任惩治应当归罪的指挥官具有非常重要的实践意义，也有利于保障那些实际上并不需要对下级的犯罪行为承担指挥官责任的指挥官的诉讼权利。

---

〔1〕 *Prosecutor v. Halilović*, Trial Judgement, 16 November 2005, IT – 01 – 48 – T, para. 54.

〔2〕 *Prosecutor v. Hadžihasanović*, Decision on Interlocutory Appeal Challenging Jurisdiction in Relation to Command Responsibility, 16 July 2003, IT – 01 – 47 – AR72, para. 54.

〔3〕 W. Schabas, *The International Criminal Court: A Commentary on the Rome Statute*, Oxford University Press, 2010, p. 456.

〔4〕 *Prosecutor v. Bemba*, Judgment pursuant to Article 74 of the Statute, 21 March 2016, ICC – 01/05 – 01/08, para. 173.

〔5〕 *Prosecutor v. Bemba*, Judgment pursuant to Article 74 of the Statute, para. 174.

〔6〕 *Prosecutor v. Bemba*, Judgment pursuant to Article 74 of the Statute, para. 174 and Fn. 388.

对于指挥官责任的构成要素在实践中和理论研究中有不同的观点，有观点认为要构成指挥官责任需要满足三个构成要素，分别是上下级关系、心理因素和行为因素。也有观点认为指挥官责任有四个构成要素，分别是基础犯罪、上下级关系、心理因素和行为因素。[1] 还有观点认为指挥官责任应当包含以下四个要素，即军队或者其他有组织的武装人员实施的犯罪行为，上级人员对犯罪行为实施者有控制能力，上级人员必须知道或者有适当义务知道犯罪行为正在发生却没有采取行动防止、制止、惩罚，或者报告给有权力的上级调查有关情况。[2] 前南刑庭在切莱比契营案的判决中比较和分析了检方和被告方各自提出的指挥官责任构成要素，最终认为指挥官责任构成要素有三，即上下级关系的存在、上级知道或有理由知道犯罪行为即将发生或者已经发生、上级没有采取必要和合理措施阻止犯罪行为发生或者惩治犯罪实施者。[3] 这三要素为两个特设国际刑庭所沿用。国际刑事法院在本巴案的判决书中指出，构成《罗马规约》第28条第1款指挥官责任的构成要素应当满足六点：①部队必须犯下法院管辖范围内的犯罪；②被告必须是一个军事指挥官或实际以军事指挥官身份行事的人；③被告对犯罪的部队必须有有效的指挥和控制，或有效的管辖和控制；④被告人知道或由于当时的情况，应该知道部队正在实施或即将实施此种犯罪；⑤被告必须没有采取其权力范围内一切必要和合理措施，防止或制止这种罪行的实施或将此事提交给调查和起诉主管部门；⑥犯下罪行的部队必须是被告人未能对它们适当行使控制的结果。[4] 将这些要素进行归纳可以看出，国际刑事法院的实践在前南刑庭的三要素上增加了新的因果关系的要素。

二、上下级关系

论述上下级关系首先需要解决的问题是上下级关系是否仅指军事系统内的上下级，抑或包括非军事系统的其他上下级关系。1977年日内瓦四公约《第一附加议定书》规定指挥官责任时称指挥官为"司令官"，《前南刑庭规约》《卢旺达刑庭规约》在规定指挥官责任时称指挥官为"上级"。这给解释指挥官的范围造成了一定的困难，"司令官"与"上级"到底指军事指挥官，还是二者兼而有之。事实上，从二战后为惩治德国和日本战争罪犯而组织的"纽伦堡审判"和

---

〔1〕　V. Nerlich, "Superior Responsibility under Article 28 ICC Statute: for what exactly is Superior Responsible", *Journal of International Criminal Justice*, Vol. 5, July 2007, p. 668.

〔2〕　C. Stahn and G. Sluiter, *The Emerging Practice of the International Criminal Court*, Brill, 2008, p. 27.

〔3〕　*Prosecutor v. Delalić et al.*, Trial Judgement, 16 November 1998, IT－96－21－T, para. 128.

〔4〕　*Prosecutor v. Bemba*, Judgment pursuant to Article 74 of the Statute, 21 March 2016, ICC－01/05－01/08, para. 171.

"东京审判"，到前南刑庭和卢旺达刑庭的设立，这些特设国际刑事法庭在涉及指挥官责任的案件判决中都将承担指挥官责任的对象限定为既包括军事指挥官又包括非军事系统的其他上级。《罗马规约》第28条首次对军事指挥官和其他上级分别加以规定，明确了《罗马规约》中的指挥官责任既包括军事指挥官的责任，也包括非军事系统其他上级的责任。这样的区分既明确了指挥官的范围，也有利于对军事指挥官和其他上级的心理因素和行为因素进行不同的规定。

（一）指挥官和其他上级

上下级关系概念可以从界定何为上级入手。根据《罗马规约》第28条的规定，上级可以分为军事指挥官、以军事指挥官身份有效行事的人以及非军事系统的其他上级，这些都是承担指挥官责任的主体。

1. 军事指挥官或以军事指挥官身份有效行事的人。在国际刑事法院的判例中，"军事指挥官"是指正式的或合法任命执行军事指挥职能的人。[1]以军事指挥官身份有效行事的人是指那些非为正式的或法律任命的军事指挥官，但他们以军事指挥官身份对犯下罪行的部队有效行事。[2]也有把前者称为法律上的（de jure）军事指挥官，后者称为事实上的（de facto）军事指挥官。[3]有学者认为后者必须以军事指挥官身份"有效地行事"，而不是仅仅执行"类似的职能"。[4]军事指挥官或以军事指挥官身份有效行事的人还包括那些并不排他执行军事职能的人。[5]一国的准军事部队和非正规武装部队以及民族解放运动都可以说是"军事"部队。事实上，在准备《罗马规约》时就已经达成了共识，"以军事指挥官身份有效行事的人"包括诸如军阀那样的控制非正规部队的人。[6]根据非政府军事集团的内部惯例或规定，他们可以被任命为军事指挥官，也可以以此身份有效地采取行动。[7]这些以军事指挥官身份有效行事的人由于可以行使军事指挥官的权力，《罗马规约》明确规定他们在满足规约规定的其他有关条件的情况下承担指挥官责任，这是《罗马规约》相较之前的进步。根据目前国际刑事法院所起

---

〔1〕 *Prosecutor v. Bemba*, ICC – 01/05 – 01/08 – 424, para. 408（"Bemba Confirmation Decision"）；*Prosecutor v. Bemba*, Judgment pursuant to Article 74 of the Statute, 21 March 2016, ICC – 01/05 – 01/08, para. 176.（"Bemba Judgment"）

〔2〕 Bemba Judgment, para. 177.

〔3〕 *Prosecutor v. Delalić et al.*, Trial Judgement, 16 November 1998, IT – 96 – 21 – T, para. 370.

〔4〕 A. Kiss, "Command Responsibility under Article 28 of the Rome Statute", in C. Stahn（ed.）, *The Law and Practice of the International Criminal Court*, Oxford University Press, 2015, p. 614.

〔5〕 A. Kiss, "Command Responsibility under Article 28 of the Rome Statute", p. 614.

〔6〕 A/CONF. 183/C. 1/WGGP/L. 7, United Nations Diplomatic Conference of Plenipotentiaries on the Establishment of an ICC, 22 June 1998.

〔7〕 A. Kiss, "Command Responsibility under Article 28 of the Rome Statute", p. 614.

诉的对象来看，很大一部分起诉对象都可以归类为"以军事指挥官身份有效行事的人"。甚至从某种程度而言，以军事指挥官身份有效行事的人可能产生更大的人道灾难。以条约的形式更明确地施加给某些以军事指挥官身份有效行事的人以责任，有利于防止人道灾难的发生。

军事指挥官不论部队规模的大（比如军、师）或者小（比如团、连）都可能会负指挥官责任，触发指挥官责任没有涉及下属的最低数量要求。[1]上下级的关系并不局限于下级的直接上级，可以通过一些层级达到更高的上级。[2]同样，上级也可以服从另一个指挥官。基于指挥官责任原则的责任链可以延伸到所有未能履行其职责的指挥官身上。在责任链的末端是犯罪的下属或实施人。[3]总之，指挥官对于那些犯下罪行的人，在某种正式或非正式的层级中必须处于高级的地位。在指挥官和犯下罪行的部队之间是否有中间的下属都不重要。[4]虽然必须确立上下级的关系，但理论上并不要求指出主要罪犯的名字。确定有关特定犯罪现场犯罪群体或单位就足矣。在实践中，至少需要确定罪犯至评估该指挥官存在上下级关系所必需的程度。确定主要罪犯的姓名可能有助于核实上下级关系，然而，这不是一个法律要求。[5]

2. 非军事系统的其他上级。虽然日内瓦四公约《第一附加议定书》与《前南刑庭规约》及《卢旺达刑庭规约》并没有明确指挥官责任的主体包括非军事系统的其他上级，但国际审判实践表明指挥官责任的主体是包括非军事系统上级的，这已成为国际习惯法。[6]

政治领导人因为不作为而承担指挥官责任的例子包括远东国际军事法庭审理的日本首相东条英机、日本外相重光葵。法庭在审判日本外相重光葵的判决中指出："我们认为证据可以使他对因犯受到非正常待遇产生怀疑，这一情况下，我们没有对重光葵不公正。事实上，有目击者向他提供了证据，但他没有采取足够的行动去调查事件，虽然他作为政府的一员承担着管理囚犯待遇的责任。他本应当向该

---

〔1〕　Bemba Judgment, para. 187.

〔2〕　K. Ambos, "Superior Responsibility", in A Cassese et al. (eds.), *The Rome Statute of the International Criminal Court*, Vol. I, Oxford University Press, 2002, p. 805; ICC, Bemba Judgement, para. 179.

〔3〕　A. Kiss, "Command Responsibility under Article 28 of the Rome Statute", p. 615; Bemba Judgement, para. 179.

〔4〕　Bemba Judgment, para. 184.

〔5〕　*Prosecutor v. Orić*, Apeals Judgment, 3 July 2008, IT – 03 – 68 – A, para. 35; Bamba Judgment, para. 187.

〔6〕　*Prosecutor v. Delalić et al*, Trial Judgment, 16 November 1998, para. 132.

事件施压，可能的话甚至冒着辞职的风险采取行动来使自己摆脱责任"。[1]

《前南刑庭规约》明显没有将指挥官责任的主体范围限定为军事指挥官。相反，条文使用了"上级"一词，以及第 7 条第 2 款中"政府或者国家元首"和"负有责任的政府官员"的用词都清楚表明指挥官责任适用于包括政治领导人和其他处于具有管辖权力位置的具有平民身份的上级。建立前南刑庭的安理会第827 号决议通过后，美国代表所作的解释可以被理解为上级，无论军事系统内的上级，抑或政治上的上级，在没有采取合理措施防止和惩治其管辖范围内的人的犯罪时，都应当承担个人刑事责任。这一观点没有受到任何反对。前南刑庭在米兰·马尔蒂奇（Milan Martić）案的决定中也支持了这种解释，法庭指出："对于处于政治的或者军事管辖权位置的人，在其管辖范围内命令实施犯罪或者故意不去防止或惩治犯罪实施者，法庭都有完全的理由对其行使管辖"。[2]

《罗马规约》的贡献在于第 28 条第 2 款对具有非军事性质的上下级关系做了明确的规定。非军事的"上级人员"可以包括例如政府和政党的非军用部门的领导者（如市长、政党领导人）、国家元首（即不同时为总司令）、企业领导人（如工业领袖、茶厂老板）以及高级公务员。监狱营地的指挥官和警察局长也被列入非军事上级的类别。[3]

下属指在上级有效管辖和控制下的人，即有可以指导他的工作或与工作有关的活动的上级的任何下属。在大型机构中的中层管理者可以既是上级又是下级。[4]例如，政党的下属成员、狱警、工厂的工人、公务员、私人承包商、维和部队的民事人员、非政府组织的工作人员。这些都是正式的或法律上的非军事的上级的下属。

在卢旺达刑庭穆塞马案中出现一个相关的问题：上级责任原则是否也适用于所谓的"间接下属（indirect subordinate）"，即不是他的下属的其他人或平民百姓，他们视穆塞马为权威人士和在该地区的有权人士。但是，法庭说不能证明他对那些人行使了法律上或事实上的有效控制。[5]前南刑庭在哈利诺维德

---

〔1〕 M. Zaide（eds.），"The Complete Transcripts of the Proceedings of the International Military Tribunal for the Far East", reprinted in John Pritchard and Sonia, *The Tokyo War Crimes Trial*, Vol. 20, pp. 49, 831.

〔2〕 *Prosecutor v. Milan Martić*, Decision, 8 March 1996, IT－95－11－R61, para. 21.

〔3〕 W. Fenrick, "Article 28", in O. Triffeterer（ed.）, *Commentary on the Rome Statute of the International Criminal Court*, 1ˢᵗ Edition, Nomos Verlagsgesellschaft Baden－Baden, p. 521.

〔4〕 W. Fenrick, "Article 28", p. 521.

〔5〕 *Prosecutor v. Musema*, Judgement and Sentence, 27 January 2000, ICTR－96－13－T, paras. 143, 144, 148, 881.

（Halilovid）案的上诉判决中也提到上下级关系不必是直接的。[1]但是，在《罗马规约》第28条第2款中增加了这样的措辞："犯罪涉及该上级人员有效负责和控制的活动"，"由于（as a result）未对在其有效管辖或控制下的下级人员适当行使控制"，应负上级的刑事责任。这样把上级法律上或事实上的控制限于与工作有关的下级的范围。[2]

（二）有效的控制

根据《罗马规约》第28条第1款的规定，指挥官或以指挥官身份有效行事的人必须对其下属有有效的指挥（command）和控制或有效的管辖（authority）和控制，而第28条第2款只规定，上级必须有有效的管辖或控制。

1. 军事指挥官的有效控制。"控制"是一个总称，包括"指挥"和"管辖"。[3]根据本巴案确认指控的决定和审判分庭的判决，"指挥"这个词是指"管辖，特别是对武装部队的管辖"。"管辖"指的是"下达命令和强制服从的权力或权利"。[4]"指挥"和"管辖"的不同用语并不对控制"所要求的程度或标准有何重大影响"，只是表示"军事指挥官或以军事指挥官身份行事的人对其军队行使控制的模式、方式或性质"。[5]实际上，无论一个人是否属于一个军事指挥官或以军事指挥官身份有效行事的人，也不管他是否行使了"有效指挥"或"有效管辖"，所需对其下属的控制程度都是一样的。[6]

根据《罗马规约》第28条第1款，并按照国际刑法的一致判例，国际刑事法院的分庭将"有效控制"定义为"要求指挥官有防止或制止犯罪实施或将问题提交给主管部门的实质能力"。[7]较低程度的控制，例如，有对部队或下属行使影响的能力，即使这样的影响是实质性的，也不足以确立指挥官责任。[8]赋予法律上权威的指挥官或上级，却没有对其下属行使有效的控制将不承担刑事责任，而缺少正式任命的事实上的上级，在现实中，对犯罪者有有效控制，可能招致刑事责任。[9]此外，有效控制无须是排他的权力，可以同时追究多个上级对其

---

〔1〕　*Prosecutor v. Halilovid*, Appeals Judgement, 16 Oct. 2007, IT–01–48–A, para. 59.

〔2〕　W. Fenrick, "Article 28", p. 522.

〔3〕　A. Kiss, "Command Responsibility under Article 28 of the Rome Statute", p. 618.

〔4〕　Bemba Confirmation Decision, para. 413; ICC, Bemba Judgment, para. 180. 《罗马规约》中文本将"authority"译为"管辖"，不能很准确地反映该词的含义。但本文仍沿用该文本。

〔5〕　Bemba Confirmation Decision, para. 412; Bemba Judgment, para. 181.

〔6〕　Bemba Judgment, para. 181.

〔7〕　Bemba Confirmation Decision, para. 514; Bemba Judgment, para. 183.

〔8〕　Bemba Judgment, para. 183.

〔9〕　*Prosecutor v. Delalić et al.*, Appeals Judgement, para. 197.

下属的行为负责。[1]

军事指挥官是否对下属有"有效控制"要根据个案的具体情况进行判定。根据对本巴确认指控的决定，可能表明存在有效控制的因素包括：①犯罪嫌疑人的官方职位；②其发号施令的权力；③确保遵行命令的权能；④他在军队内的职位和实际执行的任务；⑤他命令部队或在他指挥下的单位，无论是在他的直接指挥下还是在更低层级单位，从事敌对行动的权能；⑥他重组下属单位或对指挥结构作出变更的能力；⑦他对部队成员的提拔、替换、解除或给予纪律处分的权力；⑧在即定时刻派遣部队到敌对行为发生的地方和撤出他们的权力。[2]

本巴案的审判分庭除赞同上述因素外，还补充了四个可能判定指挥官有效控制的因素：①独立适用和控制诸如通信设备和武器等发动战争的手段；②对财务的控制；③代表部队与外部机构或个人谈判或互动的能力；④代表了其下属的思想，且通过公开露面和发表的言论具有一定的知名度。[3]

还有一些因素可能表明，指挥官缺乏对部队的有效控制，例如：①对有关部队存在不同的排他的管辖权力；②不顾或不遵守被告的命令或指示；③指挥链很弱或失灵。[4]

国际刑事法院的被告人本巴在相关时间内，是刚果解放运动的主席及该组织拥有的2万名士兵的军事部队的总司令。2002年10月25日，中非共和国时任总统昂热－费利克斯·帕塔塞（Ange-Félix Patassé）向本巴请求援助，帮助其反对政变以捍卫其政府。在2002年10月26日和2003年3月15日之间，本巴在中非共和国部署了刚果解放运动3个营共1500人，这些士兵据称在那里对平民犯了谋杀、强奸和掠夺的罪行。审判该案的第三审判分庭同意检察官对本巴的法律定性，认定他是以军事指挥官身份有效行事的人。作为刚果解放运动的主席及其部队的总司令，本巴拥有广泛的正式权力、最终的决策权，并有任命、晋升和解雇部下的权力。此外，他与现场指挥官曾有直接通信线路，两者都可以并且都确实发布了行动命令。他建立了完善的报告制度，从刚果解放运动总参谋部接收行动和技术咨询。他还有对刚果解放运动成员作出纪律处分的权力，包括开展调查和建立军事法庭的权力。他也有派遣军队到中非共和国或撤军的权力。这些事实证明本巴在被指控犯罪的期间，有效地担任了军事指挥官，并有效地管辖和控制了

---

〔1〕 Bemba Judgment, para. 343.

〔2〕 Bemba Confirmation Decision, para. 417.

〔3〕 Bemba Judgment, para. 188.

〔4〕 Bemba Judgment, para. 190.

刚果解放运动（包括刚果解放军）。[1]

2. 非军事上级的有效控制。有人认为，在军队中，下属被认为是永久性的肩负职责和服从于内部的纪律。而平民只有在与工作有关的活动时受上级的管辖和控制，与工作无关时不受上级的管辖和控制。[2]《罗马规约》第28条第2款第2项的规定支持了这种观点，该项规定犯罪必须与在上级有效的负责和控制中的活动有关。然而，有人认为这是对上级责任的形式主义解读。首先，国际犯罪的实施必然会发生在工作关系的合法目的的框架之外。此外，在诸如教会或工会组织中，人们的依赖关系可能会变得与上下级关系兼容。这种依赖关系可以使某些人具有某种程度的控制力，可以督促成员或员工参与政治示威或有组织的行动。他们有能力在工作关系的严格界限之外指导他人的活动，如果他们有防止相关犯罪的实质能力，可能要承担民事上级的责任。[3]

另一个问题是关于上级对下属必须有有效控制的时间。一种看法认为，决定性因素是犯罪的时间，即在下级犯罪时，上级对该下属有有效的控制。另一种观点认为，上级必须在他未能行使自己的权力以防止或惩罚犯罪时对下属有有效的控制。[4]对于这一问题，《罗马规约》的措辞已做了明确的回答，指挥官和上级责任的先决条件是，下属犯下的罪行是上级未适当行使控制的结果。因此，在罪行被犯下或就要犯下的时候，以及当上级应制止而没有制止这些罪行的时候，上级都需要对下属行使有效的控制。如果在下属即将犯罪之前，上级已失去了对其下属的有效控制，上级不对下属的犯罪承担责任。同样，如果罪行被犯下后新的上级上任，他可能有义务根据国内法或国际人道法来惩罚这种罪行。然而，违反这种义务不产生《罗马规约》规定的上级责任。[5]换言之，接任的上级并不导致《罗马规约》上的上级责任。

第三节 构成指挥官责任的心理要素

一、心理要素的标准

指挥官责任伴随着国际审判实践的发展不断丰富完善。在山下奉文案中，负

---

〔1〕 Bemba Judgment, para. 697.

〔2〕 Y. Ronen, "Superior Responsibility of Civilian for International Crimes Committed in Civilian Settings", *Vanderbilt Journal of Transitional Law*, Vol. 43, 2010, p. 340 et seq.

〔3〕 A. Kiss, "Command Responsibility under Article 28 of the Rome Statute", p. 621.

〔4〕 A. Kiss, "Command Responsibility under Article 28 of the Rome Statute", pp. 621~622.

〔5〕 A. Kiss, "Command Responsibility under Article 28 of the Rome Statute", p. 630.

责审理本案的军事委员会在其意见中认为，"控方出示的证据表明那些犯罪在时间和地域分布上是如此之广泛，它们必然得到被告的故意允许或者秘密的命令……因为他的一名士兵犯了谋杀或强奸罪而认为一个司令官也犯了这种罪行是荒谬的。尽管如此，当谋杀、强奸和恶毒的报复的行为是分布广泛的犯罪，而司令官没有采取有效的措施发现和控制犯罪行为时，根据罪行的性质和发生罪行时的情况，这种司令官对其军队的非法行为就要承担责任，甚至是刑事责任。如果一个司令官发布直接导致非法行为的命令，他就肯定要负刑事责任，而且总是这样被认为的"。[1]在山下奉文案中，指挥官责任的心理要素标准是"必然知道"，这是极为严格的心理要素标准。

这一严格的标准受到其他判决的挑战，高级指挥官案判决认为"现职的司令官必须知悉这些罪行，默认或参与或因刑事上的疏忽而未干预犯罪，且所犯的罪行必须是刑事的"。[2]"必须知道"意味着，作为指挥官并不总是必然知道其下属的犯罪，他必须在知道下属犯罪的情况下才承担指挥官责任。而且，指挥官必须有个人的渎职，即未能适当地监督他的下属必须构成他刑事的过失。他的过失需要达到相当于肆意的程度，不道德地漠视其下属的行为相当于默许。[3]

日内瓦四公约《第一附加议定书》第86条第2款规定，"部下破坏各公约或本议定书的事实，并不使其上级免除按照情形所应负的刑事或纪律责任，如果上级知悉或有情报使其能对当时的情况作出结论——其部下正在从事或将要从事这种严重违反公约的行为，而且上级未在其权力内采取一切可能的措施防止、取缔该严重违反公约的行为"。该议定书采取的标准接近高级指挥官案中的标准，是"知道或应知道的标准"。应当说，这一标准既避免了适用严格责任过于苛求指挥官，同时也要求指挥官行使必要的注意义务。

《前南刑庭规约》规定的是"知道或有理由知道"的标准。[4]与日内瓦四公约《第一附加议定书》不同的是，《前南刑庭规约》除了规定军事指挥官的责任，还规定了民事上级的责任，所以《前南刑庭规约》采用了"上级"一词。该责任的主观要素为："①他实际知悉，通过直接或间接证据，确定他的下属正在犯或将要犯《前南刑庭规约》第2条至第5条规定之罪；②他拥有的情报（至

〔1〕 United Nations War Crimes Commission, "Trial of General Tomoyuki Yamashita", *Law Reports of Trials of War Criminals*, Vol. IV, 1948, pp. 34~35.

〔2〕 United Nations War Crimes Commission, "Trial of Wilhelm von Leeb et al.", *Law Reports of Trials of War Criminals*, Vol. XII, 1949, p. 77.

〔3〕 A. Kiss, "Command Responsibility under Article 28 of the Rome Statute", p. 644.

〔4〕 《前南刑庭规约》第7条。

少该情报的性质）指出需要进一步调查以确定其下属是否犯有这些罪行或将要犯此罪行，使他注意到有犯这种罪行的危险”。[1]《卢旺达刑庭规约》的规定与《前南刑庭规约》是一致的。[2]

根据前南刑庭上诉庭的判例，在关键的时候，指挥官或上级拥有一般信息，使他注意到其下属可能犯下违法行为，就足矣。上级不需要知道他的下属会有犯罪的“极大风险”；他所拥有的信息充分警示他采取进一步的调查就足够了。[3]上级因疏忽而没有获知他的下属的行为，将不承担刑事责任，除非对他提供了足够的警示信息。[4]

二、《罗马规约》关于心理要素标准的规定

《罗马规约》的规定集数十年国际刑法领域理论发展和司法实践之大成，更兼世界各国在规约制定过程中的反复博弈，《罗马规约》的相关规定可以被看作对国际刑法最新成果的展示。《罗马规约》第 28 条第 1 款规定了军事指挥官或以军事指挥官身份有效行事的人承担指挥官责任的心理要素，即“知道（know）或者由于当时的情况理应知道（should have known）”；第 2 款规定了其他上级人员承担指挥官责任的心理要素，即“知道（know）或者故意不理会（consciously disregard）”。用语的不同反映了军事系统和非军事系统上级人员心理因素条件门槛高低的差异。对于《罗马规约》关于指挥官责任心理要素的规定和其他特别刑事法庭规定的不同之处，国际刑事法院预审庭指出，“法庭意识到了前南刑庭、卢旺达刑庭、塞拉利昂特别法庭确立的‘有理由知道’标准有别于《罗马规约》第 28 条第 1 款设立的‘理应知道’标准”。然而，尽管存在区别，“由特别法庭发展起来的适用‘有理由知道’的条件也可以在适用‘理应知道’要求时予以使用”。[5]

军事指挥官或者以军事指挥官身份有效行事的人只有在“知道或者由于当时的情况理应知道”的情况下，指挥官责任才能成立。

（一）知道

知道是指实际知道，指挥官实际知道是不能推定的，必须通过直接或间接证

---

〔1〕　参见凌岩：《跨世纪的海牙审判》，法律出版社 2002 年版，第 165 页。

〔2〕　《卢旺达刑庭规约》第 6 条。

〔3〕　*Prosecutor v. Strugar*, Appeals Judgement, 17 July 2008, IT – 01 – 42 – A, paras. 298, 304.

〔4〕　*Prosecutor v. Delalić et al*, Appeals Judgement, 20 February 2001, IT – 96 – 21 – A, para. 232.

〔5〕　Bemba Confirmation Decision, para. 434.

据来确立。[1]直接证据的例子包括被告承认知道或他可能对该罪行已经做过陈述。[2]

多数情况下，被告人自己都不会主动供认，而是需要检方提供直接证据或者间接证据证明嫌疑人知道下级已经、正在或者即将实施犯罪行为。直接证据可以有力证明犯罪嫌疑人的指挥官责任，但往往难以获得。在国际刑事司法实践中，所有嫌疑人都无一例外地否认自己知道下级的犯罪行为。在提供不了有效的直接证据的时候，此时需要通过间接证据来证明嫌疑人知道下级已经、正在或者即将实施犯罪行为。根据"联合国关于负责调查前南斯拉夫国内违反人道法暴行的专家委员会"的报告，可以通过非法行为的数量、类型、范围；案发的时间、延续时间的长短；涉案军队的数目、类型；案发地点；涉案面的宽窄；所采用的战术；涉案人员及其身份地位；案发时该被控指挥官的位置等间接证据证明犯罪嫌疑人知道下级的所作所为。[3]

国际刑事法院本巴案的判决指出，以下因素可能表明指挥官知情：命令犯罪，或被告知他的部队参与了犯罪活动；违法行为的数量、性质、范围、地点和时机，以及当时的其他情况；犯罪所涉及部队的类型和数量；可用的通信手段；类似行为的作案手法；指挥官职位的范围和性质以及在上下级中的责任；当时指挥所处于何处；违法行为的恶劣程度，指挥官是否知晓媒体对他们的报道；由于这些报告，指挥官采取了某种行动。[4]但是，并不要求指挥官知道犯下罪行的具体个人是谁，也没有必要证明被告掌握部队每次犯罪的每个细节。[5]

对于本巴知道刚果解放运动部队在中非共和国正在实施犯罪或即将实施犯罪的问题上，第三审判分庭认定，除了与在中非共和国的刚果解放部队官员保持惯常和直接的接触外，本巴收听报道他的士兵犯下罪行的国际新闻并与他的高级官员讨论在中非共和国犯罪的媒体指控。[6]正是出于对这些指控的回应，本巴成立了调查委员会。[7]本巴听取了刚果解放部队士兵犯下罪行的报道后与联合国代表和帕塔塞总统会见，有关其部队犯罪的详细信息导致了巴多立特（Gbadolite）军事法庭的设立，法庭公开播送了对犯罪的审判。他在给人权联盟主席写的信中

---

[1] Bemba Confirmation Decision, para. 430; Bemba Judgment, para. 191.

[2] Bemba Judgment, para. 191.

[3] Final Report of the United Nations Commission of Experts, S/1994/674. para. 17.

[4] Bemba Judgment, para. 193.

[5] Bemba Judgment, para. 194.

[6] Bemba Judgment, paras. 707～709.

[7] Bemba Judgment, para. 711.

说，他注意到了人权联盟的报告，该报告详细说明了刚果解放部队犯的谋杀、强奸和抢劫行为。[1]因此，分庭认定，本巴直接知道刚果解放部队士兵在2002年至2003年中非共和国行动的各个阶段中犯下的罪行。[2]

（二）理应知道

由于指挥官地位之重要，以及下级所犯罪行程度之严重，不能因为直接证据或者间接证据的难以获得而让应当负指挥官责任的人逍遥法外。二战后针对战犯的审判确认了指挥官的责任包括应当知悉下级从事的活动。事实上，通过研究这些判例，可以得出这样的结论：未能掌握下级可能犯有国际法罪行的信息不能作为辩护的理由，正如"东京审判"中所言，"指挥官在未能获得相关信息问题上有过失"。[3]在美国对丰田中将的审判中，法庭判决的观点也认为指挥官责任适用于对下级的违法行为通过合理的勤奋可以知道或者理应知道的指挥官。

理应知道是一种推断，推断必须是基于证据的唯一合理的结论。[4]这种推断必须与被告直接有关。需要推断的是有关指挥官本人的知道，而不是普通公众或指挥官所属组织中其他人的知道。[5]在认定指挥官心理因素条件时要谨慎对待。指挥官对下级的犯罪行为不知情或者不知道并不能作为免责的辩护，此时，指挥官对于这种失察可能负有责任。指挥官对于自己指挥、管辖或者控制范围内发生的事情具有知悉和掌握的义务。如果某些信息足以使指挥官怀疑下级已经、正在或者即将从事犯罪活动，指挥官却忽略了这些信息，那么指挥官同样要为自己的疏忽负责任。因为在这种情形下，这些信息已经使指挥官产生怀疑，即便指挥官不能凭此信息断定下级的所作所为，也应当通过进一步的调查和分析确定在自己管辖的范围内是否存在下级的犯罪活动，这是指挥官的责任和义务。在人质案中，法庭就认为占领区的指挥官因知悉发生在占领区的犯罪活动而被起诉。指挥官本可以在自己的权限范围内通过调查获得关于犯罪活动的报告，如果这些报告还不够完全和充分，那么指挥官有义务要求通过进一步的调查掌握相关的情况。如果没有要求进行调查并因此未获得全面的信息，那么指挥官就属于玩忽职守，

---

〔1〕　Bemba Judgment, paras. 710 ~ 715.

〔2〕　Bemba Judgment, para. 717.

〔3〕　Tokyo Trial Official Transcript, pp. 48, 445.

〔4〕　*Prosecutor v. Bashir*, Judgment on the appeal of the Prosecutor against the "Decision on the Prosecution's Application for a Warrant of Arrest against Omar Hassan Ahmad Al Bashir", 3 Feb 2010, ICC – 02/05 – 01/09 – OA, para. 33; Bemba Judgment, para. 192.

〔5〕　Bemba Judgment, para. 192.

并且不能以此作为辩护。[1]与人质案有异曲同工之妙的是高级指挥官案。在波尔等人案中法庭判决穆门泰（Mummenthey）认为自己不知道其管辖下的工厂和集中营里发生的事情因而无罪的主张不能免除他的责任，"他有责任知道到底发生了什么事情"。[2]另外，在布拉斯基奇案中，法官也认为只要指挥官没有采取措施以获取信息就可以使其承担指挥官责任。该案判决指出："如果一个指挥官勤勉履行其职责仍然不能够知道下属已经实施了犯罪或将要实施犯罪，则不能因为这种不知道而追究其刑事责任。但是，由于其所处的特殊指挥地位和当时的特定情形，如果这种不知道是由于他玩忽职守而符合本法庭规约所规定的有理由知道的情形，那么，他就不能以自己不知道作为辩护理由。"[3]

《罗马规约》的指挥官责任适用"理应知道"的标准。根据本巴确认指控的判决，前南刑庭规定的"有理由知道"和《罗马规约》第28条规定的"理应知道"的门槛是不同的；后者需要上级积极行使职责，采取更多必要的措施来确保知道他的部队的行动，无论当时是否对他提供了有关犯罪的信息。[4]基斯（Kiss）认为《罗马规约》规定的指挥官责任的范围比特设法庭规约的规定更进了一步。指挥官有责任获取相关信息，而不能因他掌握的信息没有明确指出他的部队犯了罪就能逃避责任。这意味着他们有责任建立一个报告和警戒系统，不能因没有得到相关信息而未能履行其职责而受益。[5]

本巴案的预审分庭认为，特设法庭有关审查被告人是否"有理由知道"的条件也可以用来评估是否"理应知道"。用以评估是否"知道"的因素也可以在评估是否"理应知道"时参考。[6]由于该案的审判分庭已认定本巴知道其下属的犯罪，因而认为无须再审查他是否理应知道下属的犯罪。[7]

（三）故意不理会

《罗马规约》第28条第2款第2项规定，"该上级人员知道下级人员正在实施或即将实施这些犯罪，或故意不理会明确反映这一情况的情报"，应对下级人

---

〔1〕 United Nations War Crimes Commission, "Trial of Wilhelm List et al.", *Law Reports of Trials of War Criminals*, Vol. Ⅷ, 1949, p. 71.

〔2〕 "Opinion and Judgment of the United States Military Tribunal Ⅱ", in *Trials of War Criminals Before the Nuernberg Military Tribunals Under Control Council Law No. 10*, Vol. 5: *United States v. Oswald Pohl, et al.* (Case 4: 'Pohl Case'), US Government Printing Office, District of Columbia: 1950, pp. 958, 1054.

〔3〕 *Prosecutor v. Blaskić*, Trial Judgment, 3 March 2000, IT-95-14-T, para. 332.

〔4〕 Bemba Confirmation Decision, paras. 432~433.

〔5〕 A. Kiss, "Command Responsibility under Article 28 of the Rome Statute", p. 646.

〔6〕 Bemba Confirmation Decision, para. 434.

〔7〕 Bemba Judgment, para. 196.

员实施的本法院管辖权内的犯罪负刑事责任。

《国际刑事法院规约（草案）》第 25 条并没有出现"故意不理会"的规定，针对军事指挥官和其他上级规定的都是"知道或应当知道"。[1]美国在《罗马规约》的谈判中建议，军事指挥官可以在过失标准下负责（应该知道），而对于非军事的上级，"知道"是必需的。[2]阿根廷、加拿大和德国对非军事的上级提出了在知道和过失标准之间的妥协方案，上级需要故意忽视在当时的情况下显然使他们能够得出结论，其下属正在或即将犯下罪行的信息。[3]后来《罗马规约》第 28 条第 2 款第 1 项采取了当前的用语。[4]

第 28 条第 2 款第 1 项对非军事上级责任的犯意提出了比军事指挥官责任更高的门槛。因此，该上级必须至少故意无视已清楚表明其下属正在犯或即将犯下罪行的信息。这意味着必须存在该信息，而且该信息清楚地表明犯下罪行。有关该犯罪的一般信息，可能足够触发军事指挥官至少进行进一步的调查的职责，但根据第 28 条第 2 款第 1 项的规定，这还不够充分。与军事指挥官不同，仅提供给上级信息是不够的，他必须实际了解这些信息。此外，这些信息必须被故意地无视。

军事系统和非军事系统存在巨大而明显的差异，前者权力集中且存在上传下达的优势，上级对下级在管辖范围内情况的掌握较为透彻和清楚；反观后者虽然也有上传下达的层级关系，但缺乏军队内部严格的纪律性，上级对下级状况的掌握在程度上不及军事系统，民事上级一般不像军事指挥官那样可能有获取有关其下属的行为信息的多种渠道。[5]因为这种差异，非军事上级比军事上级承担责任的心理要素具有更高的门槛，法律对军事指挥官要求达到"理应知道"的标准就要承担指挥官责任；而对非军事系统的上级人员则要求必须达到"故意不理会"的标准，即上级非常可能知道一个事实的存在，但决定对这一事实"视而不见"，才能够追究其指挥官责任。

为达到这个标准，有学者建议需要确定：①存在清楚表明下属正在或即将实施犯罪的显著风险的信息；②上级可以得到这个信息；③上级知道这种信息的存

---

〔1〕 参见设立国际刑事法院问题筹备委员会：Report of the Preparatory Committee on the Establishment of an International Criminal Court, Vol. Ⅱ, G. A., 51st Sess., Supp. No. 22, A/51/22, 1996.

〔2〕 K. Ambos, "Superior Responsibility", p. 848.

〔3〕 UN Doc A/CONF183/C. 1/WGGP/L. 7, 1998.

〔4〕 A. Kiss, "Command Responsibility under Article 28 of the Rome Statute", p. 639.

〔5〕 R. Arnold, "Article 28", in O. Triffterer (ed.), *Commentary on the Rome Statute of the International Criminal Court – Observers' Notes, Article by Article*, 2nd Edition, C. H. Beck Hart Nomos, 2008, p. 841.

在，但拒不考虑该信息。[1]例如，上级的职责使他得到了有关下级情况的通知，而后他自己未能利用发送到他办公室的信息，因此可以认为他是故意无视上述信息。国际刑事法院目前尚未有处理非军事的上级责任的实践。但是，可以参考卢旺达国际刑庭在其判决中对非军事上级的故意不理会的讨论。[2]

第四节　构成指挥官责任的行为要素

《罗马规约》第28条针对军事指挥官和其他上级的指挥官责任成立的行为要素规定了几乎相同的内容，即上级人员"未采取在其权力范围内的一切必要而合理的措施，防止或制止这些犯罪的实施，或报请主管当局就此事进行调查和起诉"，只是针对非军事系统的其他上级，特别规定了"犯罪涉及该上级人员有效负责和控制的活动"。因此，二者可一同论述。

指挥官责任的行为要素可以从两个紧密相连的方面进行论述：其一，指挥官和上级人员要有行使控制的职责或义务（duty）。其二，指挥官和上级人员没有采取其职权范围内的一切必要和合理的措施。

一、行使控制的义务

由于上下级关系，指挥官都有义务针对下级的犯罪行为采取行动。指挥官不仅具有命令和指挥的权力，也具有阻止、制止和惩治下级犯罪行为的义务。身为指挥官，其有责任保证下级在自己管辖范围内合法行事，一旦违法犯罪行为出现，则要立即制止，并进行惩治。《罗马规约》第28条规定了指挥官和上级的两项职责。其中主要且一般的职责是，指挥官和上级对他们的部队和下属行使适当的控制，若指挥官和上级对他们的部队和下属未能行使适当的控制，就是违反了这个职责。另一项是具体的职责，指挥官和上级有责任采取一切必要和合理的措施以防止和制止犯罪，或将其下属犯罪的问题提交给主管机关处理。[3]一旦指挥官和上级对其部队和下属没有这样做，就违反了这项职责。

这两项职责是相互关联的，在某些情况下，还是连续的。如果指挥官和上级拥有必要的权力、权能且知道其下属即将或正在犯罪，而没有履行其职责以防止

---

〔1〕　R. Arnold，"Article 28"，p. 841.

〔2〕　*Prosecutor v. Kayishema and Ruzindana*，Trial Judgement，21 May 1999，ICTR – 95 – 1 – T，paras. 227 ~ 228.

〔3〕　A. Kiss，"Command Responsibility under Article 28 of the Rome Statute"，p. 623.

和制止罪行发生，就表明他没有对其下属行使适当的控制。相反，如果他采取了一切必要和合理的具体措施，也就行使了控制的一般职责，即使结果未能完全制止犯罪，他也不应该为下属的犯罪承担刑事责任。

指挥官的此种义务不仅源于法律上的正式授权，也可能源于事实上对于下级的管辖和控制力。在"切莱比契营案"中，法庭特别指出，上级人员采取行动的义务不需要以正式授予的合法管辖权为前提。[1]

二、指挥官没有采取其权力范围内的一切必要和合理的措施

指挥官只能在其权力范围内才有采取行动的可能性。国际刑法不会强迫指挥官行其力所不及之事。这是任何法律的题中之意，法律不强人所难，施加给人不合理的重担。

前南刑庭在切莱比契营案中认为，判断上级人员的行动是否是必要和合理因个案的不同而不同，没有统一的标准可言，用一个宽泛的标准界定必要和合理是没有意义的。[2]国际刑事法院本巴案判决也指出，哪些属于指挥官应采取的"一切必要和合理的措施"，要逐案认定和具体地加以解决。[3]"必要的"措施是指那些适合指挥官履行其义务的措施，"合理的"措施是指合理地在指挥官的实质权力之内。[4]指挥官有"明确的法律能力"采取这样的措施不是决定性的，重要的是他有行事的实质能力。[5]

指挥官首先负防止下属发生犯罪的责任，这个责任产生于指挥官知道或应当知道在其有效控制或管辖范围内的下级正在或者即将实施犯罪，因此，这种责任发生在犯罪实施前的任何阶段。若未能防止犯罪发生，指挥官的责任包含两个不同的类型：一是指挥官有责任制止正在发生的犯罪行为这一状态持续下去；二是指挥官有责任在下级已经实施完毕犯罪行为后采取必要措施惩罚下级犯罪分子，方式有二：其一，指挥官自己在其能力范围内采取措施惩罚下级；其二，如果指挥官没有能力惩罚，则应尽快将犯罪的相关事项报告给有能力进行惩罚的当局。指挥官的权力，即指挥官能够采取的措施会根据每个案件背景的不同而不同。因此，无论这种惩罚的责任要求指挥官自己采取措施惩罚，抑或将犯罪相关事项报告给有能力进行惩罚的当局都取决于案件的具体事实。针对未将犯罪相关事项报告给有关机构的责任，要求指挥官采取积极的行动使犯罪实施者得到正义的惩

---

〔1〕　*Prosecutor v. Delalić*, Trial Judgment, 16 November 1998, para. 147.

〔2〕　*Prosecutor v. Delalić*, Trial Judgment, 16 November 1998, para. 147.

〔3〕　Bemba Judgment, para. 197.

〔4〕　Bemba Judgment, para. 198.

〔5〕　Bemba Judgment, para. 199.

罚，并且将犯罪相关事项报告给有关当局还弥补了指挥官没有能力自己惩治犯罪实施者的情形，包括虽然指挥官有能力采取一些措施，但这些措施不足以达到惩罚的目的。

前南刑庭布拉斯基奇案上诉庭的判决认为，指挥官可以采取的措施是指"有证据证明在指挥官对下属有效控制的能力范围内"的措施，并且，"这些措施的衡量标准不是实体法而是证据"。[1]也就是说，指挥官所能采取的行动取决于指挥官的权力，而指挥官拥有何种权力则需要进一步的背景分析和证据支持。

指挥官未采取措施防止下级犯罪和下级犯罪后指挥官未采取措施进行惩罚是指挥官责任行为要素的两种不同形式，这两种形式中具体措施的内容也有所不同。需要注意的是，在指挥官有能力这么做的情况下，事后惩罚犯罪实施者是不能够弥补自己没有采取措施防止下级实施犯罪行为的。

奥里奇（Orić）案中，法庭对没有采取防止下级犯罪的措施的标准提出了一些指导性意见：①措施取决于上级应采取行动时其对下级行为有效控制的程度；②措施针对的对象不仅是犯罪行为的实施，还包括犯罪行为的计划；③下级潜在的犯罪行为越严重越迫切，上级的反应应当越果断越迅速；④上级没有义务行其力所不及之事。[2]在前南刑庭司法审判经验的基础上，国际刑事法院预审分庭认为相关措施包括：①确保上级人员指挥的部队完全接受过国际人权法的培训；②保存好证明武装行动在符合国际法的状态下进行的文件；③发布命令要求相关行动遵守战争规则；④采取纪律性措施防止上级人员指挥下的军队犯罪。[3]

对于指挥官应当采取措施惩治犯罪实施者，只有在下级实施的犯罪行为能够被合理怀疑的情况下，指挥官才有责任采取行动惩治犯罪者。在这些状况下，指挥官必须采取适当的方式进行惩罚，或者如果没有这样做，该指挥官必须至少进行调查并查明情况以使在其有效控制下的犯罪实施者得到审判。指挥官不必调查或者惩罚个人，但是其必须至少确保整个事件被调查并向上级报告以进行更深入的调查或者惩罚。由于惩罚犯罪者的目的之一是预防下级未来可能的犯罪，那么未能给自己控制下的人员营造一个守纪律和尊重国际法的环境，也可能导致指挥官责任的产生。

有学者指出调查和起诉犯罪的能力，必须基于有关的指挥官被赋予此项权力。在非正规武装团体的情况下，即使该制度不够先进，且没有得到主管当局适

---

〔1〕 *Prosecutor v. Blaskić*, Appeal Judgment, 29 July 2004. para. 72.

〔2〕 *Prosecutor v. Orić*, Trial Judgment, 30 June 2006, IT－003－68－T, para. 329.

〔3〕 Bemba Confirmation Decision, 15 June 2009, para. 438.

当的制定和正式批准，上级也可以使用纪律作为制止犯罪的手段。要求这些团体将犯罪者提交给他们正与之战斗的国家当局是不现实的。[1]

在国际刑事法院的实践中，本巴对媒体报道他的士兵犯下罪行的指控成立了门东加（Mondonga）、宗戈（Zongo）调查委员会和锡布（Sibut）任务[2]，但是第三审判分庭认为，事实上，本巴采取这些措施主要是为了保护刚果解放部队的公众形象，而不是真正针对对犯罪的所有指控。[3]根据本巴对防止或制止刚果解放军犯下的罪行的广泛实际能力，分庭认为除了采取上述措施，本巴还可进一步采取其他措施：①确保在中非共和国的刚果解放部队得到适当的国际人道法规则的培训，以及充分的监管；②切实和全面调查犯罪和适当地审判惩罚罪犯；③向在中非共和国的部队指挥官颁布明确的防止实施犯罪的命令；④警告刚果解放部队尽量少接触平民；⑤开除、替换或解除在中非共和国犯有罪行的官员和士兵或谴责他们；⑥与调查有关罪行的中非共和国当局分享相关信息并支持他们的工作。[4]此外，分庭强调，本巴有权采取的一个关键措施是从中非共和国撤出刚果解放军，但直到2003年3月他才撤军。[5]分庭的结论是，本巴采取的这些措施未达到在其实质权力范围内的"一切必要和合理的措施"标准，以防止和制止他的下属在2002至2003年中非共和国行动中的犯罪，或未能将此问题提交给主管部门。[6]然而，上诉分庭认为审判分庭对本巴的上述结论犯了严重错误：①未能恰当理解本巴作为远程指挥官在调查和起诉向外国派遣军队的罪行所面临的局限；②未考虑本巴向中非当局发过的一封信，就认为他没有将有关犯罪提交给当局进行调查；③考虑本巴的动机表明其并未切实采取措施以防止和制止犯罪；④把本巴所受的限制归于他所采取的措施；⑤认定本巴没有授权其他官员全面充分地调查和起诉犯罪；⑥未能判定有多少犯罪，并评估这对本巴是否采取所有必要和合理措施的影响；⑦考虑重新部署部队以避免与平民百姓接触作为本巴所能采取的措施。上诉分庭认为这些错误的累积影响到审判分庭对本巴未能采取必要和合理措施以防止和制止犯罪的判定，[7]否定本巴应承担指挥官的责任。

---

〔1〕　A. Kiss，"Command Responsibility under Article 28 of the Rome Statute"，p. 631.

〔2〕　Bemba Judgment，paras. 711，713，715.

〔3〕　Bemba Judgment，para. 728.

〔4〕　Bemba Judgment，para. 729.

〔5〕　Bemba Judgment，para. 730.

〔6〕　Bemba Judgment，paras. 731，734.

〔7〕　*Prosecutor v. Bemba*，Judgment on the appeal of Mr. Jean – Pierre Bemba Gombo against Trial Chamber Ⅲ's "Judgment pursuant to Article 74 of the Statute"，8 June 2018，ICC – 01/05 – 01/08 – 3636 – Red，para. 189.

最后，还需提及的是，虽然在行为要素方面，《罗马规约》对于军事指挥官和其他上级的规定几乎一致，但还是存在一些差别，这些差别仍然是军事系统和非军事系统的差异导致的。针对民事上级，《罗马规约》特别强调"犯罪涉及该上级人员有效负责和控制的活动"，这显然是非军事上级责任原则的一个额外要求，是与"未能适当行使控制"紧密相连的。非军事系统中的下属，只指在工作或在从事与工作有关的活动时在上级的负责和控制之下的人员。在其他情况下，下属从事的活动一般不被认为是在上级的控制之下。军事指挥官或者以军事指挥官身份有效行事的人对军队或准军事部队都有绝对的指挥权力和控制力，对部队内部各种事务都具有管理能力，并且应当掌控各种事务，对其负责；相反，民事上级则仅在某一方面，例如行政上或者工作上，对下级具有管辖和控制能力。民事上级需要负责的范围较之军事指挥官要小。

非军事上级采取的一切防止或制止下属犯罪的措施，同样必须是必要、合理的，且是在上级权力范围内的。上级的职责不应超出对其的合理预期。上级防止和制止下级的犯罪活动可以采取诸如发布下属应该停止活动的命令、立即解雇或遣返他们等措施。如果所有这些措施都不奏效，上级应将该问题提交给主管部门进行调查。这点对于非军事上级更为重要。

三、因果关系

根据《罗马规约》第 28 条第 1 款和第 2 款的规定，指挥官和上级责任的先决条件是，下属犯下的罪行是上级未适当行使控制的结果。《罗马规约》英文文本中有这样的表述，"as a result of his or her failure to exercise control properly over such forces"，由于翻译的原因，该句没有中文相应的译文，但是"as a result of"表明下属犯下的罪行与上级未适当行使控制之间有因果关系。[1]

指挥官责任的构成要素是否包含因果关系曾有不同的理论和实践。《前南刑庭规约》和《卢旺达刑庭规约》并没有关于因果关系的规定，在前南刑庭切莱比契营案判决中，法庭认为，"不存在支持将因果关系作为上级责任的一个单独的元素要求予以证明的证据……但这并不是说因果关系不能适用到指挥官责任中，因为因果关系同上级没有阻止下级犯罪之间是有关联的。事实上，在下级所犯罪行和上级没有采取职权范围内的行动阻止犯罪之间可以承认存在必要的因果关系。在这种情况下，上级人员被认为和罪行相关联，因为，如果上级人员采取行动的话，下级的行为就不会得逞"。[2]在哈吉哈桑诺维奇案上诉庭判决中，法

---

〔1〕 Bemba Confirmation Decision, para. 423.

〔2〕 *Prosecutor v. Delalić*, Trial Judgment, 16 November 1998, paras. 398~399.

庭再次肯定了因果关系不能作为指挥官责任构成要素的观点。[1]总之，在特设法庭的框架中，上级责任是一个不作为的责任。一个上级的责任只限于他自己不作为的行为，以及忽视了他对下属犯下的罪行的职责。上级的不作为和下属犯下的罪行之间的因果关系不是必需的。

《罗马规约》首次规定了因果关系。支持因果关系作为构成指挥官责任的要素之一的观点认为，将"as a result of"作为因果关系存在的解释和《罗马规约》第22条第2款的规定相一致。《罗马规约》第22条第2款规定，"犯罪定义应予以严格解释，不得类推延伸。含义不明时，对定义作出的解释应有利于被调查、被起诉或被定罪的人"。如果《罗马规约》的真实意思是因果关系作为指挥官责任的构成要素，那么在认定指挥官是否应当承担指挥官责任时就必须证明指挥官的不作为和下级的犯罪行为之间存在因果关系，否则就不能构成指挥官责任。

指挥官有义务阻止、制止下级犯罪或者惩罚犯有罪行的下级，其中阻止针对的是将要发生的犯罪，制止针对的是正在发生的犯罪，而惩罚针对的是已经发生过的犯罪。没有防止下级犯罪和没有惩罚犯罪的下级的责任不尽相同。目前在实践和理论上普遍认为，二者之中，只有前者的情况下，才存在上级未采取措施阻止或制止下级和下级犯罪之间有因果联系的可能；而在后者的情况下是不存在因果联系的。指挥官未能采取措施阻止或者制止下级的犯罪和犯罪的发生是存在联系的，因为如果指挥官在其能力范围内作为，那么下级的犯罪就能够得到预防和制止。这是由于指挥官对下级具有有效的控制和管辖。如果指挥官未能在自己有效的控制和管辖的范围内采取措施阻止或制止下级的犯罪行为，指挥官就应当为自己不履行职责承担责任。对于指挥官未能采取措施惩罚犯罪行为人，惩罚针对的是已经犯了罪的犯罪行为人，目的在于惩戒，虽然同时也有以儆效尤的作用，但是如果将指挥官这种不作为理解为和以后可能发生的类似的犯罪行为之间存在因果联系，就会使未采取措施惩罚犯罪行为人成为另一种形式的未能有效防止犯罪的发生，使得对于未能采取措施惩罚犯罪行为人的相关规定失去意义。

国际刑事法院在本巴案中首先确认：一个人在与罪行没有某种形式的个人联系时不应判定他承担刑事责任。这是刑法的核心原则。[2]但是预审分庭为指挥官未采取措施和罪行之间的因果关系设置了较低的门槛，认为这种因果关系仅适用于未采取措施防止犯罪这一形式，并且"指挥官的过失和下级的罪行之间没有必要

〔1〕 *Prosecutor v. Hadzihasanovic et al.*, Appeals Judgment, 22 April 2008, IT–01–47–A, para. 39.
〔2〕 Bemba Judgment, para. 210.

建立直接的因果联系。仅有必要证明指挥官的过失增加了发生犯罪的风险"。[1]

在本巴案的判决书中，审判分庭指出，如果指挥官行使控制得当，或指挥官行使了适当控制就可以防止该犯罪，显然满足了因果关系的要求。然而，这样的标准比法律要求的还高。[2]审判分庭不要求在指挥官的不作为和犯下的罪行之间建立"否则不会"的因果关系。[3]

三位法官就因果关系的门槛产生了分歧，其中两位提出了他们认为应适用的标准。施泰纳法官认为要求增加风险程度的标准不能太灵活。有观点认为，只要指挥官对下属行使了一般控制职责就可能阻止下属的犯罪，无论其可能性有多大。施泰纳法官对此观点不以为然，他认为指挥官的不行为与犯罪之间的因果关系应该是"高概率（high probability）"的，即，如果他履行其职责，下属就可能不会犯罪或不会以其方式犯罪。[4]尾崎（Ozaki）法官认为，评估指挥官对下属犯罪的责任应该采取指挥官对下属的犯罪能否合理预见的标准。[5]关于这点，还有待法庭今后作出进一步的澄清。

综上所述，指挥官责任的概念从无到有，从理论到实践，见证了近现代国际法的发展。和平和发展是世界的总体趋势，却难掩局部战争和某些国家内部暴力冲突频繁暴发的事实。指挥官责任最初只是国内法的规定，随着全球范围战争的出现，以及全人类对于人权的关注而演变成为国际法的组成部分。作为国际习惯法的组成部分，随着各种成文国际法的制定，指挥官责任逐渐成为国际条约的重要规定。战争或者暴力冲突不可能没有止境，在战火熄灭、暴力冲突平静下来之时，不仅那些冲在第一线犯下国际法罪行的人应当得到正义的审判，那些因为不作为而未能采取必要和合理的措施阻止、制止犯罪发生的指挥官更难辞其咎，身在其位不谋其政正是这些指挥官应当承担指挥官责任的根本出发点。从1977年日内瓦四公约《第一附加议定书》首次明确规定指挥官责任到1998年《罗马规约》建立常设国际刑事法院，指挥官责任的概念一步步得到实践和落实，纵容侵犯人权犯罪的指挥官得到了应有的惩罚。

指挥官责任在正式确立后，经历了前南刑庭和卢旺达刑庭审判的实践检验。从目前国际刑事法院追诉的对象看，多是国家首脑或者军队指挥官。可以预见，在国际刑事法院今后的审判中，指挥官责任一定会随着审判实践的推进得到更大

---

〔1〕 Bemba Confirmation Decision, paras. 424 ~ 425.

〔2〕 Bemba Judgment, para. 212.

〔3〕 Bemba Judgment, para. 210.

〔4〕 Bemba Judgment, Separate Opinion of Judge Sylvia Steiner, para. 24.

〔5〕 Bemba Judgment, Separate Opinion of Judge Kuniko Ozaki, para. 23.

的发展。本文探讨了指挥官责任的构成要素，包括上下级关系的存在，指挥官知道或者应当知道下级犯罪，指挥官没有采取必要和合理的措施防止、制止、惩罚下级，以及下属犯下的罪行与上级未适当行使控制之间的因果关系。构成要素通过综合审判实践和理论研究基础上的归纳所得，在未来的实践过程中其构成要素会更明确，从而增强其适用性。

指挥官责任在理论和实践上的发展不仅仅是国际法意义上正义的伸张，更是长期以来国际法发展过程中人本主义作为一股不可阻挡的潮流的证明。从格劳秀斯的《战争与和平法》开始，近代国际法经过几百年的发展，与国家利益相关的诸多国际条约已经较为完善。随着国际法人本主义的兴起和发展，国际法关注的重心势必发生新的偏移，人将是未来国际法关注的重点。国际刑法的发展离不开人本主义的推动，指挥官责任的逐步成文化也离不开人本主义的助力。虽然中国政府尚没有批准加入该规约，但从国内法角度而言，《罗马规约》的相关规定还是值得参考和借鉴的。加强军事领域立法，严明军纪，既是和平时期军队建设的题中之意，也是战争时期发挥军队战斗力的有效保障。

第十二章　被害人参与诉讼和赔偿概说

第一节　被害人参与和赔偿权的确立与发展

有史以来，人类部分的经历一直是战争及其伴随的暴行。仅第二次世界大战以来，国际上已发生了数百起武装冲突，产生了数量庞大的受害人。有专家估计，在 20 世纪中，危害人类罪和战争罪的受害者比同期国际战争中死亡士兵总数的 4 倍还要多。[1]

在国际上，起初只有国家承受国际法的权利和义务。1907 年 10 月 18 日海牙《陆战规章》第 3 条是最早规定应对违反国际人道主义法行为负赔偿责任的，但这是对国家施加的责任，并没有明确对个人施加义务，当然也没有赋予受害的个人任何权利。

第二次世界大战后，通过纽伦堡国际军事法庭和远东国际军事法庭对德、日首要战犯的审判，国际社会明确了个人对重大国际犯罪应承担刑事责任。尽管在审判中，被害人只是被传唤到法庭对他们所遭受的犯罪造成的苦难作证，而没有参加对实施暴行者的刑事诉讼与提出赔偿请求的权利，但是这两个审判的重大意义和产生的深远影响是不能低估的。纽伦堡和远东军事法庭审判后，一些国际公约，例如 1949 年日内瓦四公约及其 1977 年两个附加议定书都规定了严重违反国际人道法的行为是犯罪，应该得到惩罚。

由于在国际法上不仅国家应承担违反国际人道法的责任，个人也应因严重的国际犯罪受到惩罚，所以国际法开始赋予个人以人权，并将个人的刑事责任视为

---

〔1〕　T. Marks Funk, *Victims' Rights and Advocacy at the International Criminal Court*, Oxford University Press, 2009, p. 1.

对被害人补救的组成部分。[1]人权公约和人权的发展把被害人有权参与刑事诉讼并获得赔偿的思想引入了国际法。[2]1948年的《世界人权宣言》第8条宣布："任何人当宪法和法律所赋予他的基本权利遭受侵害时，有权由合格的国家的法庭对这种侵害行为作有效的补救。"这样，赔偿就不仅是违法者应负的责任，还成为违反基本人权行为受害者的一项权利。从那以后，不少国际人权公约都不断强调——当任何人的基本权利被侵犯时，其获得有效补救是一项人权。例如，《公民权利和政治权利国际公约》第2条规定，被侵犯了公约承认的权利和自由的人有权得到有效的补救。《消除一切形式的种族歧视国际公约》第6条不仅规定违反公约侵害其人权及基本自由之任何种族歧视行为的受害者有权获得保护和补救，还进一步明确规定，受害者有权向法庭请求公允充分之赔偿和补偿。类似的规定还出现在其他世界性和区域性的人权和人道主义的公约中，例如1949年日内瓦四公约《第一附加议定书》第91条、《儿童权利公约》第39条、《非洲人权与人民权利宪章》第7条、《美洲人权公约》第25条、《欧洲保护人权和基本自由公约》第13条。这些规定也被纳入了一些专门性国际公约，如《禁止酷刑公约》，该公约还促使为酷刑被害人设立了自愿基金。可以说，基本人权被违反的受害人有权取得有效补救和赔偿的原则早已在国际社会确立。

联合国大会1985年11月29日通过的第40/34号决议，即《基本原则宣言》是被害人的权利得到国际承认的决定性一步[3]，被视为"在国际法上确立被害人的法律权利的基石"。[4]《基本原则宣言》明确承认受害人有参加诉讼以及获得损害赔偿和取得一切必要的物质的、医疗的、心理的和社会的援助的权利[5]，并提出，"应让受害者在涉及其利益的适当诉讼阶段出庭申诉其观点和关切事项以供考虑，而不损及被告并符合有关国家刑事司法制度"。[6]此外，《基本原则宣言》还进一步建议：政府应审查它们的惯例、规章和法律，以保证除其他刑事处分外，应将赔偿作为刑事案件的一种可能的判刑，还应努力对被害人提供金钱上的补偿。为此目的，应鼓励设立、加强和扩大向受害者提供补偿的国家

---

[1]　T. Marks Funk, *Victims' Rights and Advocacy at the International Criminal Court*, p. 34.

[2]　Paolina Massidda, "Forward", in T. Marks Funk, *Victims' Rights and Advocacy at the International Criminal Court*, p. xv.

[3]　T. Marks Funk, *Victims' Rights and Advocacy at the International Criminal Court*, p. xvi.

[4]　T. Marks Funk, *Victims' Rights and Advocacy at the International Criminal Court*, p. 39.

[5]　联合国大会决议：《为罪行和滥用权力行为受害者取得公理的基本原则宣言》，UN Doc. A/40/34, 29 November 1985.

[6]　UN Doc A/RES/40/34, 29 November 1985.

基金。[1]

2002 年 7 月 1 日国际刑事法院《罗马规约》生效,据其第 68、75 条规定,被害人有权参加法院的诉讼,有权得到保护计划的保护,有权对受到的损害从被定罪的罪犯处或通过被害人信托基金获得赔偿。被害人在国际刑事诉讼中的参与权和赔偿权首次在国际刑事诉讼中被付诸实施,标志着国际刑事诉讼的重要发展。

值得一提的是,联合国人权委员会历经约 15 年的工作,在 2005 年 4 月 19 日以 40 票赞成、0 票反对、13 票弃权通过了《基本原则和导则》。[2]《基本原则和导则》针对严重违反国际人权法和严重违反国际人道法的行为,因为这些行为的严重性质本身就构成了对人的尊严的侵犯。该文件通过采取以受害人为中心的视角,表达了国际社会以及全人类对严重违反国际法包括违反国际人权法和国际人道法的行为的受害人给予的声援。其主要原则肯定了对严重违反国际人权法和严重违反国际人道法的受害人的补救,包括受害人根据国际法有权:获得平等和有效的司法救助;对所遭受的损害获得充分、有效和迅速的赔偿,目的是通过纠正严重违反国际人权法或严重违反国际人道法的行为伸张正义;以及获得与违法行为和赔偿机制相关的信息。[3]联合国大会对该文件表示支持:“确认国际社会尊重受害人享有补救和赔偿的权利”,“建议各国促进对《基本原则和导则》的尊重”。[4]

第二节 被害人参与刑事诉讼的权利与意义

被害人参与刑事诉讼意指被害人在刑事诉讼中“有权发言,被聆听,并受到有尊严的对待和尊重”。[5]国际刑事法院的最大创新是允许被害人参与诉讼,这

---

〔1〕 UN Doc. A/RES/40/34.

〔2〕 United Nations Economic and Social Council, Annex: Basic Principles and Guidelines on the Right to a Remedy and Reparation for Victims of Gross Violations of International Human Rights Law and Serious Violations of International Humanitarian Law, E/CN. 4/2005/L. 48.

〔3〕《基本原则和导则》第 7 条。

〔4〕 UN Doc. A/RES/60/147, 21 March 2006.

〔5〕 War Crimes Research Office, American University Washington College of Law, *Obtaining Victims Status for Purposes of Participation in Proceedings at the International Criminal Court International Criminal Court*, December 2013, p. 6, https://www. wcl. american. edu/warcrimes/icc/documents/Report18final. pdf, last visited 1 December 2016.

对国际层面上的刑事诉讼是前所未有的。[1]

一、《罗马规约》之前被害人参加刑事诉讼的实践

（一）各国国内的法律与实践

虽然被害人参与刑事诉讼在国际刑事审判中是个创新，但在国内层面并不是新事物，自 20 世纪 60 年代起，为解决在审判中被害人可能会受到二次伤害，以及在对抗制诉讼中被害人被置于一旁的问题[2]，一些国家做出了努力，促使国内法中逐渐承认和加强被害人在刑事诉讼中的权利。

很多大陆法系国家允许被害人参与刑事诉讼的各个阶段。其参与权包括有权交叉讯问证人、出示证据、提出动议和寻求补充调查。[3]以法国为例，法国的刑事诉讼法允许被害人参与刑事诉讼（join the prosecution）或提起刑事诉讼（initiate his own prosecution）；参加刑事诉讼的被害人还有权请求赔偿；在审判中呈交证据[4]，直接向被告人或证人提问[5]；有机会在刑事诉讼中表达其意见，例如，评论罪行对个人产生的影响等。[6]

只有少数国家例如西班牙，允许被害人参与刑事诉讼并享有全部检方的权利。[7]有些国家允许被害人作为检方的补充参加诉讼，即所谓"辅助检察官"（Subsidiary prosecutor），他们可以呈交证据，要求向被告人或证人提问，对在诉讼中做出的陈述和呈庭证据作出评论。而有些国家允许，在检方基于公共利益决定不需要公诉时，被害人可以对某些轻微罪行进行起诉。[8]

美国直到 20 世纪 70 年代末才允许被害人以某种方式参与刑事诉讼，尚未完全承认被害人的权利。[9]在不允许被害人有检察官的权利的司法体系中，被害人可以通过提交被害人影响声明或被害人意见声明参与刑事诉讼。例如美国、加拿

---

〔1〕 Christine H. Chung, "Victims' Participation at the International Criminal Court: Are Concessions of the Court Clouding the Promise?" *Northwestern Journal of International Human Rights*, Vol. 6, Issues 3, Spring 2008, p. 459; Carsten Stahn, Héctor Olásolo and Kate Gibson, "Participation of victims in Pre – Trial Proceedings of the ICC", *Journal of International Criminal Justice*, Vol. 4, 2006, p. 220.

〔2〕 di Giuseppe Zago, *The Role of Victims at the International Criminal Court: Legal Challenges from the Tension between restorative and Retributive Justice*, p. 4. http://www. penalecontemporaneo. it/upload/1415744172ZAGO_2014. pdf, last visit 31 May 2018.

〔3〕 T. Marks Funk, *Victims' Rights and Advocacy at the International Criminal Court*, pp. 31 ~ 32.

〔4〕 T. Marks Funk, *Victims' Rights and Advocacy at the International Criminal Court*, p. 31.

〔5〕 Carsten Stahn, Héctor Olásolo & Kate Gibson, "Participation of Victims in Pre – Trial Proceedings of the ICC", *Journal of International Criminal Justice*, Vol. 4, 2006, p. 220.

〔6〕 UNODCCP, *Handbook on Justice for Victims*, 1999, p. 38.

〔7〕 Carsten Stahn et al., "Participation of Victims in Pre – Trial Proceedings of the ICC", p. 220.

〔8〕 UNODCCP, *Handbook on Justice for Victims*, 1999, p. 39.

〔9〕 T. Marks Funk, *Victims' Rights and Advocacy at the International Criminal Court*, p. 32.

大、以色列、新西兰、爱尔兰和澳大利亚部分地区，向被害人提供这种参与模式。[1]

（二）国际层面的法律和实践

如前所述，被害人参与诉讼随着人权的发展也进入到国际层面。1985 年联合国的《基本原则宣言》提出："应让受害者在涉及其利益的适当诉讼阶段出庭申诉其观点和关切事项以供考虑，而不损及被告并符合有关国家刑事司法制度。"[2]尽管该决议没有法律拘束力，也没有明确使用"被害人参与"刑事诉讼的用语，但不可否认，这是一个具有历史意义的进步。此后，一些国际公约和其他联合国大会决议里也都纳入了类似的表述。[3]然而该《基本原则宣言》对被害人表达其意见和关注的问题表述得还不够明确。1999 年联合国出版的《为被害人寻求正义手册》指出：其一，它没有明确提及被害人是否在诉讼中起积极的作用，例如，被害人的意见和关注也可由检察官提出。其二，被害人的意见和关注可以以多种方式提出并得到法庭的考虑，并非一定要被害人亲自出庭，甚或实际地作出表示。其三，该宣言提到被害人仅在适当的诉讼阶段可以这样做，什么是"适当的诉讼阶段"则留给各司法机关来决定。其四，被害人这种做法必须符合有关国家刑事司法制度。[4]总之，被害人的参与以及参与的方式和程度仍取决于有关的国内司法制度。

在这种背景下，20 世纪 90 年代设立的前南国际刑庭和卢旺达国际刑庭在制定法庭规约和规则时，虽然关注到被害人和证人的地位，在法庭中设置了被害人和证人股，对被害人采取保护和进行管理，但仍像二战后两个军事法庭那样，只有少数被害人被作为证人传唤出庭。不同的是，法庭对他们的身心健康给予了关注。除此之外，两个法庭都未规定被害人有权参与诉讼和对被害人的赔偿。结果，设立在坦桑尼亚的卢旺达国际刑庭审判和惩罚了灭绝种族罪的始作俑者，然而当地人民却不甚了解国际刑庭已为他们实现了正义，因为他们没有看见[5]，这后来一直是法庭想尽力去解决的问题。

特设国际刑庭经验表明，被害人有他们的特殊利益和关注的问题。检方的调

---

〔1〕 UNODCCP, *Handbook on Justice for Victims*, 1999, p. 39.

〔2〕 UN Doc A/RES/40/34, 29 Nov 1985.

〔3〕 例如：《联合国打击跨国有组织犯罪公约》第 25 条第 3 款，该公约《关于预防、禁止和惩治贩运人口特别是妇女和儿童的补充议定书》第 6 条第 2 款（b）项，《有效调查和记录酷刑和其他残忍不人道或有辱人格待遇或处罚的原则》的原则 4（UN Doc A/RES/55/89. 22 Feb. 2001）。

〔4〕 UNODCCP, *Handbook on Justice for Victims*, 1999, p. 37.

〔5〕 David Donat - Cattin, "Article 68", in Otto Triffterer (ed.), *Commentary on the Rome Statute of the International Criminal Court*, *Observers' Notes*, *Article by Article*, 2nd Edition, p. 1277.

查并不总能代表被害人的利益或与被害人的利益一致。例如在卢旺达国际刑庭的阿卡耶苏案中，检方起初并没有指控他犯了性暴力方面的罪行，而是在庭审中听取了大量证人有关性暴力的证言后才追加了这些指控。[1]

在国际刑庭的诉讼中把被害人置于诉讼之外，对他们的利益缺乏关注，还曾发生证人受到不正确对待[2]，尤其在受不当的交叉讯问时再次受到伤害的情况。[3]在卢旺达国际刑庭，被害人抱怨：被告人得到了较优惠的待遇，而他们所受的损害很少得到关注。对被害人的利益缺乏足够的和一贯的考虑这一情况使被害人对国际正义感到失望，甚至有挫折感。[4]

在前南国际刑庭，被害人没有独立的发言权，该法庭直到运作的后期，才越来越强调对被害人受到的苦难需要采取充分的措施。[5]2009年前南刑庭的庭长指出：国际社会未处理前南冲突中被害人的需要，恐怕会减损法庭对该地区长期和平稳定所做努力。[6]

二、《罗马规约》相关规定的起草

两个特设国际刑庭对被害人缺乏关注的经验对《罗马规约》的制定产生了影响。不能再在国际刑事诉讼中发生对被害人所犯的错误和产生的不利影响，是《罗马规约》规定被害人参与诉讼和获得赔偿的动机之一。[7]非政府组织对《罗马规约》中规定被害人参与诉讼也发挥了很大的作用。[8]

国际社会要建立一个合适的被害人参与制度，在谈判期间达成的共识是，被害人的参与不能妨碍法院审判国际犯罪责任者的核心任务。《罗马规约》的起草者一方面促进被害人的人权，承认他们有权参与国际刑事法院的诉讼；另一方面

[1] Suzanne Chenault, "And since Akayesu? The Development of ICTR Jurisprudence on Gender Crimes: A Comparison of Akayesu and Muhimana", *New England journal of International Law and Comparative Law*, Vol. 14, No. 2, 2008, p. 223.

[2] See Valerie Oosterveld, "Gender – Sensitive Justice and the International Criminal Tribunal for Rwanda: Lessons Learned for the International Criminal Court", *New England Journal of International Law and Comparative Law*, Vol. 12, No. 1, 2005, Fn. 55, p. 130.

[3] Binaifer Nowrojee, "'Your Justice is Too Slow': Will the ICTR Fail Rwanda's Rape Victims?", United Nations Research Institute for Social Development, November 2005, pp. 23 ~ 24, http://www.unrisd.org/80256B3C005BCCF9/(httpPublications)/56FE32D5C0F6DCE9C125710F0045D89F, last visited on December 1, 2016.

[4] Mariana Pena & Gaelle Carayon, "Is the ICC Making the Most of Victim Participation?", *The International Journal of Transitional Justice*, Vol. 7, 2013, p. 521.

[5] Mariana Pena & Gaelle Carayon, "Is the ICC Making the Most of Victim Participation?", p. 521.

[6] Mariana Pena & Gaelle Carayon, "Is the ICC Making the Most of Victim Participation?", p. 522.

[7] Mariana Pena & Gaelle Carayon, "Is the ICC Making the Most of Victim Participation?", p. 522.

[8] Christine H. Chung, "Victims' Participation at the International Criminal Court: Are Concessions of the Court Clouding the Promise?", p. 463.

又反对给予被害人太多的参与权，认为被害人过多地参与诉讼会损害被告人的权利或打破检察官和被告人之间角色的平衡。因此，不给予被害人诉讼方的地位，只给予他们自己或通过法律代理人表达意见和关注的权利。被害人的参与是有限度的，特别要考虑平衡被告人的权利和国际刑事法院有效起诉那些在世界上犯了严重罪行的责任人的能力。[1]

三、被害人参与诉讼的意义

国际刑事法院承认被害人的参与权对被害人本身、其所处的社区、国际刑事诉讼都具有重要的意义。

1. 承认了对被害人实现正义的重要性。被害人参与诉讼就是允许那些受法院审判的犯罪影响最大的人说出他们的家庭和社区发生了什么，让法院和国际社会全面知悉被害人遭受的苦难和损害，追究使他们深受其害的人的刑事责任。[2] 承认被害人遭受的苦难还可以构成抵偿形式的赔偿，使被害人体验到正义。[3]

2. 尊重被害人的利益和重视他们关注的事项。如前所述，被害人的利益有可能与检察官的策略不同，甚或与其国家的利益、法院运作的要求不同。[4] 马丽安娜·佩娜（Mariana Pena）等人指出，检察官的主要兴趣在于成功起诉被告人和使其被定罪。而被害人肯定希望全面实现正义，使那些被定罪者得到惩罚；公众知道被告人对他们犯下的罪行，并将犯罪事件准确地记录下来。在卢班加案中，检察官为了尽快起诉被告人，没有对性暴力犯罪进行调查和指控，被害人批评检察官的做法对检方的政策及其调整产生了影响——在卢班加案之后大多数案件中都考虑了性暴力的指控，在卢班加的同案犯恩塔甘达的逮捕令中也增加了性暴力指控。[5] 这表明，被害人的参与使法院关注到他们的利益所在，影响检察官对犯罪指控的选择，对实现国际正义大有裨益。

3. 被害人的参与有助于法院确定事实真相。[6] 被害人揭示过去的犯罪真相

---

〔1〕 Christine H. Chung, "Victims' Participation at the International Criminal Court: Are Concessions of the Court Clouding the Promise?", pp. 464, 516.

〔2〕 Carsten Stahn et al., "Participation of victims in Pre – Trial Proceedings of the ICC", pp. 220 ~ 221.

〔3〕 American Non – Governmental Organizations Coalition for the International Criminal Court, Victims' Participation at the ICC: Purpose, Early Developments and Lessons, March 25, 2013, p. 1. http://www. amicc. org/docs/Victims_Participation. pdf, last visited December 1, 2016.

〔4〕 Carsten Stahn et al., "Participation of victims in Pre – Trial Proceedings of the ICC", p. 221; Emily Haslam, "Victim Participation, Politics and the Construction of Victims at the International Criminal Court: Reflections on Proceedings in Banda and Jerbo", *Melbourne Journal of International Law*, Vol. 14, No. 2, 2013, p. 11.

〔5〕 Mariana Pena & Gaelle Carayon, "Is the ICC Making the Most of Victim Participation?", p. 526.

〔6〕 American Non – Governmental Organizations Coalition for the International Criminal Court, Victims' Participation at the ICC: Purpose, Early Developments and Lessons, p. 1.

有关切身利益，他们可以提供有关犯罪的第一手材料，澄清真正发生了什么事，填补法院从刑事诉讼中判定的事实与实际真相之间的空白。[1]被害人在刑事诉讼中有了发言权，对法院和刑事诉讼都有利。佩娜等人指出，审判犯罪需要对当地社会和人民的历史、构成、生活条件、教育水平、各种关切和信仰等有真正的了解。但是国际刑事法院远离犯罪发生地，参与审判的人中很少有人完全熟悉当地的风俗习惯，这对理解犯罪的方式和影响以及解释证据不利。在实践中，在加丹加案中，被害人帮助法官根据当地的知识和社会文化背景更好地理解了案件中有争议的问题。在卢班加案和本巴案中，被害人向法庭提供了在刚果民主共和国如何使用姓名、语言和其他社会习俗的信息，帮助法官解释了诉讼方提出的证据和论证。[2]

除上述理由外，不少学者还指出，在国际刑事法院的诉讼中引入被害人参与制度，是由于国际社会越来越认识到仅仅起诉和判决犯罪还不足以解决被害人所受的苦难。正义是个过程，被害人参与诉讼程序是对被害人的承认，有利于缓解犯罪对被害人造成的伤痛并使他们复原、回归社会[3]，还能够促进国家和社会的和解。[4]

有学者认为在国际刑事诉讼中对被害人利益的关注使国际刑事司法制度从纯惩罚性正义的模式发展为也包括恢复性正义的模式。[5]恢复性正义包含一系列原则和价值，不仅涉及对被害人的赔偿，还涉及被害人在补救过程中的参与，尊重被害人的尊严和承认被害人及其受到的犯罪的损害。[6]

不过，《罗马规约》的被害人参与制度只适用于国际刑事法院的诉讼，并不适用于国内的、区域的或其他国际的司法体系。缔约国没有义务在国内法中规定被害人参与国内刑事诉讼。[7]但是不可否认，它对那些尚未承认被害人在国内刑事诉讼中的地位的国家起了推动法律发展的作用，例如，乌拉圭与国际刑事法院

---

〔1〕　Mariana Pena & Gaelle Carayon，"Is the ICC Making the Most of Victim Participation?"，p. 523.

〔2〕　Mariana Pena & Gaelle Carayon，"Is the ICC Making the Most of Victim Participation?"，p. 524.

〔3〕　Mariana Pena & Gaelle Carayon，"Is the ICC Making the Most of Victim Participation?"，p. 522.

〔4〕　Carsten Stahn et al.，"Participation of victims in Pre – Trial Proceedings of the ICC"，p. 221；American Non – Governmental Organizations Coalition for the International Criminal Court. Victims' Participation at the ICC：Purpose，Early Developments and Lessons，p. 1.

〔5〕　Mariana Pena & Gaelle Carayon，"Is the ICC Making the Most of Victim Participation?"，p. 522；di Giuseppe Zago，"The Role of Victims at the International Criminal Court：Legal Challenges from the Tension between restorative and Retributive Justice"，p. 5.

〔6〕　Mariana Pena & Gaelle Carayon，"Is the ICC Making the Most of Victim Participation?"，p. 523.

〔7〕　Frédéric Mégret，Victims before the International Criminal Court：A New Model of Criminal Justice? http://justice. gc. ca/eng/rp – pr/cj – jp/victim/rd5 – rr5/p6. html，last visit 31 May 2018.

合作的国内法也涉及被害人参与诉讼的问题。[1]

第三节　被害人获得赔偿的权利及意义

一、各国国内的法律与实践

严重侵犯人权的被害人有权获得补救和赔偿的原则在国际上得到确立对国家层面的立法和实践产生了重大的影响，特别是那些经历了大规模侵犯人权和违反国际人道法的国家，在恢复民主和和平后，纷纷在国内制定法律，惩罚严重违法犯罪的责任者，同时对被害人所受损害进行赔偿。对严重侵犯人权的被害人给予赔偿，虽然永远无法对被害人完全实现"恢复原状"，但是，可以在可能的范围内，通过消除或纠正不法行为的后果，减轻或解除受害者的痛苦，为受害者实现正义，以及预防和制止违法行为。[2]

（一）阿根廷

从 1976 年 3 月 24 日至 1983 年 12 月 10 日，阿根廷军事独裁统治当局对人民采取镇压政策，使用酷刑、绑架、强迫失踪和秘密拘留中心。[3]在恢复民主政治后，阿根廷设立了失踪人委员会调查在军事政府统治期间失踪的人的命运。基于调查取证，独裁政府的高级领导人被指控犯有谋杀、绑架和酷刑等罪行，虽然其中多数被定罪，但得到了总统的赦免。直到 2003 年第 25.779 号法律通过废除了官员刑事管辖豁免，才重新开启了追究大规模侵犯人权者责任的可能。[4]随之，赔偿问题被提上工作日程。

自 1991 年，阿根廷通过了一系列国内法[5]，对国家恐怖主义的受害人提供经济赔偿。根据这些法律规定的申请赔偿程序，数万被害人成功申请了赔偿。[6]

---

[1]　David Donat - Cattin, "Article 68", p. 1278.

[2]　Andrea Gualde and Natalia Luterstein, "The Argentinean Reparations Programme for Grave Violations of Human Rights Perpetrated during the Last Military Dictatorship (1976 - 1983)", in Carla Ferstman, Mariana Goetz and Alan Stephens (eds.), *Reparations for Victims of Genocide, War Crimes and Crimes against Humanity*, Martinus Nijhoff Publishers, 2009, pp. 416, 435.

[3]　Andrea Gualde and Natalia Luterstein, "The Argentinean Reparations Programme for Grave Violations of Human Rights Perpetrated during the Last Military Dictatorship (1976 - 1983)", p. 416.

[4]　Andrea Gualde and Natalia Luterstein, "The Argentinean Reparations Programme for Grave Violations of Human Rights Perpetrated during the Last Military Dictatorship (1976 - 1983)", pp. 416 ~ 417.

[5]　阿根廷第 24.043、24.411、24.192、24.914 号法律。

[6]　Andrea Gualde and Natalia Luterstein, "The Argentinean Reparations Programme for Grave Violations of Human Rights Perpetrated during the Last Military Dictatorship (1976 - 1983)", pp. 419 ~ 420.

该国家赔偿计划不仅考虑到个人受到的身心损害，还考虑到长期镇压对社会和下一代产生的影响。因此，赔偿方案包括了《基本原则和导则》中的所有货币和非货币的赔偿方式[1]，帮助个人和社会的康复。此外，阿根廷把国家立法也作为赔偿计划的一个重要环节，美洲国家人权法院一位前法官说："这些法律介入调和幸存的受害者的命运，使人类不再遭受暴力和复仇"，"避免重犯错误，换言之，作为对侵犯人权造成的损害的一种非货币形式的赔偿，确立保证侵害行为的不重犯"。[2]

（二）哥伦比亚

哥伦比亚自20世纪60年代起，有几十年处于国内武装冲突之中。在武装冲突中对平民人口施暴使哥伦比亚成为世界上人口流离失所最多的国家之一。在此期间，大多数屠杀和强迫失踪、恐怖袭击城镇和绑架都是非政府军和游击队实施的。[3]

21世纪初，哥伦比亚政府通过谈判解除了这些准军事组织的武装。[4]2005年7月25日，哥伦比亚通过的第975号法令规定，前非法准军事组织成员有两种替代受惩罚的选择：一是在刑事诉讼中坦白犯罪；二是对其犯罪的被害人所受损害给予赔偿。此外，该法还规定了被害人获得真相、正义和赔偿的权利。[5]

赔偿诉讼是判刑前的最后阶段，需要每个被害人单独、明确地提出索赔；或在特定的情况下，可由检察长提出。被害人必须表明其赔偿请求，提供遭受损失或损害的充分证据，并与有关罪犯进行和解。如果达成和解，就可以在量刑中考虑赔偿。[6]2008年4月，哥伦比亚通过了第1290号法令，制定了一个行政赔偿计划，对被侵犯生命权、身体的完整、身心健康、个人的自由和性自由权的被害人进行赔偿。[7]

---

〔1〕 Andrea Gualde and Natalia Luterstein, "The Argentinean Reparations Programme for Grave Violations of Human Rights Perpetrated during the Last Military Dictatorship (1976 – 1983)", p. 421.

〔2〕 Andrea Gualde and Natalia Luterstein, "The Argentinean Reparations Programme for Grave Violations of Human Rights Perpetrated during the Last Military Dictatorship (1976 – 1983)", p. 434.

〔3〕 Julián Guerrero Orozco and Mariana Goetz, "Reparations for Victims in Colombia: Colombia's Law on Justice and Peace", p. 437.

〔4〕 Julián Guerrero Orozco and Mariana Goetz, "Reparations for Victims in Colombia: Colombia's Law on Justice and Peace", p. 438.

〔5〕 Julián Guerrero Orozco and Mariana Goetz, "Reparations for Victims in Colombia: Colombia's Law on Justice and Peace", p. 440.

〔6〕 Julián Guerrero Orozco and Mariana Goetz, "Reparations for Victims in Colombia: Colombia's Law on Justice and Peace", p. 454.

〔7〕 Julián Guerrero Orozco and Mariana Goetz, "Reparations for Victims in Colombia: Colombia's Law on Justice and Peace", pp. 456 ~ 457.

在尚未达到个别赔偿诉讼阶段以前，赔偿与和解委员会开始展开集体赔偿的工作，制定关于赔偿策略的文件，定义被害人和赔偿。这些定义范围广泛，并根据国际原则允许所有形式的赔偿。[1]委员会制定了两个集体赔偿方案，一个是短期的赔偿方案，旨在帮助特殊群体，如儿童、妇女、原住民、非裔哥伦比亚人，对他们实施心理关怀，伴随他们去听审和提供其他服务；另一个是长期的，将考虑其他条件，如犯罪的严重性和赔偿受益人的情况，以便确定赔偿分配方案。委员会还建立了一个被害人赔偿基金，执行对财产损害的赔偿，并在美洲国家组织的帮助下监督准军事组织的成员交出武器以保证以后不再重犯罪行。[2]

二、国际层面的法律与实践

（一）国际人权条约机构和法院的实践

赔偿是国际人权条约机构和法院在大规模侵权行为案件中最常见的赔偿形式，[3]但是国际人权条约机构和区域人权法院经常由于有限的机构能力而陷于大量的长时间拖延的案件中，它们几乎不具备以最有效的方式处理大量的赔偿请求的能力。即使结果是有利于投诉人的，人权条约机构的决策也往往是宣示性或一般性的。联合国人权条约机构和非洲人权和人民权利委员会倾向于避免作出补偿或其他形式的具体建议或赔偿裁定，而仅仅简单地让国家那一方负责提供赔偿，从而为国家方就如何落实赔偿决定留有广泛的自由裁量权。因此，国家往往只有限地执行赔偿决定，尤其是满足和保证不再重犯等非货币形式的赔偿，缺乏有效的执行机制妨碍了许多人权机构有效地给予被害人赔偿。

做得比较好的是美洲人权法院：在一系列屠杀或类似的涉及人数众多受害者的违法行为案件中，有受到犯罪影响的大批索赔人；也有对集体的违法行为，受影响的土著或部落都被作为集体受害者给予了赔偿。[4]美洲人权法院通过判例发展了给予被害人赔偿的重要法律，例如，被害人的范围不仅包括直接的个别被害人，也包括间接被害人和集体受害者，显示了处理受害者的范围和身份的灵活性；将受害人分成不同的种类，其类别足够的广泛以反映被害人受不同类型的侵

---

〔1〕 Julián Guerrero Orozco and Mariana Goetz, "Reparations for Victims in Colombia: Colombia's Law on Justice and Peace", pp. 454~455.

〔2〕 Julián Guerrero Orozco and Mariana Goetz, "Reparations for Victims in Colombia: Colombia's Law on Justice and Peace", p. 455.

〔3〕 Lutz Oette, "Bringing Justice to Victims? Responses of Regional and International Human Rights Courts and Treaty Bodies to Mass Violations", in Carla Ferstman, Mariana Goetz and Alan Stephens (eds.), *Reparations for Victims of Genocide, War Crimes and Crimes against Humanity*, p. 219.

〔4〕 Lutz Oette, "Bringing Justice to Victims? Responses of Regional and International Human Rights Courts and Treaty Bodies to Mass Violations", p. 233.

犯，同类的受害人将被给予同样数量的赔偿。[1]使用最适合特定群体被害受益人的赔付方法。尽管违法行为经常是集体性的，例如大屠杀，补偿仍然主要集中在各个被害人，而不是被害人群体，被害人群体通常只获得象征性的赔偿。[2]

对于违反诸如部落或土著社区的集体权利案件中的被害人团体，土著社区有权获得赔偿。该赔偿是给予这个团体和用于社区的，采用信托基金的形式。[3]美洲人权法院还发展了除补偿以外的其他形式的赔偿，例如在大规模侵犯人权的情况下，命令有关国家进行调查，承认公众有权知道有关侵犯人权的事实，提供所要求的信息，公开道歉，等等。[4]

但是国际人权条约都没有对如何遵守和执行有关大量索赔的决定制定具体的程序或程序规则，而是适用可能包括具体执法程序的各种普通程序，例如欧洲人权体系中的部长委员会的监督职能，美洲人权法院的跟进（follow - up）程序等。[5]

（二）两个联合国特设国际法庭的实践

在《罗马规约》之前，国家、国际人权机构和法院对被害人的赔偿制度大都由国家承担赔偿责任，还没有一个国际刑事审判法庭允许被害人对罪犯提出赔偿请求和给以被害人赔偿。[6]《纽伦堡军事法庭宪章》第28条规定，法庭有权没收罪犯所劫夺的任何财产，并命其交给对德管制委员会，但对被害人的赔偿只字未提，也没有规定应将被劫夺的财产归还被害人。联合国特设的前南刑庭和卢旺达刑庭的规约主要注重惩罚那些严重违反国际人道法的个人，以及保障检察部门的利益和被告的权利，而忽视了被害人有权以个人的身份参加诉讼和取得赔偿的权利。检察官在刑事诉讼的各个阶段代表被害人，但被害人不能通过检察官在两个特设刑事法庭取得损害赔偿，而只能向国内法院请求赔偿。这个制度有很大的缺陷，既忽视了被害人参加诉讼可以对确定事实真相起重要的作用，也没有考虑

---

〔1〕 Lutz Oette, "Bringing Justice to Victims? Responses of Regional and International Human Rights Courts and Treaty Bodies to Mass Violations", p. 234.

〔2〕 Lutz Oette, "Bringing Justice to Victims? Responses of Regional and International Human Rights Courts and Treaty Bodies to Mass Violations", p. 236.

〔3〕 Lutz Oette, "Bringing Justice to Victims? Responses of Regional and International Human Rights Courts and Treaty Bodies to Mass Violations", p. 236.

〔4〕 Lutz Oette, "Bringing Justice to Victims? Responses of Regional and International Human Rights Courts and Treaty Bodies to Mass Violations", p. 237.

〔5〕 Lutz Oette, "Bringing Justice to Victims? Responses of Regional and International Human Rights Courts and Treaty Bodies to Mass Violations", p. 239.

〔6〕 凌岩："试论国际刑法上对被害人的赔偿制度"，载北京市法学会国际法学研究会编：《国际法学论丛》第4卷，中国方正出版社2005年版，第446~447页。

被害人取得赔偿有助于恢复他们的尊严，进而有助于卢旺达和前南斯拉夫恢复和平与安全。

两个特设法庭的《程序和证据规则》在这方面作了一些补救，它们给予法庭一些有限的权力。例如两个法庭的《程序和证据规则》规则 105 规定审判分庭可命令归还不法取得的财产和收益，如果它可以确定其所有人。规则 106 进一步允许法庭就确定所有权方面得到有关的国内当局的帮助。按照该条，书记官长应将判定一人有罪的判决书传达给有关的国家当局，被害人可以在一国的国内法院或其他有权机关提起诉讼，根据有关的国内法获得赔偿。为此目的，法庭的判决书在判定被定罪人对损害的刑事责任方面是最终的和有拘束力的。卢旺达刑庭还于 1998 年修改了《程序和证据规则》，在被害人和证人股的职责中包括了保证被害人和证人获得有关的支助，包括身体上和心理上的康复以及得到咨询，尤其是在强奸和性攻击案的情况。[1]因此，虽然这些规定仍显不足，但相比纽伦堡军事法庭和远东军事法庭毫不考虑对被害人给予赔偿方面还是有所进步的。

两个法庭虽然都支持向被害人提供赔偿的原则，但考虑到两法庭工作量已超出负荷，以及法庭任务的特殊性，建议由联合国或其他机构或政治实体设立特别的机构来管理赔偿计划或信托基金，以确保向法庭管辖范围内犯罪的被害人提供赔偿。[2]

第四节　国际刑事法院诉讼中的被害人

一、被害人的定义

被害人在国际刑事诉讼中是个全新的问题，《罗马规约》没有定义何为"被害人"。

在《罗马规约》之前，不同的国际文件中对被害人所下的定义有所不同。在前南刑庭和卢旺达刑庭《程序和证据规则》规则 2 中，被害人的定义为："被控对其犯下在法庭管辖权内的犯罪的人。"这个定义排除了被害人的家属和亲属，被视为不符合 1985 年的《基本原则宣言》中对被害人下的定义。在《基本原则宣言》中，被害人一词"视情况也包括直接受害者的直系亲属或其受扶养人以

---

〔1〕　卢旺达国际刑庭《程序和证据规则》规则 34 分则（A）（ii）。

〔2〕　UN Doc. S/2000/1063，S/2000/1198.

及出面干预以援助受难中的受害者或防止受害情况而蒙受损害的人"。[1]有学者认为，虽然该决议不具有拘束力，但是为起草国际刑事法院的规则提供了指导，以便将特设国际刑庭中被害人的定义扩大，避免歧视某些被害人。[2]

在卢班加案中，第一预审分庭和第一审判分庭参考了《基本原则和导则》第8条和第9条的规定："受害人是指由于构成严重违反国际人权法或严重违反国际人道主义法行为的作为或不作为而遭受损害（包括身心伤害、精神痛苦、经济损失或基本权利受到严重损害）的个人或集体。适当时，根据国内法，受害人还包括直接受害人的直系亲属或受扶养人以及介入干预以帮助处于困境的受害人或阻止加害他人行为而遭受损害的人。""受害人的身份不取决于实施违法行为的人是否已被确认、逮捕、起诉或定罪，也不取决于行为人与受害人之间是否存在亲属关系。"[3]分庭认为，被害人的定义应符合国际承认的人权规定，并受《基本原则和导则》的指导。[4]

布拉特曼（Blattman）法官则反对采取《基本原则和导则》中的被害人定义。他指出，在《罗马规约》起草时曾考虑过《基本原则和导则》中第8条的被害人定义，但是由于缺乏支持最终被否定了。获得接受的被害人的定义规定在《程序和证据规则》规则85中，超越规约起草者和其后的立法者同意的范围定义被害人是不合适的。[5]

国际刑事法院《程序和证据规则》规则85规定：

为了《规约》和《程序和证据规则》的目的：

（a）"被害人"是指任何本法院管辖权内的犯罪的受害自然人；

（b）被害人可以包括其专用于宗教、教育、艺术、科学或慈善事业的目的财产，其历史纪念物、医院和其他用于人道主义目的的地方和物体受到直接损害的组织或机构。

根据这个定义，在国际刑事法院，被害人包括两种：自然人和法人。原则

---

〔1〕　UN Doc. A/RES/40/34，第1条。

〔2〕　David Donat – Cattin, "Article 68", p. 1294.

〔3〕　UN Doc A/RES/60/147, 21 March 2006.

〔4〕　*Prosecutor v. Lubanga*, Decision on victims' participation, 18 January 2008, ICC – 01/04 – 01/06 – 1119, paras. 35, 92.

〔5〕　*Prosecutor v. Lubanga*, Separate and Dissenting Opinion of Judge René Blattmann appended to TCI, ICC – 01/04 – 01/06 – 1119, 18 January 2008 Decision, paras. 4, 5.

上，这个定义同样适用于被害人参与诉讼和对被害人的赔偿程序。[1] 在实践中，只有自然人参与了法院的刑事诉讼，赔偿则涉及对自然人和法人遭受的损害。

二、在法院诉讼中取得被害人地位的标准

根据《程序和证据规则》规则 85 分则 1 对被害人定义的规定，第一预审分庭在处理刚果民主共和国情势中有关被害人申请参加诉讼时首次确定了为参与诉讼的目的可以成为"被害人"（仅就个人而言）的标准：①是自然人；②遭受了损害；③所称犯罪在法院管辖权内；④损害和犯罪之间存在因果关系。[2] 随后各分庭大都沿用了给予被害人地位的这些标准。

（一）自然人

自然人的通常含义是指"人类"（human being），即不是法人的任何人。[3]

对于亡故的人能否成为被害人，在实践中，不同的分庭或法官的解释和做法并不完全一致。起初，有的分庭确定，亡故的人不属于《程序和证据规则》规则 85 分则 1 意义上的自然人[4]，因为亡故的人不能对谁来代表他申请参与诉讼表示同意。[5] 只有自然的、活着的人可以申请参加诉讼。[6] 在加丹加和恩乔洛案中，第二审判分庭要求已故被害人的父母只能以自己的名义而不能代表死亡的被害人申请参与。但是，若被害人是在提出申请参与后亡故的，则另当别论，其家庭指定的人可以继续采取由被害人启动的行动。[7]

但是，第三预审分庭的考尔法官在本巴案中指出，被害人并不因为其死亡而不再是被害人。尽管死者不能参与诉讼，死者的权利可以被其继承人代表，只要继承人也是被害人并被承认为诉讼参与者。该法官决定已故被害人的继承人可以

---

〔1〕 War Crimes Research Office, American University Washington College of Law, *Obtaining Victims Status for Purposes of Participation in Proceedings at the International Criminal Court International Criminal Court*, December 2013, p. 4.

〔2〕 *Prosecutor v. Lubanga*, ICC – 01/04 – 101 – tEN – Corr, para. 79.

〔3〕 *Prosecutor v. Lubanga*, ICC – 01/04 – 101 – tEN – Corr, para. 80.

〔4〕 Situation in Darfur, Sudan, Corrigendum to Decision on the Applications for Participation in the Proceedings of Applicants a/0011/06 to a/0015/06, a/0021/07, a/0023/07 to a/0033/07 and a/0035/07 to a/0038/07, 14 Dec. 2007, ICC – 02/05 – 111 – Corr, para. 36.

〔5〕 *Prosecutor v. Katanga & Ngudiolo*, Public Redacted Version of the "Decision on the 97 Applications for Participation at the Pre – Trial Stage of the Case", 10 June 2008, ICC – 01/04 – 01/07 – 579, paras. 62, 63.

〔6〕 *Prosecutor v. Muthaura at al.*, Decision on Victims' Participation at the Confirmation of Charges Hearing and in the Related Proceedings, Pre – Trial Chamber Ⅱ, 26 Aug 2011, ICC – 01/09 – 02/11 – 267, para. 47.

〔7〕 *Prosecutor v. Katanga & Ngudjolo*, Motifs de la deuxième décision relative aux demandes de participation de victimes à la procédure, Trial Chamber Ⅱ, 22 Dec 2009, ICC – 01/04 – 01/07 – 1737, paras. 30 ~ 32.

代表被害人申请参与。[1]考尔法官有关亡故的被害人仍是被害人的观点从人权角度看是正确的，但是其参与权是否只能由其继承人代表，并需以继承人也被承认为有关诉讼的参与者为条件是有疑问的，因为在这种情况下，真正的参与者是该继承人，在其作为被害人参与诉讼时也代表被继承人参与，被继承人的参与实际上附属于继承人的参与。

第一审判分庭在卢班加案持有不同的观点，该分庭承认了一位被杀害的人是被害人，并允许他的叔叔代表他行事。第一审判分庭指出，在这种情况下代表被害人行事的人不必是该人的亲属或法定监护人，因为法院规则中没有对"代理人"（person acting）作出定义和加以限制。[2]审理本巴案的第三审判分庭也接受了以已故者的名义提出的参与诉讼的申请。[3]这种做法更为合理。

（二）所称犯罪在法院管辖权内

判断被指称的犯罪在法院的管辖权内有几项条件[4]：其一，所称的犯罪必须属于《罗马规约》第5条所列的犯罪，即灭绝种族罪、危害人类罪、战争罪和侵略罪。其二，罪行必须是在《罗马规约》第11条规定的时期内犯的，即在《罗马规约》生效（2002年7月1日）后，或对于规约生效后批准或加入规约的国家，在规约对该国生效后。其三，根据《罗马规约》第12条，所称犯罪是在规约缔约国领土内犯的，或由缔约国国民犯的。不是缔约国的国家也可以临时发表声明，接受法院的管辖。其四，根据《罗马规约》第13条，有关犯罪的情势是一个缔约国向国际刑事法院提交的，或联合国安理会提交的，或检察官根据《罗马规约》第15条得到法院的授权主动启动调查的。

（三）遭受了损害

遭受了损害是指造成了"伤害（injury）""损失（loss）""毁坏（damage）"。[5]只要确定有一个损害的实例就足矣。[6]损害包括"单独或与他人集体的、直接或间接的"损害[7]，损害的形式包括"身体的或精神的伤害、情感的

---

〔1〕 *Prosecutor v. Bemba*, Fourth Decision on Victims' Participation, Pre – Trial Chamber Ⅲ, 12 Dec 2008, ICC – 01/05 – 01/08 – 320, paras. 40, 44.

〔2〕 *Prosecutor v. Lubanga*, Order issuing confidential and public redacted versions of Annex A to the "Decision on the applications by 7 victims to participate in the proceedings of 10 July 2009", Trial Chamber I, 23 July 2009, ICC – 01/04 – 01/06 – 2035, ICC – 01/04 – 01/06 – 2065 – Anx2, p. 15.

〔3〕 *Prosecutor v. Bemba*, Decision on the participation of victims in the trial and on 86 applications by victims to participate in the proceedings, Trial Chamber Ⅲ, 30 June 2010, ICC – 01/05 – 01/08 – 807, para. 80.

〔4〕 *Prosecutor v. Lubanga*, ICC – 01/04 – 101 – tEN – Corr. , paras. 83 ~ 87.

〔5〕 *Prosecutor v. Lubanga*, ICC – 01/04 – 01/06 – 1119, para. 31.

〔6〕 *Prosecutor v. Lubanga*, ICC – 01/04 – 01/06 – 1119, para. 82.

〔7〕 *Prosecutor v. Lubanga*, ICC – 01/04 – 01/06 – 1119, para. 14.

痛苦、经济的损失或对被害人基本权利的严重损害"。[1]

在法院实践中，对于损害包括物质的和精神的没有什么异议，但是对于损害是否必须是直接的而非间接的曾存在争议。在卢班加案中，辩方称，与国家法和国际法的规定一样，被害人的概念必然意味着存在人身的、直接的损害。辩方援引布拉特曼法官的异议意见，反对在定义被害人时将损害的概念扩展到包括间接损害和集体的损害。辩方还援引国家判例和《柬埔寨法院特别法庭规约》，主张损害必须是"犯罪的直接结果，是人身性的和实际存在的"。[2]

检察官认为，《程序和证据规则》规则85分则1的"被害人"概念未排除虽不是犯罪的直接对象，但因法院管辖范围内犯罪的实施而遭受间接损害的人。他主张，规则85规定的范围从一开始就没有排除任何类型的被害人，谈判历史中也没有任何迹象显示，《程序和证据规则》的起草者拒绝了《基本原则和导则》，从而禁止法院在司法裁判中考虑它们。[3]他赞成间接受到伤害的人可被视为规则85所指的被害人。[4]

被害人的诉讼代理人认为，作为大规模犯罪受害人群体的一员，犯罪至少有可能给个人带来精神损害，就这个意义而言，区分个人和集体损害显得牵强和武断。[5]他反对辩方的意见，认为筹备工作中没有证据表明，1985年的《基本原则宣言》由于缺乏规范性或相关性而被代表团否决，也没有理由认为，法院文本的起草者具有明确意图，从定义中排除国际法公认的某些类型的被害人，例如间接被害人。[6]

上诉分庭认为，自然人所遭受的损害是对该人的损害，即人身伤害。一位被害人因法院管辖范围内犯罪的实施而遭受的损害，可能会导致其他被害人遭受损害。例如，童兵和其父母之间存在亲密的个人关系，招募童兵会给该儿童及其父母造成个人痛苦。在这个意义上，"人们可能成为法院管辖权范围内犯罪的直接或间接受害人"。[7]如果所受到的损害是一人亲身遭受的，则该损害既可以有直接被害人，也可以有间接被害人。某人是否因法院管辖权范围内的犯罪而遭到损

---

〔1〕 *Prosecutor v. Lubanga*, ICC – 01/04 – 01/06 – 1119, para. 92.

〔2〕 *Prosecutor v. Lubanga*, Judgment on the Appeals of the Prosecutor and the Defence against Trial Chamber I's Decision on Victims' Participation of 18 January 2008, 11 July 2008, ICC – 01/04 – 01/06 (OA9 OA 10) – 1432, para. 20.

〔3〕 *Prosecutor v. Lubanga*, ICC – 01/04 – 01/06 (OA9 OA 10) – 1432, para. 23.

〔4〕 *Prosecutor v. Lubanga*, ICC – 01/04 – 01/06 (OA9 OA 10) – 1432, para. 28.

〔5〕 *Prosecutor v. Lubanga*, ICC – 01/04 – 01/06 (OA9 OA 10) – 1432, para. 25.

〔6〕 *Prosecutor v. Lubanga*, ICC – 01/04 – 01/06 (OA9 OA 10) – 1432, para. 26.

〔7〕 *Prosecutor v. Lubanga*, ICC – 01/04 – 01/06 (OA9 OA 10) – 1432, para. 32.

害，应由法院酌情决定。

上诉分庭肯定，损害的性质既有可能是个人的，也有可能是集体的。然而，是否属于集体遭受的损害对确定是否属于被害人无关紧要，重要的是，损害是否属于对被害人的亲身伤害。被害人的概念必然意味着本人遭受的伤害，但不意味着必定存在直接伤害。[1]

皮基斯（Pikis）法官不完全同意上诉分庭多数的意见，他认为在犯罪和损害之间就因果关系而言必须有直接的联系。对心理上产生的损害虽然不是由于身体上先受到了损害，但是犯罪必然是造成心理损害的原因，例如摧毁、侵犯或侮辱在被害人附近的人或其亲人。[2]

对于法院将被害人的范围扩大到那些没有受到犯罪的直接损害，但由于犯罪造成的损害而遭受了损害的第三者的做法，有些人认为，这样的被害人定义太广泛了，需要采取较全面的策略，以限制间接被害人参与的数量。例如斯蒂芬妮·博克（Stefanie Bock）认为若间接被害人参与诉讼，除了应证明自己和直接被害人之间的个人关系，还要提供证据证明他们遭受的情感或身体上的伤害的程度。[3]

但是，法院判例的主流承认被害人也包括间接的被害人：①直接被害人的家庭成员；②试图阻止在法庭考虑之下的一个或多个罪行实施的人；③为直接被害人实施帮助或干预时受到损害的人；④因这些罪行而遭受人身损害的其他人。[4]这种做法得到了一些学者的支持，他们认为，鉴于国际罪行对第三者以及他们情感和心理上的痛苦产生了很大的附带影响，这样做是正确的。[5]

（四）损害和犯罪之间存在因果关系

《程序和证据规则》规定的被害人是受到法院管辖权内的犯罪损害的人，即其所受损害是法院管辖权内的犯罪造成（as a result）的。在对犯罪情势调查阶段，法院就允许申请成为该情势的被害人，其审查损害与犯罪之间的因果关系的

---

〔1〕　*Prosecutor v. Lubanga*，ICC－01/04－01/06（OA9 OA 10）－1432，paras. 35～39.

〔2〕　*Prosecutor v. Lubanga*，ICC－01/04－01/06（OA9 OA 10）－1432，Partly separate opinion of Judge Pikis，para. 3.

〔3〕　See Kai Ambos，"The first Judgment of the International Criminal Court；A Comprehensive Analysis of the Legal Issues"，*International Criminal Law Review*，Vol. 12，2012，p. 2.

〔4〕　*Prosecutor v. Lubanga*，ICC－01/04－01/06－3129，Annex A. para. 6.

〔5〕　Goldah Nekesa Matete，Reflections on Victims Participation in the Lubanga Judgment，http：//acontrari-oicl. com/2013/05/02/reflections－on－victims－participation－in－the－lubanga－judgment/，last visit 31 May 2018.

标准是规则 85 分则 1 中的"有理由相信",这是一项最低的证明标准。[1] 在已经调查出案件后,申请人必须证明他所受的损害与逮捕证中被告人所犯的罪行有充分的因果关系,其证明的标准是"有合理理由相信"。[2]

在卢班加案的审判阶段,辩方主张应适用一个狭窄的损害与犯罪之间的因果关系,只有那些被告人被指控事件的被害儿童以及他们的父母亲应被允许参与诉讼。[3] 检方认为,申请人必须是六项指控之一的直接受害者,才能获准参加诉讼。[4] 第一审判分庭在裁决中反转了预审分庭的裁决,取消了损害与指控之间的因果关系要求:"规则 85 并没有限制被害人参与第一预审分庭确认的指控所含犯罪,《罗马规约》框架中也没有规定这种限制。规则 85 分则 1 仅指在法院管辖权范围内的一个犯罪行为导致的损害,增加拟议的附加成分——它们必须是对被告人指控的犯罪,是在法院规则框架中引入了一个不存在的限制。"[5] 该分庭认为对被害人参与的唯一法定限制是《罗马规约》第 5 条、第 11 条和第 12 条关于管辖权的规定,这些规定没有要求所受损害必须是国际刑事法院起诉的犯罪的结果,因此不应对被害人的参与增加其他限制。

这样,在刚果民主共和国犯下的在法院管辖范围内的任何罪行的被害人都能够参与卢班加案的审判[6],虽然该审判只涉及刚果民主共和国的一名被告人卢班加,他是一个民兵部队的领导人,面临的指控是征募儿童兵入伍,和使用儿童从事敌对行动。有评论说,这显然是一个对规则 85 的非常广泛的甚至可能是荒谬的解释,其结果可能导致诸如在苏丹所犯的危害人类罪的被害人,在法院审理卢班加案的时候参加该案的诉讼,因为该法院管辖范围内的任何犯罪的被害人都有可能参加该诉讼。[7] 还有学者指出这是对该案犯罪的被害人的很大歧视。[8]

布拉特曼法官在其异议意见中认为"不要求满足损害与指控的犯罪的因果关

---

[1] *Prosecutor v. Lubanga*, ICC – 01/04 – 101 – tEN – Corr, para. 99.

[2] *Prosecutor v. Lubanga*, ICC – 01/04 – 01/06 – 172 – tEN, Decision on the Applications for Participation in the Proceedings Submitted by VPRS 1 to VPRS 6 in the Case the Prosecutor v. Thomas Lubanga Dyilo, 29 June 2006, p. 6.

[3] *Prosecutor v. Lubanga*, ICC – 01/04 – 01/06 – 1119, para. 60.

[4] *Prosecutor v. Lubanga*, ICC – 01/04 – 01/06 – 1119, para. 63.

[5] *Prosecutor v. Lubanga*, ICC – 01/04 – 01/06 – 1119, para. 93.

[6] *Prosecutor v. Lubanga*, ICC – 01/04 – 01/06 – 1119, para. 95.

[7] Tom Nijs and David Hein, "ICC Trial Chamber I's Decision on Victims' Participation: Relishing Uncertainty?", http://lasil – sladi. org/files/live/sites/lasil – sladi/files/shared/Perspectivas/perspectivas13. pdf, last visited December 1, 2016.

[8] Christine H. Chung, "Victims' Participation at the International Criminal Court: Are Concessions of the Court Clouding the Promise?", p. 518.

系，有可能开放给予被害人的地位，超越了检察官起诉卢班加的案件范围，威胁被告人的权利"。[1] 皮基斯法官也在个别意见中说，审判分庭对被害人的定义给人留下了被害人是不受本诉讼直接影响的人的印象。[2]

审判分庭允许遭受法院管辖范围内的一项犯罪造成的损害的人具有被害人地位的做法遭到了检方和辩方反对[3]，他们都提起了上诉。[4] 检察官提出，审判分庭没有权力或能力对被告人的指控范围外的被害人参与做出任何评估。[5] 上诉分庭于 2008 年 7 月 11 日作出决定[6]，推翻了审判分庭的决定，指出《程序和证据规则》规则 85 将被害人参与限于预审分庭确认的指控中所含的犯罪造成的损害，即被害人所称受到的损害和《罗马规约》第 68 条第 3 款中的个人利益概念必须与确认的对被告的指控相关联，[7] 从而确定了在案件阶段，被害人所受损害必须与被指控的犯罪有因果关系。这就减少了能参与诉讼的被害人的数量，使被害人的参与在可控范围内。

但是，另一方面，也有学者指出，由于检察官起诉的犯罪是有选择的，排除了一些被害人参与犯罪案件的诉讼。例如在卢班加案中，检察官调查起诉的重点在征募儿童兵罪，把儿童兵作为被害人，却忽视了那些受儿童兵损害的被害人。[8] 此外检察官完全未指控对儿童兵的性侵犯罪，这些犯罪的被害人就不能参与对卢班加的审判了。这种考虑貌似有一定的理由，但是实质上让检察官没有起诉的犯罪的被害人参与诉讼对案件的审判起不了积极作用，对被告人也是不公的。

---

〔1〕 *Prosecutor v. Lubanga* Separate and Dissenting Opinion of Judge René Blattmann appended to TCI, ICC – 01/04 – 01/06 – 1119, 18 January 2008 Decision, para. 17.

〔2〕 *Prosecutor v. Lubanga*, Separate opinion of Judge Pikis, 13 June 2007, ICC – 01/04 – 01/06 OA8, para. 13.

〔3〕 Situation in the Democratic Republic of Congo, Prosecution's Reply on the Applications for Participation 01/04 – 1/dp to 01/04 – 6/dp, 15 Aug 2005, ICC – 01/04 – 84 – Conf, para. 130.

〔4〕 *Prosecutor v. Lubanga*, ICC – 01/04 – 01/06 – 1119, para. 90.

〔5〕 *Prosecutor v. Lubanga*, Prosecution's Document in Support of Appeal against Trial Chamber I's 18 January 2008 Decision on Victims' Participation, paras. 16, 27.

〔6〕 *Prosecutor v. Lubanga*, ICC – 01/04 – 01/06 – 1119, para. 108.

〔7〕 *Prosecutor v. Lubanga*, ICC – 01/04 – 01/06 – 1432, para. 2.

〔8〕 Lubanga Trial Judgement, para 14; Goldah Nekesa Matete, Reflections on Victims Participation in the Lubanga Judgment.

第十三章　在《罗马规约》框架下
被害人参与诉讼

　　在国际刑事法院的诉讼中，被害人参与诉讼不是作为诉讼的一方，需与被害人根据法律规定自行提出参加的诉讼程序区别开来。根据《罗马规约》第 75 条和《程序和证据规则》规则 94，被害人可以按照这些规则确定的方式，申请由被判有罪的人进行赔偿。在这种诉讼中，被害人是诉讼当事方。被害人参与诉讼是指被害人作为诉讼参与者而不是诉讼方在国际刑事法院有参与诉讼的权利，这是个一般原则，但这并不意味着但凡法庭开庭，被害人必参与无疑。被害人是否能参与诉讼和以何种形式参与诉讼的问题必须根据法院的规约和规则予以确定。有些诉讼被害人是明确可以参与的，有些诉讼被害人可以申请参与，在必要的时候，法庭也可以邀请被害人参与。实际上，法院的规约、规则和条例允许法院灵活处理被害人参与诉讼的问题。[1]

第一节　被害人可以参与的诉讼

一、明确规定被害人参与的诉讼

　　《罗马规约》规定缔约国和安理会可以向国际刑事法院提交在法院管辖权内的犯罪情势，检察官也可以根据所获取的信息决定自行进行调查，条件是要得到预审分庭的授权。按照《罗马规约》的规定："检察官如果认为有合理根据进行调查，应请求预审分庭授权调查，并附上收集到的任何辅助材料"，检察官应将他的打算"通知被害人或其法律代理人"，"被害人可以依照《程序和证据规则》

---

　　[1]　Carsten Stahn, Héctor Olásolo and Kate Gibson, "Participation of victims in Pre – Trial Proceedings of the ICC", p. 224.

向预审分庭作出陈述"。[1]因此，规约和规则明确规定了被害人有权参与检察官请求预审分庭授权调查的程序。检察官的自行调查大多数是根据被害人提供的信息，被害人参与检察官主动要求预审分庭授权调查的程序是检察官自行调查的逻辑结果。[2]法庭自然应允许被害人参与，并向法庭作出陈述。值得注意的是，在此阶段只存在可能犯有法院管辖权范围内犯罪的情势，检察官尚未开始调查，还没有具体的案件和犯罪嫌疑人。即使在这种情况下，法院已经允许被害人参与，尽早地听取被害人的意见。

在检察官调查出案件后，法院应确定对案件有管辖权，也可以自行断定对案件可否受理。被告人和有管辖权的国家有权对法院对案件的管辖和受理提出异议。检察官也可以请法院就管辖权或可受理性问题作出裁定。[3]在提起关于管辖权或可受理性问题的程序时，书记官长应将"就管辖权或可受理性提出的任何问题或质疑告知……已就案件同本法院联系的被害人或其法律代理人"。[4]向法院提交情势的各方及被害人均可以参与诉讼，向法院提出意见。

二、被害人可以申请参与的诉讼

被害人参与诉讼的原则适用于法院的全部诉讼，除了规约明确规定被害人参与的程序外，根据《罗马规约》第68条第3款，"本法院应当准许被害人在其个人利益受到影响时，在本法院认为适当的诉讼阶段提出其意见和关注供审议"。法院明显考虑到有些程序会影响到被害人的利益，因而虽然规约中没有提及被害人可以参与某些程序，但是法院规则中提到了，表明在那些程序中，被害人是可以申请参与的。例如《罗马规约》第53条的程序，该条规定如果检察官确定没有进行调查或起诉的合理根据，若提交情势的国家或安全理事会提出请求，预审分庭可以复核检察官作出的不起诉决定。"如果检察官不调查或不起诉的决定是完全基于有实质理由认为调查无助于实现公正作出的"，或"考虑到所有情况，包括犯罪的严重程度、被害人的利益、被控告的行为人的年龄或疾患，及其在被控告的犯罪中的作用，起诉无助于实现公正"，[5]预审分庭可以主动复核该决定。《程序和证据规则》规则92分则2规定应将检察官不启动调查的决定通知被害人，并且指明通知是"为了使被害人得依照规则89申请参与诉讼程序"。由于被害人有权参与法院的管辖权和案件受理的程序，就不难看出为什么被害人可以参

---

〔1〕《程序和证据规则》规则50分则1，《罗马规约》第15条第3款。

〔2〕Carsten Stahn et al.，"Participation of victims in Pre – Trial Proceedings of the ICC"，p. 225.

〔3〕《罗马规约》第19条第1~3款。

〔4〕《罗马规约》第19条第3款；《程序和证据规则》规则59分则1。

〔5〕《罗马规约》第53条第3款。

与这个程序，因为检察官以无助于实现公正为理由决定不调查或不起诉与被害人的利益有更直接的关系。[1]

国际刑事法院与前南国际刑庭和卢旺达国际刑庭在确认指控方面的做法不同。在两个特设国际刑庭，指控书是由一位法官确认的，法官对检察官提交的指控书和随同的支持指控罪行的材料逐项进行书面审查，如果法官认为初步看来被指控的人犯了法庭管辖权内的犯罪，就确认对他的一项或全部指控。法官若不满意，可以要求检察官补充材料，也可以驳回某一项或全部指控。在确认指控书后，对被告人发出逮捕令。[2]

国际刑事法院对指控的审查要比两个特设国际刑庭严格得多，由一个预审分庭对指控进行审查和确认，并且需要进行确认指控的听讯[3]，目的是防止被告人受"错误的和毫无根据的"指控。[4]

《程序和证据规则》规则92分则3规定："为了使被害人得以依照规则89申请参与诉讼程序，本法院应将其根据第61条举行确认指控听讯的决定通知被害人。这种通知应发给已经参与诉讼程序的被害人或其法律代理人，或在可能的情况下，发给已就所涉案件同本法院联系的人。"根据这个规则，被害人能够参与确认指控的程序。但这并不意味着分庭必然允许被害人参与此程序，被害人必须依照《程序和证据规则》规则89提出参与的申请，并且满足其个人利益受该程序影响的条件，然后分庭根据具体情况作出是否允许申请人作为被害人参与听讯的裁定。[5]被害人首次参与了卢班加案确认指控的听讯，表达了被害人的意见和关切的事项，被外界视为一个"胜利"。[6]

三、分庭征求被害人对任何问题的意见

《程序和证据规则》规则93规定："分庭可以征求根据规则89至91参与诉讼程序的被害人或其法律代理人对任何问题的意见，特别是对规则107、109、125、128、136、139和191所提到的问题的意见。此外，分庭可以酌情征求其他被害人的意见。"按照这个规定，分庭认为在必要时，可以征求已被允许参与

---

[1] Carsten Stahn et al., "Participation of victims in Pre – Trial Proceedings of the ICC", p. 234.

[2] 《卢旺达刑庭规约》第18条和《前南刑庭规约》第19条，该两法庭的《程序和证据规则》规则47。

[3] 《罗马规约》第61条。

[4] *Prosecutor v. Lubanga*, Public Redacted Version with Annex I, Decision on the confirmation of charges, 29 January 2007, ICC – 01/04 – 01/06, para. 37.

[5] 《程序和证据规则》规则92分则4。

[6] Christine H. Chung, "Victims' Participation at the International Criminal Court: Are Concessions of the Court Clouding the Promise?", p. 541.

诉讼程序的被害人就某些问题的意见而无须被害人或其法律代理人出庭参与诉讼。该规则提到的规则 107 和 109 是关于《罗马规约》第 53 条分庭对检察官因无助于实现公正为由决定不调查或不起诉的复核程序。规则 125 是关于在有关的人缺席的情况下开庭进行确认指控的听讯。规则 128 是关于在审判开始前检察官打算修改已经确认了的指控。规则 136 是有关将被告合并审判或单独审判的问题。规则 139 是关于审判分庭在被告认罪后对被告的裁判。规则 191 是有关法院向出庭的证人或鉴定人作出保证，该人不会因为其在离开被请求国以前的任何作为或不作为，在法院受到起诉、羁押或对其人身自由的任何限制。有关这些规则的程序，分庭可以征求有资格参与诉讼的被害人或其法律代理人的意见，分庭也可以酌情征求其他被害人的意见，即无论被害人是否参与法院审理的任何特定诉讼程序，分庭都可以征求他们的意见。分庭可以就规则 93 中特别提到的事项征求被害人的意见，也可以在分庭认为适当时，就其他问题征求被害人的意见，因为规则 93 规定的是分庭可以对任何问题征求被害人的意见。根据该规则征求被害人的意见，主动权完全在于分庭。被害人可以就分庭指定的任何问题表达看法。这是被害人参与诉讼的第三种方式，至于是否需要出庭提供意见，还是也可以只提供书面意见，属于被害人参与的方式问题，由分庭根据具体情况予以决定。据称，在谈判《罗马规约》时，有一派意见支持给予被害人较广泛的参与权，另一派则支持被害人只能限制性的参与诉讼。这条规则是两种意见的折中。[1]

四、参与情势调查的问题

被害人可否参与情势的调查在法院曾发生很大争议。第一预审分庭在处理刚果民主国和国情势时，最初认为对情势的调查也包括在"诉讼程序"中[2]，因为，尽管在此阶段尚未有涉及被害人的任何案件受到司法审查，调查可能对施害者的识别和最终发出赔偿命令有影响。[3] 预审分庭裁定，可以给以被害人程序性地位（procedural status of victim），使其有权一般性地参与调查程序。在情势调查阶段是可以按《罗马规约》第 68 条第 3 款的规定准许被害人参与的[4]，并且被害人参与一个情势调查的阶段是适当的，因为它本身并不危及调查的完整性和客

---

〔1〕　Carsten Stahn et al., "Participation of victims in Pre – Trial Proceedings of the ICC", p. 237.

〔2〕　*Prosecutor v. Lubanga*, ICC – 01/04 – 101 – tEN – Corr, paras. 46 and 54.

〔3〕　*Prosecutor v. Lubanga*, ICC – 01/04 – 101 – tEN – Corr, para. 72；Situation in Darfur, Sudan, Decision on the Requests of the OPCD on the Production of Relevant Supporting Documentation Pursuant to Regulation 86 (2)(e) of the Regulations of the Court and on the Disclosure of Exculpatory Materials by the Prosecutor, 7 December 2007, ICC – 02/05 – 110, para. 3.

〔4〕　刚果民主共和国情势，ICC – 01/04（OA4 OA5 OA6）– 556 – tCMN，第 15、16、39 段。

观性，也与有效率和安全性的基本考虑不矛盾。[1]据此，审理刚果和达尔富尔情势的预审分庭起初都认定被害人参与"情势阶段诉讼程序"是适当的，从而成为"情势的被害人"。[2]

检察官和被告律师都强烈反对被害人对国际刑事法院的调查有一般参与权。从 2005 年检察官第一次向第一预审分庭对被害人参与提出意见时，检察官就质疑给予被害人参与调查案件或情势的一般权利的合法性，其主要理由如下：

1. 《罗马规约》第 68 条第 3 款中所指的被害人的个人利益受影响的情况只能在有关的诉讼中予以确定，而诉讼不等于调查，检察官特别指出，在《罗马规约》第 127 条第 2 款，《程序和证据规则》规则 49 分则 1 和规则 111 都将诉讼和调查分开并列。检察官认为被害人在调查阶段可参与的仅限于规约和规则特别确定的诉讼，例如根据《罗马规约》第 15 条第 3 款、第 19 条第 3 款、第 53 条和《程序和证据规则》规则 92 分则 2 的诉讼。若允许被害人有参加调查的一般权利，就会使得上述规定成为多余。[3]

2. 在调查的初期阶段，只有当有关具体事项影响到被害人的利益才给予他们被听取的权利。给予被害人参与调查的一般权利就是不承认在早期阶段不当确定被害人的参与会损害检察官的独立、调查的目标和法院的效力。[4]检察官指出，实际上，在罗马大会的谈判上就不同意被害人能够在调查阶段向法官提交检察官调查以外和与实际调查的犯罪无关的事实材料。[5]而且，如果给予被害人一般参与调查的权利就会产生成千上万的被害人，打乱了规约设计的合理计划，即法院本应该把有限的资源用于受法院起诉的特定犯罪之害的被害人的参与权上。[6]

3. 由于一般参与权利具有广泛性，需要不断调整成千上万的被害人参与调

〔1〕 *Prosecutor v. Lubanga*, ICC – 01/04 – 101 – tEN – Corr, para. 57.

〔2〕 Situation in the Democratic Republic of the Congo, Decision on the Requests of the OPCD on the Production of Relevant Supporting Documentation Pursuant to Regulation 86 (2) (e) of the Regulations of the Court and on the Disclosure of Exculpatory Materials by the Prosecutor, 7 December 2007, ICC – 01/04 – 417, para. 2; Situation in Darfur, Decision on Request for leave to appeal the "Decision on the Requests of the OPCD on the Production of Relevant Supporting Documentation Pursuant to Regulation 86 (2) (e) of the Regulations of the Court and on the Disclosure of Exculpatory Materials by the Prosecutor", 23 January 2008, ICC – 02/05 – 118, p. 5.

〔3〕 Situation in the Democratic Republic of Congo, Prosecution's Reply on the Applications for Participation 01/04 – 1/dp to 01/04 – 6/dp, 15 August 2005, ICC – 01/04 – 84 – Conf, paras. 11 ~ 15.

〔4〕 Situation in Democratic Republic of Congo, ICC – 01/04 – 103, paras. 13 ~ 19; Situation in Uganda, ICC – 02/04 – 103, paras. 13 ~ 14.

〔5〕 Situation in Democratic Republic of Congo, ICC – 01/04 – 84 – Conf, paras. 19 ~ 22.

〔6〕 Situation in Democratic Republic of Congo, ICC – 01/04 – 103, para. 5; Christine H. Chung, "Victims' Participation at the International Criminal Court: Are Concessions of the Court Clouding the Promise?", p. 486.

查，可能会削弱法院的诉讼，还会损害法院诉讼的公正性和完整性。例如，检察官有义务"同等地调查证明有罪或无罪的情节"，诉讼双方有证据开示的义务。[1]但是如果准许被害人参与调查，被害人可以向分庭提供事实而不受相应的保障规则的制约，这就对辩方不利。在确定被害人遭受的损害时，申请参与的被害人提供的信息可能导致法官对事实或犯罪做出不够成熟的或根据不充分的结论，这也会损害法官公正的形象。[2]

此外，由于国际刑事法院开始调查和起诉的案件是极为有选择性的，在案件阶段，分庭坚持只能赋予受到被指控犯罪损害的被害人参与案件的诉讼，那么准许一般性参与调查的被害人中就只有少数才有资格参与法院对案件的审理。检察官认为准许被害人有参与调查的一般权利会引起被害人对参与案件诉讼的错误期待。那些几乎不可能导致有机会在国际刑事法院审判中表达意见和关切或获得赔偿的参与，对被害人是不公正的。[3]

2007 年，公设辩护律师办公室对第一预审分庭 2007 年 12 月 7 日的决定[4]提起了上诉，公设辩护律师办公室和检察官对第一预审分庭 2007 年 12 月 24 日的决定[5]也提起了上诉，并获得准许。这几个上诉的共同问题是，是否可以承认被害人在对提交法院的情势中所犯罪行开展的调查中具有一般参与权。

公设辩护律师办公室认为，《罗马规约》第 68 条第 3 款是授权被害人参与分庭审理的诉讼程序的唯一条款。被害人的个人利益必须与现有的待决诉讼程序相关。被害人的程序性地位，在规约和以规约为基础的各种文书中没有明确的一个概念。就被害人参与诉讼而言，在被害人的地位问题上没有灵活的余地。被害人要有权参与，就必须满足规约第 68 条第 3 款规定的所有条件，该款没有为被

---

〔1〕《罗马规约》第 54 条第 1 款 a 项，《程序和证据规则》规则 76 ~ 84。

〔2〕OTP's 28 February 2007 Uganda Submission, paras. 35 ~ 37.

〔3〕Situation in the DRC, Prosecution's Observations on the Applications for Participation of Applicants a/0004/06 to a/0009/06, a/0016/06 to a/0063/06, a/0071/06, a/0072/06 to a/0080/06 and a/0105/06, ICC - 01/04 - 315. 30 Nov 2006, para. 20.

〔4〕Situation in the Democratic Republic of the Congo, ICC - 01/04 - 417.

〔5〕Situation in the Democratic Republic of the Congo, Corrigendum to the "Decision on the Applications for Participation Filed in Connection with the Investigation in the Democratic Republic of the Congo by a/0004/06 to a/0009/06, a/0016/06 to a/0063/06, a/0071/06 to a/0080/06 and a/0105/06 to a/0110/06, a/0188/06, a/0128/06 to a/162/06, a/0199/06, a/0203/06, a/0209/06, a/0214/06, a/0220/06 to a/0222/06, a/0224/06, a/0227/06 to a/0230/06, a/0234/06 to a/0236/06, a/0240/06, a/0225/06, a/0226/06, a/0231/06 to a/0233/06, a/0237/06 to a/0239/06 and a/0241/06 to a/0250/06", 31 January 2008, ICC - 01/04 - 423.

害人参与另开辟一条通道。[1]

被害人则主要主张，国际刑事法院《程序和证据规则》规则50分则1和3、规则92分则2、规则89以及《法院条例》第86条第6款都支持他们有权参与调查，因为他们的个人利益受到情势调查的影响，他们的参与是合理的，尤其承认被害人的程序性地位并不要求其个人利益受到影响。[2]

最终，上诉分庭澄清了不能给予司法诉讼程序之外的被害人地位，被害人因此没有资格一般性地参与调查过程。上诉分庭首先批驳了预审分庭使用的"被害人程序性地位"这一词语，指出"被害人的程序性地位"不是具有独特含义的词语，也不是专门创造的专业术语。"程序性"一词是指与程序有关的东西。程序是管理司法权的行使的规则，被称为"程序法"。"地位"一词表示一个人自身的或专属的法律状况。程序本身不能决定任何人的地位。[3]

上诉分庭指明，"诉讼程序"指的是有待分庭完成的一个司法诉讼过程。因而，被害人的参与只有在司法诉讼的环境下才能发生。一个人有权参与诉讼程序的条件是：①符合《程序和证据规则》的规则85所定义的受害人的资格；②其个人利益受到当前诉讼程序的影响，即受到诉讼程序中提出的法律或事实问题的影响；③参与诉讼程序的方式不得损害被告人的权利和违反公平公正审判的原则。[4]

上诉分庭肯定了法院规约和规则规定的被害人可以参与的诉讼以及参与的条件和方式[5]，并指出，从《罗马规约》《程序和证据规则》《法院条例》中都找不到被害人在司法诉讼范围之外参与的根据。[6]

至于检察官对情势的调查，上诉分庭指出，调查不是司法诉讼程序，而是检察官为了将认定的责任人送交司法而对犯罪事实进行的探查。[7]根据《罗马规约》第42条第1款的规定："检察官办公室应作为本法院的一个单独机关独立行事，负责接受和审查提交的情势以及关于本法院管辖权内的犯罪的任何有事实根

---

〔1〕 刚果民主共和国情势，在公设辩护律师办公室对第一预审分庭2007年12月7日的裁决提起的上诉和公设辩护律师办公室及检察官分别对第一预审分庭2007年12月24日的裁决提起的上诉中关于受害人参与诉讼程序调查阶段的判决，2008年12月19日，ICC - 01/04（OA4 OA5 OA6）- 556 - tCMN，第18、24段。

〔2〕 刚果民主共和国情势，ICC - 01/04（OA4 OA5 OA6）- 556 - tCMN，第28～32段。

〔3〕 刚果民主共和国情势，ICC - 01/04（OA4 OA5 OA6）- 556 - tCMN，第44段。

〔4〕 刚果民主共和国情势，ICC - 01/04（OA4 OA5 OA6）- 556 - tCMN，第49段。

〔5〕 刚果民主共和国情势，ICC - 01/04（OA4 OA5 OA6）- 556 - tCMN，第46～48段。

〔6〕 刚果民主共和国情势，ICC - 01/04（OA4 OA5 OA6）- 556 - tCMN，第56段。

〔7〕 刚果民主共和国情势，ICC - 01/04（OA4 OA5 OA6）- 556 - tCMN，第45段。

据的资料，进行调查并在本法院进行起诉。检察官办公室成员不得寻求任何外来指示，或按任何外来指示行事。"对缔约国提交的似乎包含一项或多项法院管辖范围内犯罪的情势进行初步评估，对提交检察官的信息做出评价以及检察官在此方面自行启动调查，都是检察官的专属职权范围。[1] 显然，对情势进行调查的权力属于检察官。预审分庭承认被害人有权参与调查，就等于解释出一种属于规约范围和规定之外的权力，这必然是违反规约的。上诉分庭的最后的结果是，预审分庭承认被害人程序性地位从而使其有权一般性地参与情势调查的裁决依据不足，必须予以推翻。[2]

该上诉判决结束了争议了近三年的问题，明确了调查情势是检察官的权力，不是诉讼程序，被害人不得参与情势的调查，只能参加与情势调查相关的司法程序。

第二节　被害人申请参与诉讼的程序

一、被害人填写并提交申请表

根据《程序和证据规则》规则 89 的规定，国际刑事法院采取被害人申请参与的制度。简言之，被害人必须通过书记官处提出参与的申请，获得相关分庭的准许后方能参与。申请参与的程序为：被害人向书记官长提交申请书，书记官长收到申请后，将该申请书转交给相关分庭。分庭要给检方和辩方各一份申请书副本，让他们对申请发表意见。分庭审查了所有的材料后，决定申请人是否可以作为被害人参与诉讼，并决定参与的具体诉讼以及以何种适当的方式参与。分庭有权驳回无理的申请或不完整的申请。被驳回的申请人仍可以提出新的申请，但是，申请人不能对分庭就其申请的实质问题所作决定提起上诉。

申请书是书记官处制定的一份申请表，但在实践中，有些分庭也允许使用某个非政府人权组织的表格。[3] 起初法院的申请表有 17 页之多，申请人要提供规则 85 所要求的相关信息，包括他们的身份、所受犯罪的损害等。如果申请人是未成年人、残疾人或已故者，也可以由其他人代为申请。

由于大量申请人缺乏自行填写申请表的能力，就产生了中间人帮助他们填写

---

〔1〕　刚果民主共和国情势，ICC – 01/04（OA4 OA5 OA6）– 556 – tCMN，第 51～52 段。

〔2〕　刚果民主共和国情势，ICC – 01/04（OA4 OA5 OA6）– 556 – tCMN，第 52、59 段。

〔3〕　*Prosecutor v. Lubanga*，ICC – 01/04 – 101 – tEN – Corr.，para. 102.

申请表和收取表格的需要。这些中间人大多是当地非政府组织的相关人员，他们与当地被害人建立了联系，帮助联络被害人，用当地语言与被害人沟通，取得了被害人的信任。中间人在帮助被害人申请参与方面起了重要作用。[1] 这些中间人虽然受过一些培训，但他们不是国际刑事法院的法律工作者，没有法律、诉讼和实践方面的经验，曾经出现申请表的填写不正确或不完整，需要通过中间人进一步取得和澄清申请人的信息，从而可能拖延法院对申请的处理进程。[2]

对申请参与诉讼的被害人地位的评估取决于申请表中提供的信息。这些信息包括申请人的身份、所遭受在法院管辖权范围内的任何犯罪发生的日期、地点、因犯罪所致的损害说明、身份证明等。如果申请由其他人代为提出，则需要申请人的明示同意；若申请人是儿童，则需要其亲属或法定监护人的证明；若申请人是残疾人，则需要其法定监护人的证明；申请人至少在申请的最后一页上签字或按指纹。[3]

证明申请人身份这件看似易如反掌的事，起初在几个预审分庭的审查过程中都遇到了麻烦。在卢班加案，预审分庭要求提供乌干达公共当局颁发的包含有申请人姓名、出生日期和照片的文件。[4] 后来发现乌干达政府没有颁发过身份证，法院书记官处的被害人参与和赔偿股（Victims Participation and Reparation Section）建议分庭接受政府各部门颁发的各种文件、证件作为身份证的取代，例如选民证、出生证、驾驶证、工作证、学生证、人道援助机构发的证件，甚至是劳教中心出具的信件等。[5]

法院要求申请人表示其参加诉讼的意愿[6]，即要求申请人亲自在申请书上签字或按拇指指纹，以证明申请书是他提交的，而且愿意参加诉讼。代表被害人

〔1〕 ASF Report on Modes of Participation and Legal Representation, p. 17, http://www. asf. be/wp - content/uploads/2013/11/ASF_IJ_Modes - of - participation - and - legal - representation. pdf.

〔2〕 ASF Report on Modes of Participation and Legal Representation, p. 3.

〔3〕 Situation in Uganda, Decision on the Requests of the Legal Representative of Applicants on application process for victims' participation and legal representation, 17 August 2007, ICC - 02/04 - 374, para. 12.

〔4〕 Situation in Uganda, Decision on victims' applications for participation a/0010/06, a/0064/06 to a/0070/06, a/0081/06 to a/0104/06 and a/0111/06 to a/0127/06, 10 August 2007, ICC - 02/04 - 101, para. 16.

〔5〕 Situation in Uganda, Decision on victims' applications for participation a/0010/06, a/0064/06toa/0070/06, a/0081/06, a/0082/06, a/0084/06 to a/0089/06, a/0091/06 to a/0097/06, a/0099/06, a/0100/06, a/0102/06 to a/0104/06, a/0111/06, a/0113/06 to a/0117/06, a/0120/06, a/0121/06 and a/0123/06 to a/0127/06, 14 March 2008, ICC - 02/04 - 124, paras. 4 ~ 6.

〔6〕 Prosecutor v. Lubanga, Decision on the applications for participation in the proceedings a/0004/06 to a/0009/06, a/0016/06 to a/0063/06, a/0071/06 to a/0080/06 and a/0105/06 in the case of the Prosecutor v. Thomas Lubanga Dyilo, 20 October 2006, ICC - 01/04 - 01/06 - 601 - tEN, p. 8.

提交申请的法律代理人的签字不是必要的。[1]

在申请时要对遭受法院管辖范围内的犯罪的损害予以说明。如第十二章中有关被害人地位的标准所述，在情势调查结束，出现具体的案件和被告人后，被害人所遭受的损害必须与被告人被指控的犯罪相关联。损害必须是亲身亲历，可以是精神的、心理情感方面的，也可以是直接的或间接的。

法院的诉讼有不同的阶段，大的阶段可分为预审、审判、中期上诉、上诉和复核等。允许参加某个阶段的诉讼的被害人不一定得到允许参加其他阶段的诉讼。例如，获准参加预审阶段确认指控听讯的被害人，若其所述所受损害是某项犯罪的结果，而该项犯罪指控未被确认，该被害人就失去参加后续诉讼的资格。

被害人在申请时还需说明其个人利益受到有关诉讼的影响。一般而言，被害人的利益是非常广泛的，包括得到赔偿、表达意见和关注、核实某些事实和确立真相、在审判过程中保护其尊严并确保其安全、被承认为案件的被害人等。[2]在加丹加等人案和阿布·加尔达案中，第一预审分庭认为被害人的个人利益包括：获得真相、确定和起诉那些使其受害的人、获得赔偿。[3]但是，《罗马规约》第68条第3款规定的"个人利益"要比被害人的一般利益更具体。[4]此外，申请时还需说明参与有关诉讼不会对被告人的权利产生不利影响和有碍被告人受公正公平的审判。

二、法院对申请的处理和存在的问题

根据申请参加的不同阶段，书记官处将收到的申请表交给相关的分庭，分庭在作出申请人是否可以参与具体诉讼的决定以前，还会征求检方和辩方对申请人参与诉讼的意见。卢班加的律师在确认指控听证前不断地抱怨对被害人参与诉讼的申请作出回应增加了他们的负担，尤其被害人可能提出了对被告不利的指控，不利于辩护人准备听证，也不适当地拖延了诉讼，侵害了被告的权利。[5]另外，

---

〔1〕　Situation in Darfur, Decision on Victim Participation in the appeal of the Office of Public Counsel for the Defence against Pre – Trial Chamber I's Decision of 3 December 2007 and in the appeals of the Prosecutor and the Office of Public Counsel for the Defence against Pre – Trial Chamber I's Decision of 6 December 2007, 18 June 2008, ICC – 02/05 OA OA2 OA3 – 138, paras. 29 ~ 30.

〔2〕　*Prosecutor v. Lubanga*, ICC – 01/04 – 01/06 – 1119, para. 97.

〔3〕　*Prosecutor v. Abu Garda*, Decision on the 34 Applications for Participation at the Pre – Trial Stage of the Case, 25 September 2009, ICC – 02/05 – 02/09 – 121, para. 3; See also *Prosecutor v. Katanga and Ngudjolo*, Decision on the Set of Procedural Rights Attached to Procedural Status of Victim at the Pre – Trial Stage of the Case, 13 May 2008, ICC – 01/04 – 01/07 – 474, paras. 31 ~ 44.

〔4〕　OTP, Policy Paper on Victims' Participation, April 2010, p. 12.

〔5〕　Christine H. Chung, "Victims' Participation at the International Criminal Court: Are Concessions of the Court Clouding the Promise?", p. 490.

为了保护被害人，书记官处需要将申请表中的内容进行编辑，去除机密信息，才能转交给辩方。在保护被害人和迅速进行诉讼之间不可避免会产生矛盾。[1] 由于诉讼双方都要对申请提出看法，造成了一些申请人等了很长时间也未得到申请的结果。[2]

分庭在处理申请的时候，除了按照《罗马规约》和《程序和证据规则》的要求确定申请人是不是被害人、个人利益是否受诉讼的影响，被害人的参与是否会损害被告人的权利和妨碍法庭迅速进行审判，实际上还要考虑和解决很多问题。例如，被害人被准许参与诉讼是否有权取得法院提供的保护；哪方有权和何时可以知道申请人的身份；书记官处发给申请人的表格是否充分记录了申请完成的情况；被害人公设律师办公室（OPCV）代表那些没有法律代理人的申请者的义务范围；非公开的信息和证据应在多大程度上提供给参与的被害人或申请参加人；被害人是否和在什么阶段可以匿名参与而不损害被告人的权利；申请人或被害人的代表是否有权保持匿名；在何种程度上应为参与诉讼的被害人任命共同法律代理人；被准许参与诉讼的申请人是否有权被认为贫穷，因而法院应承担他们的代理人费用；等等。[3] 可见，法院处理被害人参与的问题的确费时费力。

在法院运作的最初几年，书记官处、法官和诉讼当事方都花费了大量的时间处理被害人参与的问题。仅 2008 年 5 月 1 日前，分庭就作出了一百多项、多达上千页的有关决定，意味着上千小时的工作量。[4] 书记官处的工作量更大，要收取、编辑、转发大量的申请书，还要负责起草对申请的评估。在姆巴鲁希马纳案中，在申请截止日期前几天提交了大量的申请。书记官处没有可适用的特别的选择标准，结果，在同村的被害人中，有些申请得到处理和接受，有些则因时间关系没有得到考虑，令一些被害人感到费解。[5]

在恩塔甘达案的预审阶段就有多达 1120 名被害人参加了有关确认指控的诉讼。80 个申请被预审分庭驳回，约 800 个申请未通过书记官处的审查，因而未送

---

[1] ASF Report on Modes of Participation and Legal Representation, p. 3.

[2] American University Washington College of Law, Victim Participation Before the International criminal Court, 2007, p. 4.

[3] Christine H. Chung, "Victims' Participation at the International Criminal Court: Are Concessions of the Court Clouding the Promise?", pp. 503 ~ 505.

[4] Christine H. Chung, "Victims' Participation at the International Criminal Court: Are Concessions of the Court Clouding the Promise?", p. 506.

[5] ASF Report on Modes of Participation and Legal Representation, p. 3.

交预审分庭。到该案审判阶段，当时预计另有 400 名被害人申请参与。[1]书记官处说，如果在审判阶段仍按预审阶段处理被害人参与的程序办理，书记官处将要花费一年的时间处理该案参与审判的申请。[2]

对被害人申请参与的处理既费时间又费资源，造成严重的申请积压，对处理被害人的参与效率不高。有研究指出，法院在被害人有效参与和法院诉讼效率之间没有作出很好的平衡，而且占用了法院大量资源。[3]结果，法院第一个案件的审判从 2008 年 3 月 31 日推迟到了 2008 年 6 月 23 日。

三、法院对申请方式的改革

显然，被害人申请参与制度需要改革或简化，减轻有关各方面的负担，加快处理的速度，跟上法庭诉讼的步伐，并使所有有资格参与的被害人都能够参与。法院运作的前期申请人数并不多，后来随着被害人知晓其可以参与诉讼，申请者数量大增，过于复杂的表格很难由申请人完成填写，对审查表格的各方也是负担，书记官处遂将表格简化为 7 页，[4]但并未着手改革申请制度。后来在恩塔甘达案和巴博案中，有关分庭使用了仅一页纸的表格。[5]

（一）集体申请

2012 年以后各分庭对具体案件的申请制度都作了改进。起初，所有的申请人都必须填写申请表。后来不同的分庭采取了不同的方法简化申请过程。在巴博案的预审阶段，第一预审分庭采用了部分集体申请方法，允许有着共同特点的申请人作为一个团组填写团体申请表，进行集体申请。参加集体申请的个人还要作出声明，表明其个人所受的损害和个人信息细节。[6]预审分庭允许被害人同意在被害人与被害人参与和赔偿股之间有一名第三人作为团组联络人，并为被害人提出联合的集体申请。[7]这个集体申请表当时只为该案被害人参与预审阶段而用，

---

〔1〕　*Prosecutor v. Ntaganda*，Decision on victims' participation in trial proceedings，6 February 2015，ICC – 01/04 – 02/06 – 449，paras. 4 ~ 5.

〔2〕　*Prosecutor v. Ntaganda*，ICC – 01/04 – 02/06 – 449，para. 9.

〔3〕　War Crimes Research Office，American University Washington College of Law，Victim Participation Before the International criminal Court，2007，p. 5.

〔4〕　见国际刑事法院网站：https://www. icc – cpi. int/iccdocs/vprs/VPRS – Standard Application Form – DISCLAIMER – ENG. pdf，last visited 28 August 2018.

〔5〕　*Prosecutor v. Ntaganda*，Decision Establishing Principles on the Victims' Application Process，28 May 2013，ICC – 01/04 – 02/06 – 67，para. 21；*Prosecutor v. Gbagbo*，Decision on Victims Participation，6 March 2015，ICC – 02/11 – 01/11 – 800，para. 52.

〔6〕　*Prosecutor v. Gbagbo*，Second decision on issues related to the victims' application process，5 April 2012，ICC – 02/11 – 01/11 – 86，para. 30.

〔7〕　*Prosecutor v. Gbagbo*，ICC – 02/11 – 01/11 – 86，para. 34.

并不打算取代法院为被害人申请参与诉讼和赔偿制订的标准表格。因此，不参加集体申请的被害人仍然可以提交标准申请表。分庭命令书记官处的工作人员帮助申请人完成集体申请表的填写和收取，[1]替代了以往中间人的角色。分庭的法官认为书记官处的工作人员提供帮助符合《程序和证据规则》规则16分则1（c）和《法院条例》第86条第9款，而且书记官处的工作人员提供帮助对涉及诸如性暴力的一些敏感问题的被害人来说也是重要的。[2]

巴博案申请方式有如下几方面的经验：

1. 在申请阶段将被害人分组不仅有利于处理申请，也可以便利被害人之后的实际参与。例如，如果被害人已经按所在地或犯罪类别组织起来，他们的法律代理人就更容易与他们联络。但是在不存在被害人团组或被害人未能自己确定有团组时，为他们分组就不太容易，被害人有心理防线，不易互相信任，因此，需要有确定分组的方法。纯为完成填写申请表格的目的而分组不可取，可能会对被害人产生负面的影响。[3]

2. 书记官处的工作人员在申请阶段直接介入极为有益。书记官处可以指导被害人申请并从中吸取经验教训，书记官处能够直接向被害人解释有关问题，确保得到准确的信息，还有机会就共同法律代理事宜征求被害人的意见。被害人也有机会与法院工作人员谈话，而不仅仅与中间人谈话。不过，巴博案的经验表明，即使书记官处的工作人员直接介入申请过程，仍有必要请中间人帮助被害人填写申请。书记官处的工作人员直接参与被害人的申请会受到诸如资源短缺、安全问题、被害人社区中的紧张局势或其他原因的影响，未必总能顺利进行。实际上，在任何情况下都离不开当地的中间人协助查明和联络被害人。经验表明，评估、选择、培训和监控中间人依然至关重要。[4]

3. 在巴博案中，申请书中的信息都被输入到数据库中并得到分析，只在准备发送到诉讼方征求意见的版本中才会编辑少量信息。这种申请方法确实减少了需要处理的信息量，并相应地减少了工作人员处理它们所需的时间。[5]

巴博案申请方法也有不足之处，除了上述需要为被害人的分组确定标准外，被害人的信息是与一个团组结合在一起的，如果以后需要把被害人个人与该组分

---

〔1〕 *Prosecutor v. Gbagbo*, ICC－02/11－01/11－86, paras. 27～29.

〔2〕 *Prosecutor v. Gbagbo*, ICC－02/11－01/11－86, para. 20.

〔3〕 *Prosecutor v. Ntaganda*, Registry Observations in compliance with the Decision ICC－01/04－02/06－54－Conf, 6 May 2013, ICC－01/04－02/06－57, paras. 7, 8.

〔4〕 *Prosecutor v. Ntaganda*, ICC－01/04－02/06－57, paras. 11～13.

〔5〕 *Prosecutor v. Ntaganda*, ICC－01/04－02/06－57, para. 16.

开考虑，就必须打散该组的信息，在数据库中对他们重新分类，这样做既繁琐又耗时。书记官处建议采取更灵活的申请方法，使每一名被害人不是永久性地结合在一个组里，而能够容易地分开，随后在另一个诉讼阶段或在另一个案件里得以考虑。[1]

总之，巴博案实行的部分集体申请的方式表明，它比以前的申请方法更为高效和简化，同时仍然满足法律的要求，为以后发展一个标准化的申请方法积累了经验。[2]2012 年的第 11 届《罗马规约》缔约国大会强调急需修改被害人参与的制度，以便保证该制度的持续和有效。为了解决阻碍和延误被害人参与的问题，缔约国大会评估了被害人以集体方式参与的可行性。[3]

（二）区别个人参与和通过代理人参与的申请程序

在有关肯尼亚四名被告人的两个案件[4]的审判阶段，由于有很多被害人申请参与，分庭认为在完成填写详细的申请表方面存在前所未有的安全隐患和其他困难。在这种情况下，要求所有的被害人都遵循《程序和证据规则》规则 89 规定的程序不合适，也不必要。为了保障被害人的利益和被告人受公正审判的权利，分庭采取了与以往不同的做法，将个人的直接参与和通过共同法律代理人参与做了区分，只有希望自己或通过视频在分庭面前提出个人的意见和关切的被害人才应遵循规则 89 规定的申请程序，其他不希望到分庭出庭参与的被害人可允许通过共同的法律代理人提出他们的意见和关切，而无需按照规则 89 的程序办理。愿意通过共同法律代理人参与的被害人可以在被害人参与和赔偿股进行登记。[5]该股把登记的被害人姓名、联络方式和所受损害等信息输入资料库进行管理，法律代理人可以使用资料库，这个申请程序比较简单，分庭也不对每个申请人做评估。

分庭这样决定的理由是基于《罗马规约》第 68 条第 3 款确定的基本原则，即在适当的诉讼阶段，被害人可以个别出庭让分庭直接听取其意见。被害人也可

---

〔1〕 *Prosecutor v. Ntaganda*，ICC－01/04－02/06－57，paras. 9~10.

〔2〕 *Prosecutor v. Ntaganda*，ICC－01/04－02/06－57，para. 19.

〔3〕 ASF Report on Modes of Participation and Legal Representation，pp. 8 ~ 9.

〔4〕 四名被告人是威廉·萨莫埃·鲁托（William Samoei Ruto）、乔舒亚·阿拉普·桑（Oshua Arap Sang）、弗朗西斯·基里米·穆萨乌拉（Francis Kirimi Muthaura）和呼鲁·穆盖伊·肯雅塔（Uhuru Muigai Kenyatta），前两名为一案，后两名为另一案。2012 年 10 月 3 日第二预审分庭对两案被害人参与的问题作出了内容相同的两份决定。本文用肯尼亚案称该两案，决定分别为：*Prosecutor v. Ruto and Sang*，Decision on Victims' Representation and Participation，3 October 2012，ICC－01/09－01/11－460；*Prosecutor v. Muthaura and Kenyatta*，Decision on Victims' Representation and Participation，3 October 2012，ICC－01/09－01/11－498.

〔5〕 *Prosecutor v. Ruto and Sang*，ICC－01/09－01/11－460，para. 25.

以通过法律代理人提出他们的意见和关切。分庭第一次提出,《程序和证据规则》规则 89 分则 1 确立的申请程序是为个别提出其意见和关切的被害人设置的。对于被害人意在通过一个共同的法律代理人参与诉讼,如果被害人人数较少,共同法律代理人可以实际提出所代表的个人的意见和关切,该规则的申请程序也适用。如果被害人人数过多,使得共同法律代理人不能提出被害人个人的意见和关切时,《程序和证据规则》规则 89 分则 1 的程序就不再适合。[1]

重要的是,采用这个处理申请的方法,诉讼方不用考虑所有希望参与的申请人的情况,而只需对可能直接出庭的各个被害人的申请提出意见,只有这些人的申请内容需要编辑。这个制度使分庭、书记官处和诉讼方在评估被害人申请时使用较少的时间和资源,也更符合被告人有充分时间准备他们的辩护和受无拖延审判的权利。[2]对于在书记官处登记要求由共同法律代理人代表参与的被害人的资格,分庭不再予以评估。分庭认为,其结果不会损害辩方,因为共同法律代理人将提出有关所有被害人的利益问题。[3]

申请方式的这种改变,得到了大多数被害人的肯定[4],因为每个人都申请的程序太复杂,新的以登记取代书面申请的方式简单得多。但是,该申请方式可能存在一些问题。例如,被害人应在书记官处进行登记,但书记官处把它授权给了被害人的法律代理人,书记官处只管理数据库。[5]这样,法院的法官和书记官处以及诉讼方对决定被害人的申请都不起作用。有学者指出,有些被害人应由法庭听取和决定他们的地位可能更为重要。而且,由被害人的法律代理人选择被害人,与他们代表被害人的职能不相称。[6]

(三) 分组申请

在恩塔甘达案的预审阶段,第二预审分庭仔细研究了第一审判分庭在巴博案的决定,重新考虑了如何将申请参与合理化,加强参与诉讼的预见性、有效性和迅捷性。分庭命令使用简化的一页纸的申请表,该表只要提供被害人的简要信

---

〔1〕 *Prosecutor v. Ruto and Sang*, ICC – 01/09 – 01/11 – 460, paras. 26 ~ 28.

〔2〕 *Prosecutor v. Ruto and Sang*, ICC – 01/09 – 01/11 – 460, paras. 35 ~ 37.

〔3〕 *Prosecutor v. Ruto and Sang*, ICC – 01/09 – 01/11 – 460, para. 38.

〔4〕 Periodic Report on the general situation of victims in the Republic of Kenya and the activities of the VPRS and the Common Legal Representatives in the field, Annex, ICC – 01/09 – 02/11 – 606 – Anx, 22 January 2013, para. 7.

〔5〕 Periodic Report on the general situation of victims in the Republic of Kenya and the activities of the VPRS and the Common Legal Representatives in the field, Annex, ICC – 01/09 – 02/11 – 606 – Anx, para. 7.

〔6〕 ASF Report on Modes of Participation and Legal Representation, p. 7.

息，并能满足《程序和证据规则》规则 85 的要求。[1]这样减少了编辑申请表的工作，申请表仍然要交给分庭和诉讼双方，保证由法院参与决定被害人能否参与有关的诉讼。同时，第二预审分庭指示被害人参与和赔偿股的工作人员协助被害人填写申请表，但是，该股可能没有足够的工作人员，有些地方由于安全问题也无法抵达。书记官处可以使用中间人，但是应对中间人进行培训和对中间人实行控制，以保证他们恰当地工作。[2]最后，分庭还命令书记官处把申请分组送交分庭。分组标准可以是：被指控的犯罪发生地；被指控的犯罪发生的时间；被指控的犯罪的性质；遭受的损害；受害人的性别；受害人共同的其他具体情况。[3]这样做是为了帮助分庭简化工作和加快作出决定的进度。该案采用一页申请表确实更为便利，但也相应减少了表格中所能包含的被害人信息，也不可能通过申请表征求被害人选择代理人的意愿。[4]

在恩塔甘达案的审判阶段，如前所述，如果书记官处仍然采用该案预审阶段处理被害人申请参与的方法，书记官处要用一年的时间完成它的工作，更不用说诉讼方还需要时间提出意见，法官也需要时间根据检方和辩方的意见作出被害人参与的决定。审判分庭必须考虑改进处理被害人参与的办法。审判分庭在参考了肯尼亚案在审判阶段的申请制度和恩塔甘达案在预审阶段的申请制度后，制定了一个新的申请办法。

新的制度仍然保留了申请表，由书记官处分发和收集简化了的申请表。书记官处以滚动方式向分庭送交所有的填写完整的简化的申请表和附加的支持材料，无须编辑。而在预审阶段，支持申请的材料不送交分庭，而是储存在书记官处。分庭授权书记官处负责根据分庭制定的标准评估申请书，要求书记官处把申请书分为三组，一组是明确符合被害人条件的，另一组是明显不符合被害人条件的，还有一组是书记官处不确定是否符合被害人条件的。[5]

与预审阶段的要求不一样的是，书记官处要准备有关被害人申请的报告，列出各组申请的清单，但无须说明对各组申请的理由或分析。书记官处向分庭、诉讼双方和被害人的法律代理人通知这些报告，并将书记官处不确定是否为被害人的那组申请送交检方和辩方。这样就减少了书记官处对申请的编辑工作，也减少了需要诉讼双方提出意见的申请数量。检方和辩方在收到第三组申请后，有权在

---

〔1〕　*Prosecutor v. Ntaganda*，ICC－01/04－02/06－67，paras. 17～25.

〔2〕　*Prosecutor v. Ntaganda*，ICC－01/04－02/06－67，paras. 26～28.

〔3〕　*Prosecutor v. Ntaganda*，ICC－01/04－02/06－67，para. 35.

〔4〕　ASF Report on Modes of Participation and Legal Representation，p. 8.

〔5〕　*Prosecutor v. Ntaganda*，ICC－01/04－02/06－449，para. 24.

法庭确定的时间内作出回应。在收到检方和辩方的意见后，分庭将评估各申请，为防止书记官处的评估有明显的和实质性的错误，分庭也将核实对第一组和第二组申请的评估。[1]

考虑到在肯尼亚案中，有些被害人只在书记官处进行了登记，这些登记的信息没有告知分庭和诉讼双方，分庭又不参与对申请的决定。因此，被害人的法律代理人提出，对于大多数被害人来说，申请参与是说明他们的经历的唯一机会，他们的经历可能与法庭寻找的真相有关。如果采取肯尼亚案的申请办法，就会剥夺被害人的这项权利，因为在书记官处登记，法官和诉讼双方都不能知晓申请人的经历。[2]因此，分庭没有采取登记的申请制度，保证诉讼方能够对一些被害人的申请表示意见，以及由分庭决定被害人是否可以参与。

但是，诉讼双方提出按照《程序和证据规则》规则89的规定，他们有权得到所有的申请和对申请作出回应。分庭认为，诉讼方对被害人申请作出回应的权利不是绝对的。该权利受《罗马规约》的条款，尤其是第68条第1款规定的保护被害人的安全、被告无不当拖延接受审判的权利和分庭保证公正迅速进行审判的义务等限制。在本案，把书记官处不能明确处理的申请交诉讼方提意见是合适的程序，也不损害被告的权利和公正审判。[3]此外，分庭认为《程序和证据规则》规则89也没有要求分庭分别考虑每一个申请，该条规则规定分庭可以驳回一项申请，如果它认为该申请人不是被害人，或不满足第68条第3款的条件。分庭有以保证诉讼有效进行方式考虑申请的裁量权。[4]

实际上，分庭采取这种新的申请制度时考虑到有大量的被害人表示想参加审判，审判即将开始，被害人的情况以及各方面都希望分庭在被害人参与审判问题上比肯尼亚案采取更多的司法监督。[5]的确，这个处理被害人申请参与的程序是最有效和最合适的，能加速对申请的处理，节省司法开支，加快审判，对被害人和诉讼方都有好处。[6]

四、分庭对申请的审查

被国际刑事法院赋予了被害人地位的人并不能够自动或当然参与有关案件的所有阶段的诉讼。被害人参与诉讼并非一次性了结的事，被害人能否参与具体的

---

[1] *Prosecutor v. Ntaganda*, ICC－01/04－02/06－449, para. 24.

[2] *Prosecutor v. Ntaganda*, ICC－01/04－02/06－449, paras. 14~16.

[3] *Prosecutor v. Ntaganda*, ICC－01/04－02/06－449, paras. 29~30.

[4] *Prosecutor v. Ntaganda*, ICC－01/04－02/06－449, para. 31.

[5] *Prosecutor v. Ntaganda*, ICC－01/04－02/06－449, para. 23.

[6] *Prosecutor v. Ntaganda*, ICC－01/04－02/06－449, para. 33.

诉讼大多是由分庭根据申请参与者是否满足一定的条件决定的，尤其他们的个人利益是否受到有关诉讼问题的影响；参与是否适当；参与是否不损害被告的权利和无不符合公平、公正的审判。[1]

（一）被害人的个人利益受诉讼的影响

这个要求有两个相互关联的目的，一方面是排除被害人参与结果不会影响其利益的诉讼；另一方面是在已经满足其他条件的情况下，法院给予被害人参与法院诉讼的权利。[2]

在不同的诉讼阶段被害人不同的个人利益会受到影响。在调查阶段，被害人可以申请参与采取保护措施的诉讼，因为是否采纳有关他们的安全和隐私的保护措施可能会影响被害人的个人利益。[3]被害人也可以参与有关保全证据的程序，即便还不知道那些要保全的证据是否与逮捕证或传唤书上所述的事件相关。[4]

在预审阶段，被害人的个人利益可能受到确认指控听讯结果的影响。确认指控听讯的目的是确认或拒绝确认对使被害人遭受损害的罪行责任人的指控。如果没有确认指控，可以继续搜寻那些犯罪的刑事责任人。[5]另外一些因素也可能使被害人的个人利益受到影响，例如，分庭需要确定嫌疑人的健康状况是否适合参加对他的确认指控听证的程序，特别是由此可能引起诉讼延迟的情形，[6]再如需要对被告指控进行修正的程序。[7]

在审判阶段，被害人必须以证据证明为什么他或她的利益受到审判的影响。分庭必须依据事实确定被害人的"个人利益"是否受该案件审判的影响。例如，在案件涉及的某一特定事件中，对被害人的参与或在场，以及被害人遭受的该事

---

〔1〕　*Prosecutor v. Lubanga*, Decision in limine on Victim Participation in the appeals of the Prosecutor and the Defence against Trial Chamber I's Decision entitled "Decision on Victims' Participation", 16 May 2008, ICC – 01/04 – 01/06 – 1335, para. 36.

〔2〕　Situation in Kenya, Decision on the "Application for Leave to Participate in the Proceedings before the Pre – Trial Chamber relating to the Prosecutor's Application under Article 58（7）", 11 February 2011, ICC – 01/09 – 42, para. 12

〔3〕　*Prosecutor v. Kony et al.*, ICC – 02/04 – 01/05 – 252, para. 98.

〔4〕　Christine H. Chung, "Victims' Participation at the International Criminal Court: Are Concessions of the Court Clouding the Promise?", p. 472.

〔5〕　*Prosecutor v. Mbarushimana*, Decision on the 138 Applications for Victims' Participation in the Proceedings, 11 August 2011, ICC – 01/04 – 01/10 – 351, para. 23.

〔6〕　*Prosecutor v. L. Gbagbo*, Decision on the Corrigendum of the Challenge to the jurisdiction of the International Criminal Court on the basis of articles 12（3）, 19（2）, 21（3）, 55 and 59 of the Rome Statute'filed by the Defence for President Gbagbo（ICC – 02/11 – 01/11 – 129）, 15 August 2012, ICC – 02/11 – 01/11 – 212, para. 13.

〔7〕　*Prosecutor v. Kenyatta and Muthaura*, Decision Requesting Observations on the "Prosecution's Request to Amen d the Final Update d Document Containing the Charges Pursuant to Article 61（9）of the Statute", 29 January 2013, ICC – 01/09 – 02/11 – 614, para. 11.

件造成的可识别的损害，分庭会予以考虑以确定对个人利益的影响。[1]因此，希望参与有关诉讼任何阶段的被害人必须在书面申请中说明拟议干预的性质和细节，以及在该诉讼中他或她的个人利益受影响的方式。[2]值得一提的是，在卢班加案中，审判分庭要求参加该案审判的被害人的利益必须与分庭在调查对被告的指控时要考虑的证据和问题相关。[3]这个观点受到了一些学者的批评，他们认为应该区分被害人的个人利益和检察官的利益，而且《罗马规约》第68条要求被害人的参与只受制于被告人的权利和公正审判，没有与法庭调查取证相关的要求。[4]他们认为被害人的利益并不仅仅在于使被告人被定罪和获得赔偿。

在上诉阶段，上诉分庭认为，就具体的上诉，被害人的个人利益是否会受到影响需要根据具体情况逐案认真审议，评估在每个案件中，被害人主张的利益是否实际上不属于其个人利益，而属于检察官应起的作用。[5]因此，申请参与任何上诉程序的被害人必须声明他们的个人利益是否以及如何受到该上诉问题的影响。[6]更具体地说，被害人在试图证明其个人利益受到影响时，应明确提到具体事实，并且准确地说明这些事实在上诉考虑的问题范围内。[7]2007年6月13日，上诉分庭在卢班加案中未准许参与该案诉讼的4名被害人参与被告人对预审分庭作出的确认指控的决定的上诉程序。尽管被害人主张该上诉会影响到对卢班加的诉讼是否继续进行，以及他们参与了对该被告确认指控的诉讼，就不能不参加对该决定上诉的程序[8]，上诉分庭仍认为被害人未能证明上诉程序对他们个人利益的影响。而且，被害人还必须表明他们主张的利益不属于检察官的职责范围。[9]但在2008年6月30日的决定中，上诉分庭认为，有60名被害人证明了他

---

〔1〕 *Prosecutor v. Lubanga*, ICC–01/04–01/06–1119, para. 96.

〔2〕 *Prosecutor v. Lubanga*, ICC–01/04–01/06–1119, para. 102.

〔3〕 *Prosecutor v. Lubanga*, ICC–01/04–01/06–1119, para. 97.

〔4〕 Tom Nijs and David Hein, "ICC Trial Chamber I's Decision on Victims' Participation: Relishing Uncertainty?》 p. 5, http://lasil–sladi. org/files/live/sites/lasil–sladi/files/shared/Perspectivas/perspectivas13. pdf.

〔5〕 *Prosecutor v. Lubanga*, Decision of the Appeals Chamber on the Joint Application of Victims a/0001/06 to a/0003/06 and a/0105/06 concerning the "Directions and Decision of the Appeals Chamber" of 2 February 2007, 13 June 2007, ICC–01/04–01/06–92, para. 28; *Prosecutor v. Banda and Jerbo*, Decision on the participation of victims in the appeal, 6 May 2013, ICC–02/05–03/09–470, para. 12.

〔6〕 *Prosecutor v. Lubanga*, Judgment on the appeal of Mr. Thomas Lubanga Dyilo against the decision of Pre–Tnal Chamber 1 entitled 'Décision sur la demande de mise en liberté provisoire de Thomas Lubanga Dyilo', 13 February 2007, ICC–01/04–01/06–824, para. 43; *Prosecutor v. Lubanga*, ICC–01/04–01/06–92, para. 23; Situation in Darfur, ICC–02/05 OA OA2 OA3–138, para. 49.

〔7〕 *Prosecutor v. L. Gbagbo*, Observations of the common legal representative of victims on the periodic review of Mr Gbagbo's detention, 27 August 2013, ICC–02/11–01/11–444–tENG, para. 11.

〔8〕 *Prosecutor v. Lubanga*, ICC–01/04–01/06–92, paras. 10~11.

〔9〕 *Prosecutor v. Lubanga*, ICC–01/04–01/06–92, para. 28.

们的个人利益会受到影响，因为他们在预审分庭的先期决定中已获得了参与权。如果被害人必须重新申请，申请程序的任何更改都会对他们个人产生影响。因此，他们满足了参与上诉的这个条件。[1]

（二）被害人参与的适当性

《罗马规约》第68条第3款所述在法院"认为适当的情况下"是何所指并不明确。根据上诉分庭的意见，被害人能够参与诉讼不是自动的，要由分庭确定参与是否适当，被害人的申请书上除了说明他们的个人利益受有关诉讼的影响，还要说明允许他们参与诉讼是适当的理由。[2]从这一表述可以看出，参与的适当性应该被理解为参与具体程序的适当性。在鲁托等人案中，第五审判分庭认为，被害人或其代表介入时机的适当性需要根据个案的情况予以确定，要考虑被告人的权利、保障诉讼有效和迅速进行的需要，以及有关的被害人的利益。[3]在科尼等人案中，法官认为确定被害人的参与是否适当是针对存在对被害人个人利益的影响这个条件而言的，对每个被害人参与的适当性都取决于"诉讼的性质和范围，以及特定被害人的个人情况"。[4]但在另一个裁定中，上诉分庭考虑了上诉的主题事项和被害人所要表达的观点，认为被害人的参与是适当的。[5]在卢班加案中，上诉分庭裁定，如果申请者无法证明所遭受的损害和特定的罪行之间的联系，那么即使该申请人个人利益受到审判的问题的影响，也不适合根据《罗马规约》第68条、《程序和证据规则》规则85和规则89分则1提出他或她的意见和关注。[6]综上所述，如果被害人满足了参与诉讼的条件，就认为被害人的参与是适当的。但法官也有另行考虑的自由裁量权，以保护被害人的利益和诉讼的顺利进行，例如，有分庭曾考虑被害人为行使参与权与法律代理人接触会增大其安全风险，因而认为被害人不适宜参与有关的诉讼。[7]

---

〔1〕 Situation in the Democratic Republic of the Congo, Decision on Victim Participation in the appeal of the Office of Public Counsel for the Defence against Pre‐Trial Chamber I's Decision of 7 December 2007 and in the appeals of the Prosecutor and the Office of Public Counsel for the Defence against Pre‐Trial Chamber I's Decision of 24 December 2007, 30 June 2008, ICC‐01/04‐503, para. 97.

〔2〕 *Prosecutor v. Lubanga*, ICC‐01/04‐01/06‐92, para. 24.

〔3〕 *Prosecutor v. Ruto and Sang*, ICC‐01/09‐01/11‐460, para. 13.

〔4〕 *Prosecutor v. Kony et al.*, Decision on victims' applications for participation a/0010/06, a/0064/06 to a/0070/06, a/0081/06 to a/0104/06 and a/0111/06 to a/0127/06, 10 August 2007, ICC‐02/04‐01/05‐252, para. 89.

〔5〕 Situation in the Democratic Republic of the Congo, ICC‐01/04‐503, para. 98.

〔6〕 *Prosecutor v. Lubanga*, ICC‐01/04‐01/06‐1432, para. 64.

〔7〕 *Prosecutor v. Lubanga*, ICC‐01/04‐01/06‐601‐tEN, p. 11.

（三）不得损害或违反被告人的权利和妨碍公平公正的审判

《罗马规约》第68条第3款并不向被害人提供不受限制的参与权。分庭有权确定被害人参与的适当阶段，除了考虑被害人的个人利益会受有关诉讼的影响外，还要考虑被害人的参与不得损害被告人的权利和妨碍其受公平公正的审判。被告人的权利规定在《罗马规约》第67条中，主要包括有充分时间和便利准备辩护、没有不正当拖延地受到审判、询问对方证人、举证责任由检察官承担而不由被告人承担、检察官向其披露被告人可能无罪或减轻其罪责的证据等。控辩平等（equality of arms）是保障被告人受到公正审判的一个因素，尤其意指不能使被告人面对一个以上的指控方。[1]在确认指控的听讯或审判前，检察官需要事先告知被告人有关他的案情，辩方也要事先告知检方其特殊的辩护，而且双方都有权查阅对方掌握的有关材料。[2]

在实践中，在决定被害人是否可以参与时，各分庭都提及被害人参与具体诉讼的条件之一是，不得有损被告人的权利和妨碍公平公正审判。上诉分庭也曾一再强调，为了确保不对辩护权产生负面影响，在给予被害人提出他们的意见和关注的机会时，法院应分析被害人的参与对被告人权利的影响。在上诉程序中，有关的被害人必须论证为什么他们的意见和关注不会损害或不符合被告人的权利。[3]如果辩护律师和检察官都不提出被害人的参与有可能损害被告人的权利或公平公正的审判，分庭便不再审查这个问题。[4]但是在允许被害人参与后，分庭会确定被害人以何种方式参与才不会影响被告人的权利。[5]

第三节　被害人参与诉讼的方式

除个别被害人出庭表达自己的意见和关注外，一般来说，只要被害人愿意，他们不必亲自到法院参与诉讼。在大多数情况下，被害人都通过法律代理人参与诉讼，向法院提出他们的意见和关注。

---

〔1〕 *Prosecutor v. Lubanga*, Decision of the Appeals Chamber on the Joint Application of Victims a/0001/06 to a/0003/06 and a/0105/06 concerning the "Directions and Decision of the Appeals Chamber" of 2 February 2007, 13 June 2007, ICC-01/04-01/06-925, Separate Opinion of Judge Pikis, para. 19.

〔2〕 *Prosecutor v. Lubanga*, ICC-01/04-01/06-925, Separate Opinion of Judge Pikis, para. 19.

〔3〕 *Prosecutor v. Lubanga*, ICC-01/04-01/06-1335, para. 48.

〔4〕 *Prosecutor v. Lubanga*, ICC-01/04-01/06-1335, para. 42.

〔5〕 *Prosecutor v. Lubanga*, ICC-01/04-01/06-1335, para. 43; Situation in Darfur, Sudan, ICC-02/05-110, paras. 2~3.

一、被害人的法律代理人

(一) 法律代理人的条件

被害人可以自由选择他们的法律代理人。在国际刑事法院，法律代理人的条件与辩护律师的条件一样，必须是一个在国际法或刑法和刑事诉讼法方面具有至少 10 年经验的律师、法官或检察官，能流利运用法院的工作语言（英语或法语）。[1]律师不是国际刑事法院的职员，法院书记官处将合格的律师列在律师名册上，通过向被害人提供律师名单，帮助被害人找到一个法律代理人。当有较多被害人时，分庭也可以要求被害人选择一个法律代理人，以保证诉讼的有效性。如果被害人选择遇到困难，分庭可请书记官处替他们选择。如果被害人付不起代理人费用，书记官处可以援助和决定法院支付的法律援助范围[2]，但不保证能为被害人支付法律代理人的全部费用。

此外，书记官处成立了被害人公设律师办公室，在被害人参与诉讼以及要求赔偿方面向被害人及其法律代理人提供支持和援助。该办公室的成员也可以被指定为被害人的法定代理人。

国际刑事法院是第一个允许被害人由律师代表参与诉讼的国际性刑事法庭，因此没有先前的经验可以参照，法院的各个分庭在实践中采取了一些适合所处理案件的做法。尤其在参与诉讼的被害人人数太多时，一个法律代理人不容易与每个被害人取得联络，听取他们的意见，由一名代理人代表所有的被害人显然不可行，在这种情况下，分庭会为被害人分组和任命代理人。例如，在本巴案中，大量的被害人是以犯罪发生地分组的，分庭任命了两名共同代理人代表两个组的被害人。[3]

此外，按照《程序和证据规则》规则 90 分则 4 的规定，被害人的法律代理人要照顾被害人的利益。如果被害人之间有利益冲突，必须为不同利益的被害人团组任命不同的共同法律代理人。不过，观点不同不一定会产生利益冲突。例如受同一攻击的被害人可能对攻击的手段有不同看法，而他们利益并无不一致。但是如果对攻击了甲村还是乙村有不同看法，则存在利益冲突。民族不同有时也会引起利益冲突，政治倾向不同也是利益冲突。在犯了罪的被害人和未犯罪的被害人之间也可能有利益冲突。[4]例如在恩塔甘达案中，被害人被分为两个利益不同

---

〔1〕《程序和证据规则》规则 22。

〔2〕《程序和证据规则》规则 90；《书记官处条例》第 112 条和第 113 条。

〔3〕 *Prosecutor v. Bemba*, Decision on common legal representation of victims for the purpose of trial, 10 Nov 2010, ICC–01/05–01/08–1005, para. 21.

〔4〕 ASF Report on Modes of Participation and Legal Representation, pp. 22~23.

的组，一组为 140 个童兵（既是被害人又曾参与犯罪），另一组为受武装攻击的 980 名被害人，由两名律师分别作为两组被害人的共同法律代理人。[1]加丹加和恩乔洛案中的被害人也是这样分组和被代表的。[2]但是在班达等人案中，维和部队的驻地受到了武装攻击，有两名平民在维和驻地的院落中工作，由于维和驻地受到攻击，他们的生命受到威胁，看到维和士兵的伤亡，他们受到了心理伤害，预审分庭承认他们是被害人，显然他们与其他受攻击的维和部队的被害人不同，[3]但是预审分庭给所有的被害人任命了一个共同代理人，并没有认为这两名被害人与其他被害人的利益有冲突。[4]

开始，在预审阶段，法律代理人尼斯（Nice）和狄克逊（Dixon）代表这两名苏丹籍被害人参与诉讼。这两名法律代理人是苏丹工会联盟和苏丹国际辩护团为被害人安排的。苏丹工会联盟和苏丹国际辩护团这两个组织都是同情苏丹政府的，曾作为法庭之友干预过巴希尔案，反对法院对巴希尔的管辖权。在该案确认指控听讯前两天，检察官提出紧急请求反对两名被害人由尼斯和狄克逊代表参与诉讼。检察官认为这两个组织在巴希尔案上失败了，故现在变换为被害人代理人参与此案的诉讼。[5]辩方也要求更换该两位法律代理人，认为苏丹的这两个组织意在借此平台推进苏丹政府的议事日程和达到苏丹政府的目的；认为这两个组织更关心苏丹政府的利益，而非两名苏丹籍被害人的利益。两名被害人的法律代理人得到这两个组织的支持和资助参与诉讼，他们的行为不可能不受这两个组织的影响。[6]诉讼双方都希望更换两名被害人的法律代理人，以保障诉讼的正直和两名被害人的利益。但是，预审分庭并没有同意更换，理由是诉讼双方未能证明被害人与这两个苏丹组织之间有利益冲突。[7]后来，在审判阶段，书记官处为该案

---

〔1〕 *Prosecutor v. Ntaganda*，ICC – 01/04 – 02/06 – 449，para. 1.

〔2〕 *Prosecutor v. Katanga & Ngudjolo*，Order on the organisation of common legal representation of victims，22 July 2009，ICC – 01/04 – 01/07 – 1328，para. 7.

〔3〕 *Prosecutor v. Banda and Jerbo*，Decision on Victims' Participation at the Hearing on the Confirmation of the Charges，29 October 2010，ICC – 02/05 – 03/09 – 89，paras. 28 ~ 29.

〔4〕 *Prosecutor v. Banda and Jerbo*，Order inviting the Registrar to appoint a common legal representative，6 September 2011，ICC – 02/05 – 03/09 – 209.

〔5〕 Emily Haslam and Rod Edmunds，"Victim Participation, Politics and the Construction of Victims at the International Criminal Court：Reflections of Proceedings in Banda and Jerbo"，*Melbourne Journal of International Law*，Vol. 14，2013，p. 14.

〔6〕 *Prosecutor v. Banda and Jerbo*，Defence Application to restrain legal representatives for the victims a/1646/10 & a/1647/10 from acting in proceedings and for an order excluding the involvement of specified intermediaries，7 Dec 2010，ICC – 02/05 – 03/09 – 113.

〔7〕 Emily Haslam and Rod Edmunds，"Victim Participation, Politics and the Construction of Victims at the International Criminal Court：Reflections on Proceedings in Banda and Jerbo"，p. 15.

的 89 名被害人安排了共同法律代理人，取代了这两名法律代理人。[1]

（二）指派法律代理人的标准

除了法院规定的被害人法律代理人的条件外，书记官处根据被害人的意见或其自己的分析，会确定一些法律代理人的标准，分庭也会根据其对案件或情势的理解提出自己的标准。例如在本巴案中，第三审判分庭优先考虑任命该国的律师和被害人国籍国的律师，它表示：鉴于本案的具体情况，分庭特别强调需要尊重《法院条例》第 79 条第 2 款规定的当地习俗，共同法律代理人最好说被害人的语言，与被害人享有共同的文化和知晓他们的现实情况，以便更有意义地代理被害人，与被害人沟通和向分庭传递被害人的意见和关注。[2]但有人指出，被害人未必都喜欢由本国的律师代理。在有些案子中，被害人可能喜欢本国籍的律师，因为他们更理解冲突的根源和他们所受的损害，而在另一些情况下，被害人也许更喜欢外国律师，因为怕当地律师受贿。因此，最重要的是在指派律师时要征求被害人的意见。[3]

在鲁托等人案中，预审分庭和审判分庭在为被害人指派律师时都要求考虑以下有关因素：[4]①已建立了被害人的信任，或能够建立这样的关系；②能够和愿意在工作中以被害人为中心；③在被害人被允许参与的诉讼中，熟悉被指控犯罪发生的国家；④先前的刑事审判经验表明具有相关专业和经验；⑤有代表大量被害人群体的经验，和在有关科研领域进行过专门研究；⑥准备好花费大量的时间与大量被害人联络，跟踪法院诉讼的进展，在诉讼中采取适当步骤，保持与法院的充分联系；⑦掌握基本的信息技术知识。

在该案中，审判分庭要求法律代理人驻在肯尼亚当地，认为如此能够更好地为被害人的利益服务。法律代理人与被害人越接近就越容易与被害人沟通，以保证有意义地代表被害人。但也有人认为，常驻当地并不意味着能够接近被害人和代表被害人的意见，而且如果由法律代理人的助手在当地与被害人联络和沟通，法律代理人驻在当地就不那么重要了。故任命能驻在当地的法律代理人更应该考虑的可能是其人身安全以及保证其独立的需要。[5]

---

〔1〕 *Prosecutor v. Banda and Jerbo*, Notification of appointment of common legal representatives of victims, 14 Sept. 2011, ICC－02/05－03/09－215.

〔2〕 *Prosecutor v. Bemba*, ICC－01/05－01/08－1005, para. 11.

〔3〕 ASF Report on Modes of Participation and Legal Representation, p. 29.

〔4〕 *Prosecutor v. Ruto et al.*, Decision on Victims' Participation at the Confirmation of Charges Hearing and in the Related Proceedings, 5 August 2011, ICC－01/09－01/11－249, paras. 69~74; *The Prosecutor v. Ruto and Sang*, ICC－01/09－01/11－460, para. 61.

〔5〕 ASF Report on Modes of Participation and Legal Representation, p. 29.

（三）指派律师的方式

国际刑事法院不同的分庭对被害人的法律代理人采取了不同的指派方式。在卢班加案审判中，分庭指派了两个法律代理人团队分别代表两组被害人，被害人公设律师办公室的律师代表有双重地位的个人被害人。[1]在加丹加案和本巴案的审判阶段，分庭在征求了被害人的意见后为两组不同的被害人分别指派了共同的法律代理人，并请他们再任命一位律师助理，以协助他们工作。[2]在巴博案中，分庭则采用了被害人公设律师办公室的律师和法院外律师的混合任命制度。第一审判分庭的独任法官根据书记官长的建议，指派被害人公设律师办公室的律师作为被害人的共同法律代理人团队的主律师，由驻在科特迪瓦、了解案件以及当地情况的法院外律师予以协助。[3]在鲁托等人案中，分庭采用了与巴博案相反的混合代理人制度，指派的两名共同法律代理人应驻在肯尼亚当地，公设律师办公室的律师则作为共同法律代理人和分庭的中间联系人，被允许参加允许被害人参与的听讯，共同法律代理人指示公设律师办公室的律师代表他们在法庭上提意见。[4]在恩塔甘达案的审判阶段，分庭指派了两名被害人公设律师办公室的律师作为两组被害人的代理人，每组在当地有一名律师助理。[5]

在被害人公设律师办公室和法院外律师混合代理制度中，肯尼亚案模式不易操作，法院外律师作为主律师常驻在肯尼亚，由被害人公设律师办公室的律师协助法院外律师并在法院出庭，由于海牙和肯尼亚当地的通信困难，有时被害人公设律师办公室的律师在法庭代为回应法官的问题会发生困难。巴博案模式是以公设律师为主，并在法庭代表被害人提出意见，就不会发生上述困难。但是也有人对该种模式有疑问：法院外律师仅为公设律师的助理，在以公设律师为主导的代理案中，法院外律师究竟能在制定诉讼战略方面起多大的作用？[6]

在被害人参与诉讼方面，被害人参与的主要方式是通过被害人的法律代理人，只有少数个别的被害人可以到法庭参与诉讼。从审判庭的空间、法院的资源以及对被告迅速审判的要求来看，成百上千的被害人都出庭参与是不现实，也是不可能的。因此，由被害人的律师代表他们参与是最合理的安排。更重要的是，

---

〔1〕 Luganga Trial Judgment, para. 20.

〔2〕 *Prosecutor v. Katanga and Ngudjolo*, ICC – 01/04 – 01/07 – 1328, p. 13.

〔3〕 *Prosecutor v. L. Gbagbo*, ICC – 02/11 – 01/11 – 138, paras. 43 ~ 44.

〔4〕 *Prosecutor v. Ruto and Sang*, ICC – 01/09 – 01/11 – 460, para. 60.

〔5〕 *Prosecutor v. Ntaganda*, Decision on Victims' Participation in Trial Proceedings, 6 Feb 2015, ICC – 1/04 – 02/06 – 449, para. 51.

〔6〕 ASP Report on Modes of Participation and Legal Representation, p. 31.

被害人有权自由选择其法律代理人，法院在为被害人指定律师时应充分征求被害人的意见。但在实践中，分庭有时忽视了这个规则。[1]无国界律师组织指出，在卡汤加和恩乔洛案中，法庭全面征求了被害人对指派法律代理人的意见。但在后来的案件中，就忽略了征求被害人的意见，有时甚至完全不征求被害人的意见。在有些案件中，国际刑事法院干脆公开招聘被害人的律师。[2]

另一个被害人非政府组织认为，书记官处应该与被害人进行有效和有益的磋商，询问被害人想选什么样的代理人，而且在协助被害人作出选择时应告知他们有关的规则。例如，被害人可以对书记官处选择的律师提出异议，《法院条例》里有具体的质疑机制。[3]佩纳等人指出，在被害人参与和选择被害人法律代理人方面应授权被害人自己决定，而不是由其他人决定被害人如何做最好。[4]

另外，国际刑事法院关于选择共同的法律代理人的做法在不时变化：起初大都维持先期已帮助同案的被害人的律师，后来，有的分庭并不认为共同法律代理人先前的参与是非常重要的。在鲁托等人案中，原来的被害人律师不愿意一直驻在肯尼亚，她认为不驻在肯尼亚不妨碍她代表被害人，但是分庭认为她这样做会使被害人参与的新制度无法运作，因此终止了对她的任命，改为任命另一名符合条件的律师在该案审判阶段代表被害人。[5]但是艾波伊－欧苏吉（Eboe－Osuji）法官认为，该名律师有肯尼亚国籍，熟悉肯尼亚及其人民和环境，熟悉案件，已经长期代理了该案的被害人并愿意继续代理。分庭的多数法官应该多考虑一下这些因素，让她继续代理被害人参与审判，而不应该仅因为她不能一直驻在肯尼亚就终止她的工作。[6]

另一些观点也认为，在诉讼的一个不同节点改变律师会妨碍法律代理人的连续性。在被害人没有如此要求而在诉讼过程中决定更换代理人时，需要保证诉讼的效率，还需要考虑到被害人能否理解这种决定和面临与新代理人重新构建信任关系的问题。法官应在被害人表达其观点和诉讼效率之间作出平衡，在执行这种

〔1〕　di Giuseppe Zago, "The Role of Victims at the International Criminal Court: Legal Challenges from the Tension between restorative and Retributive Justice", p. 11.

〔2〕　ASF Report, Modes of Participation and Legal Representation, p. 27.

〔3〕　Redress, The Legal Representation of Victims before the ICC: Challenges and Opportunities, 26 Nov. 2014, p. 2. http://www. redress. org/downloads/victims－legal－representation－at－the－icc－background－notenov2014. pdf, last visited 12 June 2017.

〔4〕　Mariana Pena & Gaelle Carayon, "Is the ICC Making the Most of Victim Participation?", p. 534.

〔5〕　*Prosecutor v. Ruto and Sang*, Decision on Appointing a Common Legal Representative of Victims, 23 Nov 2012, ICC－01/09－01/11－479.

〔6〕　*Prosecutor v. Ruto and Sang*, ICC－01/09－01/11－479.

改变之前应征求被害人和代理人的意见。[1]

二、被害人参与诉讼的方式

《罗马规约》第 68 条第 3 款规定在法院认为合适的诉讼阶段，被害人可以参与诉讼。但是，规约并没有预先制定准许参与案件各阶段的被害人可行使的诉讼权利，即参与的方式，而是留给分庭通过自由裁量予以决定。[2]

分庭的惯常做法是，明确那些被准许参加该案预审阶段或审判阶段诉讼的被害人可以行使的一套诉讼权利，当然必须以不损害被告人的权利或不违反被告人受公平公正审判的方式确定这些诉讼权利。一旦分庭对案件预审阶段或审判阶段被害人的诉讼权利作出了决定，该权利就属于已被准许参与该诉讼和今后准许参与该诉讼的所有被害人，而且始终适用于该诉讼期间，而无须在诉讼的不同时间作出很多决定。但是，在各阶段赋予被害人的任何诉讼权利不能被回溯行使。这样，不仅向案件各当事方和参与人提供了法律上的确定性，还确保了被准许参与该案预审阶段的被害人所起的作用。[3]

各预审分庭规定了参与各自审理的案件的预审程序和审判程序的被害人的诉讼权利，虽然对这些权利的归类和表述略有不同，例如在加丹加案中，被害人在预审阶段的诉讼权利被分为六组，而在盖乌达（Abu Gaiuda）案中，被害人有四个方面的诉讼权利，虽然存在一些差别，但其中有些规定是一致的。有些诉讼权利在预审阶段和审判阶段是相同的，但稍有差别，有些是在审判阶段特有的。被害人的程序权利有：

（一）查阅案件纪录和证据以及获取机密文件

在预审阶段，尤其在确认指控听讯之前和听讯期间，被害人的法律代理人有查阅书记官处保存的案件记录以及检方和辩方提出的证据的权利。[4] 其根据是《程序和证据规则》规则 121 分则 10 的规定，书记官处应创建和保存该预审分庭所有程序的全面和准确记录。规则 121 分则 10 进一步指出，被害人或其法律代理人，除受有关保密和保护国家安全信息的限制外，可以查阅该记录。在加丹加案中，这项权利包括：①有权查阅已存档的包含在案件记录中的所有文件和决

---

〔1〕 Redress, The Legal Representation of Victims before the ICC: Challenges and Opportunities, p. 2.

〔2〕 *Prosecutor v. Katanga and Ngudjolo*, ICC – 01/04 – 01/07 – 474, para. 45; Situation in Darfur, ICC – 02/05 – 118, p. 5.

〔3〕 *Prosecutor v. Katanga and Ngudjolo*, ICC – 01/04 – 01/07 – 474, paras. 4, 51, 145.

〔4〕 *Prosecutor v. Katanga and Ngudjolo*, ICC – 01/04 – 01/07 – 474, para. 127; *Prosecutor v. Abu Gaiuda*, Decision on victims' modalities of participation at the Pre – Trial Stage of the Case, 6 October 2009, ICC – 02/05 – 02/09 – 136, para. 11.

定，不管是公开的还是机密的。②与检方和辩方同样被通知所有的决定、请求、动议、回应和在案件记录中备案的其他程序文件。但是，这两项权利不包括有权查阅分类为"单方面"和只供检方、辩方、其他参与者、书记官处一方或其中几方的组合使用的那些文件和决定。③有权查阅该案记录所含的公开和不公开举行的听讯的笔录。然而，就像上两项权利一样，被害人也无权查阅上述单方面或其组合举行的听讯的笔录。此外，被害人无权查阅非公开的文件和决定，包括在书记官处情势记录里的与情势相关的案件。所有这些材料在案件出现时都纳入案件的记录，那时，被害人即可查阅。④有权与检方、辩方同样被通知法院所有的诉讼，包括公开的、非公开的和单方面举行的听讯和会议的延期，以及宣布决定的日期。⑤有权查阅检方和辩方提出的证据，以及查阅案件记录所载的证据。然而，查阅这些证据的权利仅限于提供给非提出该证据方的证据的格式（未经编辑的版本，经编辑的版本或摘要，以及法院电子数据库要求的电子版）。[1]

　　加丹加案中参与诉讼的被害人的上述程序权利可以受某些条件的限制，[2]特别是查阅案件记录中的机密文件、决定和笔录的权利以及参加非公开听讯的权利，可以由分庭自行限制，或根据当事方、书记官处或任何其他参与者的请求，因规约和规则保护的另一个需要保护的利益而对被害人的相关诉讼权利予以限制。因此，原则上，那些在案件记录中的文件、决定和笔录可能包含某些信息，尤其是影响国家安全、证人和被害人的保护和检方调查的信息，它们被分类为单方面的，被害人就不能查阅它们。但是，对被害人诉讼权利限制的范围，应基于相称原则仔细划定。例如，被害人查阅案件记录的权利和在参加确认指控的听讯上对证据的辩论权可以受到关系国家安全、证人和被害人的保护以及检察机关的调查的限制。在法院的案件中，检方和辩方都在各自案件记录中存档了大量被列为机密的证据，若被害人被拒绝查阅机密文件，他们基本上不能有效地参与确认指控的听证会上对证据的辩论。因此，防止被害人查阅机密材料只应是个例外，而不是一般规则。

　　盖乌达案对于被害人参与权[3]采取了与加丹加案略微不同的具体规定方式，前者给予较为狭窄的一般性权利，但可酌情例外准许被害人查阅机密文件，后者对不公开的、机密的听讯、文件和记录等给予被害人较为宽泛的一般性权利，并

---

〔1〕　*Prosecutor v. Katanga and Ngudjolo*，ICC - 01/04 - 01/07 - 474，paras. 128 ~ 133.

〔2〕　*Prosecutor v. Katanga and Ngudjolo*，ICC - 01/04 - 01/07 - 474，paras. 146 ~ 151.

〔3〕　*Prosecutor v. Abu Gaiuda*，ICC - 02/05 - 02/09 - 136，paras. 13 ~ 15.

对一般性权利予以限制。

在审判阶段，书记官长必须向法律代理人通知提交的请求、意见、动议和有关的其他文件，以及在其参与的阶段中法庭所作出的决定。被害人或其法律代理人可以查阅诉讼记录，在适当的情况下，受有关保密和保护国家安全信息的限制。[1]为了促进被害人有效参与审判，法律代理人有权查阅案件记录中所有公开和保密的决定和文件，归类为单方文件的除外。[2]在班达等人案中，法律代理人获得的机密文件仅限于该文件的内容涉及其所代理的被害人个人利益的部分。[3]卢班加案的审判分庭比较谨慎，认为由于案件记录内的机密文件往往包含有关国家安全、保护证人和被害人的敏感信息，以及检方调查的内容，因而被害人的法律代理人只可获得公开存档文件。然而，如果机密文件与参与诉讼的被害人的个人利益实质相关，应考虑向有关被害人提供此信息，只要它不会违反仍需保持的其他保护措施。[4]

为了充分发挥被害人参与庭审的作用，法律代理人被授权查阅当事方提供的材料。在加丹加案中，分庭认为必须准许法律代理人至少在相关证人作证3天前查阅打算在询问检察官的证人时所使用的材料，并有权获取预审阶段的机密案件记录，还应准许法律代理人获取检察官制定的证明有罪的证据清单。另外，该案的当事方根据《程序和证据规则》规则69的规定与被害人法律代理人签订了有关证据的若干协议，被害人的法律代理人要求获得这些证据。为了确保被害人有效参与审判，分庭同意被害人的法律代理人获得这些文件。[5]

根据《律师职业行为准则》第8条第4款，被害人的法律代理人不得泄露受保护的被害人和证人的身份，或可能泄露其身份和下落的任何机密资料，除非经法庭授权这样做。法律代理人还必须遵守保密义务，在清单中所列的案件证据和书记官处保持的系统中登记的证据只限于他们自己获取，而不能扩大到其代理的被害人。[6]检察官根据《罗马规约》第54条第3款第5项规定的条件所取得的证明被告有罪的文件，被害人的法律代理人不得获得。[7]

---

〔1〕 *Prosecutor v. Katanga and Ngudjolo*, ICC－01/04－01/07－1788－tENG, para. 118; *Prosecutor v. Banda*, ICC－02/05－03/09－545, para. 34; *Prosecutor v. Lubanga*, ICC－01/04－01/06－1119, para. 105.

〔2〕 *Prosecutor v. Katanga and Ngudjolo*, ICC－01/04－01/07－1788－tENG, para. 119; *Prosecutor v. Banda*, ICC－02/05－03/09－545, para. 35.

〔3〕 *Prosecutor v. Banda*, ICC－02/05－03/09－545, para. 36.

〔4〕 *Prosecutor v. Lubanga*, ICC－01/04－01/06－1119, para. 106.

〔5〕 *Prosecutor v. Katanga and Ngudjolo*, ICC－01/04－01/07－1788－tENG, paras. 121, 122, 125.

〔6〕 *Prosecutor v. Katanga and Ngudjolo*, ICC－01/04－01/07－1788－tENG, paras. 120, 123.

〔7〕 *Prosecutor v. Katanga and Ngudjolo*, ICC－01/04－01/07－1788－tENG, para. 124.

（二） 出席并参加听讯和提出书面意见[1]

在预审阶段，被害人有权参加和出席确认指控的听讯以及导致该听讯的听讯。被害人有权参加和出席的听讯包括所有的公开和非公开的听讯，但一般不包括检方、辩方、其他参与者、书记官处等举行的单方面的听讯。[2]在审判阶段，被害人或其法律代理人亦有权根据分庭依《程序和证据规则》规则89和规则90裁定的条件，出席和参加公开和不公开的听讯。当听讯必须是单方参加的，分庭会基于个案的具体情况评估是否应邀请被害人的法律代理人参加。在加丹加案中，分庭准许法律代理人的介入一般应仅限于提交书面意见，检方和辩方必须有机会对被害人的法律代理人作出的口头或书面意见作出反应。[3]在卢班加案中，分庭可以自行或经当事方或参与人的要求，视情况决定是否允许被害人参与不公开的、单方面的听讯。每当被害人申请参与此类听讯时，分庭要在可能和必要的范围内征求当事方的意见。[4]在班达等人案中，分庭准许被害人的法律代理人参与不公开的听讯或单方面听讯，如果被害人的个人利益有此需要。被害人的法律代理人与法庭达成明确的协议，不将分庭命令的保护措施中包括的任何信息透露给其代理的被害人。诉讼各方有权在任何阶段对被害人的法律代理人或其部分团队成员的参与或出现在特定的听讯提出不同的意见。此外，基于例外的情况，分庭可以允许单方面的、只有被害人参与的听讯，如果认为被害人的个人利益有此需要。[5]

（三） 在审判中做开庭陈词和终结陈词

根据《程序和证据规则》规则89分则1的规定，被害人被明确授权作出陈述。分庭一般都准许被害人的法律代理人在审判时做开庭陈词和终结陈词。[6]

（四） 询问证人、专家或被告人

在确认指控的听讯的预审程序中，被害人有权询问检和辩方提出的证

---

［1］ *Prosecutor v. Katanga and Ngudjolo*, Decision on the Modalities of Victim Participation at Trial, 22 January 2010, ICC –01/04 –01/07 –1788 –tENG, para. 68; *Prosecutor v. Lubanga*, ICC –01/04 –01/06 –1119, para. 111.

［2］ *Prosecutor v. Katanga and Ngudjolo*, ICC –01/04 –01/07 –474, para. 140. *Prosecutor v. Abu Gaiuda*, ICC –02/05 –02/09 –136, paras. 17, 20.

［3］ *Prosecutor v. Katanga and Ngudjolo*, ICC –01/04 –01/07 –1788 –tENG, paras. 69, 71.

［4］ *Prosecutor v. Lubanga*, ICC –01/04 –01/06 –1119, para. 113.

［5］ *Prosecutor v. Banda*, Decision on the participation of victims in the trial proceedings, 20 March 2014, ICC –02/05 –03/09 –545, para. 41.

［6］ *Prosecutor v. Abu Gaiuda*, ICC –02/05 –02/09 –136, para. 25; *Prosecutor v. Katanga and Ngudjolo*, ICC –01/04 –01/07 –1788 –tENG, para. 68; *Prosecutor v. Lubanga*, ICC –01/04 –01/06 –1119, para. 117.

人。[1]在加丹加案中，被准许参与诉讼的被害人对证人的询问，应当在检方询问之后，并在分庭指定的时间内进行。此外，参与诉讼的被害人，不需将他们打算对有关证人提出的问题清单在询问证人前存档备案。检方、辩方和参与诉讼的被害人都能在问题被提出之前和证人回答之后，提出口头动议请求分庭不采纳相关的问题或要求询问方重新组织问话。被害人在询问证人时，应受分庭可能在其审查之前或之后给予的指导。被允许匿名参与一个案件的预审阶段的被害人无权询问证人。

在盖乌达案中，没有规定被害人有询问证人的一般性权利，而是规定，根据《程序和证据规则》规则91分则3的规定，如果被害人的法律代理人希望询问传唤到确认指控听讯上作证的证人，他们必须向该分庭提出申请。分庭收到申请时将决定必须遵循的程序。[2]

在审判中，被害人询问证人、专家或被告人是可能的，但不是绝对的权利。根据规则91分则3（a）的规定，若被害人的法律代理人希望向证人、专家或被告人提问，他必须向审判分庭提出申请。在加丹加案中，分庭可命令将问题以书面形式提出并告知检察官，适当的话，还应告知辩方以征得他们的意见。根据规则91分则3（b）的规定，分庭要考虑诉讼的阶段、被告人的权利、证人的利益、公平公正和迅速审判需要等各种因素，对该请求作出裁决。根据《罗马规约》第64条规定的分庭的权力，该裁定可包括对提问的方式、提问的顺序以及文件的制作作出指示。分庭如果认为适当，还可以代表法律代理人向证人、专家或被告人提问。在审判分庭看来，这种询问的主要目的必须是查明事实真相，因为被害人不是审判当事方，询问不是为了支持检察官。然而，鉴于被害人具有当地知识和社会文化背景，他们的干预可能使分庭能够更好地了解有关问题。[3]

由于规约中缺乏有关的规定，加丹加案的审判分庭在有关《程序和证据规则》规则140的决定中具体规定了诉讼方和参与人询问证人、专家或被告人的顺序，以及被害人的法律代理人询问的确切程序。[4]法院现已形成了处理被害人请求向证人提问的有效方法，代理人必须在有关证人作证的7天前提交询问的请求，因为到那时，要出示证据到何种程度和产生的问题都已经清楚，能使分庭作

---

〔1〕 *Prosecutor v. Katanga and Ngudjolo*, ICC – 01/04 – 01/07 – 474, paras. 135 ~ 139.

〔2〕 *Prosecutor v. Abu Gaiuda*, ICC – 02/05 – 02/09 – 136, paras. 23 ~ 24.

〔3〕 *Prosecutor v. Katanga and Ngudjolo*, ICC – 01/04 – 01/07 – 1788 – tENG, paras. 72, 73, 75.

〔4〕 *Prosecutor v. Katanga and Ngudjolo*, Directions for the conduct of the proceedings and testimony in accordance with Rule 140, 20 Nov 2009, ICC – 01/04 – 01/07 – 1665.

出适当的决定，使程序中断的时间减到最小，并便利审判的有效运行。[1]提交的书面申请还应包括可能提问的范围和提问到何种程度，以及那些问题影响被害人的个人利益的理由，并应附上提问时要使用的有关文件的清单。在被害人的法律代理人提问前，当事双方都可以提出他们的口头意见。

关于被害人的法律代理人对证人的提问方式，各审判分庭的做法一致。在控方提问完成后，允许被害人的法律代理人提问题，除非参与的被害人已向分庭提出该证据和分庭根据《罗马规约》第69条第3款的要求提交该证据。在这种情况下，被害人的法律代理人在检方提问之前提问题。一般来说，被害人的法律代理人应以中立的方式提问[2]，不能使用引导或封闭式的问题，除非分庭另有授权。[3]

（五）被害人法律代理人传唤被害人或其他人作证

被害人可以亲自或通过代理人的方式提出其意见和关注，被害人宣誓作证可能有助于法庭对真相的确定，也是表示其意见的一种方式。被害人宣誓作证就使其成为一个具有被害人和证人双重地位的人。实际上，有两种方式会产生双重地位的人：①被害人被一方传唤为证人；②分庭经被害人法律代理人的要求或主动根据《罗马规约》第69条第3款传唤被害人为证人。[4]

1. 被害人被一当事方传唤为证人。无论《罗马规约》，还是《程序和证据规则》，都没有禁止一个已经有检方或辩方证人身份的人同时有被害人的地位。同样，规则85也没有禁止一个已被赋予被害人地位的人随后为任一当事方提供证据。[5]因此被害人可以被当事一方传唤为证人。然而，加丹加的辩护律师提出，已经被分庭授权参与诉讼的一名被害人又被检方传唤作证，他可能调整其陈述的事实使其与检察官的意见兼容。这种风险主要来自于他们被允许查阅检察官办公室记录中的文件和证据。[6]审判分庭认为，在该案中，只有非匿名被害人的法律代理人有权查阅该案记录的机密部分、参加不公开的听讯，非匿名的被害人无权查阅案件记录的机密部分、参加不公开的听讯，而且分庭禁止非匿名被害人的法律代理人将该案纪录的保密部分所含有的文件或证据的副本以及不公开听讯的记

〔1〕 *Prosecutor v. Bemba*, Corrigendum to Decision on the participation of victims in the trial and on 86 applications by victims to participate in the proceedings, 12 July 2010, ICC－01/05－01/08－807－Corr, para. 37.

〔2〕 *Prosecutor v. Katanga and Ngudjolo*, ICC－01/04－01/07－1788－tENG, para. 78.

〔3〕 *Prosecutor v. Banda*, ICC－02/05－03/09－545, paras. 32, 33.

〔4〕 *Prosecutor v. Banda*, ICC－02/05－03/09－545, para. 22.

〔5〕 *Prosecutor v. Katanga and Ngudjolo*, ICC－01/04－01/07－1788－tENG, para. 110.

〔6〕 *Prosecutor v. Katanga and Ngudjolo*, ICC－01/04－01/07－1788－tENG, para. 109.

录发送给其被代理人。[1]虽然允许被害人的法律代理人有可能与其被代理人商量案件记录中的某些方面，那主要是为了保护证人的安全。而且，在与他们代理的被害人商量时，律师必须受律师职业行为准则的约束，必须确保不将影响或促使被害人改变他们的陈述的机密信息传递给证人。[2]该案的检察官把被害人安排在最后出庭，其他检方证人在他之前可能已对同一问题作证完毕，这样就减少了他的证词的影响。[3]分庭以此打消被告人的顾虑。

2. 被害人法律代理人或审判分庭传唤被害人宣誓作证。卢班加案和加丹加案的审判分庭都允许法律代理人有机会传唤一个或多个被害人在审判时宣誓作证。[4]分庭认为，如果排除高度相关和有证明力的证人证言的唯一理由是他们也是被授权参与诉讼的被害人，这将有悖分庭确立真相的义务。实际上，被害人宣誓作证本身就赋予了其证人的地位，可以受辩护方的盘问，如果他提供虚假证词，就要按照《罗马规约》第70条第1款第1项对检方承担责任。[5]

听取法律代理人传唤的被害人作证的最合适时机是在检方出示证据后马上进行。[6]因为在所有的证人和被害人提供了关于被告被指控的罪行以及被告在犯罪中发挥的作用的证据后，辩方应有机会对这些证据作出回应。如果对被害人证词的可靠性有潜在的怀疑，分庭可以决定不授权被害人宣誓作证。[7]

加丹加案的审判分庭裁定，可以允许诉讼代理人传唤一位或多位被害人就被告人在被指控犯罪中的作用等问题作证。[8]加丹加则认为，若允许被害人作证，就必须排除被害人提出的关于被告人行为和有罪行为的证据，否则，他们的参与将妨碍公平审判。对于参与方提出证据的限制是规约的规定和公平审判理念所固有的，更何况这种类型的有罪证据对于确定被告人有罪是至关重要的，所以应当由检察官提出，以保障"诉讼程序的绝对公平"。若被害人可能提出关于被告人有罪或无罪的证据，他们就不可能"不成为案件中的补充检察官"。这打破了当

---

〔1〕 *Prosecutor v. Katanga and Ngudjolo*, ICC－01/04－01/07－1788－tENG, para. 111.

〔2〕 *Prosecutor v. Katanga and Ngudjolo*, ICC－01/04－01/07－1788－tENG, para. 113.

〔3〕 *Prosecutor v. Katanga and Ngudjolo*, ICC－01/04－01/07－1788－tENG, para. 115,

〔4〕 *Prosecutor v. Katanga and Ngudjolo*, ICC－01/04－01/07－1788－tENG, para. 86; *Prosecutor v. Lubanga*, ICC－01/04－01/06－1119, paras. 132~134.

〔5〕 *Prosecutor v. Katanga and Ngudjolo*, ICC－01/04－01/07－1788－tENG, para. 88.

〔6〕 *Prosecutor v. Lubanga*, Order issuing public redacted version of the "Decision on the request by victims a/0225/06, a/0229/06 and a/0270/07 to express their views and concerns in person and to present evidence during the trial", 9 July 2009, ICC－01/04－01/06－2032, para. 1; *Prosecutor v. Katanga and Ngudjolo*, ICC－01/04－01/07－1788－tENG, para. 88.

〔7〕 *Prosecutor v. Katanga and Ngudjolo*, ICC－01/04－01/07－1788－tENG, paras. 88~91.

〔8〕 *Prosecutor v. Katanga and Ngudjolo*, ICC－01/04－01/07－1788－tENG, para. 86.

事方之间的均衡，影响了他受到公平审判的权利，因为检察官有自己的论据理论，被害人的法律代理人也有自己的论据理论，被害人提出关于被告人作用的证据不仅可能会模糊被告人必须应对的论据，而且还会损害寻求向法官主张自己论据的检察官的地位。因此，加丹加请求上诉分庭裁定，被害人不得就被告人的行为提出证据。[1]

检察官认为，关于被告人罪行的一般证据与特别涉及被告人行为的证据之间没有截然的区别。审判分庭可以命令被害人提交其他证据，只要该等证据不仅具有证明力和相关性，而且是"查明真相所必需的"，并且被害人提出的证据须涉及他们的个人利益。由于被告人在被控犯罪中的作用是许多审判中争论的关键问题，审判分庭可考虑额外证据以查明真相，被告人认为只有检察官才可以就被告人的行为提出证据的意见错误地限制了分庭依职权要求提交证据的权力。检察官认为，关键问题是审判分庭是否采用了适当的标准，以确保关于额外证据的所有要求都符合规约的规定，而且不会造成不公平审判。[2]

被害人同样强调，他们通过提供关于被告人行为的信息参与审判，这些信息是查明真相所必需的。审判分庭已经制定了一套制度，为诉讼程序的公正性提供了所有必要的保障，并且符合被告人的权利。加丹加提出被害人不能就被告人的作用作证，是企图使被害人参与审判失去意义。[3]

上诉分庭支持检察官和被害人的意见，并认为被害人可以就包括被告人在其被控犯罪中的作用在内的事宜作证，其依据是《罗马规约》第 69 条第 3 款规定的审判分庭拥有要求提供必要证据以查明真相的权力。被告人在被控犯罪中的作用是一个关键问题，它必须由审判分庭在审判结束时裁定。因此，与被告人的作用有关的证据原则上可能属于审判分庭认为是查明真相所必需的证据的范围。法院规约和规则中没有任何条款限制只有检察官才能提交与被告人行为有关的证据，也没有理由区别被害人可以提交的不同类别证据。所以，要求被害人就被告人在被控犯罪中的作用作证，不会让他们成为"案件中的补充检察官"。其本身并不违反被告人的权利和公平审判的理念。当然，审判分庭必须根据具体情况，逐案确保被告人受到公平审判的权利得到尊重。被害人就涉及被告人行为的事宜作证，必须影响被害人的个人利益，涉及案件的相关问题，有助于查明真相，以及符合被告人的权利，特别是有充分时间和便利准备辩护的权利以及受到公平公

---

[1] *Prosecutor v. Katanga and Ngudjolo*, ICC－01/04－01/07－2288, paras. 92～97.

[2] *Prosecutor v. Katanga and Ngudjolo*, ICC－01/04－01/07－2288, paras. 98～101.

[3] *Prosecutor v. Katanga and Ngudjolo*, ICC－01/04－01/07－2288, paras. 103～107.

正审判的权利。[1]

3. 传唤其他的证人。如果其他证人可以提供有关影响被害人的利益问题的相关信息，法律代理人可以提请分庭注意，传唤他们作证。虽然这不能成为被害人参与审判的一项权利，但不能排除这种可能性。一旦辩方出示完他们的证据，分庭准备考虑额外的证据或听取当事方传唤以外的证人时，被害人律师就有这样做的可能。[2]如果经法律代理人要求分庭传唤了一名证人，分庭可以授权法律代理人在分庭询问前或后向证人提问。[3]

在国际刑事法院审判中传唤证人、出示证据的顺序是：第一阶段由检察官办公室出示对被告的证据，这个阶段结束后，被害人若有此愿望，可以请求法庭允许出庭作证。第二阶段是被告提出辩护。第二阶段结束时，分庭可以决定进一步传唤证人，包括被害人的法律代理人建议的证人。只有出示完所有这些证据后，分庭对这些证人的利益和相关性有了充分了解，才能对所出示的证据和意见进行评估。[4]

（六）匿名被害人的诉讼权利

被害人出于自身或家属的安全，在参与诉讼中不愿意透露其姓名，被分庭允许匿名参与，成为匿名的被害人。在卢班加案中，有三名被害人一直坚持在确认指控前和确认指控中为其姓名保密。预审分庭考虑到三名被害人非常脆弱，生活在一个危险地区，并且刚果（金）的安全形势在恶化，影响了对被害人能够采取的保护措施的实施，认为给予他们匿名是当时对他们可执行的保护。只有保持匿名，他们才能有效参与确认指控的听讯。[5]在加丹加案中，所有的被害人都居住在伊图里或周边地区，他们都要求匿名。检察官考虑到在刚果（金）伊图里及其周边地区和金沙萨的安全形势，不反对给予被害人匿名的要求，对此辩方也不反对。预审分庭的法官基于和卢班加案预审分庭同样的考虑，认为只有不透露被害人的姓名，他们才可能有效地参与诉讼。[6]因而准许他们匿名参与预审阶段的程序。参加诉讼的匿名被害人被分配一个号码，在法庭上和在有关文件中都只能称呼或显示他们的号码。

---

〔1〕 *Prosecutor v. Katanga and Ngudjolo*, ICC – 01/04 – 01/07 – 2288, paras. 110 ~ 115.

〔2〕 *Prosecutor v. Katanga and Ngudjolo*, ICC – 01/04 – 01/07 – 1788 – tENG, para. 94.

〔3〕 *Prosecutor v. Katanga and Ngudjolo*, ICC – 01/04 – 01/07 – 1788 – tENG, para. 97.

〔4〕 *Prosecutor v. Katanga and Ngudjolo*, ICC – 01/04 – 01/07 – 1788 – tENG, para. 95.

〔5〕 *Prosecutor v. Lubanga*, Decision on the Arrangements for Participation of Victims a001/06, a002/06 and a003/06 at the Confirmation Hearing, 22 September 2006, ICC – 01/04 – 01/06 – 462 – tEN, p. 6.

〔6〕 *Prosecutor v. Katanga and Ngudjolo*, Decision on Victims' Requests for Anonymity at the Pre – Trial Stage of the Case, 23 June 2008, ICC – 01/04 – 01/07 – 628, p. 9.

关于匿名被害人参与预审阶段的诉讼权利，两案的分庭都指出：被准许匿名的被害人不能增加任何事实或证据，他们也不能依《程序和证据规则》规则91分则3规定的程序对证人提问。[1]如果允许他们那样做，就违反了不得匿名指控的基本原则。[2]匿名被害人被给予的诉讼权利有：①通知有关案件记录中所含的公开文件。②出席公开举行的情况会商，或部分情况会商。③出席公开的确认指控听讯。④在确认指控的听证会上作开庭和终结陈述。加丹加案允许匿名被害人的法律代理人在作陈述时，也可以谈法律问题，包括在检方指控文件中包含的责任模式的法律特性。⑤若在情况会商时和在确认指控的公开听证会上要求表态，分庭将根据个案情况作出决定。[3]这些权利并不一定是全部，两案的分庭都指出，这套诉讼权利在例外情况下可以扩大。[4]

关于被害人匿名参与审判的问题最早出现在卢班加案中。被害人公设律师办公室主张，被害人的参与不应有赖于他们身份的公开，因为《罗马规约》法律框架中含有匿名的条款（规则81和规则87）。此外，欧洲人权法院曾决定，在刑事诉讼中允许使用匿名证人，但受一些条件限制，最主要的是在被告人的权利和被传唤作证的证人或被害人的权利之间作出适当的平衡。然而，欧洲人权法院的有罪判决可能不完全根据匿名证人的证据。被害人公设律师办公室认为，基于有关证人的判例法，被害人匿名参与审判符合公平审判的要求，只要分庭采取充分的平衡措施。[5]但是，检方和辩方均反对在审判期间被害人对被告人保持匿名[6]。

在该案中，审判分庭驳回了当事方不允许匿名的被害人参加诉讼的意见，因为这些被害人特别脆弱，他们生活的地区正在发生冲突，难以保证他们的安全。然而，审判分庭认为，允许匿名被害人参加诉讼必须极为谨慎地对待被告人的权利。保护被害人的安全是法院的一项核心责任，但不能允许他们的参与破坏对公平审判的根本保证。审判分庭认为，被害人的身份最好向当事方透露，而且拟议

---

〔1〕 *Prosecutor v. Lubanga*，ICC－01/04－01/06－462－tEN，p. 8；*Prosecutor v. Katanga and Ngudjolo*，ICC－01/04－01/07－628，p. 9；*Prosecutor v. Katanga and Ngudjolo* ICC－01/04－01/07－474，paras. 181，182.

〔2〕 *Prosecutor v. Lubanga*，ICC－01/04－01/06－462－tEN，p. 7.

〔3〕 *Prosecutor v. Lubanga*，ICC－01/04－01/06－462－tEN，p. 8；*Prosecutor v. Katanga and Ngudjolo*，ICC－01/04－01/07－628，p. 9；*Prosecutor v. Katanga and Ngudjolo*，ICC－01/04－01/07－474，para. 184.

〔4〕 *Prosecutor v. Lubanga*，ICC－01/04－01/06－462－tEN，p. 7；*Prosecutor v. Katanga and Ngudjolo*，ICC－01/04－01/07－628，p. 9.

〔5〕 *Prosecutor v. Lubanga*，ICC－01/04－01/06－1119，para. 75.

〔6〕 *Prosecutor v. Lubanga*，ICC－01/04－01/06－1119，para. 130.

参与的程度和重要性越大，分庭就越可能要求被害人表明自己的身份。[1]

在加丹加案中，第二审判分庭不排除匿名被害人参与诉讼的可能性，但是分庭强调，它不会授权任何希望对辩方保持匿名的被害人作证。如果他们被传出庭作证，他们必须放弃匿名。[2]

在本巴案中，预审分庭和第三审判分庭都不认为匿名和不匿名的被害人有什么不同，因为他们都不被视为诉讼的一方，不承担原告的作用。虽然上述第一审判分庭和第二审判分庭采取的方法有轻微的差异，但基本态度是相同的。因此，除非分庭另有命令，第三审判分庭比照适用第一审判分庭和第二审判分庭采取的方法。[3]

三、被害人参与审判阶段出现的问题及其解决

（一）提出有关被告有罪或无罪的证据和对证据的可采性或相关性提出质疑

1. 提出有关被告有罪或无罪的证据。关于参与审判的被害人是否能够提出有关被告有罪或无罪的证据的问题，曾存在争议。在卢班加案中，检察官、辩护律师和皮基斯法官都主张被害人不可以提出关于被告有罪或无罪的证据[4]，他们主张：

第一，提出被告有罪或无罪的证据的权利专属于当事方[5]，被害人不是当事方，他们的职能不同于检方和辩方的职能，按照《罗马规约》和《程序和证据规则》，只有当事方才有披露的义务。允许没有披露义务的被害人提出关于被告有罪或无罪的证据对于适当的审判管理和辩方的权利都有严重的影响。按照《罗马规约》第 66 条第 2 款的明确规定，举证责任专属于检察官，允许被害人提出关于被告有罪或无罪的证据，将导致举证责任的转移[6]，而且意味着迫使辩方

---

〔1〕 *Prosecutor v. Lubanga*, ICC – 01/04 – 01/06 – 1119, paras. 130, 131.

〔2〕 *The Prosecutor v. Katanga and Ngudjolo*, ICC – 01/04 – 01/07 – 1788 – tENG, paras. 92, 93.

〔3〕 *Prosecutor v. Bemba*, ICC – 01/05 – 01/08 – 807 – Corr, para. 69.

〔4〕 *Prosecutor v. Lubanga*, 关于检察官和辩方对《第一审判分庭 2008 年 1 月 18 日关于受害人参与诉讼的裁决》的上诉的判决，ICC – 01/04 – 01/06 – 1432 – tCMN，2008 年 7 月 11 日，第 69、77 段，皮基斯法官的部分不同意见，第 5 段。

〔5〕 *Prosecutor v. Lubanga*, Prosecution's Document in Support of Appeal against Trial Chamber I's 18 January 2008 Decision on Victims' Participation, 10 March 2008, ICC – 01/04 – 01/06 – 1219, para. 30; *Prosecutor v. Lubanga*, Defence Appeal Against Trial Chamber I's 18 January 2008 Decision on Victims' Participation, 10 March 2008, ICC – 01/04 – 01/06 – 1220 – tENG, para. 46; *Prosecutor v. Lubanga*, ICC – 01/04 – 01/06 – 1432 – tCMN, paras. 71, 78, 皮基斯法官的部分不同意见。

〔6〕 *Prosecutor v. Lubanga*, ICC – 01/04 – 01/06 – 1219, para. 33; *Prosecutor v. Lubanga*, ICC – 01/04 – 01/06 – 1432 – tCMN, para. 72。

面对多个控方，这违反了公平审判的控辩平等原则。[1]此外，规约为检察官和辩方提供了收集这些证据的手段，特别是为参与这些活动的人员始终提供安全保障，但是规约对于被害人没有这种规定，因此如果允许他们收集和提出证据，他们的安全以及有风险人员的安全也会因收集到的信息而受到影响。[2]

第二，《罗马规约》第68条第3款规定的提出"意见和关注"，不包括提出有罪或无罪的证据。[3]该款起草的历史可以证明这点，在初期规约草稿中包含一项规定，授权被害人法律代理人参与诉讼程序，以提出确定刑事责任的依据所需的其他证据，但在罗马谈判时这项规定从《罗马规约》中被删除了。《程序和证据规则》全面规定了被害人参与制度，其中没有提及被害人有权在审判中提出证据，因此有关规定实际上确认了只有当事方才有权提出证据。[4]

第三，《罗马规约》第64条第6款第4项和第69条第3款规定的审判分庭的权力，不能被解释为被害人可以或应该提交被告有罪或无罪的证据。检方认为，审判分庭裁定允许被害人在分庭认为有助于查明事实的情况下提出和审查证据是"错误地将被害人的利益与检方的职能合二为一"。被害人只有在赔偿诉讼程序中，才可以向分庭提交材料以支持其主张。[5]

被害人的法律代理人认为，法院的文件间接授权被害人以两种形式提交关于被告有罪或无罪的证据，一种是根据《罗马规约》第68条第3款提出他们的意见和关注，另一种是根据《程序和证据规则》规则91分则3规定的询问证人、专家和被告。另外，规约允许审判分庭根据《罗马规约》第76条下令为判决的目的提交关于被害人的有关证据，其要求同审判时一样。[6]但是这些论点都未得到检察官的支持。[7]

2. 对证据的可采性或相关性提出质疑。关于被害人是否可以对证据的可采性或相关性提出质疑的问题，检察官持否定态度，因为根据《罗马规约》第64

---

〔1〕 *Prosecutor v. Lubanga*, ICC‐01/04‐01/06‐1220‐tENG, para. 48; *Prosecutor v. Lubanga*, ICC‐01/04‐01/06‐1432‐tCMN, para. 78, 皮基斯法官的部分不同意见。

〔2〕 *Prosecutor v. Lubanga*, ICC‐01/04‐01/06‐1219, para. 34; *Prosecutor v. Lubanga*, ICC‐01/04‐01/06‐1432‐tCMN, para. 71。

〔3〕 *Prosecutor v. Lubanga*, ICC‐01/04‐01/06‐1219, paras. 38~39; *Prosecutor v. Lubanga*, ICC‐01/04‐01/06‐1432‐tCMN, paras. 74, 78。

〔4〕 *Prosecutor v. Lubanga*, ICC‐01/04‐01/06‐1220‐tENG, para. 50; *Prosecutor v. Lubanga*, ICC‐01/04‐01/06‐1432‐tCMN, para. 78。

〔5〕 *Prosecutor v. Lubanga*, ICC‐01/04‐01/06‐1219, paras. 41~46; *Prosecutor v. Lubanga*, ICC‐01/04‐01/06‐1432‐tCMN, paras. 73~75。

〔6〕 *Prosecutor v. Lubanga*, ICC‐01/04‐01/06‐1432‐tCMN, paras. 80~81。

〔7〕 *Prosecutor v. Lubanga*, ICC‐01/04‐01/06‐1432‐tCMN, paras. 83, 84。

条第 9 款，审判分庭有权“应当事方的申请”或自行裁定可采性。[1] 皮基斯法官认为，证明和推翻指控是诉讼中对抗双方的事，被害人对此没有发言权。司法利益由法庭来保障，法庭有责任确保在其审理的诉讼程序中只接受相关的和可采信的证据。无罪推定使得除检察官以外任何人都不能在法庭审理的刑事诉讼程序中提出相反主张，并通过提出相关的、可采信的证据来加以证明。[2] 被害人的法律代理人提出，《程序和证据规则》规则 72 分则 2 允许被害人在某些情况下对证据的相关性或可采性提出意见，足见规则并没有排除被害人在其他情况下对证据的可采性或相关性提出质疑。而且提出或拟提出的证据可能影响被害人获得赔偿的权利，也可能对他们产生直接的损害。[3] 检察官虽然承认被害人的个人利益可能在某些特殊情况下会受到证据的影响，但检察官仍表示，这不能导出被害人对每件证据的可采性或相关性提出质疑的一般权利，只有当采信一件证据将影响被害人个人利益时，才允许被害人就该证据的可采性提出意见和关注。[4]

3. 法庭的裁定。审判分庭裁定，在适当情况下，分庭有权在被害人提交申请后，允许参与该案诉讼的被害人提出和审查证据。理由是在《罗马规约》框架内没有任何规定禁止审判分庭按照《罗马规约》第 68 条第 3 款和第 69 条第 4 款这样做。[5]

但是上诉分庭并不完全支持审判分庭的裁定，上诉分庭首先肯定，在审判中提出被告有罪或无罪的证据和对证据的可采性或相关性提出质疑的权利，主要属于各当事方即检察官和辩护方所有。[6] 其根据是《罗马规约》第 69 条第 3 款所述“当事各方可以依照第 64 条提交与案件相关的证据”，以及第 64 条第 6 款第 4 项规定，法庭有权“命令提供除当事各方已经在审判前收集，或在审判期间提出

---

〔1〕 *Prosecutor v. Lubanga*, ICC – 01/04 – 01/06 – 1219, para. 49；ICC – 01/04 – 01/06 – 1432 – tCMN, para. 76。

〔2〕 *Prosecutor v. Lubanga*, ICC – 01/04 – 01/06 – 1432 – tCMN, 皮基斯法官的部分不同意见, 第 19 段。

〔3〕 *Prosecutor v. Lubanga*, ICC – 01/04 – 01/06 – 1219, paras. 28, 29；*Prosecutor v. Lubanga*, ICC – 01/04 – 01/06 – 1432 – tCMN, para. 82。

〔4〕 *Prosecutor v. Lubanga*, ICC – 01/04 – 01/06 – 1219, paras. 26, 28；*Prosecutor v. Lubanga*, ICC – 01/04 – 01/06 – 1432 – tCMN, para. 85。

〔5〕 *Prosecutor v. Lubanga*, ICC – 01/04 – 01/06 – 1219, paras. 96, 108；*Prosecutor v. Lubanga*, ICC – 01/04 – 01/06 – 1432 – tCMN, paras. 86, 92。《罗马规约》第 68 条第 3 款的有关部分规定：“本法院应当准许被害人在其个人利益受到影响时，在本法院认为适当的诉讼阶段提出其意见和关注供审议。被害人提出意见和关注的方式不得损害或违反被告人的权利和公平公正审判原则。……”《罗马规约》第 69 条第 4 款的有关部分规定：“本法院可以……考虑各项因素，包括证据的证明价值，以及这种证据对公平审判，……可能造成的任何不利影响，裁定证据的相关性或可采性。”

〔6〕 *Prosecutor v. Lubanga*, ICC – 01/04 – 01/06 – 1432 – tCMN, para. 93。

的证据以外的其他证据"，该项明确规定在审判期间，证据将由当事方提交。此外，《罗马规约》框架中包含众多支持这一解释的条款，例如《罗马规约》第15、53、54、58 条和第 61 条第 5 款，规定检察官的职权包括调查犯罪、形成指控，决定提出哪些与指控有关的证据。《罗马规约》第 66 条第 2 款规定："证明被告人有罪是检察官的责任。"因此，提出被告有罪的证据是检察官的职能。《程序和证据规则》规则 76 ~ 84 规定的披露义务，也是针对当事方而不是被害人的。

尽管如此，这些规定并不排除被害人在诉讼程序中提出被告有罪或无罪的证据并对证据的可采性或相关性提出质疑的可能性。[1]因为《罗马规约》第 69 条第 3 款清楚地规定，"法院有权要求提交一切其认为必要的证据以查明真相"。检察官负有该责任的事实不能被解读为排除了法庭的法定权力，因为法院"必须确信被告人有罪已无合理怀疑"。而且，在审判中提出的与被告有罪或无罪无关的证据，很有可能被视为不可采信和无关的证据。如果一般性地和在所有情况下都排除被害人提交关于被告有罪或无罪的证据和对证据的可采性或相关性提出质疑的可能性，那么他们参与审判的权利实际上就可能变得毫无意义。[2]

根据对《罗马规约》第 69 条第 3 款第二句、《程序和证据规则》规则 68 分则 3 和规则 91 分则 1 的解释，分庭有权准许被害人提出动议，请分庭要求提交其认为对查明事实有必要的所有证据。[3]但是，被害人没有提出或质疑证据的无限制权利。条件是：①被害人必须证明他们的利益受到证据或问题的影响，法庭视具体情况，酌情裁定是否允许该参与；②审判分庭对每项申请做出裁决时，必须注意保护被告的权利；③如果审判分庭决定应当提交证据，它可以在允许提交该证据前决定披露该证据的适当形式和提出证据的方式，例如，命令某一当事方提交证据，或自行传唤证人，或命令被害人出示证据。[4]

关于被害人对证据的可采性或相关性是否有提出质疑的权利，上诉分庭指出，《罗马规约》第 69 条第 4 款规定："本法院可以依照《程序和证据规则》，考虑各项因素，包括证据的证明价值，以及这种证据对公平审判或公平评估证人证言可能造成的任何不利影响，裁定证据的相关性或可采性。"即审判分庭有宣布任何证据为可采或相关的一般权利。该规定对哪些人可对该证据提出质疑没有

---

〔1〕　*Prosecutor v. Lubanga*，ICC - 01/04 - 01/06 - 1432 - tCMN，paras. 94，95。

〔2〕　*Prosecutor v. Lubanga*，ICC - 01/04 - 01/06 - 1432 - tCMN，para 97。

〔3〕　*Prosecutor v. Lubanga*，ICC - 01/04 - 01/06 - 1432 - tCMN，para 98。

〔4〕　*Prosecutor v. Lubanga*，ICC - 01/04 - 01/06 - 1432 - tCMN，paras. 99，100。

作出任何规定。[1]根据《罗马规约》第 64 条第 9 款，审判分庭有权自行对证据的可采性或相关性做出裁定。这两项条款没有排除审判分庭在收到被害人对被告人是否有罪的证据的意见后对证据的可采性或相关性做出裁定的可能性。

被害人是否可以对证据的可采性或相关性提出质疑，还必须参照关于被害人参与的规定，即原已确定被害人的利益会受到影响，而且是在被害人参与权的范围之内，那么在某些情况下，例如，如果一些证据的来源可能缺乏可信度，或者可能与确定其损害无关，采信证据将影响参与诉讼的被害人的个人利益。[2]同样，有些证据可能违反了保密规则，对被害人的保护有影响；或是以违反被害人及其家人国际公认人权的手段获得的；或其提交可能危害被害人的安全或有损其尊严；或在性侵害的情况下，违反《程序和证据规则》规则 70 和规则 71 有关性暴力案或性行为的证据规则；或违反根据《罗马规约》第 54 条第 3 款第 4 项与被害人或其家人达成的协议。这些证据的提交有可能影响被害人的个人利益，对他们有可能获得赔偿的权利造成不利后果，或对他们有直接的损害。[3]分庭也可以考虑允许被害人对这些证据的可采性或相关性提出质疑。

卢班加案的审判分庭还为允许被害人提出并审查证据制定了程序和范围，即他们的申请应当说明，他们拟提出的证据为什么与查明事实有关，以及它对查明真相有什么帮助。如果要求允许宣誓作证，必须在检察官的案件陈述完成前提出，并必须包含对他们拟提出证词的"全面摘要"。随后，应将该申请通报当事方，让当事方有 7 天时间进行答复。如果申请获得批准，经签名的拟提交证词的"全面摘要"将构成《法院条例》第 54 条第 6 款所指的披露。被害人还可以向分庭申请提出书面证据，拟提出的书面证据必须与申请一起提交，并通知诉讼程序的当事方和参与方。审判分庭指示，原则上，关于提出书面证据的申请应当尽快提交。[4]上诉分庭肯定了这种程序包括：单独的申请、通知当事方、证明受到具体诉讼程序影响的个人利益、遵守披露义务和保护令、确定其适当性、符合被告的权利和公平审判的原则。上诉分庭认为，实施安保措施后，给予被害人参与权，使其可以提出被告有罪或无罪的证据，并对证据的可采性或相关性提出质

---

〔1〕 *Prosecutor v. Lubanga*，ICC - 01/04 - 01/06 - 1432 - tCMN，para. 101。

〔2〕 *Prosecutor v. Lubanga*，ICC - 01/04 - 01/06 - 1432 - tCMN，para. 102。

〔3〕 *Prosecutor v. Lubanga*，ICC - 01/04 - 01/06 - 1432 - tCMN，para. 103。

〔4〕 *Prosecutor v. Katanga*，Judgment on the Appeal of Mr Katanga Against the Decision of Trial Chamber II of 22 January 2010 Entitled "Decision on the Modalities of Victim Participation at Trial"，16 July 2010，ICC - 01/4 - 01/07 - 2288，para. 19.

疑，与检察官证明被告有罪的义务并不冲突，也不妨碍被告的权利和公平审判原则。[1]

上诉分庭作出判决后，其他分庭遵从了上诉分庭的意见，本巴案的审判分庭允许被害人提出被告人有罪或无罪的证据，以帮助分庭寻找真相。[2]加丹加案的审判分庭承认法律代理人有提出书面证据和质疑证据可采性的可能，只要符合分庭制定的程序。[3]班达等人案的审判分庭承认在审判中被害人的法律代理人可以提请分庭关注某些证据，分庭将根据情况作出裁决。分庭也可允许被害人就证据的相关性或可采性提出意见和关注。只有当被害人的个人利益受到影响且适当时，分庭才会要求被害人的法律代理人对证据的可采性提出意见。[4]

（二）被害人是否有披露的义务

1. 未在审判开始前预先通知的情况下提出证据。在加丹加和恩乔洛案中，该案的审判分庭同样允许被害人向审判分庭申请，根据《罗马规约》第 69 条第 3 款提出证据[5]，但被告认为，该裁决隐含被害人法律代理人可以在审判开始前未预先通知的情况下，提出证据并传唤被害人就被告人的犯罪作证，包括提出有罪证据和证言，被告认为该裁决犯了法律错误。[6]理由是：按照《罗马规约》第 67 条第 1 款第 2 项，被告人享有充分的时间和便利以准备答辩的权利；根据《罗马规约》第 64 条第 3 款第 3 项的规定，必须在审判开始前提前足够的时间披露以前未披露的任何信息；《程序和证据规则》规则 76 分则 1、分则 2 以及规则 77 规定，检察官应在审判开始前披露检察官掌握的控方证人姓名和证词及材料。因此，对被告人的案件整体，包括支持案件的证据都必须在审判前明确告知，以便被告人能够充分准备并对抗该等证据。审判分庭既然允许被害人提出被告人有罪的证据，就应该确定被害人也有在审判开始前告知被告人这些证据的义务，除非在审判的后期阶段，可以允许提出未在审判前披露的新证据，前提是"审判分庭已竭尽全力，确保在审判前告知和披露了所有证据"。[7]

被害人和检察官有如下几点共识：其一，被害人在诉讼程序中的地位不同于当事人，因此在收集、提交和披露证据方面具有不同的权利和义务。其二，被害

---

〔1〕 *Prosecutor v. Lubanga*, ICC – 01/04 – 01/06 – 1432 – tCMN, paras. 4, 104。

〔2〕 *Prosecutor v. Bemba*, ICC – 01/05 – 01/08 – 807 – Corr, para. 32.

〔3〕 *Prosecutor v. Katanga and Ngudjolo*, ICC – 01/04 – 01/07 – 1788 – tENG, paras. 98 ~ 101, 104.

〔4〕 *Prosecutor v. Banda*, ICC – 02/05 – 03/09 – 545, paras. 28 ~ 30.

〔5〕 *Prosecutor v. Katanga and Ngudjolo*, ICC – 01/04 – 01/07 – 2288, para. 18.

〔6〕 *Prosecutor v. Katanga and Ngudjolo*, ICC – 01/04 – 01/07 – 2288, para. 17.

〔7〕 *Prosecutor v. Katanga and Ngudjolo*, ICC – 01/04 – 01/07 – 2288, paras. 20 ~ 26.

人提交任何证据的前提是，审判分庭行使其《罗马规约》第 69 条第 3 款规定的权力。其三，由于是审判分庭传唤被害人提出的证据，因此不能有在审判前披露所有证据的绝对要求。[1]

检察官指出，如果按照被告人所主张的所有证据都必须在审判前披露，审判分庭将无法行使《罗马规约》第 69 条第 3 款规定的权力。这违反了其他法庭的惯例，对保护被告人的公平审判也是不必要的，而且还可能阻挠审判分庭查明真相。检察官认为，在遇到提交补充证据的申请时，审判分庭都可以决定采取必要措施，例如：排除证据；在权衡证据的重要性和其披露的时间后采信证据；决定证据是否"是查明真相所必需的"；以及拒绝在判决中考虑该证据，以确保被告人的公平审判权利。[2]

被害人认为，他们要提出证据需通过审判分庭的准许，审判分庭不会允许被害人提出的证据超越对被告人的已有指控范围。而且在审判分庭决定传唤证人时，都不要求必须在审判开始前，而是要求必须在证人作证前提前足够的时间披露证词。[3]

实际上，国际刑事法院的规章都仅要求，检察官原则上应当在审判开始前进行披露。[4]《罗马规约》第 61 条第 3 款和《程序和证据规则》规则 121 分则 3、分则 5 均规定，检察官必须在确认指控听讯前，披露拟在该听讯中使用的所有证据。根据《罗马规约》第 64 条第 3 款第 3 项，在确认指控听讯后，审判分庭应"指令在审判开始以前及早披露此前未曾披露的文件或资料，以便可以为审判作出充分的准备"。《罗马规约》《程序和证据规则》《法院条例》也强调，分庭有责任确保检察官在审判开始前披露案件预审阶段未披露的任何证据。

如前所述，审判分庭可以依《罗马规约》第 69 条第 3 款规定的权力要求被害人提交证据，属于审判分庭行使其授权要求提交"其认为必要的证据以查明真相"的制度范畴。由于审判分庭可能无法在审判之前知道哪些证据是查明真相所必需的，也无法预先知道被害人的个人利益是否受到影响，因此审判分庭有权命令在审判过程中出示该等证据。[5]在某些情况下，审判分庭要求提交的证据可能无法在审判开始前通知被告人。正如检察官所主张的，坚持在审判开始前通知被告人，会导致审判分庭无法在听取当事方提交的证据之后判断需要什么来查明真

---

〔1〕 *Prosecutor v. Katanga and Ngudjolo*，ICC－01/04－01/07－2288，para. 35.

〔2〕 *Prosecutor v. Katanga and Ngudjolo*，ICC－01/04－01/07－2288，paras. 27～29.

〔3〕 *Prosecutor v. Katanga and Ngudjolo*，ICC－01/04－01/07－2288，paras. 31，32.

〔4〕 *Prosecutor v. Katanga and Ngudjolo*，ICC－01/04－01/07－2288，para. 43.

〔5〕 *Prosecutor v. Katanga and Ngudjolo*，ICC－01/04－01/07－2288，para. 44.

相。因此，适用于检察官应在审判开始前披露证据的要求不适用于应审判分庭根据《罗马规约》第69条第3款要求提交的证据。[1]加丹加也承认，在某些情况下可以在审判中提交未在审判开始前披露的证据，但只有在例外情况下才可以允许在审判的后期阶段提交新证据。上诉分庭对此不予认同，因为《罗马规约》第69条第3款和第64条第6款第4项的文本规定，"命令出示当事方在审判前已经收集和在审判期间提交的证据以外的证据"是法院的权力，[2]而不是例外。

关于在审判中提出的所有证据是否必须在审判开始前向被告人披露，辩方称，允许在审判中提交未曾在审判开始以前向被告人披露的证据将侵犯被告人受到公平审判的权利，特别是"有充分时间和便利准备答辩"的权利。该案的上诉分庭认为，公平审判的概念意味着原则上审判的各当事方应有机会了解并评论提出的所有证据和意见以影响法庭的裁决，以及被告人必须能够充分查阅证据材料，以便他们能够对面临的指控进行有效辩护。国际人权法院的实践没有显示，在审判开始后披露证据本身会导致侵犯被告人的人权。此外，法庭已有的披露审判分庭所要求证据的制度，为审判分庭确保被告人受到公平审判的权利得到尊重提供了充分的保障。在这种情况下，审判分庭将命令在审判中呈交证据前向被告人充分披露该证据，并采取其他必要的措施，确保被告人受到公平审判的权利，特别是"有充分时间和便利准备答辩"的权利。[3]

2. 被害人是否有义务披露其持有的有罪和无罪的信息。在加丹加案中，辩方主张被害人有义务披露其持有的有罪和无罪的信息，审判分庭认为《罗马规约》和《程序和证据规则》都没有对被害人施加这种义务，因为被害人参与诉讼是以预先批准为条件的，因此被害人没有理由承担一般义务，向当事方披露其掌握的有罪证据或无罪证据。加丹加则认为，被害人起码有向被告人披露可证明无罪材料的义务，这是对被告人在犯罪中所起作用提供证词的必要条件。而且，对被害人施加一般披露义务，可以避免因在诉讼程序的后期阶段发现被害人掌握的无罪证据而需要重审，有助于诉讼的从速进行。加丹加因而向上诉分庭提起上诉。[4]

检察官认为，对被害人施加一般披露义务是没有依据的，故不应对被害人施加这种义务。首先，规约和规则中的信息披露制度是为了"确保检察官在调查中

---

[1] *Prosecutor v. Katanga and Ngudjolo*, ICC – 01/04 – 01/07 – 2288, para. 45.

[2] *Prosecutor v. Katanga and Ngudjolo*, ICC – 01/04 – 01/07 – 2288, paras. 46, 47.

[3] *Prosecutor v. Katanga and Ngudjolo*, ICC – 01/04 – 01/07 – 2288, paras. 50 ~ 52, 55.

[4] *Prosecutor v. Katanga and Ngudjolo*, ICC – 01/04 – 01/07 – 2288, paras. 58 ~ 61.

的客观性原则在审判阶段产生有意义的效果"。既然被害人没有义务平等地调查有罪和无罪情形，也就没有必要对他们施加《罗马规约》第54条对检察官施加的义务，即一般披露义务。其次，被害人缺乏评估向被告人披露信息可能带来的危险所需要的专业知识和资源，对被害人施加披露义务会导致对第三方的风险。最后，检察官质疑披露制度对被害人的可执行性：规约未曾预设对该义务违反的救济，有可能给诉讼程序带来深远的影响。[1]

被害人主张，法院规约和规则明文规定，披露义务仅针对当事方而不是被害人。检察官之所以承担一系列披露义务，包括披露无罪证据的义务，是由检察官在诉讼程序中的作用决定的。被害人在诉讼程序中的作用有限，他们在审判中不完全等同于当事方，因而，对他们施加的义务也不可能等同于对检察官施加的义务。"既然没有授予他们必要的手段来支持对被告人的归罪，那么期望他们提出无罪材料就是不合逻辑的"。[2]但是，加丹加认为，由于被害人在本案提交和检查有罪证据方面发挥了一定的作用，他们没有披露义务显然是不公平的。[3]

上诉分庭支持了检察官和被害人的论点，[4]并指出，根据《罗马规约》第54条第1款第1项，检察官有责任平等地调查无罪和有罪情形。根据该条第3款第2项，检察官可在调查中要求被调查人员、被害人和证人到场接受质询。所以，若被害人要求参与诉讼程序申请中的材料表明被害人可能持有无罪信息，检察官的调查理应扩展到发掘被害人掌握的该等信息，然后根据《罗马规约》第67条第2款和《程序和证据规则》规则77向被告人披露该等信息。因而不会影响被告人受公平审判的权利。[5]

至于被告人所称：如果允许被害人向分庭提交有罪证据，就应当要求他们披露将影响他们拟提证据的可信度或可靠性的任何信息。上诉分庭不予支持，因为审判分庭将仅允许"在被害人的介入对查明真相有适当帮助且不影响本法院诉讼程序的公平公正原则的情况下"提交证据。被害人的法律代理人受《律师职业行为准则》的约束，根据《律师职业行为准则》第24条第1、3款，代理人应采取一切必要措施确保其行为不危害正在进行的诉讼程序，并且不得蓄意误导法庭。所以，审判分庭不必对被害人施加一般披露义务以确保自己不会受到根据其

---

〔1〕 *Prosecutor v. Katanga and Ngudjolo*，ICC－01/04－01/07－2288，paras. 63～65.

〔2〕 *Prosecutor v. Katanga and Ngudjolo*，ICC－01/04－01/07－2288，paras. 66～69.

〔3〕 *Prosecutor v. Katanga and Ngudjolo*，ICC－01/04－01/07－2288，para. 70.

〔4〕 *Prosecutor v. Katanga and Ngudjolo*，ICC－01/04－01/07－2288，paras. 72～77.

〔5〕 *Prosecutor v. Katanga and Ngudjolo*，ICC－01/04－01/07－2288，para. 81.

要求提交的证据的误导。[1]

对于加丹加强调的，如果允许被害人向审判分庭提交有罪证据，就必须要求他们披露其掌握的任何无罪证据，上诉分庭认为也无此必要，因为审判分庭在此方面有自由裁量权。它有权要求提交审判分庭认为是查明真相所必需的所有证据，可以要求被害人提交有罪证据，也可以要求被害人提交其掌握的无罪证据。在批准了提交证据的请求的情况下，审判分庭还有权采取任何必要措施以确保被告人受到公平审判的权利。[2]

因此，上诉分庭支持审判分庭的裁定：没有理由对被害人施加披露其持有的所有有罪或无罪证据的一般义务。同时，上诉分庭认定，虽然不是必须对被害人施加一般义务，但在某些特殊情况下，例如，某当事方或诉讼参与人提请审判分庭注意存在该等信息，审判分庭认为该等信息是查明真相所必需时，审判分庭可以要求被害人向被告人披露其掌握的无罪证据。[3]被害人没有披露无罪信息的义务也得到其他审判分庭的遵从。[4]

（三）在审判过程中提出部分有关赔偿的证据

一般，只有在被告被定罪后才进入赔偿程序，因此，在审判阶段，法庭主要审查的是被告是否有罪的证据。但是，关于在审判过程中是否可以提出部分有关赔偿的证据的问题，按照《法院条例》第56条，审判分庭可以在审判的同时，询问证人和审查作出赔偿裁决的证据。卢班加案的检方提出，审判时完全可以提出被告人有罪或无罪的证据和有关赔偿的证据。但是审判分庭不同意这样做，因为将关于赔偿的有些方面的证据作为审判过程的一部分予以考虑是不合适的、不公平的或低效率的。在审判中提出有关赔偿的证据是允许的，如果是为了个别证人或被害人的利益，或者它将有助于对可能出现的问题进行有效处理。然而，分庭强调，在任何时候都要确保这个过程不涉及对被告人有罪或无罪问题的任何预判。这一规定的目的是使分庭能够在整个诉讼过程的不同阶段考虑证据，以确保审判迅速有效进行。如果在审判过程中提出的有关赔偿的证据可能对确定指控是可采信的、有关的，分庭就需要在决定被告人无罪或有罪时考虑这一证据是否公平。当然，分庭并无困难将涉及指控的证据与仅仅涉及赔偿的证据分开，并将后者留到赔偿诉讼阶段，如果被告被判有罪。因此，分庭认为，《法院条例》第56

---

〔1〕　*Prosecutor v. Katanga and Ngudjolo*，ICC – 01/04 – 01/07 – 2288，para. 83.

〔2〕　*Prosecutor v. Katanga and Ngudjolo*，ICC – 01/04 – 01/07 – 2288，paras. 84 ~ 86.

〔3〕　*Prosecutor v. Katanga and Ngudjolo*，ICC – 01/04 – 01/07 – 2288，para. 71.

〔4〕　*Prosecutor v. Banda*，ICC – 02/05 – 03/09 – 545，para. 40.

条的规定并不损害被告人的权利和无罪推定，而且这样也能够避免证人为再次作证而往来法院，以及由此带来的不必要困难或不公，还能保证分庭保全在诉讼的稍后阶段可能无法得到的证据。[1]

综上所述，国际刑事法院的被害人参加诉讼是个全新的制度。国际刑事法院运作之初，在被害人申请参加及其审查方面遇到了难题，不仅费时、费力、费资源，更重要的是影响了被害人的参与，也影响了诉讼的进程。各分庭随后采取了不同的方法以改进，包括简化申请表、增加集体申请、分组申请和仅限于个人出庭表达意见的被害人进行申请，同时由被害人参与和赔偿股工作人员帮助被害人申请，改革已取得了初步的成效。若各分庭的做法能够达成统一，不仅能够减轻工作负担、提高申请、审查和作出决定的效率，还能够明晰申请程序，有助于被害人和诉讼各方的知晓。

国际刑事法院各分庭通过对有关被害人参与诉讼作出的繁多裁定，详细阐述了《罗马规约》第68条第3款规定的关于被害人参加诉讼的条件，将原则性的规定具体化，使被害人及其法律代理人对审查的结果有更清晰的预见，以期指导被害人减少无谓的参与诉讼的申请，保证合格的被害人尽可能参加影响他们利益的诉讼，同时不妨碍审判公正、迅速进行。

在法院的实践中，绝大多数被害人是通过代理律师参与诉讼的，只有少数个别的被害人可以亲自到法庭参与诉讼，不同的分庭对不同的案件采取了为被害人指派代理人等不同做法。法院今后在为被害人指定律师时，应更注重被害人自由选择其法律代理人的权利，应充分征求被害人的意见，并应在被害人表达其观点和诉讼效率之间作出平衡。

《罗马规约》和《程序和证据规则》没有规定被害人参与诉讼的具体方式，各分庭通过对各案的裁定，规定了被害人在参与诉讼的不同阶段享有的诉讼权利，它们除了些许差异外，基本是一致的，使得被害人在分庭的控制下有意义地参与诉讼，有助于法庭公正审判程序的进行。此外，分庭也通过判例，解决了对被害人参与诉讼的一些争议，澄清了被害人参与诉讼的一些理论问题，这是对国际刑事司法的重要发展。

---

[1] *Prosecutor v. Lubanga*, ICC – 01/04 – 01/06 – 1119, paras. 120 ~ 122.

第十四章　对被害人的赔偿制度

第一节　《罗马规约》框架下的被害人赔偿制度

一、国际刑事法院被害人赔偿制度的特点

起初，在讨论起草《罗马规约》时，一些代表反对法院处理对被害人的赔偿问题，他们认为，规约的主要目的是使法院公正有效地起诉那些为国际关注的最严重的犯罪的责任人，法院命令给予赔偿会分散法院在行使审判和上诉职能上的注意力。此外，法官来自不同法律制度的国家，要求刑事法院决定赔偿的形式和范围会有实际困难。再者，有些国家的国内法并不这样做，一些代表团担心国际刑事法院命令给予被害人赔偿的规定会对国内法律制度产生影响或被用作反对国家的借口。[1]

后来代表们逐渐认识到，法院若只注重惩罚犯罪就会迷失伸张正义的方向。因此规约不仅应该承认犯罪被害人与起诉犯罪有关，还应该承认补偿、恢复原状或其他形式的赔偿也有助于实现公正，赔偿有助于增进个人和社会的和解进程，和解反过来也可以帮助消除再发生违法的危险。[2]这导致在《罗马规约》中规定了一个较详细的对被害人赔偿的制度，它包括：法院应确立有关赔偿的原则，确定被害人所受损害、损失和伤害的范围和程度。法院可直接命令被定罪人作出赔偿。为使这个制度能够运作，《罗马规约》第75条和有关的条款还进一步规定：①法院在作赔偿裁决时应征求被定罪人、被害人、其他利害关系人或利害关系国的意见；②法院根据《罗马规约》第93条为被害人的利益采取保全措施，包括

---

〔1〕　有关谈判过程，参见 Christopher Muttukumaru，"Reparation to Victims"，in Roy S. Lee（ed.），*The International Criminal Court，The Making of the Rome Statute：Issues，Negotiations，Results*，pp. 263～264.

〔2〕　Christopher Muttukumaru，"Reparation to Victims"，p. 264.

辨认、追寻、冻结或扣押资产；③根据《罗马规约》第109条，缔约国应按照其国内法上的程序执行法院的命令；④缔约国大会根据《罗马规约》第79条的规定为法院管辖范围内的犯罪的被害人及其家属的利益设立一个信托基金，并确定其标准。法院可命令通过信托基金进行赔偿。

国际刑事法院的赔偿制度是国际刑法上的一个新创举，法院认为其成功在某种程度上与赔偿制度相关。[1]虽然参考了一些国际和国内的实践，但法院规约创立的赔偿制度是自成一体的，而非任何国内制度的翻版，主要表现在法院在有关赔偿被害人问题上的自主权：

（一）由法院制定赔偿被害人的原则

《罗马规约》第75条第1款规定，法院应当制定赔偿被害人或被害人方面的原则。鉴于此规定，国际刑事法院的《程序和证据规则》没有对赔偿被害人方面的原则制定任何规则。法官也未能通过集体行动，例如由法官全体决定达成协议来制定这些原则，有关赔偿的原则留给他们在判决中进行具体规范。2011年国际刑事法院缔约国大会通过决议，"请法院确保根据第75条第1款制定法院通用的一致原则，在此基础上法院可以发布单个的赔偿命令"。[2]本书第十二章所述的国际文件中反映的正在形成的国际标准为法院制定这方面的原则提供了参考。例如，在《基本原则和导则》中规定的应当同情受害人和尊重其尊严和人权，并应当采取适当措施，以确保受害人及其家人的安全、身心健康和隐私。应当确保在法律中尽可能规定遭受暴力或精神创伤的受害人应当获得特殊关怀和照顾，以免其在旨在伸张正义和给予赔偿的法律和行政程序中再次遭受精神创伤。对严重违反国际人权法和严重违反国际人道法的补救包括受害人根据国际法有权平等和有效地诉诸法律，对所遭受的损害获得充分、有效和迅速的赔偿，以及获得与违法行为和赔偿机制相关的信息等。[3]卢班加案是制定赔偿原则和程序的第一案。2012年8月7日，第一审判分庭发布了制定适用于赔偿的原则和程序的决定。[4]

---

〔1〕 *Prosecutor v. Lubanga*, Decision establishing the principles and procedures to be applied to reparations, 7 August 2012, ICC – 01/04 – 01/06 – 2904, para. 178; *Prosecutor v. Lubanga*, Judgment on the appeals against the "Decision establishing the principles and procedures to be applied to reparations" of 7 August 2012 with AMENDED order for reparations (Annex A) and public annexes 1 and 2, 3 March 2015, ICC – 01/04 – 01/06 – 3129, para. 3; *Prosecutor v. Katanga*, Raparation order, 24 March 2017, ICC – 01/04 – 01/07 – 3728 – tENG, para. 14.

〔2〕 ICC – ASP/10/Res. 3, 2011年12月20日，中文本。

〔3〕 Basic Principles and Guidelines on the Right to a Remedy and Reparation for Victims of Gross Violations of International Human Rights Law and Serious Violations of International Humanitarian Law, E/CN. 4/2005/L. 48.

〔4〕 *Procutor v. Lubanga*, ICC – 01/04 – 01/06 – 2904.

（二）法院自动进行审查和作出赔偿决定

一般情况下，应由被害人提出赔偿要求，法院才着手处理求偿的问题。《罗马规约》的一个进步发展之处是允许法院在特殊情况下自动进行审查和作出赔偿决定。在规约谈判时，一些代表团认为出于对被判刑的人公正的需要，法院不该有这种自主权，而且如果被害人不想提出赔偿请求，法院没有准许赔偿的根据。持相反观点的代表团则认为在某些情况下法院应该有决定赔偿的自主权，例如，在世界遥远的贫穷地区的被害人似乎不可能向国际刑事法院提出赔偿请求，尤其在国家共同从事犯罪时更是这样。在这种情况下，国际刑事法院应该有权主动地提出赔偿问题。[1] 最后折中的解决办法是允许法院在特殊情况下自动进行审查和作出赔偿决定，以弥补被害人缺席的不足。第一审判分庭在卢班加案关于赔偿原则的决定中指出，鉴于该案犯罪被害人的数目尚不确定，可能有相当数量的人受到影响，而只有数量有限的个人申请了赔偿，那么法院应确保用集体赔偿的方法使赔偿到达那些目前身份尚不明的被害人。[2]

二、国际刑事法院赔偿制度的原则

如前所述，由国际刑事法院制定赔偿的原则。法院是通过分庭在具体案件中阐述赔偿原则的，包括赔偿的一般原则和对具体案件的赔偿原则。分庭在制定赔偿原则时除了遵循法院的《罗马规约》、《程序和证据规则》、《被害人信托基金条例》外，主要以体现赔偿权的世界性和区域性的人权条约和其他国际文书，"包括联合国的基本原则、《基本原则宣言》、《儿童被害人和证人刑事司法事项导则》、《内罗毕宣言》、《非洲防止招募儿童加入武装部队、儿童兵复员和重返社会开普敦原则》和《巴黎原则》"，"以及一些重要的人权报告"为指导。[3] 同时还考虑了区域人权法院的判例在赔偿方面发展的国内和国际机制和做法。[4]

卢班加案的审判分庭首先根据《罗马规约》第 21 条第 3 款的规定，指出落实赔偿也"必须符合国际公认的人权，而且不得根据性别、年龄、种族、肤色、语言、宗教或信仰、政见或其他见解、民族本源、族裔、社会出身、财富、出生或其他身份等作出任何不利的区别"。[5]

审判分庭和上诉庭进一步规定了在赔偿方面的"有尊严、不歧视和不污辱"

---

〔1〕 Christopher Muttukumaru, "Reparation to Victims", in Roy S. Lee (ed.), *The International Criminal Court, The Making of the Rome Statute: Issues, Negotiations, Results*, p. 269.

〔2〕 Christopher Muttukumaru, "Reparation to Victims", para. 219.

〔3〕 *Procutor v. Lubanga*, ICC – 01/04 – 01/06 – 2904, para. 185.

〔4〕 *Procutor v. Lubanga*, ICC – 01/04 – 01/06 – 2904, para. 186.

〔5〕 *Procutor v. Lubanga*, ICC – 01/04 – 01/06 – 2904, para. 184.

的一般原则，具体如下：

1. "在赔偿方面，所有被害人都将得到公正和公平的对待，不论他们是否参加审判程序"。[1]这种公平的平等对待包括犯罪被害人"在整个诉讼过程中应享受平等获得有关赔偿的权利的任何信息和法院的协助"。[2]"对于所有有关赔偿的事宜，法院应考虑所有被害人的需求，特别是儿童、老人、残疾人和性暴力的被害人的需求"。[3]

2. "在决定赔偿时，法院应人道地对待被害人，并应尊重他们的尊严和人权，以及采取适当措施，以确保他们的安全、身心健康和隐私"。[4]给予被害人的赔偿"不得基于性别、年龄、种族、肤色、语言、宗教或信仰、政见或其他见解、性取向、民族、族裔或社会出身、财富、出生或其他身份的理由，作出不利的区别"。[5]在执行赔偿时，"应尽量避免重复以前犯罪时的歧视性做法或结构，避免对被害人的进一步污辱，以及他们的家庭和社区对他们的歧视"。[6]

法院特别重视性别包容性，指出"性别包容性的做法，应该指导制定适用于赔偿的原则和程序，确保在实施赔偿时所有的被害人都能得到赔偿。因此，性别平等是法院在赔偿的各个方面的一个重要目标"，[7]应确保赔偿裁定是在非歧视和性别包容的基础上作出的。[8]

另外，确定了那些特别脆弱的或急需援助的被害人需要优先给予赔偿。法院可以采取积极的行动措施以保证特别脆弱的被害人平等、有效和安全地获得赔偿。[9]

上诉分庭在卢班加案判决中表示，此后，审判分庭可以适用、采纳、扩大或增加所述的原则。[10]加丹加案和马赫迪案的审判分庭采纳了上诉分庭在卢班加案制订的赔偿原则[11]，该两案都比照适用这些原则。

---

[1] *Procutor v. Lubanga*, ICC-01/04-01/06-2904, para. 187; *Procutor v. Lubanga*, ICC-01/04-01/06-3129, Annex A, para. 12.

[2] *Procutor v. Lubanga*, ICC-01/04-01/06-3129, Annex A, para. 13.

[3] *Procutor v. Lubanga*, ICC-01/04-01/06-3129, Annex A, para. 14.

[4] *Procutor v. Lubanga*, ICC-01/04-01/06-3129, Annex A, para. 15.

[5] *Procutor v. Lubanga*, ICC-01/04-01/06-3129, Annex A, para. 16.

[6] *Procutor v. Lubanga*, ICC-01/04-01/06-3129, Annex A, para. 19.

[7] *Procutor v. Lubanga*, ICC-01/04-01/06-3129, Annex A, para. 18.

[8] *Procutor v. Lubanga*, ICC-01/04-01/06-2904, para. 218.

[9] *Procutor v. Lubanga*, ICC-01/04-01/06-3129, Annex A, para. 19.

[10] *Procutor v. Lubanga*, ICC-01/04-01/06-3129, Annex A, para. 5.

[11] *Prosecutor v. Katanga*, Raparation order, ICC-01/04-01/07-3728-tENG, para. 30; *Prosecutor v. Mahdi*, Reparation order, 17 August 2017, ICC-01/12-01/15-236, para. 26.

法院的赔偿制度还必须有法律的确定性。按照刑罚法定原则，法院的司法赔偿命令必须至少包含五项基本要素：①必须针对被定罪的人；②必须确定有关命令中被定罪人的责任并通知该人；③必须指定所命令的赔偿的类型，无论是个别的还是集体的，并提供理由；④必须确定罪犯被定罪行所造成损害的直接和间接的被害人，以及确定依具体情况适当的赔偿方式；⑤必须确定有资格从赔偿裁定获益的被害人，或确定基于被害人遭受的损害和被定罪人被判定犯的罪行之间的关系有资格获得赔偿者的标准。[1] 明确赔偿命令需要包括这些要素是国际刑事法院独特的做法。

第二节　被定犯罪与赔偿的关系

一、赔偿命令必须针对被定罪的人

在前述的《基本原则宣言》和《基本原则和导则》中除提到罪犯应对被害人进行赔偿外，还提到国家也可以为被害人提供赔偿。例如，《基本原则宣言》第 11 条特别提到在政府官员和其他以官方或半官方身份行事的代理人违反了国家刑事法律时，被害人应从其官员或代理人造成伤害的国家取得赔偿。[2] 在谈判《罗马规约》时，一些支持国家责任的代表团支持《基本原则宣言》中的国家责任概念，但是绝大多数代表反对法院命令国家作出适当赔偿；他们主张，国际刑事法院是处理个人刑事犯罪的法院，如果可以对国家作出赔偿的命令，个人责任的原则就没有意义了。最后，法国和英国代表团共同向罗马外交会议提交的案文没有提到法院对国家作出有拘束力的赔偿命令或直接对国家作出赔偿建议，使国家承担责任。因此，在国际刑事法院的赔偿制度中，法院只能命令被定罪的人向被害人做出赔偿。对这点缔约国大会强调说，"由于赔偿责任完全取决于被定罪人的个人刑事责任，因此在任何情况下，包括在有关个人担任或曾经担任任何公职的情况下，都不得命令国家动用国家财产和资产，包括缔约国的分摊缴款来为

---

〔1〕 *Procutor v. Lubanga*, ICC - 01/04 - 01/06 - 3129, para. 1；*Prosecutor v. Katanga*, Raparation order, ICC - 01/04 - 01/07 - 3728 - tENG, 24 March 2017, para. 31；*Prosecutor v. Mahdi*, Reparation order, ICC - 01/12 - 01/15 - 236, para. 38.

〔2〕《基本原则宣言》第 12 条：当无法从罪犯和其他来源得到充分的补偿时，国家应设法向被害人提供金钱上的补偿。《基本原则和导则》第 16 条：如果须为所遭受的损害负责的一方无法或不愿履行其义务，国家应当努力制定国家赔偿方案并向受害者提供其他援助。

赔偿金提供资金"。[1]

然而，第一审判分庭在卢班加案关于赔偿的决定中说，卢班加已被确定为贫困，并且没有可用于赔偿目的的资产或财产。卢班加只能够作出非货币的、象征性赔偿，而这些不会成为法院赔偿命令的一部分。[2]因此，法院可以根据《罗马规约》第75条第2款的规定"通过"信托基金作出赔偿裁定，[3]即向被害人信托基金而非向被定罪人命令给付赔偿。[4]这导致被害人对审判分庭的这个决定提起了上诉，被害人法律代理人认为审判分庭没有令卢班加承担赔偿责任包括令其补偿信托基金支付的赔款是犯了法律错误，这使得缔约国无法根据被定罪人的财务状况可能出现的变化执行以后的赔偿命令。信托基金也同意被害人的意见，要求上诉庭修改这方面的决定。[5]

上诉庭认为审判分庭在赔偿决定中确定的行为人责任的原则清楚地表明，赔偿命令应对被定罪人作出。[6]根据《程序和证据规则》规则98分则2裁决将赔偿金存放于（deporsited with）信托基金并不影响事实上仍然是为了直接针对被定罪的人，这只是一种机制以解决"直接向每个被害的个人作出裁决是不可能或不切实际"的情况。[7]对被定罪人作出赔偿命令和通过信托基金作出赔偿命令不是相互排斥的概念。[8]而且，根据《罗马规约》第75条第2款作出的通过信托基金赔偿的裁定不是对被定罪人作出赔偿命令的替代。这一解释，有《程序和证据规则》《被害人信托基金条例》和缔约国大会就赔偿作出的决议的支持[9]，尤其《罗马规约》的法文本表明，为赔偿目的，被害人信托基金可以作为中介行事而不是作为被定罪人的替代。[10]上诉庭判定，卢班加对其犯罪造成的损害的被

---

〔1〕 ICC – ASP/10/Res. 3，2011年12月20日，中文本。

〔2〕 *Procutor v. Lubanga*，ICC – 01/04 – 01/06 – 2904，para. 269.

〔3〕 *Procutor v. Lubanga*，ICC – 01/04 – 01/06 – 2904，para. 270.

〔4〕 *Procutor v. Lubanga*，ICC – 01/04 – 01/06 – 3129，para. 70.

〔5〕 *Procutor v. Lubanga*，ICC – 01/04 – 01/06 – 3129，para. 97.

〔6〕 *Procutor v. Lubanga*，ICC – 01/04 – 01/06 – 3129，paras. 65 ~ 69.

〔7〕 *Procutor v. Lubanga*，ICC – 01/04 – 01/06 – 3129，para. 52.

〔8〕 *Procutor v. Lubanga*，ICC – 01/04 – 01/06 – 3129，para. 70.

〔9〕 *Procutor v. Lubanga*，ICC – 01/04 – 01/06 – 3129，paras. 71 ~ 75.《程序和证据规则》规则98规定："①个别的赔偿命令应直接对被定罪人发出。②在发出命令时，如果直接向每一被害人作出个别赔偿并不可能或不切实际，本法院可以命令将被定罪人的赔偿金存放于信托基金。据此存入信托基金的赔偿金应与信托基金的其他资源分开，并应尽快交给每一被害人。③根据被害人人数及赔偿范围、形式和方式，集体赔偿更为恰当时，本法院可以命令被定罪人通过信托基金交付赔偿金。"《被害人信托基金条例》第50条规定：当法院对被定罪人下达赔偿命令和命令赔偿金要存入信托基金获通过信托基金进行赔偿时，信托基金才被认为要启动。

〔10〕 法文本的"通过信托基金"用的是"par l'intermédiaire du Fonds"，ICC – 01/04 – 01/06 – 3129，para. 74.

害人承担赔偿责任[1]，他的贫困不是向其施加赔偿责任的障碍。[2]从审判分庭有权根据《罗马规约》第75条第4款寻求国家援助、冻结财产和资产以进行赔偿的规定，根据《法院条例》第117条"院长会议对被判刑人员的财务情况进行持续监测，即使在监禁判刑结束后亦如此，以便执行罚款、没收命令或赔偿命令"，以及从规约的起草过程可以得出这一结论。[3]上诉庭强调赔偿命令应对被定罪之人作出这一原则不能基于个案而予以背离。[4]

二、通过被害人信托基金给付赔偿

被害人信托基金是由缔约国大会为法院管辖范围内的犯罪的被害人及其家属的利益而设立和管理的。根据《被害人信托基金条例》的规定，启动信托基金的条件，一是"当理事会认为有必要为被害人及其家属的利益提供身体或精神康复或物质支持时"，二是"当法院对被定罪人下达赔偿命令和根据《程序和证据规则》规则98分则2、分则4命令赔偿金要存入信托基金或通过信托基金进行赔偿时"。[5]因此，信托基金具有双重任务：①向法院管辖权内的被害人提供援助；②实施法院命令的赔偿。[6]其资金来源有四种：作为刑罚之一，国际刑事法院判定的罚金和没收的财产；国际刑事法院命令的赔偿金；国家、政府和非政府组织以及个人的自愿捐款；缔约国大会转给基金的任何其他资金。

法院的赔偿命令应直接对被定罪的人作出，一般应由被定罪的人直接对被害人进行赔偿。设立了信托基金，赔偿金也可转到信托基金，由信托基金根据法院的指示付给被害人。若被害人有多个，由个人直接对每个被害人进行赔偿就不太可能或不太实际可行，这时将赔偿金存入信托基金对被害人进行赔偿就更为便利。根据被害人的人数及赔偿范围、形式和方式，若集体赔偿更为恰当时，法院可以命令被定罪人通过信托基金交付赔偿金；在需要时，也可通过信托基金核可的政府间组织、国际组织或国内组织付给赔偿金。值得一提的是，通过信托基金进行赔偿时，信托基金并不真正控制那些按照法院赔偿命令转到基金的资金。它只是作为一个灵活和有效的中介帮助向人数众多的被害人支付赔偿。通过法院命令的赔偿收到的资金必须严格地按照法院所定的数额、时间和形式支付给被害人。

---

[1]　*Procutor v. Lubanga*，ICC-01/04-01/06-3129，para. 60.

[2]　*Procutor v. Lubanga*，ICC-01/04-01/06-3129，para. 104.

[3]　*Procutor v. Lubanga*，ICC-01/04-01/06-3129，paras. 102~105.

[4]　*Procutor v. Lubanga*，ICC-01/04-01/06-3129，para. 76.

[5]　《被害人信托基金条例》第50条（a）（i）和（b）。

[6]　*Procutor v. Lubanga*，ICC-01/04-01/06-3129，para. 107.

信托基金在赔偿方面只是个工具，在被告没有足够的资产和有众多被害人时，通过信托基金给付赔偿是极为重要的。另一方面，法院在确定赔偿的数额和形式时只征求被定罪的人、被害人和所有利害关系的国家和专家的意见，而不必征求信托基金的意见。这证明信托基金对确定赔偿的过程不产生任何影响。

三、刑事定罪与赔偿责任之间的联系

赔偿命令应对被定罪人作出的理论基础是刑事定罪与赔偿责任之间具有内在的联系。国际刑事法院的赔偿制度不同于民事索赔，因为其关系到刑事案件，特别是被告被判定犯了罪。上诉庭说："赔偿命令与被定罪人的刑事责任有内在的联系，在判刑中确定了其犯罪行为的罪责"。[1]

卢班加案的定罪判决中提到了一些犯罪发生地，所列的证人证言中也提及一些儿童被招募的地方和儿童兵参加战斗的地方。[2]卢班加认为审判分庭在赔偿决定中把定罪判决中没有提及的犯罪地纳入了赔偿裁决，因而提起上诉。[3]

关于这个问题，信托基金曾提出，如果审判分庭要添加定罪判决提到的以外的地方，它可以制定确定这些地方的标准，并可举行听证会。[4]但是实际上，审判分庭并没有遵循这一建议。审判分庭在定罪判决中提及的犯罪地名单采用了"包括（including）"和"其他地方（elsewhere）"的措辞，上诉庭认为，这表明该名单不是详尽的，[5]但是审判分庭并不打算将赔偿责任所涉的地方扩大到在定罪判决或其列举的证人证言特别提到的范围以外的地方。[6]上诉庭认为，就卢班加案的具体情况而言，提供一个详尽的证人清单，其证言中所提到的在定罪判决中未提及的地方足以清楚确定卢班加赔偿责任的范围。鉴于所列证人数目有限，他们都曾在审判中作证，上诉庭认为，卢班加得到对其犯罪地可能承担赔偿的足够信息。他的赔偿责任范围不得超出他被判有罪的罪行范围。[7]因此，上诉庭认为审判分庭没有将卢班加的赔偿责任超过定罪判决及其列出的证人证言中提到的地方，审判分庭没有错。[8]卢班加的上诉理由被驳回。通过这个上诉判决澄清了赔偿责任不应超过作为定罪基础的犯罪范围，同时，被定罪人赔偿责任的范围必

---

〔1〕 *Procutor v. Lubanga*, ICC - 01/04 - 01/06 - 3129, para. 65；Annex A, para. 20.

〔2〕 *Procutor v. Lubanga*, ICC - 01/04 - 01/06 - 3129, para. 222.

〔3〕 *Procutor v. Lubanga*, ICC - 01/04 - 01/06 - 3129, para. 205.

〔4〕 *Procutor v. Lubanga*, ICC - 01/04 - 01/06 - 3129, para. 225.

〔5〕 *Procutor v. Lubanga*, ICC - 01/04 - 01/06 - 3129, para. 222.

〔6〕 *Procutor v. Lubanga*, ICC - 01/04 - 01/06 - 3129, para. 226.

〔7〕 *Procutor v. Lubanga*, ICC - 01/04 - 01/06 - 3129, para. 227.

〔8〕 *Procutor v. Lubanga*, ICC - 01/04 - 01/06 - 3129, para. 228.

须与造成的损害相称。[1]

第三节 赔偿的受益人

一、自然人和法人

根据《程序和证据规则》规则 85 的规定，赔偿可给予"法院管辖权内的犯罪的受害自然人"，也可以给予法人，"包括其专用于宗教、教育、艺术、科学或慈善事业目的的财产，其历史纪念物、医院和其他用于人道主义目的的地方和物体受到直接损害的组织或机构"。

在卢班加案中，就哪些是该案的赔偿受益人的问题，被害人法律代理人、被害人公设律师办公室、被害人信托基金以及政府和非政府组织向审判分庭提出了不同的意见。被害人法律代理人主要提出受该案犯罪各种损害的儿童兵及其家庭和受招募儿童兵影响的学校、村庄等社区应是受益人。被害人公设律师办公室认为受益人应包括被害人的直系亲属和远亲。信托基金和辩护律师认为犯罪的间接被害人，包括儿童兵的家庭和那些试图保护他们而遭受损害的人也有资格获得赔偿。书记官处提出被害人根据国内法先享受的权利不应该受法院给予或拒绝赔偿的损害。同样，国家给予的赔偿也不应影响被害人在国际诉讼中享有的赔偿权。书记官处提出可否根据被害人的脆弱性或需要或所受到的损害的情况"优先"赔偿某些受益的群体，以便最佳使用有限的资源。检方认为，赔偿的受益者应该包括那些卢班加的民兵组织非法招募或用于积极参与敌对行动的儿童，以及他们的直系亲属。但是，可以争论赔偿应该对受影响的社区提供恢复性正义，在此意义上，有更广泛的被害人。检方认为，卢班加只负责赔偿他被判罪行的被害人，对更广泛的被害人团体应通过罚款及没收获得的资金赔偿，或以被害人信托基金收集的其他资金赔偿。检方因此认为，有资格获得赔偿的人有：①前儿童兵和他们的父母和监护人，以及企图阻止他们被绑架而遭受损害的人；②与征招相关的性暴力的被害人；③在刚果爱国联盟之手遭受损害的任何族裔的成员，无论所受损害是否在被指控的时期造成。非政府组织敦促法院也应将赔偿给予那些未申请参加赔偿诉讼的被害人。[2]

---

〔1〕 *Procutor v. Lubanga*，ICC - 01/04 - 01/06 - 3129, para. 118；ICC - 01/04 - 01/06 - 3129, Annex A, para. 21.

〔2〕 *Procutor v. Lubanga*，ICC - 01/04 - 01/06 - 2904, paras. 68 ~ 84.

赔偿命令必须确定有资格受益于赔偿的被害人，或指出有资格得到赔偿的人的标准。[1]卢班加案的审判分庭和上诉庭判定赔偿受益的自然人包括犯罪的直接被害人和间接被害人。间接被害人有四种：①直接被害人的家庭成员；②试图阻止在法庭考虑之下的一个或多个罪行实施的人；③为直接被害人实施帮助或干预时受到损害的人；④因这些罪行而遭受人身损害的其他人。[2]对于如何确定间接被害人，法院认为应确定间接被害人和直接被害人之间是否存在密切的个人关系，例如儿童兵与其父母之间存在的关系。法院承认一般配偶和子女均属于家属。不同的国家、不同的文化有可能产生不同的解释，它们不应该影响被害人根据《罗马规约》第 75 条接受赔偿的权利。[3]

按照《程序和证据规则》规则 85 分则 1 的规定，赔偿受益的法人尤其可以包括"非政府的、慈善和非营利组织，法定机构，包括政府部门、公立学校、医院、私人教育机构（小学和中学或培训学院）、公司、电信公司、使社区成员受益的机构（如合作和建设团体，或处理微金融的机构）以及其他合伙组织"。[4]在马赫迪案中，虽然审判分庭承认对马里通布图地区的大多属于世界遗产名录的宗教和历史建筑物的攻击也影响到马里人民和世界人民的利益，但是认为应该主要考虑对通布图当地的组织和人民的赔偿，他们是修复和保护这些遗产的主力。[5]

值得注意的是，被害人不仅有权获得国际刑事法院裁决的赔偿，也有可能从其国内或其他机构获得赔偿。卢班加案的一些被害人和被告律师提出，那些已经受益于其他公共或非政府组织计划的被害人不应该再从法院获取赔偿。[6]然而，根据《罗马规约》第 75 条第 6 款的规定，法院的赔偿裁决不损害被害人根据国内法和国际法享有的权利。不过，法院认为要考虑被害人从其他机构取得的赔偿或利益，以便保证以公平或不歧视方式对被害人进行赔偿。[7]

二、个别赔偿和集体赔偿

《罗马规约》第 75 条第 2 款明确规定："本法院可以直接向被定罪人发布命

---

〔1〕 *Procutor v. Lubanga*，ICC－01/04－01/06－3129，para. 205.

〔2〕 *Procutor v. Lubanga*，ICC－01/04－01/06－3129，Annex A，para. 6.

〔3〕 *Procutor v. Lubanga*，ICC－01/04－01/06－2904，paras. 194～196；ICC－01/04－01/06－3129，Annex A，para. 9.

〔4〕 *Procutor v. Lubanga*，ICC－01/04－01/06－2904，para. 197；ICC－01/04－01/06－3129，Annex A，para. 8.

〔5〕 *Prosecutor v. Mahdi*，ICC－01/12－01/15－236，paras. 53～56.

〔6〕 *Procutor v. Lubanga*，ICC－01/04－01/06－2904，paras. 68，77.

〔7〕 *Procutor v. Lubanga*，ICC－01/04－01/06－2904，para. 9.

令，具体列明应向被害人或向被害人方面作出的适当赔偿"。《程序和证据规则》规则97分则1规定："考虑到任何损害、损失和损伤的范围和程度，本法院可以裁定作出个别赔偿，或在本法院认为适当的情况下，裁定作出集体或个别与集体赔偿。"从这些规定来看，法院可以根据个案情况，裁决给予个别的赔偿或集体的赔偿或个别与集体赔偿相结合。

（一）个别赔偿

在卢班加案中，参加赔偿诉讼的各方以及政府和非政府组织对给予何种方式的赔偿提出了各自的意见。大多数被害人倾向于个别赔偿，信托基金主要支持集体赔偿，被害人公设律师办公室、检方、政府和非政府组织都赞同个别和集体赔偿相结合。[1]

被害人主张个别赔偿的理由是：规约明确规定了个别赔偿，仅暗含有权对集体赔偿。[2]检方认为个别赔偿会使受影响的个人感觉到正义。[3]联合国儿童基金会指出，个别赔偿可反映某些个人经历的损害和解决他们的个人需求。这对被害儿童尤为重要。个别赔偿有时可以对最边缘化的被害人起最大效用。[4]国际过渡时期司法中心认为，个人赔偿可能对本案犯罪的直接被害人是适当的。[5]非政府组织认为在某些情况下，个别赔偿是适当的和必要的，例如对已感染艾滋病毒的性暴力被害人、遭受严重损害的被害人以及由于他们的情况如果不获得个别的援助将明显对其不利的被害人。[6]鉴于能用于赔偿的资源有限，被害人公设律师办公室建议只对提出个别赔偿申请的前儿童兵及与其关系密切的家庭成员予以个别赔偿。[7]

但是，给予个别赔偿也有不利的方面：其一，个别赔偿取决于被害人成功申请参加了赔偿诉讼，在卢班加案中，只有少数被害人参加了赔偿诉讼，他们并不一定能代表更广泛的被害人群体，因而个别赔偿不是最合适的。[8]其二，个别赔偿的优势有限，因为需要确定和核实各被害人地位，实际上也无法确定被害人的人数，这样必然会减少广泛赔偿计划的影响。[9]其三，受益的被害人是有选择

〔1〕　*Procutor v. Lubanga*, ICC – 01/04 – 01/06 – 2904, paras. 41~67.
〔2〕　*Procutor v. Lubanga*, ICC – 01/04 – 01/06 – 2904, paras. 41~42.
〔3〕　*Procutor v. Lubanga*, ICC – 01/04 – 01/06 – 2904, para. 46.
〔4〕　*Procutor v. Lubanga*, ICC – 01/04 – 01/06 – 2904, para. 49.
〔5〕　*Procutor v. Lubanga*, ICC – 01/04 – 01/06 – 2904, para. 50.
〔6〕　*Procutor v. Lubanga*, ICC – 01/04 – 01/06 – 2904, para. 48.
〔7〕　*Procutor v. Lubanga*, ICC – 01/04 – 01/06 – 2904, para. 43.
〔8〕　*Procutor v. Lubanga*, ICC – 01/04 – 01/06 – 2904, para. 44.
〔9〕　*Procutor v. Lubanga*, ICC – 01/04 – 01/06 – 2904, para. 47.

的，个别赔偿使某些前儿童兵受益可能导致获得赔偿人的污名化；也可能会被视为歧视性的，因为有些人认为这些儿童犯了罪，不应该得到国际社会的赔偿，从而在相关社区内引起紧张关系。[1]

（二）集体赔偿

在该案中，支持集体赔偿主要有以下理由：其一，由于不是所有的被害人都提交了个人申请，集体赔偿可给予没有参加诉讼的儿童们。其二，集体赔偿能包括和解的措施，可以重建社会团结，促进社区的凝聚力和和解。其三，可以利用有限的现有资源，为被害人群体提供最大的利益。其四，对那些可能参与犯罪的儿童给予赔偿更能缓解他们的感知，减少有关社区的种族冲突。[2] 被害人虽然在原则上反对集体赔偿，认为集体赔偿难以适用于前儿童兵，因为他们不是一个有凝聚力的团体，而且往往与自己的社区有冲突。在那里招募儿童兵的社区虽然受到损害，但是当时社区是支持招募组织的领导人的。因此，社区作为一个整体获得赔偿是不合逻辑的，对其他社区也是不公平的。即使如此，被害人仍认为集体赔偿可以避免儿童兵所在社区的其他成员对他们的负面看法，并使未能参加诉讼的儿童们也获得赔偿。此外，集体赔偿可作为使前儿童兵融入社会的一种手段。[3]

信托基金反对个别的赔偿，支持"以社区为基础的集体赔偿方法"，认为招募儿童兵损害了儿童和他们所在的社区。将社区作为一个整体采取的措施将增强集体赔偿的意义和适当性。信托基金的自愿捐款用于集体赔偿要比对少数特别的被害人赔偿更有益。而且，集体赔偿可能是最有效利用有限的资金的方式，因为不需要对各个被害人进行费资费力的核实。[4] 妇女倡议组织提出，由于本案施加的损害的广泛性质已经超出对特定个体造成损害的范围，集体赔偿是适当的，而且这种方法将有助于对性暴力造成的损害的援助计划；它支持信托基金的建议，采用"基于社区的和不排他的"赔偿。[5] 非政府组织提出，虽然《程序和证据规则》规则 97 和规则 98 预见到有这种可能性，但国际刑事法院的规约和规则都没有定义"集体赔偿"。非政府组织认为，巴博案在预审阶段使用共同的法律代理人和集体申请表表明，集体赔偿是可能的。非政府组织也主张集体赔偿不是排他性的，而且认为，集体赔偿不一定应与"集体损害"或集体赔偿权利相

---

〔1〕 *Procutor v. Lubanga*，ICC - 01/04 - 01/06 - 2904，paras. 47 ~ 49.

〔2〕 *Procutor v. Lubanga*，ICC - 01/04 - 01/06 - 2904，paras. 53，55，58，63，64.

〔3〕 *Procutor v. Lubanga*，ICC - 01/04 - 01/06 - 2904，paras. 51，52.

〔4〕 *Procutor v. Lubanga*，ICC - 01/04 - 01/06 - 2904，para. 55.

〔5〕 *Procutor v. Lubanga*，ICC - 01/04 - 01/06 - 2904，paras. 60 ~ 62.

关联。[1] 辩方对此不以为然，提出必须区分两种方法：一种是"集体赔偿"，为了在集体基础上补救特别是个人遭受的损害。另一种是"对社区赔偿"的概念，社区被当作被害人而不确定个体成员。辩方认为，给予"社区"集体赔偿，将违背上诉庭的判例法：将审判分庭的权能限于对被告的指控。因此，即使集体赔偿是理所当然的，也必须确定每个个体受益人。[2]

审判分庭听取了各种意见后在判决中裁定，根据《罗马规约》第21条第3款、《程序和证据规则》规则97分则1和规则85，赔偿可以被给予：个体被害人或遭受了人身损害的被害人群体。对个人的赔偿和对集体的赔偿并不相互排斥，它们可以同时获得。由于本案犯罪的被害人的数量不确定，考虑到相当数量的人受到犯罪的影响，而申请赔偿的人数有限，法院应确保以集体赔偿的方式，使赔款到达那些目前尚不明确的被害人。[3] 审判分庭赞同信托基金的建议，即以社区为基础使用信托基金的自愿捐款，这种方法将更为有利，比个别赔偿能发挥更大的效用。[4]

在加丹加案中，审判分庭对集体赔偿做了进一步说明。该分庭认为，集体赔偿是个开放的概念[5]，包括两类：一类是社区赔偿，例如，建立学校或医院，受益人是整个社区，不涉及其中的个别成员；[6] 另一类是对个人组成的群体的集体赔偿，这种群体无须是法人或被赋予集体权利，群体中的成员遭受了同样的损害，享有不相互排斥的赔偿权利。因此，给予的集体赔偿，无论如何处理和分配，都有益于这个群体。例如，以康复形式给予的赔偿是为了特定群体的利益，而非专为某个被害人的利益。然而，相对给予社区的集体赔偿而言，这种集体赔偿关注的是每个被害人个体。[7] 该审判分庭除了命令加丹加对279名个人作出赔偿外，还命令对受攻击的博戈罗人作为一个群体进行集体赔偿。[8]

（三）社区赔偿（community）

在卢班加案中，对社区赔偿是否合适曾引起争议。审判分庭认为，法院应评估对直接受影响的个人及其家属和社区的不利后果给予赔偿是否适当。而辩护律师反对对整个受犯罪影响的社区给予赔偿，理由是，允许把更广泛的社区概念包

---

[1] *Procutor v. Lubanga*, ICC－01/04－01/06－2904, para. 63.

[2] *Procutor v. Lubanga*, ICC－01/04－01/06－2904, para. 59.

[3] *Procutor v. Lubanga*, ICC－01/04－01/06－2904, paras. 217, 219, 220.

[4] *Procutor v. Lubanga*, ICC－01/04－01/06－2904, para. 274.

[5] *Prosecutor v. Katanga*, ICC－01/04－01/07－3728－tENG, para. 278.

[6] *Prosecutor v. Katanga*, ICC－01/04－01/07－3728－tENG, para. 279.

[7] *Prosecutor v. Katanga*, ICC－01/04－01/07－3728－tENG, paras. 276, 277, 280.

[8] *Prosecutor v. Katanga*, ICC－01/04－01/07－3728－tENG, paras. 287, 288.

含在《罗马规约》第75条"对被害人的赔偿"的含义中是混淆了集体赔偿和社区赔偿的概念。该律师认为，被害人或受益人团体必须与定罪相关联，对个人和集体的赔偿都要求根据《程序和证据规则》规则85的规定确定每一个个体都是被害人。而"社区"不属于规则85中规定的被害人定义。但是，他并不反对信托基金实施额外的对被害人的支持计划，只要他们不是对卢班加命令的赔偿的一部分。被害人法律代理人认为只有个人赔偿要求确定每个个体为被害人。信托基金支持把获得集体赔偿的受益人延伸到更广泛的社区，认为这是对法院管辖权范围内的大规模暴行"唯一可能成为有意义的集体赔偿"。[1]

法院有关的法律都没有提到对社区的赔偿。对于该案，上诉分庭指出，"社区"是共享一定特征的一群人。审判分庭所说的社区是指对作为社区成员的被害人的赔偿。由于只有在《程序和证据规则》规则85分则1和《被害人信托基金条例》第46条意义上的被害人，其遭受了卢班加被判有罪的罪行所造成的损害，才可能对卢班加要求赔偿。若赔偿裁决是对一个社区的利益作出的，该社区成员必须满足相关的获得赔偿的资格标准。上诉庭肯定，某些罪行可能对整个社区产生影响。如果遭受损害的社区成员与卢班加被判有罪的犯罪之间有充分的因果关系，对该社区作出集体赔偿裁决是适当的。因此，对社区裁决集体赔偿不一定是错误的。[2]然而，上诉庭认为，审判分庭提出可以对"更广泛的社区"进行赔偿，但又没有规定区别有资格获得赔偿的社区成员和社区其他成员的标准。结果，这个赔偿裁决可能导致卢班加对非因其被判有罪的犯罪而遭受损害的社区成员承担赔偿责任。审判分庭的决定在这方面是错误的。[3]

上诉庭对审判分庭的错误作出修正，同时指出，此修正不应被视为排除受影响的其他社区成员能够从信托基金活动的救援任务中获益。对于信托基金理事会而言，在根据《被害人信托基金条例》第50条a款行使职能时，考虑将受影响的社区中不符合法院赔偿标准的成员也包括在刚果金援助计划中的可能性是适宜的。[4]

有关赔偿的第一案卢班加案对个人的、集体的赔偿辩论清楚之后，在加丹加赔偿案和马赫迪赔偿案中，审判分庭都命令了对个人的赔偿和对集体的赔偿。尤其在马赫迪案中，分庭命令对那些依赖被保护建筑物生活的人，例如导游、卖这

---

〔1〕 *Procutor v. Lubanga*, ICC－01/04－01/06－3129, paras. 205～209.
〔2〕 *Procutor v. Lubanga*, ICC－01/04－01/06－3129, paras. 210～212.
〔3〕 *Procutor v. Lubanga*, ICC－01/04－01/06－3129, para. 214.
〔4〕 *Procutor v. Lubanga*, ICC－01/04－01/06－3129, para. 215.

些建筑物纪念品的小贩等给予个人的赔偿[1]，对建筑物遭到攻击和损毁的当地社区作为一个整体给予集体赔偿。[2]

三、犯罪和所受损害因果关系及其证明标准

对于犯罪和相关的损害之间有什么样的因果关系，《罗马规约》和《程序和证据规则》都没有作出具体规定。卢班加案的审判分庭认为国际法对此也没有确定的看法。在其决定中，审判分庭要求在犯罪和被害人遭受的损害之间存在"否则不会（but/for）"的关系。犯罪必须是所受损害的"近因（proximate cause）"，因为构成要求赔偿基础的"损害、损失和伤害"必须是犯罪造成的。[3]而赔偿不应仅限于受犯罪直接损害或"直接影响"的被害人，为了平衡被害人以及被定罪人的不同利益和权利，法院应确定在犯罪和所受损害之间存在一个"否则不会"的关系，而且，被定的犯罪是请求赔偿的损害的"近因"。[4]卢班加的辩护律师认为审判分庭论述的"近因"和"否则不会"标准都不足以说明犯罪和损害之间的因果关系，因为它们是"模糊的"和"主观的"。辩护律师主张在国际法上适用一个共同的标准，要求因果关系是"直接和即时的（direct and immediate）"。[5]

上诉分庭判定辩方没有表明国际性法院和机构对因果关系采取这种限制性的方法是个"必然趋势"。[6]辩方也未能表明适用"否则不会"关系和"近因"标准会如何侵犯被告的权利，以及"有直接和即时的关联"如何能弥补审判分庭决定中的标准的模糊性[7]，上诉庭认为审判分庭的观点并没有错[8]，驳回了辩护律师的这个上诉理由。这些标准也为加丹加案和马赫迪案的审判分庭所采纳。[9]

关于所受损害是由被定罪行造成的证明标准，审判分庭提出适用"或然性（balance of possibility）/优势证据标准"[10]，即虽然证据还不足以完全排除所有

---

[1] *Prosecutor v. Mahdi*, ICC – 01/12 – 01/15 – 236, paras. 73, 145.

[2] *Prosecutor v. Mahdi*, ICC – 01/12 – 01/15 – 236, paras. 83, 89, 90, 104.

[3] *Procutor v. Lubanga*, ICC – 01/04 – 01/06 – 2904, para. 249.

[4] *Procutor v. Lubanga*, ICC – 01/04 – 01/06 – 2904, paras. 247 ~ 250; *Procutor v. Lubanga*, ICC – 01/04 – 01/06 – 3129, para. 120.

[5] *Procutor v. Lubanga*, ICC – 01/04 – 01/06 – 3129, para. 121.

[6] *Procutor v. Lubanga*, ICC – 01/04 – 01/06 – 3129, paras. 125 ~ 129.

[7] *Procutor v. Lubanga*, ICC – 01/04 – 01/06 – 3129, paras. 124, 129.

[8] *Procutor v. Lubanga*, ICC – 01/04 – 01/06 – 3129, Annex A, para. 59.

[9] *Prosecutor v. Katanga*, ICC – 01/04 – 01/07 – 3728 – tENG, para. 162; *Prosecutor v. Mahdi*, ICC – 01/12 – 01/15 – 236, para. 44.

[10] *Procutor v. Lubanga*, ICC – 01/04 – 01/06 – 2904, paras. 253, 254.

的合理怀疑，但是仍然足以向一方作出公正和公平的倾斜。[1]上诉庭肯定在赔偿程序中，申请赔偿的人应提供充分的证据，证明犯罪与所受损害之间的因果关系。但又指出赔偿诉讼与审判的性质根本不同，在审判中，检察机关必须证明相关事实达到了"排除合理怀疑"的标准，这个证明标准在赔偿诉讼中不适用。[2]赔偿诉讼不像审判要求证明的标准那样严格，在确定赔偿诉讼中的适当证明标准，应考虑具体案件的各种因素，包括由于销毁证据或无法获得证据，被害人可能会在获得证据支持他们的求偿方面遇到困难。[3]上诉庭裁定，对所受损害是由被定罪行造成的证明标准原则上应依优势证据。[4]加丹加案的审判分庭也采纳了这个证据标准。[5]

第四节　赔偿的形式

《罗马规约》第 75 条第 1 款规定，赔偿（reparation）的形式为：归还、补偿和恢复原状。在谈判规约时，对于这些赔偿形式也有过很多争论，例如，如果要使一个被害人重新定居下来或恢复原来的环境，对于一个被定罪的人可能是力所不能及的。那么，法院也可考虑让被定罪人给付赔偿金，帮助受损害的社区重建社区设施，例如学校或祈祷场所，或使因犯罪行为而失去家园的社区成员重归故里。另外，金钱补偿也可以采取提供药物治疗和心理治疗等形式。因此，它们并非三种完全不同的赔偿形式。总之，无论赔偿的形式如何，它们必须是实际可行的、清楚的和准确的，能够使有关的缔约国法院或其他国内当局予以执行，当然还必须考虑到被定罪人的财产。虽然赔偿常常只是象征性的，但它也能对实现公正做出重要的贡献。

一、归还（restitution）

审判分庭在解释"归还"这种赔偿形式时实际不仅包括了"归还丢失或被盗财产"[6]，还包括了恢复原状，分庭指出："归还应尽可能将被害人恢复到他

---

〔1〕　Black's Law Dictionary, 8th Edition, Gamer（ed.），2004，p. 1220.

〔2〕　*Procutor v. Lubanga*，ICC－01/04－01/06－3129，Annex A, para. 22.

〔3〕　*Procutor v. Lubanga*，ICC－01/04－01/06－3129，Annex A, para. 22.

〔4〕　*Procutor v. Lubanga*，ICC－01/04－01/06－3129，Annex A, para. 65.

〔5〕　*Prosecutor v. Katanga*，ICC－01/04－01/07－3728－tENG，paras. 49，50.

〔6〕　*Procutor v. Lubanga*，ICC－01/04－01/06－2904，para. 224.

或她在罪行犯下之前的情况"[1]，"归还旨在恢复一个人的生活，包括返回到他或她的家庭、住所和以往的就业；提供继续教育"。[2]法庭认为归还和恢复原状"对法人，如学校和其他机构可能是适当的"。[3]但是对于将招募和征召15岁以下儿童并利用他们积极参与敌对行动罪行的被害人恢复到其在罪行犯下之前的情况，往往是无法实现的。[4]

分庭的这种解释与《基本原则和导则》中对这个赔偿形式的解释基本是一致的：该文件的中文本将"restitution"翻译成"恢复原状"，恢复原状应当尽可能将受害人恢复到发生严重违反国际人权法或严重违反国际人道主义法行为之前的原有状态。恢复原状视情况包括：恢复自由，享受人权、身份、家庭生活和公民地位，返回居住地，恢复职务和返还财产。[5]关于返还被害人的财产，在规约谈判中，很多人认为需要保护善意第三方保有的财产权利。这后来在规约中作了规定，第三方将有权向法院就有关赔偿问题提出意见。

在马赫迪案中，受攻击被损毁的属于世界遗产的宗教建筑物都已由联合国教科文组织等进行了恢复和重建，它们没有提出赔偿要求。[6]审判分庭判定给予以联合国教科文组织为代表的国际社会一欧元的象征性赔偿。[7]对当地的集体赔偿主要在于恢复当地的经济，采取以社区为基础的教育计划，提升人们对通布图（Tombouctou）地区重要的和唯一的文化遗产的认知，返回当地和重新定居，帮助居民创收，恢复当地的经济活动，等等。[8]

二、补偿（compensation）

《基本原则和导则》指出应当按照违法行为的严重性和具体情节，对严重违法行为所造成的"任何经济上可以估量的损害提供适当和相称的补偿"。[9]分庭同样认为可以给予补偿有两个条件：①造成的经济损害足以量化；②给予补偿相对于犯罪的严重性和案件的情况是适当的和相称的。[10]卢班加案的被害人主要是被征召入伍的15岁以下的儿童兵，分庭指示，落实赔偿裁定的措施时应考虑招

---

〔1〕　*Procutor v. Lubanga*，ICC－01/04－01/06－2904，para. 223.

〔2〕　*Procutor v. Lubanga*，ICC－01/04－01/06－2904，para. 224.

〔3〕　*Procutor v. Lubanga*，ICC－01/04－01/06－2904，para. 225.

〔4〕　*Procutor v. Lubanga*，ICC－01/04－01/06－2904，para. 223.

〔5〕　《基本原则和导则》，第19段。UN Doc. A/RES/60/147，21 March 2006.

〔6〕　*Prosecutor v. Mahdi*，ICC－01/12－01/15－236，para. 63.

〔7〕　*Prosecutor v. Mahdi*，ICC－01/12－01/15－236，para. 107.

〔8〕　*Prosecutor v. Mahdi*，ICC－01/12－01/15－236，para. 83. 通布图，住于马里中北部。

〔9〕　《基本原则和导则》，第20段。

〔10〕　*Procutor v. Lubanga*，ICC－01/04－01/06－3129，para. 226.

募儿童兵并利用他们积极参与敌对行动的罪行，对直接被害人、他们的家庭和社区可能造成的性别和年龄方面的影响。法院应评估对招募儿童直接受影响的个人以及与他们的家庭和社区产生的任何不利后果提供补偿是否适宜。[1] ③有可用的资金使赔偿可行时，应该考虑以补偿的方式进行赔偿。分庭列出可以用补偿的方式来赔偿的损害有：①身体的损害，包括导致个人丧失生育能力。②道义和非物质的损害造成身体、精神和情绪上的痛苦。③物质的损失，包括失去收入和工作机会，损失或损坏财产；拖欠工资或薪金，以其他形式干扰个人工作能力；储蓄的损失。④失去的机会，包括与就业、教育和社会福利有关的机会；丧失身份；干扰个人的合法权利。⑤法律或其他相关专家的费用，医疗服务、心理和社会援助的费用，包括相关时帮助感染艾滋病毒和患艾滋病的孩子的费用。分庭同时指出，虽然某些形式的损害难以量化，仍然可以以经济救济形式，解决已经造成的伤害。[2]

至于哪些属于"损害（harm）"，法院规约和规则中都没有提供该概念的定义，分庭对"损害"采取了广泛的解释，"损害"是指"伤痛（*hurt*）、伤害（*injury*）和损坏（*damage*）"[3]，并且涵盖所有形式的损坏、损失和伤害，包括物质的、身体上的和心理上的伤害。[4]损害不要求必须是直接的，但它必须是对被害人本人造成的。[5]

在加丹加案中，审判分庭判定加丹加对 297 名被害人每人给付 250 美元象征性赔偿金，以承认他们是加丹加犯罪的受害人[6]，同时，可以对被害人消除损害有所帮助，例如，他们可以自行决定购买一些用具、牲畜，或做些小生意。[7]

三、康复（rehabiliation）

"Rehabiliation"一词在《罗马规约》中文本中译为"恢复原状"是不准确的，因为恢复原状已包括在"归还"的补偿方式中。《基本原则和导则》中将该词翻译成"康复"，并解释康复应当包括医疗和心理护理以及法律和社会服务。[8]在卢旺达国际刑庭中，法庭向被害人，特别是出庭或准备出庭作证的被害人提供这样的服务。在《罗马规约》的谈判过程中，一些国家担心法院如何处

---

〔1〕 *Procutor v. Lubanga*, ICC – 01/04 – 01/06 – 3129, para. 231.

〔2〕 *Procutor v. Lubanga*, ICC – 01/04 – 01/06 – 3129, para. 230.

〔3〕 *Procutor v. Lubanga*, ICC – 01/04 – 01/06 – 3129, para. 228.

〔4〕 *Procutor v. Lubanga*, ICC – 01/04 – 01/06 – 3129, para. 229.

〔5〕 *Procutor v. Lubanga*, ICC – 01/04 – 01/06 – 3129, para. 228.

〔6〕 *Prosecutor v. Katanga*, ICC – 01/04 – 01/07 – 3728 – tENG, para. 298.

〔7〕 *Prosecutor v. Katanga*, ICC – 01/04 – 01/07 – 3728 – tENG, para. 300.

〔8〕 《基本原则和导则》，第 21 段。UN Doc. A/RES/60/147, 21 March 2006.

理这个问题和避免成为一个社会服务机构。但是实际上，这种担心是不必要的。允许法院确立原则和作出有关康复的命令并不意味着法院本身必然会参与实际对被害人提供医疗和其他服务的活动。

卢班加案的审判分庭也将该词解释为"康复"，"应包括提供医疗服务和医疗保健（特别是为了消灭艾滋病毒和治疗艾滋病），心理上的、精神上的和社会的援助，以支持那些遭受悲痛和创伤的痛苦，以及任何相关的法律和社会服务"。[1]

针对招募儿童兵犯罪的被害人，分庭提出要注重他们的心理康复，解决儿童可能会感到的耻辱，避免这些遭受伤害的男孩和女孩受到进一步的伤害[2]，最终使他们重新融入社会。为此，应采取直接协助他们重新融入社会的措施，包括对他们提供教育和职业培训以及可持续工作的机会，以使他们对社会发挥更有意义的作用。使前儿童兵康复和重返社会采取的步骤还可以包括在他们的社区实施赔偿计划。[3]马赫迪案的审判分庭判定，因攻击和毁坏宗教建筑物对社区人们造成的情感和心理的损害，应给予集体的赔偿。[4]

四、其他赔偿形式

在国际人权法中承认上述归还、补偿和康复是对严重侵犯人权的主要赔偿方式，同时也承认还有其他赔偿方式，例如，前述《基本原则和导则》中包括的其他赔偿形式有：满足和保证不再发生违法行为。[5]在讨论国际刑事法院赔偿制度中的赔偿形式时，也曾提到过其他的赔偿形式。一些代表团提出可以建纪念碑来纪念那些被害人，或提议让被定罪的人赔礼道歉等，但是这些赔偿形式均未被规定在国际刑事法院的赔偿制度中。在加丹加案中，鉴于加丹加的贫困状况，被害人信托基金的董事会决定提供审判分庭命令的全额赔偿费用100万，但是审判分庭认为加丹加仍可以作为一种赔偿形式自愿对被害人赔礼道歉，以利他与被害人及其社区的和解。加丹加表示愿意这样做。[6]然而，被害人并不欢迎竖立纪念碑、搞纪念活动等形式，认为不合适或无意义，或会再揭伤疤、加剧社会动荡。[7]

---

〔1〕　*Procutor v. Lubanga*，ICC－01/04－01/06－3129，para. 233.

〔2〕　*Procutor v. Lubanga*，ICC－01/04－01/06－3129，para. 235.

〔3〕　*Procutor v. Lubanga*，ICC－01/04－01/06－3129，paras. 234，235.

〔4〕　*Prosecutor v. Mahdi*，ICC－01/12－01/15－236，para. 90.

〔5〕　《基本原则和导则》，第22～23段。UN Doc. A/RES/60/147，21 March 2006.

〔6〕　*Prosecutor v. Katanga*，ICC－01/04－01/07－3728－tENG，paras. 315～318.

〔7〕　*Prosecutor v. Katanga*，ICC－01/04－01/07－3728－tENG，para. 301.

卢班加案的审判分庭在有关赔偿原则的裁决中指出，法院有权提出其他形式的赔偿，"如建立或协助旨在提高被害人的地位的活动；颁发证书，承认某个人经历的损害；制定宣传和推广计划，告知被害人审判的结果；开展教育活动，旨在减少对本罪行的被害人的羞辱和使他们边缘化。这些步骤可以促进社会对卢班加犯下的罪行的认识和对此类事件态度的改善，并确保儿童在其社区内发挥积极的作用"。[1]这些形式的赔偿需要得到缔约国和有关社区的合作。此外，"卢班加自愿公开或秘密地向被害的个人或群体道歉"[2]也是一种赔偿形式。分庭没有将这些形式归类为"满足"和"保证不再重犯"，但是肯定了对犯罪的判决和刑罚以及广泛出版和宣传有关赔偿的决定，可提高对征招儿童兵积极参与敌对行动为犯罪的认识，从而有助于阻止这种犯罪。[3]

总之，赔偿的形式因个案的不同呈现了多样化。例如，在加丹加案中，对所有受害者采取了四种集体赔偿方式：提供住房援助、教育援助、支持创收活动和心理康复。[4]

第五节　求偿程序和赔偿命令的执行

一、被害人的求偿程序

被害人的求偿程序规定在国际刑事法院《程序和证据规则》规则 94～97 中。

（一）提出求偿请求

被害人根据《罗马规约》第 75 条提出的赔偿请求，必须采用书面形式，交给书记官长。该赔偿请求书中要求提供详细的资料，包括提供求偿人的身份和地址；关于损伤，损失和损害的说明；事发地点和日期，若有可能，指出其认为应对其所受损害负责的人的身份；要求退还资产、财产和其他实物的，要提供关于这些物件的说明；写明补偿的请求、恢复原状和其他补救措施的请求；并在可能的情况下提供有关的辅助文件，包括证人的姓名和地址。

（二）通知有关的人和有关的国家

在审判开始时，在考虑到保护措施的情况下，法院应请书记官长将求偿一事

---

〔1〕　*Procutor v. Lubanga*，ICC‐01/04‐01/06‐3129，para. 239.

〔2〕　*Procutor v. Lubanga*，ICC‐01/04‐01/06‐3129，para. 241.

〔3〕　*Procutor v. Lubanga*，ICC‐01/04‐01/06‐3129，paras. 237～238.

〔4〕　*Prosecutor v. Katanga*，ICC‐01/04‐01/07‐3728‐tENG，para. 304.

通知在请求中被提及的人或在指控中被提及的人，有可能的话，还应通知任何有关的人或任何有关国家。在法院主动采取行动决定在裁判中确定对被害人的赔偿问题时，法院应请书记官长将法院的这个意图通知法院考虑要对其作出决定的人，并尽可能通知被害人、有利害关系者和有利害关系的国家。如果有被害人请求法院不发出赔偿命令，法院应尊重被害人的意愿，不就该被害人发出个别赔偿命令。

书记官长除了通知有关的赔偿请求外，还应向被害人或其法律代理人及有关的人和有关的国家通知赔偿诉讼程序。为了寻求缔约国的合作和政府间组织的协助，法院还可以采取一切可行的办法，尽量广泛宣传进行中的赔偿诉讼程序。

（三）听取意见和作出赔偿命令

不像两个特设法庭那样，被害人只能作为证人参加诉讼，国际刑事法院允许被害人在其利益受到影响时，在法院认为适当的诉讼阶段提出意见和关注供审议，还允许被害人作为诉讼方参加求偿的诉讼。法院在发出赔偿命令前，可以征求并应当考虑被定罪人、被害人、其他利害关系人或利害关系国或上述各方的代表的意见。他们若有意见，应将其意见提交书记官处。被害人的法律代理人应有权出席并参加诉讼程序，包括参加听讯、经有关分庭的许可后向证人、鉴定人或有关的人提问。[1]

法院首先要对被害人受到的损害、损失和损伤的范围和程度进行确定，在进行这项工作时，法院可以指定适当的鉴定人协助法院工作，并就赔偿的适当类别和形式提出建议。法院也可以请被害人或其律师、被定罪的人以及有关的人和国家就鉴定人的报告提出意见。在确定了对被害人损害、损失和伤害的范围和程度后，法院可命令对被害人单独地或集体地给予赔偿。对于法院作出的赔偿命令，被定罪的人若不服，可以在赔偿命令作出 30 日以内提出上诉。

二、赔偿命令的执行

有关人权问题诉讼的经验表明，作出赔偿判决是一回事，而执行判决是另一回事。要使赔偿制度有效，首先要保证有足够的资金进行赔偿，为此目的，《罗马规约》第 57 条第 3 款第 5 项规定了在发出逮捕证或传票时，预审分庭可以要求国家合作，"要求为没收财物，特别是为了被害人的最终利益，采取保护性措施"。这款规定给予法院在诉讼早期作出保全措施命令的重要权力，以避免被告采取行动把资产置于被害人不可及的地方。法院在判定某人实施了法院管辖权内的犯罪后，为了执行其可能发出的赔偿命令，可以请求采取《罗马规约》第 93

---

〔1〕《程序和证据规则》规则 91。

条第 1 款规定的临时保全措施，包括查明、追寻和冻结或扣押犯罪收益、财产和资产及犯罪工具，以便最终予以没收，但不损害善意第三方的权利。

再者，需要缔约国的合作[1]，不仅国家在追寻和冻结资产方面应与法院合作，《罗马规约》第 75 条第 5 款规定缔约国有义务执行法院作出的赔偿裁判，缔约国应像执行法院罚金和没收措施那样，根据其国内法程序，执行法院的赔偿命令，但不应损害善意第三方的权利。[2]在很多情况下，没有国内当局的积极合作是不可能执行赔偿命令的。例如关于保全措施的执行，只能依赖国家，若一国的法律和秩序已经崩溃，司法机关无法有效工作，法院的赔偿命令就会付之东流。

由于目前被国际刑事法院定罪判刑的人均属贫困的人[3]，法院判决的赔偿大多通过被害人信托基金予以支付。因此，审判分庭均要求被害人信托基金提交执行赔偿命令的计划草案[4]，由分庭批准并监督执行。

综上所述，《罗马规约》中的赔偿制度使法院有权灵活地确定对某一具体案件的被害人所需的赔偿，和作出适当的裁判。国际刑事法院关于损害赔偿的规定和实践，有以下几方面的发展：其一，被害人有权向法院申请对其损失或损害作出赔偿的裁判。其二，在被害人缺席的情况下，或甚至在他忽视提出赔偿主张时，法院可以自行提出对他赔偿，以使他的权利得到保障。其三，可以通过分庭作出的赔偿决定对被害人和赔偿责任者作出"明确的司法确认"，有学者认为，对被害人而言这是个胜利。[5]其四，关于赔偿的形式，尽管法院的规约和规则仅规定了三种传统的对个人损失或损害的赔偿形式：归还、补偿和康复，法院还考虑到某些犯罪的特殊性质，犯罪不仅仅损害个体的人，还损害特别的群体和对犯罪发生地造成损害。因此，发展了对集体赔偿和赔偿的其他形式。其五，被害人信托基金的设立保障了有资格获得赔偿的被害人能够获得充分的赔偿，也使不符合特定案件获得赔偿资格的被害人得到援助。该赔偿制度标志着违反人权和人道法的被害人所享有的赔偿权的国际准则已发展到了制度性的新阶段。

---

〔1〕 *Prosecutor v. Katanga*, ICC – 01/04 – 01/07 – 3728 – tENG, para. 324.

〔2〕 《罗马规约》第 109 条。

〔3〕 *Prosecutor v. Katanga*, ICC – 01/04 – 01/07 – 3728 – tENG, para. 328.

〔4〕 *Prosecutor v. Katanga*, ICC – 01/04 – 01/07 – 3728 – tENG, para. 345; *Prosecutor v. Mahdi*, ICC – 01/12 – 01/15 – 236, para. 148.

〔5〕 Carsten Stahn, "Reparative Justice after the Lubanga Appeals Judgment: New Prospects for Expressivism and Participatory Justice or 'Juridified Victimhood' by Other Means?", http://ssrn. com/abstract = 2586332, last visit 31 May 2018.

第十五章 联合国安理会对国际
刑事法院的作用

安全理事会是联合国的六大主要机关之一,《联合国宪章》赋予安理会维护世界和平与安全的重要职责,[1]安理会也是联合国这个当今世界最具普遍性的国际组织中唯一有权采取强制措施的机关。[2]作为人类社会迄今为止建立起的第一个常设国际刑事司法机构,国际刑事法院在其规约中明确规定了安理会的作用,包括安理会有权向国际刑事法院提交情势、安理会可以推迟国际刑事法院调查起诉、国际刑事法院管辖侵略罪中安理会的作用以及安理会与国际刑事法院的合作。安理会对国际刑事法院应当发挥怎样的作用这个问题,是国际刑事法院自谈判磋商阶段到法院正式建立之后,一直到今天法院运行实践中都备受关注的理论问题,同时也在法院运行实践中引起了热烈的讨论。

第一节 安理会影响国际刑事法院
对侵略罪的管辖权

国际刑事法院对侵略罪具有管辖权,但这项管辖权迄今为止未能在司法实践中得以实现,一个重要原因就是国际刑事法院未能理顺管辖侵略罪时安理会所应当起到的作用。个人犯下的侵略罪与国家侵略行为密切相关。在司法审判中,对国家侵略行为的判断是认定侵略罪的前提条件,也就是说,只有国家行为构成足以引起个人刑事责任的侵略行为,才能够进一步审查对被告人的侵略罪指控能否成立,如果国家行为根本不属于侵略行为,也就无须再考虑对个人的侵略罪指

---

〔1〕《联合国宪章》第 39 条。
〔2〕《联合国宪章》第 24 条第 1 款。

控。国际刑事法院中的法官能否独立判断国家行为是否构成侵略行为，安理会对国家侵略行为的权威判定对法院审理侵略罪的案件起到怎样的作用，这样的问题就成为国际刑事法院实现对侵略罪管辖权的关键。

2002 年 7 月 1 日生效的《罗马规约》第 5 条第 1 款规定，侵略罪是国际刑事法院管辖的"整个国际社会关注的最严重犯罪"之一；第 2 款进一步规定，在界定侵略罪的定义及规定法院对侵略罪行使管辖权的条件之后，法院方能对侵略罪行使管辖权，且这一款"应符合《联合国宪章》有关规定"。2010 年 5 月 31 日至 6 月 11 日，在乌干达坎帕拉召开的国际刑事法院《罗马规约》审议会议上，用第 RC/Res. 6 号决议的方式通过了关于侵略罪的修正案。从修正案中可以看出，尽管国际刑事法院获得了独立判断国家侵略行为的权力，但是安理会对于扩大国际刑事法院管辖侵略罪的范围依然发挥着举足轻重的影响。

一、国际刑事法院独立判断国家侵略行为的权力

在《罗马规约》相关条款的讨论过程中，各国外交代表和学者对于安理会对侵略行为的判断对法院是否具有权威作用这个问题上，分为肯定与否定两种截然对立的观点。[1]肯定的观点认为判断侵略行为是安理会的专属权力（exclusive power），法院对侵略罪的管辖权应当服从于安理会的判断，没有安理会对侵略行为的预先判断，法院不得对侵略罪行使管辖权。否定的观点则主张判断侵略行为是安理会的主要职责（primary responsibility）而非专属权力，安理会的判断对法院不具有拘束力，法院有权自主判断侵略行为。

在 2010 年 6 月国际刑事法院《罗马规约》审议会议之前，由国际刑事法院以外的机构判断侵略行为的安排早已经遭到了许多质疑和批评，[2]因为这不仅限制了国际刑事法院的工作，而且影响到国际刑事的程序公正。在审议会议上，相当一部分国家都支持的提案是检察官应当在没有任何外部机构进行侵略行为判定的情况下也能够继续调查程序。[3]最后通过的《〈罗马规约〉侵略罪修正案》决定"删除《罗马规约》第 5 条第 2 款"[4]，并且根据国际刑事法院对侵略罪行使管辖权不同的启动方式，分别在《罗马规约》第 15 条之后增加了第 15 条之二

---

〔1〕 还有些观点属于在肯定派和否定派之间进行妥协的折中观点，笔者将这样的观点归为否定派，这样划分是基于是否承认安理会的权威这种标准。

〔2〕 Jennifer Trahan，"The Rome Statute's Amendment on the Crime of Aggression：Negotiations at the Kampala Review Conference"，*International Criminal Law Review*，Vol. 11，2011，p. 62.

〔3〕 Roger S. Clark，"Amendments to the Rome Statute of the International Criminal Court Considered at the first Review Conference on the Court"，*Goettingen J. Int'l L.*，，Vol. 2，2010，p. 701.

〔4〕 国际刑事法院 RC/Res. 6 号决议附件一《〈罗马规约〉侵略罪修正案》第 1 条。

和之三。

第 15 条之二是在缔约国提交情势以及检察官自行开始调查的情况下，法院对侵略罪行使管辖权的具体程序。[1] 根据第 15 条之二的规定，在检察官自行启动对侵略罪的调查以及缔约国向法院提交涉及侵略罪的情势的情况下，检察官"认为有合理根据对侵略罪进行调查"时，应"首先确定安理会是否已认定有关国家实施了侵略行为。检察官应将法院处理的情势，包括任何有关的资料和文件，通知联合国秘书长"。[2]"如果安理会已做出此项认定，检察官可对侵略罪进行调查。"[3]"如果在通知日后 6 个月内没有作出此项认定，检察官可对侵略罪进行调查，前提是预审庭已根据第 15 条规定的程序授权开始对侵略罪进行调查，并且安理会没有根据第 16 条作出与此相反的决定。"[4] 从这种程序安排中可以看出，一方面，在调查起诉侵略罪时，法院具有相当的自主权与独立性。在检察官正式开始调查之前给安理会 6 个月的时间限制，安理会在此时限之内就要作出决定，如果安理会没有作出决定，但是在法院预审庭的批准之下，检察官依旧可以继续诉讼程序，此时决定检察官正式调查程序是否继续的机构不再是安理会，而是法院内部机构预审庭，这说明法院在调查审理侵略罪案件时有充分的独立性与自主权，这是安理会特权和法院独立之间的妥协。如果安理会想要介入的话，只能通过《罗马规约》第 16 条在《联合国宪章》第七章授权下干预法院的调查起诉程序，这时还需要达到应有票数，而且所有常任理事国没有一个投反对票，这也绝非易事。法院审理侵略罪的自主权达到了与审理其他所管辖的犯罪同等程度，但有一点例外。适用于其他三种国际犯罪的《罗马规约》第 15 条规定，检察官只需要取得预审分庭[5] 的同意即可，这里对侵略罪调查时，额外规定了检察官必须取得预审庭 7 名法官的多数决定方可开启正式调查程序，显然这种强化的内部过滤机制显示出起草者对侵略罪的慎重态度。[6] 对于国际刑事法院来说，将整个预审庭作为裁判机构是个全新的程序规定，在《罗马规约》《程序和证据规则》《法院条例》中都没有关于预审庭的司法职能的规定，[7] 这是法院面临的

---

〔1〕　参见《罗马规约》审查大会第 RC/Res. 6 号决议，大会决议附件一，http://www. icc－cpi. int/iccdocs/Resolutions/RC－Res. 6－CHN. pdf，最近访问日期：2015 年 12 月 1 日，

〔2〕　《罗马规约》审查大会第 RC/Res. 6 号决议，大会决议附件一，第 15 条之二第 6 款。

〔3〕　《罗马规约》审查大会第 RC/Res. 6 号决议，大会决议附件一，第 15 条之二第 7 款。

〔4〕　《罗马规约》审查大会第 RC/Res. 6 号决议，大会决议附件一，第 15 条之二第 8 款。

〔5〕　通常由 3 名法官组成，有时也可以由 1 名法官担任。

〔6〕　Mauro Politi，"A Dream that Came Through and the Reality Ahead"，*Journal of International Criminal Justice*，Vol. 10，No. 1，2012，p. 271.

〔7〕　Mauro Politi，"A Dream that Came Through and the Reality Ahead"，p. 272.

审判组织方面的新挑战。[1]另一方面，侵略罪修正案起草者对安理会判断国家行为的权力给予了相当尊重与关注。检察官初步调查之后，首先要确定的就是安理会是否已认定相关国家实施了侵略行为，并且要将自己正在调查的案件立刻通知联合国秘书长。这种程序规定是起草者为了保证安理会在判断国家侵略行为方面的首要地位而做出的努力，而且只有在"安理会没有根据第16条作出与此相反的决定"时，检察官才能继续调查，这里强调了安理会在《联合国宪章》第七章下的权力。至于安理会会对侵略罪修正案中的这种安排持怎样的态度作出怎样的反应，则很难预料。[2]

第15条之三规定的是在安理会提交情势的情况下，法院对侵略罪行使管辖权的程序。这一条倒数第2款的措辞也是："法院以外的机构认定侵略行为不妨碍法院根据本规约自行得出的结论。"[3]这一款的含义是，无论法院对侵略罪的管辖权是如何启动的，法院以外的机构对于侵略行为的判定只具有证据价值，即便安理会已经预先判定国家实施了侵略行为，但这种判断是政治性的，国际刑事法院仍然有权独立作出以认定个人刑事责任为目的的国家侵略行为的法律判断，而且从理论上讲，法院的判断可以与安理会的判断相同或者不同。这一款保证了法院审理侵略罪的独立性。

从《〈罗马规约〉侵略罪修正案》第15条之二和之三来看，最终的妥协是在协调肯定观点和否定观点的基础上，做出了倾向于法院独立行使对侵略罪管辖权的安排。修正案不仅在判断个人刑事责任方面，而且在判断国家侵略行为方面，都保证了法院的独立性。安理会对国家侵略行为作出预先判断不再是启动法院对侵略罪的管辖权的唯一方式，外部机构的不作为也不会再成为阻碍法院行使审判权的原因。即便是安理会做出的对于国家侵略行为的判断，在法庭前也只具有证据效力，对法庭的刑事程序不具有拘束力，这能够有效保证法院审判权的完整，也是维护被告人权益的保障。[4]侵略罪修正案的程序安排尊重了安理会在维护国际和平与安全方面所担负的主要职责，同时并没有把这种主要职责作为唯一的专属性权力来对待。因此审议会议通过第RC/Res. 6号决议后，安理会五大常任理事国，即作为《罗马规约》缔约国的法国、英国在解释立场的发言中，以

---

〔1〕 Hans – Peter Kaul, "Kampala June 2010 – A First Review of the ICC Review Conference", *Goettingen J. Int'l L.*, Vol. 2, 2010, p. 665.

〔2〕 Mauro Politi, "A Dream that Came Through and the Reality Ahead", p. 270.

〔3〕 参见《罗马规约》审查大会RC/Res. 6号决议，大会决议附件一。

〔4〕 Astrid Reisinger Coracini, "The International Criminal Court's Exercise of Jurisdiction Over the Crime of Aggression – At Last…in Reach…Over Some", *Goettingen J. Int'l L.*, Vol. 2, 2010, p. 787.

及作为观察员国的中国、俄罗斯和美国发表的讲话中都批评侵略罪修正案未能反映安理会维护国际和平与安全的首要地位，违反了《联合国宪章》。[1]

二、安理会扩大法院管辖侵略罪的范围

除了法院判断国家侵略行为的权威性之外，考察不同的启动方式之下法院管辖侵略罪的范围，才能对安理会对法院管辖侵略罪的影响有一个全面的认识。侵略罪修正案将启动法院对侵略罪管辖权的方式分为缔约国提交情势和检察官自行调查的情况，以及安理会提交情势的情况两大类。

《〈罗马规约〉侵略罪修正案》第15条之三专门处理安理会提交情势以启动国际刑事法院对侵略罪管辖权的情况。安理会提交情势后的程序规定相较于缔约国提交情势和检察官自行调查的情况要简单许多，检察官既不需要首先确定安理会是否已经对一国的侵略行为作出判断，也不需要请求安理会作出这样的判断或者等待预审庭予以授权。正如《关于对国际刑事法院〈罗马规约〉侵略罪修正案的理解》写道："在安理会根据《罗马规约》第13条第2款提交情势的情况下，无论有关国家是否接受了法院在此方面的管辖权，法院都将对侵略罪行使管辖权。"[2]至少从表面看，在安理会提交情势的情况下，不需要将判断侵略行为的程序从法院管辖侵略罪程序中分离出去，因为这种情况下不存在管辖权冲突。[3]在安理会提交情势启动法院管辖权的情况下，只要修正案得以生效并且满足属时管辖权的条件，无论相关国家是《罗马规约》缔约国还是非缔约国，也无论相关国家是否已经根据《罗马规约》第121条第5款接受了侵略罪修正案，还完全不用考虑相关国家是否根据第15条之二第4款作出了排除侵略罪管辖的声明，法院都可以根据安理会提交情势的决议针对与情势有关的任何国家实施侵略罪的管辖权，可以说这是一种相当普遍的强制性管辖权，似乎除了与安理会中

---

〔1〕 法国认为："法国决定不反对共识，尽管法国并不支持这一案文草案，因为它无视《罗马规约》第5条所载《联合国宪章》的有关规定。第15条之二第8款的案文限制了安理会的作用，并违反了《联合国宪章》关于只有安理会有权认定是否存在侵略行为的条款。"英国认为："已经通过的案文不能减损联合国安理会在维护国际和平与安全方面的首要地位，在此我想提请注意《联合国宪章》第39条。"中国认为《〈罗马规约〉侵略罪修正案》第15条之二和之三"都没有体现出就侵略行为而言，需要首先由安理会进行认定，然后再由国际刑事法院就侵略罪行使管辖权的含义。而由安理会对侵略行为进行认定，恰恰是《联合国宪章》的规定，也是《罗马规约》第5条第2款对制定侵略罪条款的要求"。俄罗斯认为："本协商一致决定未能充分体现由安理会领导的维护和平与安全的制度，也未能体现安理会在确认侵略行为方面所拥有的特权。"美国认为："根据《联合国宪章》第39条，安理会在认定是否存在侵略行为方面具有优先作用，并且安理会在国际和平与安全事务上承担首要责任。"参见《国际刑事法院〈罗马规约〉审议会议正式记录》，RC/9/11，第129~133页。

〔2〕 《关于对国际刑事法院〈罗马规约〉侵略罪修正案的理解》，RC/11，附件三。

〔3〕 Robert Hensch，"The Crime of Aggression After Kampala: Success or Burden for the Future?"，*Goettingen J. Int'l L.*，Vol. 2，2010，p. 735.

具有否决权的常任理事国有关的案件之外，其他任何国家都能够通过这种方式受到法院的管辖。要注意的是，在侵略罪中，安理会通过提交情势扩大法院管辖权要比在其他国际犯罪中扩大法院管辖权具有更重要的意义，要理解这种特殊意义，必须全面了解法院对侵略罪行使管辖权的状况。

在缔约国提交情势和检察官自行调查的情况下，《〈罗马规约〉侵略罪修正案》采取了严格国家同意原则对法院管辖侵略罪所针对的国家进行限制。其第15条之二第4款和第5款是关于在缔约国提交情势和检察官自行调查的情况下，法院对国家接受管辖的相关规定。第5款规定："对于本规约非缔约国，法院不得对该国国民或在其领土上实施的侵略罪行使管辖权。"含义非常明确，无论非缔约国国民实施的侵略罪，还是在非缔约国领土上实施的侵略罪，法院均不得管辖。这是在管辖权范围方面，侵略罪与法院管辖的其他国际犯罪显著不同之处。法院对非缔约国管辖侵略罪的条件适用了严格国家责任原则，无论非缔约国是侵略行为地国还是侵略行为人国籍国，法院均无权管辖。《〈罗马规约〉侵略罪修正案》第15条之二第4款规定："法院可以根据第12条，对因一个缔约国实施的侵略行为导致的侵略罪行使管辖权，除非该缔约国此前曾向书记官长作出声明，表示不接受此类管辖。此类声明可随时撤销，且缔约国须在3年内考虑撤销此类声明。"这一条就是备受争议的"选出条款"，这种缔约国可以选择退出法院管辖的规定是侵略罪修正案的首创，对法院管辖的其他国际犯罪均不适用。

当以缔约国提交情势或检察官自主调查的方式启动管辖权时，法院仅在一种情况下能够确定无疑地对侵略罪行使管辖权，即侵略罪行为地国与行为人国籍国同时是接受了侵略罪修正案的缔约国的情况。不难想象，能够说服本国行政以及立法机构签署并批准《罗马规约》的国家，进而又再一次经过本国行政与立法机构的首肯主动接受了《〈罗马规约〉侵略罪修正案》，这样的国家首先一定是在历史上以及可预见得到的未来从未对外实施过侵略行为，反而极有可能受到别国侵略的弱小国家，这样的国家很难具有普遍性而且国际影响力也有限。换句话说，法院实际上仅仅对一些不可能实施侵略罪的国家具有侵略罪管辖权，其局限性可想而知，让人很难对法院成功审理侵略罪的未来抱有任何乐观与期待。如果将安理会提交情势下与缔约国提交情势或检察官自行调查情况下，法院管辖侵略罪的范围相互对比，会发现"安理会提交情势的方式实际上在相当程度上扩大了法院的管辖权以及审判侵略罪的机会"。[1]在安理会提交情势的情况中，似乎除

---

[1]　Mauro Politi, "A Dream that Came Through and the Reality Ahead", p. 271.

了作为《罗马规约》非缔约国的安理会三个常任理事国[1]外的所有国家都有受到法院管辖的可能性，而在缔约国提交情势或检察官自行调查的情况下，似乎除了一些不可能实施侵略罪的弱小国家外的所有国家都有不受法院管辖的可能性，安理会提交情势的方式扩大法院管辖权在侵略罪问题上具有尤其重要的意义。

第二节　安理会的提交权与推迟权

《罗马规约》第 13 条第 2 款和第 16 条分别规定了安理会可以通过向法院提交情势的方式启动法院的管辖权，以及安理会拥有推迟法院调查和起诉程序的权力。前者是法院行使管辖权的启动机制之一，而后者则被认为是政治机构有权阻碍法院司法程序的表现方式。无论是法院管辖权的启动机制还是安理会中止司法程序的特权，都是规约起草中最复杂与敏感的部分，从国际法委员会设计规约草案时开始直到规约付诸实施之后都充满争议。

一、安理会向国际刑事法院提交情势的权力及实践

《罗马规约》第 13 条第 2 款关于安理会向法院提交包含相应国际犯罪情势的规定是《罗马规约》起草者们设计的启动法院管辖权的三种方式之一，这一款对安理会提交权的描述是"安全理事会根据《联合国宪章》第七章行事，向检察官提交显示一项或多项犯罪已经发生的情势"。一方面对安理会而言，尽管《罗马规约》第 13 条第 2 款明确提及安理会的提交权，但并不能认为安理会权力的行使受到《罗马规约》的拘束。安理会依据《联合国宪章》第七章的权力除了受到《联合国宪章》本身以及联合国的目的与宗旨的限制之外，还受到国际强行法的限制。[2]除此以外，安理会的权力不受联合国之外的任何其他国际组织章程的拘束，当然也不受《罗马规约》的拘束。另一方面对法院而言，《罗马规约》第 13 条第 2 款赋予安理会的提交情势权对法院的介入是有限的，法院仍然保持着应有的独立性。安理会可以根据《联合国宪章》第七章利用法院的司法审判机制，但是法院并不因此受到安理会的支配。当安理会将情势提交给检察官后，检察官便具有独立判断情势的权力，安理会无法影响对个人的刑事起诉。[3]

---

[1]　即中国、美国和俄罗斯。由于英国和法国是《罗马规约》缔约国，接受国际刑事法院强制管辖并具有与国际刑事法院合作的国际义务，即便安理会不提交情势，他们也有受安理会追诉的可能。

[2]　Bruno Simma et. al. （eds.），*The Charter of the United Nations: A Commentary*, 2nd Edition, Vol. I, Oxford University Press, pp. 710~712.

[3]　Otto Triffterer, *Commentary on the Rome Statute of the International Criminal Court*, p. 568.

安理会提交权的效力在于，能够避免其他条款设置的对法院管辖权的限制，使得法院获得更多行使管辖权的机会。一旦安理会完成提交决议，《罗马规约》本身的规范性要求就开始适用，[1]因为法院只能依据《罗马规约》来处理安理会提交的情势。

从理论上看，安理会介入法院的提交权力来源只能是《联合国宪章》，而且具体限制在第七章赋予的权力。从逻辑和安理会实践的先例上看，提交权与安理会根据第七章创设特设国际刑庭的权力类似。正如国际法委员会特别报告员克劳福德（James Crawford）先生所说，"在考虑《罗马规约》中是否要规定安理会认为有必要设立特设国际刑庭的情势时，就安理会来说将相应情势提交法院的能力显得非常重要"。[2]根据《联合国宪章》第 39 条，安理会有权"根据第 41 条和第 42 条采取任何措施以维护或恢复国际和平与安全"，而向法院提交情势正是第 41 条中规定的非武力措施。[3]因此，从《联合国宪章》的宗旨和目的以及第 39 条的具体含义可以得出，安理会行使提交权应当遵循两个条件：其一，安理会要作出发生了威胁和平、破坏和平以及侵略行为的判断。《罗马规约》序言中指出，损害国际和平和安全与犯下国际罪行之间有着密切的联系，因此安理会需要运用《联合国宪章》第 39 条所赋予的权力。[4]其二，安理会采取的措施要以维护或重建国际和平与安全为目的。当然，无论是对国际局势的判断还是决定采取具体措施的类型，安理会都具有极大的自由裁量权。由于《罗马规约》管辖的国际犯罪"威胁和平、安全和世界福祉"[5]，这将法院的职能纳入《联合国宪章》维护世界和平与安全的逻辑体系之中。

安理会提交情势启动法院诉讼程序的结果是，扩大了法院行使属地和属人管辖权的范围。在缔约国提交情势和检察官自行调查的情况下，法院行使管辖权的范围要受到《罗马规约》第 12 条第 2 款的制约，即只有当犯罪行为发生地国或者被告人国籍国是缔约国时，法院方可行使管辖权，但在安理会提交情势的情况

---

〔1〕 James Crawford, "Current Developments: The ILC's Draft Statute for an International Criminal Tribunal", *AJIL*, Vol. 88, Jan. 1994, p. 147.

〔2〕 James Crawford, "Current Development: The ILC Adopts a Statute for an International Criminal Court", *AJIL*, Vol. 89, 1995, p. 412.

〔3〕 Luigi Condorelli and Santiago Villalpando, "Referral and Deferral by the Security Council", in Antonio Cassese, Paola Gaeta, John R. W. D. Jones (eds.), *The Rome Statute of the International Criminal Court: A Commentary*, Oxford University Press, 2002, p. 630.

〔4〕 Nigel White, Robert Cryer, "The ICC and the Security Council: An Uncomfortable Relationship", in Jose Doria, Hans – Peter Gasser, M. Cherif Bassiouni (eds.), *The Legal Regime of the International Criminal Court*, Martinus Nijhoff Publishers, 2009, pp. 155 ~ 484.

〔5〕 《罗马规约》序言第 3 段。

下，则无须受到上述条款限制，理论上法院行使管辖权的范围可以扩展到包括非缔约国在内的所有国家。安理会的提交权不仅启动了法院对于已经接受和批准了《罗马规约》的缔约国的管辖权，而且将法院行使管辖权的范围扩大至非缔约国国民在非缔约国领土上实施的犯罪。《罗马规约》第 26 条规定："对于实施被控告犯罪时不满 18 周岁的人，本法院不具有管辖权。"对于法院属人管辖中的年龄限制，仍然适用于安理会提交的情况。但由于前段论及的原因，安理会的提交权可以将法院行使管辖权的范围扩大至非缔约国国民在非缔约国领土上的犯罪行为。从法院属人管辖中的国籍限制的角度，安理会提交权扩大了法院行使属人管辖权的范围。

从实践上看，2005 年 3 月 31 日，法院收到了由安理会提交的苏丹达尔富尔情势，这是安理会第一次根据《联合国宪章》第七章和《罗马规约》第 13 条第 2 款通过第 1593 号决议[1]提交至法院。2011 年 2 月，安理会全体一致通过第 1970 号决议，[2] 将利比亚民众国[3] 情势提交至法院。安理会通过两个决议将情势提交法院之后，国家与法院的合作义务问题引起很多争议与讨论。安理会提交达尔富尔情势后，法院决定对苏丹总统巴希尔立案调查并发布了逮捕令。对巴希尔的指控激起了国际社会的激烈争论，联大有人呼吁求助安理会的权力阻止法院继续对一国国家元首的调查指控。[4]法院发布的逮捕令遭到了阿拉伯国家联盟（简称阿盟）和非盟的谴责，理由就是法院的逮捕令违反了一国在任国家元首在习惯国际法上享有的豁免权。这两个实践中产生的问题在"国家与国际刑事法院的合作"一章中详细论述，此处不再赘述。

从条文本身来看，《罗马规约》规定的安理会的提交机制在起草规约时看起来有理有据，但是随着《罗马规约》第 13 条第 2 款在具体情势中的适用，这种妥协性的条款在实践操作中带来了很多问题，对于安理会支持法院的过高期望与法院调查起诉寸步难行的现实形成了强烈反差。安理会通过向法院提交达尔富尔情势表明安理会承认了这个新的国际司法机构及其履行的职能，《罗马规约》为安理会在其所处理的程序中出现国际社会大规模违反人权的情况时提供了一种选择机会，而安理会用实际行动主动利用了这个机会，将相应情势提交给这个独立

---

〔1〕　参见 UN Doc. S/RES/1593 (2005).

〔2〕　参见 UN Doc. S/RES/1970 (2011).

〔3〕　利比亚民众国，全称是大阿拉伯利亚人民社会主义民众国（The Great Socialist People's Libyan Arab Jamahiriya），该政权存在于 1977 ~ 2011 年，是今利比亚国前身。

〔4〕　Laurence Bosson de Chazournes, Marcelo G. Kohen, Jorge E. Vinuales (ed.), *Diplomatic and Judicial Means of Dispute Settlement*, Martinus Nijhoff Publishers, 2013, p. 27.

的国际刑事司法机构。从国际法治的角度出发，促进安理会与法院的协作，尤其是安理会对法院的支持不是完全没有可能。法院的成立本身就是减少选择性执法、实现国际共同利益的创举。前南刑庭法官们评论规约草案时说："规约草案似乎试图以共同同意的方式，即试图为刑事司法机制争取尽可能多的国家同意，来推进国际社会共同利益，国际刑事司法就体现了这种共同利益。"[1]常设国际刑事法院的建立意味着国际社会向"国际社会的公共秩序"或国际公共政策方向做出的国际法方面的努力。[2]作为这种公共利益逻辑发展的结果，必然要求建立一个国际机构以应对那些违反了国际社会核心行为规范的情况，这种对违法行为的应对应当是集体性的、一致性的以及普遍性的。[3]而在实践中，安理会对促进国际组织更加有效地遵守和执行那些对作为整体的国际社会来说最重要的法律规范曾起到过积极作用，未来满足一定条件后，实现前述目标也并非完全不可能。

二、安理会推迟国际刑事法院调查起诉的权力及实践

《罗马规约》第16条中赋予安理会推迟法院调查起诉的权力，与第13条第2款类似，安理会与法院是两个受各自宪法性约章拘束的彼此独立的国际组织机构，因此安理会的推迟权的权力来源同样是《联合国宪章》第七章。《罗马规约》第13条第2款只是赋予安理会启动法院司法程序的权力，检察官在决定具体案件是否起诉方面具有完全的自主性与独立性，因此安理会提交权并没有过分干预法院独立完整的司法程序。但是《罗马规约》第16条规定了法院应安理会要求不得开始或进行调查或起诉的义务，这在学界引起了关于法院是否有权审查安理会决议的热烈讨论。在安理会作出推迟决议后，法院的应对程序也是不明确的。

法院和安理会受各自的组织章程所规范，在各自章程所赋予的权力范围内运作。安理会的权力是《联合国宪章》赋予并界定的，《罗马规约》的成员国不可能赋予安理会超越宪章权限的权力，同样也不能限制安理会的权力。《罗马规约》第16条规定安理会根据《联合国宪章》第七章通过决议，向法院"提出要

---

〔1〕 Ad hot Committee on the Establishment of an International Criminal Court, 3 – 13, April 1995, Comments received pursuant to paragraph 4 of General Assembly Resolution 49/53 on the Establishment of an International Criminal Court, Report of the Secretary – General, UN Doc. A/AC. 244/1, 20 March 1995, pp. 26 ~ 27.

〔2〕 Hermann Mosler, *The International Society as a Legal Community*, Alphen aan den Rijn Sijthoff & Noordhoff, 1980, pp. 17 ~ 18.

〔3〕 Vera Gowlland – Debbas, "The Relationship Between the Security Council and the Projected International Criminal Court", *Journal of Armed Conflict Law*, Vol. 3, No. 1, June 1998, p. 97.

求", 而不是 "命令" 法院, 也说明了两个机构是彼此独立。因此根据《罗马规约》, 安理会的决议所具有的推迟法院调查起诉的权力来自《联合国宪章》第七章而非《罗马规约》本身, 但是为了达到规约规定的推迟法院调查起诉程序的目的, 安理会作出决议时应当尊重规约中的限制性规定, 例如关于 12 个月推迟有效期的限制。

一般情况下, 安理会应该首先根据《联合国宪章》第 39 条判断存在对和平的威胁、破坏和平以及侵略行为的情势存在。有学者认为安理会应该在决议中明确判定检察官的调查或起诉行为如果继续下去就会构成对和平的威胁, 才能决定推迟法院的调查起诉程序。[1] 还有学者认为不一定必须判定检察官的调查或起诉行为本身就构成对和平的威胁或破坏, 安理会可以援引一个与法院调查起诉程序相关的更广泛的事实或政治背景, 并因此决定构成第 39 条中的对和平造成威胁或破坏的情况。或者相反, 安理会也可以在决议中说明推迟法院调查起诉程序本身就是维护或者恢复国际和平与安全的措施之一, 即安理会只要能够合理解释中止法院调查起诉程序有助于达成《联合国宪章》第七章中所赋予安理会的职责。[2] 笔者认为, 这些观点值得商榷, 因为从安理会推迟权的理论背景和权力来源角度来看, 安理会的行为只受到《联合国宪章》的拘束, 以不违反宪章的目的和宗旨为限, 但宪章并没有规定安理会在根据第七章权力采取强制性措施时, 有向其他机构证明所采取措施是维持或恢复国际和平与安全的适当方法的义务。在安理会要求推迟法院调查起诉时, 可能会考虑法院当时正在处理的案件情况, 对继续进行具体的调查或起诉是否会影响安理会正在处理的情势进行评估, 然后依据第七章作出正式决议。但是安理会没有义务向法院提供证据, 以证明安理会为履行《联合国宪章》赋予其的神圣职责, 在特定情况下非要求法院暂停对具体案件的调查或起诉不可。安理会只要经过适当程序, 即 9 个安理会成员国的赞成票且常任理事国无一否决, 依据《联合国宪章》第七章作出威胁和平的情势判断后, 在通过的决议中决定采取的措施就是具有普遍强制拘束力的, 符合《罗马规约》第 16 条引起法院暂停其调查或起诉的条约义务。

在法院推迟调查起诉的条件及程序方面, 第 16 条规定了在安理会推迟决议要求的情况下, 法院中止其调查起诉活动具有时间限制, 只在 12 个月内有效,

---

〔1〕　Antonio Cassese, "The Statute of the International Criminal Court: Some Preliminary Reflections", *EJIL*, Vol. 10, 1999, p. 163.

〔2〕　Luigi Condorelli and Santiago Villalpando, "Referral and Deferral by the Security Council", in Antonio Cassese, Paola Gaeta, John R. W. D. Jones (eds.), *The Rome Statute of the International Criminal Court: A Commentary*, p. 647.

如果超出 12 个月，法院就可以恢复被中止的程序。只有在同等条件下，安理会才可以再次请求推迟法院程序。[1] 而安理会只能根据同样的条件再次通过决议去延迟法院的审理。虽然第 16 条并没有限制延长的次数，在理论上可以延长无限次数，[2] 但是安理会需要通过新一轮的投票做出新的决议，这种机制要求安理会在通过新的决议时再度进行辩论，对安理会创设了责任。[3] 这种时间限制并不是《联合国宪章》中的限制，而是《罗马规约》中的限制，限制的并非是安理会根据宪章所具有的权力，而是对安理会介入法院司法活动的限制。因此，这一时间限制体现出规约起草者想要将安理会对法院诉讼活动的影响降到最低的愿望。

此外，第 16 条在《罗马规约》的程序体系中是一个独立甚至是孤立的条款，没有任何其他条款与之相对应形成一个应对安理会推迟法院调查起诉决议的规约反应机制，而且《程序和证据规则》中也没有规定专门处理安理会推迟决议的适当条款或安排。因此，有学者对法院的反应机制提出建议，认为安理会的推迟请求应该向法院院长会议提出，因为法院院长会议具有一定行政管理的职能。院长会议在从形式上对安理会决议作出初步判断之后，确定推迟决议所适用的那些程序正在进行中的案件，然后通知相应的审判庭。院长会议还应将请求决议通知检察官，如果推迟的是检察官尚未或正在启动的调查的话，在适当的时候还应当通知犯罪嫌疑人。如果是检察官自主启动的调查，预审分庭在根据《罗马规约》第 15 条进行审查时，考虑到安理会已经作出的推迟法院调查起诉的要求，预审分庭就应该拒绝检察官的正式调查请求，直至 12 个月的期限届满。在国家提交情势启动法院程序的情况下就更复杂一些，因为规约中没有设计预审分庭随时介入检察官调查的机制。从逻辑上合理的做法是，在安理会作出推迟决议后，检察官应当尽快请求预审分庭就推迟程序的问题作出裁决。[4] 本文认为，探讨安理会作出推迟法院调查起诉决议后法院执行安理会决议的程序是有价值的，同时也说明在起草磋商阶段对第 16 条达成协议的困难，使得这一款在罗马大会即将落幕时才达成的协议缺乏具体的操作程序，只有等待实践中法院的具体做法。

自《罗马规约》生效至今，安理会分别在第 1422 号和第 1487 号决议的操作

---

[1] Ademola Abass, "The Competence of the Security Council to Terminate the Jurisdiction of the International Criminal Court", *Texas International Law Journa*, Vol. 40, 2005, p. 272.

[2] Mohamed El Zeidy, "The United States Dropped the Atomic Bomb of Article 16 of the ICC Statute: Security Council Power of Deferrals and Resolution 1422", *Vanderbilt Journal of Transnational Law*, Vol. 35, 2002, p. 1515.

[3] Luigi Condorelli and Santiago Villalpando, "Referral and Deferral by the Security Council", p. 649.

[4] Luigi Condorelli and Santiago Villalpando, "Referral and Deferral by the Security Council", p. 650.

性条款（operative clause）中和第 1593 号和第 1970 号决议的引言部分（cha-peau）援引过《罗马规约》第 16 条作出了推迟法院调查起诉的决议。这些的决议无论是在外交界还是在学术界都遭到了激烈的批评，批评的理由主要是：其一，安理会决议修改了《罗马规约》，无故剥夺了法院管辖权，损害了安理会的信誉。安理会在讨论第 1422 号决议草案时，许多国家都认为安理会决议为非缔约国派遣的参与维和行动的官员或人员规定免于法院管辖的豁免做法，等于实质上修改了《罗马规约》。[1]其二，安理会决议不符合第七章的实质要件，没有遵循《罗马规约》的限制，也有违一般国际法，因此对法院没有拘束力。在通过第 1422 号决议时，由于美国在波黑行动中滥用否决权的行为，使得通过这种方式达成的决议也令人怀疑，有可能根据《联合国宪章》是非法行为。安理会豁免决议推迟国际刑事法院对非缔约国派遣的参与维和行动的官员或人员的调查或起诉并不符合存在国际和平与安全的威胁这个前提条件。其三，安理会决议在《罗马规约》非缔约国中制造了差别歧视，危害司法公平原则，损害了法院的独立性。特定非缔约国豁免意味着根据实施罪行的人的国籍不同而产生了不同的豁免情形，因此危害到司法普遍公正性。在讨论第 1593 号决议时，尽管阿根廷和巴西支持将苏丹情势提交给法院，但是他们不同意决议中对管辖权的限制，因为安理会限制法院管辖权的措辞消减了提交作为授权执行机制具有的潜在效力，同时他们认为这会给有罪不罚以正当理由。尽管有学者对批评的理由存在不同意见，[2]但安理会援引《罗马规约》第 16 条的数个决议由于美国强权政治的介入遭到了几乎一边倒的批评。

---

〔1〕 在《罗马规约》的起草过程中，法国曾建议包含一个条款，免除维和人员的国际刑事责任。这个建议被作为 1998 年 1 月 19 日至 30 日在荷兰举行的中期会议报告草案的第 26（2）条，根据这个建议："法院不予追究执行安全理事会命令或者要求的行为的人员的刑事责任。"但是该建议受到广泛的质疑。最终法国的建议既没有包含在建立国际刑事法院筹备委员会的报告中，更没有规定在《罗马规约》之中。See M. C. Bassiouni, *International Criminal Court Compilation of United Nations Documents and Draft ICC Statute before the Diplomatic Conference*, 1998, p. 183.

〔2〕 有学者认为安理会做出的与宪章不符的决议并没有修改《罗马规约》而是干预了规约运行。当安理会根据第七章作出的决议禁止会员国履行与《联合国宪章》不相符合的条约义务时，条约只不过是暂停施行，当有关的措施结束以后，条约又恢复施行。由此可见，当安理会决议与会员国的条约义务不符时，并不涉及条约的修改与修正或条约的效力，只不过是干预了条约的实施。"条约根据缔约国的意愿进行修正，与条约的运行受到安理会的干预是完全不同的。安理会行使《联合国宪章》第 41 条的权力，可以要求《罗马规约》的缔约国、国际刑事法院或者它的任何机构作出与《罗马规约》的任何条款或者整个《罗马规约》不相符合的行为。因此，当安理会合法地行使这些权力时，可以要求国际刑事法院中止有关的调查或起诉 12 个月以上或无限期，而国际刑事法院有义务遵守这样的要求。安理会的这个行动（可能与第 16 条无关），相当于干预了《罗马规约》的运行，但绝对不是修改了《罗马规约》。"参见 Roberto Lavalle, "A Vicious Storm in a Teacup: The Action by the United Nations Security Council to Narrow the Jurisdiction of the International Criminal Court", *Criminal Law Forum*, Vol. 14, 2003, pp. 205～206.

本文认为，从安理会推迟法院调查起诉的权力理论及其运行实践分析来看，应当辩证地认识安理会力图维护的世界和平与法院代表的公正司法的关系。如果没有通过正当司法程序实现的正义，建立在不公与歧视之上的和平地基不稳，难以持久；反之，如果没有和平的整体环境，司法正义也难以实现。司法与和平两者相辅相成，重要的是在具体情况下如何达成平衡、找到解决问题的方法。在追求司法正义过程中要顾及和平谈判的进程，避免由于采取司法手段使和平谈判功亏一篑；在政治解决冲突时，要为实现正义的司法渠道留有余地，防止达成一概豁免或全部特赦等危害司法公正的条款。如果没有一个和平的大环境，没有足够的政治支持，司法方式难以达到预期目的。正如中国代表在法院缔约国大会发言中说的："只有将追求正义与维护和平有机的、合理的统一起来，才能最终实现法院服务于人类福祉的根本目的。"[1]

第三节　安理会与国际刑事法院的合作

安理会与法院之间的合作，或者说是安理会对法院的支持，是安理会对法院产生作用和影响的一个重要方面。《法院和联合国关系协定》（以下简称《关系协定》）是安理会与法院合作的主要条约基础，而在实践中，安理会对法院不尽如人意的合作现状促使学者们提出多种增进两者合作、加强法院效力的建议。

一、安理会与国际刑事法院合作的法律框架

2004 年 10 月，联合国秘书长安南和国际刑事法院院长菲利普·科什在纽约联合国总部签署了《关系协定》，以规范和指导联合国系统和国际刑事法院之间的关系与合作，这是国际刑事法院 2002 年 7 月正式成立以来与联合国签署的第一项有关双方关系的协议，为双方今后在各自的职权内进行合作提供了法律基础。依据联合国与法院缔结的《关系协定》，"为了便利有效履行各自的责任，双方应根据本协定的规定和按照《联合国宪章》和《罗马规约》的有关规定酌情在彼此之间密切合作"。[2]

《关系协定》的第 17 条专门规定了安理会和法院间的合作程序。当安全理事会根据《联合国宪章》第七章行事，决定根据《罗马规约》第 13 条第 2 款行使提交权时，秘书长应立即将安理会的书面决定连同与安理会决定有关的文件和其

---

〔1〕　中国代表、外交部条约法律司参赞马新民在国际刑事法院第 12 届缔约国大会上的发言，海牙，2013 年 11 月 27 日。

〔2〕　《关系协定》第 3 条。

他材料送交检察官。法院承诺根据《罗马规约》和《程序和证据规则》向安理会通报这方面的情况，通报资料应通过秘书长转交。当安理会根据《联合国宪章》第七章通过决议，行使《罗马规约》第16条规定的推迟法院调查或起诉的权力时，秘书长应立即将这项请求转交法院院长和检察官。法院收到请求，应通过秘书长通知安理会，并应酌情通过秘书长将法院在这方面采取的任何行动通知安理会。如果安理会已将一事项提交法院，在法院根据《罗马规约》第87条第5款第2项或第7款认定一国不与法院合作时，法院应相应地通知安全理事会或将该事项提交安理会；书记官长应通过秘书长向安理会转达法院的决定及相关资料。安理会应通过秘书长将安理会就此采取的任何行动通过书记官长通知法院。

从上述规定来看，关于安理会与法院之间的合作关系，《关系协定》仅仅在《罗马规约》第13条第2款和第16条建立起的两者关系框架的基础上，细化了两者交换信息的具体渠道而已，并没有对安理会与法院合作的义务予以更多实质性的规定。而在现实中，安理会提交情势后相关国家不履行合作义务时，安理会是否负有继续提供支持的后续责任问题，以及由于安理会未能通过决议因此没有提交的情势和没有推迟法院调查起诉的情况所引起的关于安理会提交情势及推迟法院调查起诉的标准问题都引起了广泛辩论。

二、安理会与国际刑事法院合作的现实困境

在法院诞生的第一个10年里，尽管安理会曾于2005年和2011年分别将达尔富尔情势和利比亚情势提交给法院，但安理会并没有表现出对法院的积极支持态度。近几年，随着国际社会对安理会与法院关系问题越来越热切的关心与讨论，安理会在一些非安理会提交情势所涉及案件的调查起诉中给予法院一些帮助，但从总体上看安理会对法院的实质性支持并不多，仍有进一步促进与协调两者关系的必要。

从安理会向法院提交的苏丹达尔富尔和利比亚两起情势的实践来看，安理会缺乏对法院的充分支持，甚至在提交之后，安理会的不作为也使法院陷入困境。在向法院提交达尔富尔和利比亚两起情势的决议中，安理会都"决定"只赋予冲突各方"与法院和检察官充分合作并提供任何必要援助"的义务，同时"确认"《罗马规约》非缔约国不承担规约义务，而只是"敦促"所有国家、区域组织和其他国际组织与法院充分合作。[1]同时，安理会决议还明确"决定"联合国及其他国际组织授权应对冲突行动的参与人由其派遣国专属管辖，从而排除了法

---

〔1〕 参见安理会第1593号第2段和第1970号决议第5段。

院管辖权。[1]虽然《罗马规约》非缔约国不承担规约义务是条约法中的应有之义，而且联合国维和人员以及参与境外执行任务一国武装部队成员实施的刑事犯罪通常由其派遣国专属管辖也属于国际习惯做法，[2]但是如果从安理会对法院态度的角度来审视决议中的这些条款，无论是在决议中专门声明《罗马规约》非缔约国不承担合作义务，还是特别强调维和人员的派遣国专属管辖原则，无疑都表露出安理会对法院并非全心全意支持的意味，这在相当程度上抵消了法院调查起诉那些由安理会提交情势所涉及的案件本应具有的权威性，也是后来《罗马规约》非缔约国甚至是缔约国都拒绝与法院合作的原因之一。

安理会提交决议中明确赋予了冲突有关各方，尤其是被提交情势所在国与法院充分合作并且提供任何必要援助的义务，因此理论上冲突有关各方即便是《罗马规约》非缔约国，不负有规约中的与法院合作的义务，但是作为联合国成员国，也应当遵从安理会决议与法院合作并为法院调查取证提供便利。但从实际情况来看，无论是苏丹还是利比亚都没有与法院进行迅速充分的合作。根据《罗马规约》第 87 条第 5 款和第 7 款，当安理会提交情势涉及的案件中缔约国或非缔约国未能与法院有效合作时，法院可以通知安理会。但是在达尔富尔情势中，检察官已经应要求向安理会提交了 20 多份报告，每份报告中都载明了相关各国没有与检察官合作的情况。可以说，法院由于受理了安理会提交的苏丹达尔富尔情势而同时得不到安理会的持续有效支持，成为法院自成立以来遭遇最严重的抵制和危机的原因之一。[3]安理会提交利比亚情势之后，也没有任何实质的帮助或支持法院推进对安理会提交情势涉及案件的调查的行动。

安理会的不作为严重影响了法院司法工作运行，引起了学界关于安理会的后续责任以及安理会行使提交权和推迟权的标准问题的讨论。在巴希尔案中，法院预审分庭认为安理会根据《联合国宪章》第七章将达尔富尔情势提交法院后，苏丹未能与法院在执行逮捕令、调查取证方面合作，违反了安理会决议中对其施

---

〔1〕　参见安理会第 1593 号第 6 段和第 1970 号决议第 6 段。

〔2〕　大多数武装部队地位协定，尤其是适用于和平行动的武装部队地位协定，都规定派遣国对本国军职和文职人员享有专属管辖权，只有极其例外的情况才由驻在国管辖。例如，1990 年《联合国维持和平行动部队地位协定范本》第 47 条第 2 款规定，联合国维持和平行动军事部门的军职人员在东道国领土上，如犯任何刑事罪行，应由该人员所属参加国行使专属管辖权；北约与波黑以及克罗地亚之间缔结的《武装部队地位协定》也规定了派遣国的专属管辖；北约主导的在科索沃和阿富汗执行任务的《武装部队地位协定》规定，无论对于军职人员还是文职人员，甚至是当地雇员发生的刑事犯罪，派遣国都享有专属管辖权；《欧盟武装部队地位协定范本》规定，在任何情况下，军职和文职人员都在驻在国享有刑事管辖豁免，无论该行为是否与执行公务有关。

〔3〕　刘仁文、杨柳："非洲问题困扰下的国际刑事法院"，载《比较法研究》2013 年第 5 期。

加的义务，在这种情况下"安理会应当采取适当的措施履行后续责任"。[1]而安理会以其不作回应表明并不认可这种看法。

从理论上看，安理会依据《联合国宪章》第七章的权力采取措施强制国家与法院合作不存在法律障碍。根据《罗马规约》第 86 条的规定，规约缔约国负有与法院合作的一般义务，应当协助检察官对法院管辖内的罪行进行调查取证。《罗马规约》第 87 条规定的是缔约国以及已经与法院达成有关合作的特别协议的非缔约国，如果没有履行《罗马规约》第九章所规定的合作义务，以至于妨碍法庭行使司法权，法院在认定存在这一情况后，且当相关情势由安理会提交法院的情况下，法院有权将不合作事项提交安理会。这就意味着，法院寄望于安理会来处理安理会提交情势中出现的国家与法院不合作的行为。在《前南刑庭规约》和《卢旺达刑庭规约》中也有类似规定，如果某个国家对于法院的通缉令或移交请求不予合作的话，法庭可以求助安理会。[2]可见《罗马规约》是沿袭了两个特设刑庭的做法。

根据安理会向法院提交情势的实践来看，安理会提交情势中的《罗马规约》非缔约国与法院的合作义务分两种情况。一种情况是安理会提交决议中没有明确施加其与法院合作义务的国家，这类国家就是与所提交情势无关的《罗马规约》非缔约国，安理会两次提交决议中都确认了这一类国家不负有与法院合作的义务，因此安理会再次通过决议向这类国家施加与法院合作义务的可能性几乎为零，可以不予讨论。另一种情况就是安理会提交决议中明确施加了其与法院合作义务的国家，这类国家就是与被提交情势有直接关系的冲突各方。对于这类国家，上述学者们的讨论是有价值的，安理会决议赋予其的合作义务优于与之相冲突的其他条约义务。即便是在现有国际法规则模糊不清的情况中，例如安理会根据《联合国宪章》第七章作出的决议中给所有国家施加与法院充分合作的义务是否能够优于《罗马规约》非缔约国现任元首在习惯国际法中的豁免权这个有待讨论的问题，如果安理会根据《联合国宪章》第七章的权力在决议中专门明确撤销了该现任国家元首的豁免权，那么相应国家也应当优先执行安理会决议，否则安理会有权采取进一步的强制措施。无论是对于《罗马规约》缔约国还是非缔约国，安理会要判定该国与法院不合作的行为构成对和平的威胁，因而采取措施强制其与法院合作是没有任何法律上的障碍的，主要考虑的因素应当是安理

---

〔1〕 *Prosecutor v. Bashir*, Decision on the Prosecutor's Request for a Finding of Non – Compliance Against the Republic of the Sudan, 9 March 2015, ICC – 02/05 – 01/09 – 227, para. 17.

〔2〕 参见前南国际刑事法庭《程序和证据规则》规则 59 和规则 61 （E）。

会成员国的政治意愿。

从更广的角度来看，安理会通过决议向法院提交情势或者推迟法院调查起诉行为本身就是安理会与法院之间合作的一种方式。在现实中，安理会曾将向法院提交叙利亚情势一事付诸表决但未获通过，[1]曾就有关推迟法院审判肯尼亚领导人问题决议草案进行表决但未获通过，[2]安理会还曾围绕有关推迟法院起诉苏丹总统巴希尔的问题进行闭门磋商但未达成一致意见，[3]联合国大会曾通过决议建议将朝鲜人权状况移交国际刑事法院处理。[4]这些安理会未提交的情势以及未能推迟法院调查起诉的情况引起了学者们对于安理会行使提交权和推迟权标准的讨论。在安理会向法院提交情势方面，有学者建议，联合国成员国应当给安理会施压，促使其在提交情势时，在考虑大国政治关系的同时，也要考虑罪行的严重性。[5]还有学者提出，应当通过比较被提交的利比亚和达尔富尔情势与斯里兰卡、叙利亚、津巴布韦等情势的异同，发展出一套作出提交判断的一致性标准，从而在更精细的程度上厘清所发生的罪行与对国际和平与安全的威胁之间的关系。安理会提交时应当遵循"犯罪威胁和平，追究责任重建和平"的公式，提交的结果要有助于落实国际责任，进而实现和平与安全的目标。[6]还有建议为安理会设计一套机制或程序，借鉴国际法院的咨询机制，为安理会提交情势进行咨询服务。[7]

在安理会推迟法院调查起诉方面，由于缺乏安理会作出推迟决议之后法院应

---

〔1〕 2014 年 5 月 22 日，安理会就将叙利亚问题提交国际刑事法院的有关决议草案举行投票，俄罗斯和中国投否决票，草案未获通过。参见 http://news. xinhuanet. com/2014 – 05/22/c_126536358. htm，最近访问日期：2015 年 3 月 1 日。

〔2〕 2013 年 11 月 15 日，安理会就有关推迟国际刑事法院审判肯尼亚领导人问题决议草案进行了表决，但由于赞成票未达到预定多数，决议草案未能获得通过。参见 http://news. china. com. cn/world/2013 – 11/19/content_30644119. htm，最近访问日期：2015 年 3 月 1 日。

〔3〕 参见 http://news. xinhuanet. com/newscenter/2008 – 07/29/content_8835058. htm，最近访问日期：2015 年 3 月 1 日。

〔4〕 2014 年 2 月 17 日联合国朝鲜人权状况调查委员会 2 月 17 日在日内瓦公布了最终调查报告。报告的结论是，由于朝鲜从最高领导层确立的政策，该国一直以来存在而且现在仍在继续实施广泛的危害人类罪行。报告呼吁国际社会采取紧急行动解决朝鲜的人权问题，包括将该国的人权状况移交给国际刑事法院审理。参见 http://www. un. org/chinese/News/story. asp? NewsID = 21367，最近访问日期：2015 年 3 月 1 日。

〔5〕 Rosa Aloisi, "A Tale of Two Institutions: The United Nations Security Council and the International Criminal Court", *International Criminal Law Review*, 2013, Vol. 13, Issue 1, pp. 147 ~ 168.

〔6〕 Hemi Mistry, Deborah Ruiz Verduzco: The UN Security Council and the International Criminal Court, International Law Meeting Summary, with Parliamentarians for Global Action, Chatham House, 16 March, 2012, p. 4.

〔7〕 Hemi Mistry, Deborah Ruiz Verduzco: The UN Security Council and the International Criminal Court, International Law Meeting Summary, with Parliamentarians for Global Action, p. 6.

对机制的程序规定，安理会推迟权的介入有可能给法院实现司法公正带来困扰，例如，如何保护犯罪嫌疑人、证人以及受害人的合法权益不受安理会推迟法院调查起诉的决定的干扰的问题；当检察官发现独特调查机会时，法院采取的特殊步骤与安理会推迟请求之间的程序协调问题；在安理会请求推迟的情况下，法院对易消亡证据的保存等问题。因此学者们从安理会介入时机的选择、介入条件的设定以及介入后果的控制等方面对完善安理会推迟法院调查起诉权进行了思考。有学者认为如果控制好安理会推迟法院调查起诉的时机，不但不会损害反而会有益于法院的司法独立，因为法院难免会由于自身启动机制而被牵扯进一些具有高度政治敏感性的案件中，这时安理会的推迟决议会取得帮助法院获得专注于司法工作的效果。在适当援引《罗马规约》第 16 条的情况下，安理会推迟法院调查起诉的行为既不会剥夺法院的管辖权，也不同于对法院所调查案件的一概赦免，只不过是使法院的司法工作暂时让位于维护国际和平与安全的主要职责。[1]还有学者建议安理会要求法院推迟调查起诉时，应该考虑法院当时的活动尤其是正在审理的案件，避免作出抽象的推迟决定。[2]从促进国际社会司法正义以及改善安理会与法院协调合作的角度，学者们为安理会工作提出的上述完善方式与标准是有价值的。如果安理会成员国在通过决议时能够更多从实现正义、阻却犯罪与重建和平相互平衡的角度进行政治考量，无疑会对促进国际法治起到良性示范作用。

---

〔1〕　Hemi Mistry, Deborah Ruiz Verduzco: The UN Security Council and the International Criminal Court, International Law Meeting Summary, with Parliamentarians for Global Action, p. 15.

〔2〕　Luigi Condorelli and Santiago Villalpando, "Referral and Deferral by the Security Council", p. 647.

第十六章　国家与国际刑事法院的合作

从《罗马规约》的讨论磋商到法院的审判实践，国家与国际刑事法院的合作一直都是引人关注的热点和棘手的难点。国际刑事法院在实践运行中能否成功，很大程度上取决于国家与法院的合作程度，如果缺乏国家的合作，法院在调查、审判和执行程序中均会遇到巨大的障碍。国家与法院的合作不仅取决于国家的政治意愿，还牵涉法律问题，本章集中论述国家与法院合作的理论与实践中的涉法问题。

第一节　合作的理论设计

在各国代表讨论和设计国际刑事法院程序时，国家与法院的合作模式是仅次于管辖权的重要且复杂的问题。《罗马规约》中设计的国家合作义务与法院的管辖权有着密切联系。从功能上看，法院的管辖权相关规则得以实现，有赖于合作机制的协助和补充；从体系上看，构成管辖权的关键因素是合作机制运行的起点。[1]因此，在解决了管辖权的前提后，国家对法院的合作与协助就成为至关重要的因素。因为法院本身没有任何强制执行力量，从开始调查到最后执行判决的每一个步骤都离不开国家的支持与协助，否则法院空有管辖权，只能是泥足巨人。值得注意的是，理论上国际刑事法院拥有对自己的管辖权范围作出司法决定的能力（la competence de la competence），因此被请求国拒绝与法庭合作的理由不能是被请求国自己判断法庭对相关案件无管辖权。

前南国际刑庭上诉庭在布拉斯基奇案中曾论述过各国与国际司法机构合作的

---

[1] 参见 C. Kress, K. Prost, A. Schlunck and P. Wilkitzki, "Preliminary Remarks on Part 9", marginal n. 2, in O. Triffterer (ed.), *Commentary on the Rome Statute of the International Criminal Court: Observers' Notes, Article by Article*, 1st Edition, 1999.

问题，提出了"水平模式"和"垂直模式"。所谓水平模式，是指各国和国际刑事司法机构之间的关系设计类似于国家间在刑事问题上的司法合作模式。水平模式的特点是基于双方同意的条约关系，引渡时需要符合双重归罪原则并且有例外，可以出于国家安全、公共秩序和民族利益等理由拒绝提供司法协助，请求国通常不会与被请求国主权下的个人发生联系等。[1]所谓垂直模式，是指国际司法机构可以对国家发布有约束力的命令，并且在国家不服从的情况下，启动强制执行机制，不允许国家根据自己定义的国家利益拒不交出证据，或者拒绝执行逮捕令或法院的其他命令。国家与前南国际刑庭和卢旺达国际刑庭的合作模式都体现出了这种强制性的"垂直模式"或者说"超国家模式"。这两个国际刑庭都是联合国安理会的辅助机构，有《联合国宪章》第七章的授权作支撑，国际刑庭的法官造法也发展出大量实践。[2]不同的合作模式差异明显，国家间合作的水平模式强调的是国家主权，重视被请求国的利益；垂直模式则更强调国际社会在国际刑事司法中的整体利益。

与其他国际刑事司法机构类似，国际刑事法院依赖国家合作程度之深，涉及法院行使职能的各个方面。《罗马规约》的起草者们充分认识到了国家合作对于国际刑事法院有效运作的重要性，用整个第九编来规定国际合作和司法协助的义务。这些义务构成的合作制度直接触及国家主权，在罗马外交大会上对于第九编的讨论也就成了一场攻坚战。在整个合作模式的选择上，罗马外交大会经过艰难磋商，最后达成了妥协：一方面它借鉴但同时又在相当程度上超越了传统的国家之间平等的合作机制，对国家规定了较强的合作义务，极大限制了国家拒绝合作的权利；另一方面，它又不完全等同于特设国际刑庭"超国家"的强制性合作机制，在少数涉及重要事项方面，承认国家的正当关注，从而在维护法院权威和保护国家主权方面取得了一个勉强的平衡。[3]因此可以说，《罗马规约》中设计的国家与法院合作模式并非典型的水平模式或者垂直模式，而是介于两者之间更趋向于垂直的合作模式，或者说是一种经过妥协的垂直模式，与传统的国家之间以刑事司法协助为主的水平合作模式有重要区别。

首先，水平模式并不符合起诉和审判国际核心犯罪的基本性质和特点，因为不能将国际刑事法院的活动简单归结为寻求和实现一个或多个国家的利益。审判

---

〔1〕　参见 B. Swart, "International Cooperation and Judicial Assistance – General Problems", in Cassese, Gaeta, and Jones, *The Rome Statute of the International Criminal Court: A Commentary*, II, pp. 1590~1592.

〔2〕　参见王世洲主编：《现代国际刑法学原理》，中国人民公安大学出版社2009年版，第165页。

〔3〕　李世光、刘大群、凌岩主编：《国际刑事法院罗马规约评释（下册）》，北京大学出版社2006年版，第662页。

核心犯罪是为了全社会的共同利益，从事这一活动的国家或机构应被看做代表了整个国际社会，这与通过水平合作模式追求某个或某几个国家利益的情况有所区别。

其次，国家与国际刑事法院之间的合作关系趋向于垂直模式，但不同于前南刑庭和被请求国之间的"超国家模式"。这种垂直模式不能简单地解释为服从与被服从的关系，而应将国家和法院的合作模式与法院的补充性管辖权结合起来分析。根据《罗马规约》中规定的管辖权补充性原则，缔约国的管辖权优先于国际刑事法院的管辖权，只有当法院断定案件可受理的情况下才会适用合作机制。当法院在国际层面受理案件时，意味着缔约国没有同时在国家层面行使管辖权。因此，国际刑事法院的司法活动并非是完全独立的，国际刑事法院的补充性管辖权可以看作是国家管辖权的延伸，国际国内两种层面的司法努力都是为了达成共同的目的。在这个意义上，的确可以将国际刑事法院的管辖看作是缔约国管辖权在功能上的延伸，换句话说就是国家和国际层面管辖权的形式呈"垂直"趋势。从细节上看，虽然《罗马规约》中的合作机制并不包含传统的国家间合作模式中的拒绝合作的理由，但依然规定了"国家安全"和"适用于被请求国的基本法律原则"这样的拒绝理由，而且规定了更为复杂的解决冲突的机制，例如延期和协商的条款，这是有别于国家与前南刑庭的超国家合作模式之处。在国家与国际刑事法院合作时，通常由被请求国的权威机构依据其国内法来执行合作请求，因此国家的积极意愿以及订立与《罗马规约》相适应的国内法对合作成功至关重要。

除了国家与国际刑事法院合作的整体模式之外，在《罗马规约》磋商谈判过程中，有关国家合作的国际义务的冲突问题讨论得尤其激烈。国际义务的冲突分为第三国要求引渡的竞合请求，以及豁免冲突的情况。在讨论第 90 条竞合请求的草案时，代表们将讨论内容分成了若干情况：来自缔约国或者非缔约国的竞合请求；法院对案件的可受理性已经或者还未作出断定的情况；竞合请求所涉及的是相同或者不同的事实；当请求国是《罗马规约》非缔约国时，被请求国对请求国是否负有引渡的义务。在讨论中就是将以上罗列的几种可能性逐一论证，并得出一套复杂且各不相同的解决方案。值得一提的是两种最复杂也是最重要的情形：由非缔约国针对同样的事实发出请求，而被请求国对请求国负有国际法上的引渡义务，同时法院也已经断定对该案件具有可受理性，这时由被请求国自行决定如何合作，还规定了被请求国自行决定时要考虑的因素。[1]有代表认为被请

---

〔1〕《罗马规约》第 90 条第 6 款。

求国应当根据特定的情形，优先考虑非缔约国的请求。另一种情况是，法院的请求和无论是缔约国还是非缔约国的引渡请求针对不同的事实但是相冲突的情况，此时被请求国享有的自由裁量权的范围更小，考虑到所涉问题的性质和严重程度，在这种情况下被请求国应当优先考虑法院的请求。

合作中国际义务冲突的另一个问题是豁免和其他法律冲突。一些国家代表认为从一般国际法的发展来看，关于国际刑事法院所管辖的国际核心罪行的豁免权即使没有消失，也已经在很大程度上削弱了，而另一些国家代表坚持在谈判草案中增加豁免冲突的内容。[1]第98条第1款规定，如果存在国际法上的豁免义务，法院必须首先取得第三国放弃豁免的合作。这一款所指的豁免不包括由于国际法的发展已不再适用的豁免，而且这一条要同第86条中"充分合作"的一般义务联系起来解读。另外，是否存在一般国际法上的豁免，需要由法院自身来判定。第98条第2款不是为了激励缔约国将来缔结更多的双边武装部队地位协定，以达到阻碍执行法院发出的合作请求的目的，而是为了解决由已经缔结的武装部队地位协定所带来的法律冲突问题。[2]

在合作理论设计中值得一提的最后一个问题是没有履行合作义务的后果。在《罗马规约》的磋商讨论中，对不能履行与法院合作义务的后果问题并没有达成明确的决议。第87条第7款将法庭的权力限于"将此事项提交缔约国大会，或在有关情势系由安全理事会提交本法院的情况下，提交安全理事会"。第112条第2款第6项也只是规定缔约国大会审议不合作的问题。因此，对于不合作的结果有必要参考国际习惯法上关于国家责任的规定，由此也可见各国代表并不愿意设定国家与国际刑事法院合作的强制性义务。

第二节 合作的具体形式

国家与国际刑事法院的合作总体上分为两大类，即一般的合作义务和确保其国内法允许本国与国际刑事法院合作的义务。《罗马规约》第86条规定："缔约国应依照本规约的规定，在本法院调查和起诉本法院管辖权内的犯罪方面同本法

---

〔1〕 参见《罗马规约》第98条的两款规定。

〔2〕 Hans – Peter Kaul and Claus Kress, "Jurisdiction and cooperation in the statute of the International Criminal Court: Principles and Compromises", *Yearbook of International Humanitarian Law*, Vol. 2, December 1999, p. 164.

院充分合作。"第 88 条规定:"缔约国应确保其国内法中已有可供采用的程序,以执行本编规定的各种形式的合作。"《罗马规约》和国际刑事法院《程序和证据规则》中还有更多具体的条款来补充上述两种一般性合作义务的规定。只有所有缔约国都对国际刑事法院持合作态度,并且积极完善国内立法来促进国家与国际刑事法院的合作,才能使法院的工作切实有效开展。因此,关注国家与国际刑事法院合作义务的具体形式具有重要意义。

一、逮捕和移交

在罗马外交大会的磋商讨论中,"逮捕和移交"是一个焦点问题。各国代表对逮捕和将犯罪嫌疑人带至法院的程序持有不同意见。关于"逮捕"的一个问题是,缔约国应当适用各自国内法上的逮捕羁押的权力,还是应当遵循国际刑事法院特定的逮捕程序。一些国家代表认为,各国国内法差别很大,适用国内法会限制国际刑事法院行使其基本职能,而另一些国家代表则认为,如果损害了国内法就是损害了国家主权原则,因而是无法接受的。[1]讨论最终作出的妥协是,既要依照《罗马规约》中的规定又要依照各国国内法所规定的程序,即"缔约国应依照本编规定及其国内法所定程序,执行逮捕并移交的请求"。关于"逮捕"的另一个问题是,逮捕并将嫌疑人送至法庭应当用怎样的词语来表述以及适用何种机制。一些国家代表认为,可以适用简单的递解机制,不需要适用国内程序将嫌疑人送至国际刑事法院。另一些国家代表则认为,尤其是在递解本国国民时,应当适用引渡机制。最后选择"移交"这个词,指一国依照《罗马规约》向国际刑事法院递解人员。引渡指一国根据条约、公约或国内立法向另一国递解人员,[2]引渡法包括了一国为起诉某人而将其交给另一个国家的权利和义务。因此,向国际刑事法院的移交不同于引渡,国际刑事法院是以多国协议的方式建立的。

《罗马规约》第 89 条专门规定了移交的问题。根据该条第 1 款,法院可以向一个犯罪嫌疑人可能出现在其领土上的国家请求合作,逮捕并移交犯罪嫌疑人。第 91 条专门规定了请求逮捕和移交时所要附上书面材料的具体内容。第 91 条第 2 款第 3 项规定,"被请求国"的移交程序"不能比该国根据同其他国家订立的条约或安排而适用于引渡请求的条件更为苛刻,而且考虑到本法院的特殊性质,应在可能的情况下减少这些要求"。

国家为了履行向国际刑事法院移交嫌疑人的具体义务,在其国内法上有两种

---

〔1〕 Phakiso Mochochoko, "InternationalCooperation and Juricial Assistance", in Roy S. Lee(ed.), *The Interanational Crimimal Court: The Making of The Rome Statute, Issues, Negotiations, Results*, p. 308.

〔2〕《罗马规约》第 102 条。

选择：一是在国内立法中重新订立一套程序法与《罗马规约》中的要求相协调；二是修订本国已有的引渡法。从程序上看，法院首先连同《罗马规约》第 91 条规定的文件资料一起向缔约国发出移交请求，缔约国接到请求后，根据其国内法、《罗马规约》和《程序和证据规则》规则 184 的规定，通知书记官被指控的当事人可以移交，国家和书记官必须就移交的时间和方式达成一致。在紧急情况下，法院可以在发出提交请求书以及辅助文件以前，请求缔约国临时逮捕犯罪嫌疑人。例如，当国际刑事法院得知犯罪嫌疑人正准备逃跑时，就可以启动临时逮捕措施。在这种情况下，法院可以声明随后送交移交请求书。[1] 在收到临时逮捕的请求后，缔约国应当逮捕并拘禁犯罪嫌疑人。如果在临时逮捕后的 60 天内，缔约国没有接到法院的移送请求，则可以释放被拘禁的嫌疑人，但这不妨碍之后再次逮捕和移交嫌疑人的请求。[2] 如果被逮捕的犯罪嫌疑人根据《罗马规约》第 20 条"一罪不二审"的原则向国内法院提出质疑，则据第 89 条第 2 款规定被请求国应立即与法院协商，以确定法院是否已就可受理性问题作出裁定。如果法院已经裁定案件可予受理，被请求国应着手执行请求。如果可受理的问题尚未裁定，被请求国可以推迟执行移交此人的请求，直到法院就可受理性作出裁定。《罗马规约》也考虑到了一些现实情况，例如在很多情况下，被移交的嫌疑人不能从其被拘禁的国家直接递解到海牙的法院，而是需要从一个或多个国家的领土上过境。根据第 89 条第 3 款，如果递解嫌疑人要求在缔约国领土上过境，那么缔约国应当根据其国内法律和程序批准此人的过境，除非从该国过境将妨碍或延缓移交，被递解的人在过境期间应受到羁押。由于《罗马规约》不拘束非缔约国，因此在非缔约国领土上过境时，需要寻求该国的自愿合作。

在移交过程中，负责递解的官员在使用空中交通工具时，可能需要在过境国计划之外降落，这时根据《罗马规约》第 89 条第 3 款和《程序和证据规则》规则 182，法院可以通过任何能够发送书面记录的方式发出过境请求，例如通过传真或电子邮件。法院有 96 个小时的提出请求的期限，在这期间，过境国应羁押被递解的人。如果在期限届满时，过境国仍没有接到法院的请求，该国应当将被羁押者释放。与临时逮捕的情况类似，在计划外降落的情况下，予以释放不能够妨碍法院之后再次逮捕该人的权力。

移交中的请求竞合问题——一个缔约国收到了来自国际刑事法院的移交一名犯罪嫌疑人的请求，同时也收到了另一国对同一个人的引渡请求——是个难点。

---

〔1〕《罗马规约》第 92 条。

〔2〕《程序和证据规则》规则 188。

《罗马规约》第90条规定了竞合请求的相关程序，首先要求被请求国将请求竞合的情况通知法院和请求国。如果请求国是缔约国，在法院断定移交请求所涉及的案件可予受理时，被请求国应优先考虑法院的请求。如果法院断定了所涉案件的可受理性，而请求国不是《罗马规约》缔约国，那么被请求国只有在对请求国不负有引渡该人的现行国际义务的时候，才能优先考虑法院的请求。当被请求国负有引渡的国际义务的时候，被请求国应当考虑请求的日期、请求国的利益（包括犯罪是否在其境内实施、被害人的国籍和被要求引渡的人的国籍）以及法院与请求国此后相互移交该人的可能性等问题。[1]《程序和证据规则》也对复杂的竞合请求作出了规定。[2]

总之，《罗马规约》和《程序和证据规则》明确规定了缔约国将犯罪嫌疑人逮捕并移交法院的义务，因此缔约国应当在此方面与法院进行有效的合作。国家与国际刑事法院的合作需要缔约国的国内立法，目前已经有不少《罗马规约》缔约国在国内修订或订立了其内容有助于同国际刑事法院合作的国内立法，使其能够根据国内法来履行《罗马规约》所要求的逮捕和移交的义务。[3]

二、调查和取证

国家愿意向国际刑事法院及时提供调查方面的协助，从而使法院能够对危害全体社会共同利益和安全的行为进行详细的调查，是国家合作义务的一个重要方面。要深入理解缔约国的这项义务，就应当首先理解国际刑事法院管辖权的补充性原则。《罗马规约》序言和第1条都强调国际刑事法院"对国家行使管辖权起补充作用"。[4]这一具体规定使法院不能对那些国家已经或将要通过适当的司法程序进行审判的个人，就同样的行为进行调查或行使管辖权。只有当国家不愿意或不能够发起调查或起诉程序的时候，国际刑事法院才能够对犯下核心罪行的嫌疑人予以调查，进一步行使管辖权。[5]根据补充性原则，国际刑事法院可以将其看做最后的补救办法。所以国家能够给予法院最好的合作形式就是在其国内法中

---

〔1〕《罗马规约》第90条。

〔2〕《程序和证据规则》规则186规定：涉及质疑案件可受理性的竞合请求：遇规则90分则8所述情况，被请求国应将其决定通知检察官，以便检察官可以依照规则19分则10采取行动。

〔3〕 关于加拿大、英国和瑞士在这方面的国内立法情况，请参考 Valerie Oosterveld, Mike Perry, John McManus, "The Cooperation of State With the International Criminal Court", *Fordham International Law Journal*, Volume 25, Issue 3, 2001, pp. 775~786.

〔4〕《罗马规约》第1条规定：兹设立国际刑事法院（"本法院"）。本法院为常设机构，有权就本规约所提到的、受到国际关注的最严重犯罪对个人行使其管辖权，并对国家刑事管辖权起补充作用。本法院的管辖权和运作由本规约的条款加以规定。

〔5〕《罗马规约》第17条。

作出相应的规定，使缔约国能够对《罗马规约》具有属事管辖的罪行进行有效而细致的调查，对有证据显示犯有核心罪行的嫌疑人进行起诉和审判，以及依据国内实体法和程序法对嫌疑人发起调查和司法程序。

国家在调查和取证方面的合作义务，因国际刑事法院启动调查方式的不同而不同。《罗马规约》中规定了法院进行调查的启动机制有三种，即由缔约国提交情势、由检察官自主调查和由联合国安理会提交情势。[1]在由缔约国提交情势和由检察官自主调查的情况下，法院根据第13条第1款和第3款，第14条以及第15条行使管辖权并开启调查程序，在这种情况下，缔约国根据《罗马规约》第86条负有调查取证方面的合作义务，非缔约国没有与国际刑事法院进行合作实施调查的义务，除非该国已经与法院达成特别安排或协议。[2]《罗马规约》规定了检察官调查的职责和权力，并且规定了在调查时国家应当予以合作的内容。第54条第1款第1项明确规定了检察官的职责：为查明真相，调查一切有关的事实和证据，以评估是否存在本规约规定的刑事责任。第54条第3款第3项规定，检察官可以请求任何国家合作。第54条第2款第1项和第57条第3款规定，检察官可以根据《罗马规约》第九章的规定在一国领土上开展调查。第55条规定了调查期间个人权利的保障。第93条第1款则规定了国家调查和取证义务的具体形式；第2款规定了国家在履行调查取证义务时对证人的保护；第3款规定了被请求国在无法履行合作请求时与法院协商的义务；第4款规定了包括威胁国家安全在内的拒绝合作的理由……这些复杂的规定只有在缔约国将其国际法上的义务规定在其国内实体法和程序法之后才能发挥作用。在联合国安理会提交情势的情况下，非缔约国与国际刑事法院的合作义务非常复杂，也在实践中引起了极大争议，这一问题拟在本章最后一节予以论述。

三、证人的保护

在《罗马规约》的谈判过程中，多数代表主要关注的是为了实现公平审判[3]而进行的程序设计和以证人为中心的保护方式，对证人保护的具体方式讨论较少。[4]最后有关证人保护措施的协议，是在保证法院能够实现的保护证人的

---

〔1〕　参考《罗马规约》第13条、第14条和第15条的规定。

〔2〕　《罗马规约》第87条第5款第1项规定：本法院可以邀请任何非本规约缔约国的国家，根据特别安排，与该国达成的协议或任何其他适当的基础，按本编规定提供协助。

〔3〕　如果国际刑事法院命令的保护方式会损害被告人的利益，或者与公平无偏的法院所赋予被告人的权利不符，那么法院就不会命令采取这样的保护方式。见《罗马规约》第68条第1、3款和第69条第2款。

〔4〕　例如，在《程序和证据规则》规则87中，只有规则87分则3（b）的保护措施引起了很多的讨论，和它允许法院可以禁止某一方向第三方展示证人的身份和所在地。讨论主要集中在法院可以向哪一方封闭消息。

方式与公正审判的权利相平衡的情况下达成的。国际刑事法院允许证人主动参与诉讼的全过程[1]，这在关于证人和受害人的地位和作用方面是革新性的进步。和其他法院一样，国际刑事法院的成功与否，在于其是否能够有效获得证人的证词，而这又有赖于国际刑事法院是否能有效地保护证人。从证据方式方面的专家，到在恐怖犯罪中幸存下来的受害人，国际刑事法院的证人有着不同的需求、利益和作用，要保证这些证人出庭作证的行为不会危害到他们的安全。因此，《罗马规约》及《程序和证据规则》中都有相应的条款规定，无论在证人作证的时候，还是在他们参与诉讼的整个过程中，国际刑事法院都可以发布保护证人的命令。当法院以发布命令的方式保护证人的时候，法院调查起诉工作的有效性，很大程度上取决于缔约国是否尊重证人保护令。

　　根据《罗马规约》，法院保护证人的命令可以分为两大类：一类是根据保护命令对证人实施的人身保护令，另一类是在法庭诉讼过程中的展示证据阶段对证人实施保护的命令（例如，在庭审中命令使用音像设备，特殊的证据展示程序，特殊措施和其他保护措施）。[2]这两类证人保护命令都能够给缔约国设定与法院合作保护证人的义务。在国际刑事法院刑事程序的证据和证明阶段，《罗马规约》第 68 条第 1 款规定了为证人提供的保护[3]，第 2 款规定了可以不公开部分诉讼程序，以电子方式提供证据，或以其他特别方式提供证据。第 69 条第 2 款允许在提供证人证据时，采取技术手段，并且可以以文件形式提供证据。除了这些具体的条款之外，《罗马规约》中还规定了一般性义务。为了确保缔约国在保护证人方面向法院提供合作，第 93 条第 1 款第 10 项规定："缔约国应依照本编及其国内法程序的规定，执行本法院的请求，在调查和起诉方面提供下列协助……保护被害人和证人，及保全证据"。《罗马规约》第 43 条第 6 款规定了被害人和证人股应负责保护证人并实施法院发布的保护措施命令，因此被害人和证人股应当和缔约国之间建立起正式的合作关系。《罗马规约》第 93 条第 1 款第 2 项规定了缔约国可以依据国内法的规定，根据执行法院的请求，在取证（包括宣誓证言）以及提供证据方面提供协助。这一款还

---

　　〔1〕《罗马规约》第 43 条第 6 款。

　　〔2〕《罗马规约》第 68 条第 3、2 款，《程序和证据规则》规则 88。

　　〔3〕《罗马规约》第 68 条第 1 款规定：本法院应采取适当措施，保护被害人和证人的安全、身心健康、尊严和隐私。在采取这些措施时，本法院应考虑一切有关因素，包括年龄、第 7 条第 3 款所界定的性别、健康状况，及犯罪性质，特别是在涉及性暴力或性别暴力或对儿童的暴力等犯罪方面。在对这种犯罪进行调查和起诉期间，检察官尤应采取这种措施。

为缔约国提供了更多的授权，使其能应法院的要求协助"以其他特别方式"和
"借助文件或笔录"，以及采取《罗马规约》所允许的电子和音像技术进行取
证。[1]因此，缔约国需要在调查期间安排询问证人，从本国领土到法庭所在地出
庭作证。《程序和证据规则》规则87也规定了可以发布命令提供保护性措施、在
诉讼程序中使用音像设备、使用不同的展示证据方式等。

四、执行没收和罚金命令

根据《罗马规约》的规定，国际刑事法院可以发布命令没收犯罪所得财产。
为了能有效执行没收，法院有权发布命令冻结在缔约国领土内的犯罪所得财
产。[2]法院还可以下令没收个人的犯罪所得财产作为刑罚。[3]最后，国际刑事法
院是第一个能够对个人施以罚金作为执行经济惩罚的方式的国际法庭。[4]法院这
些重要的刑事司法权力必须要经过缔约国国内法的确认，方能得到实施。

《罗马规约》规定法院可以执行措施，使得法院对没收犯罪收益所下的命令
能有效实行。[5]《罗马规约》中规定的没收是刑罚的一种，第77条第2款规定除
了徒刑，法院可以命令没收直接或间接通过犯罪行为得到的收益、财产和资产，
但不得妨害善意第三方的权利。因此，缔约国还负有遵守法院发出的没收罚金命
令的义务。《罗马规约》第十编便规定了执行法院刑罚和命令的问题，并且给缔
约国施加了采取具体的罚金和没收措施的职责。[6]其中，第109条与第88条都
规定缔约国必须确保其国内法中有可以采用的程序，以便在罚金和没收方面执行
合作。第109条第3款专门规定，当法院下令没收的财产和收益在缔约国境内
时，授权国家执行的没收和罚金归于法院——"缔约国因执行本法院的判决而获
得的财产，或出售执行所得的不动产的收益，或酌情出售其他执行所得的财产的
收益，应转交本法院"。总之，根据《罗马规约》和《程序和证据规则》，缔约
国必须确保国内法在执行没收和罚金命令方面履行的职能主要有：①追寻、冻结

---

〔1〕《罗马规约》第68条第2款、第69条第2款。
〔2〕参见《罗马规约》第93条第1款第11项。
〔3〕《罗马规约》第77条。
〔4〕《罗马规约》第77条第2款第1项。纽伦堡法庭在救济方式方面有很大的自由裁量权，但是从
没有规定施以罚金。卢旺达刑庭和前南刑庭都没有施以罚金的权力，虽然两个法庭都规定了对诸如蔑视法
庭的程序违法行为施以罚金惩罚。
〔5〕《罗马规约》第93条第1款第11项。
〔6〕《罗马规约》第109条第1款规定：缔约国应根据其国内法程序，执行本法院根据第七编命令的
罚金或没收，但不应损害善意第三方的权利。第93条第1款第11项其实就已经规定了缔约国有义务遵守
国内法的程序追寻、冻结、扣押犯罪收益，以便能最终执行法院的没收命令。

和扣押国际刑事法院所管辖犯罪的收益[1]；②没收犯罪收益[2]；③执行罚金[3]；④将执行法院判决所得的财产或收益移交给法院。[4]

五、法院官员的特权与豁免

为了使国际刑事法院的工作人员有效履行职责，《罗马规约》规定缔约国应当与国际刑事法院缔结《国际刑事法院特权与豁免协定》，其中规定了法院工作人员的特权与豁免。这种豁免是根据国际公约履行职务的人员依公约所享有的豁免，源自功能必要原则（principle of functional necessity），即赋予个人的特权和豁免不是为了其个人的利益，而是要使其能够独立有效地履行其所担负的特定职责。

《罗马规约》第 48 条对于在法院中担负不同职务的人规定了各种级别的豁免。第 48 条第 1 款规定："本法院在每一缔约国境内，应享有为实现其宗旨所需的特权和豁免。"根据第 48 条第 2 款，法官、检察官、副检察官、书记官长在执行法院职务方面，享受"外交使团团长所享有的同样特权和豁免"；在其任期结束后仍然"继续享有豁免，与其执行公务有关的言论、文书和行为，不受任何形式的法律诉讼"。第 48 条第 3 款规定副书记官长、检察官办公室工作人员和书记官处工作人员根据法院的特权和豁免协定，享有履行其职责所需的特权、豁免和便利。

国际刑事法院预备委员会被赋予使命"为法院的建立和运作进行准备，包括……法院《特权与豁免协定》的文本草案"。预备委员会在 2001 年 9 月的纽约会议上，完成了协定的最后草案文本。《特权与豁免协定》第 15 条赋予法官、检察官、副检察官和书记官长以特权与豁免，赋予在缔约国领土上执行法院职务的官员与维也纳公约中类似的情况下赋予外交官相类似的特权、豁免和便利，而且在一定情况中，这样的特权与豁免还扩及家庭。这一特权包括在法庭所在的国家出入境的便利，在其永久居住国之外的国家执行法院的职务时享有外交特权、豁免和便利，并且"在国际危机发生时享有与维也纳公约中外交人员同样的遣送回国的便利"。[5]第 16 条规定了副书记官长、检察官办公室和书记官处工作人员所

---

〔1〕 这是施以罚金和没收措施的固有之意。

〔2〕《程序和证据规则》规则 147、148 中规定了具体的义务。

〔3〕《程序和证据规则》规则 146 规定了施以罚金的标准，规则 220 则规定了施以罚金的判决不得由国内当局更改。

〔4〕《程序和证据规则》规则 148 规定在根据规则 79 分则 2 作出命令之前，分庭可以要求基金代表提交书面和口头报告。这一条规则的重要意义在于法院可以通过咨询方式发布移交命令。

〔5〕《维也纳外交关系公约》第 44 条。

享有的特权与豁免，包括不受逮捕或拘禁、个人行李不被没收；与执行公务有关的言论和行为不受法律诉讼；所有的公务文件不可侵犯，免除收入所得税、国家兵役、移民限制、外国人注册以及个人行李检查；另外还规定了在货币兑换，国际危机时的遣送援助，个人财产进出口时免税等其他特权。第15、16条的规定为法院官员及其家庭成员在东道国居留期间提供了确定而具体的保护，确保了法院官员能够不受干扰地进行调查工作。第18条为被告辩护人赋予一定的特权与豁免，第17条为国际刑事法院在当地的雇员提供了特权与豁免。

外交和豁免特权保证国际刑事法院官员有效履行职责，因此缔约国能否尊重和实现《罗马规约》和《特权和豁免协定》中规定给予国际刑事法院官员特权与豁免的义务，对于法院能否成功履行职责意义重大。

第三节　实践中的合作难题

在法院的运行实践中，由于联合国安理会向法院提交达尔富尔情势和利比亚情势，在国家与国际刑事法院合作方面，引起了非缔约国与法院的合作，以及现任国家元首的豁免与国家合作义务的冲突这样两个突出的问题。

自苏丹1956年脱离英国实现独立，历经多次武装冲突，最近一次是2003年爆发于达尔富尔地区的武装冲突。依据联合国安理会第1564号决议，时任秘书长安南成立了达尔富尔国际调查委员会对冲突各方在达尔富尔地区实施的违反国际人道法和大规模、系统性地严重侵犯人权的行为进行调查。[1]经过调查，联合国安理会认为达尔富尔的局势严重到已经构成了"对国际和平与安全的威胁"。[2]2005年3月31日，联合国安理会通过了第1593号决议，将苏丹达尔富尔情势提交给国际刑事法院检察官。达尔富尔情势是国际刑事法院自成立以来收到的第一个由联合国安理会提交的情势。2008年7月14日，检察官根据《罗马规约》第58条提交申请，请求国际刑事法院对苏丹现任总统巴希尔签发逮捕令，指控他犯有种族灭绝罪等多项国际犯罪。2009年3月4日，国际刑事法院第一预审分庭对巴希尔签发了逮捕令。[3]2010年7月12日，国际刑事法院再次向巴希

---

〔1〕　UNSC Res 1564, September 18, 2004, UN Doc S/RES/1564（2004），para. 12.

〔2〕　UNSC Res 1593, March 31, 2005, UN Doc S/RES/1593（2005），para. 1.

〔3〕　冯洁菡："浅析《罗马规约》中的豁免规则——以巴希尔案为视角"，载《法学评论》2010年第3期。

尔发出逮捕令。

2011 年 2 月，安理会一致通过第 1970 号决议，[1]将利比亚民众国情势提交至法院。秘书长认为 15 票全票通过决议"明确表达了团结一致的国际社会的意愿。……发出了一个强烈的信息，就是粗暴侵犯基本人权的行为不会得到容忍，实施严重罪行者会被追究责任"。[2]包括 5 个常任理事国在内的所有成员一致通过提交决议，这的确不寻常，几乎所有成员国在投票后的发言中都对利比亚卡扎菲（al-Gaddafi）当局表示了谴责。

在实践中，安理会通过两个决议将情势提交法院之后，国家与法院的合作义务问题引起很多争议与讨论。尽管决议中都包含要求国家合作的内容，但决议对不同国家施加合作义务的差异，使得现实情况愈加复杂。这不仅会影响国家合作的范围，也会影响检察官调查行为的实施。

一、非缔约国与法院的合作

在安理会提交的情势中，国家在调查起诉方面与法院合作的义务源于两个方面：一个是《罗马规约》，另一个是安理会的提交决议。根据安理会的提交决议，冲突方与其他国家具有不同的合作义务。在第 1593 号决议中，安理会施加给苏丹政府和"所有其他达尔富尔冲突方""充分与法院和检察官合作，并且提供任何必要的协助"的义务；第 1970 号决议也施加给"利比亚当局"同样的合作义务。对于冲突方，两个决议都规定冲突各方必须（shall）与法院和检察官充分合作并提供一切必要的协助，而对于冲突以外的其他国家，两个决议只是"敦促（urge）"所有国家以及相关区域组织和其他国际组织与法院和检察官充分合作。与之形成鲜明对照的是，安理会在建立前南和卢旺达两个国际刑庭的决议中决定，所有国家，而不仅仅是冲突各方，都"必须"与特设刑庭充分合作。[3]安理会决议中的"敦促"显然比"必须"施加给国家的合作义务要弱许多，"敦促"的措辞显然没有强制的含义。[4]由此可以看出在不同情势中，安理会政治意愿的差异。安理会的两个决议中还强调非冲突方的《罗马规约》非缔约国没有与法院合作的义务。

根据《罗马规约》，在与法院合作的义务方面，缔约国与非缔约国有所不同。一般情况下，非缔约国没有与法院合作的义务，但是非缔约国通过与法院签

---

[1]　参见 UN Doc. S/RES/1970（2011）.

[2]　参见 S/PV. 6491.

[3]　UN Doc. S/RES/827，para. 4；S/RES/955，para. 2.

[4]　Condorelli and Ciampi，"Comments on the Security Council Referral of the Situation in Darfur to the ICC"，*Journal of International Criminal Justice*，Vol. 3，2005，pp. 590 ~ 593.

署相互合作特别协议或特别安排的除外。[1]只有当一个非缔约国与法院就提供协助的问题达成特别安排、特别协议或"任何其他适当的基础"之后，该国才负有向法院提供协助的义务。对缔约国而言，批准或加入规约本身就意味着承诺对于任何法院正在处理的情势都要提供协助。根据《罗马规约》第九编，当安理会将情势提交给法院之后，所有缔约国都负有与法院合作的义务。当与法院签署了提供协助特别协议的非缔约国或者缔约国没有履行规约的合作义务时，法院可以将相关不合作的情况提交安理会。[2]对于国家不与法院合作的行为，安理会有权依据《联合国宪章》第七章进一步作出决议采取强制性措施迫使国家与法院合作，因为安理会有权"为履行第七章的职权而要求联合国成员国与其他国际组织合作"。[3]安理会是否采取这样的强制措施完全在其自由裁量范围之内。

从上述论述来看，《罗马规约》与安理会的提交决议施加给各个国家的义务并不相同。即便安理会只是"敦促"冲突以外的所有国家与法院合作没有对其施加强制性义务，但是总体上说这些国家中的缔约国应当依据《罗马规约》第九编履行自己的合作义务。然而对于非缔约国来说，情况又有所不同。与被提交情势直接有关的苏丹和利比亚都是《罗马规约》非缔约国，根据规约不承担合作义务，但安理会决议要求他们作为冲突各方必须与法院合作并提供一切必要协助，而对于其他非缔约国，安理会决议则强调其不负有规约下的合作义务，因此同为规约非缔约国具有了截然不同的与法院合作的义务。

以作为冲突方同时又是规约非缔约国的苏丹为例可见，安理会决议施加给苏丹与法院合作的义务收效甚微。苏丹没有与法院签订规约中规定的任何与法院合作的任何正式特别协议或特别安排。安理会第1593号决议刚一通过，苏丹政府驻联合国代表厄瓦（Erwa）就坚决否认苏丹与法院合作的义务，他认为苏丹"不是《罗马规约》缔约国，这使得执行安理会提交决议充满了程序障碍和合法性质疑"。[4]2005年4月，苏丹总统巴希尔主持了一个专门批评安理会第1593号决议的内阁会议。2006年2月19日苏丹总统巴希尔再次重申苏丹政府拒绝引渡任何与达尔富尔问题有关的任何犯罪嫌疑人，称"苏丹司法部拥有在苏丹境内发生的，尤其是在达尔富尔发生的案件的专属管辖权"。[5]

---

〔1〕　参见《罗马规约》第87条第5款、第4条第2款。

〔2〕　参见《罗马规约》第87条第7款。

〔3〕　K. S. Gallant, "The International Criminal Court in the System of States and International Organizations", *LJIL*, Vol. 16, 2003, p. 586.

〔4〕　UN Doc. S/PV. 5158. p. 12.

〔5〕　New Report：Sudan vows not to extradite suspects of Darfur war crimes, 19 February 2006.

苏丹政府的态度决定了法院请求苏丹与其合作也不可能高效。决议通过之后检察官于 2005 年底向苏丹当局提出会见受害人的请求，2006 年 2 月检察官办公室工作人员与苏丹司法部代表会见调查可受理性问题，2006 年 5 月苏丹司法部书面反馈了检察官提出的问题，接下来检察官派员与苏丹军事当局会见。即便苏丹政府已经承诺提供检察官在苏丹境内会见证人的机会，但直到 2006 年 6 月检察官仍没有机会在苏丹领土上调查证人。[1]因此安理会决议通过一年多之后，检察官还没有机会进入达尔富尔开始正式调查程序。既没有会见证人，也没有获得任何有关达尔富尔的档案资料，检察官的工作限于通过书面方式请求其他相关国家的帮助或者在苏丹境外，例如在乍得的难民营中，收集证人证言。[2]目前为止，法院在达尔富尔情势中已经对六人立案调查，对其中四人发布了逮捕令，影响最大的是 2009 年和 2010 年两次对苏丹总统巴希尔发布了逮捕令。到笔者完稿时，这四名被通缉者无一归案。非盟与法院合作也很迟缓。[3]虽然早在 2005 年 5 月关于达尔富尔情势的非盟与法院合作特别协议就已经起草就绪，但是非盟迟迟没有签署。直到 2006 年 6 月非盟两位领导官员，非盟委员会主席和非盟驻苏丹特派团特别代表，才单边发表声明支持与法院的合作。而检察官认为非盟的迅速合作对于检察官开展调查具有基础性作用，[4]这意味着检察官希望非盟驻苏丹特派团能够协助逮捕犯罪嫌疑人或者提供由于"独特调查机会"而需要采取的特别措施。[5]但是非盟驻苏丹特派团的工作显然无法满足检察官的期望，苏丹的冲突逐渐蔓延到乍得境内，2006 年联合国行动取代了非盟驻苏丹特派团。[6]

在利比亚情势中，检察官的调查工作也举步维艰。虽然 2011 年 6 月法院就对涉案三名嫌疑人发布了逮捕令，但是除利比亚总统卡扎菲死亡销案以外，其余两名嫌疑人无一归案。直到今天，由于利比亚的暴力冲突仍在持续，在的黎波里和班加西不断有平民遭到攻击的报告，检察官的调查难以实质展开，只能向利比亚检察长

---

〔1〕 OTP, Third report of the Prosecutor of the ICC to the UN Security Council Pursuant to UNSCR 1593 (2005), 14 June 2006, pp. 6 ~ 9.

〔2〕 OTP, Second Report of the Prosecutor of the ICC to the UN Security Council Pursuant to UNSCR 1593 (2005), 13 December 2005, pp. 5 ~ 6.

〔3〕 OTP, Third Report of the Prosecutor of the ICC to the UN Security Council Pursuant to UNSCR 1593 (2005), 14 June 2006, p. 7.

〔4〕 OTP, Third Report of the Prosecutor of the ICC to the UN Security Council Pursuant to UNSCR 1593 (2005), 14 June 2006, p. 7.

〔5〕 《罗马规约》第 56 条、第 58 条第 5 款。

〔6〕 参见 2006 年 2 月 3 日安理会主席发言，UN Doc. S/PRST/2006/5.

和利比亚司法部长寻求共同承担对前任卡扎菲政府官员的调查和起诉工作。[1]

相比安理会创设前南国际刑庭和卢旺达国际刑庭的决议，第1593号和第1970号决议并没有给国家施加同样迫切的与国际刑事法院合作的义务，也没有提及国家不合作将产生的严重后果。有学者认为，这样做的最大问题就是，不仅限制了合作的义务，而且在非缔约国和缔约国眼中限制了法院的合法性。如果一个司法机构不能够请求国际社会的全力支持，而情势又是由一个有能力要求这种合作的联合国机关提交的，那么法院只不过是一个力量薄弱的机构，将面临对其管辖权的质疑和反对。[2]因此问题的矛盾就从国家与法院合作的不足变为安理会没有给予法院足够的支持。

二、现任国家元首的豁免与国家合作义务的冲突

安理会提交达尔富尔情势后，法院决定对苏丹总统巴希尔立案调查并发布了逮捕令。对巴希尔的指控激起了国际社会的激烈争论，联合国大会有人呼吁求助安理会的权力以阻止法院继续对一国国家元首的调查指控。[3]法院发布的逮捕令遭到了阿盟和非盟的谴责，理由就是法院对逮捕令违反了一国在任国家元首在习惯国际法上享有的豁免权。这在国际法上引起了一个学界热议的问题：在安理会提交情势中，被提交的非缔约国元首在习惯国际法中的豁免权是否能对抗法院的管辖权。这个问题涉及《罗马规约》中的两个条款，第27条官方身份无关性的规定[4]和第98条第1款[5]关于放弃豁免权和同意移交方面的合作的规定。第27条第1款取消了实施了国际核心罪行的国家元首的身份豁免，而第2款取消了国家元首的职能豁免。第98条第1款则规定，如果被请求国在执行法院协助移交请求的同时，还根据国际法对第三国的个人或财产承担国家或外交豁免的义务，而法院的请求可能与被请求国承担的对第三国的国际义务相冲突时，法院不

---

〔1〕 OTP, Eighth Report of The Prosecutor of the International Criminal Court to the UN Security Council Persuant to UNSCR 1970（2011）, p. 13.

〔2〕 Rosa Aloisi, "A Tale of Two Institutions: The United Nations Security Council and the International Criminal Court", *International Criminal Law Review*, Vol. 13, Issue 1, 2013, pp. 147～168.

〔3〕 Laurence Bosson de Chazournes, Marcelo G. Kohen, Jorge E. Vinuales（ed.）, *Diplomatic and Judicial Means of Dispute Settlement*, p. 27.

〔4〕《罗马规约》第27条规定："①本规约对任何人一律平等适用，不得因官方身份而差别适用。特别是作为国家元首或政府首脑、政府成员或议会议员、选任代表或政府官员的官方身份，在任何情况下都不得免除个人根据本规约所负的刑事责任，其本身也不得构成减轻刑罚的理由。②根据国内法或国际法可能赋予某人官方身份的豁免或特别程序规则，不妨碍本法院对该人行使管辖权。"

〔5〕《罗马规约》第98条第1款规定："①如果被请求国执行本法院的一项移交或协助请求，该国将违背对第三国的个人或财产的国家或外交豁免权所承担的国际法义务，则本法院不得提出该项请求，除非本法院能够首先取得该第三国的合作，由该第三国放弃豁免权"。

得提出此项请求，除非第三国放弃豁免权。从条文本身来看，上述两款似乎产生了矛盾。对此学者的解释是，第 27 条对缔约国适用，第 98 条第 1 款中的第三国专指非缔约国。对于缔约国来说，加入规约意味着同意第 27 条，放弃了本国元首的身份与职能豁免，因此，如果第 98 条第 1 款中的第三国指的是缔约国的话，就不存在法院请求与国际法义务违背的情况，因为作为缔约国的第三国已经放弃了其国家元首的豁免权，所以法院就可以请求执行移交或协助。对非缔约国来说，虽然不适用第 27 条，但是第 27 条第 1 款中关于国际核心罪行国家元首身份无关性原则已经早在二战后联大通过纽伦堡原则的决议时就已经成为习惯国际法，因此，非缔约国元首在国际法上不享有身份豁免，只享有职能豁免。第 98 条第 1 款在第三国是非缔约国时产生效力，即当法院对被请求国提出的移交请求可能使该被请求国违背对另一个非缔约国承担的对其国家元首予以国际法上的职能豁免的国际义务时，法院不得提出该项请求，除非这个非缔约国放弃其国家元首的豁免权。[1]本文认为上述解释是合理的。那么在安理会提交的情势中，安理会的提交权会不会改变非缔约国元首在国际法上的豁免地位呢？具体到达尔富尔情势中，就是如果作为非缔约国元首的巴希尔出访一个缔约国，那么法院能否要求这个缔约国将被通缉的巴希尔拘捕并移交给法庭呢？法院的请求会与该缔约国对苏丹承担的尊重其国家元首在国际法上的职能豁免的义务相违背吗？现实中，乍得、马拉维都用这个理由拒绝逮捕和移交巴希尔。

2009 年 3 月 4 日，国际刑事法院第一预审分庭裁定，苏丹国家元首在国际法中的豁免不能妨碍法院对这个非缔约国的在任总统巴希尔行使管辖权。[2]第一预审分庭提出四点意见来支持这一决定，[3]其中专门阐明："安理会根据《罗马规约》第 13 条第 2 款向法庭提交了达尔富尔的情势，安理会也已经接受了，对上述情势的调查以及因此提起的任何起诉应按照《罗马规约》、《犯罪要件》以及《程序和证据规则》作为一个整体所形成的成文法框架来进行。" 2009 年 3 月 6 日和 2010 年 7 月 21 日，书记官处分别根据分庭的指令要求所有缔约国逮捕并移交巴希尔。[4]

---

〔1〕 Dapo Akande, "The Legal Nature of Security Council Referrals to the ICC and its Impact on Al Bashir's Immunities", *Journal of International Criminal Jusitce*, Vol. 7, 2009, 337~339.

〔2〕 *Prosecutor v. Bashir*, Decision on the Prosecution's Application for a Warrant of Arrest against Omar Hassan Ahmad Al Bashir, 4 March 2009, ICC‐02/05‐01/09‐3, paras. 41~45.

〔3〕 *Prosecutor v. Bashir*, ICC‐02/05‐01/09‐3, paras. 42~45.

〔4〕 *Prosecutor v. Bashir*, Request to All States Parties to the Rome Statute for the Arrest and Surrender of Omar Al Bashir, 6 March 2009, ICC‐02/05‐01/09‐7; Supplementary Request to All States Parties to the Rome Statute for the Arrest and Surrender of Omar Al Bashir, 21 July 2010, ICC‐02/05‐01/09‐96.

2011 年 12 月 12 日和 13 日，由不同成员组成的第一预审分庭在两份裁定中明确指出：法院可以请求乍得和马拉维两个缔约国在巴希尔访问这两个国家期间将其逮捕并移交至法庭。[1]作出这一裁定是因为确信：在国际刑事法院的诉讼程序中规约非缔约国国家元首不享受国际法上的豁免，"国家的合作行为构成了在国际法庭上起诉这一整体不可或缺的一部分，任何这样的合作行为都不适用豁免"[2]。为证明第一个观点，分庭认为，当国际法院因其犯下国际法上的罪行而下令逮捕一国元首时，存在一项国际习惯法的例外。因此《罗马规约》第 98 条第 1 款不妨碍法院在当前案件中继续要求移交。[3]"当国家没能够在其管辖范围内起诉那些对罪行负有责任的人时，法院受托行使国际社会的惩罚权，缔约国与法院合作并因而为了法院的利益行事时，缔约国就成为了实现国际社会惩罚权的工具。"[4]

2009 年和 2011 年两个预审分庭得出的结论相同，即都认为被通缉的非缔约国国家元首不享有国际法上的豁免，但得出这一结论的推理方式不同，有学者将 2009 年预审分庭的推理方式称为"安理会途径"，而将 2011 年预审分庭的推理称为"习惯法途径"。[5]"安理会途径"指缔约国可以视安理会的决议为对其的授权，当安理会依据《联合国宪章》第七章作出对所有联合国成员国具有普遍拘束力的决议要求国家与法院合作时，就可以免除一国在国际法上负有的尊重他国国家元首豁免权的义务。[6]但本文认为，除非安理会决议中明确撤销一个国家现任元首在国际法上的豁免，否则将要求国家与法院合作的义务视同要求这个国家可以无视他国国家元首在国际法上的豁免权，这样的扩张解释是不合适的。此后不久，2012 年 1 月非盟委员会对 2011 年 12 月法院预审分庭"不明智"和

---

〔1〕　*Le Procureur v. Bashir*, Décision rendue en application de l'article 87 – 7 du Statut de Rome concernant le refus de la République du Tchad d'accéder aux demandes de cooperation délivrées par la Cour concernant l'arrestation et la remise d'Omar Hassan Ahmad Al Bashir, 13 December 2011, ICC – 02/05 – 01/09 – 140; *Prosecutor v. Bashir*, Decision Pursuant to Article 87 (7) of the Rome Statute on the Failure by the Republic of Malawi to Comply with the Cooperation Requests Issued by the Court with Respect to the Arrest and Surrender of Omar Hassan Ahmad Al Bashir, 12 December 2011, ICC – 02/05 – 01/09 – 139.

〔2〕　*Prosecutor v. Bashir*, ICC – 02/05 – 01/09 – 139, para. 44.

〔3〕　*Prosecutor v. Bashir*, ICC – 02/05 – 01/09 – 139, para. 43.

〔4〕　*Prosecutor v. Bashir*, ICC – 02/05 – 01/09 – 139, para. 46.

〔5〕　参见〔德〕克劳斯·克雷斯："国际刑事法院与罗马规约非缔约国在国际法中的豁免"，薛茹译，载〔挪〕莫滕·博格斯默、凌岩主编：《国家主权与国际刑法》，Torkel Opsahl Academic EPublisher，2012 年版，第 204 页。

〔6〕　Laurence Bosson de Chazournes, Marcelo G. Kohen, Jorge E. Vinuales (ed.), *Diplomatic and Judicial Means of Dispute Settlement*, p. 27.

"自私"的裁定表达了"深深的遗憾"和"完全不同的意见"。[1]非盟委员会认为预审分庭意图改变关于属人豁免的国际习惯法，致使《罗马规约》第98条变得多余、不可操作以及毫无意义。这说明非盟委员会质疑"习惯法途径"的推理方式，完全不同意相关国际习惯法的例外已经形成的论断。非盟还曾意图敦促联合国大会向国际法院申请"关于根据国际刑事法院的通缉令一国是否有义务逮捕他国国家现任元首的咨询意见"。[2]可见，法院管辖权与非缔约国国家元首豁免之间的法律冲突问题尚无定论。

---

〔1〕 2012年1月9日，第一预审分庭关于国际刑事法院根据《罗马规约》第87条第7款做出的证实乍得共和国和马拉维共和国未能履行法庭发出的逮捕和移交苏丹共和国总统巴希尔的合作请求而做出的裁定的媒体发布。

〔2〕 Hemi Mistry, Deborah Ruiz Verduzco, The UN Security Council and the International Criminal Court, International Law Meeting Summary, with Parliamentarians for Global Action, Chatham House, 16 March 2012.

结束语

2018 年是《罗马规约》通过 20 周年,《罗马规约》使一个永久性和全球性的国际刑事法院成为现实。它对国际刑法的贡献显而易见,不仅反映了已有的国际刑法的成文法规、编纂了习惯法,还纳入了新的法规,促进了国际刑法的渐进发展。2014 年 7 月 18 日,联合国国际法委员会决定将"危害人类罪"专题列入工作方案,使之最终形成一个关于危害人类罪的国际公约。该专题的特别报告员墨菲在其 2015 年 2 月第一份报告中提出的草拟条款就采纳了《罗马规约》第 7 条的定义,以避免国际刑法的碎片化。[1] 可见《罗马规约》对危害人类罪后续的编纂发展也有着里程碑的意义。2018 年又恰逢国际刑事法院建立 15 周年,缔约国数量的不断增加,表明《罗马规约》的规定得到了国际社会的广泛认可。

国际刑事法院在诞生后的十几年里,通过大量的裁决和判决诠释了《罗马规约》有关犯罪的构成、个人的刑事责任、对情势和案件的管辖权、可受理性、被害人的参与和赔偿、国家官员的刑事豁免和国家与国际刑事法院的合作等重大问题,澄清了一些模糊的概念、含混的规定,增强了其适用性。

尽管国际刑事法院取得了瞩目的成功,但是不可否认仍存在一些缺点和不足,引起国际社会的关注和批评。然而,评判法院工作成效主要应考量成立法院的目的:使整个国际社会关注的最严重的犯罪的责任者不再逍遥法外,从而有助于预防这些犯罪。在国际刑事法院调查的 11 个情势中,5 个情势是《罗马规约》的缔约国——乌干达、刚果民主共和国、中非共和国(提交两次)和马里共和国自行将发生在其领土上的犯罪情势提交给法院的。预审分庭授权检察官对肯尼亚、科特迪瓦、格鲁吉亚和布隆迪的情势进行调查,也是因为这些国家的行为满足了不愿意和不能够切实调查起诉。安理会提交了苏丹达尔富尔和利比亚两个情

---

[1] First report on crimes against humanity, A/CN. 4/680, 17 Feb. 2015, p. 57.

势，这两个国家都不是《罗马规约》的缔约国。这表明这些国家因各种原因无法切实调查起诉在本国的严重犯罪，国际刑事法院的介入填补了对在这些国家犯罪的管辖，将犯罪的重要责任者绳之以法。此外，检察官办公室对一些国家的犯罪情势主动进行初步审查，也促进了有关国家进行国内调查起诉。例如，检察官办公室在联合国和民间社会的支持下，鼓励几内亚当局履行调查和起诉《罗马规约》所定罪行的主要责任，已富有成效。[1]

当然，国际刑事法院的目的还远远没有完全达到。消除有罪不罚，对犯罪进行公平公正的审判，对受害者伸张正义取决于国际刑事法院和国际社会两方面的努力。国际刑事法院需要进一步改进其工作。在这方面，检察官办公室的工作有明显的改善：制定了办公室的工作策略[2]、各种政策[3]，颁布年度初步审查进展情况，力图使其工作有序、透明，并置于国际社会的监督之下。法院各机关协同工作，推进多项旨在提高其工作效率、改善治理的改革。继 2015 年发布第一份业绩指标报告后，2016 年法院制订了更为详细的定性和定量标准，以客观地评估其工作进展和成就，并查明待改进领域。法官讨论了改善和加快诉讼程序的方法，准备将最佳做法列入《各分庭实践手册》，还一致通过了《法院条例》的若干修正案，旨在加快和简化法院的上诉程序，提高诉讼程序各阶段的效率。[4]

另一方面，国际刑事法院的一些问题并非完全起因于其本身存在的问题，国际刑事法院需要缔约国、相关国家和联合国安理会的合作。例如，逮捕和移交被法院通缉的人员需要国家的合作。但是有些国家不予合作，甚至因此退出《罗马规约》。安全理事会提交了一个情势后，需要积极跟进，以确保与国际刑事法院进行合作。然而，在关于达尔富尔和利比亚的情势提交后，至 2017 年 7 月，法院向安全理事会转交了 15 项认定缔约国不合作的通知，安全理事会却未作出任何实质的回应。[5]

国际刑事法院的未来充满了挑战。从目前的状况来看，没有国际刑事法院是

---

〔1〕 国际刑事法院关于其 2014/15 年度活动的报告，A/70/350，2015 年 8 月 28 日，第 110～112 段。

〔2〕 OTP, Strategic Plan（2016－2018），16 November 2015.

〔3〕 OTP. Policy Paper on Sexual and Gender－Based Crimes，June 2014；Policy Paper on Case Selection and Prioritisation，15 September 2016；Policy Paper on Victims' Participation，12 April 2010；Policy Paper on Victims' Participation，April 2010；Policy on Children，November 2016；Policy Paper on the Interests of Justice，September 2007；Policy Paper on Preliminary Examinations，November 2013.

〔4〕 国际刑事法院关于其 2016/17 年度活动情况的报告，A/72/349，2017 年 8 月 17 日，第 114～116 段。

〔5〕 国际刑事法院关于其 2016/17 年度活动情况的报告，第 89 段。

不可能消除有罪不罚现象的，国际刑事法院对于惩治和防止国际犯罪起到一定的作用。批评法院的工作应以扶助其成长进步为怀，而不是将其扼杀。从长远来看，若各国家或各区域都能承担起切实惩治核心国际犯罪的责任，国际刑事法院也并不是消除有罪不罚现象的唯一选择。

主要参考文献

一、著作

梅汝璈：《远东国际军事法庭》，法律出版社 1988 年版。

李浩培：《条约法概论》，法律出版社 1987 年版。

凌岩：《跨世纪的海牙审判》，法律出版社 2002 年版。

凌岩：《卢旺达国际刑事法庭的理论与实践》，世界知识出版社 2010 年版。

李世光、刘大群、凌岩主编：《国际刑事法院罗马规约评释（上册、下册）》，北京大学出版社 2006 年版。

［挪］莫滕·伯格斯默、凌岩主编：《国家主权与国际刑法》，Torkel Opsahl Academic EPublisher，2012 年版。

马呈元：《国际刑法论》，中国政法大学出版社 2008 年版。

朱利江：《对国内战争罪的普遍管辖与国际法》，法律出版社 2007 版。

王世洲主编：《现代国际刑法学原理》，中国人民公安大学出版社 2009 年版。

［德］罗克辛著，王世洲等译：《德国刑法学总论》（第 2 卷·犯罪行为的特别表现形式），法律出版社 2013 年版。

［荷］格劳秀斯著，何勤华等译：《战争与和平法》，上海人民出版社 2005 年版。

［比］让－马里·亨克茨、［英］路易丝·多斯瓦尔德－贝克主编，红十字国际委员组织编译：《习惯国际人道法：规则》，法律出版社 2007 年版。

Antonio Cassese, *International Criminal Law*, 1st Edition, Oxford University Press, 2003; 2nd Edition, 2008.

A. Cassese, P. Gaeta, J. R. W. D. Jones (eds.), *The Rome Statute of the International Criminal Court*: *A Commentary*, Oxford University Press, 2002.

Cherif Bassiouni, *Crimes against Humanity in International Criminal Law*, Martinus Nijhoff Publishers, 1992.

C. Bassiouni, *Crimes Against Humanity*: *Historical Evolution and Contemporary Application*, *Cambridge University Press*, 2011.

Jose Doria, Hans – Peter Gasser, Cherif Bassiouni (eds.), *The Legal Regime of the International Criminal Court*, Martinus Nijhoff Publishers, 2009.

Otto Triffterer (ed.), *Commentary on the Rome Statute of the International Criminal Court*: *Observers' Notes*, *Article by Article*, 1st Edition. , Nomos Verlagsgesellschaft Baden – Baden, 1999; 2nd Edition, C. H. Beck OHG, 2008, 3rd Edition, 2016 (with Kai Ambos co – editor) .

Leila Nadya Sadat (ed.), *Forging a Convention for Crimes against Humanity*, Cambridge University Press, 2011.

Roy S. Lee (ed.), *The International Criminal Court*, *Elements of Crimes and Rules of Procedure and Evidence*, Transnational Publishers Inc. , 2001.

Roy S. Lee (ed.), *The International Criminal Court*: *The Making of the Rome Statute*, Kluwer Law International, 1999.

GideonBoas, James L. Bischoff, Natal IE L. Reid, *Elements of Crimes under International Law*, *International Criminal Law Practitioner Library Series Vol. II*, Cambridge University Press, 2008.

Morten Bergsmo (ed.), *Criteria for Prioritizing and Selecting Core International Crimes Cases*, 2nd Edition, Torkel Opsahl Academic Epublisher, Oslo, 2010.

Morten Berbsmo and Song Tianying (eds.), *On the Proposed Crimes Against Humanity Convention*, Torkel Opsahl Academic EPublisher Brussels, 2014.

Kai Ambos, *Treatise on International Criminal Law*, *Vol. II*: *The Crimes and Sentencing*, Oxford University Press, 2014.

Henry Dunant Institute, UNESCO, *International Dimensions of Humanitarian Law*, Martinus Nijhoff Publishers, 1987.

Leila Nadya Sadat, *The International Criminal Court and the Transformation of International Law*: *Justice for the New Millennium*, Transnational Publishers Inc. , 2002.

Yves Sandoz, Christophe Swinarski, Bruno Zimmermann (eds.), *Commentary on the Additional Protocols of 8 June 1977 to the Geneva Conventions of 12 August 1949*, ICRC, Martinus Nijhoff Publishers, Geneva, 1987.

Adam Roberts and Richard Guelff, *Documents on the Laws of War*, 3rd Edition, Oxford University Press, 2000.

Frits Kalshoven and Liesbeth Zegveld, *Constraints on the Waging of War*, 4th Edition, Cambridge University Press, 2011.

Jean S. Pictet, *Commentary to the First* 1949 *Geneva Convention*, Geneva: ICRC, 1952.

Jean S. Pictet, *Commentary to the Fourth* 1949 *Geneva Convention*, Geneva: ICRC, 1952.

WilliamA. Schabas, *An Introduction to International Criminal Law Court*, 2nd Edition, Cambridge University Press, 2004; 3rd Edition, 2007.

W. A. Schabas, *The International Criminal Court: A Commentary on the Rome Statute*, Oxford University Press, 2010.

W. A. Schabas, *Genocide in International Criminal Law – the Crime of Crimes*, 2nd Edition, Cambridge University Press, 2009.

Flavia Lattanzi & W. A. Schabas (eds.), *Essays On the Rome Statute of the International Criminal Court*, Editrice il Sirente, 1999.

Astrid J. M. Delissen and Gerard J. Tanja (eds.), *Humanitarian Law of Armed Conflict: Challenges Ahead*, Martinus Nijhoff Publishers, 1991.

Knut Dormann (ed.), *Elements of War Crimes under the Rome Statute of the International Criminal Court: Sources and Commentary*, Cambridge University Press, 2003.

J. M. Henckaerts and L. Doswald – Beck, *Customary International Humanitarian Law*, *Volume I: Rules*, ICRC, Cambridge, 2005.

Bruno Simma, *The Charter of the United Nations: A Commentary*, 2nd Edition, Oxford University Press, 2002.

Larry May, *Aggression and Crimes Against Peace*, Cambridge University Press, 2008.

Robert Cryer, Håkan Friman, Darryl Robinson, Elizabeth Wilmshurst (eds.), *An Introduction to International Criminal Law and Procedural*, Cambridge University Press, 2007, 2010.

Stephen C. Neff, *War and Law of Nations*, Cambridge University Press, 2005.

Robert Kolb and Richard Hyde, *An Introduction to the International Law of Armed Conflicts*, Hart Publishing, 2008.

G. Ginsburgs, *The Nuremberg Trial and International Law*, Dordrecht: Martinus Nijhoff Publishers, 1990.

E. Sliedregt, *Individual Criminal Responsibility in International Law*, Oxford: Oxford University Press, 2012.

K. J. Heller, *The Nuremberg Military Tribunals and the Origins of International Criminal Law*, Oxford University Press, 2011.

B. F. Smith, *Reaching Judgment at Nuremburg*, New York: New American Library, 1963.

M. Zaide (ed.), *The Complete Transcripts of the Proceedings of the International Military Tribunal for the Far East*, reprinted in John Pritchard and Sonia, The Tokyo War Crimes Trial, Vol. 20.

Jo Stigen, *The Relationship between the International Criminal Court and National Jurisdictions: The Principle of Complementarity*, Leiden & Boston: Martinus Nijhoff Publishers, 2008.

Mauro Politi, Giuseppe Nesi (eds.), *The Rome Statue of the International Criminal Court: A Challenge to impunity*, Ashgate Darthmouth, 2001.

Carsten Stahn (ed.), *The Law and Practice of the International Criminal Court*, Oxford University Press, 2015.

Carsten Stahn, Goan Sluiter (eds.), *The Emerging Practice of the International Criminal Court*, Leiden Boston: Martinus Nijhoff Publisher, 2009.

Bruce Broomhall, *International Justice and the International Criminal Court: Between Sovereignty and the Rule of Law*, Oxford: Oxford University Press, 2004.

Mohamed M. EL Zeidy, *The Principles of Complementary in International Criminal Law: Origin, Development and Practice*, Brill, 2008.

M. Bohlander, *Principles of German Criminal Law*, Portland: Hart Publishing, 2009.

H. Olásolo, *The Criminal Responsibility of Senior Political and Military Leaders as Principles to International Crimes*, Portland: Hart Publishing, 2009.

Theodor Meron, *Henry's Laws and Shakespeare's War*, Clarendon Press Oxford, 1993.

T. Marks Funk, *Victims' Rights and Advocacy at the International Criminal Court*, Oxford University Press, 2009.

United Nations office for Drug control and crime prevention, *Handbook on Justice for Victims*, 1999.

Carla Ferstman, Mariana Goetz, Alan Stephens (eds.), *Reparations for Victims of Genocide, War Crimes and Crimes against Humanity*, Martinus Nijhoff Publishers, 2009.

Bruno Simma, Daniel − Erasmus Khan, Georg Nolte, and Andreas Paulus (eds.), *The Charter of the United Nations: A Commentary*, 2nd Edition, Vol. I, Oxford University Press, 2002.

Laurence Bosson de Chazournes, Marcelo G. Kohen & Jorge E. Vinuales (eds.), *Diplomatic and Judicial Means of Settlement*, Martinus Nijhoff Publishers, 2013.

Hermann Mosler, *The International Society as a Legal Community*, Alphen aan den Rijn Sijthoff & Noordhoff, 1980.

二、论文

刘大群："前南国际刑庭与卢旺达国际刑庭的历史回顾"，载《武大国际法评论》2010 年第 2 期。

[德] 克劳斯·克雷斯、莱奥尼·冯·霍尔芬多夫著，陈大创译："关于侵略罪的坎帕拉妥协"，载《北大国际法与比较法评论》2012 年第 12 期。

杨力军："论《国际刑事法院罗马规约》中的侵略罪"，载《中国国际法年刊》2010 年第 1 期。

周露露："试析侵略罪条款的法律影响——以国际刑事法院管辖侵略罪的条件为视角"，载《中国国际法年刊》2010 年第 1 期。

王秀梅："侵略罪定义及侵略罪管辖的先决条件问题"，载《西安政治学院学报》2012 年第 3 期。

刘仁文、杨柳："非洲问题困扰下的国际刑事法院"，载《比较法研究》2013 年第 5 期。

李明奇、廖恋："论危害人类罪中的性暴力犯罪"，载《刑法论丛》2013 年第 2 期。

冯洁菡："浅析《罗马规约》中的豁免规则——以巴希尔案为视角"，载《法学评论》2010 年第 3 期。

凌岩："武装冲突的定义和反恐"，载沈娟主编：《国际法研究》（第 5 卷），中国人民公安大学出版社 2012 年版。

[英] 路易丝·多斯瓦尔德－贝克："国际法院关于以核武器相威胁或使用核武器是否合法的咨询意见与国际人道法"，凌岩译，载李兆杰主编：《国际人道主义法文选（1997）》，法律出版社 1999 年版。

Phyllis Hwang, "Defining Crimes Against Humanity In the Rome Statute of the International Criminal Court", *Fordham Int'l L. J.*, December 1998.

B. Bedont and K. Hall – Maritez, "Ending Impunity for Gender Crimes under the International Criminal Court", *The Brown Journal of World Affairs*, Vol. VI, Issue

1, 1999.

M. Cherif Bassiouni, "Enslavement as an International Crime", *N. Y. U. J. Int'l L & Pol.*, Vol. 23, 1991.

M. Cherif Bassiouni, "Negotiating the Treaty of Rome on the Establishment of an International Criminal Court", *Cornell Int'l L. J.*, Vol. 32, Issue 3, 1999.

Yves Sandoz, "The History of the Geneva Breaches Regime", *Journal of International Criminal Justice (JICJ)*, Vol. 7, 2009.

Marko Divac Öberg, "The absorption of grave breaches into war crimes law", *Int'l Rev. of the Red Cross*, Vol. 91, No. 873, March 2009.

J. M. Henckaerts, "The Grave Breaches Regime as Customary International Law", *JICJ*, Vol. 7, 2009.

Knut Dormann and Robin, "The Implementation of Grave Breaches into Domestic Legal Orders", *JICJ*, Vol. 7, 2009.

Roger O'Keefe, "The Grave Breaches Regime and Universal Jurisdiction", *JICJ*, Vol. 7, 2009.

Claus Kress, "Reflections on the Iudicare Limb of the Grave Breaches Regime", *JICJ*, Vol. 7, 2009.

Claus Kress and Leonie von Holtzdorff, "The Kampala Compromise on the Crime of Aggression", *JICJ*, Vol. 8, 2010.

Claus Kress, "The Crime of Aggression before the First Review of the ICC Statute", *Leiden J. Int'l L.*, Vol. 20, 2007.

Claus Kress, "'Self – Referrals' and 'Waivers of Complementary': Some Considerations in law and Policy", *JICJ*, Vol. 2, 2004.

Natalie Wagner, "The development of the grave breaches regime and of individual criminal responsibility by the International Criminal Tribunal for the former Yugoslavia", *International Review of the Red Cross*, Vol. 85, 2003.

Ken Robert, "The Contribution of the ICTY to the Grave Breaches Regime", *JICJ*, Vol. 7, 2009.

James G. Stewart, "The Future of the Grave Breaches Regime", *JICJ*, Vol. 7, 2009.

Dieter Fleck, "Shortcomings of the Grave Breaches Regime", *JICJ*, Vol. 7, 2009.

David Scheffer, "State Parties Approve New Crimes for International Criminal Court", *ASIL Insight*, Vol. 14, Issue 16, 2010.

D. Scheffer, "A Pragmatic Approach to Jurisdictional and Definitional Requirements for the Crime of Aggression in the Rome Statute", *Case W. Res. J. Int'l L.*, Vol. 41, 2009.

D. Scheffer, "Why Hamdan is Right about Conspiracy Liability", *Jurist*, 2006.

D. Scheffer, "How to Turn the Tide Using the Rome Statute's Temporal Jurisdiction", *JICJ*, Vol. 2, Issue 1, 2004.

D. Scheffer, "A Negotiator's Perspective on International Criminal Court", *Military Law Review*, Vol. 167, No. 1, 2001.

John R. Crook (ed.), "Contemporary Practice of the United States Relating to International Law", *American Journal of International Law (AJIL)*, Vol. 104, 2010.

Benjamin B. Ferencz, "Ending Impunity for the Crime of Aggression", *Case W. Res. J. Int'L.*, Vol. 41, 2009.

Michael O' Donovan, "Criminalizing War: Toward a Justifiable Crime of Aggression", *B. C. Int'l & Comp. L. Rev.*, Vol. 30, 2007.

Michael J. Glennon, "The Blank – Prose Crime of Aggression", *Yale J. Int'l L.*, Vol. 35, Issue 1, 2010.

Roger S. Clark, "Amendments to the Rome Statute of the International Criminal Court Considered at the first Review Conference on the Court, Kampala", 31 May – 11 June 2010, *Goettingen J. Int'l L.*, Vol. 2, 2010.

Roger S. Clark, "Ambiguities in Articles 5 (2), 121 and 123 of the Rome Statute", *Case W. Res. J. Int'l L.*, Vol. 41, 2009.

Roger S. Clark, "Negotiating Provisions Defining the Crime of Aggression, its Elements and the Conditions for ICC Exercise of Jurisdiction over It", *European Journal of International Law (EJIL)*, Vol. 20, No. 4, 2009.

Major Kari M. Flecher, "Defining the Crime of Aggression: Is There an Answer to the International Criminal Court's Dilemma?", *Air Force L. Rev.*, Vol. 65, 2010.

Devyani Kacker, "Coming Full Circle: The Rome Statute and the Crime of Aggression", *Suffolk Transnat'L. Rev.*, Vol. 33, 2010.

Oscar Solera, "The Definition of the Crime of Aggression: Lessons Not – Learned", *W. Res. J. Int'l L.*, Vol. 42, 2010.

Steve Beytenbrod, "Defining Aggression: An Opportunity to Curtail the Criminal Activities of Non – State Actors", *Brook J. Int'l L.*, Vol. 36, Issue 2, 2011.

Kevin Jon Heller, "Retreat From Nuremberg: The Leadership Requirement in the Crime of Aggression", *EJIL*, Vol. 18, 2007.

Kevin Jon Heller, "The Shadow Side of Complementarity: The Effect of Article 17 of the Rome Statute on National Due Process", *Criminal Law Forum* (*CLF*), Vol. 17, 2006.

K. Amos, "The Crime of Aggression after Kampala", *German Yearbook of Int'l L.*, Vol. 53, 2010.

Keith A. Petty, "Criminalizing Force: Resolving the Threshold Question for the Crime of Aggression in the Context of Modern Conflict", *Seattle U. L. Rev.*, Vol. 33, 2009.

Larry May, "The International Criminal Court and the Crime of Aggression: Aggression. Humanitarian Intervention and Terrorism", *Case W. Res. J. Int'l L.*, Vol. 41, 2009.

Andreas Paulus, "Second Thoughts on the Crime of Aggression", *EJIL*, Vol. 20, No. 4, 2010.

Christopher P. Denicola, "A Shield for the Knight of Humanity: the ICC should Adopt a Humanitarian Necessity Defense to the Crime of Aggression", *U. Penn. J. Int'l L.*, Vol. 30, 2008.

Troy Lavers, "Determining the Crime of Aggression: Has the Time Come to Allow the International Criminal Court its Freedom?", *Alb. L. Rev.*, Vol. 71, 2008.

Mark S. Stein, "The Security Council, the International Criminal Court, and the Crime of Aggression: How Exclusive is the Security Council's Power to Determine Aggression?", *Ind. Int'l & Comp. L. Rev.* Vol., 16, No. 1, 2005 – 2006.

Niels Blokker, "The Crime of Aggression and the United Nations Security Council", *Leiden J. Int'l. L.*, Vol. 20, 2007.

Astrid Reisinger Coracini, "The International Criminal Court's Exercise of Jurisdiction Over the Crime of Aggression – at Last…in Reach…Over Some", *Goettingen J. Int'l L.*, Vol. 2, No. 2, 2010,

Henry L. Stimson, "The Nuremberg Trial: Landmark in Law", *Foreign Affairs*, Vol. 25, No. 2, 1947.

Noah Weisbord, "Conceptualizing Aggression", *Duke J. Comp. & Int'l L.*, Vol. 20, No. 1.

Andres Paulus, "Second Thoughts on the Crime of Aggression", *EJIL*, Vol. 20, No. 4, 2009.

William Eldred Jackson, "Putting the Nuremburg Law to Work", *Foreign Affairs*, Vol. 25, No. 4, 1947.

David Kaye, "Who's Afraid of the International Criminal Court?", *Foreign Affairs*, Vol. 90, No. 3, 2011.

W. J. Wagner, "Conspiracy in Civil Law Countries", *Journal of Criminal Law, Criminology and Police Science Northwestern University*, Vol. 42, No. 2, 1951.

A. Cassese, "On Some Problematic Aspects of the Crime of Aggression", *Leiden J. Int'l L.*, Vol. 20, 2007.

A. Cassese, "The Proper Limits of Individual Responsibility under the Doctrine of Joint Criminal Enterprise", *JICL*, Vol. 5, 2007.

A. Cassese, "The Statute of the International Criminal Court: Some Preliminary Reflections", *EJIL*, Vol. 10, 1999.

A. M. Danner and J. S. Martinez, "Guilty Associations: Joint Criminal Enterprise, Command Responsibility, and the Development of International Criminal Law", *California L. Rev.*, Vol. 93, 2005.

J. A. Ramer, "Hate by Association: Individual Criminal Responsibility for Prosecution Through Participation in a Joint Criminal Enterprise", *Chicago – Kent J. Int'l & Comp. L.*, Vol. 7, 2007.

K. D. Askin, "Reflections on Some of the Most Significant Achievements of the ICTY", *New England L. Rev.*, Vol. 37, 2003.

C. Wenaweser, "Reaching the Kampala compromise on aggression: the Chair's perspective", *Leiden J. Int'l. L.*, Vol. 23, 2010.

Dapo Akande, "The Jurisdiction of the International Criminal Court over Nationals of Non – Parties: Legal Basis and Limits", *JICJ*, Vol. 1, 2003.

Dapo Akande, "The Legal Nature of Security Council Referrals to the ICC and its Impact on Al Bashir's Immunities", *JICJ*, Vol. 7, 2009.

Philippe Kirsch, "Valerie Oosterveld, Negotiating an Institution for the Twenty – First Century: Multilateral Diplomacy and the International Criminal Court", *McGill L. J.*, Vol. 46, 2001.

Philippe Kirsch, "Applying the Principles of Nuremberg in the International Criminal Court", *Wash. U. Globai Stud. L. Rev.* , Vol. 6, 2007.

Philippe Kirsch, "The International Criminal Court: from Rome to Kampala", *John Marshall L. Rev.* , Vol. 43, 2010.

Philippe Kirsch, John T. Holmes, "The Rome Conference on an International Criminal Court: the Negotiating Process", *AJIL*, Vol. 93, 1999.

Tonya J. Boller, "The International Criminal Court: Better than Nuremberg?", *Indiana Int'l and Comp. L. Rev.* , Vol. 14, 2003.

Jimmy Gurule, "United States Opposition to the 1998 Rome Statute Establishing an International Criminal Court: Is the Court's Jurisdiction Truly Complementary to National Criminal Jurisdictions?", *Cornell Int'l L. J.* , Vol. 35, 2002.

Leila Sadat Wexler, "Committee Report on Jurisdiction, Definition of Crimes, and Complementarity", *Denver J. Int'l L. and Pol.* , Vol. 25, 1997.

Ruth B. Philips, "The International Criminal Court Statute: jurisdiction and admissibility", *CLF*, Vol. 10, No. 1, 1999.

Timothy L. H. McCormack, Sue Robertson, "Jurisdictional Aspects of the Rome Statute for the International Criminal Court", *Melbourne U. L. Rev.* , Vol. 23, 1999.

Allison Marston Danner, "Enhancing the Legitimacy and Accountability of Prosecutorial Discretion at the International Criminal Court", *AJIL*, Vol. 97, 2003.

Dawn Yamane Hewett, "Sudan's Courts and Complementarity in the face of Darfur", *Yale J. Int'l L.* , Vol. 31, 2006.

Carsten Stahn, "Complementarity: A Tale of Two Notions", *CLF*, Vol. 19, 2008.

Carsten Stahn, Mohamed M. EL Zeidy, Héctor Olásolo, "The International Criminal Court's Ad Hoc Jurisdiction Revisited", *AJIL*, Vol. 99, 2005.

Carsten Stahn, Héctor Olásolo, Kate Gibson, "Participation of victims in Pre-Trial Proceedings of the ICC", *JICJ*, Vol. 4, 2006.

Sharon A. Williams, "The Rome Statute on the International Criminal Court: From 1947 – 2000 and Beyond", *Osgoode Hall L. J.* , Vol. 38, 2000.

Margaret M. DeGuzman, "Gravity and the Legitimacy of the International Criminal Court", *Fordham Int'l L. J.* , Vol. 32, 2009.

Michael A. Newton, "Comparative Complementarity: Domestic Jurisdiction Consistent with the Rome Statute of the International Criminal Court", *Military L. Rev.* , Vol. 167, 2001.

Michael A. Newton, "The Commplementarity Conundrum: Are we Watching Evolution or Evisceration?" *Santa Clara J. Int'l L.*, Vol. 8, 2010.

Mohamed EL Zeidy, "From primacy to Complementarity and backwards: (re) – visiting rule 11 bis of the ad hoc tribunals", *Int'l & Comp. L. Quarterly*, Vol. 57, No. 2, 2008.

M. EL Zeidy, "The Principle of Complementarity: A New Machinery to Implement International Criminal Law", *Michigan J. Int'l L.*, Vol. 23, 2003.

M. EL Zeidy, "Some Remarks on the Question of the Admissibility of a Case during Arrest Warrant Proceedings before the International Criminal Court", *Leiden J. Int'l L.*, Vol. 19, 2006.

M. EL Zeidy, "The Ugandan government triggers the first test of the complementarity principle: an assessment of first State's Party referral to the ICC", *International Criminal Law Review*, Vol. 5, 2005.

M. EL Zeidy, "The Gravity Threshold under the Statute of the International Criminal Court", *CLF*, Vol. 19, No. 1, 2008.

M. EL Zeidy, "The United States Dropped the Atomic Bomb of Article 16 of the ICC Statute: Security Council Power of Deferrals and Resolution 1422", *Vanderbilt J. Transnat'L.*, Vol. 35, 2002.

Madeline H. Morris, "Rwandan Justice and the International Criminal Court", *ILSA J. Int'l & Comp. L.*, Vol. 5, 1999.

Lars Waldorf, " 'A Mere Pretence of Justice': Complementarity, Sham Trials, and Victor's Justice at the Rwanda Tribunal", *Fordham Int'l L. J.*, Vol. 33, 2012.

Katherine L. Doherty, Timothy L. H. McCormack, " 'Complementarity' as a Catalyst for Comprehensive Domestic Penal Legislation", *U. C. Davis J. Int'l L. & Pol.*, Vol. 5, 1999.

Alexander K. A. Greenawalt, "Complementarity in Crisis: Uganda, Alternative Justice, and International Criminal Court", *Virginia J. Int'l L.*, Vol. 50, 2009.

Peggy E. Rancilio, "From Nuremberg to Rome: Establishing an International Criminal Court and the Need for U. S. Participation", *U. Detroit Mercy L., Rev.*, Vol. 78, 2001.

Kenneth S. Gallant, "Jurisdiction to Adjudicate and Jurisdiction to Prescribe in International Criminal Courts", *Villanova L. Rev.*, Vol. 48, 2003.

William Schabas, "United States Hostility to the International Criminal Court: it's all about the Security Council", *EJIL*, Vol. 15, 2004.

William Schabas, "Complementarity in Practice: Some Uncomplimentary Thoughts", *CLF*, Vol. 19, 2008.

William Schabas, "The International Criminal Court at ten", *CLF*, Vol. 22, No. 3, 2011.

Williams A. Schabas, Carsten Stahn, Mohamed El Zeidy, "The International Criminal Court and Complementarity: Five Years on", *CLF*, Vol. 19, 2008.

Katharine A. Marshall, "Prevention and Complementarity in The International Criminal Court: A Positive Approach", *Human Rights Brief*, Vol. 17, 2010.

Remigius Chibueze, "United States Objection to the International Criminal Court: A Paradox of 'Operation Enduring Freedom' ", *Annual Survey of Int'l & Comp. L.*, Vol. 9, 2003.

William W. Burke – White, "Implementing a Policy of Positive Complementarity in the Rome System of Justice", *CLF*, Vol. 19, 2008.

William W. Burke – White, "Complementarity in Practice: The International Criminal Court as Part of a System of Multi – level Global Governance in the Democratic Republic of Congo", *Leiden J. Int'l L.*, Vol. 18, 2005.

William W. Burke – White, "Proactive Complementarity: The International Criminal Court and National Courts in the Rome System of International Justice", *Harvard Int'l L. J.*, Vol. 49, 2008.

William W. Burke – White, Scott Kaplan, "Shaping the contours of domestic justice: The International Criminal Court and an admissibility challenge in the Uganda situation", *JICJ*, Vol. 7, 2009.

S. Bibas & W. W. Burke – White, "International Idealism Meets Domestic – Criminal – Procedure Realism", *Duke L. J.*, Vol. 59, 2010.

Rod Rastan, "What is a 'case' for the purpose of the Rome Statute? ", *CLF*, Vol. 19, No. 3/4, 2008.

Andreas Th. Muller, Ignaz Stegmiller, "Self – Referrals on Trial: From Panacea to Patient", *JICJ*, Vol. 8, 2010.

Kennth Roth, Mona Rishmawi, Florian Jessberger, "The International Criminal Court Five Years on: Progress or Stagnation?", *JICJ*, Vol. 6, 2008.

Ben Batros, "The Judgment on the Katanga Admissibility Appeal: Judicial Restraint at the ICC", *Leiden J. Int'l. L.*, Vol. 23, No. 2, 2010.

Darryl Robinson, "The controversy over territorial state referrals and reflections on ICL discourse", *JICJ*, Vol. 9, No. 2, 2011.

H. Abigail Moy, "The International Criminal Court's Arrest Warrants and Uganda's Lord's Resistance Army: Renewing the Debate over Amnesty and Complementarity", *Harvard Human Rights Journal*, Vol. 19, 2006.

Danielle E. Goldstone, "Embracing Impasse: Admissibility, Prosecutorial Discretion, and the Lesson of Uganda for the International Criminal Court", *Emory Int'l L. Rev.*, Vol. 22, 2008.

Paola Gaeta, "Is the Practice of 'Self–Referrals' a Sound Start for the ICC?", *JICJ*, Vol. 2, 2004.

Gregory S. Gordon, "Complementarity and Alternative Justice", *Oregon L. Rev.*, Vol. 88, 2009.

Federia Gioia, "State Sovereignty, Jurisdiction, and 'Modern' International Law: The Principle of Complementarity in the International Criminal Court", *Leiden J. Int'l. L.*, Vol. 19, 2006.

M. H. Arsanjani, W. M. Reisman, "The Law–in–Action of the International Criminal Court", *AJIL*, Vol. 99, 2005.

Ada Sheng, "Analyzing the International Criminal Court Complementarity Principle Though a Federal Courts Lens", *ILSA J. Int'l & Comp. L.*, Vol. 13, 2007.

Linda M. Keller, "The Practice of the International Criminal Court: Comments on 'the Complementarity Conundrum'", *Santa Clara J. Int'l L.*, Vol. 8, 2010.

Ignaz Stegmiller, "Complementarity Thoughts", *CLF*, Vol. 21, No. 1, 2010.

Marceller David, "Grotius Repudiated: The American Objections to the International Criminal Court and the Commitment to International Law", *Michigan J. Int'l L.*, Vol. 20, 1999.

Douglas E. Edlin, "The Anxiety of Sovereignty: Britain, the United States and the International Criminal Court", *Boston College Int'l & Comp. L. Rev.*, Vol. 29, 2006.

Susana Sacouto, Katherine Cleary, "The Gravity Threshold of the International Criminal Court", *Am. U. Int'l L. Rev.*, Vol. 23, 2008.

Mark S. Ellis, "The International Criminal Court and its Implication for Domestic Law and National Capacity Building", *Florida J. Int'l L.*, Vol. 15, 2002.

Christopher D. Totten, Nicholas Tyler, "Arguing for an Integrated Approach to Resolving the Crisis in Darfur: the Challenges of Complementary, Enforcement, and Related Issues in the International Criminal Court", *Journal of Criminal Law and Criminology*, Vol. 98, 2008.

David Matas, "From Nuremberg to Rome: Tracing the Legacy of the Nuremberg Trials", *Gonzaga J. Int'l L.*, Vol. 10, 2007.

Allen J. Dickerson, "Who's in charge here? – International Criminal Court Complementarity and the Commander's Role in Courts – Martial", *Naval L. Rev.*, Vol. 54, 2007.

Ademola Abass, "The Competence of the Security Council to Terminate the Jurisdiction of the International Criminal Court", *Texas Int'l L. J.*, Vol. 40, 2005.

Young Sok Kim, "The Preconditions to the Exercise of the Jurisdiction of the International Criminal Court: With Focus on Article 12 of the Rome Statute", *J. Int'l L & Practice*, Vol. 8, Spring 1999.

Carsten Stahn et al., "The International Criminal Court's and ad hoc Jurisdiction Revisited", *AJIL*, Vol. 99, April 2005.

Yaël Ronen, "ICC Jurisdiction over Acts Committed in Gaza Strip", *JICJ*, Vol. 8, No. 3, 2010.

Steven Freeland, "How Open Should the Door Be?", *Nordic J. Int'L.*, Vol. 75, 2006.

Chan James, "Judicial Oversight over Article 12 (3) of the ICC Statute", *FICHL Policy Brief Series*, No. 11, 2013.

J. N. Clark, "Peace, Justice and the International Criminal Court: limitations and possibilities", *JICJ*, Vol. 9, No. 3, 2011.

M. M. Deguzman, "Choosing to Prosecute: Expressive Selection at the International Criminal Court", *Michigan J. Int'l L.*, Vol. 33, Winter 2012.

M. J. Ventura, "The 'Reasonable Basis to Proceed' Threshold in the Kenya and Côte d'Ivoire *Proprio Motu* Investigation Decisions: The International Criminal Court's Lowest Evidentiary Standard?", *The Law and Practice of International Courts and Tribunals*, Vol. 12, No. 1, 2013.

J. A. Goldston, "More Candor about Criteria: the Exercise of Discretion by the Prosecutor of the International Criminal Court", *JICJ*, Vol. 8, No. 2, 2010.

Joanna Kyriakakis, "Corporations and the International Criminal Court: the Complementary Objection Stripped Bare", *CLF*, Vol. 19, 2008.

Enrique Carnero Rojo, "The Role of Fair Trial Considerations in the Complementarity Regime of the International Criminal Court: From 'No Peace without Justice' to 'No Peace with Victor's Justice'?", *Leiden J. Int'l L.*, Vol. 18, 2005.

Markus Benzing, "The Complementarity Regime of the International Criminal Court: International Criminal Justice Between State Sovereignty and the Fight Against Impunity", *Max Planck Yearbook of United Nations Law*, Vol. 7, 2003.

Cedric Ryngaert, "Applying the Rome Statutes Complementarity Principle: Drawing Lessons from The Prosecution of Core Crimes by States Acting under the Universality Principle", *CLF*, Vol. 19, 2008.

Jenniffer S. Easterday, "Deciding the Fate of Complementarity: A Colombian Case Study", *Arizona J. Inte'l & Comp. L.*, Vol. 26, 2009.

Alexander K. A. Greenawalt, "Complementarity in Crisis: Uganda, Alternative Justice, and International Criminal Court", *Virginia J. Int'l L.*, Vol. 50, 2009.

Gerard Conway, "*Ne bis in idem* and the international criminal tribunals", *CLF*, Vol. 14, No. 4, 2003.

Frank Meyer, "Complementing Complementarity", *ICLR*, Vol. 6, 2006.

Jann K. Kleffner, "The Impact of Complementarity on National Implementation of Substantive International Criminal Law", *JICJ*, Vol. 1, 2003.

Lorraine Finlay, "Does the International Criminal Court protect against double jeopardy: an analysis of article 20 of the Rome Statute", *U. C. Davis J. Int'l L. & Pol.*, Vol. 15, 2009.

Remiguis Chibueze, "United States Objection to the International Criminal Court: A Paradox of 'Operation Enduring Freedom'", *Annual Survey of Int'l & Comp. L.*, Vol. 9, 2003.

Linda E. Carter, "The Principle of Complementary and the International Criminal Court: The Role of *ne bis in idem*", *Santa Clara J. Int'l L.*, Vol. 8, 2010.

Gregory S. McNeal, "ICC Inability Determinations in light of the Dujail Case", *Case W. Res. J. Int'l L.*, Vol. 39, 2007.

Ray Murphy, "Gravity Issues and The International Criminal Court", *CLF*, Vol. 17, 2006.

Luc Cote, "Reflections on the Exercise of Prosecutorial Discretion in International Criminal Law", *J. Int'l Criminal Court*, Vol. 3, 2005.

N. Jain, "The Control Theory of Perpetration in International Criminal Law", *Chicago J. Int'l L.*, Vol. 12, No. 1, 2011.

F. Jessberger, J. Geneuss, "On the Application of a Theory of Indirect Perpetration in Al Bashir", *JICJ*, Vol. 6, No. 5, 2008.

J. D. Ohlin, E. V. Sliedreat, T. Weigend, "Assessing the Control – Theory", *Leiden J. Int'l L.*, Vol. 26, No. 3, 2013.

G. Werle, B. Burghardt, "Indirect Perpetration: A Perfect Fit for International Prosecution of Armchair Killers?", *JICJ*, Vol. 9, No. 1, 2011.

L. C. Green, "Command Responsibility in International Humanitarian Law", *Transnational Law and Contemporary Problems*, Vol. 5, 1995.

R. Värk, "Superior Responsibility", *Estonian National Defence College Proceedings*, Vol. 15, 2012.

V. Nerlich, "Superior Responsibility under Article 28 ICC Statute: for what exactly is Superior Held Responsible", *JICJ*, Vol. 5, July 2007.

Y. Ronen, "Superior Responsibility of Civilian for International Crimes Committed in Civilian Settings", *Vanderbilt J. Transit'l L.*, Vol. 43, 2010.

Carsten Stahn et al., "Participation of victims in Pre – Trial Proceedings of the ICC", *JICJ*, Vol. 4, 2006.

ChristineH. Chung, "Victims' Participation at the International Criminal Court: Are Concessions of the Court Clouding the Promise?", *Northwestern Journal of International Human Rights*, Vol. 6, Issues 3, Spring 2008.

Emily Haslam& Rod Edmunds, "Victim Participation, Politics and the Construction of Victims at the International Criminal Court: Reflections on Proceedings in Banda and Jerbo", *Melbourne J. Int'l L.*, Vol. 14, No. 2, 2013.

Suzanne Chenault, "And since Akayesu? The Development of ICTR Jurisprudence on Gender Crimes: A Comparison of Akayesu and Muhimana", *New England J. Int'l L. and Comp. L.*, Vol. 14, No. 2, 2008.

Valerie Oosterveld, "Gender – Sensitive Justice and the International Criminal Tribunal for Rwanda: Lessons Learned for the International Criminal Court", *New England J. Int'l and Comp. L.*, Vol. 12, No. 1, 2005.

Valerie Oosterveld, Mike Perry & John McManus, "The Cooperation of State With the International Criminal Court", *Fordham Int'l L. J.*, Vol. 25, Issue 3, 2001.

War Crimes Research Office, American University Washington College of Law, "Obtaining Victims Status for Purposes of Participation", *Proceedings at the International Criminal Court International Criminal Court*, December 2013.

Binaifer Nowrojee, " 'Your Justice is Too Slow' Will the ICTR Fail Rwanda's Rape Victims?", *United Nations Research Institute for Social Development occational paper*, November 2005.

Mariana Pena & Gaelle Carayon, "Is the ICC Making the Most of Victim Participation?", *Int'l J. Transit'l Justice*, Vol. 7, 2013.

American Non-Governmental Organizations Coalition for the International Criminal Court, "Victims' Participation at the ICC: Purpose, Early Developments and Lessons", http://docs. wixstatic. com/ugd/e13974_984a3cb61bd7
441cb5ee85546fe22571. pdf, March 25, 2013.

Kai Ambos, "The first Judgment of the International Criminal Court: A Comprehensive Analysis of the Legal Issues", *ICLR*, Vol. 12, No. 2, 2012.

Jennifer Trahan, "The Rome Statute's Amendment on the Crime of Aggression: Negotiations at the Kampala Review Conference", *ICLR*, Vol. 11, 2011.

Mauro Politi, "A Dream that Came Through and the Reality Ahead", *JICJ*, Vol. 10, No. 1, 2012.

Hans – Peter Kaul, "Kampala June 2010 – A First Review of the ICC Review Conference", *Goettingen J. Int'l L.*, Vol. 2, 2010.

Hans – Peter Kaul, Claus Kress, "Jurisdiction and cooperation in the statute of the International Criminal Court: Principles and Compromises", *Yearbook of International Humanitarian Law*, Vol. 2, 1999.

Robert Hench, "The Crime of Aggression After Kampala: Success or Burden for the Future?", *Goettingen J. Int'l L.*, Vol. 2, 2010.

James Crawford, "Current Developments: The ILC's Draft Statute for an International Criminal Tribunal", *AJIL*, Vol. 88, Jan. 1994.

Vera Gowlland – Debbas, "The Relationship Between the Security Council and the

Projected International Criminal Court", *Journal of Armed Conflict Law*, Vol. 3, No. 1, June 1998.

Ademola Abass, "The Competence of the Security Council to Terminate the Jurisdiction of the International Criminal Court", *Texas Int'l L. J.*, Vol. 40, 2005.

Roberto Lavalle, "A Vicious Storm in a Teacup: The Action by the United Nations Security Council to Narrow the Jurisdiction of the International Criminal Court", *CLF*, Vol. 14, 2003.

Rosa Aloisi, "A Tale of Two Institutions: The United Nations Security Council and the International Criminal Court", *ICLR*, Vol. 13, Issue 1, 2013.

Condorelli & Ciampi, "Comments on the Security Council Referral of the Situation in Darfur to the ICC", *JICJ*, Vol. 3, 2005.

K. S. Gallant, "The International Criminal Court in the System of States and International Organizations", *LJIL*, Vol. 16, 2003.

Kai Ambos, "The first Judgment of the International Criminal Court (Prosecutor v. Lubanga): A comprehensive Analysis of the Legal Issues", *ICLR*, Vol. 12, 2012.

Diane Marie Amann, "Children and the First Verdict of the International Criminal Court", *Wash. U. Global Stud. L. Rev.*, Vol. 12, 2013.

三、文件和报告

Basic Principles and Guidelines on the Rights to a Remedy and Reparation for victims of Gross Violations of International Human Rights Law and Serious Violations of International Humanitarian Law, UN Doc. A/RES/60/147, 21 March 2006.

ICRC Report of the Third Universal Meeting of National Committees of the Implementation of International Humanitarian Law, Vol. I.

International Law Commission, Principles of International Law Recognized in the Charter of the Nuremberg Tribunal and in the Judgment of the Tribunal, Principle Ⅵ, Yearbook of the International Law Commission, 1950, Vol. Ⅱ.

Report of the Preparatory Committee on the Establishment of an International Criminal Court, Vol. Ⅱ, G. A., 51st Sess., Supp. No. 22, A/51/22, 1996.

Ad Hoc Committee on Genocide, Report of the Committee and Draft Convention Drawn up by the Committee, Economic and Social Council, UN E/794, 1948.

Special Working Group on the Crime of Aggression of the Assembly of States Parties to the Rome Statute of the International Criminal, ICC – ASP/7/20/Add. 1, 2009.

Situation in Palestine, Summary of Submissions on Whether the Declaration Lodged by the Palestinian National Authority Meets Statutory Requirements, 3 May 2010.

Report of the International Criminal Court, 3 August 2006, UN Doc. A/61/217.

Human Rights in Palestine and Other Occupied Arab Territories: Report of the U-nited Nations Fact – Finding Mission on the Gaza Conflict, Human Rights Council, 12th Sess, Agenda Item 7, UN Doc A/HRC/12/48, 25 September 2009.

IAJLJ Opinion of Malcom Shaw: In the Matter of the Jurisdiction of International Criminal Court with Regard to the Declaration of Palestinian Authority, 9 September 2009.

ECLJ, Legal Memorandum in Opposition to the Palestinian Authority's January 2009 Attempt to Accede to ICC Jurisdiction over Alleged Acts Committed on Palestinian Territory since 1 July 2002, 9 September 2009.

Dore Gold & Diane Morrison, Discussion on Whether the Declaration Lodged by the Palestinian Authority Meets Statutory Requirements: Historical and Diplomatic Considerations, 19 – 20 October 2010.

Errol Mendes, Statehood and Palestine for the Purposes of Article 12 (3) of the ICC Statute: A Contrary Perspective.

John Quigley, The Palestine Declaration to the International Criminal Court: The Statehood Issue, 20 May 2010.

Al – Haq position Paper on Issues Arising from the Palestinian Authority's Submission of a Declaration to the Prosecutor of the International Criminal Court under Article 12 (3) of the Rome Statute, 14 December 2009.

The Human Rights situation in the Occupied Palestinian territory, including East Jerusalem, resolution adopted by the Human Rights Council, A/HRC/RES/S – 12/1, 21 October 2009.

Status of Palestine in the United Nations, UN Doc. A/RES/67/194, December 2012.

Report of the Independent International Fact – Finding Mission, A/HRC/12/48, 23 – 24 September 2009.

Summary of Practice of the Secretary – General as Depositary of Multilateral Treaties, prepared by the Treaty Section of the Office of Legal Affairs.

Report of the ILC on the work of its forty – sixth session, 2 May – 22 July 1994, UN Doc A/CN. 4/ SER. A/1994/Add. l (Part 2) in (1994), 2Yearbook of the International Law Commission 15.

War Crimes Research Office, American University Washington College of Law, Victim Participation Before the International criminal Court, 2007.

Periodic Report on the general situation of victims in the Republic of Kenya and the activities of the VPRS and the Common Legal Representatives in the field, Annex, ICC – 01/09 – 02/11 – 606 – Anx, 22 January 2013.

Basic Principles and Guidelines on the Right to a Remedy and Reparation for Victims of Gross Violations of International Human Rights Law and Serious Violations of International Humanitarian Law, E/CN. 4/2005/L. 48.

Redress, The Legal Representation of Victims before the ICC: Challenges and Opportunities, 26 November 2014.

Hemi Mistry, Deborah Ruiz Verduzco: The UN Security Council and the International Criminal Court, International Law Meeting Summary with Parliamentarians for Global Action, Chatham House, 16 March 2012.

OTP, Policy Paper on the Interests of Justice, September 2007.

OTP, Policy Paper on Preliminary Examinations, November 2013.

OTP, Draft Policy Paper on Preliminary Examinations, 4 October 2010.

OTP, Policy Paper on Preliminary Examinations, October 2010.

OTP, Policy Paper on Case Selection and Prioritisation, 15 September 2016.

OTP, Policy Paper on Sexual and Gender – Based Crimes, June 2014.

OTP, Policy Paper on Victims' Participation, April 2010.

OTP, Strategic Plan June 2012 – 15, 11 October 2013.

OTP, Report on Preliminary Examination Activities, 13 December 2011; 13 November 2013; 2 December 2014; 12 November 2015.

Second Report of the Prosecutor of the International Criminal Court to the UN Security Council Pursuant to UNSCR 1970, June 2006.

Third Report of the Prosecutor of the ICC, December 2005.

Eighth Report of the Prosecutor of the ICC, 2011.

四、判例

ICC (International Criminal Court)

Prosecutor v. Bahar Idriss Abu Garda

Decision on the 34 Applications for Participation at the Pre – Trial Stage of the

Case, ICC – 02/05 – 02/09 – 121, 25 Sep. 2009.

Decision on victims' modalities of participation at the Pre – Trial Stage of the Case, ICC – 02/05 – 02/09 – 136, 6 Oct. 2009.

Decision on the Confirmation of Charges, ICC – 02/05 – 02/09 – 243 – Red, 8 Feb. 2010.

Prosecutor v. Omar Hassan Ahmad Al Bashir

Decision on the Prosecution's Application for a Warrant of Arrest against Omar Hassan Ahmad Al Bashir, ICC – 02/05 – 01/09 – 3, 4 March 2009.

Judgment on the appeal of the Prosecutor against the "Decision on the Prosecution's Application for a Warrant of Arrest against Omar Hassan Ahmad Al Bashir", ICC – 02/05 – 01/09 – OA, 3 Feb. 2010.

Decision on the Prosecution's Application for a Warrant of Arrest against Omar Hassan Ahmad Al Bashir, ICC – 02/05 – 01/09 – 3, 4 March 2009.

Request to All States Parties to the Rome Statute for the Arrest and Surrender of Omar Al Bashir, ICC – 02/05 – 01/09 – 7, 6 March 2009.

Supplementary Request to All States Parties to the Rome Statute for the Arrest and Surrender of Omar Al Bashir, ICC – 02/05 – 01/09 – 96, 21 July 2010.

Décision rendue en application de l'article 87 – 7 du Statut de Rome concernant le refus de la République du Tchad d'accéder aux demandes de cooperation délivrées par la Cour concernant l'arrestation et la remise d'Omar Hassan Ahmad Al Bashir, ICC – 02/05 – 01/09 – 140, 13 Dec. 2011.

Decision Pursuant to Article 87 (7) of the Rome Statute on the Failure by the Republic of Malawi to Comply with the Cooperation Requests Issued by the Court with Respect to the Arrest and Surrender of Omar Hassan Ahmad Al Bashir, ICC – 02/05 – 01/09 – 139, 12 Dec. 2011.

Prosecutor v. Bemba

Fourth Decision on Victims' Participation, ICC – 01/05 – 01/08 – 320, 12 Dec. 2008.

Decision Pursuant to Art 61 (7) (a) and (b) of the Rome Statute on the Charges of the Prosecutor against Jean – Pierre Bemba Gombo, ICC – 01/05 – 01/08 – 424, 15 June 2009.

Decision on the participation of victims in the trial and on 86 applications by victims to participate in the proceedings, ICC – 01/05 – 01/08 – 807, 30 June 2010.

Corrigendum to Decision on the participation of victims in the trial and on 86 applications by victims to participate in the proceedings, ICC – 01/05 – 01/08 – 807 – Corr, 12 July 2010.

Prosecutor v. Abdallah Banda Abakaer Nourain and Saleh Mohammed Jerbo Jamus

Defence Application to restrain legal representatives for the victims a/1646/10 & a/1647/10 from acting in proceedings and for an order excluding the involvement of specified intermediaries, ICC – 02/05 – 03/09 – 113, 7 Dec. 2010.

Corrigendum of the "Decision on the Confirmation of Charges", ICC – 02/05 – 03/ 09 – 121 – Corr – Red, 8 March 2011.

Decision on Victims' Participation at the Hearing on the Confirmation of the Charges, ICC – 02/05 – 03/09 – 89, 29 Oct. 2010.

Decision on common legal representation of victims for the purpose of trial, ICC – 01/05 – 01/08 – 1005, 10 Nov. 2010.

Order inviting the Registrar to appoint a common legal representative, ICC – 02/05 – 03/09 – 209, 6 Sep. 2011.

Notification of appointment of common legal representatives of victims, ICC – 02/ 05 – 03/09 – 215, 14 Sep. 2011.

Decision on the participation of victims in the trial proceedings, ICC – 02/05 – 03/09 – 545, 20 March 2014.

Judgmentpursuant to Article 74 of the Statute, ICC – 01/05 – 01/08 – 3343, 21 March 2016.

Judgment on the appeal of Mr Jean – Pierre Bemba Gombo against Trial Chamber III's "Judgment pursuant to Article 74 of the Statute", ICC – 01/05 – 01/08 – 3636 – Red, 8 June 2018.

Prosecutor v. Laurent Koudou Gbagbo

Second decision on issues related to the victims' application process, ICC – 02/11 – 01/11 – 86, 5 April 2012.

Decision on Victims' Participation and Victims' Common Legal Representation at the Confirmation of Charges Hearing and in the Related Proceedings, ICC – 02/11 – 01/11 – 138, 4 June 2012.

Decision on the "Corrigendum of the challenge to the jurisdiction of the International Criminal Court on the basis of articles 12（3）, 19（2）, 21（3）, 55 and 59 of the Rome Statute filed by the Defence for President Gbagbo", ICC – 02/11 – 01/11 – 129, 15 Aug. 2012.

Judgment on the Appeal of Mr Laurent Koudou Gbagbo against the decision of Pre – Trial Chamber I on Jurisdiction and Stay of the Proceedings, ICC – 02/11 – 01/11 OA 2, 12 Dec. 2012.

Decision on the confirmation of charges against Laurent Gbagbo, ICC – 02/11 – 01/11 – 656 – Red, 12 June 2014.

Decision on Victims Participation, ICC – 02/11 – 01/11 – 800, 6 March 2015.

Prosecutor v. Germain Katanga and Mathieu Ngudjolo Chui

Decision on the Set of Procedural Rights Attached to Procedural Status of Victim at the Pre – Trial Stage of the Case, ICC – 01/04 – 01/07 – 474, 13 May 2008.

Public Redacted Version of the "Decision on the 97 Applications for Participation at the Pre – Trial Stage of the Case", ICC – 01/04 – 01/07 – 579, 10 June 2008.

Decision on Victims' Requests for Anonymity at the Pre – Trial Stage of the Case, ICC – 01/04 – 01/07 – 628, 23 June 2008.

Decision on the confirmation of charges, ICC – 01/04 – 01/07, 30 Sep. 2008.

Decision on the confirmation of charges, ICC – 01/04 – 01/07 – 717, 1 Oct. 2008.

Order on the organisation of common legal representation of victims, ICC – 01/04 – 01/07 – 1328, 22 July 2009.

Directions for the conduct of the proceedings and testimony in accordance with Rule 140, ICC – 01/04 – 01/07 – 1665, 20 Nov. 2009.

Decision on the Modalities of Victim Participation at Trial, ICC – 01/04 – 01/07 – 1788 – tENG, 22 Jan. 2010.

Judgment on the Appeal of Mr Katanga Against the Decision of Trial Chamber II of 22 January 2010 Entitled "Decision on the Modalities of Victim Participation at Trial", ICC – 01/04 – 01/07 – 2288 – tCMN, 16 July 2010.

Decision on the implementation of regulation 55 of the Regulations of the Court and severing the charges against the accused persons, ICC – 01/04 – 01/07, 21 Nov. 2012.

Prosecutor v. Katanga, Judgment pursuant to article 74 of the Statute, ICC – 01/ 04 – 01/07 – 3436 – tENG, 7 March 2014.

Prosecutor v. Mathieu Ngudjolo Chui, Judgment pursuant to Article 74 of the Statute, Concurring Opinion of Judge Christine van den Wyngaert, ICC – 01/04 – 02/12 – 4, 20 Dec. 2012.

Prosecutor v. Ahmad Al Faqi Al Mahdi

Decision on the confirmation of charges against Ahmad Al Faqi Al Mahdi, ICC – 01/12 – 01/15 – 84 – Red, 24 March 2016.

Judgment and Sentence, ICC – 01/12 – 01/15 – 171, 27 Sep. 2016.

Prosecutor v. Kony et al.

Decision on victims' applications for participation a/0010/06, a/0064/06 to a/0070/06, a/0081/06 to a/0104/06 and a/0111/06 to a/0127/06, ICC – 02/04 – 01/05 – 252, 10 Aug. 2007.

Prosecutor v. Thomas Lubanga Dyilo

Decision on the Prosecutor's Application for Warrants of Arrest, Article 58, ICC – 01/04 – 01/06, 10 Feb. 2006.

Decision on the Applications for Participation in the Proceedings Submitted by VPRS 1 to VPRS 6 in the Case the Prosecutor v. Thomas Lubanga Dyilo, ICC – 01/04 – 01/06 – 172 – tEN, 29 June 2006.

Decision on the Arrangements for Participation of Victims a001/06, a002/06 and a003/06 at the Confirmation Hearing, ICC – 01/04 – 01/06 – 462 – tEN, 22 September 2006.

Decision on the applications for participation in the proceedings a/0004/06 to a/0009/06, a/0016/06 to a/0063/06, a/0071/06 to a/0080/06 and a/0105/06 in the case of The Prosecutor v. Thomas Lubanga Dyilo, ICC – 01/04 – 01/06 – 601 – tEN, 20 Oct. 2006.

Decision on the Confirmation of Charges, ICC – 01/04 – 01/06 – 803 – tEN, 29 Jan. 2007.

Decision of the Appeals Chamber on the Joint Application of Victims a/0001/06 to a/0003/06 and a/0105/06 concerning the "Directions and Decision of the Appeals Chamber" of 2 February 2007, ICC – 01/04 – 01/06 – 925, 13 June 2007.

Decision on victims' participatio, ICC – 01/04 – 01/06 – 1119, 18 Jan. 2008.

Prosecution's Document in Support of Appeal against Trial Chamber I's 18 January 2008 Decision on Victims' Participation, ICC – 01/04 – 01/06 – 1219, 10

March 2008.

Defence Appeal Against Trial Chamber I's 18 January 2008 Decision on Victims' Participation, ICC – 01/04 – 01/06 – 1220 – tENG, 10 March 2008.

Decision in limine on Victim Participation in the appeals of the Prosecutor and the Defence against Trial Chamber I's Decision entitled "Decision on Victims' Participation", ICC – 01/04 – 01/06 – 1335, 16 May 2008.

Order issuing public redacted version of the "Decision on the request by victims a/ 0225/06, a/0229/06 and a/0270/07 to express their views and concerns in person and to present evidence during the trial", ICC – 01/04 – 01/06 – 2032, 9 July 2009.

Judgment on the appeals of the Prosecutor and the Defence against Trial Chamber I's Decision on Victims' Participation of 18 January 2008, ICC – 01/04 – 01/06 – 1432, 11 July 2008.

Order issuing confidential and public redacted versions of Annex A to the "Decision on the applications by 7 victims to participate in the proceedings of 10 July 2009", ICC – 01/04 – 01/06 – 2035, ICC – 01/04 – 01/06 – 2065 – Anx2, 23 July 2009.

Judgment pursuant to Article 74 of the Statute, ICC – 01/04 – 01/06 – 2842, 14 March 2012.

Decision establishing the principles and procedures to be applied to reparations, ICC – 01/04 – 01/06 – 2904, 7 Aug. 2012.

Judgment on the appeals against the "Decision establishing the principles and procedures to be applied to reparations" of 7 August 2012 with AMENDED order for reparations (Annex A) and public annexes 1 and 2, A A 2 A 3, ICC – 01/04 – 01/06 – 3129, 3 March 2015.

Prosecutor v. Callixte Mbarushimana

Decision on the confirmation of charges, ICC – 01/04 – 01/10 – 465 – Red, 16 Dec. 2011.

Prosecutor v. Muthaura, Kenyatta and Ali

Decision on Victims' Participation at the Confirmation of Charges Hearing and in the Related Proceedings, ICC – 01/09 – 02/11 – 267, 26 Aug. 2011.

Prosecutor v. Francis Kirimi Muthaura and Uhuru Muigai Kenyatta

Decision on Victims' Representation and Participation, ICC – 01/09 – 01/11 – 498, 3 Oct. 2012.

Prosecutor v. Ntaganda

Registry Observations in compliance with the Decision ICC − 01/04 − 02/06 − 54 − Conf, ICC − 01/04 − 02/06 − 57, 6 May 2013.

Decision Establishing Principles on the Victims' Application Process, ICC − 01/04 − 02/06 − 67, 28 May 2013.

Decision on Victims' participation in trial Proceeding, ICC − 01/04 − 02/06 − 449, 6 Feb. 2015.

Prosecutor v. William Samoei Ruto, Henry Kiprono Kosgey and Joshua Arap Sang

Decision on Victims' Participation at the Confirmation of Charges Hearing and in the Related Proceedings, ICC − 01/09 − 01/11 − 249, 5 Aug. 2011.

Decision on the confirmation of charges, ICC − 01/09 − 01/11, 23 Jan. 2012.

Decision on Victims' Representation and Participation, ICC − 01/09 − 01/11 − 460, 3 Oct. 2012.

Decision on Appointing a Common Legal Representative of Victims, ICC − 01/09 − 01/11 − 479, 23 Nov. 2012.

Situation on the Registered Vessels of the Union of the Comoros, the Hellenic Republic and the Kingdom of Cambodia

Decision on the request of the Union of the Comoros to review the Prosecutor's decision not to initiate an investigation, ICC − 01/13 − 34, 16 July 2015.

Situation in the Democratic Republic of the Congo

Judgment on the Prosecutor's appeal against the decision of Pre − Trial Chamber I entitled "Decision on the Prosecutor's Application for Warrants of Arrest, Article 58", ICC − 01/04 − 169 − US − Exp, July 13, 2006.

Decision on Applications for Participation in the Proceedings of VPRS − 1, VPRS − 2, VPRS − 3, VPRS − 4, VPRS − 5, VPRS − 6, ICC − 01/04 − 101 − tEN − Corr, 17 Jan. 2006.

Prosecution's Application for Leave to Appeal Pre − Trial Chamber I's Decision on the Applications for Participation in the Proceedings of VPRS1, VPRS2, VPRS3, VPRS4, VPRS5 and VP, ICC − 01/04 − 103, 23 Jan. 2006.

Corrigendum to the "Decision on the Applications for Participation Filed in Connection with the Investigation in the Democratic Republic of the Congo by a/0004/06 to a/0009/06, a/0016/06 to a/0063/06, a/0071/06 to a/0080/06 and a/0105/06 to a/

0110/06, a/0188/06, a/0128/06 to a/162/06, a/0199/06, a/0203/06, a/0209/06, a/0214/06, a/0220/06 to a/0222/06, a/0224/06, a/0227/06 to a/0230/06, a/0234/06 to a/0236/06, a/0240/06, a/0225/06, a/0226/06, a/0231/06 to a/0233/06, a/0237/06 to a/0239/06 and a/0241/06 to a/0250/06", ICC – 01/04 – 423, 31 Jan. 2008.

Decision on Victim Participation in the appeal of the Office of Public Counsel for the Defence against Pre – Trial Chamber I's Decision of 7 December 2007 and in the appeals of the Prosecutor and the Office of Public Counsel for the Defence against Pre – Trial Chamber I's Decision of 24 December 2007, ICC – 01/04 – 530 (OA4 OA5 OA6), 30 June 2008.

Judgment on victim participation in the investigation stage of the proceedings in the appeal of the OPCD against the decision of Pre – Trial Chamber I of 7 December 2007 and in the appeals of the OPCD and the Prosecutor against the decision of Pre – Trial Chamber I of 24 December 2007, ICC – 01/04 (OA4 OA5 OA6) – 556, 19 Dec. 2008.

Situation in the Republic of Cote d'Ivoire

Decision Pursuant to Article 15 of the Rome Statute on the Authorization of an Investigation into the Situation in the Republic of Cote d'Ivoire, ICC – 02/11, 3 Oct. 2011.

Egypt

Decision on the 'Request for review of the Prosecutor's decision of 23 April 2014 not to open a Preliminary Examination concerning alleged crimes committed in the Arab Republic of Egypt, and the Registrar's Decision of 25 April 2014', ICC – RoC46 (3) – 01/14 –3, 12 Sep. 2014.

Situation in Darfur, Sudan

Decision on the Requests of the OPCD on the Production of Relevant Supporting Documentation Pursuant to Regulation 86 (2) (e) of the Regulations of the Court and on the Disclosure of Exculpatory Materials by the Prosecutor, ICC – 02/05 – 110, 3 Dec. 2007.

Decision on the Requests of the OPCD on the Production of Relevant Supporting Documentation Pursuant to Regulation 86 (2) (e) of the Regulations of the Court and on the Disclosure of Exculpatory Materials by the Prosecutor, ICC – 02/05 – 110, 7

Dec. 2007.

Corrigendum to Decision on the Applications for Participation in the Proceedings of Applicants a/0011/06 to a/0015/06, a/0021/07, a/0023/07 to a/0033/07 and a/0035/07 to a/0038/07, ICC – 02/05 – 111 – Corr, 14 Dec. 2007.

Decision on Request for leave to appeal the "Decision on the Requests of the OPCD on the Production of Relevant Supporting Documentation Pursuant to Regulation 86 (2) (e) of the Regulations of the Court and on the Disclosure of Exculpatory Materials by the Prosecutor", ICC – 02/05 – 118, 23 Jan. 2008.

Decision on the Requests for Leave to Appeal the Decision on the Application for Participation of Victims in the Proceedings in the Situation, ICC – 02/05 – 121, 6 Feb. 2008.

Decision on Victim Participation in the appeal of the Office of Public Counsel for the Defence against Pre – Trial Chamber I's Decision of 3 December 2007 and in the appeals of the Prosecutor and the Office of Public Counsel for the Defence against Pre – Trial Chamber I's Decision of 6 December 2007, ICC – 02/05 – 138, 19 June 2008.

Decision on the Prosecutor's Request for a Finding of Non – Compliance Against the Republic of the Sudan, ICC – 02/05 – 01/09, 9 March 2015.

Situation in Georgia

Decision on the Prosecutor's request for authorization of an investigation, ICC – 01/15 – 12, 27 Jan. 2016.

Situation in the Republic of Kenya

Decision Pursuant to Art 15 of the Rome Statute on the Authorization of an Investigation into the Situation in the Republic of Kenya, ICC – 01/09 – 19 – Corr, 31 March 2010.

Decision on Victims' Participation in Proceedings Related to the Situation in the Republic of Kenya, ICC – 01/09 – 24, 3 Nov. 2010.

Decision on the "Application for Leave to Participate in the Proceedings before the Pre – Trial Chamber relating to the Prosecutor'sApplication under Article 58 (7)", ICC – 01/09 – 42, 11 Feb. 2011.

Situation in Uganda

Decision Assigning the Situation in Uganda to Pre – Trial Chamber II, Annex, ICC – 02/04, 5 July 2004.

Warrant of Arrest for Joseph Kony Issued on 8 July 2005 as Amended on 27 September 2005, ICC – 02/04 – 01/05 – 53, 27 Sep. 2005.

Prosecution's Application for Leave to Appeal the Decision on Victims' Applications for Participation a/0010/06, a/0064/06 to a/0070/06. a/0081/06 to a/0104/06 and a/0111/06 to a/0127/06, ICC – 02/04 – 103, 20 Aug. 2007.

Decision on the Requests of the Legal Representative of Applicants on application process for victims' participation and legal representation, ICC – 02/04 – 374, 17 Aug. 2007.

Decision on victims' applications for participation a/0010/06, a/0064/06 to a/0070/06, a/0081/06 to a/0104/06 and a/0111/06 to a/0127/06, ICC – 02/04 – 101, 10 Aug. 2007.

Decision on victims' applications for participation a/0010/06. a/0064/06 to a/0070/06, a/0081/06, a/0082/06, a/0084/06 to a/0089/06, a/0091/06 to a/0097/06. a/0099/06, a/0100/06, a/0102/06 to a/0104/06, a/0111/06, a/0113/06 to a/0117/06, a/0120/06, a/0121/06 and a/0123/06 to a/0127/06, ICC – 02/04 – 125, 14 March 2008.

ICJ (International Court of Justice)

Belgium v. Senegal, Questions Relating to the Obligation to Prosecute or Extradition, 2012.

Nicaragua v United States of America, Case Concerning Military and Paramilitary Activities in and against Nicaragua (Merits) [1986] ICJ Rep 4.

Bosnia and Herzegovinav. Serbia and Montenegro, Application of the Convention on the Prevention and Punishment of the Crime of Genocide (Merits) [2007] ICJ Rep 43.

Legality of the Threat or Use of Nuclear Weapons, Advisory Opinion, 8 July 1996.

IMT (International Military Tribunal)

Trial of the Major War Criminals before the International Military Tribunal, Nuremberg, 14 November 1945 – 1 October 1946, Judgment, 1947.

Trial of Major War Criminals before the International Military Tribunal, Vol. XXII, Nuremberg: International Military Tribunal, 1948.

Avalon Project archive at Yale Law School: Nuremberg Trial Proceedings Vol. I. London Charter of the International Military Tribunal [EB/OL].

Avalon Project archive at Yale Law School: Control Council Law No. 10, Punishment of Persons Guilty of War Crimes, Crimes Against Peace and Against Humanity

〔EB/OL〕.

Avalon Project archive at Yale Law School: Ordinance No. 7, Organization and Power of Certain Military Tribunals〔EB/OL〕.

R. H. Jackson, Report to United States Government on the International Conference on Military Trials: London 1945〔EB/OL〕.

Allied Control Council, Trial of War Criminals before the Nuremburg Military Tribunals under Control Council Law No. 10 Vol. XV, United States Government Printing Office, 1949.

International Military Tribunal for the Far East, Judgment, 1948.

UN War Crimes Commission, Law Reports of Trials of War Criminals, London, 1948, 1949.

ICTY (International Criminal Tribunal for the Former Yugoslavia)

Prosecutor v. Aleksovski, Trial Judgment, IT – 95 – 14/1 – T, 25 June 1999.

Prosecutor v. Milosevic, Decision on Motion for Judgment of Acquittal, Trial Chamber, IT – 02 – 54 – T, 5 April 2004.

Prosecutor v. Blaskic, Judgment, Trail Chamber, IT – 95 – 14, 3 March 2000.

Prosecutor v. Blaskic, Appeals Judgment, IT – 95 – 14 – A, 29 July 2004.

Prosecutor v. Boškoski, Judgment, Trial Chamber, IT – 04 – 82 – T, 10 July 2008.

Prosecutor v. Brdanin, Judgment, Trial Chamber, IT – 99 – 36 – T, 1 Sep. 2004.

Prosecutor v. Delalić et al., Trial Judgment, IT – 96 – 21 – T, 16 Nov. 1998.

Prosecutor v. Delalic et al., Appeal Judgment, IT – 96 – 21 – A, 20 Feb. 2001.

Prosecutor v. Hadžihasanović, Decision on Interlocutory Appeal Challenging Jurisdiction in Relation to Command Responsibility, IT – 01 – 47 – AR72, 16 July 2003.

Prosecutor v. Hadzihasanovic et al., IT – 01 – 47 – A, Appeals Judgment, 22 April 2008.

Prosecutor v. Halilović, Trial Judgment, IT – 01 – 48 – T, 16 Nov. 2005.

Prosecutor v. Halilovid, Appeals Judgment, IT – 01 – 48 – A, 16 Oct. 2007.

Prosecutor v. Kordic and Cerkez, Judgment, Trial Chamber, IT – 95 – 14/2, 26 Feb. 2001.

Prosecutor v. Krnojelac, Judgment, Appeals Chamber, IT – 97 – 25 – A, 17 Sep. 2003.

Prosecutor v. Krstic, Trial Judgment, IT – 98 – 33 – T, 2 Aug. 2001.

Prosecutor v. Kunarac, Kovac and Vokovic, Judgment, Appeals Chamber, IT – 96 – 23 and IT – 96 – 23/I – A, 12 June 2002.

Prosecutor v. Kvočka et al., Trial Judgment, IT – 98 – 30/1 – T, 2 Nov. 2001.

Prosecutor v. Milan Martić, Decision, IT – 95 – 11 – R61, 8 March 1996.

Prosecutor v. Milosevic, Decision on Motion for Judgment of Acquittal, Trial Chamber, IT – 02 – 54 – T, 16 June 2004.

Prosecutor v. Mrkšić et al., Judgment, Trial Chamber, IT – 95 – 13/1 – T, 27 September 2007.

Prosecutor v. Milutinović et al., Decision on Dragoljub Ojdanic's Motion Challenging Jurisdiction – Joint Criminal Enterprise, IT – 99 – 37 – AR72, 21 May 2003.

Prosecutor v. Orić, Trial Judgment, IT – 003 – 68 – T, 30 June 2006.

Prosecutor v. Orić, Appeals Judgment, IT – 03 – 68 – A, 3 July 2008.

Prosecutor v. Popović et al., Trial Judgment, IT – 05 – 88 – T, 10 June 2010.

Prosecutor v. Simic, Trial Judgment, IT – 95 – 9 – T, 17 Oct. 2003.

Prosecutor v. Milomir Stakić, Judgment. IT – 97 – 24 – T, 31 July 2003.

Prosecutor v. Stakić, Appeal Judgment, IT – 97 – 24 – A, 22 March 2006.

Prosecutor v. Pavle Strugar, Judgment, IT – 01 – 42 – T, 31 Jan. 2005.

Prosecutor v. Strugar, Appeals Judgment, IT – 01 – 42 – A, 17 July 2008.

Prosecutor v. Tadić, Decision on the Defence Motion for Interlocutory Appeal on Jurisdiction, IT – 94 – 1 – AR72, 2 Oct. 1995.

Prosecutor v. Tadić, Opinion and Judgment, Trial Chamber, IT – 95 – 1, 7 May 1997.

Prosecutor v. Tadić, Judgement, IT – 94 – 1 – A, 15 July 1999.

ICTR (International Criminal Tribunal for Rwanda)

Prosecutor v. Jean – Paul Akayesu, Sentencing Judgment, ICTR – 96 – 4 – T, 2 Oct. 1998.

Prosecutor v. Akayesu, Judgment, ICTR – 96 – 4 – A, 1 June 2001.

Prosecutor v. Bagilishema, Judgment, ICTR – 95 – 1A – T, 7 June 2001.

Prosecutor v. Bagilishema, Appeals Judgment, ICTR – 95 – IA – A, 3 July 2002.

Prosecutor v. Théoneste Bagosora et al., Judgment and Sentence, ICTR – 98 – 41 – T, 18 Dec. 2008,

Prosecutor v. Sylvestre Gacumbitsi, Appeals Judgment, Separate Opinion of Judge Schomburg, ICTR – 2001 – 64 – A, 7 July 2006.

Prosecutor v. Gatete, Judgment and Sentence, ICTR – 2000 – 61 – T, 31 March 2011.

Gatete v. Prosecutor, Appeals Judgment, ICTR – 00 – 61 – A, 9 Oct. 2012.

Prosecutor v. Kayishema and Ruzindana, Trial Judgment, ICTR – 95 – 1 – T, 21 May 1999.

Prosecutor v. Musema, Judgment and Sentence, ICTR – 96 – 13 – T, 27 Jan. 2000.

Prosecutor v. Musema, Judgment, ICTR – 96 – 13 – A, 16 Nov. 2001.

Prosecutor v. Muvunyi, Judgment, ICTR – 00 – 55A – T, 11 September 2006.

Prosecutor v. Nahimana et al., Judgment and Sentence, ICTR – 99 – 52 – T, 3 Dec. 2003.

Nahimana et al. v. Prosecutor, Appeals Judgment, ICTR – 99 – 52 – A, 28 Nov. 2007.

Ntabakuze v. Prosecutor, Appeals Judgment, ICTR – 98 – 41A – A, 8 May 2012.

Prosecutor v. Ntagerura et al., Appeals Judgment, ICTR – 99 – 46 – A, 7 July 2006.

Prosecutor v. Elizaphan Ntakirutimana and Gérard Ntakirutimana, Appeals Judgment, ICTR – 96 – 10 – A and ICTR – 96 – 17 – A, 13 Dec. 2004.

Rutaganda v. Prosecutor, Appeal Judgment, ICTR – 96 – 3 – A, 26 May 2003.

Prosecutor v. Semanza, Judgment and Sentence, Trail Chamber, ICTR – 97 – 20, 15 May 2003.

Prosecutor v. Seromba, Appeal Judgment, ICTR – 2001 – 66 – A, 12 March 2008.

SCSL (Special Court for Sierra Leone)

Prosecutor v. Issa Hassan Sesay et al., Judgment, SCSL – 04 – 15 – T, 2 March 2009.

Prosecutor v. Moinina Fofana and Allieu Kondewa, Judgement, Trial Chamber, SCSL – 04 – 14 – T – 7852, August 2007.

Prosecutor v. Moinina Fofana and Allieu Kondewa, Judgment, Appeals Chamber, SCSL – 04 – 14 – A – 829, 28 May 2008.

图书在版编目（ＣＩＰ）数据

国际刑事法院的理论与实践/凌岩主编.—北京：中国政法大学出版社，2019.6
ISBN 978-7-5620-9044-1

Ⅰ．①国… Ⅱ．①凌… Ⅲ．①国际刑事法院－研究 Ⅳ．①D997.9

中国版本图书馆CIP数据核字(2019)第112400号

书　　名	国际刑事法院的理论与实践	
	Guo Ji Xing Shi Fa Yuan De Li Lun Yu Shi Jian	
出 版 者	中国政法大学出版社	
地　　址	北京市海淀区西土城路 25 号	
邮　　箱	fadapress@163.com	
网　　址	http://www.cuplpress.com（网络实名：中国政法大学出版社）	
电　　话	010-58908435(第一编辑部) 58908334(邮购部)	
承　　印	北京中科印刷有限公司	
开　　本	787mm×1092mm　1/16	
印　　张	29.5	
字　　数	529 千字	
版　　次	2019 年 6 月第 1 版	
印　　次	2019 年 7 月第 1 次印刷	
定　　价	84.00 元	